经以院士
建待而来
贺教育部
重大攻向项目
成年启朕

季羡林

教育部哲学社会科学研究重大课题攻关项目

# 中国与全球油气资源重点区域合作研究

## STUDY ON THE COLLABORATION BETWEEN CHINA AND GLOBAL CRITICAL AREAS OF OIL AND GAS RESOURCES

王 震
等著

经济科学出版社
Economic Science Press

图书在版编目（CIP）数据

中国与全球油气资源重点区域合作研究/王震等著.
—北京：经济科学出版社，2014.7
（教育部哲学社会科学研究重大课题攻关项目）
ISBN 978-7-5141-4748-3

Ⅰ.①中… Ⅱ.①王… Ⅲ.①油气资源-国际合作-研究-中国 Ⅳ.①F426.22

中国版本图书馆 CIP 数据核字（2014）第 131067 号

责任编辑：刘　茜　庞丽佳
责任校对：刘欣欣
责任印制：邱　天

### 中国与全球油气资源重点区域合作研究

王　震　等著

经济科学出版社出版、发行　新华书店经销
社址：北京市海淀区阜成路甲 28 号　邮编：100142
总编部电话：010-88191217　发行部电话：010-88191522
网址：www.esp.com.cn
电子邮件：esp@esp.com.cn
天猫网店：经济科学出版社旗舰店
网址：http://jjkxcbs.tmall.com
北京季蜂印刷有限公司印装
787×1092　16 开　39 印张　750000 字
2014 年 9 月第 1 版　2014 年 9 月第 1 次印刷
ISBN 978-7-5141-4748-3　定价：98.00 元
（图书出现印装问题，本社负责调换。电话：010-88191502）
（版权所有　翻印必究）

## 课题组主要成员

**首席专家** 王 震

**主要成员** 童晓光　白国平　郭海涛　郝 洪
　　　　　　郑 炯　马 宏　庞昌伟　徐 斌
　　　　　　王鸿雁　薛 庆　赵 林　刘明明

## 编审委员会成员

**主 任** 孔和平 罗志荣
**委 员** 郭兆旭 吕 萍 唐俊南 安 远
　　　　 文远怀 张 虹 谢 锐 解 丹
　　　　 刘 茜

# 总　序

哲学社会科学是人们认识世界、改造世界的重要工具，是推动历史发展和社会进步的重要力量。哲学社会科学的研究能力和成果，是综合国力的重要组成部分，哲学社会科学的发展水平，体现着一个国家和民族的思维能力、精神状态和文明素质。一个民族要屹立于世界民族之林，不能没有哲学社会科学的熏陶和滋养；一个国家要在国际综合国力竞争中赢得优势，不能没有包括哲学社会科学在内的"软实力"的强大和支撑。

近年来，党和国家高度重视哲学社会科学的繁荣发展。江泽民同志多次强调哲学社会科学在建设中国特色社会主义事业中的重要作用，提出哲学社会科学与自然科学"四个同样重要"、"五个高度重视"、"两个不可替代"等重要思想论断。党的十六大以来，以胡锦涛同志为总书记的党中央始终坚持把哲学社会科学放在十分重要的战略位置，就繁荣发展哲学社会科学做出了一系列重大部署，采取了一系列重大举措。2004年，中共中央下发《关于进一步繁荣发展哲学社会科学的意见》，明确了新世纪繁荣发展哲学社会科学的指导方针、总体目标和主要任务。党的十七大报告明确指出："繁荣发展哲学社会科学，推进学科体系、学术观点、科研方法创新，鼓励哲学社会科学界为党和人民事业发挥思想库作用，推动我国哲学社会科学优秀成果和优秀人才走向世界。"这是党中央在新的历史时期、新的历史阶段为全面建设小康社会，加快推进社会主义现代化建设，实现中华民族伟大复兴提出的重大战略目标和任务，为进一步繁荣发展哲学社会科学指明了方向，提供了根本保证和强大动力。

高校是我国哲学社会科学事业的主力军。改革开放以来，在党中央的坚强领导下，高校哲学社会科学抓住前所未有的发展机遇，紧紧围绕党和国家工作大局，坚持正确的政治方向，贯彻"双百"方针，以发展为主题，以改革为动力，以理论创新为主导，以方法创新为突破口，发扬理论联系实际学风，弘扬求真务实精神，立足创新、提高质量，高校哲学社会科学事业实现了跨越式发展，呈现空前繁荣的发展局面。广大高校哲学社会科学工作者以饱满的热情积极参与马克思主义理论研究和建设工程，大力推进具有中国特色、中国风格、中国气派的哲学社会科学学科体系和教材体系建设，为推进马克思主义中国化，推动理论创新，服务党和国家的政策决策，为弘扬优秀传统文化，培育民族精神，为培养社会主义合格建设者和可靠接班人，做出了不可磨灭的重要贡献。

自2003年始，教育部正式启动了哲学社会科学研究重大课题攻关项目计划。这是教育部促进高校哲学社会科学繁荣发展的一项重大举措，也是教育部实施"高校哲学社会科学繁荣计划"的一项重要内容。重大攻关项目采取招投标的组织方式，按照"公平竞争，择优立项，严格管理，铸造精品"的要求进行，每年评审立项约40个项目，每个项目资助30万~80万元。项目研究实行首席专家负责制，鼓励跨学科、跨学校、跨地区的联合研究，鼓励吸收国内外专家共同参加课题组研究工作。几年来，重大攻关项目以解决国家经济建设和社会发展过程中具有前瞻性、战略性、全局性的重大理论和实际问题为主攻方向，以提升为党和政府咨询决策服务能力和推动哲学社会科学发展为战略目标，集合高校优秀研究团队和顶尖人才，团结协作，联合攻关，产出了一批标志性研究成果，壮大了科研人才队伍，有效提升了高校哲学社会科学整体实力。国务委员刘延东同志为此做出重要批示，指出重大攻关项目有效调动各方面的积极性，产生了一批重要成果，影响广泛，成效显著；要总结经验，再接再厉，紧密服务国家需求，更好地优化资源，突出重点，多出精品，多出人才，为经济社会发展做出新的贡献。这个重要批示，既充分肯定了重大攻关项目取得的优异成绩，又对重大攻关项目提出了明确的指导意见和殷切希望。

作为教育部社科研究项目的重中之重，我们始终秉持以管理创新服务学术创新的理念，坚持科学管理、民主管理、依法管理，切实增强服务意识，不断创新管理模式，健全管理制度，加强对重大攻关项目的选题遴选、评审立项、组织开题、中期检查到最终成果鉴定的全过程管理，逐渐探索并形成一套成熟的、符合学术研究规律的管理办法，努力将重大攻关项目打造成学术精品工程。我们将项目最终成果汇编成"教育部哲学社会科学研究重大课题攻关项目成果文库"统一组织出版。经济科学出版社倾全社之力，精心组织编辑力量，努力铸造出版精品。国学大师季羡林先生欣然题词："经时济世　继往开来——贺教育部重大攻关项目成果出版"；欧阳中石先生题写了"教育部哲学社会科学研究重大课题攻关项目"的书名，充分体现了他们对繁荣发展高校哲学社会科学的深切勉励和由衷期望。

创新是哲学社会科学研究的灵魂，是推动高校哲学社会科学研究不断深化的不竭动力。我们正处在一个伟大的时代，建设有中国特色的哲学社会科学是历史的呼唤，时代的强音，是推进中国特色社会主义事业的迫切要求。我们要不断增强使命感和责任感，立足新实践，适应新要求，始终坚持以马克思主义为指导，深入贯彻落实科学发展观，以构建具有中国特色社会主义哲学社会科学为己任，振奋精神，开拓进取，以改革创新精神，大力推进高校哲学社会科学繁荣发展，为全面建设小康社会，构建社会主义和谐社会，促进社会主义文化大发展大繁荣贡献更大的力量。

教育部社会科学司

# 前言

自2008年以来，世界经济屡受重创，先是美国的金融危机，后是欧洲的债务危机，至今尚未完全走出危机的阴影。与此同时，世界经济格局也出现重大变化：中国经济总量超过日本跃居世界第二，以"金砖四国"为代表的发展中国家在世界经济增长中的地位显著上升。与这种经济格局的变化相适应，国际能源市场格局也正在改变：与传统化石能源消费相伴生的碳排放导致的全球气候变化问题已成国际社会关注的焦点，减排行动呈现道德化趋势；风力发电、太阳能发电、生物质能等可再生能源发展如火如荼；美国页岩气革命引发传统油气行业生产西移和消费东移的趋势，亚太地区已经成为全球油气需求的主要增长点；第三次工业革命与能源动力基础转换的观点也越来越具有吸引力。

在世界经济、能源格局大变动的背景下，研究中国的能源对外合作和保障问题需要基于四个基本判断：首先，未来的10~20年，中国经济仍将处于经济快速增长阶段，人民生活水平将进一步提高，对能源的需求总量还会上升；其次，以油气为主的化石能源仍将在较长时期内继续占据世界能源的主导地位；再其次，以天然气为代表的低碳能源所占的比重会持续上升；最后，中国必须综合利用国外、国内两个市场的资源才能保障自身能源供给。从这几个判断我们可以看出，中国在全球范围内开展油气合作仍是今后较长时期内国家能源战略的重中之重。

近十年来，国内油气供需平衡压力持续增大、价格高企等问题成为压在中国能源管理部门身上沉重的负担。随着中国石油对外依存度的不断上升，如何利用好国外资源就成为中国能源战略中的重要课题，开展全球范围内的油气合作是实现这一战略目标的重要措施之一。目前，中国石油企业开展对外油气合作已经取得了很大成效，成功建立了俄罗斯—中亚、中东、非洲、美洲、亚太五大战略合作区，经营逾百个海外油气合作项目，成为我国能源安全的重要保障。但是，在此过程中，中国开展对外油气合作仍面临诸多需要进一步回答或解决的重大问题，如对外合作战略选区、合作途径与方式的选择、跨国油气投资战略性风险管理等，这也是我们开展"教育部哲学社会科学研究重大课题攻关项目——中国与全球油气资源重点区域合作研究"的主要目的。

《中国与全球油气资源重点区域合作研究》课题研究历时三年（2010~2012年），课题组对国内外经济形势和能源市场形势进行了深入分析，并从五个方面回答了与中国开展对外油气合作有关的重要问题：

1. 参与全球油气资源合作面临的战略形势是什么样的？要回答这一问题，一要研判全球油气市场格局，二要对中国油气安全形势进行评估，三要对中国油气跨国投资与合作历程进行系统总结和回顾。对外油气合作之所以受到重点关注，一方面是因为中国油气对外依存度的不断上升；另一方面是因为近年来与中国石油企业合作密切的主要资源国普遍面临政治局势不稳的局面。在可预期的未来，这些矛盾会继续存在甚至在某些特殊情况下有可能会加剧。

2. 如何分析参与全球油气资源合作的战略机会？对外油气合作，不仅取决于资源量的富裕程度，还取决于地缘政治因素。本课题综合考虑资源、政治、经济等多种因素，提出了跨国油气战略选区的理论框架，试图为中国石油企业进行跨国油气投资与合作提供了理论指导。

3. 参与全球油气资源重点区域合作的途径有哪些？全球化进程显示了国际合作和分工为各国带来的巨大经济效益，合作的方式多种多样，但无论是在国内还是国外，开放性和互利共赢是基本原则。基于这些原则，无论是拓展跨国油气勘探开发、提高国际油气贸易能力还是强化与资源国合资建储炼运设施合作，对于保障一国能源安全都有重要作用。

4. 如何选择与全球油气资源重点区域合作的方式？资源国不同，

资源掌控权也有不同，有的由国家掌握，有的由企业掌握。因此，合作方式既可以是与资源国政府进行合作，也可以运用市场化手段通过跨国油气并购方式实现。此外，在不同的经济形势下，也会产生合作方式的创新，"贷款换石油"就是典型的例子。具体采取何种合作方式，需要根据条件进行创新，以达到促成有效合作为目标。

5. 全球油气资源重点区域合作的风险如何来管理？跨国油气合作的潜在风险点众多，本课题在总结各类风险的基础上，采用定量分析法，实证检验部分国家的政治风险程度。此外，课题还运用资产组合理论，对跨国油气投资组合的收益和风险进行了研究。对这些风险因素的理论和应用研究为中国石油企业开展海外油气业务风险管理提供了重要理论支撑。

本课题的研究将为国家制定能源外交政策和国际油气合作战略提供理论基础，为国家相关职能部门制定国际油气合作保障措施、支持石油企业完善已有国际油气资源合作途径以及拓展新的合作途径提供决策依据。同时，从理论研究的角度来看，课题组所提出的"全球油气资源重点合作区域优选"和"国际油气合作与投资方式选择"两大理论框架，以及"海外油气业务风险管理"的管理体系，对于促进中国石油企业开展跨国油气合作，提高海外油气供给保障能力和经济效益，将发挥重要作用。

# 摘　要

**课**题研究围绕中国海外油气投资与合作如何进行战略选区、采用何种途径与合作模式、如何进行风险管理三个方面的核心内容展开。通过跨学科科研小组的合作攻关和系统研究，综合运用经济学、金融学、管理学、石油地质学、系统工程等理论和方法，课题组紧紧把握全球重点合作区域的政治、资源、经济等综合环境发展趋势，建立了中国与全球油气资源重点区域基于利益分享的合作博弈理论分析框架，优选了重点合作区域，提出了战略合作路径、方式和具体办法，并进一步构建了国际油气合作的国家战略风险管理体系，为国家制定国际能源合作战略提供了理论支持。

课题报告共分为六篇：

第一篇着重分析中国与全球油气资源重点区域合作的战略形势。本篇首先分析了全球能源格局的新变化。国际油气供需格局的"多中心化"转型、油气定价机制的"区域化"态势、能源金融体系结算方式的"多元化"起步、非常规油气资源的重要性日益上升以及资源国地区持续的地缘政治动荡，都给当前全球油气市场带来了巨大的不确定性。其次，报告对国内油气形势的发展趋势进行了综合预测。结合中国经济发展趋势和能源消费结构，课题组分析了保障中国经济增长所必需的石油天然气消费量，研究了我国石油与天然气对外依存度的发展趋势，明确中国利用国外油气资源的必要性。最后，报告回顾了中国石油企业征战海外的历史经验和教训，并分析新时期海外油气合作的新机遇、新挑战，提出拓宽对外合作渠道、创新对外合作模式在新的时代背景下更具战略意义的观点。

第二篇主要研究中国参与全球油气资源合作的战略机会。利用国外油气资源，首先需要以"资源"要素为基础，"安全"要素为中心，对比投资机会优劣，筛选最优投资策略。报告首先从资源角度出发，将全球分成中东、中亚—俄罗斯、非洲、美洲以及亚太五大区域，详细分析各区域油气资源的分布特征，包括地质资源潜力、经济可采资源潜力、通过国际合作能够获取的资源潜力等。接着，报告运用地缘政治理论，深入分析国际能源组织和资源国或地区的地缘政治，探讨影响中国参与国际油气合作的地缘政治因素，评估各合作区域的政治环境条件。最后，报告在资源因素和政治因素的基础上，引入了经济因素，建立了海外油气投资区域优选分析框架与优选标准，根据排序和综合分析结果，提出分区域、分阶段优选中国开展油气合作的重点区域与重点国家。

第三篇重点研究中国参与全球油气资源重点区域合作的主要途径。首先，报告从"资源诅咒"形成机理和演化博弈的理论视角，确立了对外油气合作途径选择的理念基础，提出基于协同与整合战略的多途径协调发展理论。其次，总结中国和资源国开展国际合作的现状和实践经验，分别详细探讨强化跨国勘探开发的合作途径和提高国际油气贸易能力的合作途径，并创新性地提出与资源国合资建设储炼运设施的合作途径。在第一条"'走出去'跨国'找油'"的途径上，报告总结了现有合作经验，分析存在的问题与面临的困难，有针对性地提出总体及区域性对策；在第二条"通过国际油气贸易'买油'"的途径上，报告分别从贸易量保障、贸易运输通道和贸易价格与成本方面来详细分析贸易途径；在第三条"与资源国合资建炼厂进行'炼油'"的途径上，分析了与资源国在国内外进行合作建炼厂的机会，权衡相关的成本和收益，并突出相应的战略保障措施。

第四篇具体提出中国参与全球油气资源重点区域投资与合作的三大方式：与资源国政府直接合作、跨国油气并购和"贷款换石油"。中国参与国际油气合作时，采用适合的投资与合作方式来获取国外油气资源是合作成功的关键。目前，与资源国政府直接合作和跨国并购是最主要的油气投资合作方式，"贷款换石油"是在特殊的国际经济环境下越来越重要的一种创新型合作方式。就与资源国直接合作的问题，报告对比了不同国家所选择的合同模式，并重点探讨了日渐盛行的风险服务合同对中国参与国际油气合作与竞争的影响。就跨国并购的问题，主要区别了并购的类型和特点，并结合案例分析阐释了并购过程中最关键的估值环节。就"贷款换石油"方式，主要研究这一新型模式的产生背景、发展现状和主要模式，进一步指出这一合作方式的潜在风险、适用条件和现实意义。

第五篇详细探讨中国参与全球油气资源重点区域投资与合作的风险及风险管理问题。围绕着如何构建一套包括风险因素识别、风险量化评估、风险规避政策建议的全球油气资源合作动态风险分析与管理体系的问题，该篇从国家的角度出发，对海外油气合作的主要风险进行识别和评估，并进一步制定风险规避和控制措施。该篇采用了层层细化的结构，按照战略性风险、政治风险和国有化风险的逻辑顺序，对影响海外投资整体收益、发展方向和生存能力的突出风险进行了量化分析，对各项重大风险的分析、识别、形成和传导机制、评估与预警方法进行了全面描述，最后创新地提出采用投资组合收益—风险分析的方法对海外油气投资对象进行综合评价和优选的策略，为中国大型石油企业甚至国家管理和控制国际油气合作风险提供决策支持。

第六篇是中国海外投资专题。专题板块的结构安排以中国石油工业"走出去"的历史为线索，分别选择了中国与五大合作区域的典型合作案例：中国与秘鲁、苏丹、哈萨克斯坦、俄罗斯以及伊拉克的合作，展示中国在不同阶段、不同区域所取得的合作成果，分析各个合作项目在新形势下面临的机遇与挑战，并提出进一步加强合作的建议。在这五个专题中，秘鲁项目是中国最早的对外油气合作项目；"苏丹模式"确立了中国石油人征战海外的精神指引，中哈多领域的能源合作树立了中外油气合作"互利共赢"的典型，中俄能源合作更多地彰显了大国博弈的智慧与挑战，而最新的伊拉克项目则生动、形象地体现了当前环境下资源国对外合作政策的最新变化，中国成功进入伊拉克石油生产市场无疑对保障国内能源安全、稳定中国的全球能源布局起到至关重要的作用。

# ABSTRACT

This book centers on three major concerns in China's overseas oil and gas investment and global multinational cooperation: the selection of strategic investment districts, the adoption of cooperation approaches and patterns, the risks as well as risk management. The interdisciplinary research group has collaborated to tackle crucial energy problems and conducted systematic research by comprehensively applying methodologies in economics, finance, management, petroleum geology and systematic engineering, which enabled the report to firmly grasp the development tendency of comprehensive environment of geopolitics, resources and economics in global critical cooperative areas, establish an analysis framework for China and global critical areas of oil and gas resources based on benefits-sharing game theory, and propose specific solutions for optimizing critical areas, strategic paths and collaborative patterns. Furthermore, the research group has built a strategic risk management system for Chinese multinational cooperation in the oil and gas industry, and provided theoretical support for China to formulate global energy cooperation strategy.

This report has been divided into six sections:

The first section emphasized the strategic situation of collaboration between China and global critical areas of oil and gas resources. To begin with, it analyzed recent transitions in worldwide energy circumstances: the "multi-centric" pattern of global demand and supply situation of hydrocarbon fuel, the "regionalization" of fossil energy pricing mechanism, the "diversity" of settlement method in energy financial system, the increasing importance of unconventional hydrocarbon resources and the persistent geopolitical volatility of countries and areas abundant in resources. Next, this section conducted a comprehensive prediction of the development trend of domestic fossil energy situation. On the basis of Chinese economic development tendency and energy consumption structure, the research group analyzed the amount of hydrocarbon energy that Chinese economy would need, studied the primary trend of Chinese oil and gas foreign dependency degree, and specified the necessities of employing foreign hydrocarbon resources. At last, this section reviewed experiences of Chinese petroleum corporations' oversea business, and analyzed opportunities and challenges of oversea oil and gas cooperation in the coming era, followed by the suggestion of broadening foreign cooperation channels and reforming foreign cooperation patterns.

The second section mainly studied strategic opportunities of China's participation in global hydrocarbon resources cooperation. In order to utilize foreign hydrocarbon resources, China needs to count "resources" element as the base and "security" the centre, and then selects optimum investment strategy by comparing different investment chances. Initially, from resources perspective, this section divided the world into five areas: the Middle East, central Asia – Russia, Africa, America and Asia-pacific area. It analyzed distribution features of hydrocarbon resources in each area, including geological resources potentials, economically recoverable resources potentials and obtainable resources potentials via global cooperation. Subsequently, this section thoroughly analyzed geopolitics among international energy organizations and host countries or areas of resources. It applied the geopolitical theories to discuss about the geopolitical factors which influence China's participation in global fossil fuel collaboration, and evaluated political environment for each cooperation district. Ultimately, this section introduced economic factors and established optimum analysis frameworks and standards for oversea hydrocarbon energy investment districts on the basis of resources and political elements. Then it found the critical countries and districts which would be most suitable for China to cooperate with in the fossil fuel field divided by areas and phases according to sequencing and comprehensive analysis results.

The third section laid a great deal of emphasis on the study of main approaches for China's participation in the cooperation with international critical areas of hydrocarbon resources. At the beginning, this section determined the conceptual foundation of approaches to collaborate with foreign countries in the fossil energy field, and put forward a multi-channels coordinated development theory based on the formation mechanism of "resource curse" and theoretical perspective of evolutionary game theory. Moreover, this section discussed in detail about the cooperation benefits to strengthen multinational exploration and production (E&P) and improve international fossil energy trade respectively, and creatively presented a collaboration way of constructing storage, refining and delivering facilities jointly with countries rich in resources. In the first way of "exploiting oil" transnationally, this section summed up existing cooperation experiences, analyzed current problems and future challenges, and proposed particular countermeasures for the whole or each district. In the second way of "'buying oil' via international fossil fuel commodity market", this section analyzed trading channels at length from aspects of the trade volume assurance, trade transport paths, and prices as well as costs. In the third way of "'refining oil' in refineries built jointly with countries abundant in resources", this section analyzed the chances of building refineries jointly with host countries domestically or abroad, balanced relevant costs against benefits, and highlighted corresponding strategic safeguards.

The fourth section specifically proposed three ways China taking part in the investment and cooperation of global critical areas of hydrocarbon resources: collaborating directly with the host governments, multinational oil and gas merger and acquisitions (M&A), and "loans for oil". As China participates in international fossil energy cooperation, the adoption of appropriate investment pattern is the key to the success of the cooperation. For the moment, the ways of investment and collaboration of hydrocarbon energy basically are direct cooperation with countries rich in resources and transnational acquisitions, while "loans for oil" is an innovative way which enjoys increasing importance in the present special global economic circumstances. In the case of direct collaboration with countries abounding with resources, this chapter compared different contract models adopted by different countries and then inquired particularly into the increasingly prevailing risk service contracts' effects on China's participation in the international cooperation and competition of fossil fuel. As for multinational acquisitions, this chapter differentiated the types and characteristics of acquisitions and used the case analysis method to clarify the valuation which is the most crucial part in the process of M&A. With regard to "loans for oil", this chapter primarily studied its emerging background, current situation and several main patterns of the new model, and then pointed out the potential risks, application conditions and realistic meaning of this cooperative way.

The fifth section discussed the risks and risk management of China's joining in the investment and cooperation in global critical areas of hydrocarbon resources. It circled around how to establish a set of dynamic risk analysis and management system for international cooperation of oil and gas resources, including the identification and evaluation of risk factors and policy suggestions for risk averse investors. From a national perspective, it identified and estimated the chief risks of oversea oil and gas cooperation. Moreover, measures of risk management were devised. This section adopted layer-by-layer refinement structure and followed the logical order of strategic risks, political risks and nationalization risks. It performed quantitative analyses of notable risks which affect the whole benefits, development direction and surviving capacity of the oversea investment. The analyses, identification, mechanism of forming and conveying, and appraisement as well as early warning for each substantial risk were described entirely. Finally, this section creatively drew up tactics to generally assess and optimize the selection of oversea investment objects of fossil fuel on the basis of the method of the portfolio optimization. It will offer decision support for the government and major petroleum enterprises in China to manage and control risks of international hydrocarbon energy cooperation.

The sixth section specially revolved around typical cases of Chinese oversea investment. It regarded the history of Chinese petroleum industry's "going out" as a chronological clue and critical cooperative areas as guides. It picked the cooperation between China and Peru, Sudan, Kazakhstan, Russia and Iraq respectively as typical cases to show China's cooperative models and achievement of different phases and districts. Additionally, it analyzed the opportunities and challenges for each collaboration project in the new situation, and proposed suggestions to strengthen cooperation. For each of these cases, the project involving Peru is the earliest foreign oil and gas cooperation project that China has performed; "Sudan model" becomes a spiritual guide inspiring Chinese people working in the petroleum field to expand abroad; the multi-domain energy cooperation between China and Kazakhstan is a typical case of "mutual benefits and win-win results" in the hydrocarbon energy cooperation between China and foreign countries; the energy cooperation between China and Russia manifests more of the wisdom and challenge of great powers' game; while the recent project involving Iraq clearly reflects new changes of foreign collaboration policies of host countries in the current context.

# 目 录

## 第一篇
### 中国与全球油气资源重点区域合作的战略形势　1

**第一章 ▶ 全球油气市场的新格局　3**

　　第一节　全球油气供需格局向"多中心化"转型　4
　　第二节　国际油气定价机制呈现"区域化"态势　9
　　第三节　能源金融体系"多元化"结算初现端倪　14
　　第四节　非常规油气资源的战略性地位日益突出　17
　　第五节　中东、北非动荡增加全球油气市场不确定性　21

**第二章 ▶ 中国油气安全的新形势　26**

　　第一节　国内油气供需缺口不断加大　26
　　第二节　油气对外依存度继续上升　38
　　第三节　定价机制向着市场化方向持续推进　42

**第三章 ▶ 中国油气跨国投资与合作的新阶段　51**

　　第一节　中国油气跨国投资与合作成果丰硕　51
　　第二节　中国油气跨国投资与合作路径多元　62
　　第三节　中国油气跨国投资与合作的影响因素　67
　　第四节　中国油气跨国投资与合作新挑战　76

## 第二篇

### 中国参与全球油气资源合作的战略机会　83

#### 第四章 ▶ 全球油气资源分布特征和国际合作潜力分析　85
第一节　全球油气资源分布　85
第二节　全球非常规资源分布　99
第三节　全球各大区油气地质概况　107

#### 第五章 ▶ 全球油气资源重点合作区域地缘政治研究　127
第一节　俄罗斯—中亚石油地缘政治分析　127
第二节　非洲石油地缘政治分析　132
第三节　中东石油地缘政治分析　137
第四节　南美洲石油地缘政治分析　141
第五节　亚太地区石油地缘政治分析　145

#### 第六章 ▶ 中国参与全球油气资源合作的国际机制研究　151
第一节　油气资源全球与区域层面的合作机制　151
第二节　中国参与国际能源合作机制状况　155
第三节　中国如何有效利用当前国际能源机制　159

#### 第七章 ▶ 中国油气跨国投资与合作战略选区　161
第一节　跨国油气战略选区理论框架　161
第二节　建立投资区域排序指标体系　165
第三节　海外油气项目投资环境分析　170
第四节　海外油气投资战略机会分析　190

## 第三篇

### 中国参与全球油气资源重点区域合作的途径　197

#### 第八章 ▶ 新石油安全观下油气合作利益分享模式　199
第一节　"资源诅咒"与新石油安全观　199

第二节　基于利益分享的油气合作演化博弈　211
　　第三节　我国建立利益分享合作模式的策略　216

## 第九章 ▶ 途径一：拓展跨国油气勘探开发　220

　　第一节　中国跨国油气勘探开发现状　220
　　第二节　中国企业开展跨国油气勘探开发面临的挑战　224
　　第三节　中国开展跨国油气勘探开发的策略　227

## 第十章 ▶ 途径二：提高国际油气贸易能力　234

　　第一节　中国开展油气贸易的现状　234
　　第二节　我国石油国际贸易量预测　237
　　第三节　国际油气市场贸易发展趋势　243
　　第四节　我国油气贸易体系存在的问题　245
　　第五节　提高我国油气贸易能力的策略　247

## 第十一章 ▶ 途径三：强化与资源国合资建储炼运设施合作　255

　　第一节　与石油资源国合资建设炼油设施战略　255
　　第二节　与资源国合资建设油气储存基础设施　265

## 第四篇

### 中国参与全球油气资源重点区域投资与合作的方式　271

## 第十二章 ▶ 方式一：与资源国直接合作　273

　　第一节　国际石油合作合同模式及发展趋势　273
　　第二节　国际石油合作合同模式选择机制　283
　　第三节　风险服务合同模式分析　289

## 第十三章 ▶ 方式二：跨国油气并购　316

　　第一节　油气行业跨国并购发展情况　316
　　第二节　并购类型和中国油企跨国并购特点　320
　　第三节　中国油气行业跨国并购典型案例　325
　　第四节　我国油气跨国并购中存在的问题及对策　343

## 第十四章 ▶ 方式三:"贷款换石油"　348

　　第一节　"贷款换石油"的产生背景　348
　　第二节　"贷款换石油"的现状和主要模式　349
　　第三节　"贷款换石油"的风险和适用条件　356
　　第四节　"贷款换石油"的现实意义　359

## 第五篇
### 中国参与全球油气资源重点区域投资与合作的风险　367

## 第十五章 ▶ 国际油气合作中的战略性风险管理　369

　　第一节　战略性风险管理概念　369
　　第二节　战略性风险因素分析与识别　371
　　第三节　战略性风险情景规划与评价　379
　　第四节　战略性风险预警　385

## 第十六章 ▶ 中国海外投资重点区域政治风险管理　389

　　第一节　石油政治风险的具体要素　389
　　第二节　石油政治风险的具体测算方法　392
　　第三节　石油合作资源国国别政治风险测算分析　395
　　第四节　十国石油政治风险统计与排序　399
　　第五节　国际石油合作重点区域政治风险管理对策　401

## 第十七章 ▶ 石油资源国有化风险内在机制研究　406

　　第一节　资源国有化的理论概述　406
　　第二节　石油行业国有化发展历程　409
　　第三节　资源国有化带来的挑战　412
　　第四节　国有化内在机制回归模型　414
　　第五节　石油资源国有化成因分析　419
　　第六节　应对风险的理性投资策略　423

## 第十八章 ▶ 跨国油气投资组合收益风险分析　426

　　第一节　关于资产组合理论的相关研究　426

第二节　海外油气资产分布及特点　430
第三节　基于马克维茨理论的海外油气资产组合初步优化　439
第四节　构建基于经营者溢价和投资者效用的油气资产组合优化模型　443

## 第六篇

### 海外投资专题　461

#### 第十九章　中国与秘鲁油气项目合作　463

第一节　中国石油在秘鲁项目　463
第二节　秘鲁项目的经验总结　466
第三节　新形势下秘鲁油气投资的机遇与挑战　470
第四节　中国与秘鲁油气合作的建议　473

#### 第二十章　中国与苏丹油气项目合作　475

第一节　中石油在苏丹的投资项目　475
第二节　"苏丹模式"的经验借鉴　478
第三节　新形势下中苏合作机遇和挑战　484
第四节　中国与苏丹合作政策建议　487

#### 第二十一章　中哈能源合作　489

第一节　哈国能源的战略地位及发展策略　489
第二节　中哈政治、经济合作实践　493
第三节　中哈能源合作现状及前景　496
第四节　促进中哈能源合作的措施建议　506

#### 第二十二章　中俄油气合作　509

第一节　俄罗斯油气资源现状　509
第二节　俄罗斯对外油气合作现状　512
第三节　从中俄管道透视油气合作前景　517
第四节　中俄油气贸易合作方式　525

#### 第二十三章　中国石油伊拉克项目　530

第一节　中国石油在伊项目　530

第二节　中国石油在伊风险　536

第三节　中国石油伊拉克投资动因　540

第四节　中国石油伊拉克成功投资要素　542

第五节　中国石油在伊投资意义与影响　548

# 结论　553

# 附录：《中国三大石油公司海外投资大事记》　559

# 参考文献　573

# 后记　585

# CONTENT

## PART ONE
STRATEGIC SITUATION OF COOPERATION BETWEEN CHINA AND GLOBAL CRITICAL AREAS OF OIL AND GAS RESOURCES    1

### Chapter 1   New Pattern of Global Oil and Gas Market    3

1.1 "Multi-Centralization" of Demand and Supply Pattern of Global Oil and Gas    4

1.2 "Regionalization" of International Oil and Gas Pricing Mechanism    9

1.3 Emerging "Diversified" Settlement of Energy Finance System    14

1.4 Significance of Strategic Position of Unconventional Oil and Gas Resources    17

1.5 Turbulence of the Middle East and North Africa Increasing the Instability of the Global Oil and Gas Market    21

### Chapter 2   New Situation of Chinese Oil and Gas Security    26

2.1 Gap between Demand and Supply of Domestic Oil and Gas Continually Enlarges    26

2.2 Degree of Dependence on Foreign Oil and Gas Constantly Increases    38

2.3 Marketization Improvement of Pricing Mechanism    42

**Chapter 3　New Stage of Multi – National Investment and Cooperation of Chinese Oil and Gas　51**

　　3.1　Abundant Accomplishments of Multi – National Investment and Cooperation　51

　　3.2　Diversified Paths of Multi – National Investment and Cooperation　62

　　3.3　Influencing Factors of Multi – National Investment and Cooperation　67

　　3.4　New Challenges of Multi – National Investment and Cooperation　76

# PART TWO
## STRATEGIC OPPORTUNITIES OF CHINA'S PARTICIPATION IN COOPERATION OF GLOBAL OIL AND GAS RESOURCES　83

**Chapter 4　Analyses of Distribution Features and International Cooperation Potentials of Global Oil and Gas Resources　85**

　　4.1　Distribution of Global Oil and Gas Resources　85

　　4.2　Distribution of Global Unconventional Resources　99

　　4.3　Geological Overview of Major Areas of Oil and Gas in the World　107

**Chapter 5　Research on Geopolitics of Global Critical and Cooperative Areas of Oil and Gas Resources　127**

　　5.1　Geopolitical Analyses of Petroleum in Russia – Central Asia　127

　　5.2　Geopolitical Analyses of Petroleum in Africa　132

　　5.3　Geopolitical Analyses of Petroleum in the Middle East　137

　　5.4　Geopolitical Analyses of Petroleum in South Africa　141

　　5.5　Geopolitical Analyses of Petroleum in the Asian – Pacific Region　145

**Chapter 6　Research on International Mechanism of China's Participation in Global Oil and Gas Cooperation　151**

　　6.1　Cooperation Mechanism on International and Regional Level　151

　　6.2　State of China's Participation in Global Energy Cooperation Mechanism　155

6.3　How Can China Utilize the Current International Energy Mechanism Effectively　159

## Chapter 7　Strategic Selection Regions of Chinese Multi – National Oil and Gas Investment and Cooperation　161

7.1　Theory Framework of Strategic Selection Regions of Multi – National Oil and Gas　161

7.2　Establish a Ranking Indicators System for Investment Regions　165

7.3　Analyses of Investing Circumstances of Overseas Oil and Gas Projects　170

7.4　Analyses of Strategic Investing Opportunities of Overseas Oil and Gas　190

# PART THREE
## APPROACHES OF CHINA'S PARTICIPATION IN COOPERATION OF GLOBAL CRITICAL AREAS OF OIL AND GAS RESOURCES　197

## Chapter 8　Interests Sharing Model of Oil and Gas Cooperation under the New Petroleum Security Concept　199

8.1　"Resource Curse" and New Petroleum Security Concept　199

8.2　Evolutionary Game of Oil and Gas Cooperation Based on the Interests Sharing　211

8.3　Strategies for China's Establishment of Interests Sharing Cooperation Model　216

## Chapter 9　Approach One: Expand Multi – National Exploration and Development (E&D) of Oil and Gas　220

9.1　Current Situation of Chinese Multi – National E&D of Oil and Gas　220

9.2　Challenges of Multi – National E&D Faced by Chinese Corporations　224

9.3　Strategies of Chinese Multi – National E&D of Oil and Gas　227

**Chapter 10　Approach Two：Improve the Ability of International Oil and Gas Trade　234**

    10.1　Current State of Chinese Oil and Gas Trade　234

    10.2　Forecast of International Trade Volume of Chinese Petroleum　237

    10.3　Development Tendency of International Oil and Gas Market Trade　243

    10.4　Problems of China's Oil and Gas Trade System　245

    10.5　Strategies for Enhancing Chinese Oil and Gas Trading Ability　247

**Chapter 11　Approach Three：Strengthen the Cooperation of Constructing Storage, Refinery and Transportation Facilities in Joint Ventures with Host Countries　255**

    11.1　Construct Refinery Facilities in Joint Ventures with Host Countries　255

    11.2　Construct Storage Infrastructure in Joint Ventures with Host Countries　265

# PART FOUR
## WAYS OF CHINA'S PARTICIPATION IN INVESTMENT AND COOPERATION OF GLOBAL CRITICAL AREAS OF OIL AND GAS RESOURCES　271

**Chapter 12　Approach One：Cooperate with Host Countries Directly　273**

    12.1　Contract Types and Development Tendencies of International O&G Cooperation　273

    12.2　Selection of Contract Models of International Petroleum Cooperation　283

    12.3　Analyses of Contract Models of Risk Service　289

**Chapter 13　Approach Two：Multi-National Oil and Gas M&A　316**

    13.1　Development Conditions of Multi-National M&A in the Oil and Gas Industry　316

    13.2　Types and Characteristics of Multi-National M&A of Chinese Oil Corporations　320

13. 3　Typical Cases of Multi – National M&A in Chinese Oil and Gas Industry　325

13. 4　Problems & Solutions of Multi – National M&A in Chinese Oil and Gas Industry　343

**Chapter 14　Approach Three:"Oil-for – Loans"　348**

14. 1　Background of "Oil-for – Loans"　348

14. 2　Current State and Major Patterns of "Oil-for – Loans"　349

14. 3　Risks and Application Conditions of "Oil-for – Loans"　356

14. 4　Practical Significance of "Oil-for – Loans"　359

# PART FIVE

## RISKS OF CHINA'S PARTICIPATION IN INVESTMENT AND COOPERATION OF GLOBAL CRITICAL AREAS OF OIL AND GAS RESOURCES　367

**Chapter 15　Strategic Risk Management in Multi – National Oil & Gas Cooperation　369**

15. 1　Concept of Strategic Risk Management　369

15. 2　Factor Analysis and Identification of Strategic Risks　371

15. 3　Scenario Planning and Evaluation of Strategic Risks　379

15. 4　Early Warning of Strategic Risks　385

**Chapter 16　Political Risk Management of Chinese Overseas Critical Investing Areas　389**

16. 1　Specific Elements of Petroleum Political Risk　389

16. 2　Specific Measurement of Petroleum Political Risk　392

16. 3　Measurement and Analysis of Political Risk of Different Petroleum Cooperation Resource Countries　395

16. 4　Statistics and Ranking of Ten Countries' Petroleum Political Risk　399

16. 5　Countermeasures for Political Risk Management of International Critical Petroleum Cooperation Areas　401

**Chapter 17  Research on the Internal Mechanism of Oil Nationalization    406**

    17.1   Theory Overview of Resource Nationalization    406

    17.2   Nationalization Development Progress of Oil Industry    409

    17.3   Challenges from Resource Nationalization    412

    17.4   Regression Model of Nationalization Internal Mechanism    414

    17.5   Cause Analysis of Oil Nationalization    419

    17.6   Rational Investment Strategies Dealing with Risks    423

**Chapter 18  Risk – Return Analysis of Multi – National Oil and Gas Portfolio    426**

    18.1   Relevant Research about Portfolio Theory    426

    18.2   Distribution and Features of Overseas Oil and Gas Assets    430

    18.3   Elementary Optimization of Overseas Oil and Gas Portfolios Based on Markowitz Theory    439

    18.4   Establish the Oil and Gas Portfolio Optimization Model Based on Manager Premiums and Investor Utility    443

# PART SIX
## SPECIAL TOPICS OF OVERSEAS INVESTMENT    461

**Chapter 19  Oil and Gas Project Cooperation between China and Peru    463**

    19.1   CNPC's Projects in Peru    463

    19.2   Experiences Summary of Peru Projects    466

    19.3   Opportunities and Challenges of Oil and Gas Investment in Peru under the New Situation    470

    19.4   Suggestions for Oil and Gas Cooperation between China and Peru    473

**Chapter 20  Oil and Gas Project Cooperation between China and Sudan    475**

    20.1   CNPC's Investment Projects in Sudan    475

    20.2   Experiences of "Sudan Model"    478

    20.3   Opportunities and Challenges of Cooperation between China and Sudan under the New Situation    484

20.4　Policy Suggestions for the Cooperation between China and Sudan　487

## Chapter 21　Energy Cooperation between China and Kazakhstan　489

21.1　Strategic Status and Development Strategies of Energy in Kazakhstan　489

21.2　Political and Economic Cooperation Practice between China and Kazakhstan　493

21.3　Current State and Prospects of Energy Cooperation between China and Kazakhstan　496

21.4　Suggestions to Improve of Energy Cooperation between China and Kazakhstan　506

## Chapter 22　Oil and Gas Cooperation between China and Russia　509

22.1　Current State of Russian Oil and Gas Resources　509

22.2　Current State of Russian Oil and Gas Cooperation with Foreign Countries　512

22.3　Oil and Gas Cooperation Prospects Observed from Sino – Russia Pipelines　517

22.4　Cooperation Ways of Oil and Gas Trade between China and Russia　525

## Chapter 23　CNPC's Projects in Iraq　530

23.1　CNPC's Projects in Iraq　530

23.2　Risks of CNPC's Projects in Iraq　536

23.3　Motivations of CNPC's Investing in Iraq　540

23.4　Success Factors of CNPC's Investing in Iraq　542

23.5　Meanings and Influences of CNPC's Investing in Iraq　548

## Conclusion　553

## Appendix: Chronicles of Three Major Chinese Oil Corporations' Overseas Investment Events　559

## References　573

## Postscript　585

# 第一篇

## 中国与全球油气资源重点区域合作的战略形势

《孙子》曰:"不谋万世者,不足以谋一时,不谋全局者,不足以谋一域"。进入21世纪以来,全球石油工业正在经历一个全面创新的时期,能源格局出现新的变化趋势:一是油气资源布局向"多中心化"转型,二是国际油气定价机制呈现"区域化"态势;三是"石油美元"霸主地位受到多国货币的挑战,多极货币结算的趋势初现端倪;四是美国"页岩气革命"又一次极大地催生了新的能源发展方向;五是中东北非局势持续动荡,为世界石油市场增添了新的不确定性。这些变化都在悄然影响着中国的能源安全。在世界石油净出口"顶板"的约束下,我国的油气对外依存度却在逐年提高,净进口规模不断扩张的趋势并没有得到消减。外部环境变革和内部需求膨胀这两方面因素的共同影响,产生了一股推动我国对外油气投资与合作的合力。中国石油企业经过20年的不懈努力,在海外取得了丰硕的合作成果,令世界刮目相看。进入对外投资与合作的稳定发展阶段后,如何优化和调整能源结构,拓宽对外合作渠道,创新对外合作模式,以保障我国能源安全,是我国置身世界能源格局变革之中所必须迎接的挑战。本篇第一章从世界能源格局的新变化着手,重新解读中国面临的外部环境,第二章分析中国日益增长的油气对外依存度和随之而来的能源安全问题,第三章将回顾中国石油企业征战海外的峥嵘岁月,并分析新时期的新机遇、新挑战。

# 第一章

# 全球油气市场的新格局

2011年以来,世界政治经济新格局正在形成之中,全球能源格局也随之呈现出一系列新形势、新变化,又反过来影响着世界政治经济局势。第一,全球能源格局向"多中心化"转型:美国通过页岩气革命以及建设主要依托美洲油气生产国的多元化进口渠道等手段使自身能源"独立性"或"自主性"增强;欧洲也试图建设辐射状供给通道,建设主要依靠欧洲附近油气生产国、其他油气生产国为辅的原油供给渠道;亚洲则由于中国和印度的经济迅速发展而对石油需求大增,成为当前及未来石油需求的主要增长点。第二,能源价格向"区域化"转型:由于国际石油市场出现"区域化"趋势,导致各个地区的基准油价也呈现出"区域化"趋势,出现"短态化"的布伦特(Brent)—西得克萨斯轻质原油(WTI)溢价以及"常态化"的亚洲溢价。第三,能源金融体系中的美元地位日益受到挑战。第四,非常规油气资源在国际油气供应中的战略性地位日益突出,多元化主导格局下的天然气时代正在来临。第五,中东北非动荡增加了全球油气市场不确定性。全球性的能源新格局正在逐渐形成之中,无论我们想或是不想,变革就在那里,或快或慢;无论我们看或不看,能源就在那里,须臾不可离。

## 第一节 全球油气供需格局向"多中心化"转型

### 一、全球油气资源布局的战略轴线

作为工业化时代战略性商品的石油,其资源在全球的分布非常不均。现阶段,全球核心油气资源布局轴线呈现"倒 U 形"[①]。该曲线可以将主要产油国划分为三大油气资源聚集区:(1)常规油气的聚集区,以中东为中心,向北延伸至为里海、俄罗斯,向南延伸至南大西洋两侧,途经国家或地区包括非洲的乍得、原苏丹、波斯湾的沙特阿拉伯、伊拉克、伊朗、中亚的哈萨克斯坦、俄罗斯等,此区域主要开发常规油气资源;(2)非常规油气的聚集区为北美和南美北部,途经国家或地区包括北美地区的加拿大、美国,南美地区的委内瑞拉、巴西等,这一区域主要开发非常规油气资源,如加拿大的油砂、美国的页岩油气、委内瑞拉的重油和巴西的深海油气资源等;(3)北极地区,勘探程度最低但具有大量待发现油气资源。为保证未来可以更容易地稳定原油进口,从战略层面上,我们应该更多地关注与该曲线穿过的国家维持良好关系。

### 二、美国能源独立取得里程碑式进展

20 世纪 70 年代,由石油禁运引发的石油危机对类似于美国这样的石油消费大国和进口大国的政治、经济及居民生活等方面造成了严重影响,此后,美国开始改变其能源战略,从原先的控制和开采国外石油资源转向提高国内能源的独立性或自主性。两次石油危机期间,美国对国内石油生产、消费、价格进行了全面管制,出台了一系列保障石油临时应急供应和长远安全独立的政策措施。当时,尼克松总统已经深刻认识到能源自主的重要性,提出了能源独立的目标,并承诺完成该目标。

自从提出能源独立理念之后,美国历任政府都十分认同该理念,但不同时期的政府对实现能源独立目标的途径认知存在差异。尼克松时期,美国采取了管控消费的做法。里根和布什时期,美国放宽限制,通过市场机制实现能源独立。克林顿时期,美国一方面注重市场经济的作用,另一方面,它更强调计划指导,提

---

① 童晓光、王震:《中国利用国外油气资源战略研究》,中国工程院咨询课题,2009 年。

倡节能和提高能源利用效率、开发替代能源。小布什时期，美国继续沿用克林顿时期的一些有益政策，但同时开始更加强调增加国内供应在实现能源独立中的作用。小布什任职期间，美国在开采国内资源、节能和提高能效以及发展替代能源等方面取得突破性进展，同时在扩大战略石油储备和生物燃料利用等方面也取得了重要进展。奥巴马时期，美国更将能源安全独立性提高到前所未有的高度，提出要永久性地减少对石油的依赖。2011年3月30日，美国政府发布《未来能源安全蓝图》。蓝图规划了确保美国未来能源供应和安全的三大战略：第一，油气开发回归美国本土，确保美国能源供应安全。为实现该战略，一方面需要扩大本土油气资源开发，增加传统能源供应；另一方面需要在清洁能源领域开展全球合作，引领世界，开拓新兴能源供应；第二，推广节能减排，削减美国能源消费，具体包括提倡使用节能减排的交通工具和高效节能的住宅和建筑两大类；第三，激发创新精神，加快发展清洁能源。2008年美国进口石油量达1 100万桶/日（约5.5亿吨），美国政府明确提出，美国计划于2025年削减1/3的石油进口量。2011年5月，美国能源部发布报告称，2010年美国进口的原油和汽油已占美国石油总需求量的49.3%，其石油对外依存度13年来首次降到50%以下。美国能源独立，尤其是石油独立，取得了重大积极进展。

美国在降低石油对外依存度的同时，还多元化其海外进口渠道。目前，美国进口渠道基本实现多元化，而且分布均衡，其进口渠道大体可划为北美、南美、非洲、中东波斯湾和欧洲五大区域。北美地区具体包括加拿大和墨西哥，南美地区包括委内瑞拉、巴西、哥伦比亚和厄瓜多尔，非洲地区包括尼日利亚、安哥拉、阿尔及利亚和利比亚，中东波斯湾地区包括沙特阿拉伯、阿联酋、伊朗、伊拉克、卡塔尔、科威特和巴林，欧洲地区包括俄罗斯、英国和挪威[①]。2010年美国从这些国家进口的原油占总进口量的90%。同时，近年来，美国的石油供应呈现出向本土及周边地区收缩的态势，随着墨西哥湾等海上石油产量的增加，美国从美洲和非洲进口石油的力度加强，逐步减少了对中东波斯湾地区的依赖。北美地区是美国海外原油进口的首选地，美国从北美地区及南美地区的进口量在美国原油总进口中的比重已经超过50%（见表1-1）。

表1-1　　　　2011年美国石油进口来源国及进口量

| 国家或地区 | 进口量（万吨） | 占比（%） |
|---|---|---|
| 加拿大 | 13 377.5 | 23.9 |
| 墨西哥 | 5 978.8 | 10.7 |

---

① 张抗：《美国石油进口依存度和来源构成变化及启示》，载《中外能源》2011年第2期。

续表

| 国家或地区 | 进口量（万吨） | 占比（%） |
|---|---|---|
| 中南美洲 | 11 118.7 | 19.9 |
| 欧洲 | 2 950.0 | 5.3 |
| 苏联 | 3 553.0 | 6.3 |
| 中东 | 9 553.0 | 17.1 |
| 北非 | 1 844.9 | 3.3 |
| 西非 | 6 828.7 | 12.2 |
| 大洋洲 | 45.7 | 0.1 |
| 中国 | 18.7 | — |
| 印度 | 227.7 | 0.4 |
| 日本 | 43.9 | 0.1 |
| 新加坡 | 26.3 | — |
| 其他亚太地区 | 415.3 | 0.7 |
| 进口合计 | 55 982.2 | 100.0 |

资料来源：BP 能源统计，2012 年 6 月①。

目前，美国的原油供应呈现出以美国本土为中心，从北美到南美、再到非洲（主要指西非和北非）、波斯湾和欧洲的依次递减辐射状②，即美国从这五大区域进口的原油数量依次递减，从各个地区进口原油量与其同美国本土的距离呈负相关关系。我们认为，尽管美国多届政府采取了诸多措施，致力于解决能源供应安全问题，但是美国无法做到"自给自足"式的能源独立。美国也不可能摆脱对石油的依赖，但它却可以进一步降低石油的进口成本；此外，美国可以通过增加来自加拿大和南美地区油气资源的进口，降低对中东的石油依赖。总体来看，美国石油进口正在向其本土和周边区域实现战略性收缩。

## 三、能源格局"多中心化"转型趋势

美国石油供应向本土和周边区域战略性回归，这可能会引发其他石油消费大国积极构建以自身为主导的油气供需区，导致世界能源供需呈现"多中心化"

---

① BP. Statistical Review of World Energy 2012［DB/OL］.［2012 – 06］.
② 第一财经研究院：《美国能源独立战略前景评估：并非遥不可及》，载《战略观察》2011 年第 41 期。

格局。

表1-2展示了2011年世界主要石油进口国的进口来源。可以看出，目前美国近70%的石油进口来自大西洋两岸石油生产国或地区，它们主要包括美洲大陆各生产国及西非的尼日利亚和安哥拉。美国的石油进口已经形成以北美为核心，南美、非洲和中东为补充的格局，大西洋两岸成为美国海外石油供应的绝对主力。

表1-2　　2011年世界主要石油进口国进口来源　　单位：%

| 进口来源 \ 进口国家或地区 | 美国 | 加拿大 | 墨西哥 | 中南美洲 | 欧洲 | 非洲 | 大洋洲 | 中国 | 印度 | 日本 | 新加坡 | 亚太其他 | 世界其他 |
|---|---|---|---|---|---|---|---|---|---|---|---|---|---|
| 美国 | — | 20.8 | 82.9 | 50.6 | 4.0 | 5.1 | 1.1 | 1.3 | 0.4 | 1.8 | 4.4 | 0.2 | 11.4 |
| 加拿大 | 23.9 | — | 0.3 | 0.4 | 0.4 | — | 0.4 | — | 0.3 | — | 0.1 | — | — |
| 墨西哥 | 10.7 | 3.9 | — | 1.6 | 1.2 | — | — | 0.5 | 1.0 | — | 0.1 | — | 0.5 |
| 中南美洲 | 19.9 | 3.0 | 2.5 | — | 2.9 | 0.2 | — | 8.3 | 8.8 | 0.3 | 6.7 | 0.3 | 0.3 |
| 欧洲 | 5.3 | 22.0 | 9.0 | 4.4 | — | 42.2 | 0.7 | 0.2 | 0.3 | — | 7.3 | 0.6 | 39.4 |
| 苏联 | 6.3 | 3.1 | 0.7 | 1.6 | 50.0 | — | 3.1 | 14.8 | 0.6 | 4.0 | 4.1 | 4.4 | 35.5 |
| 中东 | 17.1 | 13.5 | 2.5 | 7.3 | 21.1 | 38.5 | 19.4 | 42.0 | 62.2 | 78.9 | 40.0 | 63.4 | 0.4 |
| 北非 | 3.3 | 16.4 | 1.2 | 5.3 | 8.3 | — | 1.4 | 1.8 | 3.7 | 0.6 | — | 0.5 | 2.8 |
| 西非 | 12.2 | 15.8 | 0.3 | 13.7 | 9.7 | — | — | 7.9 | 12.9 | 16.6 | 0.5 | 3.3 | — |
| 东南非洲 | — | — | — | — | — | — | 4.0 | 0.8 | 1.0 | — | 0.1 | 0.1 | — |
| 大洋洲 | 0.1 | — | — | 0.8 | — | — | — | 2.4 | 0.4 | 1.1 | 1.1 | 2.3 | — |
| 中国 | — | — | — | 7.0 | 0.1 | 1.8 | 0.2 | 0.0 | — | 0.6 | 0.3 | 2.1 | 4.8 | 4.6 |
| 印度 | 0.4 | — | — | 4.3 | 1.3 | 7.2 | — | 0.3 | 0.1 | — | 1.2 | 8.0 | 2.2 | 2.2 |
| 日本 | 0.1 | 0.3 | 0.3 | 0.1 | — | — | 5.3 | 0.6 | — | — | 0.0 | 3.5 | — |
| 新加坡 | — | 0.6 | — | — | 0.3 | — | 3.0 | 24.5 | 2.2 | 1.6 | 0.2 | 0.0 | 17.2 | 1.6 |
| 其他亚太地区 | 0.7 | 0.4 | 0.4 | 2.6 | 0.6 | 1.4 | 36.0 | 8.7 | 3.0 | 10.0 | 22.4 | — | 1.2 |
| 总进口量（亿吨） | 5.6 | 0.4 | 0.0 | 0.8 | 6.0 | 0.7 | — | 3.3 | 1.8 | 2.2 | 1.5 | 3.6 | 0.3 |

注：根据2012年BP能源统计资料整理和计算。

对欧盟的原油进口来源地进行分析，可以发现欧盟的原油供应主要靠欧洲本土和北非，具体国家包括欧洲的俄罗斯、挪威和北非的利比亚、阿尔及利亚。欧洲的石油供应形成了以俄罗斯、北海和地中海以南的北非为核心、以其他地区为辅的格局，环西欧大陆的供应圈初见雏形。2011年，中东北非发生动乱，特别是严重的利比亚局势造成该国石油生产基本停滞，其对欧洲的原油出口也基本消失殆尽，而此前利比亚生产的原油中超过80%出口至欧洲。作为北非最重要的产油国之一，随着利比亚生产恢复，利比亚必将重新进入到欧洲的环西欧大陆供应圈当中。

与美国和欧洲不同,中国、日本和印度等亚太地区的石油消费大国原油供给则高度依赖于中东地区。如表 1-2 所示,以日本和印度为例,2011 年,日本从中东进口石油占当年日本石油总进口量近 80%,印度从中东进口石油约占当年印度石油总进口量的 62%。

沿着全球核心油气资源布局轴线,世界石油供需基本呈现出三大"中心":一是以美国为需求中心,北美的加拿大、墨西哥和南大西洋两岸(巴西和西非)为供应中心的环美洲供需区;二是以欧盟成员国为需求中心,俄罗斯、挪威、北非及中亚为供应中心的环欧洲供需区;三是以中国、日本和印度等国为需求中心,中东、中亚和非洲为供应中心的环亚洲供需区。

## 四、对世界油气新格局的进一步探讨

第一,我们对三个石油供需中心的划分是比较模糊的。目前环美洲中心相对成熟,从国家的综合实力来看,只有美国有能力构建完全由自己主导的石油供需区块,以保障本国石油供应安全。主要原因是加拿大对美国供应的弹性非常大,加拿大甚至可以承诺保证美国石油供应,即填补美国石油供需缺口的承诺。这种"牢固"的供应关系是欧洲和亚洲石油消费大国难以比拟的。相比之下,环欧洲和环亚洲中心还处于概念化阶段,其未来的发展除了受地理和资源分布因素影响外,还要取决于欧洲和亚洲国家综合实力的发展。

第二,三个中心的界限相对模糊,各中心之间也是相互渗透。西非的石油并不都只向美国出口,还向其他地区供应,例如西非的安哥拉,近年来也一直是中国的第二大石油进口国。南美也不是"美国的后院",也与美国以外的国家和地区有稳固的合作,例如 2010 年中国同委内瑞拉就签订了长达 25 年的"贷款换石油"协议。此外,全球还会出现新的石油供给来源,如东非。通过近期的东非地质构造研究,东非油气资源取得重大发现,其勘探开发前景非常好,可以出口到全球其他地区。

第三,液化天然气(LNG)贸易的发展使得天然气市场也在逐步全球化。美国本土页岩气的快速发展将减少其对加拿大油气资源的进口。目前,加拿大已经感受到了由美国减少天然气进口引发的压力,正试图通过 LNG 的方式进入亚洲的油气市场,即使美国也可能会成为一个天然气出口国。

事实上,在经济全球化的大趋势下,产油国和消费国的联系更加紧密,石油市场的全球化趋势难以逆转。课题组尝试将世界能源格局划分为环美洲、环欧洲、环亚洲三大中心,仅希望明确各大石油消费区最主要的进口渠道,在把握好"全球化"与"多中心化"两条主线的基础上,结合全球化的背景,以更好地处理多元化和主渠道的关系。

## 第二节 国际油气定价机制呈现"区域化"态势

全球能源的格局决定了能源的定价机制。伴随着世界能源格局向"多中心化"转型，能源定价机制也在向"区域化"转变。

### 一、石油定价从全球化转向"区域化"

石油定价向"区域化"转型的特征可以从"短态化"的"欧洲溢价"以及"常态化"的"亚洲溢价"现象中看出。

#### （一）"短态化"的"欧洲溢价"

"短态化"的"欧洲溢价"是指2011年以来出现的世界两大定价基准期货油价——西得克萨斯轻质原油与布伦特价格长期连续"倒挂"现象。目前在世界范围内有两种主要的定价基准原油，一种是西得克萨斯轻质原油，其相应的原油期货合约主要在美国纽约商品交易所（NYMEX）进行交易；另一种是布伦特原油，其相应的原油期货合约主要在英国伦敦洲际交易所（ICE）进行交易。西得克萨斯轻质原油为轻质、低硫原油，品质高，美国石油学会比重度指标（API）为39.6，含硫率仅为0.24%，因此汽油产出率最高；布伦特原油则是15种不同油质原油的混合，其API度比西得克萨斯轻质原油的要低一些，但仍属轻质，含硫率为0.37%，综合品质稍逊于西得克萨斯轻质原油。

从历史上看，西得克萨斯轻质原油较布伦特原油的溢价通常在每桶1~2美元，这恰恰反映西得克萨斯轻质原油品质较好（见图1-1）。但自2011年以来，由于北非、中东局势动荡，特别利比亚战争的爆发，欧洲市场深感忧虑，使得布伦特原油的价格比西得克萨斯轻质原油高出15美元左右，加上美国本土运输等因素进一步拉大了这种逆价差，高峰期价差曾接近30美元，出现了所谓"倒挂"现象。

我们认为，导致西得克萨斯轻质原油与布伦特价格出现连续长时间"倒挂"的原因除了地缘政治触发之外，其根本原因是由于"环美洲中心"与"环欧洲中心"的存在，导致西得克萨斯轻质原油和布伦特价格呈现出"区域化"态势。具体原因包括五个方面：

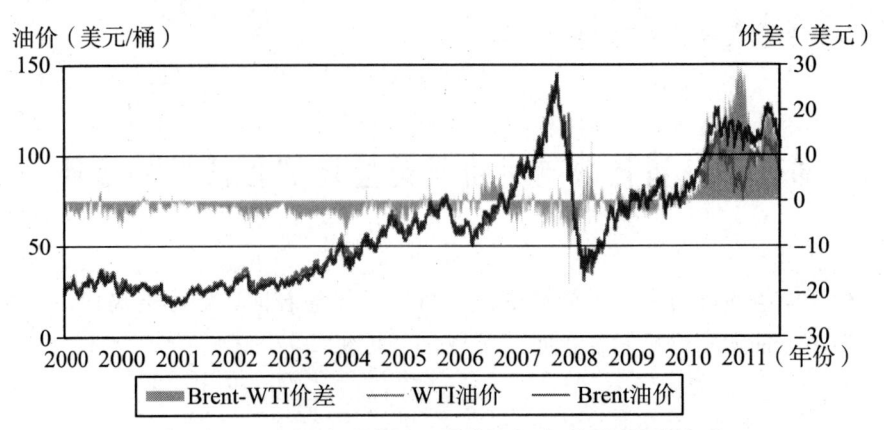

图 1-1　西得克萨斯轻质原油与布伦特原油价差

资料来源：路透社。

一是美国的原油供应增加。一方面，从加拿大出口到美国的原油量增长（见图 1-2）；另一方面，美加边境的北达科他州巴肯油田产量大幅攀升，两方面因素共同推动的结果导致更多原油输送至俄克拉荷马州库欣地区并储存起来。

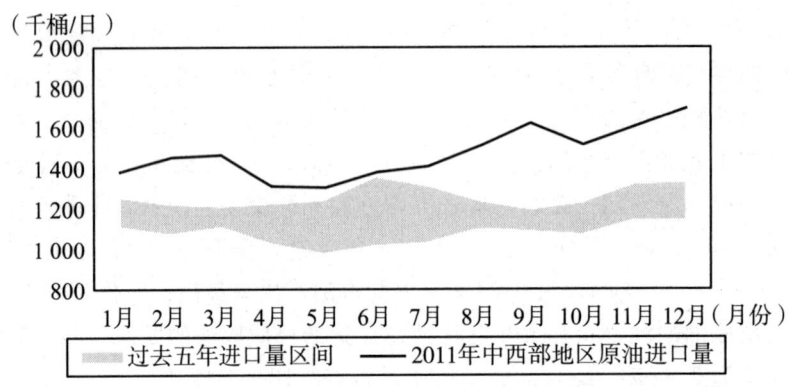

图 1-2　美国中西部地区原油进口

资料来源：EIA（http://tonto.eia.gov/dnav/pet/hist/LeafHandler.ashx? n = PET&s = MCRIMP22&f = M）。其中，过去五年指 2006～2010 年。

二是美国库欣地区管网"易进难出"。加拿大原油管网主要流向是美国的中西部地区（PADD II），俄克拉荷马州库欣地区正好位于该地区。2011 年 2 月，由加拿大能源运输公司——横加（TransCanada）兴建的连接俄克拉荷马州库欣地区的启斯东（Keystone）原油管道投产，进一步增强了向该区供给原油的能力，从而加重了该地区原油供过于求的形势。

三是在供应量增加的情况下，库欣地区运输管网特征导致库欣地区库存量高企。美国从加拿大的进口原油量增长，北达科他州产量大幅攀升，加之"易进难出"的管网，这三方面因素迫使中西部地区尤其是库欣地区原油库存量高企（见图1-3）。库欣正是西得克萨斯轻质原油合约的交割地，高企的库存使得该地油价承压，打击西得克萨斯轻质原油油价，使其保持在相对低位运行。

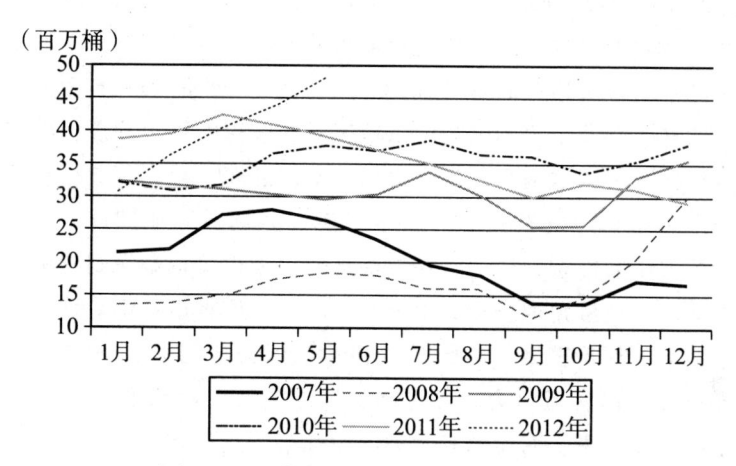

**图1-3 美国库欣地区原油库存量**

资料来源：美国能源信息署。

四是北海石油产量逐年下降。2010年，受油田日趋老化以及新油田发现减少等因素影响，北海四国（英国、挪威、丹麦、荷兰）包括其他烃液体在内的石油产量首次低于400万桶/日，平均为370万桶/日，仅为2000年高峰期产量632万桶/日的59%。

五是中东、北非局势的动荡扩大了价差。自2011年年底，突尼斯爆发"茉莉花革命"并蔓延至中东北非各国，引发了市场对世界原油供应的担忧。然而由于美国和欧洲的原油进口结构的差异，二者受到的影响程度不同，两地区基准油价所受冲击大小也不相同，导致两种油品价差扩大。美国已建立了分散、成熟和相对稳定的原油进口格局，但欧洲进口来源中中东、北非占34%，尤其是利比亚约有85%的原油出口到欧洲，因而布伦特油价受此次地缘政治冲突的冲击较大。

## （二）"常态化"的"亚洲溢价"

原油贸易中的"亚洲溢价"在学术界和实践中已经被多次论证和讨论。所谓"亚洲溢价"，指的是中东地区的一些石油输出国对出口到不同地区的相同原油采用不同的计价公式，亚洲地区的石油进口国往往要比欧美国家承担更高的原油价格。

2002年，菲律宾在"东南亚国家联盟"与中、日、韩三国共同会议上正式提出了"亚洲溢价"问题,得到了响应。学术界也展开了一系列的深入研究,还提出了一些具体的解决办法,但还是处于学术和理论层面的探讨,实际收效甚微。

我们认为,"亚洲溢价"常态化的根本原因是亚洲地区没有欧美那样成熟的定价机制,导致"环亚洲中心"中原油买卖双方议价能力严重失衡。体现在两个方面:

一方面,从政治上看,以沙特阿拉伯为首的中东主要产油国有赖于美国的军事援助,在原油出口价格方面对美国给予"优惠"政策,符合王室政府的长远政治利益。同样,欧洲主要国家与中东地区有着较深的历史渊源,中东国家与欧洲,尤其与英国、法国这两个安理会常任理事国之间,存在着战略利益。换句话说,欧美与中东产油国的谈判筹码要多于亚洲各国,而亚洲国家(除中国外)普遍在国际政治中的影响力较弱,在原油进口方面也就很难得到价格上的优惠。

另一方面,从经济角度分析,卖方与买方存在严重市场不对称。中东产油国认为,按照目前的计价公式计算出的价格可以保证他们的原油在三个市场(美洲、欧洲和亚洲)都有竞争力,并可确保销路畅通。亚洲主要石油进口国对中东原油的依赖程度很高,而美国和欧洲的原油来源较分散,特别是美国有来自南美、加拿大和墨西哥的原油作为主力油源,欧洲有来自俄罗斯的原油作为稳定的油源。为了保证自产原油在欧美市场的竞争力,中东国家必然要在价格上让步;而对于亚洲原油市场来说,中东原油处于相对垄断地位,中东产油国在定价问题上有主导权。特别是像日本这样的国家,由于原油几乎完全依赖进口,原油资源的稳定对其十分重要,即使在价格上吃亏,也不愿失去中东这一强大而稳定的油源,以避免对石油资源的稳定供应构成威胁。中东产油国也正是抓住了亚洲用户的这一心理特点,对亚洲用户的价格意见反应十分冷淡,甚至借此压彼。

关于如何应对"亚洲溢价"的问题,学术界已经系统地进行了长期深入的研究,提出了诸如扩大有竞争力的油源、加强政策协调、改变定价基准油、提高升贴水的灵活性等多项应对措施,但均局限于理论和民间层面,效果有限。

## 二、天然气仍属典型"区域化"定价

全球天然气市场上,天然气产品主要分为管道气和液化天然气(Liquefied Natural Gas,LNG)。由于和天然气管道运输紧密相关,管道气具有典型的区域性特征。LNG 目前主要形成了亚太、北美、欧洲三个区域市场,不同区域采取不同的定价机制[①](见表 1-3)。亚太市场主要与日本一揽子进口原油价格

---

① 王震、刘念、周静:《全球液化天然气定价机制:演进、趋势和基准价形成》,载《价格理论与实践》2009 年第 8 期。

(Japanese Crude Oil Cocktail，JCC) 挂钩。早期采用直线价格法，后主要采用"S"曲线。欧洲市场主要采用直线价格法，对于不同的气源地，挂钩能源类型有所不同。对于来自非洲地区的 LNG，主要是与汽油、燃料油价格挂钩，对于来自中东地区的 LNG，主要与北海布伦特原油价格挂钩。美国和英国 LNG 价格主要参照长期管道天然气合同和短期天然气合同。其中，美国参照的短期天然气合同价为亨利港报价，英国参照的短期合同价为国家结算点（National Balance Point，NBP）价格。

表 1-3　　　　　　　　各区域 LNG 定价特点

| 地区 | 北美及英国市场 | 欧洲市场 | 亚太 |
| --- | --- | --- | --- |
| 主要进口国 | 美国、英国 | 西班牙、法国、土耳其 | 日本、韩国 |
| 主要出口地 | 特立尼达及多巴哥、阿尔及利亚 | 特立尼达及多巴哥、阿尔及利亚、埃及、卡塔尔 | 印度尼西亚、马来西亚、澳大利亚、卡塔尔 |
| 贸易类型 | 中长期合同、现货、套货 | 中长期合同、现货、套货 | 中长期合同、现货 |
| 主导公式 | 直线 | 直线 | "S"曲线 |
| 主要挂靠能源 | HH、NBP | 原油、燃料油 | 原油（JCC） |

资料来源：王震、刘念、周静：《全球液化天然气定价机制：演进、趋势和基准价形成》，载《价格理论与实践》2009 年第 8 期。

各区域 LNG 定价机制的不同主要体现在挂钩能源产品不同上，这种区域差别是由进口商所面对不同的竞争性能源市场所决定的。对于天然气卖方而言，其主要关注的是定价公式能否为其实现合适的利润水平。对于不同的天然气买方而言，由于本土的主要消费能源和进口天然气所应用的领域都不尽相同，以某个价格进口天然气能否获得合适的利润取决于其竞争能源的价格。如果天然气的价格相比于其主要的替代能源价格偏高，天然气的进口商显然无法获得合理的利润，甚至导致亏损，因此出现了应用于不同地区的多种指数化公式。由于不同的定价公式挂靠了不同的市场指标，当这些指标变化程度不一时，买方价格不可避免地会出现一定差异。而目前以 LNG 为标的的期货市场尚未建立起来，很难利用各地价差进行套利，这使得 LNG 价格本身的区域化特点更加明显。

就 LNG 定价机制的未来趋势而言，随着市场规模的日益扩大，液化天然气定价将日渐呈现独立化和全球化的趋势。回顾石油的定价历史，经历了大石油公司主导到主要产油国或欧佩克（OPEC）主导，再到通过期货交易所进行价格发现三个阶段。液化天然气与石油有着非常类似的特点：两者都是可以在世界范围内自由流通的重要能源，同时相比于石油而言 LNG 更易于标准化，适合推出期货合约。从石油定价的历史经验来看，最有可能的趋势是通过期货交易所形成 LNG 基准价，再在基准价上加上升贴水形成实际贸易结算价格。在此基础上，长期合同贸易仍可能是主要贸易形式，但其职能将会转变为保障供求，定价职能将会消除。在形成了具有影响力的基准价后，LNG 定价的区域特点也可能随之改变，形成全球范围内大体相同的定价机制，但从区域化到全球化的这一过程肯定是渐进而长期的。2012 年 4 月，受需求低迷和库存高企的影响，美国天然气现货价亨利港（Henry hub）报价低至 1.907 美元/百万英制热量单位，跌至 21 世纪最低。当年 7 月，亨利港报价逐渐恢复至 2.1 美元/百万英制热量单位，但仍远远低于英国的 9.9 美元/百万英制热量单位和环地中海地区的 12 美元/百万英制热量单位，而同期东亚 LNG 市场的现货价格更是高达 17.4 美元/百万英制热量单位[1]，充分说明天然气价格区域化特征依然显著。

## 第三节 能源金融体系"多元化"结算初现端倪

在世界能源定价机制中，关键要素就是以定价货币为核心的国际能源金融体系。目前，在国际能源金融体系中，美元作为国际通用货币和主要储备币种，是大多数国际能源产品贸易的计价和结算货币，在国际能源金融体系中处于绝对主导地位。但近年来，美元的统治地位正日益受到挑战。

国际能源产品中，最重要的当属石油。石油标价权的争夺首先发生在"美元石油"与"英镑石油"之间。第二次世界大战前，中东石油的 2/3 仍属于由英镑标价的石油。第二次世界大战后，根据"马歇尔计划"，美国五大石油巨头向欧洲销售的石油必须用美元购买。美国的崛起与英国的衰落使得"美元石油"最终取代了"英镑石油"[2]。布雷顿森林体系的建立，使美元直接与黄金挂钩，各国货币则与美元挂钩，石油美元机制在布雷顿森林体系下得到了进一步的加强。布雷顿森林体系瓦解后，20 世纪 70 年代，美国和沙特阿拉伯签订一系列秘密协议，确保美元作为石油的计价货币，也通过沙特阿拉伯成功说服其他欧佩克成员国，同意继续将美元作为出口石油唯一的计价货币，美元与石油"挂钩"成为世界的共识。目前，每年全球的石油贸易超过 6 000 亿美元，占全球贸易总额的 10%[3]。

---

[1] World Energy Outlook 2012. IEA.
[2] 王震：《石油美元走势及对中国的影响》，国家软科学研究计划重大项目报告，2010 年。
[3] 陈晓进：《大中小美元石油时代的终结?》，载《金融博览（银行客户）》2008 年第 5 期。

美元自充当石油贸易的"一般等价物"之后,形成了对国际金融体系产生巨大影响的"石油美元",给美国带来了持续的丰厚收益:一是美国可以通过印刷钞票来购买石油,由于国际石油交易以美元计价,美国可以通过输出美元这一虚拟符号来换取石油这一真实资源的注入;二是通过美元汇率来控制世界石油市场,掌握国际石油市场话语权和定价权;三是通过垄断像石油这样的大宗商品的交易计价权,保证美元在国际货币体系中的霸权地位,形成"全世界都在使用美元,而美国在生产美元"的局面。

美国次贷危机引发的金融危机给欧美经济带来巨大损失,美国持续实行 0 ~ 0.25% 的超低利率政策、连续推出量化宽松货币政策,由于两党政治斗争导致美国国债一度面临违约风险,这一系列事件使得美元的信用受到严重打击。2008 年全球金融危机以来,美元对世界主要货币的名义汇率指数总体呈下跌态势。2012 年 4 月名义美元指数为 99.1,比 2002 年 2 月 129.7 的历史高点累计下跌 23.6%,比 2009 年 3 月 112.4 的高点下跌 11.9%。

美元的走软,使得石油出口国的美元储备出现大幅缩水,也给其他种类的货币带来了新的发展空间。在国际能源金融领域,"石油欧元"、"石油卢布"、"石油人民币"的提出和出现,就充分表明"石油美元"的统治地位已经受到挑战。

## 一、"石油欧元"不断试探

欧元汇率的涨落,实际上与"石油欧元"机制的倡议或举动息息相关。但凡产油国宣布考虑将石油交易的计价货币转换成欧元,或者将这一建议付诸实施,欧元汇率就相对于美元开始上升;但凡石油欧元的倡议不了了之,或者建立石油欧元计价机制的行动发生了逆转,欧元汇率就相对于美元开始下降。

2002 年以来,石油价格上涨伴随着美元的持续阶段性贬值,使石油出口国积累起来的美元资产严重缩水。于是,欧佩克内部出现了原油计价继续采用美元还是转向欧元的争论。事实上,这种争论在欧佩克已经存在了将近 40 年[①]。第一个吃螃蟹的国家是伊拉克。早在 2000 年 11 月,萨达姆政府就宣布石油改为以欧元计价。有部分专家认为,萨达姆政府的这一举动直接促成了美国发动第二次伊拉克战争。2003 年 6 月,美国在伊拉克战胜后不久,就将伊拉克的石油销售重新转变为用美元计价。

伊朗政府在 2006 年 3 月 20 日成立了全球首个以欧元计价的石油交易所,又在 2011 年 7 月 13 日在德黑兰举行伊朗国际原油交易所的落成典礼。伊朗的这一

---

① 宿景祥:《"石油美元"走向尽头》,载《中国企业家》2008 年第 7 期。

举措，意在以欧元来打压美元，增加其对美谈判的筹码，打破国际石油体系的利益格局①。从伊朗的实力来看，它每天只能出口大约 250 万桶石油，不到欧佩克出口量的 1/10，在全世界所占比重更少，可以说对美国构不成什么根本威胁。但是伊朗敢向"石油美元"叫板的意义在于，它预示着，随着世界经济格局发生变化，未来石油计价和交易货币多样化将是必然的趋势。

## 二、"石油卢布"野心勃勃

近年来，俄罗斯正在依靠能源快速恢复经济实力和大国地位。俄罗斯石油出口量约占世界石油贸易量的 12%，天然气出口超过欧洲进口量的 40%，但俄罗斯对于目前国际油气价格的定价机制几乎没有发言权。俄罗斯可以通过对本国油气产量、出口流向和出口价格政策的调控，极大地影响国际能源供需形势。这种影响力使得俄罗斯产生了"另起炉灶"的想法，颇有以"卢布石油"代替"美元石油"之意。

2007 年 11 月 14 日，俄罗斯正式宣布将在圣彼得堡建立石油交易所，在那里交易的石油、天然气和其他原料都用卢布结算。根据 2007 年 6 月 5 日俄罗斯政府颁布的法令，国有控股超过 25% 的公司，必须要在这个新交易所购买 15% 以上的石油。俄罗斯政府希望把这个交易所办成一个对全球石油市场有重要影响的交易机构。目前，全球主要石油期货交易所分别是纽约商品交易所、伦敦洲际交易所、东京工业品交易所等。从表面上看，不用美元结算是为了避免美元贬值造成的收入损失。但俄罗斯并没有寻找其他替代货币用以能源交易结算，而是努力争取用本国货币结算，可见其用意不仅仅在于稳定收入，还在于借此将卢布打造成国际硬通货，并挑战美英的石油定价权。

## 三、"石油人民币"渐现媒体

随着人民币国际化改革步伐加快和我国对外石油依赖程度的逐年攀升，"石油人民币"的提法也渐现媒体。我国已成为世界第二大石油消费国和第二大石油进口国，第六大天然气生产国和第三大天然气消费国，但在国际油气贸易中仍处于被动接受国际价格的困境。为了逐步改变这种被动局面，随着我国金融体制改革的深入，有序推进我国石油贸易和流通领域改革，在夯实能源资源要素和产

---

① 顾玉清：《伊朗向"石油美元"叫板用"石油欧元"取代?》，载《人民日报》2006 年 3 月 16 日，第七版。

品价格市场化形成机制的同时，坚定不移地推进人民币市场化和国际化改革步伐，推进能源期货市场发展，扩大与石油出口国的经贸合作和油气领域的直接投资，增强人民币的国际地位。

### 四、"石油美元"地位撼动尚需时日

综合来看，目前要想撼动"石油美元"的霸主地位尚需时日。首先，从欧债危机爆发以来，欧元对美元汇率呈现下跌趋势，欧元区多国深陷债务危机，"石油欧元"发展壮大的基础还很薄弱。其次，采用非美元货币结算的伊朗对美元的冲击还很有限。2011年以来，中东、北非地区爆发一系列动荡，伊朗核问题进一步升级，美国和欧盟对伊朗实施了包括石油禁运在内的多轮严厉制裁。伊朗已经停止对法国、意大利、荷兰、希腊、葡萄牙和西班牙等欧盟国家的供油，日本表示将逐步减少来自伊朗的原油。"石油欧元"在伊朗遭遇挫折，"石油人民币"短期内难以在大宗商品定价权方面发挥重要国际影响力。

诺贝尔经济学家获得者蒙代尔认为："贯穿货币发展史的一个主题就是处于金融权力顶峰的国家总是拒绝国际货币改革，因为这会降低它自身的垄断力量。""石油美元"霸主地位的撼动过程本质上是世界各大国政治、经济、文化等综合实力此消彼长的过程。其他货币替代石油美元必将是一个缓慢的、渐变的过程。在这个相互依赖的世界，如果包括石油贸易在内的国际贸易中突然全部改用非美元货币作为计价和支付手段，将势必导致国际货币体系的混乱和各国外汇储备的大幅度缩水。无论是"石油欧元"还是"石油卢布"，单种货币想在短期内大规模取代"石油美元"都是不现实的。

## 第四节 非常规油气资源的战略性地位日益突出

经过近一个半世纪的勘探开发，全球主要含油气盆地易发现、易开采的油气资源大部分已经被发现和开采完毕。常规油气资源发现难度加大，非常规资源则方兴未艾，世界石油工业迎来新一轮的发展周期和浪潮。非常规油气资源是与常规石油、天然气资源相对而言的概念，目前非常规油气资源并没有明确的定义。一般来讲，非常规油气资源指储存地点、开采方法等与常规石油、天然气不同的油气资源，主要包括：页岩气、致密气、煤层气、油砂、重油、页岩油、深海油气等。

## 一、常规油气资源发现难度加大

常规油气资源中,剩余资源分布地区的地表条件和自然环境日趋恶劣,包含深水、极地、高山和沙漠等;勘探对象日趋复杂,高陡构造、小断块和深层油气藏越来越多地成为勘探工作对象。常规油气资源的勘探与开发难度明显加大。

## 二、美国页岩气异军突起

美国的页岩气近年来异军突起。美国能源信息署(EIA,2011)评价结果表明,全球非常规页岩气技术可采资源量合计约为187万亿立方米,其中北美占28%、亚太28%、南美19%、非洲15%、欧洲10%。综合考虑世界各个国家页岩气资源量与已探明储量的相对关系可以看出,美国资源量大且已探明储量高,而我国页岩气资源量虽然大于美国,但仍处在早期阶段;加拿大和澳大利亚的页岩气前景也被看好。

从页岩气勘探开发现状来看,除美国和加拿大之外,全球其他地区尚未实现商业开采,仅处于研究和探索阶段。美国非常规页岩气技术可采资源量约为24万亿立方米,待发现技术可采资源量为13.6万亿立方米。美国页岩气产量已从1980年的18.2亿立方米增加到2008年的600亿立方米,近10年的产量已经增加了5倍。2010年,全美页岩气生产井共计45 000多口,产量突破了1 378亿立方米,比2009年猛增了56%,占该国天然气总产量的23%。2011年美国页岩气产量更是达到1 720亿立方米。加拿大是继美国之后第二个实现页岩气商业化开采的国家,其2009年页岩气产量达72亿立方米。

北美地区页岩气产量的急剧增加,引起国际社会对页岩气开发的高度关注,许多国家纷纷采取措施,加快本国页岩气资源勘查与开发。目前,全球已有30多个国家展开页岩气勘探开发工作。中国页岩气可采资源量达25万亿立方米①,居世界第一。目前中国页岩气开发刚刚起步,总体处于前期以资源评估与勘查为主的探索和准备阶段。近年来,正当世界各国都在争相复制"美国页岩气"模式的同时,美国能源公司由于油气价格比逐渐增大,2009~2010年只有1/3从事页岩气开发的公司能够保持盈利,特别是2012年年初美国天然气价一度降至2美元/百万英制热量单位甚至以下,致使页岩气作业公司纷纷转向于开发富油

---

① 美国能源部能源信息署发布估计中国页岩气开采资源量为36万亿立方米,而中国国土资源部发布的数据则为25万亿立方米。

的巴肯（Bakken）、鹰滩（Eagle Ford）和奈厄布拉勒（Niobrara）等页岩区带，纯粹页岩气的钻井数量有所减少，在一些地区甚至已经停止。

尽管面临着环境保护和水资源短缺的技术挑战，美国国内页岩气产量的急剧增长却在一定程度上改变着世界天然气市场的格局。由于美国页岩气革命的影响，使得国际市场原本出口到美国的多余 LNG 转而运往欧洲市场和亚洲市场，欧洲相应地减少了对俄罗斯管道天然气的进口，这又对亚太地区的 LNG 市场产生影响。

### 三、加拿大油砂迎来发展机遇

加拿大油砂占世界油砂总量 42%（俄罗斯东西伯利亚盆地占世界油砂总量 40%）、占该国石油资源 95%，主要分布于阿尔伯塔省，预计油砂将逐渐取代常规油成为加拿大主要石油生产来源，并成为世界石油供应市场一个越来越重要的组成部分。目前加拿大已宣布的油砂探明可采储量为 1 740 亿桶，主要分布在阿萨巴斯卡（Athabasca）、冷湖（Cold Lake）、和平河（Peace River）三地，开采成本为露天开采 20~130 美元/桶，地下开采 20~100 美元/桶①。

目前，加拿大油砂产量持续增加，占加拿大石油总产量的比重高达 45%。加拿大 ARC 资源公司（ARC Resources Ltd）的研究报告预计，到 2015 年加拿大油砂产量将达到 $210 \times 10^4$ 桶/日，这比 2010 年的油砂产量约高出 $60 \times 10^4$ 桶/日②。与常规石油开采相比，油砂采收技术复杂、费用高昂。

近年来，油砂开采技术迅速发展，除了埋深小于 75 米的油砂可以采用露天开采外，其余均需进行钻井开采。加拿大油砂沥青具有高密度、高粘度、高碳氢比、高金属含量的"四高"特征，油砂中的原油粘度一般在 $10~200 \times 10^4$ 毫帕秒，但其对温度非常敏感，随着温度的升高，原油粘度急剧下降，因此目前热采技术能够实现有效开发，主要包括蒸汽辅助重力泄油（SAGD）与蒸汽吞吐（CSS）等已工业化应用的开采技术，以及溶剂萃取（VAPEX）与垂向火烧（THAI）等试验技术。截至 2010 年年底，加拿大蒸汽辅助重力泄油方式商业开发项目 12 个，日产油 4.2 万吨/日，正建设、已批准、正申报和规划的蒸汽辅助重力泄油项目合计 89 个，预计生产规模约为 $41.4 \times 10^4$ 吨/日。在阿萨巴斯卡和冷湖地区已建的油砂蒸汽辅助重力泄油开采项目 9 个，在建项目 6 个，目前总生

---

① 童晓光、赵林：《再论石油企业"走出去"战略》，载《世界石油工业》2012 年第 19 期，第 26~30 页。
② 唐旭：《非常规油气资源缓解能源"饥渴"油砂——未来能源供应生力军》，载《人民日报》2012 年 1 月 31 日。

产井数（井对）超过100，原油产量在2010年达到日产10万吨以上，预计采收率超过50%。蒸汽吞吐技术在加拿大得到工业化应用的有3个工程，其中2个在冷湖油田，1个在和平河油田。蒸汽吞吐产油量$12\times10^4$桶/日（相当于$600\times10^4$吨/年），周期油气比从早期的0.3上升到3~4周期的0.6，随后开始递减，原油采收率可达到25%。

不过，油砂开采会影响地下水和空气质量、破坏地表植被，开采过程也会排放大量的温室气体，因此油砂开采受到环保人士的批评，加拿大政府也面临着巨大的社会压力和国际舆论压力。尽管如此，加拿大油砂在世界能源供应体系中的重要地位不容忽视。就短期和中期而言，可再生能源在整个能源供应中仅占很小份额，交通运输所必需的石油液体燃料在短期内也还很难替代。作为常规石油的重要补充，在安全政治环境下开采的加拿大油砂能够并且必将在未来全球能源供应中发挥至关重要的作用。

## 四、委内瑞拉重油方兴未艾

委内瑞拉超重原油的资源量和可采储量都位居世界第一，主要蕴藏在奥里诺科（Orinoco）重油带。这个重油带主要由卡拉沃沃（Carabobo）、阿亚库乔（Ayacucho）、朱宁（Junin）、博亚卡（Boyaca）4个油区组成。委内瑞拉国家石油公司（PDVSA）发表的报告中称，估计奥里诺科重油带超重原油的可采储量为423亿吨；而美国KBC先进技术公司在2011年估计委内瑞拉奥里诺科重油带超重原油的原始地质储量为1 855亿吨，产量约为$8.2\times10^4$吨/日。根据欧佩克的数据，2010年委内瑞拉已探明原油储量2 965亿桶，同比增加40%，超过沙特阿拉伯成为全球已探明原油储量最大的国家，委内瑞拉重油地质条件好，生产成本和改制成本低，但合作条款比较苛刻。2012年委内瑞拉国家石油公司计划提高奥里诺科重油带朱宁和卡拉沃沃两个油区超重原油的产量，已与中国石油天然气集团公司（CNPC，以下简称中石油）、美国雪佛龙（Chevron）、意大利埃尼（Eni）和西班牙雷普索尔（Repsol YPF）等公司组建了合资企业，以便加速开发奥里诺科重油带的超重原油。2011年年底，委内瑞拉重油、超重油产量达到0.36亿吨。

奥里诺科重油带原油具有"三高一低可流动"的特点，即：高密度（934~1 050千克/立方米）、高含硫（平均为35 000毫克/升）、高含重金属（大于500毫克/升，其中矾占80%，镍占20%）、低粘度（一般小于20帕秒），可形成泡沫油，冷采条件下可流动且单井产能很高（水平井冷采产油量一般为200吨/日），冷采采收率较低（为5%~10%）。

委内瑞拉政府计划到 2015 年原油日产量达到 71 万吨/日，其中重油带至少新开发 3 个区块，重油总产量超过 18 万吨/日，到 2021 年重油日产量超过 44 万吨/日。为此，将在奥里诺科河边的朱宁区和卡拉沃沃区建 2 个改质厂区，共建设日改质能力 2.94 万吨/日的改质厂 5 座，新建一个港口和铺设到新港口长约 600 千米的输油管线，总投资近 700 亿美元。

### 五、深水油气资源

根据伍德麦肯兹（WoodMackenzie）的统计，2011 年世界前十大油气勘探发现中，有 7 个属于深水发现。尤其是近些年来，在巴西东南部海域的深海和超深海地区接连发现储量巨大的油气田，这些深海油田约蕴藏 500～1 000 亿桶的油气资源。深海油气资源的发现使巴西的油气储量可与科威特和俄罗斯比肩，提升了巴西在全球能源格局中的地位①。2009 年 5 月，巴西首个平均水深达 6 000 米的超深水油田开始产油，产油量约为 1.5 万桶/日，此后巴西的超深水石油开采从试验阶段进入正式生产阶段②。目前，巴西国家石油公司（Petrobras）已经掌握了深水油田石油生产的浮式采油、储油和卸油等超深水采油技术。巴西在深水石油开采方面取得的技术进步使其石油供应量大幅攀升。根据英国石油公司的预测，从 2010～2030 年，巴西深水石油产量每天将至少增加 200 万桶，能够有效地弥补陆上油气的不足③。

全球范围内非常规油气资源的开发不仅拓展了国际油气行业的产业范围和影响力，也引导着国际能源消费结构的转型，对全球能源格局，乃至世界政治经济格局均具有深远的影响。

## 第五节  中东、北非动荡增加全球油气市场不确定性

2010 年年底以来，以突尼斯"茉莉花革命"为先导，中东、北非地区爆发了史无前例的大规模反政府抗议运动，并逐渐蔓延到阿拉伯各国，维持了数十年地区稳定的政治秩序迅速崩溃，对全球油气市场产生了很大冲击。

---

① 郑晓萌：《巴西国家石油欲动超深水油藏》，载《中国石化报》2010－10－22（07）。
② "巴西首个超深水油田将于 5 月 1 日开始产油"，中国石化新闻网，2009－3－9。
③ 李扬：《非常规油气资源开发现状与全球能源新格局》，载《当代世界》2012 年第 7 期。

## 一、中东、北非动荡的现状与未来

回顾 2010 年年底以来的动乱，穆巴拉克下台、卡扎菲被击毙、萨利赫和平交权，一系列事态进展出人意料。截至 2012 年年底，中东、北非地区已有近 20 个国家发生动乱，波及范围覆盖了从非洲西海岸到波斯湾的整个中东、北非地区。根据各个国家动乱的规模和严重程度不同，可以将发生动乱的国家分为四类，如表 1-4 所示。

表 1-4　　　　　　中东、北非地区各国动乱情况

| 动乱类型 | 国家 |
| --- | --- |
| 发生政权更迭的国家 | 突尼斯、埃及、利比亚、也门 |
| 陷入内乱的国家 | 叙利亚 |
| 已调整政府内阁的国家 | 科威特、约旦、阿曼 |
| 小规模动乱或局势可控国家 | 沙特阿拉伯、巴林、苏丹、阿尔及利亚、伊朗、伊拉克、阿联酋、土耳其、加蓬、毛里塔尼亚、津巴布韦等 |

中东、北非动荡的爆发时间具有偶然性，但动荡的产生具有必然性。除了中东、北非地区各国自身的个性原因外，导致中东、北非动荡发生的共性原因主要包括金融危机对中东、北非地区各国脆弱经济体系的严重冲击、政治体制僵化和长期存在高压统治、欧美国家的干预以及新兴互联网媒体的推动。

"以史为鉴，可以知兴替"。立足于中东、北非动荡现状，在剖析动乱爆发深层次原因的基础上，可以展望中东、北非动荡的发展趋势：

### （一）阿拉伯世界可能步入历史动荡新周期

长期存在的宗教、民族矛盾可能在动乱中发酵。宗教矛盾方面，逊尼派与什叶派之争可能引发甚至恶化多国乱局，特别是在由少数派统治多数派的国家，如叙利亚国内逊尼派人口占 74%，什叶派 16%，总统属于什叶派分支阿拉维派，该派人口仅占全国人口的 13%，目前掌控叙利亚军队、安全部队和情报局的大部分关键岗位，少数派掌权统治多数派的现状常常引发教派纷争；民族矛盾方面，巴以问题和平解决遥遥无期，尽管在 2012 年 11 月 29 日第六十七届联合国大会给予巴勒斯坦联合国观察员国地位，但只要美国反对或不予承认，其实质上建国仍然很艰难，巴、以关系将继续是左右中东地区国际关系的砝码所在。在埃

以关系、土以关系恶化、伊以关系持续紧张的局势下，部分动荡国家可能借此转移国内矛盾，使之成为地区动荡的导火索。

外部干预使地区局势趋于复杂。中东、北非动荡发生以来，西方国家不断通过提供武器、表明立场、发动军事行动等措施对动乱国家的反对势力进行支持。西方的干预使部分国家陷入内乱，部分动乱国家诞生亲美政权，这两个方面都将极大改变中东、北非地区地缘政治格局，扩大亲美政权与反美国家的裂隙，减弱阿盟、非盟及海合会在地区事务中的协调作用，导致阿拉伯世界的分裂，增加地区爆发不同教派和民族国家间战争的风险。

## （二）各大国在中东、北非地区战略博弈将会进入白热化

动乱发生以来，美、欧、俄等大国在中东、北非地区的战略博弈和利益争夺将逐渐进入白热化。总体来看，中东、北非地区战略格局正朝着有利于美国的方向发展，美国继续把握中东、北非地缘政治格局重塑主导权。通过对动乱国家政权发动战争、进行制裁或暗中默许，美国主要地区敌手——利比亚卡扎菲政权已经倒台，反美国家伊朗的重要盟友——叙利亚身陷乱局，美国主要地区盟友——沙特阿拉伯、巴林、卡塔尔、阿曼等国局势则趋于稳定，美国若能恰当把握这一整合现实利益和意识形态利益的契机，将有望长久维持在该地区的霸权地位。欧盟，特别是法国和英国，是此次西方干预中东、北非动荡的领导者。通过主导对利军事打击、组织召开利比亚战后重建会议和推动制裁叙利亚巴沙尔政权，欧盟维持了中东、北非动荡干预行动的"领头羊"地位。中国、俄罗斯等其他在该地区存有利益的政治大国，目前在战略上处于被动地位。这些国家正通过不同形式的措施极力增强对中东、北非地区国家的政治影响力和能源话语权。

## 二、中东、北非动荡对全球油气市场的影响分析

中东、北非动荡的持续发酵和蔓延给国际油气市场带来了一定的冲击，具体表现在国际石油价格、国际石油运输通道和国际油气投资环境三个方面。

### （一）中东、北非动荡加剧国际原油市场价格波动

2011年以来，中东、北非动荡在很大程度上加剧了国际油价的波动，主要表现在原油期货价格上涨和布伦特—西得克萨斯轻质原油价差逐渐拉大。原油期货价格方面，动乱的不断蔓延与深化，带来市场对中东、北非地区油气生产前景不明的担忧与消极预期，加剧了市场恐慌行为，加上金融市场投机行为的炒作，国

际石油市场价格在动乱爆发前后出现较大幅度波动。从 2010 年 12 月突尼斯首度爆发抗议浪潮，到 2011 年 3 月中东、北非地区动乱大规模蔓延，布伦特原油从 90 美元/桶一路上涨至 114 美元/桶，上涨幅度为 27%。国际油价高企给中国石油进口带来了极大的负面影响，按 2010 年中国进口 2.39 亿吨原油计算，国际油价每桶每上涨 1 美元，中国就需要多支付约 17.5 亿美元。布伦特—西得克萨斯轻质原油价差方面，历史上西得克萨斯轻质原油比布伦特要高出 1~2 美元/桶，受中东、北非局势影响，相对于布伦特价格，西得克萨斯轻质原油价格出现反转，2011 年平均价差高达每桶 15 美元，2012 年仍然维持在这一水平。造成布伦特—西得克萨斯轻质原油价差持续扩大的主要原因之一是中东、北非动荡对出口到欧洲的油气安全造成了威胁，从而显著抬高了布伦特油价。

### （二）中东、北非动荡威胁国际石油运输通道的安全

当前世界石油贸易中，超过 70% 的量通过海运运输。在世界七大石油运输咽喉①中，中东、北非地区主要有三个重要海峡或运河，分别是霍尔木兹海峡、曼德海峡和苏伊士运河。霍尔木兹海峡周边国家主要有沙特阿拉伯、伊朗、巴林、卡塔尔和阿曼，平均每天通过油轮 13 艘，运输原油 1 500 万桶，占全球原油海运贸易总量的 40%，其中输往中国的原油约占我国全年进口原油总量的 40%。一旦动乱在霍尔木兹海峡周边国家升级，将可能影响到通过此海峡从海湾地区进口原油的运输安全。曼德海峡连接红海南端与阿拉伯海亚丁湾，周边国家有吉布提、厄立特里亚和也门，被称为连接欧、亚、非三大洲的"水上走廊"。2009 年曼德海峡原油运输量为 320 万桶/日，主要输出方向为欧洲、美国与亚洲地区②。经苏伊士运河和苏伊士—地中海石油管道运输的石油为 310 万桶/日，其中从运河往南通过亚丁湾运往中国的原油约占我国全年进口原油 4%，作为我国原油进口通道的重要性不及霍尔木兹海峡和曼德海峡，但如果运河关闭将迫使油轮改道好望角，导致行程增加 6 000 英里，航程延长 12 天，油价抬高 1~2 美元/桶。

### （三）中东、北非动荡将导致国际油气合作风险加大

中东、北非动荡加剧了该地区国际油气合作的风险，恶化了国际投资环境。政治风险方面，中东、北非地区属于油气富集地区，地缘政治形势复杂多变，资源国政局不稳、政治暴力事件频发和法律法规不完善（如伊拉克等）等不稳定

---

① 陆如泉、傅阳朝：《影响全球石油贸易的七大运输"咽喉"》，载《国际石油经济》2011 年第 10 期，第 16~20 页。
② EIA. Country Brief. http://www.eia.gov/countries/.

因素给石油项目的稳定运营带来巨大风险。经济风险方面，随着国际油价持续在高位宽幅震荡，工程技术服务价格和原材料成本上升（如伊朗等），将提高项目成本，侵削项目的经济性；一些资源国经济不稳、汇率波动较大、产业结构不完整、财政收支不平衡、油气国际合作政策多变等因素也给项目的运营带来不确定性。社会风险方面，一些国家社会不稳、劳工罢工常态化（如阿曼等）和文化差异较大等因素经常影响石油公司合作项目的正常有效运行。安全风险方面，一些资源国的社会动荡频发、社会治安不稳（如利比亚等）等因素给项目人员和资产安全带来了严重影响[①]。

---

[①] 童晓光、赵林：《再论石油企业"走出去"战略》，载《世界石油工业》2012年第19期，第26～30页。

# 第二章

# 中国油气安全的新形势

油气资源是国民经济与社会发展不可或缺的生产要素和物质基础，是影响一个国家综合国力和国家安全的重要因素。在过去30多年中，中国经济保持了持续的超高速增长。1982~2012年，年均经济增长率达到了10.2%。国民经济的快速发展和工业化、城镇化进程的加快，刺激油气需求水平不断升高，推动中国油气供应和消费结构发生变化。我们必须审时度势，在把握全球油气市场格局变化的基础上，理清未来国内能源安全发展的基本脉络，寻求我国油气供应的安全、稳定和可持续发展。目前，我国油气供需形势总体呈现以下四个特点：油气供需缺口加大，国内资源供需矛盾突出；油气对外依存度持续上升，国际竞争压力加大；定价机制市场化进程滞后，与市场稳定运行的要求之间矛盾突出；能源利用效率低，碳排放高速增长，环境和政治压力不断加大。

## 第一节 国内油气供需缺口不断加大

### 一、油气供需缺口

#### （一）中国能源总体供需形势

当前，国内能源生产增长远不能满足需求，供需缺口仍不断扩大（见图2-1）。

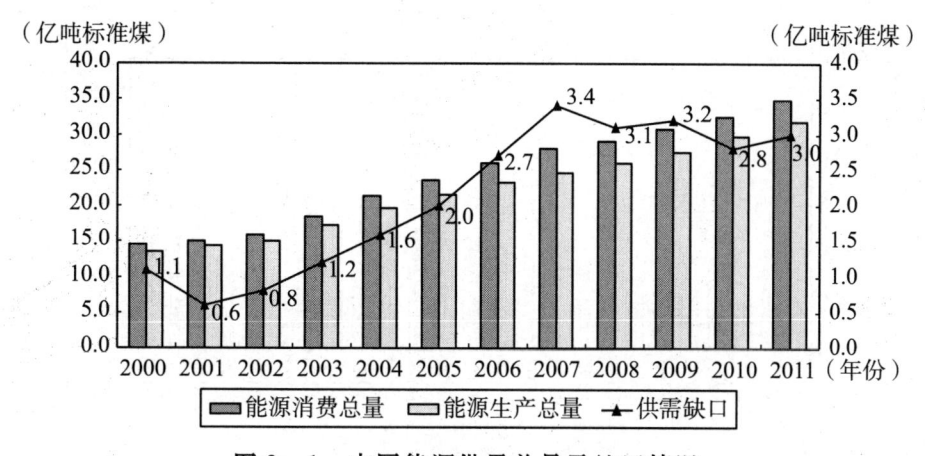

图 2-1　中国能源供需总量及缺口情况

资料来源：《中国统计年鉴（2013）》。

2012 年中国一次能源生产总量为 33.3 亿吨标准煤，同比上升 4.8%，是 2000 年 12.9 亿吨标准煤的 2.6 倍，期间年均增长 8.2%；同期，一次能源消费总量从 14.6 亿吨标准煤增加到 36.2 亿吨标准煤，年均增长 7.9%。2000~2012 年期间，中国能源供需缺口从 1.7 亿吨标准煤扩大到 2007 年的 3.3 亿吨标准煤，国际金融危机后，中国能源总体供需缺口规模稳定在了 3 亿吨标准煤，2010 年成为世界第一大能源消费国，但截至 2012 年人均能源消费量不到 2.7 吨标准煤，低于世界平均水平；能耗强度累计下降 52.8%，但仍是世界平均能耗强度的 2 倍多。[1]

## （二）石油供需形势

近年来，随着重化工业快速发展和汽车进入家庭步伐的加快，中国成为世界上石油消费增长最快的国家之一。2012 年中国国内石油产量为 2.07 亿吨，净进口量为 2.79 亿吨，表观消费量由 1978 年的 0.9 亿吨增加到 4.86 亿吨，年均增长率为 5.1%。2000~2012 年，中国石油消费年均增速达到 6.7%，在需求快速增长拉动下，石油年产量也提高了 4 400 万吨，已经成为世界第四大石油生产国，但年平均增速仅有 2%，供需缺口持续扩大，从 2000 年的 6 200 万吨上升到了 2012 年的 2.84 亿吨，年均增长 13.5%，只能依赖进口，保障供给的压力持续加大（见图 2-2）。

---

[1] 本章中关于中国能源消费总量和消费结构的数据主要来源于历年《中国统计年鉴》和《BP 世界能源统计年鉴（2013）》。

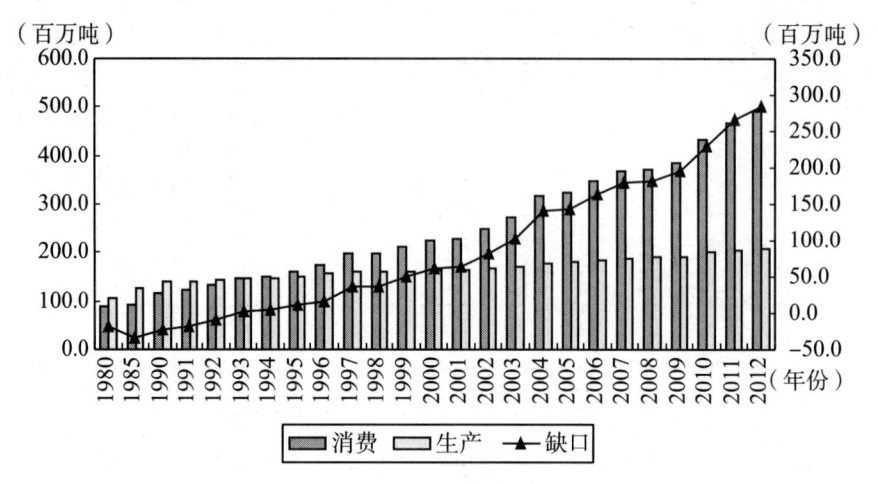

图 2-2　中国石油供需总量及缺口情况

资料来源：《BP 世界能源统计年鉴（2012）》。

### （三）天然气供需形势

日益严峻的环境问题引起了全球范围内对碳排放问题的广泛关注，大力发展清洁能源——天然气成为中国调整结构、减少环境污染、提高能源利用效率、降低碳排放强度的有效途径。根据 BP 的统计，中国天然气消费量在 2005 年仅为 468 亿立方米，"十一五"前两年快速增长，增速均超过 20%，此后受到金融危机的影响，增幅有所下降。随着实体经济的复苏，2010 年中国天然气消费总量突破千亿大关，2012 年达到 1 445.7 亿立方米。

适应需求的快速增长，"十一五"也是中国天然气产业快速发展的五年。伴随着长庆、普光等大型气田的开发，西气东输、川气东送等多条天然气骨干管线的开通，"十一五"期间，中国天然气生产年均增长率达到 14.4%。2006 年、2007 年增长率更是高达 18.7% 和 18.3%，而同时期世界天然气产量增长率仅为 2% 左右。2008 年、2009 年在全球金融危机的影响下，增长率有所下降，但仍高于世界天然气产量的增速。2012 年，中国天然气产量升至 1067 亿立方米，创下了历史新高。相对于 2005 年的世界排名第 14 位，中国天然气产量排名提升了 8 位，上升到了第 6 位。但与天然气第一大生产国——美国相比，中国天然气产量还不足其产量的 1/6。尽管如此，天然气在我国已进入消费增长的爆发期，2005～2009 年年均增长近 100 亿立方米，2009～2012 年每年增长近 200 亿立方米，这种趋势还将在今后较长时期内持续。不过，中国天然气资源的储产比远低于世界平均水平，以 2012 年为例，中国储产比仅为 28.9，而世界平均储产比为 55.7，是中国的近两倍。较低的储产比说明相对于中国天然气产量的增长，中国天然气探明储量增速略显不足，资源约束将日趋明显，国内天然气生产满足需求的能力在下降，供需缺口快速上升。中国天然气供需形势从 2007 年以前的基本平衡，到 2012 年 378 亿立方米的净进口，对外依存度迅速上升到 29%，对外依赖性持续增强（见表 2-1、图 2-3）。

表 2-1  中国及世界天然气储采比

储产量单位：十亿立方米（BCM）

| 年份 | 2006 | 2007 | 2008 | 2009 | 2010 | 2011 | 2012 |
|---|---|---|---|---|---|---|---|
| 中国天然气生产量 | 58.6 | 69.2 | 80.3 | 85.3 | 94.8 | 102.7 | 107.2 |
| 中国已探明天然气储量 | 1 683.5 | 2 255.1 | 2 455.4 | 2 751.0 | 2 807.7 | 3 051 | 3 096 |
| 储采比（中国） | 28.8 | 32.6 | 33.5 | 33.4 | 30.7 | 30.1 | 28.9 |
| 储采比（世界） | 55 | 54.9 | 55.6 | 57.2 | 55.5 | 57.1 | 55.7 |

资料来源：《BP 世界能源统计年鉴（2013）》。

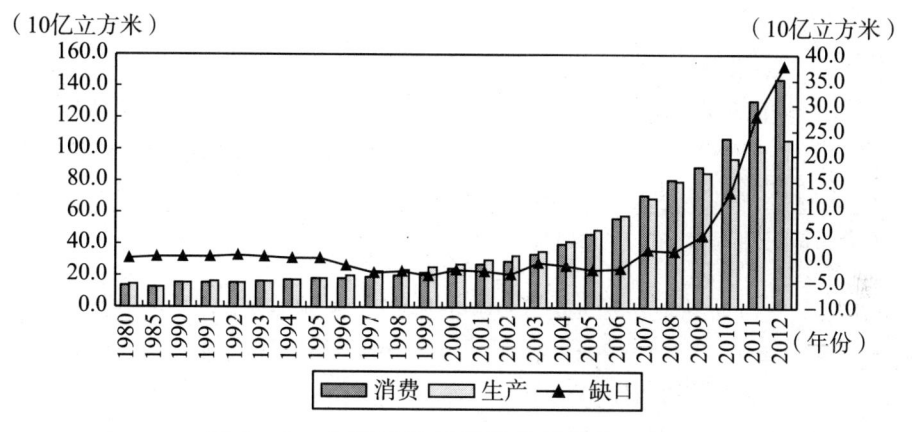

图 2-3  中国天然气供需总量及缺口情况

资料来源：《BP 世界能源统计年鉴（2013）》。

## 二、石油在能源总供需中地位在下降，天然气的地位在上升

尽管中国石油消费量增长速度在世界各国中居于前列，但由于中国总体能源需求规模增长速度更快，"十一五"期间，石油在一次能源消费结构中的比重呈下降趋势。从 30 多年的改革开放历史看，中国石油消费比例经历了两次下降，第一次下降过程中的最低点是 1990 年的 16.6%；2000 年石油消费比重逐步提升至 22.2%，之后开始第二次下降。"十五"期间石油消费比重的波动中总体上下

降到 2005 年的 19.8%；"十一五"期间石油消费比重逐年下降，期末开始出现反弹（见表 2-2）。

表 2-2　　　　　历年中国能源消费结构变化情况

| 年份 | 能源消费总量（万吨标准煤） | 占能源消费总量的比重（%） | | | |
|---|---|---|---|---|---|
| | | 煤炭 | 石油 | 天然气 | 水电、核电、风电 |
| 1985 | 76 682 | 75.8 | 17.1 | 2.2 | 4.9 |
| 1990 | 98 703 | 76.2 | 16.6 | 2.1 | 5.1 |
| 1995 | 131 176 | 74.6 | 17.5 | 1.8 | 6.1 |
| 2000 | 145 531 | 69.2 | 22.2 | 2.2 | 6.4 |
| 2005 | 235 997 | 70.8 | 19.8 | 2.6 | 6.8 |
| 2006 | 258 676 | 71.1 | 19.3 | 2.9 | 6.7 |
| 2007 | 280 508 | 71.1 | 18.8 | 3.3 | 6.8 |
| 2008 | 291 448 | 70.3 | 18.3 | 3.7 | 7.7 |
| 2009 | 306 647 | 70.4 | 17.9 | 3.9 | 7.8 |
| 2010 | 324 939 | 68.0 | 19 | 4.4 | 8.6 |
| 2011 | 348 000 | 69.4 | 18.2 | 4.6 | 7.8 |
| 2012 | 361 732 | 66.6 | 18.8 | 5.2 | 9.4 |

资料来源：《中国统计年鉴（2013）》。

在稳步上产的同时，原油在中国能源生产总量中的比重却不断下降，从 2005 年的 12.6% 下降到了 2011 年的 8.3%，2012 年虽略有回升，但却掩盖不了中国原油生产能力不能适应经济快速发展需要的事实（见表 2-3）。中国的总体能源禀赋特点是"富煤、缺油、少气"，这一特点决定了中国能源结构以煤为主，煤炭具备较长时期内的自给自足能力，而石油资源储量和产量增加都相对缓慢，满足国内不断增长的消费需求只能依靠更多的国外资源。

表 2-3　　　　　中国一次能源生产量和构成

| 年份 | 一次能源生产量*（万吨标准煤） | 占能源生产总量的比重（%） | | | |
|---|---|---|---|---|---|
| | | 煤炭 | 石油 | 天然气 | 水电、核电、其他能发电 |
| 2001 | 143 875 | 73.0 | 16.3 | 2.8 | 7.9 |
| 2005 | 216 219 | 77.6 | 12.6 | 3.0 | 7.4 |
| 2006 | 232 167 | 77.8 | 11.3 | 3.4 | 7.5 |
| 2007 | 247 279 | 77.7 | 10.8 | 3.7 | 7.8 |

续表

| 年份 | 一次能源生产量*（万吨标准煤） | 占能源生产总量的比重（%） | | | |
|---|---|---|---|---|---|
| | | 煤炭 | 石油 | 天然气 | 水电、核电、其他能发电 |
| 2008 | 260 552 | 76.8 | 10.5 | 4.1 | 8.6 |
| 2009 | 274 619 | 77.3 | 9.9 | 4.1 | 8.7 |
| 2010 | 296 916 | 76.5 | 9.8 | 4.3 | 9.4 |
| 2011 | 318 000 | 79.8 | 8.3 | 3.8 | 7.9 |
| 2012 | 331 848 | 76.5 | 8.9 | 4.3 | 10.3 |

注：* 电热当量计算法。
资料来源：《中国统计年鉴（2013）》。

## 三、油气生产、消费的新特点

随着经济发展和社会产业结构的优化调整，国内能源消费市场也出现了一些新特点，如油气生产重心的转移，生活能耗占比提高，汽车产业发展推动成品油需求快速增长，天然气消费中心向东移动等。

### （一）石油生产、消费的新特点

**1. 特点一：生产主战场向西部、海上转移**

我国陆上油田勘探程度较高，特别是东部一些高产油田已进入开发后期，如大庆油田和胜利油田，自1960年以来连续40年维持高产，近几年递减率加快，产油含水率上升，维持高产越来越难。中国的经济重心和石油需求都集中在东部沿海地带，而东部和中部的石油产量却已经进入递减状态，未来陆上上产的重点区域集中在华北和西北。从产量来看，自2005～2012年，东北地区的石油产量规模下降明显，只有华北和西北地区产量增加显著，未来上产潜力大。

从全国产量分地区构成来看，东北地区比重下降最大，从2005年占比超过1/3下降到目前的不足30%；西北地区比重上升最快，过去7年平均每年上升1个百分点；华北地区在2005～2012年间上升了4.8个百分点（见表2-4）。

表2-4　　　　中国原油产量分地区构成　　　　单位：%

| 地区 | 2000年 | 2005年 | 2009年 | 2010年 | 2011年 | 2012年 |
|---|---|---|---|---|---|---|
| 华北 | 8.0 | 13.0 | 15.3 | 19.4 | 18.5 | 17.8 |
| 东北 | 43.9 | 34.9 | 29.8 | 27.9 | 28.2 | 28.0 |

续表

| 地区 | 2000 年 | 2005 年 | 2009 年 | 2010 年 | 2011 年 | 2012 年 |
|------|---------|---------|---------|---------|---------|---------|
| 华东 | 17.6 | 15.8 | 15.9 | 14.6 | 14.6 | 14.3 |
| 华中 | 4.0 | 3.2 | 2.9 | 2.9 | 2.8 | 2.7 |
| 华南 | 8.7 | 8.2 | 7.2 | 6.4 | 5.8 | 5.9 |
| 西南 | 0.1 | 0.1 | 0.1 | 0.1 | 0.1 | 0.1 |
| 西北 | 17.7 | 24.8 | 28.8 | 28.7 | 30.0 | 31.2 |

资料来源：《中国能源统计年鉴（2012）》和《中国油气数据概览（2013）》。其中 2011 年和 2012 年上海和广西的原油产量数据缺失，因此上表中华东地区未包括上海，华南地区未包括广西。

中国海洋石油资源储藏丰富。目前，中国在渤海、南海、东海有 80 多个油气田在运行，油气产量不断攀升。从产量增长幅度看，近 10 年全国新增石油产量一半以上来自海洋。2010 年，中国海油实现了波澜壮阔的第一次跨越，海域油气产量历史性地达到 5 000 万吨油当量，成功建成"海上大庆油田"。2011 年，中国海油提出了催人奋进的"二次跨越"发展纲要，力争到 2030 年全面建成国际一流能源公司，再创辉煌。2012 年全国石油总产量约 2.07 亿吨，其中，中国海油在国内生产的 3 857 万吨原油占全国总产量近 1/5。受客观条件限制，多年来我国只在渤海、东海和南海近海进行油气开发，南海南部深水区没有实质性油气钻探，而 2012 年我国自主设计建造的第六代深水半潜式钻井平台"海洋石油 981"在南海成功开钻，成为我国迈向深海的重要一步。

## 2. 特点二：汽油产量增长较快，产能向消费区域集中

"十一五"期间，在中国工业、交通运输和居民生活需求快速增长的带动下，中国汽油产量从 2005 年的 5 409 万吨，增加到了 2012 年的 8 976 万吨，年均增速 6.5%。从汽油产量的分地区构成来看，需求对于生产的吸引力要大于资源的地域限制。虽然华北地区原油产量增长较快，但汽油产量在全国总产量中的比重并没有上升，而是略有下降，主要是因为在华北地区，除首都北京和天津外，其他地区总体经济发展程度相对较低，汽油需求增速较慢，产量比重下降。华东和华南地区海洋运输便利，炼制海外原油量增加较快，而且这两个区域是中国经济最发达的地区，汽油的工业需求和汽车需求都较为旺盛。因此，这两个区域的汽油产量占全国总产量的比重都是上升的。东北和西北地区虽然都是中国原油的主要生产区域，但是从发展趋势来看，这两个区域都不是主要消费区域，汽油产量占全国总产量的比重都出现了下降（见表 2-5）。

表2-5　　　　　　　　　中国汽油产量分地区构成　　　　　　　　单位：%

| 地区 | 2000年 | 2005年 | 2009年 | 2010年 | 2011年 | 2012年 |
|---|---|---|---|---|---|---|
| 华北 | 10.3 | 10.8 | 10.2 | 9.6 | 9.3 | 8.4 |
| 东北 | 28.8 | 28.0 | 22.6 | 21.9 | 20.6 | 19.5 |
| 华东 | 28.0 | 28.2 | 30.3 | 31.3 | 30.8 | 31.7 |
| 华中 | 10.0 | 7.9 | 7.5 | 7.5 | 7.7 | 8.0 |
| 华南 | 8.4 | 7.1 | 11.7 | 12.7 | 14.3 | 14.2 |
| 西南 | 0.2 | 0.4 | 1.0 | 0.8 | 0.9 | 0.7 |
| 西北 | 14.3 | 17.4 | 16.8 | 16.2 | 16.4 | 17.5 |

资料来源：《中国能源统计年鉴（2012）》和《中国油气数据概览（2013）》。

**3. 特点三：工农业用油比重下降，交通运输和生活用油比重提高**

改革开放30多年来，中国经济结构发生了重大变化，工业，尤其是制造业在国民经济中的地位不断上升，而且已经取得了世界工厂的地位；物流运输需求不断增加；此外，随着居民生活水平的提高，汽车进入家庭的步伐也不断加快，居民成品油消费也不断增加。分行业看，中国石油消费结构也发生着显著的变化，从以工业消费为主逐步转变为以工业消费和运输业消费并重。交通运输业石油需求上升，以成品油消费为主。中国交通运输业石油消费增长速度高于其他各行业。在中国运输业石油消费油品结构中，汽油、煤油、柴油和燃料油等主要石油产品数量持续增多，比例不断升高。2012年，交通运输业所消耗的汽油、煤油、柴油和燃料油消耗总量的比例分别为45.6%、90.6%、60.7%和36.7%，占四种主要石油产品总消费量的55.6%，且交通运输对石油的消耗还处于快速上升阶段。因此，提高成品油的利用效率和经济效益，是运输业今后较长一个时期的主要任务。

表2-6　　　　　2012年中国主要石油产品分行业消费结构　　　　　单位：%

| 行业 | 汽油 | 煤油 | 柴油 | 燃料油 |
|---|---|---|---|---|
| 农、林、牧、渔、水利业 | 2.5 | 0.1 | 8.1 | 0.0 |
| 工业 | 8.2 | 1.9 | 11.7 | 61.7 |
| 　制造业 | 6.8 | 1.7 | 7.2 | 59.7 |
| 建筑业 | 3.8 | 0.6 | 3.3 | 0.8 |
| 交通运输、仓储和邮政业 | 45.6 | 90.6 | 60.7 | 36.7 |
| 批发、零售业和住宿、餐饮业 | 2.4 | 1.8 | 1.4 | 0.3 |

续表

| 行业 | 汽油 | 煤油 | 柴油 | 燃料油 |
|---|---|---|---|---|
| 其他行业 | 17.8 | 3.8 | 9.1 | 0.4 |
| 生活消费 | 19.7 | 1.3 | 5.7 | 0.0 |

资料来源：根据《中国统计年鉴（2013）》的相关数据整理而得。

**4. 特点四：成品油消费比例提高，汽油消费增速较快**

随着经济增长结构的不断转变，中国石油消费的油品结构也发生了很大变化。从各年石油消费油品结构来看，燃料油比例趋于下降，成品油（包括汽油、煤油和柴油）比例呈上升态势。2012年石油消费量的油品构成中，成品油占56.26%，燃料油占7.01%。目前，中国石油资源的利用途径和方式符合世界石油消费的一般发展方向。中国成品油消费量由20世纪90年代初的不足5 000万吨，增加到2000年1.1亿吨，2012年接近2.77亿吨。2005～2012年，成品油消费在石油消费总量中的比例持续上升，由52%升至56%，上升了4个百分点。这主要是由于经济发展和人民生活水平提高对成品油需求的大幅度增长所致，特别是运输业和居民生活消费需求的强劲增长。

中国柴汽比从2007年开始下降，汽油消费量增加较快。随着居民生活水平的不断提高，汽车开始进入千家万户，中国迎来了汽车社会，汽油消费出现了快速增长。2009年柴汽比略有回升，主要是由于"十一五"末为完成节能和减排目标，各地减少了煤炭的使用，但为维持经济增长，又大量使用柴油发电，从而导致了这一结果。然而2011年开始柴汽比又继续下降，到2012年达到1.95。随着家用汽车的进一步普及，预计"十二五"期间柴汽比将进一步降低（见表2-7）。

表2-7　　　　　中国石油消费的油品构成情况　　　　单位：万吨，%

| 年份 | 石油消费量 | 汽油 | 柴油 | 煤油 | 燃料油 | 成品油消费比重 | 燃料油消费比重 | 柴汽比 |
|---|---|---|---|---|---|---|---|---|
| 1995 | 16 065 | 2 909.6 | 4 321.4 | 512.1 | 3 693.7 | 48.2 | 22.99 | 1.49 |
| 2000 | 22 496 | 3 504.6 | 6 806.2 | 871.6 | 3 872.8 | 49.71 | 17.22 | 1.94 |
| 2005 | 32 538 | 4 854.9 | 10 972.2 | 1 076.8 | 4 242.1 | 51.95 | 13.04 | 2.26 |
| 2006 | 34 876 | 5 242.5 | 11 835.5 | 1 124.7 | 4 368.3 | 52.19 | 12.53 | 2.26 |
| 2007 | 36 659 | 5 519.1 | 12 496.7 | 1 243.7 | 4 157.5 | 52.54 | 11.34 | 2.26 |
| 2008 | 37 303 | 6 145.5 | 13 532.6 | 1 294 | 3 237.1 | 56.22 | 8.68 | 2.2 |
| 2009 | 38 384.5 | 6 172.9 | 13 756.6 | 1 439.4 | 2 827.8 | 55.67 | 7.37 | 2.23 |
| 2010 | 43 245.2 | 6 886.2 | 14 633.8 | 1 744.1 | 3 758 | 53.80 | 8.69 | 2.13 |

续表

| 年份 | 石油消费量 | 汽油 | 柴油 | 煤油 | 燃料油 | 成品油消费比重 | 燃料油消费比重 | 柴汽比 |
|---|---|---|---|---|---|---|---|---|
| 2011 | 46 843.2 | 7 731 | 16 722 | 1 833.4 | 3 251.2 | 56.12 | 6.94 | 2.16 |
| 2012 | 49 166.2 | 8 684.1 | 16 972 | 2 007.2 | 3 446.2 | 56.26 | 7.01 | 1.95 |

资料来源:《中国能源统计年鉴(2012)》和《中国油气数据概览(2013)》。

从柴汽比变化趋势来看,中国的成品油消费与欧美发达国家差异较大。欧盟在柴油车技术方面走在了世界前列,更加节能和环保,欧盟运输用柴油消费持续稳定增长,同时,欧盟通过征收高额汽油消费税等措施限制私家车的使用,鼓励小排量车的发展,因此汽油消费下降明显;美国是世界上汽车保有量最大的国家,交通运输对汽车的依赖性很强,而且美国多年形成的汽车文化过多偏好大排量车,随着经济的逐步复苏,私人轿车、轻型卡车和SUV类汽车柴油消费开始增加,柴油消费总量不断攀升,欧美国家的柴汽比不断走高。

## (二) 天然气生产、消费的新特点

### 1. 特点一:常规天然气生产占主导,非常规天然气开发潜力大

天然气的获取来源十分广泛,可以从油田、气田、煤层、岩石等多种资源中开采,通常可以把这些从不同资源中开采出的天然气分为两类,即常规天然气和非常规天然气。所谓常规天然气即常规气藏(比如油田、气田等)开发出的天然气,也就是勘探实践发现的能够用传统的油气生成理论解释的天然气。而非常规天然气是指尚未被充分认识、没有成熟技术和经验可借鉴开发利用的一类天然气资源,主要包括致密气、煤层气、页岩气、天然气水合物等。二者是相对的,无论在储存形态以及勘探方式上都有所不同。

由于开发时间较长、技术相对成熟等原因,当前中国天然气生产主要来自于常规天然气资源,即通过传统的油田、气田等开采天然气。而对于非常规天然气,因其储藏条件复杂,开发难度大,加之技术手段相对落后,多数仍处于研究和小规模开发阶段,只有煤层气和致密砂岩气通过借鉴国外勘探开发的成功经验,结合中国的地质特点,具备了一定的技术水平,形成了一定的开采规模,其产出的天然气对常规天然气起到了有效的补充作用。

由于非常规天然气储量巨大。据权威估算,世界非常规天然气资源约为常规天然气资源量的4.56倍,世界各国逐渐开始把眼光投向其开发利用,并正在积极勘探研究,代表国家有美国、加拿大、澳大利亚、印度等。美国是页岩气开发利用最成功的国家,至今已经有180多年历史。近年来美国在页岩气开发方面取

得重大进展,引发了从北美到欧洲和亚太地区在内的全球页岩气勘探开发热潮。受美国"页岩气革命"影响,中国对页岩气的开发利用也相当重视。2011年,我国批准页岩气为新的独立矿种,国家《找矿突破战略纲要(2011~2020年)》将页岩气作为重点能源矿产进行部署,国家发展改革委等部委于2012年发布了《页岩气发展规划(2011~2015年)》。国家财政部为了鼓励页岩气勘探开发投资出台了补贴政策,国土资源部已成功组织了两轮招标活动。

中国拥有丰富的页岩气资源。2012年3月,国土资源部首次披露了我国页岩气资源的官方评估数据,中国陆域页岩气地质资源潜力为134.42万亿立方米,可采资源潜力为25.08万亿立方米(不含青藏地区),资源量超过美国位居全球第一。我国在"十二五"规划期间,对于页岩气主要是做好勘探开发的起步工作,力争在"十三五"期间形成快速发展的势头,并于2020年达到年产气量1 000亿立方米,占气体能源供应量的25%。若此规划能顺利执行,我国油气资源格局将彻底改变,天然气有望成为我国能源的重要支柱,石油和煤炭的对外依存度将大幅降低,国内能源供应结构得到有效优化,我国能源安全状况将得到根本改善。但也要看到,中国页岩气开发也面临着诸多困难:一是缺乏勘探开发的核心技术和关键设备。目前中国页岩气勘探开发尚需依赖于国外油气服务商费用高昂的技术服务。二是地质条件复杂,技术需要本土化。中国页岩气矿区地质条件复杂,普遍埋藏较深,达2 000~3 500米,即使引进先进技术也需要首先进行"本土化",增加了难度和成本。三是基础设施条件差。中国页岩气矿区多处于山岭地带,开发、管网集输等基础设施落后。按这些条件测算,目前中国单口水平井成本在人民币8 000万元左右,规模化生产后一口水平井投资有望降到人民币5 000万元左右,而美国的巴奈特页岩气水平井成本仅为人民币1 700~2 300万元,再加上土地利用成本和青苗补偿等,短期内,中国开发页岩气尚难具备商业开发条件。如果考虑到水资源的短缺和环境问题,中国发展页岩气工业的道路必将是曲折的。

**2. 特点二:华东地区天然气消费居榜首,东移趋势明显**

从中国天然气地区消费分布来看,主要集中在东部和南部地区,这与天然气资源地理分布西多东少、北多南少的特征不完全匹配。根据《中国能源统计年鉴(2012)》的数据,2011年中国华东地区天然气消费量占总消费量的比重最高,达到23.7%,较2006年上升8.5个百分点,其次是西北、西南、华北和华南地区,分别为17.6%、17.6%、16.3%和9.9%,只有华中和东北天然气消费量相对较少,分别为7.8%和7.0%(见表2-8)。

表 2-8　　　　　2006~2011 年全国各地区天然气消费情况

单位：十亿立方米，%

| 年份 | 2006 | | 2007 | | 2008 | | 2009 | | 2010 | | 2011 | |
|---|---|---|---|---|---|---|---|---|---|---|---|---|
| | 消费 | 占比 | 消费 | 占比 | 消费 | 占比 | 消费 | 占比 | 消费 | 占比 | 消费 | 占比 |
| 华北 | 99.4 | 16.5 | 106.4 | 14.9 | 131.8 | 15.9 | 168.7 | 17.4 | 201.4 | 17.5 | 206.3 | 16.3 |
| 东北 | 45.1 | 7.5 | 54.6 | 7.6 | 61.5 | 7.4 | 63.1 | 6.5 | 70.9 | 6.2 | 89.2 | 7.0 |
| 华东 | 91.6 | 15.2 | 118.5 | 16.6 | 156.5 | 18.9 | 177.3 | 18.3 | 272.3 | 23.7 | 300.7 | 23.7 |
| 华中 | 45.2 | 7.5 | 50.7 | 7.1 | 62.1 | 7.5 | 68.3 | 7.1 | 78.0 | 6.8 | 99.1 | 7.8 |
| 华南 | 39.7 | 6.6 | 70.5 | 9.9 | 81.4 | 9.8 | 139.0 | 14.4 | 93.0 | 8.1 | 125.8 | 9.9 |
| 西南 | 156.6 | 25.9 | 166.3 | 23.3 | 167.7 | 20.3 | 185.2 | 19.1 | 239.5 | 20.9 | 222.4 | 17.6 |
| 西北 | 126.7 | 21.0 | 147.4 | 20.6 | 167.4 | 20.2 | 166.9 | 17.2 | 192.8 | 16.8 | 223.6 | 17.6 |

资料来源：根据《中国能源统计年鉴 2012》整理而得。

2006~2011 年，中国部分地区天然气消费比例出现较大变动。西南地区和西北地区消费量比重呈逐年递减趋势，分别从 2006 年的 25.9% 和 21% 都下降至 2011 年的 17.6%。但值得一提的是，这两个地区降幅虽然很大，但依赖得天独厚的资源优势，当前仍然并列全国天然气消费占比第二的地区。与此相反，华东、华南地区的天然气消费比例则在总体上呈现增长趋势。其中，华东地区增幅较大，2006 年为 15.2%，2011 年已达到约 23.7%。可见，随着中国一系列长输天然气管道的陆续建成投产，天然气消费已开始从天然气生产地区逐步向东部、南部沿海地区扩展，尤其是长三角地区的江苏和浙江、珠三角地区的广东等沿线省区，都迸发出了强大的天然气消费潜能。

**3. 特点三：城市燃气用气近四成，发电用气量逐年提高**

从用途上看，中国的天然气主要用于城市燃气、工业燃料、火力发电和化工，其中用于城市燃气的天然气占比最大，其次为工业燃料。如图 2-4 所示，2008 年中国天然气有 34% 用于城市燃气，2012 年这一比重增加至 39%，接近用气总量的四成。终端消费作为天然气的主要用途这一主导地位依然没有改变。近几年，越来越多的天然气用于火力发电，经过短短四年时间，发电用气占比便从 2008 年的 15% 增加到 18%，提高了 3 个百分点。当然，与世界平均水平及发达国家相比，中国天然气发电比例依然偏低。

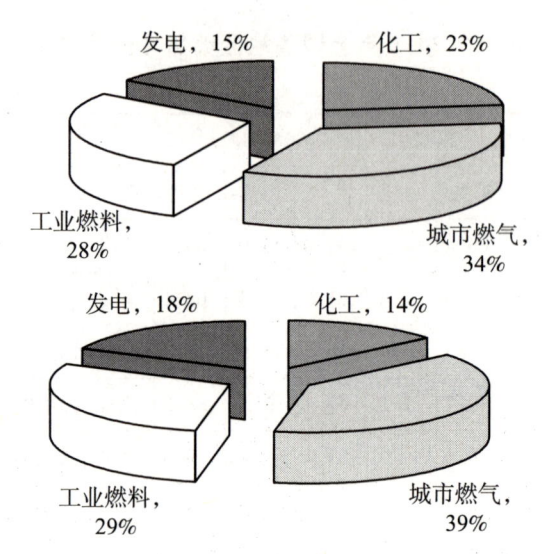

**图 2 - 4　2008 年（上）和 2012 年（下）天然气消费结构对比**

资料来源：中国石油经济技术研究院 2013 年发布的中国油气数据概览。

## 第二节　油气对外依存度继续上升

### 一、中国石油对外依存度持续上升

#### （一）石油贸易额不断增长，进口支出增加快

2004～2008 年是第二次世界大战以后世界石油工业史上除两次石油危机外油价增幅最大的时期，中国的重化工业、汽车工业的黄金发展期正好与这一时期相重叠，从而导致了中国石油进出口贸易额的大幅增长。与 2005 年相比，2008 年中国原油进口额上升了 1.7 倍，"十五"期间的增幅是 2.22 倍。受金融危机影响，2009 年国际原油价格较 2008 年下降了 37%，中国原油进口额一度下降了 31%。原油进口额占全国进口总额的比重不断上升，"十五"期间这一比重仅上升了 0.7 个百分点。但随着进口量和价格的上升，2005～2008 年 3 年期间就上升了 4.1 个百分点，达到了 11.4%，即使 2009 年有所下降，但 2012 年已经超越这一数值，达到了 12.1%。成品油的进口变动形势与原油比较相似，但受贸易条件限制，成品油进口增幅一直低于原油。在出口方面，由于中国原油对外依存

度不断上升，国家对石油出口从不鼓励逐步转向限制，原油出口越来越少，成品油进出口主要是调节国内市场的供需平衡。

总体来看，"十一五"期间中国石油进出口额增幅低于"十五"期间，主要是受2009年美国引发的全球金融危机的影响，出现了进出口贸易额的大幅下滑。2010年以后，中国石油对外贸易额已经全面超过了2008年的高峰值，尤其是2012年原油进口额较2008年已经上升了71.2%（见表2-9）。

表2-9　　　　2000~2012年中国原油和成品油进出口贸易额

单位：亿美元，%

| 项目 | | 2000年 | 2005年 | 2006年 | 2007年 | 2008年 | 2009年 | 2010年 | 2011年 | 2012年 |
|---|---|---|---|---|---|---|---|---|---|---|
| 原油 | 进口额 | 148.60 | 478.60 | 664.00 | 797.70 | 1 289.60 | 889.00 | 1 353.10 | 1 966.60 | 2 208.00 |
| | 比例* | 6.60 | 7.30 | 8.40 | 8.30 | 11.40 | 8.80 | 9.70 | 11.30 | 12.10 |
| | 出口额 | 21.30 | 27.00 | 27.40 | 16.50 | 27.50 | 22.20 | 16.50 | 19.10 | 22.20 |
| | 比例# | 0.85 | 0.40 | 0.30 | 0.10 | 0.20 | 0.20 | 0.10 | 0.10 | 0.10 |
| 成品油 | 进口额 | 36.60 | 104.30 | 155.60 | 164.40 | 299.70 | 165.60 | 223.40 | 327.00 | 330.00 |
| | 比例* | 1.60 | 1.60 | 2.00 | 1.70 | 2.10 | 1.60 | 1.60 | 1.90 | 1.80 |
| | 出口额 | 21.30 | 64.10 | 70.70 | 91.50 | 136.60 | 125.50 | 170.40 | 207.70 | 213.00 |
| | 比例# | 0.85 | 0.80 | 0.70 | 0.80 | 1.00 | 1.00 | 1.10 | 1.10 | 1.00 |

注：*表示占全国进口贸易总额的比例；#表示占全国出口贸易总额的比例。
资料来源：历年中国统计年鉴，中国海关官方网站。

## （二）石油进口量呈增长态势，对外依存度接近60%

国内油品需求增长旺盛，大量新增炼油能力投产，使得中国对进口原油的依赖进一步加重。中国石油净进口量占国内油品消费总量比例由2009年的53.5%上升到2012年的超过58.6%。在石油净进口量中，原油占比由2009年的91%提高到2010年的93%，2011年和2012年略有降低（见表2-10）。规避油价风险和保障供应安全仍为石油行业和政府能源主管部门至关重要的任务。

表2-10　　　　2000~2012年中国原油和石油产品净进口量　　　单位：万吨

| 年份 | 2000 | 2005 | 2006 | 2007 | 2008 | 2009 | 2010 | 2011 | 2012 |
|---|---|---|---|---|---|---|---|---|---|
| 原油 | 5 983 | 11 902 | 13 884 | 15 935 | 17 516 | 19 860 | 23 627 | 25 126 | 26 865 |
| 成品油 | 978 | 1 746 | 2 402 | 1 829 | 2 184 | 1 192 | 1 000 | 1 481 | 1 553 |
| 汽油 | -455 | -563 | -344 | -442 | -5 | -490 | -517 | -403 | -291.7 |

续表

| 年份 | 2000 | 2005 | 2006 | 2007 | 2008 | 2009 | 2010 | 2011 | 2012 |
|---|---|---|---|---|---|---|---|---|---|
| 石脑油 | -56 | -143 | -93 | -67 | -74 | 180 | 204 | 195 | 287.5 |
| 航空煤油 | 46 | 51 | 178 | 52 | 92 | -18 | -118 | -116 | -218.6 |
| 轻柴油 | -30 | -94 | -7 | 96 | 562 | -267 | -287 | 41 | -91.5 |
| 燃料油 | 1 392 | 2 373 | 2 874 | 2 034 | 1 436 | 1 538 | 1 312 | 1 441 | 1 517.1 |
| 其他成品油 | 81 | 123 | 34 | 156 | 174 | 249 | 406 | 323 | 350 |
| 液化石油气 | 480 | 611 | 521 | 372 | 193 | 324 | 228 | 224 | 206.3 |
| 石蜡 | -50 | -70 | -58 | -59 | -59 | -53 | -51 | -44 | -45.5 |
| 未煅烧石油焦 | -100 | -81 | -73 | -5 | -13 | 264 | 246 | 333 | 575 |
| 已煅烧石油焦 | -29 | -60 | -83 | -79 | -75 | -74 | -78 | -129 | -105 |
| 石油沥青 | 124 | 314 | 342 | 356 | 321 | 325 | 395 | 295 | 263.6 |
| 原油+石油产品 | 7 384 | 14 361 | 16 934 | 18 348 | 20 067 | 21 838 | 25 367 | 27 286 | 29 313.4 |

资料来源：国家海关总署。

成品油需求与国内经济形势紧密相关。2009年和2010年，超过8 000万吨/年的新增原油一次蒸馏能力投产。2010年上半年油品供应能力增长显著超过需求，炼厂必须通过增加油品出口来消化过剩炼油能力。但在下半年，成品油需求强劲增长，特别是第四季度多因素造成的国内柴油需求骤增，使得过剩炼油能力迅速消化，国内炼厂不得不以减产汽油、航空煤油、石脑油和其他轻烃组分为代价，最大限度地增产柴油，并从国际市场购买柴油，以应付突如其来的柴油供不应求。2011年，中国成品油净进口量大幅上升48.1%，显示国内炼厂加工量增幅落后于油品消费。2011年第四季度南方部分省份柴油供应紧张，迫使中国石油和中国石化两大集团紧急进口柴油，2011年全年柴油净进口量达到41万吨。国内车用燃料的旺盛需求促使炼厂削减出口量，汽油出口量降至406万吨，为3年来最低水平。2012年，经济增速的持续下滑对成品油需求造成了较大冲击，原油加工量仅增长3.7%，是11年来增长最慢的一年。

**（三）重点地区和重点国家份额较大，美洲为进口来源新增长点**

一是中东居进口源区的首位。中东是"世界油库"，也是中国石油进口的首要源区。1995年占中国原油进口量的45.4%，2001年最高时达到56.2%，随后在进口来源多元化的努力下，曾一度下降至2006年的45.2%。但2012年中国自中东进口原油数量为1.44亿吨，仍同比增长10.8%，所占份额接近一半。从中东角度看，向中国出口的原油占其总出口量的比重呈不断上升趋势，1995年仅占 0.93%，2000 年、2005 年、2010 年和 2012 年依次占 4.68%、7.10%、12.7% 和 14.7%。2007 年以前，中东原油向日本出口远远超过中国，约为 2.5 倍，而到 2012 年，中东向日本的原油出口已经缩小为向中国出口量的 1.27 倍左右。

二是非洲（特别是西非）居于重要地位。1995 年，非洲在中国原油进口地区中所占份额仅为 10.8%，2000 年和 2005 年迅速增加至 24.1% 和 30.3%，2007 年进一步增至 32.5%，随后呈下降趋势，到 2012 年降至 23.9%。对华出口的非洲石油集中在西非，2000 年时其占中国原油进口的份额为 9.2%，2005 年和 2008 年分别为 21.5% 和 21.6%，但到 2012 年已经降至 14.6%。

三是南美和独联体地位快速上升。由于相隔遥远且南美与美欧传统上有更密切的关系，直到 2000 年南美向中国原油出口仅占 0.4% 的份额。近年来，一方面由于中国大力向南美开拓，另一方面南美各国也以加强同中国的经济关系为发展提供动力，南美主要产油国对华出口量快速增长，对华原油出口所占份额在 2005 年和 2012 年分别上升到 3.3% 和 8.9%。委内瑞拉重油对华大量出口的实现将会进一步提升南美在中国进口中所占的份额。独联体对华原油出口仅限于俄罗斯和哈萨克斯坦。二者合计占中国原油进口份额由 1997 年的 1.47% 分别提高到 2000 年、2005 年和 2012 年的 3.1%、11.1% 和 16.8%。中俄管线、中哈管线的全线贯通为独联体对华出口量的大幅提升创造了条件。

## 二、天然气进口量大幅跃增，对外依存度上升快

近年来，在能源消费结构调整和减排增效影响下，天然气在各个领域的消费量连年大幅上升。从 2007 年起，中国天然气进口量以年均 67% 的超高速增长，逐步形成了国产陆上气和海上气、进口液化天然气和管道气的多元化供应态势。2010 年，随着中亚天然气正式进入国内市场及部分 LNG 项目设施竣工投产，天然气进口大幅增加，全年累计进口约合 167 亿立方米，较上一年同比增长 1.3 倍，其中，进口 LNG 934 万吨，增长 75%，首次进口管道气 44 亿立方米。2010 年天然气消费在国内民用和工业领域的升幅分别高达 28% 和 19%，进口天然气成为满足日益增加的天然气需求的重要保障，进口资源占消费总量的比重达到 15.6%，比 2009 年增加 7.3 个百分点。2012 年，包括管道天然气和 LNG 在内的天然气净进口量达到 428 亿立方米，同比增长 36.3%，天然气表观消费量如年初预期，达到 1 475 亿立方米，增长了 12.9%，预计在今后 10 年内仍将延续这一趋势。2012 年，中国天然气进口依存度大幅上升，由 2010 年的 11% 上升到 29%。国内 LNG 进口主要来自卡塔尔、澳大利亚、印度尼西亚和马来西亚，全年进口量达到 1 440 万吨；同时，来自土库曼斯坦的管道天然气进口量从 2010

年的 35 亿立方米猛增到 2012 年的 228 亿立方米。

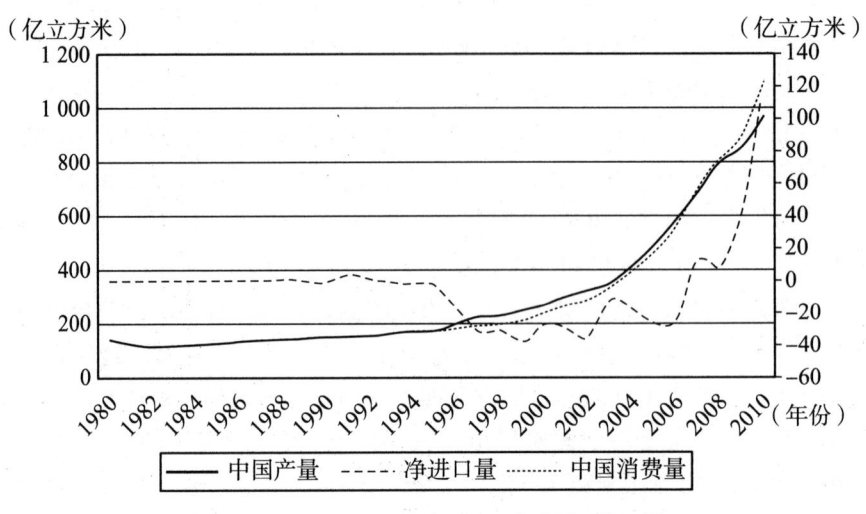

图 2-5　中国天然气生产、消费和进口情况

资料来源：《中国统计年鉴（2011）》。

## 第三节　定价机制向着市场化方向持续推进

### 一、成品油定价机制灵活性增强，但政府主导下的改革空间已非常有限

从 1998 年定价机制市场化改革起步至今，我国石油价格改革已经历了四个阶段，每个阶段都有不同的任务，但市场化和提高效率的目标与原则没有变，存在的主要问题是改革未到位之前政策目标之间存在诸多冲突，各方利益关系难以平衡。

2013 年 3 月 27 日，成品油定价机制再次进行了调整，主要内容包括：除涨跌幅度低于每吨 50 元不调整和其他一些重大冲击政府进行主动控制外，成品油价格调整常态化，调价周期由 22 个工作日缩短至 10 个工作日；取消挂靠国际市场油种平均价格波动 4% 的调价幅度限制；适当调整国内成品油价格挂靠的国际市场原油品种等。这次调整降低了政府目标因素的影响，主观人为因素大大下

降，缩短的调价周期发挥主导作用，与国际油价的同步性显著提高，相当程度上抑制了囤油投机行为，也增加了国际投机资本操控部分油种期货价格的难度，国内市场运行的平稳性提高，价格的引导作用和资源配置的优化功能大大增强，政府主导下的成品油价格形成的制度化程度大大提高。但新的成品油定价机制仍然存在一些问题，包括如果国际油价出现趋势性变动投机空间依然较大、具体和哪些国际油价接轨、权重如何、国内平均成本、税收和合理利润应该如何等信息并未公开，为社会消费者对油价升降幅度合理性的质疑和追问提供了理由。要消除公众持续对石油企业高利润和油价高企的质疑，就必然要求政府主导下定价机制的进一步透明。但无论如何透明，在回答公众质疑和提高效率方面，新的价格形成机制与市场竞争形成价格机制的效果依然差距较大。从15年的改革历程来看，虽然未免时间显得有些长，但我国成品油价格形成机制的市场化和效率原则已经不容逆转，定价机制由政府主导向市场主导的转变同样也不容逆转。

今后一段时期，我国围绕成品油价格改革的首要内容将是形成有效竞争的市场结构，有可能从以下几个方面推进：

**1. 放开成品油进口**

国内的油源主要由三大石油公司控制。过去几年，国际油价波动剧烈，国内成品油价格管制较为严格。在一些极端时期，民营企业获取油源难度大，加剧了民营批零企业经营预期不确定性，很多民营企业退出了成品油批零业务。放开成品油进口，实行进口商资格审查制度，允许进口成品油直接进入民营批零企业，将导致民间资本重新进入批零环节，带来新的竞争。放开成品油进口只涉及市场销售问题，也相对容易操作。

**2. 放开原油进口**

这是目前民间呼声最高的一项要求。放开原油进口，一方面会使得符合国家产业政策的现存地方炼厂的原材料歧视消失，市场竞争力得到提升，市场供应会更加充足，成品油的买方市场会逐步形成；另一方面，获取国外油源的渠道将不仅仅限于大型国有企业，很多民营资本在海外投资的石油资源也可以输送回国内，国家总体石油资源保障能力将会得到提升，同时也会促使更多民间资本走出去、进入石油领域。由于国际石油供给的垄断能力远弱于铁矿石行业，同时，国内成品油供需增长也逐步进入稳定期，"中国到海外买什么，什么就涨价"的现象在石油市场发生的可能性在降低，中央政府响应放开原油进口要求的可能性在提高。

**3. 放开炼化环节，允许民营资本等独立进入炼化环节**

放开原油进口，为炼化环节重塑竞争创造了条件。从国内外情况来看，石油炼化环节是竞争性环节，利润率一般较低，运行较上游平稳，风险也较低。一体化的大型石油企业是否进入该环节，取决于企业战略和定位，而不是政策。目前，很多国际石油企业在资本运营过程中，不断对其炼化环节的资产进行重组或出售，优化资本构成，争取更高的效益。就我国的情况来看，放开炼化环节的条件也已具备，地方炼厂炼油能力巨大，所受限制主要是油源劣势，且即使三大石油公司适当缩小炼化环节，也不会出现20世纪末国产原油无法向炼化环节销售的问题。炼化环节的放开，有助于三大石油公司从目前的"全产业链扩张、资本投入数量比拼"，转向"自主进行资产优化，发挥企业优势，提高核心竞争力"。

**4. 放开零售，取消加油站间距限制，管输等环节引入一定的竞争**

加油站能否运行顺利既取决于地理位置，也取决于管理水平，目前国内对加油站间距的限制，降低了竞争带来的管理水平提高的作用。从国外情况来看，取消加油站间距管制是提高行业运行效率的必然要求。此外，对于石油的管输环节，通过引入其他资本，既能降低大企业的资本压力，也有助于调动更多社会资源，加快石油管道建设，弥补我国输油管线的不足。在成品油运输干线方面，大型石油企业掌握技术、运营等方面的优势，将会对管线建设继续发挥主导性作用。而在支线方面，各地方会根据自身需要建设一些管道，以提高地方成品油的运输能力。

**5. 强化监管**

行业放开促进竞争的同时，政府在监管方面的重点会发生转变。一是在放开初期要维护价格稳定。政府需要加强对成品油市场价格运行情况进行监督，并对企业的调价情况进行监控，要求企业提前上报调价方案。二是加强从上游到下游的环保监管。环保已经成为石油行业运行的一项重要约束条件，也是促进企业技术进步和健康发展的重要条件。三是对管线规划的监管。允许地方政府组织建设成品油支线管道，必然需要协调与主干线之间的关系，中央政府的监管也要努力避免地方管线的重复建设。

## 二、天然气定价机制市场化改革提速，"市场净回值"定价法试点运行

目前我国天然气出厂价大都采用以成本为基础的固定价格制度，即不反映外部市场环境变化的、由生产成本加合理利润构成天然气出厂价的定价方法。这种制度在较为封闭、稳定的市场环境下简便易行，而且从世界天然气行业的发展历程来看，以成本为基础的定价方法在行业发展初期对培育天然气消费市场有着积极的作用。但是，随着我国天然气市场的不断开放和发展，这种定价制度的弊端越来越突出。因此，2011年，《国家发展改革委关于在广东省、广西壮族自治区

开展天然气价格形成机制改革试点的通知》决定自 12 月 26 日起，在广东省、广西壮族自治区开展天然气价格形成机制的改革试点。改革的主要内容是：（1）将现行以成本加成为主的定价方法改为按"市场净回值"方法定价，选取计价基准点和可替代能源品种，建立天然气与可替代能源价格挂钩调整机制。（2）以计价基准点价格为基础，综合考虑天然气主体流向和管输费用，确定各省（区、市）天然气门站价格。（3）对天然气门站价格实行动态调整，根据可替代能源价格变化情况每年调整一次，并逐步过渡到每半年或者按季度调整。（4）放开页岩气、煤层气、煤制气等非常规天然气出厂价格，实行市场调节。但政府重申了天然气价格形成机制改革的最终目标，是放开天然气出厂价格，由市场竞争形成；政府只对具有自然垄断性质的天然气管道运输价格进行管理。

国家发改委在确定广东、广西的门站价格时主要分三个步骤：首先，选择计价基准点。综合考虑我国天然气市场资源流向、消费和管道分布现状，选取上海市场（中心市场）作为计价基准点。其次，计算中心市场门站价格。以市场形成价格的进口燃料油和液化石油气（LPG）作为可替代能源品种，并按照 60% 和 40% 权重加权计算等热值的可替代能源价格，再按照 0.9 的折价系数，即把中心市场门站价格确定为等热值可替代能源价格的 90%，以有利于保持天然气的价格优势，鼓励用户合理使用天然气。最后，确定广东、广西门站价格。以中心市场门站价格为基础，根据天然气主体流向和管输费用，并兼顾广东、广西两省（区）的经济社会发展水平，确定两省（区）门站价格。"市场净回值"的定价方法，核心是要反映市场需求的约束作用，选择上海市场作为计价基准点，主要是因为，根据国际经验，一般把天然气集散地或主销区作为计价基准点。目前，我国已经形成长三角、京津唐、西南、珠三角等多个天然气消费中心，其中长三角地区多管道、多气源汇集的特点最为明显，上海尤为典型。同时，上海也是全国重要的天然气消费市场。

政策中给出的中心市场门站价格计算公式为：

$$P_{天然气} = K \times (\alpha \times P_{燃料油} \times \frac{H_{天然气}}{H_{燃料油}} + \beta \times P_{LNG} \times \frac{H_{天然气}}{H_{LPG}}) \times (1+R)$$

$P_{天然气}$：中心市场门站价格（含税），元/立方米；

$K$：折价系数，暂定 0.9[①]；

$\alpha$、$\beta$：燃料油和液化石油气的权重，分别为 60% 和 40%；

$P_{燃料油}$、$P_{LNG}$：计价周期内海关统计进口燃料油和液化石油气的价格，元/千克；

$H_{燃料油}$、$H_{LPG}$、$H_{天然气}$：燃料油、液化石油气和天然气的净热值（低位热值），

---

① 2013 年 6 月 28 日发出了《关于调整天然气价格的通知》（发改价格 [2013] 1246 号），该系数采用的是 0.85。

分别取 10 000 千卡/千克、12 000 千卡/千克和 8 000 千卡/立方米。

$R$：天然气增值税税率，目前为 13%。

《国家发展改革委关于提高国产陆上天然气出厂基准价格的通知》（发改电 [2010] 211 号）指出，"鉴于 2010 年进口中亚天然气数量较少，进口中亚天然气价格暂按国产天然气供同类用户价格执行"。这一规定已经执行了三年，随着进口气价的上升和进口量的扩大，主要承担企业——中石油亏损日益加大。因此，根据新的定价公式，我们以中石油为例，模拟 2012 年天然气采取"净回值"定价法对中石油财务业绩的影响。

2012 年全国（其他）燃料油进口均价 699.4 美元/吨，进口液化石油气到岸均价为 937.28 美元/吨，人民币兑美元平均取 6.31。

按照上述价格公式，门站价格：

$$P_{天然气} = 0.85 \times (0.6 \times 4.4 \times 0.8 + 0.4 \times 5.9 \times 2/3) \times 1.13 = 3.54 (元/立方米)$$

据此测算，在西气东输二线平均管输费 1.08 元/立方米的情况下，中石油进口中亚管道气进口实现价可达到 2.46 元/立方米（含税）[①]。

据有关材料，2011 年中亚管道气到达霍尔果斯的价格为 2.2 元/立方米，当年中石油进口 155 亿立方米，则亏损约 200 亿元，当年中石油销售进口天然气、液化天然气累计亏损达 214 亿元，其中 LNG 进口量 18.3 亿立方米。2012 年中亚气到达霍尔果斯的价格为 2.6 元/立方米，当年进口 228 亿立方米，亏损约 400 亿元，当年中石油销售进口天然气、液化天然气累计亏损达 419 亿元，其中液化天然气进口量 50 亿立方米。2011 年获得增值税返还 17 亿元，杯水车薪。

中石油 2012 年天然气销售量 854 亿立方米，进口中亚管道气 228 亿立方米，当年实际实现天然气均价 1 125 元/千立方米（2011 年为 1 082 元/千立方米），承担的亏损额巨大。而如果按照净回值门站价计算，剔除管输费后，还有 2.46 元/立方米，则中石油将有 1 142 亿元的新增收入，不仅能够冲销 400 多亿元的亏损，还将有 740 多亿元的利润。由于这一数据是按照西气东输二线 4 000 多千米的距离计算而得，但由于大部分国产气管输距离低于这一数值，出厂价实际还要更高，即理论上新增利润还要大于这个数据。从计算思路来看，成本加利润是顺推，也就是从上游向下游进行顺价调整，对上游没有价格约束，而市场净回值法是倒推，即根据可替代能源价格的综合价格来确定天然气的终端价格，在此基础上倒扣管道运输费后回推确定天然气各环节价格，这对下游来说是比较有利的，如果挂靠能源价格大幅跳水，上游出现亏损的概率加大。

国家发展改革委在总结广东、广西天然气价格形成机制试点改革经验基础

---

① 以下价格和利润均包含税收。

上，于 2013 年 6 月 28 日发出了《关于调整天然气价格的通知》（发改价格[2013]1246 号）。该通知是我国天然气价格改革的又一次重大改革，主要体现在：一是区分增量气和存量气，保持平稳，减小对经济社会的冲击。存量气略作调整，对目前的大部分用户影响相对较小，同时生产企业亏损面会有所下降。存量气价综合上调 0.26 元/立方米，按照中石油 2012 年天然气销售量 854 亿立方米计算，减亏 222 亿元，约为 2012 年亏损的一半。更重要的是，通知指出，力争"十二五"末存量气价格调整到位，这意味着存量气价与增量气价接轨，也就是在 2015 年年底调整到位，同时也意味着接下来的两年半中，存量气价将会频繁上调，石油企业获得的存量气价（扣除管输费）将上涨 120%。二是增量气市场价刺激国内生产。增量气一步调整到与替代能源相近的价格，将会对国内生产产生强有力的刺激，极大地促进国内天然气勘探开发领域的投资。三是根据试点运行情况微调了折价系数，从 0.9 降为 0.85。四是上限管理，防止过度冲击。由于我国天然气价格长期较大幅度背离其实际价值，而国际、国内市场供需形势和价格波动加大，上限管理有助于缓解可能的波动冲击。

鉴于新的定价机制尚处于试点运行阶段，因此，今后一段时期，行政控制下的改革路径继续占据主导地位，主要方向是在较大程度上解决天然气价格形成机制的科学性和价格水平的合理性上做文章。由于天然气管输的自然垄断特性，社会对天然气价格的市场化要求中短期内不会太强烈。同时，由于家庭生活用气比重较大（目前在 20% 左右），社会对天然气价格市场化过程带来的价格上升依然会存在较大的不理解，甚至是抵制。今后天然气价格政策可能的主要走向：

**1. 完善计价公式**

公式中不确定性较大的因素是折价系数、燃料油和液化石油气的权重。折价系数将会根据进口天然气价格、企业运行情况、社会承受能力进行综合考虑，如果进口天然气价格偏高或企业运行情况较差或社会承受能力较强，折价系数会相应向上调整，反之则会向下适当调整。由于国内需求情况的变动，燃料油和液化石油气的进口量也会发生向上或向下的调整，其权重将会随之有所调整，也不排除增加新的、合理的挂靠品种，重新分配权重，但公式的总体结构不变。除非出现重大影响，例如，天然气市场自成体系，不必与替代燃料价格挂钩，公式的总体结构才可能会出现重大变化。计价频率也可能发生变化，挂靠能源采价周期可能会以季度、甚至月为单位，提高价格的市场敏感度。

**2. 提高天然气领域的资源税**

由于长期、大幅偏离均衡水平，同时天然气价格向市场供需均衡价格靠拢的时间节点基本确定，2015 年实现全部气源按照新定价机制定价，大幅提价已是不可避免。在此过程中，与石油类似，由于存在国产与进口的成本差异，国产气会获得较为丰厚的利润，油气生产企业显著的利润增长会再次引发公众垄断的质疑，政府有可能进一步提高针对天然气领域的资源税税率。另一种可能的措施是推出针对天然气的特别收益金，从而降低企业利润水平，增加政府收入。不过相对特别收益金而言，资源税稳定性更强。实践过程中，特别收益金在石油行业的弊端已经显现，推出的可能性不大。

**3. 建立国家级天然气交易市场**

天然气等大宗能源产品的交易，最终会走向金融市场发现价格、提供规避风险工具的阶段，开放的国内市场也会对国际市场产生影响，有利于促进进口的稳定性，这就必然要求建立起国内的现货交易市场。目前上海石油交易所已正式推出天然气现货交易平台，目标是保障夏季用气高峰需求，当然这仅仅是建立国家级天然气交易市场的第一步，更大规模的交易还需要依赖气源、需求保障等制度性建设。其他，如北京、深圳等也具有发展区域性天然气现货交易平台的需要的可能性。

**4. 对页岩气等非常规资源开发继续实行价格补贴**

自 2013 年起，页岩气的价格开始市场化定价，至 2015 年的补贴标准为 0.4 元/立方米，地方财政可根据当地情况再给予适当补贴。但是，页岩气开发投入成本高，2013 年出台的《页岩气发展规划（2011～2015 年）》计划 2015 年页岩气产量达到 65 亿立方米，但从目前的进展来看，如期实现仍有一定的难度。

## 三、低能效导致环境压力增加

中国能源利用效率呈上升趋势，但相对于其他国家，尤其是发达国家仍然处于较低水平。中国单位 GDP 能耗处于下降态势，由 2000 年的 8.07 吨油当量/万美元降低到 2012 年的 3.3 吨油当量/万美元，年均下降率为 7.7%，尤其是 2004 年以来下降速度加快。这表明，近年来国家和企业重视节能减排工作并且已经取得了很大成效。但与世界其他国家相比，中国的能源利用效率还比较低，2012 年中国单位 GDP 能耗约为世界平均水平的 1.9 倍，分别是美国、日本和欧盟的 2.4 倍、3.3 倍和 4.1 倍（见图 2 - 6）。

虽然中国对生态环境保护的投入在不断提高，但长期的粗放型经济增长对资源的消耗已经超过生态环境的承载能力和自我恢复能力，我国生态环境处于"局部好转、总体恶化"的状况中，生态环境治理能力赶不上破坏速度，生态赤字不断扩大。

我国正处在工业化中期阶段，城市化和国际化进程在加快，客观上推动高能耗、高污染产业快速成长。发达国家工业化的经验表明，在工业化过程中，单位

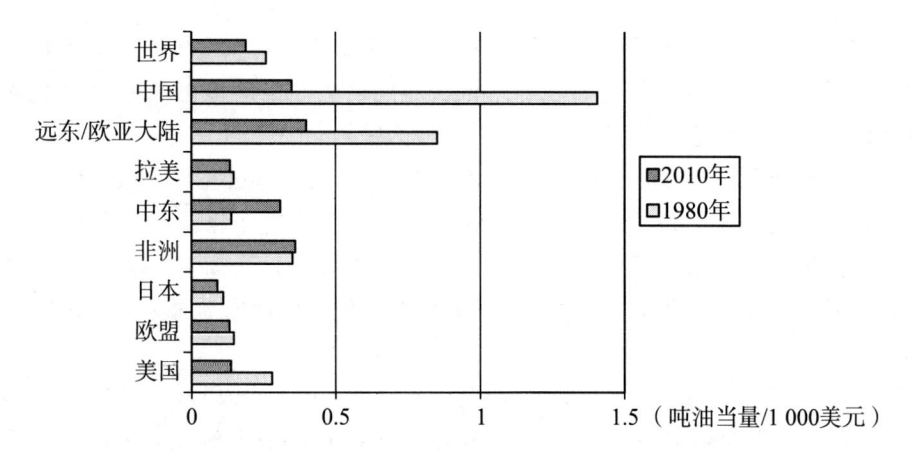

图 2-6　2010 年世界主要国家和地区 GDP 能耗

资料来源：IEA. World Energy Outlook 2012。

GDP 能源消耗强度和环境污染程度曲线呈现"倒 U 形"。工业化中期阶段，正是能源消耗强度和环境污染程度明显增加的阶段，工业化完成后，能源消耗强度和环境污染程度才能逐渐减弱。2000 年以来，我国基本完成劳动密集型工业化阶段，开始进入以高能耗、高污染、高排放、资本劳动比明显上升的资本密集型工业化阶段。城市化快速增长带动城市基础设施建设和居民住宅建设增长；国际化快速发展使我国成为国际产业分工体系的重要环节，国外制造业大规模向国内转移。受这些因素的影响，包括能源、交通和通信设施等在内的基础设施建设得到显著加强，钢铁、电解铝、水泥等重要工业原材料产量大幅增长，第二产业占 GDP 的比重进一步上升。1991～2000 年，我国钢材、水泥、硫酸等高能耗工业基础材料年均产量增长率分别为 9.8%、11% 和 7.3%。而在 2001～2012 年，上述三种产品产量年均增长率分别为 18%、11.5% 和 10.3%。这些高耗能、高污染产业的发展，导致单位 GDP 能源消耗明显上升，污染物排放总量持续增长。

从能源消费结构来看，我国一次能源自给率虽然占 90% 以上，但煤炭占一次能源消费的比例高达近 70%，比世界平均水平高出 40 个百分点左右。快速增长的能源消费成为我国大气污染的主要来源。我国二氧化硫排放量的 90% 是由燃煤造成的。我国二氧化硫每年的环境容量是 1 200 万吨，2012 年二氧化硫排放量为 2 117.6 万吨，虽然已经比 2006 年的 2 700 万吨减少了近 600 万吨，但仍比环境容量高出近一倍。我国大气污染 90% 来自工业，工业中污染的 70% 来自火电。近几年火电每年投资增长都在 50% 以上，进一步拉动了对煤炭的需求。煤炭需求每年增长超过 2 亿吨，2005 年是 21.3 亿吨，2012 年达到 39.3 亿吨。作为世界第一大煤炭生产国，中国自 2009 年成为煤炭净进口国，2012 年净进口 2.8 亿吨。此外，近年来由于机动车的快速增长，大城市大气污染已由煤烟型污染向煤烟、机动车尾气混合型污染发展。这些污染已经对城市居民的身体健康产生了负面影响,2013年年初的东部地区长时间、大范围的雾霾现象为中国因加强能源消费而带来的环境问题敲起了最急迫的警钟。

此外,我国对全球石油和初级产品的需求有相当一部分是发达国家跨国公司向我国转移高能耗、高污染生产环节的结果,其中相当部分产品并不在我国消费,而是出口到全球市场。据估算,这部分能源相当于我国总能源消费的20%左右。我国二氧化硫和温室气体排放总量的快速增长已经成为国际关注的另一个焦点。

据2012年11月19日全球碳计划(Global Carbon Project,GCP)发布的《2013年全球碳预算》(Global Carbon Budget 2013)报告指出,全球化石燃料燃烧产生的二氧化碳排放量在2013年再次上升,将达到创纪录的360亿吨。报告显示,2012年化石燃料燃烧和水泥生产产生的二氧化碳排放量上升了2.1%,为97亿吨碳,比《京都议定书》规定的排放基准年(1990年)的水平高58%。大部分二氧化碳排放来自煤炭燃烧(43%),其次为石油(33%)、天然气(18%)、水泥(5.3%)和燃气燃烧(0.6%)。2012年全球二氧化碳排放量最大的国家包括中国(27%)、美国(14%)、欧盟(28个成员国,10%)及印度(6%)。2011~2012年,中国、美国、欧盟和印度的二氧化碳排放增长率分别为:5.9%、-3.7%、-1.3%和7.7%。2012年全球人均二氧化碳排放量为1.4吨碳,美国、欧盟、中国和印度的人均二氧化碳排放量分别为4.4吨碳、1.9吨碳、1.9吨碳和0.5吨碳。值得注意的是,我国与欧洲年人均碳排放量水平已经持平,较美国还有较大差距,但2012年欧盟和美国人均碳排放量都是负增长,我国依然是快速增长,而且排放总量早已居于世界首位。

随着全球经济一体化的发展,环境问题已经成为影响未来世界格局以及国家发展和安全的重要因素。近年来,低碳经济发展的内在要求和国际压力越来越大,如何在重化工业发展和低碳经济之间寻求平衡将是未来较长时期内我国必须面对的重大课题。

第三章

# 中国油气跨国投资与合作的新阶段

在高对外依存度的驱使下,中国石油企业"走出去"既是维护中国石油安全的迫切需要,也是坚持走科学发展路线、建设节约型社会的重要保障。中国石油企业自1993年走出国门以来,取得了丰硕的成果,我国对外油气合作已经从积极扩张阶段迈向了稳步推进的新阶段,对外油气合作路径呈现"多元化"态势。在当前瞬息万变的国际油气形势下,伴随着全球油气供需格局"多中心化"转型和世界地缘政治格局的重塑,中国也迎来油气跨国投资与合作新阶段的新挑战:中国石油企业面临着后金融危机时期世界油气市场需求减缩的挑战;受世界地缘政治冲突和一些遏制实力的影响,中国在一些地区进入门槛依然较高;另外,非常规油气的地位日益突出也给中国石油企业的非常规油气技术攻关提出了迫切要求。

## 第一节 中国油气跨国投资与合作成果丰硕

### 一、中国油气跨国投资与合作阶段划分

中国油气跨国投资与合作的主体主要是中石油、中国石油化工集团公司(Sinopec,以下简称中石化)和中国海洋石油总公司(CNOOC,以下简称中海

油）这三家大型国家石油公司，其他中国企业参与跨国油气投资与合作起步较晚，影响相对有限。本章有关中国油气跨国投资与合作历程主要反映的是三大石油公司的跨国活动。

中国三大国家石油公司目前都位于全球最大公司之列（见表3-1）。从20世纪90年代初期开始投资于那些位于政治风险较高地区、被国际石油公司"遗留"的资产，到近年来开始与国际石油公司合作，联合进行项目投标和资产收购，中国的石油公司已经逐步成长为具有全球竞争力的能源公司。

表3-1　　　　　　中国三大石油公司2012年概况

| 公司名称 | 全球排名 | 收入（百万美元） | 利润（百万美元） | 资产（百万美元） | 员工人数 |
|---|---|---|---|---|---|
| 中石化 | 4 | 428 167.4 | 8 221.1 | 314 082.3 | 1 015 039 |
| 中石油 | 5 | 408 630.0 | 18 195.9 | 547 232.1 | 1 656 465 |
| 中海油 | 93 | 83 459.9 | 7 735.1 | 131 309.4 | 102 562 |

资料来源：2013年财富500强排名http：//www.fortunechina.com/fortune500/c/2013-07/08/2013G500.htm.

## （一）第一阶段：摸索起步阶段（1993~1996年）

20世纪90年代初期，国内主力油田大多处于开发中后期，新的勘探发现不足，稳产和增产难度加大。随着改革开放进入新的阶段，国内经济增长和发展对石油的需求越来越大，仅仅依靠国内资源的开发和生产已经无法满足快速增长的能源消费需求，1993年中国步入石油净进口国行列。1992年年底，中央提出"充分利用国内外两种资源，两个市场"发展我国石油工业的战略方针。在这种情况下，中国的石油公司开始尝试国际化经营，到海外寻找油气资源。

中国石油企业进入国际石油市场，意味着进入了一个高风险领域。未知因素很多，不熟悉的问题也很多。竞争对手多是拥有几十年，甚至上百年国际化经营的西方大石油公司，因此必须要经历一个熟悉海外项目运作的过程。

在起步阶段，中国石油企业以收购开采权益以及参与政府招标为主要合作方式。比如，1993年中石油收购泰国邦亚区块的石油开采权益；1994年中海油收购美国阿科公司在印度尼西亚马六甲海峡区块32.58%权益；1995年中石油中标秘鲁塔拉拉油田石油开采承包合同，同年获得苏丹6区块石油开采权。

这一阶段的投资项目，以寻求油田开发项目和老油田提高采收率项目为主，进行低风险小项目投资。如秘鲁项目投资仅3 000多万元，中方接手时日产量也仅有600多桶，中国石油企业不嫌其小，通过发扬自己的技术优势，油田日产量提高到 7 000 多桶，其中一口井获得日产 3 330 桶的高产，成为秘鲁历史上措施产量最高的一口井。

这一阶段的项目规模虽然不大，但涉及了当今世界石油合作领域所有合作模式，包括产品分成模式、许可证（矿税制）模式、服务合同模式等，其中既有参股经营的项目，也有当作业者的联合经营项目。通过这些实践，中国石油企业逐步熟悉了国际环境，积累了一定的国际经验，培养了一批国际化人才。

### （二）第二阶段：成长发展阶段（1997~2005 年）

在 20 世纪最后几年，中国石油行业进行了大规模重组，中石油开始拥有下游资产，而中石化也涉足上游活动，中石油和中石化两大国家石油公司重组为上下游一体化的石油公司。此后，中国石油企业继续改革步伐，三大石油公司旗下从事油气主营业务的子公司分别在境外上市，在国际市场上筹集了大量资金。2001 年中国加入世贸组织（WTO），在中央"走出去"战略方针指引下和全球化的背景下，中国海外投资活动得到快速发展。中石油、中石化和中海油明确了国际化经营战略，通过多种方式获取海外油气资源，建立海外资源替补区。在这个阶段，中国石油企业积极开展海外业务，以适应全球化趋势和增强自身的国际化发展能力。

在前一阶段投资小项目获得成功、积累经验的基础上，中国石油企业选择有利时机，以拿储量、上规模为目的，逐步涉足大中型项目。1997 年是中国石油企业国际化经营取得突破性进展的奠基年。当年，中石油中标苏丹 1/2/4 区块石油开采权，购买了哈萨克斯坦阿克纠宾股份公司 60.3% 的股份，获得了委内瑞拉卡拉高莱斯和英特甘博油田石油开采作业权。这些项目为后来中国石油企业建立非洲、中亚、南美等海外油气合作区奠定了坚实的基础。1999 年，苏丹 1/2/4 区 1 000 万吨级油田及长输管道建成投产，中国石油企业首次实现了海外油气千万吨级的作业规模。

随着企业国际化经验和竞争能力的增强，中国石油企业开始涉足海外风险勘探项目，承担更大风险，争取更多的利益。比如，2003 年 12 月，中石油与阿尔及利亚国家石油公司签署了 102a/112 区块和 350 区块勘探许可协议；2004 年 9 月，中石油与毛里塔尼亚矿业与工业部正式签署 Ta13 区块、Ta21 区块和 12 区块勘探开发合同；2005 年 8 月，中石油联合马来西亚国家石油公司，与苏丹国家石油公司、尼日利亚国家石油公司和高科技工业服务公司（HiTech Industrial）一起同苏丹政府签署了 15 区勘探开发产品分成合同等。

收购油气资产和石油公司股份逐渐成为重要的投资方式。2002 年中海油以 5.85 亿美元收购西班牙雷普索尔公司在印度尼西亚五大油田的部分权益；同年中石油以 2.16 亿美元收购了美国戴文能源公司（Devon Energy）在印度尼西亚 6 个区块的油气资产；2004 年中石化以 1.53 亿美元收购了美国第一国际石油公司，获得该公司在哈萨克斯坦拥有的 6 家公司，以及所属的石油勘探开发区块；2005 年 10 月，中石油以 41.8 亿美元收购了哈萨克斯坦 PK 石油公司，此次收购成为中国企业跨国并购的里程碑事件。通过收购，中国石油企业直接实现了资源储量的增加和权益油的增长。

这一时期，中国石油企业海外投资项目数量快速增加，项目分布的国家更加广泛。到 2005 年，中国石油企业海外投资项目分布在 20 多个国家和地区，初步建成了非洲、中亚、南美、中东以及亚太等多个海外油气合作区，海外获得的权益油产量达到 2 382 万吨。

### （三）第三阶段：积极推进阶段（2006 年之后）

2006 年之后，三大石油公司已经确立了成为具有全球竞争能力的国际能源公司的发展战略目标，海外投资活动更加积极活跃。上游投资活动不仅有传统的原油、天然气勘探开发，还收购了煤层气、油砂、页岩气等非常规油气资产；加大了下游炼厂以及管道等项目的投资力度。尤其是在金融危机之后，中国石油企业抓住机遇，加大了海外并购的步伐，2009~2010 年，海外收购项目达到 20 多个。到 2012 年，中国石油企业的海外权益产量约达 9 200 万吨。

这一阶段以大型参股或收购海外石油资源为跨国经营的主要方式。例如，2009 年中石化以 75 亿美元收购了瑞士阿达克斯（Addax）石油公司，直接获得了该公司在西非和中东的资产。该项收购在当时是中国石油企业完成的最大一笔海外收购交易。跨国收购也扩展到下游领域。2009 年，中石油以 14.7 亿新元（约合 10.2 亿美元）收购新加坡石油公司 45.51% 股份。该公司在亚太地区拥有大量的下游资产，包括炼油、集输和管道等，此项收购加强了中国石油企业的国际贸易能力。

中国石油企业通过建立战略联盟或其他形式，加强了与国际大型石油公司的合作。比如，2009 年，中石油与 BP 组成联合竞标团，中标伊拉克鲁迈拉油田服务合同；2010 年，中石油与壳牌石油公司联合收购了澳大利亚最大的煤层气生产商箭牌（Arrow）能源公司的全部股份。

这些大型的并购案例不仅显示出中国石油企业海外投资的决心，也显示出他们的海外经营已具有一定的实力，表明中国石油企业的跨国经营进入了相对成熟的时期。

## 二、中国在全球重点地区的项目合作成果

### （一）成功把握中东对外开放机遇

尽管美国页岩气革命使中东地区的战略地位有所下降，但目前为止，中东地区仍是世界最大的石油供应源，充当着世界石油供需平衡调节器的角色。在过去10年内，中国与中东诸多国家开展了油气合作，如伊朗、伊拉克和叙利亚。其中，最令人瞩目的是伊拉克战争结束后伊政府对外开放本国石油工业后的合作项目。

在2009年、2010年的两轮招标中，中国石油均取得了突破：在签订的10个合作项目中，中石油中标鲁迈拉油田（Rumaila）和哈法亚油田（Halfaya）两个项目，中石油在这两个联合体中占有的股比分别为37%和38%，成为第二次世界大战后进入伊拉克的第一批外国石油公司之一；2009年中石化收购西非和中东最大的独立石油生产商——阿达克斯石油公司后，也获得了在伊拉克库尔德地区的勘探许可。尽管伊拉克政府和库尔德政府对于库尔德地区的油田开采未能达成一致意见，导致库尔德地方政府与阿达克斯等外国石油公司签下的大约30份石油合同被伊拉克政府宣布为非法合同，但从伊拉克联邦政府抵制的效果来看，进入库尔德地区的这些石油公司并没有因伊拉克联邦政府而受到任何实质影响，仍有越来越多的外国石油公司绕开伊拉克联邦政府进入库尔德地区，且库尔德政府非常鼓励外国大型石油公司进入以拯救自己的经济。逐渐稳定的安全环境和提供的优惠条款也促使外国石油公司积极进入库尔德地区。另外，伊拉克政府还与中海油公司签署了米桑油田群（Missan）的合作开发协议，中海油占67%的开采权益。经过此轮与伊拉克的石油合作，伊方政府对中国石油公司有了全新的认识。在未来，伊拉克将成为我国石油公司参与国际油气项目合作的重要对象。

### （二）稳步推进非洲油气开发合作

通过多年来传统陆上勘探项目的合作，中国石油企业在非洲石油项目合作中确立了"互利双赢、共同发展"的合作理念，在项目运作过程中，已赢得了项目所在国人民的广泛信任。近年来，由于深水勘探技术的运用和几内亚湾地区新油田的发现，非洲地区的石油储量和产量不断增加，非洲在全球能源供应格局中的地位也大幅度提升，而我国与非洲在传统项目的合作方面已经取得了丰硕的成果，正在稳步迈向非洲广阔的深水领域。

在苏丹①，中国石油集团从20世纪90年代进入苏丹市场到今天，在苏丹的业务也取得了辉煌的成绩，先后与合作伙伴一起组建了大尼罗石油作业公司、彼得罗达尔石油作业公司等专业公司，通过产品分成合同等形式，与苏丹政府签订了1/2/4区、3/7区、6区、15区四个上游投资项目，形成了约2 800万吨/年的原油生产能力，修建了3 764千米的输油管道，建立了集地面施工、物探、钻井、测井、管道建设、物资供应为一体的配套服务体系。中国石油集团还在苏丹投资建设了喀土穆炼油项目、喀土穆化工项目、石化贸易项目等下游项目，建成了加工能力为500万吨/年的炼厂。目前，苏丹已形成了上下游一体化，集生产、加工、运输、销售于一体的技术先进、规模配套的石油工业产业链。中国石油公司投资苏丹石油工业，带动了整个苏丹的经济、政治形势向好的方向发展，使其石油产量逐年上升，炼油规模不断扩大。苏丹已经从一个石油进口国成为石油出口国、成品油出口国和石化产品出口国，成为一个石油工业上、下游一体化的国家。

截至2012年年底，中国与非洲国家在石油领域的合作已经辐射到利比亚、阿尔及利亚、突尼斯、尼日尔、乍得、毛里塔尼亚、埃及、尼日利亚、加蓬、赤道几内亚、肯尼亚、安哥拉、南北苏丹等国家，并且开始参与尼日利亚和安哥拉的少数几个深水项目。在非洲最大的产油国尼日利亚，中海油和中石化都参与了尼日利亚部分深水项目。2006年中海油以22.68亿美元现金收购尼日利亚海上石油开采许可证（OML130）所持有的45%的工作权益。OML130所在的尼日尔三角洲是世界上油气资源储量最丰富的盆地之一，面积大约为500平方英里（Squaremiles），是一个深水区块。OML130包括2000年发现的阿科波（Akpo）油田，以及另外三个重大发现：艾基纳（Egina）、南艾基纳（Egina South）和普利欧威（Preowei）。而中石化巨资收购阿达克斯为其打通了进入尼日利亚深水的通道，中石化在尼日尔三角洲发现的基纳-1（Kina1）油田和博穆-1（Bomu1）项目都进入前期准备阶段②。

### （三）在北美与发达国家同台竞技

在近十年的海外油气并购与合作中，中石油、中石化、中海油三家公司分别逐步建立并扩大与北美的能源合作。中国三大石油公司目前已开辟了加拿大非常规能源合作领域，成功收购或参与了多项非常规原油的开发和生产项目，在美国本土还有几个投资项目。

2005年，中石化以1.5亿加元获得了西内科（Syneco）公司（2008年5月

---

① 本书所指苏丹，一般情况下都是指原苏丹。
② 牛芳：《中国开拓非洲石油市场的策略研究》，中国石油大学北京（硕士论文）2008年。

被道达尔收购）位于阿萨巴斯卡的北方之光（Northern Lights）油砂项目40%的股份。现在，中石化与道达尔两家公司所占股份均为50%。该项目面积将近184平方千米，可采原油达10亿吨，总计投资需要达到45亿加元①。

从2005年起，中海油就已经开始在加拿大投资，包括对MEG能源公司（MEG Energy）、OPTI加拿大公司（OPTI Canada）和北十字星公司（Northern Cross）等的购买及收购，总投资已达几十亿美元。2012年中海油收购加拿大尼克森公司（Nexen），进入加拿大西部的油砂、页岩气及主要位于北海、西非海上及墨西哥湾深水海域的常规油气勘探与开发。中海油在此次收购中公开承诺，竞购成功后把卡尔加里作为其北美总部，并在多伦多证券交易所挂牌上市，履行企业公民和社会责任，参与更多的社会慈善项目。除此之外，中海油还将支持加拿大阿尔伯塔等大学的油砂项目，并且加入到致力于减少油砂开采对生态环境影响的加拿大油砂创新联盟（COSIA）当中，为加拿大油砂的长期低污染开发做出贡献。

2007年，中石油通过土地拍卖以2 295万加元获得了加拿大阿尔伯塔省11处的油砂矿开发权，其总面积为258.6平方千米，超过阿尔伯塔省2006年"官地"（即省政府所拥有的土地）转让总量的1/60。这些地块估计含有1.97亿桶原油，但只有小部分有可能开采出石油。目前能够获得证实的两个区块的位置是：一块位于麦克默里堡（Fort McMurray）西部，与拉里西纳（Laricina）区块接近，面积为260英亩（acre）；另一块在麦克默里堡西北，在帕拉蒙（Paramount）区块南侧。2010年2月中石油获批与阿萨巴斯卡油砂公司联合开发麦肯河（MacKay River）和道沃（Dover）两个油砂项目②。2012年由中海油成功收购并完成交割的尼克森项目更是引起了国际上的广泛关注，也成为中国参与全球油气投资的一个里程碑事件。

### （四）能源外交助力中南美洲合作

南美地区是中国石油企业"走出去"战略设定的战略区域之一，但也是资源国有化事件频发的地区。经过国家间经贸领域的互利合作，中国与中南美洲国家建立了稳固的友好合作关系。经过十多年的国际化经营，中国石油企业在南美地区的勘探开发取得了可喜的成绩，尤其是在委内瑞拉、巴西和厄瓜多尔。

**1. 与委内瑞拉的合作**

在2008年和2009年查维斯总统两次访华的推动下，中委双方在石油合作与

---

① 薛力：《加拿大油砂开发与中国能源安全》，载《世界经济与政治》2009年第12期，第17~22页。
② 摘编自人民网《人民日报海外版》。

投资方面达成的协议包括：（1）中委联合融资基金由最初商定的60亿美元扩大至120亿美元；（2）在2013年前将委内瑞拉对中国石油出口量由30万桶/日提高到100万桶/日；（3）中国国开行在10年内向委内瑞拉提供总额200亿美元的贷款，委内瑞拉在25年内向中石油出口29亿桶重质油；（4）中石化将合作开发胡宁1和胡宁8区块，使其分别达到20万桶/日的产能，并参与建设日处理重油20万桶的卡夫鲁塔（Cabruta）炼厂；（5）中海油将参与委内瑞拉东北部苏克雷元帅（Marical Sucre）天然气开发项目，预计可日产120万立方英尺（1.2MCF）天然气和3.7万桶凝析油。中国三大石油公司对委总投资将达400亿美元[1]。

中委间这种互补双赢的"贷款换石油"合作被业内视为"南南合作"的成功探索，被广泛推广应用。我国的石油公司自进入委内瑞拉技术服务市场以来，先后承揽多个项目，装备、技术、队伍、项目管理和施工能力都得到当地政府和合作公司的认可，多次受到表彰，完成的项目被誉为"样板工程"和"优质工程"。同时，中国石油公司在项目管理方面，如生产安排、人员管理、质量控制、物资及社会关系处理等方面积累了丰富的经验，管理水平持续提高，在当地具有较强的竞争优势。

**2. 与巴西的合作**

巴西拥有南美第二大石油储量，深水石油及生物燃料生产规模均居世界前列。石化工业近年也呈蓬勃发展态势。

近年来，我国与巴西的合作不断扩大。2010年5月，中石化与挪威国家石油公司（Statoil）达成协议，收购了后者位于巴西海上坎波斯（Campos）盆地的佩雷格林（Peregrin）油田40%的权益，这是迄今为止中国企业在巴西最大的投资项目。同年7月，中石化在获悉西班牙雷普索尔公司旗下的巴西子公司有意将其在巴西油气资产40%的股权通过IPO方式出售，以募集资金扩大对其在巴西油气资源开发之后，随即对上述项目进行调查，并与雷普索尔巴西公司展开了紧张的谈判，10月达成认股协议，总交易额达到71.09亿美元。12月28日双方最终完成股权收购交割。此项合作使得中石化可获得权益可采储量和资源量8.81亿桶原油。投产后权益项下的峰值年产油约880万吨，天然气约18.6亿立方米（约为177万吨油当量），折合约1 057万吨油当量[2]。中石化大手笔完成上述收购，将大幅提升其在海外的油气资源占有量，同时将对保证我国原油战略安全发

---

[1] 汪巍：《委内瑞拉石油开发与中委石油合作建议》，载《中国石油和化工经济分析》2011年第12期，第49~53页。

[2] 王志浩：《中国—巴西能源合作：现状、问题及解决途径研究》，华中师范大学（硕士论文），2011年。

挥重要作用。中国企业还积极参与巴西的能源管道等基础设施建设，为中巴能源合作创造条件。

### 3. 与厄瓜多尔的合作

厄瓜多尔是南美洲第三大石油储量国，国家石油公司归政府所有，控制了原油产量的一半。1994年，厄瓜多尔政府与中国政府签订了经济与技术合作协议，以及一项关于鼓励和保护相互投资的协议。据此，中国石油天然气集团公司与厄瓜多尔国家石油公司签订了有关石油产业合作的协定。2005年9月，中石油与中石化的合资企业安第斯石油公司向加拿大能源公司收购了厄瓜多尔5个块区的油气资产及开采权。2006年年初，安第斯石油公司获得了厄瓜多尔政府的允许，开始实施对油田的经营权[①]。安第斯石油公司目前的石油日产量为6万桶，是厄瓜多尔国内重要的外资石油公司。自其从2006年年初获得经营权以来，安第斯石油公司一直面临着一些挑战，包括对厄瓜多尔石油法律的适应、社会争议、长期种族冲突以及每况愈下的公共安全。面对这些难题，安第斯石油公司已经采取了一些积极的措施，努力实现社会与公司的双赢。现在，厄瓜多尔正寻求中国帮助其缓解清偿危机，与中国签订贷款换石油的协议，承诺在未来两年为中国提供69百万桶石油，同时中国支付厄瓜多尔10亿美元的预付款。

## （五）打通周边地区能源合作通道

### 1. 与中亚各国的合作

中国与中亚的能源合作主要集中在哈萨克斯坦和土库曼斯坦两个国家。通过多年友好合作，中国的石油公司已在中亚地区树立了良好的企业形象，凭借先进的油气勘探开发生产技术成功打入哈萨克斯坦和土库曼斯坦国内市场。

在勘探开发领域，中国企业进入哈萨克斯坦基本上都是以购并其他公司的油气资产或股权为主，兼有新建投资方式。1997年以来，中石油在哈萨克斯坦的油气合作业务已扩展到勘探开发、油气管道运输、炼油和油品销售等领域，形成了包括工程技术服务在内的较为完整的业务链，实现了规模、有效、可持续发展。目前，中石油在哈共运营PK、阿克纠宾、曼格什套、北布扎奇等6个油田开发项目。此外，中海油、中石化和中信集团也相继成功进入哈萨克斯坦的上游勘探开发领域。经过十多年的发展，中国在哈萨克斯坦已建成了2 200万吨油当量/年的油气生产能力以及上下游一体化的油气产业链。与此同时，石油贸易合作也快速发展。1997年，中国开始从哈进口原油。此后，进口量快速增长。

---

① 玛丽亚·卡门马林托瓦尔（Maria Del Carmen Marin Tovar）：《中国与厄瓜多尔石油贸易简析》，载《商场现代化》2010年第31期，第4~5页。

2002年突破100万吨，2008年达567万吨，2010年突破600万吨，从哈国进口原油数量占中国原油进口总量的比重从1997年的0.13%提高到了2010年的2.5%。

中国与土库曼斯坦的天然气合作开始相对较晚。2006年4月，中土两国签署《关于实施中土天然气管道项目和土库曼斯坦向中国出售天然气的总协议》，根据协议，土库曼斯坦每年将经过中亚天然气管道向中国输送300亿立方米的天然气。为保障建成投产后的土中天然气管道有足够的天然气供应，2007年8月29日，中国—土库曼斯坦天然气勘探开发合作在土库曼斯坦阿姆河右岸气田正式启动，标志着中石油海外最大规模的天然气勘探开发项目正式启动。2008年8月29日，中土双方签署《扩大100亿立方米天然气合作框架协议》，标志着土库曼斯坦天然气合作项目作为中亚天然气管道的起点和主气源，将在未来的30年内，每年向中国输送天然气由原来的300亿立方米增加到400亿立方米。土库曼斯坦从2009年12月起开始向中国出口天然气，2011年向中国出口了170亿立方米的天然气，超过了俄罗斯和伊朗当年出口中国的天然气数量。中土天然气合作，是中国与中亚国家之间开展天然气互利合作的重要组成部分，中亚天然气管道的规划和建设得到了中亚国家的积极支持。

**2. 与俄罗斯的合作**

中国与俄罗斯在油气领域的合作方式比较多样化，但取得的进展低于预期。

下游换上游的合作。2006年中俄双方签署了能源合作协议。根据这项协议，中俄开始进行我国能源市场下游领域与俄罗斯能源市场上游领域的互换。刚刚投入生产的天津大炼油厂项目就是试探性的第一步，该项目主要加工来自俄罗斯的原油，年产成品油1 050万吨，其中汽柴油产品质量将全部达到欧Ⅳ标准，部分产品达到欧Ⅴ标准，产品主销国内市场。

共组合资公司的合作。中石油集团与俄罗斯石油公司在俄罗斯共同组建了"东方能源公司"，其主要业务是在俄罗斯进行地质勘探及能源项目融资。同时，中石油集团也成为俄石油的战略投资者，与其联合开发俄罗斯万科尔油田。中石化也在俄罗斯能源上游领域进行了投资。中俄能源投资股份有限公司是2009年10月成立的另一家中俄合资能源企业，该公司出资收购俄罗斯松塔儿石油天然气公司51%的股权，从而取得了俄罗斯东西伯利亚地区两块储量达600亿立方米的天然气田——南别廖佐夫斯基气田和切连杰斯气田的勘探开采权。这是实体经济领域诞生的第一家中俄合资石油天然气公司，也是第一次有跨国公司对俄罗斯天然气田实行控股。由于此前没有任何跨国合资公司能对俄罗斯天然气田实行控股权，此举被认为是中俄能源合作新模式的开山之作，也将为中俄能源领域的更紧密合作奠定基础，对中俄双方深化能源合作的象征意义巨大。

石油贸易合作。俄罗斯对我国的石油出口量不断增加，2000年突破100万吨，2004年突破1 000万吨，2006年突破1 500万吨后进入稳定状态。2009年4月，《中俄石油领域合作政府间协议》签署，根据此项协议，中国将向俄罗斯提供总计250亿美元的长期贷款，俄罗斯则以石油为抵押，以供油偿还贷款，2011~2030年按照每年1 500万吨的规模向中国通过管道供应总计3亿吨石油，这一协议又被称为"石油换贷款"协议。随后，俄罗斯石油公司和中石油集团于2009年10月13日签署了《中俄上下游领域扩大合作备忘录》，主要内容是关于中俄合资企业——东方能源公司修建天津合资炼厂项目及解决资源来源问题，中俄"石油换贷款"有望在此前协议的基础上，额外追加1 000万~1 500万吨，专门供应天津炼厂炼化。自炼厂建成起，石油将通过海上运输方式，从俄罗斯远东那霍特卡港运抵天津南港。

### 3. 与东南亚及澳洲各国的合作

东南亚各国与中国的石油合作以贸易方式为主，曾经是中国最主要的石油进口来源，其中以印度尼西亚、越南和马来西亚为主。1994年，中国从印度尼西亚、越南和马来西亚三国进口的原油占中国总进口量的45.9%，超过占40.1%的中东国家。随后，受中国从中东、非洲等国家和地区的进口量不断增长和东南亚各国出口能力下降的影响，东南亚在中国石油进口中的比重逐年下降。2012年中国从上述3国加上文莱的石油进口量锐减至1%。

中马油气合作。马来西亚为中国在东南亚地区最大的原油进口来源国。马来西亚出口到中国的石油总量由2006年的11.34万吨增长到2009年的223.11万吨后，在2010年又有所下滑，总量至207.95万吨，占中国石油总进口量的0.87%。马来西亚也是中国重要的液化天然气来源国。2006年，上海液化天然气有限责任公司与马来西亚液化天然气第三公司签署的液化天然气购销合同，使马来西亚国成为继澳大利亚之后提供LNG的第二个国家。此合同期限为25年，从2009年起马来西亚将向上海输送LNG，数量自110万吨起逐年增加，至2012年后每年供应300万吨液化天然气（约合40亿立方米）。

中国与印度尼西亚油气合作。中国与印度尼西亚在石油天然气领域的合作卓有成效。中石油、中海油等已通过收购的方式成功进入了印度尼西亚。从2002年起，中石油通过不断收购，目前已获得印度尼西亚7个油气区块，并且成为其中6个区块的作业者。2010年，中油国际（印度尼西亚）公司油气产量与2002年接手时相比提高了1.6倍，居印度尼西亚市场第七位。中海油是从1994年起开始进入印度尼西亚油气市场，截至2010年共投资9个合同区，投资额不断增长。2002年时，中海油参股了印度尼西亚西巴布亚省（Papua）的东固（Tangguh）天然气田12.5%的股份。根据中印政府间签署的"福建LNG销售与购买项目"，中海油总公司旗下的福建液化天然气站在从2009年开始的25年内，每年将从印度尼西亚巴布亚省东固天然气项目接收260万吨液化天然气。2010年后，随着国际天然气价格变化和印度尼西亚投资政策调整，中国在印度尼西亚的油气投资项目面临新的挑战。2011年，中海油从资源、回报和风险综合考虑，以2.12亿美元出售印度尼西亚爪哇西北海上产品分成合同（Offshore Northwest Java Production Sharing Contract，简称"ONWJ"产品分成合同）权益，撤出了印度尼西亚西马杜拉油气区块；2012年年初，印度尼西亚石油和天然气监管机构计划将东固天然气价格上调一倍，福建液化天然气站从印度尼西亚进口液化天然气也受到了影响。

中澳油气合作。中澳油气合作主要集中在液化天然气领域。2009年8月，澳大利亚批准了美孚澳大利亚资源有限公司与中石油集团公司签署的天然气销售协议，中国石油将在20年内，每年从澳大利亚西澳洲高更（Gorgon）液化天然气项目中，进口225万吨液化天然气。2012年1月中国石化集团与澳大利亚太平洋液化天然气有限公司（Australia Pacific LNG，简称"APLNG"）正式签署收购330万吨液化天然气的约束型协议，对该公司的持股比例从15%增至25%。

## 第二节　中国油气跨国投资与合作路径多元

### 一、中国油气跨国投资路径演变

从近20年中国跨国油气投资与合作的发展历程可以看出，其发展路径具有以下特点：

#### （一）投资项目由小到大

早期的海外油气投资以低风险小项目运作为主，投资规模不大，项目金额一般在10亿美元之内。随着投资的不断深入，储量规模和资金积累加大，单笔并购投资项目金额屡创新高，2005年中石油以41.8亿美元要约收购PK公司、2009年中石化以75亿美元对价收购阿达克斯，均创下当时中国企业最大的海外收购案。2012年中海油以151亿美元对价收购尼克森石油公司全部股权，更是刷新历史纪录，成为新的海外油气投资最大交易案。通过逐步推动的方式，坚持由小到大、循序渐进地发展海外油气投资，有利于中国企业在实践中学习，积累经验，提高水平，控制投资风险。

## （二）投资区位由点到面

20世纪90年代初，中国油气投资跨出国门之后，中国石油公司在与单个企业或国家顺利合作的基础上，开始向外辐射，境外投资区域不断扩大。由点到面，从单个项目重点开发转向整体战略规划和布局。以中石油为例，早期获得苏丹1/2/4区项目、秘鲁塔拉拉油田项目和委内瑞拉陆湖项目、哈萨克斯坦阿克纠宾股份公司项目等，使中石油在非洲、南美、中亚有了立足点，使其有机会将投资项目辐射到该地区其他国家。目前，中石油基本建成五大海外油气合作区：包括以原苏丹为主的非洲合作区，以哈萨克斯坦、土库曼斯坦为主的中亚—俄罗斯合作区，以委内瑞拉、加拿大为主的美洲合作区，以印度尼西亚、澳大利亚为主的亚太合作区，以伊拉克、伊朗为主的中东合作区。

## （三）投资方式由"绿地投资"[①] 到"并购投资"

中国的油气跨国投资经历了一个由"绿地投资"为主到"并购投资"为主的转变，并继续不断探索新的、更适宜的、更灵活的投资方式。投资的初期由于缺乏跨国管理经验，中国的石油公司主要是通过投标方式承接一些勘探开发业务，即以新建的绿地投资为主。随着国际合作经验的积累、投资能力的增强、投资战略的调整以及东道国对油气资源管制加强，中国的跨国油气投资开始扩大并购投资规模，投资方式的转变使得中国的石油公司可以迅速进入目标市场，大大减少了投资风险和不确定性。

## （四）投资对象由"常规油气"到"常规、非常规油气并重"

中国石油企业早期海外投资主要针对常规油气资源。经济危机后的油气投资从被投资的油气资产类型看有较大变化，非常规资源成为业界关注的焦点之一。2009年年末，世界石油化工巨头埃克森-美孚斥资410亿美元收购了以非常规油气资产为主要资产的克洛斯提柏石油公司（XTO Energy Inc），为行业的发展竖起了风向标。2009年全年全球范围内的油气交易项目中非常规资产交易比例明显上升，这是经济危机后油气市场向外界传递的一个非常有代表性的结构转型信号。

中国的三大石油公司在2010年的海外投资中都有对非常规项目的投资，中石油开展海外煤层气项目、中石化收购加拿大油砂项目股权、中海油进入美国页

---

[①] 绿地投资（Green Field Investment，又称创建投资）指跨国公司等投资主体在东道国境内依照东道国的法律设置的部分或全部资产所有权归外国投资者所有的企业。

岩油气领域，都很好地适应了这一形势。在当前常规油气资源开采难度日益加大的条件下，把目光瞄向非常规是石油行业发展的趋势。这一点在三大石油公司的海外经营过程中都得到了体现。2010年以非常规油气资源为主，包括深水、非常规气和油砂资产，这些投资活动占到了中国企业海外油气投资总金额的80%以上。2012年更是延续了这一趋势，尤以中海油收购尼克森更加突出，尼克森的资产要么是加拿大的油砂资产，要么是海上资产。

### （五）投资动机由单一动机到多重动机并存

跨国投资初期，中国石油企业的主要动机是获取油气资源，形成海外资源替补区，保障国家能源供应。随着中国石油企业跨国经营活动的发展，中国三大石油公司制定了打造具有全球竞争力的综合能源公司的战略目标，除了扩大油气储量和产量这种资源寻求动机之外，市场寻求、效率寻求以及战略资产寻求动机开始突显出来。例如，中石油2009年收购了新加坡石油公司和日本大阪炼油厂股份，目的是弥补和提升其下游短板，构建完整的上下游产业链，强化其全球范围内的竞争优势。

国际大石油公司在深水油气勘探开发、液化天然气以及非常规资源开采利用方面拥有技术优势。近年来，中国石油企业加强了与国际大石油公司的合作。中海油与道达尔在尼日利亚的阿科波和艾基纳深水油田合作进行勘探；中石油与壳牌联合收购澳大利亚煤层气生产商箭牌能源公司；中石化与道达尔合作，从康菲公司购买加拿大油砂项目的权益等。这些合作有利于中国石油企业获得相关先进技术和管理经验，同时有利于中国石油企业快速进入不熟悉的国家和领域，分散投资风险。

### （六）投资合作从自主勘探开发到与国际石油公司和其他国家石油公司组成战略联盟

中国石油企业海外投资初期的项目主要是自主勘探开发，少数合作伙伴包括马来西亚石油公司（Petronas）、印度石油公司（Indian Oil）等国家石油公司。随着中国石油企业的成长和发展，中国企业加强国际合作的形式转变为通过与大型国际石油公司和国际石油公司建立战略联盟的形式，加强了与国际大型石油公司的合作。比如，2009年，中石油与BP组成联合竞标团，中标伊拉克鲁迈拉油田服务合同；2010年，中石油与壳牌石油公司联合收购了澳大利亚最大的煤层气生产商箭牌能源公司的全部股份。

## 二、中国油气跨国投资主体特征

回顾近20年的中国油气跨国投资发展历程，跨国投资初期，只有中石油、中石化和中海油从事油气跨国投资活动，2006年之后才出现一些非石油公司经济体参与油气跨国投资活动，但从投资的规模和频率上，三大石油公司一直是投资的主力，从根本上决定着我国油气跨国投资的整体规模和能力。

非石油公司经济体目前主要是主权财富基金、综合型国有企业及一些实力较强的民营企业，它们通过投资石油公司可转债、联合收购等方式，开始尝试投资油气行业，成为中国油气资源国际合作中"走出去"的另一支力量。这些企业包括中国投资有限责任公司、中国中化集团公司、中信集团、振华石油控股有限公司、新疆广汇集团等。

投资主体由单一的石油公司向多元化发展，具有明显的时代特点。资源类投资一般具有两个特点：其一是交易金额大，需要大量资金；其二是对投资方经营资源的能力有一定要求，即比较适合具有经营经验的投资方。基于这两个特点，20世纪90年代初，具有投资能力和整合能力的只有经济实力雄厚的三大石油公司。随着油气投资的发展，油气跨国投资活动中对石油公司的股权并购增加，这种并购方式对并购方的资源经营能力要求降低。同时，国内市场化改革的深入，催生了一些新的投资主体，如中国主权财富基金和经过发展也具备了一定投资能力的民营企业，油价的攀升吸引着这部分新的投资主体试水油气跨国投资。

## 三、中国油气跨国投资方式特征

中国的油气跨国投资方式不仅具有一般企业跨国投资的特点，而且还具有石油企业自身的特点。具体包括：

### （一）多样性

中国石油企业的跨国投资方式具有多样性，如绿地投资、并购投资等，并购投资中又有并购资产和并购股权的差异，丰富多样的石油企业跨国投资方式，给中国石油公司提供了根据自身条件合理选择投资模式的机会。

### （二）可进入性

不同国家对能源管制的力度不同，在许可经营和财税政策上对不同投资方式的约束力不同，中国的石油公司在跨国投资方式的选择上主要选择那些能够进入资源国的投资方式。

### （三）灵活性

为更好地适应资源国及国际环境的变更，油气跨国投资模式是机动多变的，可以相互转换和搭配。如中石油对哈萨克斯坦的投资活动，就是通过不同投资模式的搭配获得成功，中石油进入哈石油行业上、下游是以并购其他公司的油气资产或股权为主，兼有新建投资方式；进入中游（输油管道的修建与运营）则是新建投资方式。

## 四、中国油气跨国投资区位特征

在我国的油气跨国投资中，从政府层面看，还没有统一的海外投资战略规划，因此，投资集中区域主要是三大石油公司结合自身的扩张需要和发展规划，经过多年的投资运作逐步形成的。从区域分布看，中石油初步形成了非洲、中亚、美洲、中东和亚太五大油气生产发展区以及上下游一体化的产业链；中石化加强与资源国石油公司和跨国石油公司的合作，积极参与全球石油资源开发利用，境外油气资源勘探开发不断取得新进展，初步形成非洲、俄罗斯及中亚、南美、中东等海外战略重点地区，为实现海外权益油快速增长奠定了良好基础；中海油海外业务则广泛分布于澳大利亚、东南亚、中亚、西非、北美等10个国家[①]。因此，非洲、中亚、美洲、中东、亚太已成为我国油气跨国投资的集中区域。

## 五、中国油气跨国投资支付方式特征

我国油气跨国投资活动中，支付方式的突出特点是现金支付。现金支付的优势在于更易于为资源国或出售方所接受，但也会给投资方带来沉重的支付负担。由于近年来我国外汇储备充裕，且开展跨国油气投资的核心力量是具有国有背景的企业，这些企业的融资能力较强，因此，一定时期内不会出现严重的支付负担问题。但从长远来看，随着投资主体的多元化，尤其是初具规模的民营企业参与跨国油气投资，仍然需要探索其他支付方式。另外，使用过多的现金进行油气跨

---

① 根据三大石油公司年报整理。

国投资，容易给竞争对手造成一个印象：投资资金的来源是否合理？如在中海油并购优尼科（Unocal）的过程中，中海油提出 185 亿美元的全现金报价，明显优于雪佛龙现金加股票的出价，但却遭到美国各界质疑并购资金来源于政府的帮助，成为影响并购的一个负面因素。

## 第三节 中国油气跨国投资与合作的影响因素

中国石油企业海外投资国家的选择主要由哪些因素驱动？投资金额的大小又受哪些因素的影响？为研究这几个问题，我们进一步选取中国石油进口来源国为样本，综合考虑东道国经济、资源、政治等方面的因素，利用赫克曼两阶段模型（Heckman Two-Stage）分析这些因素对中国海外油气投资地区选择决策的影响。

### 一、模型变量及样本选择

#### （一）模型变量

国内外学者围绕对外直接投资开展实证研究所选取的变量各不相同。方齐云、项本武通过总结国内外研究文献发现，对外直接投资的决定因素主要包括东道国市场规模、双边贸易联系、汇率水平及其波动、东道国税收政策、国家治理基础、母国经济发展水平和公司技术[①]。董艳等将决定对外投资的因素分为决定资本流出和流入的宏观方面因素和决定企业向国外投资的外部条件的微观方面因素[②]。对于国际石油投资环境，也有学者展开论述。杨炘等认为，投资环境因素分为硬环境因素和软环境因素，硬环境因素中以石油资源丰富程度最为重要，软环境因素中以石油法规完善程度及分成模式、政治稳定性最为重要[③]。赵旭将海外油气资源投资环境主要的影响因素划分为资源环境、政治环境、经济环境、法

---

① 方齐云、项本武：《对外直接投资决定因素的实证研究综述》，载《经济学动态》2005 年第 10 期，第 105~108 页。
② 董艳、张大永、蔡栋梁：《走进非洲——中国对非洲投资决定因素的实证研究》，载《经济学（季刊）》2011 年第 2 期，第 675~690 页。
③ 杨炘等：《中国国际石油投资模糊数学综合评价方法》，载《清华大学学报（自然科学版）》2006 年第 46 卷第 6 期，第 855~857 页。

律环境、社会文化环境、运输环境和自然环境①。根据相关文献和本课题研究的需要，选取的变量主要有：

### 1. 投资（ODI）

此指标用来反映中国对各个东道国的石油投资，但由于此数据无法获得，仅以中国对各个国家的非金融类对外直接投资代替，此投资中涵盖对石油行业的投资，且从样本国来看，我国在这些国家的投资基本上以油气投资为主。

在中国对外直接投资统计公报中，中国对各个国家的 FDI 流量只有 2003~2006 年的数据为非金融类直接投资数据，而 2007~2012 年的数据包含金融类与非金融类直接投资的数据。其中，2007 年金融类对外直接投资流量主要分布在亚洲和欧洲，前者占 73%，后者占 27%，主要集中在英国、德国、卢森堡；2008~2012 年，根据当年公报数据，可以确定金融类直接投资绝大多数流向本研究所统计的产油国以外的国家。因此，我们有理由认为，在公布的 2007~2012 年中国对主要产油国的直接投资流量，即为非金融类对外直接投资流量（俄罗斯、澳大利亚可直接减去金融类投资）。

### 2. 市场（MAK）

此指标用来反映东道国的市场规模、市场蕴含的机会等。市场规模对直接投资具有非常重要的作用②，卡勒姆认为东道国市场增长率及其市场规模、规模经济等是 FDI 流出的主要决定因素③，其他研究学者如阿加瓦尔和拉马斯瓦米、杰洛斯基等认为东道国市场潜力是 FDI 的重要决定因素④。而在代表东道国市场规模和潜力的因素指标中，东道国国内生产总值（GDP）可用来衡量东道国市场规模的大小⑤，东道国人均收入（RGDPpc）可用来反映市场机会和基础设施建设的水平⑥，而东道国实际 GDP 增长率则可以代表东道国的市场增长潜

---

① 赵旭：《海外油气投资目标筛选决策支持系统研究》，载《技术经济及管理研究》2011 年第 3 期，第 8~12 页。

② Frankel J. A. *New Estimation of China's Exchange Rate Regime. Pacific Economic Review*，2009（14）：346 - 360；董艳、张大永、蔡栋梁：《走进非洲——中国对非洲投资决定因素的实证研究》，载《经济学（季刊）》2011 年第 2 期，第 675~690 页。

③ Culem C. G. *The locational determinants of direct investments among industrialized countries. European Economic Review*，1988，32（4）：885 - 904.

④ Agarwal S. Ramaswami S. N. *Choice of Foreign Market Entry Mode：Impact of Ownership，Location and Internalization Factors. Journal of International Business Studies*，1992，23（1）：1 - 27；Gerlowski D. A.，Fung H.，Ford D. *The Location of Foreign Direct Investment for U. S. Real Estate：An Empirical Analysis. Land Economics*，1994，70（3）：286 - 293.

⑤ Wheeler D. Mody A. *International investment location decisions：The case of U. S. firms. Journal of International Economics*，1992，33：57 - 76.

⑥ Lane P. R. *International investment positions：a cross-sectional analysis. Journal of International Money and Finance*，2000，19（4）：513 - 534.

力①。我们选取了东道国国内生产总值（GDP）、东道国人均收入（RGDPpc）、东道国实际 GDP 增长率来综合反映东道国的市场信息。

### 3. 竞争

此指标用来反映中国在东道国进行油气投资时可能遇到的竞争的激烈程度。本研究以联合国公布的各国 FDI 净流入代表东道国的竞争程度，指标值越大，代表可能遇到的竞争越激烈。

### 4. 汇率

汇率对投资的流入会产生重要的影响。戈尔德贝尔格和柯斯塔的研究结果表明汇率的不确定性会使风险厌恶企业改变其对外投资策略以避免风险带来的损失②。布鲁尔发现汇率变动是 FDI 流入发展中经济体及发展中经济体之间 FDI 流动的重要决定因素③。理论上，如果当地货币低廉，流入的投资额就会更大④。以美元对当地货币的汇率（Exch）表示东道国货币价值，汇率越大，代表当地货币越低廉。

### 5. 中国与东道国的经济合作

中国与东道国之间的经济合作，可反映两国之间的亲密程度，文中选取了两个指标代表这方面的信息，一是东道国与中国的贸易份额占东道国总贸易额的比例（XM），衡量中国作为东道国进口来源和出口目的地对东道国的重要性；另一个是中国在东道国的承包工程的额度（Proj）。中国在东道国的承包工程离不开当地政府的支持，而承包工程越大，则意味着当地政府对中国投资的支持越大；同时，已存在的承包工程也会提供更准确的关于东道国投资环境的信息。

### 6. 东道国的石油资源

东道国的石油资源储备、出口潜力，是中国海外油气投资考虑的重要因素。我们设置了四个变量，用以综合反映东道国的石油资源对中国投资的吸引力：

（1）东道国的石油资源量（Oil），反映东道国的石油投资潜力；

（2）东道国的石油出口量（OilEx），反映中国从东道国进口石油的潜力；

---

① Billington N. *The Location of Foreign Direct Investment：An Empirical Analysis.* Applied Economics，1999（31）：65 – 76；Dunning J H，Narula R. Foreign Direct Investment and Governments. London：Routledge，1996.

② Goldberg L. S. Kolstad C. D. *Foreign Direct Investment，Exchange Rate Variability and Demand Uncertainty.* International Economic Review，1995，36：855 – 873.

③ Brewer T. L. *Government Policies，Market Imperfections，and Foreign Direct Investment.* 1991.

④ Blonigen B. A. *Firm – Specific Assets and the Link Between Exchange Rates and Foreign Direct Investment.* American Economic Review，1997，87（3）：447 – 465；Froot K. A. Stein J. C. *Exchange Rates and Foreign Direct Investment：An Imperfect Capital Markets Approach.* The Quarterly Journal of Economics，1991，106（4）：1191 – 1217.

（3）中国从东道国进口的石油总量占中国石油进口总量的比例（OilPer），反映东道国作为中国石油进口来源的重要性。

### 7. 中国石油对外依存度

中国继 1993 年成为石油产品净进口国之后，在 1996 年也由原油净出口国变为净进口国（苏彪，田春荣，1997）[①]。随后，中国原油净进口量节节攀升，2012 年原油对外依存度已突破 58%，这一方面给中国的能源安全保障带来了巨大压力，但另一方面也加快了中国企业"走出去"以获取海外资源、保障国内供给的步伐。我们选取中国石油对外依存度（OilR），即中国石油净进口量除以石油的表观消费量，反映原油净进口对海外油气投资的影响。

### 8. 政治风险

中国在东道国进行投资，还要面临的一大风险来自东道国的政治风险。

在现有可获取的评级机构报告中，《国际国别风险指南》（International Country Risk Guide，ICRG）是最专业的、唯一每月发布评级结果的国别风险测量报告。ICRG 的国家风险评价包括政治、金融和经济三个范畴，由政治风险、金融风险和经济风险加权合成的综合风险指数反映了一国整体风险水平，被广泛用于各种国家风险相关研究中，具有很高的公信度。

我们根据 ICRG 中的关于政治风险的 12 个指标进行重新组合，设定下面五个指标集：

（1）Polt：政治风险指标，包括政府稳定指数、军事政治指数、民主指数；

（2）SS：社会稳定指标，包括东道国的国内冲突指数、国外冲突指数、宗教争端指数和种族争端指数；

（3）Econ：经济指标，包括社会经济稳定指数、投资指数；

（4）CC：腐败控制力度指标，包括贪污指数和政府效率指数；

（5）Law：法律指标，包括法律风险指数；

各个指标的测度说明详见表 3-2。

**表 3-2　　中国海外石油投资国家选择模型变量测度说明**

| 指标类别 | 指标名称 | 指标代码 | 单位 | 指标计算说明 | 数据来源 |
|---|---|---|---|---|---|
| 被解释变量 | | | | | |
| 投资 | 对外直接投资 | ODI | 百万美元 | 中国对东道国的非金融类直接投资 | 中国对外直接投资统计公报 |

---

[①] 苏彪、田春荣：《1996 年中国石油进出口状况分析》，载《国际石油经济》1997 年第 2 期，第 6~12 页。

续表

| 指标类别 | 指标名称 | 指标代码 | 单位 | 指标计算说明 | 数据来源 |
|---|---|---|---|---|---|
| 解释变量 | | | | | |
| 市场 | 东道国国内生产总值 | GDP | 美元 | 东道国的国内生产总值 | 世界银行世界发展指标（World Development Indicator, WDI） |
| | 东道国人均收入 | RGDPpc | 美元 | 东道国的人均收入 | |
| | 东道国GDP增长率 | GDPG | % | 东道国实际GDP增长率 | |
| 竞争 | 东道国投资竞争程度 | TFDI | 百万美元 | 东道国外国投资净流入 | 联合国 |
| 汇率 | 东道国货币价值 | Exch | — | 美元对当地货币的汇率 | 国际货币基金组织的国际金融统计（International Financial Statistic, IFS） |
| 中国与东道国经济合作 | 贸易 | XM | % | 东道国与中国的贸易份额占东道国总贸易额的比例 | 联合国国际贸易统计年鉴<br>中国统计年鉴 |
| | 承包工程 | Proj | 万美元 | 中国在东道国的承包工程总额 | 中国统计年鉴 |
| 东道国石油资源 | 石油储量 | Oil | 亿桶 | 东道国的石油资源量 | BP统计年鉴 |
| | 石油出口量 | OilEx | 千桶/日 | 东道国的石油出口量 | 美国能源信息署 |
| | 石油进口比例 | OilPer | % | 中国从东道国进口的石油总量占中国石油进口总量的比例 | 国家海关总署及中国统计年鉴 |
| 对外依存度 | 中国石油对外依存度 | OilR | % | 中国石油净进口量除以中国石油总消费量 | |
| 政治风险指标 | 政治状况 | Polt | — | 包括政府稳定指数、军事政治指数、民主指数、宗教政治指数 | 国际国别风险指南 |
| | 社会稳定 | SS | — | 包括东道国的国内冲突指数、国外冲突指数和种族争端指数 | |

续表

| 指标类别 | 指标名称 | 指标代码 | 单位 | 指标计算说明 | 数据来源 |
|---|---|---|---|---|---|
| 政治风险指标 | 经济条件 | Econ | — | 包括社会经济条件指数、投资环境指数 | 国际国别风险指南 |
| | 腐败控制 | CC | — | 包括腐败程度指数和政府效率指数 | |
| | 法律制度 | Law | — | 包括法律秩序指数 | |

## （二）样本

本书选取的样本涵盖中国的主要石油进口来源国，考虑数据的完整性及可获得性，最终选取的国家共有 30 个。经统计，本书选取的 30 个国家出口至中国的原油占中国石油进口总量的 97% 左右，因此，本书国家样本具有足够的代表性。

## 二、中国海外油气投资区位选择决定因素实证分析模型

中国海外油气投资，主要面临两个难题，一是如何进入，获得在东道国的油气开采权益；另一个则是进入之后如何稳固并扩大中国的油气开采权益。两个难题体现在油气投资决策时，即为典型的两步：第一步，选择国家，决定是否进行投资；第二步，决定在选定国家的投资额度。实证分析时，则认为这是一个典型的两阶段决策过程，而赫克曼两阶段模型正是处理这类过程的适用模型。因此，本书将利用此模型实证研究中国的对外直接投资决策过程。

### （一）第一阶段

在第一阶段中，中国海外油气投资企业需要决定是否在某个国家进行投资，结果包括投资和不投资两种。因此，设置一个虚拟变量 ODID，当 $ODI_{it} > 0$ 时，$ODID_{it} = 1$，代表当年在国家 $i$ 进行投资并且直接投资流量大于 0；当 $ODI_{it} \leq 0$ 时，$ODID_{it} = 0$，代表当年在国家 $i$ 的直接投资流量小于 0。回归模型如下：

$$ODID_{it} = \alpha + \beta_1 MAK_{it-1} + \beta_2 TFDI_{it-1} + \beta_3 Exch_{it-1} + \beta_4 Econ_{it-1} \\ + \beta_5 OilRS_{it-1} + \beta_6 OilR_{it-1} + \beta_7 Risk_{it} + \varepsilon_{it} \quad (3-1)$$

式中，$MAK_{it-1}$ 代表东道国上一年市场条件的三个指标，即东道国国内生产总值、东道国人均收入和东道国 GDP 增长率；$TFDI_{it-1}$ 指东道国上一年的投资净流入总额；$Exch_{it-1}$ 指东道国上一年的汇率；$Econ_{it-1}$ 表示代表上一年中国与东道国经济合作状况的两个指标，包括贸易和承包工程两个指标；$OilRS_{it-1}$ 表示上一

年东道国石油资源状况的三个指标,包括石油储量、石油出口量、石油进口比例;$OilR_{it-1}$指上一年的中国石油对外依存度;$Risk_{it}$表示东道国当年的国家政治风险状况,包括政治状况、社会稳定、经济条件、腐败控制和法律制度五个指标。

此阶段使用概率(Probit)回归模型,回归结果可以显示模型考虑因素对中国海外油气企业在国家$i$投资几率的影响。

### (二)第二阶段

根据第一步回归结果,可以得出影响中国投资可能性的因素,同时,还可以得出逆米尔斯比率(Inverse Mills Ratio,IMR),此指标包含影响中国ODI的已选择解释变量无法解释的一些信息。在第二步回归中,除考虑第一步中所有的解释变量外,将逆米尔斯比率也作为解释变量,来控制一些影响中国在选定国家ODI大小的一些无法观测变量可能产生的影响,即控制变量的内生性问题。因此,第二步的回归模型如下:

$$ODI_{it}^* = \alpha + \beta_1 MAK_{it-1} + \beta_2 TFDI_{it-1} + \beta_3 Exch_{it-1} + \beta_4 Econ_{it-1} + \beta_5 OilRS_{it-1} + \beta_6 OilR_{it-1} + \beta_7 Risk_{it} + \beta_8 IMR_{it} + \varepsilon_{it} \quad (3-2)$$

模型中,$ODI_{it}^*$仅包含那些ODI为正的观测值。

## 三、中国海外油气投资区位选择决定因素实证分析结果

### (一)第一阶段

赫克曼模型第一阶段的回归结果见表3-3第二列。根据回归结果,中国在选择投资国家时,多种因素都体现出显著的影响。

表3-3　　　　　　　　赫克曼两阶段回归结果

| | 第一阶段 | 第二阶段 |
|---|---|---|
| GDP(-1) | 4.22e-08** <br> (2.15) | 0.000308** <br> (1.96) |
| RGDPpc(-1) | 0.0000102 <br> (0.94) | 0.0279 <br> (0.10) |
| GDPG(-1) | -0.0376* <br> (-1.80) | 717.3 <br> (1.07) |

续表

|  | 第一阶段 | 第二阶段 |
|---|---|---|
| TFDI(−1) | 0.0000179<br>(0.56) | −0.0213<br>(−0.05) |
| EXCH(−1) | 0.000120**<br>(2.12) | −2.634**<br>(−2.21) |
| XM(−1) | 0.00128<br>(0.08) | −13.60<br>(−0.49) |
| Proj(−1) | 0.000000656<br>(0.35) | 0.0270<br>(0.71) |
| Oil(−1) | −0.00476<br>(−0.90) | −13.77<br>(−0.19) |
| OilEx(−1) | 0.000237<br>(1.15) | −8.087***<br>(−2.69) |
| OilPer(−1) | 0.432<br>(0.10) | 49 022.1<br>(0.51) |
| FOD(−1) | 0.573<br>(0.27) | 67 310.7<br>(1.12) |
| Polt | 0.144<br>(1.56) | −2 505.9<br>(−1.21) |
| SS | 0.0524<br>(0.78) | −1 205.9<br>(−0.81) |
| Econ | 0.0749<br>(1.06) | −2 629.6*<br>(−1.66) |
| CC | −0.393**<br>(−2.15) | −881.7<br>(−0.26) |
| Law | −0.693**<br>(−2.44) | 23 921.8***<br>(3.41) |
| Mills |  | −90 688.4***<br>(−3.49) |
| _cons | −0.847<br>(−0.57) | 35 469.8<br>(0.75) |
| N | 267 | 239 |

注：(1) 括号内为 t 统计量；

(2) * 表示 $p<0.1$，** 表示 $p<0.05$，*** 表示 $p<0.01$。

首先，在反映东道国市场信息的三个指标中，东道国 GDP 和实际 GDP 增长率都比较显著,但两者的影响截然相反。GDP反映东道国市场规模,对吸引中国油气投资流入产生正的影响,表明中国投资者倾向于市场规模大的国家进行投资。反映东道国市场增长潜力的GDP增长率回归系数为负,即GDP增长率越高,中国油气投资流入的几率越小。

其次,汇率也对海外油气投资流入国家的选择产生显著的正的影响,Exch越大,即东道国货币越低廉,对中国油气投资的吸引力也越大。

最后,在反映东道国政治风险的指标中,东道国腐败控制力度指标和法律制度指标都对中国海外油气投资流入的概率产生了显著的负的影响。此结果表明,东道国政府越腐败,法律制度越差,相反却更容易吸引中国油气投资的流入。产生这种现象的原因,与中国对外油气投资的战略息息相关。中国国家石油公司参与国际石油市场竞争的年份较晚,与西方国际石油公司相比缺乏竞争力。另外,一些西方国家政府限制它们的公司在那些腐败严重的国家投资,也间接降低了这些国家的竞争。因此,为避开与这些国际石油公司的直接冲突,中国石油公司就更多地选择了腐败较严重、法律制度较差的一些国家,比如苏丹等。就这样,腐败越严重、法律制度越差,反而给这个国家带来了更大的机会,即中国在这些国家进行油气投资的可能性越大。通过观察中国国家石油公司在国外近几年的经营状况来看,中国实行的这个策略给中国石油公司带来了显著的收益,取得了非常明显的效果。

在其他影响因素中,反映在东道国的外国投资竞争激烈程度的TFDI指标具有正的影响,虽然不显著,但也一定程度上表明东道国外国投资竞争并没有使中国石油公司对外投资望而却步,尽管中国倾向于竞争程度更低的国家。反映东道国与中国经济合作紧密程度的指标(贸易、承包工程)、石油对外依存度指标(中国石油对外依存度)以及东道国石油资源的指标(石油储量、石油出口量、石油进口比例)都没有对中国油气投资流入的概率产生显著影响。

## (二) 第二阶段

尽管在第一阶段和第二阶段回归中采用的解释变量大致相同,但两者的回归结果区别却相当大,表明影响中国投资大小决策的因素与决定中国是否在该国投资的因素还是有所区别的。同时,也表明对于分析中国的投资,赫克曼两阶段模型是一个非常有效的模型。

在第二阶段,反映东道国市场大小的指标——GDP(东道国国内生产总值),对中国海外油气投资流入总额产生了正的影响,表明在中国选定的投资国家中,GDP越大,即市场规模越大吸引的中国投资的数量也越大。另外两个指标尽管不显著,但结果却值得关注。东道国人均收入在中国投资选择进入和选择规模时影响为正,证明中国投资会优先选择市场机会大、基础设施完善的国家;

而东道国 GDP 增长率在选择进入与选择规模时影响相反，表明尽管东道国 GDP 增长率高的国家抑制了中国投资的进入，但一旦中国选择了进入，这类市场潜力高的国家则会吸引更多的中国投资流入。

东道国的汇率指标也对中国油气投资总额产生了显著影响，并且与第一阶段选择是否进入时影响相反。通过对比发现，一个国家对美元的汇率越高，该国家的风险也相对较高。这意味着，东道国低廉的货币会吸引中国投资进入，但进入之后，一个相对风险更低的货币环境，则容易吸引更多的投资。

反映东道国石油资源的三个指标中，反映中国从东道国进口石油潜力的东道国石油出口能力指标对中国海外油气投资流入总额产生了显著的负的影响。

中国石油对外依存度影响依然不显著，但较第一阶段显著性大大提高，并且影响为正。结合第一步的回归结果，中国石油对外依存度并没有增加对中国海外油气投资的概率，但是一旦中国确定在某一国家进行油气投资后，更高的石油对外依存度，对海外油气投资规模会产生巨大的推动作用，将会增加中国石油公司在该国的投资总额。

反映东道国的政治风险的几个指标中，代表东道国经济稳定程度与法律制度的两个指数都对中国在该国进行海外油气投资的规模产生了显著的影响。其中经济稳定程度指标的影响为负，表示经济越不稳定、投资指数越差，中国的投资规模反而越大。这点值得中国石油公司引起警惕，在努力"走出去"的同时，不能一味地追求投资规模的增加，要注重投资的风险管理。法律制度产生了正的影响，并且非常显著，这与第一阶段的影响截然相反。两相对比，就会发现，尽管东道国的法律制度越差，越能吸引中国海外油气投资的流入，但如果中国在该国开展投资后，东道国法律制度也趋于完善则会吸引更多的油气投资流入。

对于逆米尔斯比率，P 值小于 1%，表明在第一步中国选择投资国家中未观测到的因素，对中国在选定国家投资大小的决策还是有显著的影响的。而在回归模型中加入逆米尔斯比率，也有效排除了第二步系数回归中由于第一步中可能存在的选择偏差问题带来的影响。

## 第四节　中国油气跨国投资与合作新挑战

### 一、来自世界金融危机的冲击

2008 年之前，国际石油价格高涨，但是 2008 年后受到美国次贷危机的影响,国际石油价格一度下跌至每桶 30 多美元,随后国际油价逐步回升到每桶 100 美元左右,在这个过程中,我国有些投资项目成本较高,曾处于浮亏状态,如加拿大油砂开采平均成本在 50 美元/桶左右。国际石油公司在此时期的国际竞标中,纷纷采用压低工程作业造价的策略,致使中国石油企业的低价优势减小,降低了中国企业竞标的竞争力。例如阿尔及利亚某油田三维地震数据采集项目招标中,西方地球物理公司商务标价比当地公司和中国石油东方地球物理公司都低,迫使中石化国际工程公司与阿尔及利亚国家地球物理公司合作,大幅降低价格,缩小了利润空间①。而且,近年世界经济增长非常缓慢,有些国家还发生严重的经济危机,企业生产停滞或破产,对石油产品需求大幅度下降。有些国家为了缓解经济危机,需要大量的资金,迫使政府对一些资源型产品征收高额税收,在这种高成本、低需求、高赋税的情况下,我国石油公司面临巨大挑战。

## 二、来自一些国家的遏制力量

伴随中国经济的高速发展,对能源的旺盛需求使中国已成为全球第二大石油消费与进口国。面对日益减少的石油资源,一些国家也担心石油产品需求过旺,会导致国际油价上涨过快,使得能源成本不断攀升,引起成本性通货膨胀,对经济发展不利。再加上新兴国家的快速发展也在推动石油资源需求不断增长,如印度、巴西等国家。因此,一些国家为了遏制我国经济的发展,从多种途径散播中国威胁论、能源威胁论,还在一些国际能源会议、气候会议上攻击我国,阻碍或干扰中国与世界能源合作。西方一些石油公司也在加紧布局全球资源,加剧油气资源争夺,并且凭借其技术、人才、资金优势不断延伸"触角",对我国石油公司的国际项目合作产生了严重的阻力。

当前,困扰中国海外投资的重要问题之一是围绕深水资源争夺的"南海问题"。我国南海诸岛主权,是我国人民在长期的历史发展进程中,通过最早发现、最早命名、最早经营开发、由历代中国政府行使连续不断的行政管辖权的基础上逐步形成的。这一发展过程有充分、确凿的历史依据,国际社会也是长期予以承认的。但从 20 世纪 90 年代以来,以南沙岛屿归属和海域划界为核心的南海争议,与战略资源的攫取以及地缘安全交织在一起,使"南海问题"日趋复杂和激烈。时至今日,周边国家不顾南海诸岛自古就是中国领土的历史事实,抢占岛礁,开采油气。美国、日本、印度等国乘机挑拨,使这一地区矛盾冲突加剧。

---

① 李宁:《金融危机对中国石油石化行业的影响及其对策》,载《当代石油石化》2010 年第 5 期(总第 185 期),第 15~18 页。

越南是当今东南亚国家中唯一提出对西沙、南沙群岛和南海海域享有全部主权的国家,也是占据我国南沙群岛最多的国家。在非法占据情况下,越南掠夺式地开采南海石油的利益得到切实维护,大规模南海油气开采使之一举成为石油出口国。通过不同的利益诉求,越南捆绑更多的国家涉足南海,使南海问题更加复杂多变,以此来达到制衡、遏制中国的目的。为了获得美国、俄罗斯等国大力支持,在一些大项目上,不惜分给美国和俄罗斯的公司七成的利益。为了抢占南海,周边国家连年增加军费,扩大海军、空军,发展武器装备,抓紧战场建设。美国、菲律宾、印度等国趁火打劫,以签订军事协定、举行联合军事演习等方式,加速军事渗透,竭力遏制中国。由于南海周边国家主权要求和利益诉求不断升级、专属经济区和大陆架主张重叠所产生的矛盾冲突不断升级、以海洋权益为核心的竞争日趋激烈以及以美国为首的域外国家插手南海问题的趋势日益明显,南海地区的和平与稳定面临重大挑战,中国与周边东南亚国家的投资与合作也受此影响。

## 三、世界地缘政治冲突加剧

经济发展离不开能源,自然与国家政治分不开。一些国家为了维护自身利益,通过长期努力其势力已渗透到一些重要产油地区,通过直接或间接干预一些国家的政治,致使局部地区政局不稳,政府更迭频繁,特别是一些非洲国家。而目前,我国石油企业所经营的许多海外投资项目多在这些经济落后、地缘政治复杂的热点地区,中国石油企业在这些地区和国家的投资项目及员工人身安全面临严峻冲击。自2011年以来,中东、北非地区一些国家政治局势持续动荡,先后有埃及、利比亚、也门等国发生政治更迭,目前叙利亚、伊朗政治形势依然严峻。

在伊朗,由于当地政治环境及生产环境极为复杂,中国与伊朗的合作可谓在艰难中前进。2009年中石油与伊朗石油部签署47亿美元合同,成为南帕尔斯第11阶段的作业者。南帕尔斯是目前已发现的全球第一大气田,拥有丰富的天然气资源,储量约为501万亿立方英尺(TCF)。根据最初的规划,中石油承诺自2009年起每年购买这一天然气项目400万吨LNG,为期25~30年,同时可获得SP11区块服务合同25%的权益和LNG液化厂项目12.5%权益。然而2009年开始美伊矛盾升级、埃及和利比亚政局更迭后,奥巴马政府更是对伊朗现政权采取了"禁运"、"禁保"等多种措施,加上伊朗当地施工安全环境极为复杂,中石油的项目推进较此前的计划大为落后,并招致伊方不满,最终不得不在2012年放弃这个项目。2008年,中海油与伊朗石油部签署了金额高达160亿美元的大型天然气及下游投资项目合同。根据当时的规划,中海油将斥资50亿美元开发伊朗北帕尔斯项目，再投入 110 亿美元建设包括 LNG 液化在内的下游产能，并期望这个项目能够成为中海油在国内多个 LNG 项目的主力气源。然而由于美方的压力，2010 年中海油也撤销了北帕尔斯项目的推进。世界地缘政治冲突的加剧无疑给中国石油企业的风险预警机制和管理能力带来巨大挑战。

## 四、资源国合同条款日趋苛刻

随着全球经济格局和能源格局向东转移，全球油气资源争夺越来越激烈。在"僧多粥少"的情况下，资源国凭借自身的资源"垄断"条件，要价越来越高，国际油气合作合同对石油公司的要求也越来越苛刻，石油公司所得收益比例逐渐下降。这些都说明了资源国对资源的控制力度不断加大，并期望从高油价中争取更大的利润份额，以便控制石油公司的高额利润，增加国家收入。

资源国在财税政策的调整上主要包括以下四大趋势：（1）调整出口税，确保资源效益最大化。各石油出口国根据国际油价的变化，动态调整石油原油出口关税。如哈萨克斯坦自 2008 年 5 月 17 日起正式开征石油出口税，每吨 109.91 美元，俄罗斯的出口关税每两个月调整一次，目前已经达到每吨 395~400 美元；（2）降低进口关税，推动石油企业引进技术和设备，提高油田勘探开发水平。例如，尼日利亚的平均进口税率为 20%，但石油生产设备却免征进口税；（3）提高石油公司的税赋，控制石油公司的高额利润。例如，委内瑞拉提高了矿区使用费、公司所得税，并对石油公司征收暴利税，哈萨克斯坦政府修改了矿区使用费条款，在矿产资源开采税更改为按产量递减征收后，税费从原来的 8% 增加到 16%；（4）合同模式既从矿税制合同转变为产品分成合同后，又逐渐向更有利于资源国的回购合同和技术服务合同转变。采用回购合同的典型国家是伊朗。伊朗在立法和合同方面加强对油气开发项目的控制，对外国投资公司均采用回购合同模式，该模式要求投资公司全面承包项目开发的资金、设备等，到合同期满后，项目被收回，而投资者的投入则在合同期内由石油销售收入收回，并取得一定的报酬。但在操作中，伊朗政府对设备采购等许多环节严格控制、审批，导致合同很难按期完成，投资者风险非常大。而其他一些资源国则将合同模式转变为技术服务合同，如厄瓜多尔和伊拉克。

资源国有化也是资源国合作政策调整的一个重大转变。资源国有化一方面提高了国际石油公司的进入门槛，另一方面也加大了进入后盈利的难度。国有化的典型地区是位于中南美洲的产油国。中南美洲主要产油国产业结构与我国类似，国家石油公司产量占资源国总油气生产量一半以上，在资源国石油工业中扮演了重要的角色。2006 年以来，国际原油价格的不断走高引发了委内瑞拉、玻利维亚和厄瓜多尔等国的能源国有化进程，并再度引发了南美各国"石油国有化"的苗头，甚至有可能导致新一轮的全球"石油国有化"浪潮，这必将对中国石油企业未来的进一步投资产生一定影响。

## 五、技术攻关迫切性增强

国际石油公司特别是全球一体化的大型石油公司，是油气行业中率先进入国际市场并开展跨国经营的公司，他们在长期的国际竞争过程中积累了丰富的经验，拥有大量的人才，并且从全球范围内网络人才，占据了市场领先的地位，而中国石油企业主要构成是国内人才队伍与国内市场。同时大型国际石油公司拥有自主知识产权，它们的核心技术主要依赖于自主开发，具有很强的核心技术控制能力，但中国石油企业在某些关键技术方面仍然落后于一些跨国石油公司，如深水海洋开采、施工平台建设及相应的工程装备还需要向技术先进的石油公司学习，并加强在这面的技术研究，否则我国石油公司将失去海外资源的开发机遇，在未来发展中处于被动地位。

在深水油气开发方面，2012年5月，"中国海洋石油981"开始在中国南海深海钻探，迈出了我国走向深海的重要一步。但在目前深水开发经验不足的前提下，通过海外深水资产收购和与有经验的石油公司共同作业这种合作方式还将在较长时间内占主要部分。我国目前海外的深水项目仍然较少，例如，在世界深水油气资源集中的西非和亚太地区，中国石油企业所开展的油气勘探开发活动仍主要是一些传统项目和浅水项目。在西非的重要产油国安哥拉，只有中石化股份公司持有安哥拉18区块50%的权益。除了中石化以外，中石油和中海油也曾试图通过收购进入安哥拉海上油气资源市场，但因海外竞争者等多方原因而未能成功，如2010年中海油遭到印度尼西亚国家石油公司的无端挤压而最终决定撤销参与安哥拉项目的竞购。

在非常规天然气方面，2009年BP公司统计的数据显示全球天然气探明储量约为187万亿立方米，而美国地质勘探局预测表示常规天然气储量为253万亿立方米，但是常规天然气资源基本被一些公司占据并正在开发，很难进入。而一些非常规天然气由于技术限制，以前开发很少，大部分石油公司尚未涉及。另外，非常规天然气储量比常规天然气更丰富、分布更广，尤其是页岩气。经过美国石油公司及世界其他公司多年研究，页岩气开采技术取得了突破性的进展，开采量大幅提高，这为国际石油公司开拓了广阔的开发投资市场。据BP公司统计数据显示，2010年美国天然气产量达到6 110亿立方米，比2005年增加1 000亿立方米，成为世界最大天然气生产国。其中非常规天然气产量的迅猛增长是主要原因，尤以页岩气发展最快。页岩气技术的成功开发已使美国在该领域具备占先优势，在美国完善的专利和技术保护政策下，中方企业想进入非常规天然气市场，一方面需要加大研发资金和人员的投入，另一方面只能通过与美国石油大公司的合作来学习先进的技术。

在非常规石油方面，面临着全球环保呼声的压力。以加拿大的油砂项目为例，加拿大是油砂矿资源最为丰富的国家，约占全球油砂总量的77%，同时该国也是目前唯一实现大规模油砂开采并形成完整产业链的国家。当油价增长到一个较为坚实的价格区间（如85~90美元/桶）时，油砂开采的高成本将不再对盈利形成限制。可以说在当前油价持续高位运行的时期，油砂开采的经济性具有很强的吸引力。然而由于油砂排放出大量温室气体，开采所形成的尾矿则危及生物物种、污染环境，因此在加拿大的重要需求市场——美国，油砂被贴上了"污油（Dirty Oil）"的标签，需求急剧下降。在加拿大进行油砂开采的国际石油公司都面临着共同的挑战：一是油砂开采需巨型耐腐设备，前期投入巨大，且投资回报所需时间甚长；二是需要不同于常规开采的高难度专门技术；三是当地环保标准极高，如尾矿处理，开发后复植等要求甚严，不易过关。其实，随着技术的进步，油砂开采对环境的负面影响是可以被克服的。为了应对非常规油气开采的技术和环保高要求，最根本的还是应该加强自身技术攻关。

## 六、海外投资与经营环境模式发生了改变

2012年12月7日，加拿大政府宣布，批准中国海洋石油有限公司以151亿美元收购加拿大尼克森公司的申请。中国石油企业2012年度海外收购被推上高潮。

在高油价刺激和我国油气需求快速增长的大背景下，我国石油企业海外投资与并购经历了一个迅速增长的阶段。美国页岩气技术革命进一步推动了这种并购浪潮，我国石油企业海外收购特征也随之发生转变：并购交易项目由小到大，早期以低风险、小项目运作为主，投资金额相对不大，随着经验积累和经营实力增强，单笔并购投资项目金额屡创新高；交易项目由常规油气到常规油气和非常规油气并重，早期主要针对传统的石油天然气等常规油气资源，现在扩展到油砂、页岩气等非常规油气资源，并加大了对深水资产的投资；交易标的由传统的收购区块、享有部分权益等，转向直接的公司股权并购；目标区域从传统的北非、中亚和南美等政治风险较大的地区转向政治稳定、自然条件较好的北美及澳洲等。这些都标志着我国石油企业海外收购进入了新阶段。

事实上，回顾中国石油企业"走出去"的近20年，经营环境模式也发生着一些显著的变化，归纳起来有三种经营环境模式。第一种是"苏丹模式"，东道

国工业基础相对薄弱，竞争不是很充分，劳工准入政策也不十分严苛。在这种模式下，可以发挥我国石油工业的组织管理经验、服务队伍和装备优势。第二种是"伊拉克模式"。战后的伊拉克为了迅速恢复石油工业，通过公开招标方式为全球各类石油公司提供了机会。尽管竞争很充分，但仍然处在动荡之中的伊拉克政治环境无法为国际石油服务公司提供充分的竞争环境，加上具备高级技能的劳工供给不充分，为发挥我国石油企业综合性一体化的优势提供了可能。第三种是"加拿大模式"。在这类发达的市场经济体制下，资源国政府有完善的法律体系、严苛的劳工与服务提供商准入条件，工业基础雄厚，高技能员工供给充分。在这种经营环境模式之下，我国石油企业与跨国石油公司是完全意义上的同台竞技。

综观 2012 年，可以发现我国石油企业海外投资与并购活动已经扩展到上述的第三种经营环境模式之中。从这个意义上来说，我国石油企业跨国经营进入了一个新阶段，由单纯追求资源的国家石油公司向具有投资属性的、国家拥有的跨国石油公司（National International Oil Company，"N‐IOC"，从国际视角来看，三大石油企业控股的股份公司就是如此）方向转变。

投资与并购的目的就像投资商那样，实现商业价值的增加成为最重要的目的，对商务运作能力要求越来越高。随着全球范围内人们环境保护意识越来越强，资源国政府及相关国际组织对石油公司的监管力度越来越大，这就使得我国石油企业需要承担更大的社会责任。同时，采取直接并购公司的方式，在开展生产、经营和组织活动后，要解决资源融合、财务融合、经营融合及最为困难的文化融合等诸多整合问题，如果处理不善将会带来巨大的运营风险。大量的海外收购是对我国石油企业国际化管理能力的严峻挑战。国际化人才短缺，其中熟练掌握国际金融法律和风险内控的管理型人才尤其短缺。

我国石油企业海外投资与收购所面临的问题与挑战并非全是人为可以控制的。在进行海外收购时要谨慎对待，全面考虑国家石油安全战略和能源外交政策，建立有效的策略和应对机制；打造专属的海外收购业务的法律、财务、金融专业方面的团队；提升国际化理念、提高组织管理能力；强化企业的社会责任意识，加大对社会项目的策略性投入；学习跨国石油公司的先进管理理念，学习对方文化，理解对方文化，融入对方文化，以实现"事半功倍"的效果。借此促使收购谈判的成功，并保证收购项目的顺利运行，最终实现树立企业品牌、提升企业形象的目的。

并购就像联姻一样，交易的成功只意味着"婚礼"的成功，但能否"幸福"在一起，实现增加价值的协同效应，取决于系统的整合过程。

# 第二篇

# 中国参与全球油气资源合作的战略机会

当今世界，石油科技革新和资源国地区冲突正在推动石油市场格局发生广泛而深远的变化。首先，全球剩余油气储量潜力巨大，技术的创新和新储量的发现一次又一次将"石油峰值"的预言打破；其次，战后百废待兴的伊拉克开放了石油市场的大门，一轮又一轮的国际油气招标给全球找油的中国石油企业提供了新的希望；再次，金融危机后期部分资源国面临严重的资金问题，急需吸引实力雄厚的国外投资者以解决本国经济问题。这些变化都为"走出去"的中国石油企业提供了前所未有的合作机遇。在此形势下，正确判断投资机会，建立一套适用中国跨国油气战略选区的分析指标和方法体系，以量化分析各国与我国资源合作潜力，显得极为必要。在确定投资机会时，资源禀赋、政治环境和商业投资环境是影响国际合作潜力和稳定性的三大因素。本篇第四章主要介绍全球资源机会，详细阐释全球常规、非常规油气资源分布以及各大区油气地质概况；第五章主要介绍全球地缘政治格局，对俄罗斯—中亚、非洲、中东、南美和亚太的石油地缘政治环境展开分析和优选评级；第六章进一步分析当前全球油气资源合作的主要国际机制，以及中国如何有效利用国际能源机制的问题；第七章在资源因素、政治因素和国际合作机制因素综合分析基础上，引入了经济效益指标，构建了一套具有可操作性的海外油气项目投资环境评估模型，对主要资源国投资环境吸引力进行排序，为国家从全局出发优选全球油气资源重点合作区域提供理论依据。

# 第四章

# 全球油气资源分布特征和国际合作潜力分析

资源是影响国际油气合作机会的首要因素,决定了国际油气合作的规模潜力。目前,全球常规油气资源量约 6 万亿桶油当量(TBOE),已发现的常规油气储量集中分布在中东、前苏联地区和北美三个地区。其中,中东作为世界油气资源最丰富的天然"油库"地位依然没有改变。随着近年来非常规油气资源的不断发现,北美、南美的战略地位也在稳步提升。全球待发现非常规油气资源相当丰富,其中全球页岩气资源主要分布在亚洲、北美、南美和非洲四个地区,但产能仅局限于美国,重油资源主要分布在南美、中东和北美三个地区,天然沥青资源量主要分布在北美和南美两个地区。当前,受技术和井采条件所限,全球非常规油气产量相对较低。一旦非常规油气开采技术得以突破并实现工业化生产,必将重塑整个能源市场,非常规油气具有广阔的发展潜力。

## 第一节 全球油气资源分布

### 一、油气资源与资源量概念

油气资源是指在自然条件下生成并赋存于天然地层中,最终可以通过各种方式和方法被人类利用的石油和天然气的总体。从商业开发的角度,油气资源也可以定义为已发现和尚未发现的、在目前技术条件下可以提供商业开采及未来技术条件下可供商业开采的油气的总称。

通常人们最关心的是在近期或未来可以使人们获益的、能开采出来的商品石油与天然气的量，也就是"经济可采资源量"，即指通过经济可行性评价，依据当时的市场条件开采，技术上可行、经济上合理、环境等其他条件允许，即储量收益能满足投资回报要求的那一部分可采出资源量。由于经济形势不断在变化，采油（气）技术不断改善和提高，现在看来不经济的资源未来也许是经济的，现在不可采出来的油气未来可能可以采出来。

油气总资源量是指最终可以被人类开采利用的油气资源总量。它由三部分构成：已发现油气储量、待发现油气资源量和扩展储量（见图4-1）。已发现的油气资源称为储量，包括累计产量和剩余储量两部分。累计产量是指到某一指定日期以前，从已知油气藏中累计采出的油气数量。剩余储量指已发现油气储量中还未被开采的油气储量，尚未发现的油气资源量是待发现资源量。扩展储量又称作油气田增长、储量增长或油气田储量增长。它主要包括以下几个方面：已发现的油气田，由于有新的储层和地质信息引起的地质储量增加；已发现的油气田中，新储层或油气藏的发现；通过钻井加密、技术改良、先进工程方法的应用等手段提高了油气采收率；油气田通过开发运营过程中获得的经验，对储量计算的修正（通常表现为储量的增加）；受到经济状况的影响，增加了油气可采储量。

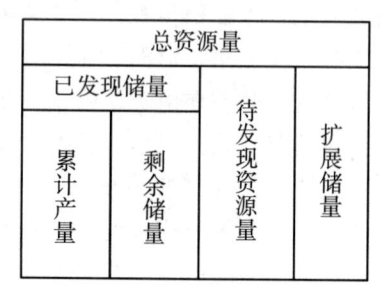

| 总资源量 | | | |
|---|---|---|---|
| 已发现储量 | | 待发现资源量 | 扩展储量 |
| 累计产量 | 剩余储量 | | |

图4-1　油气资源量分类示意

## 二、全球油气资源量概况

据美国地质调查局（USGS，2000）的评价结果，全球常规油气最终资源量为5 912 306百万桶油当量（MMBOE），其中石油资源量为3 345 627百万桶（MMBL），天然气资源量为154 000 690亿立方英尺（15 400 069 BCF）（见表4-1）。已发现的油气储量为2 767 445百万桶油当量，仅占世界资源量的46%。已发现的油气资源中，石油储量居多，占油气储量的61%，天然气储量占39%（见图4-2）。全球还有约1 805 311百万桶油当量的待发现油气资源量，占全球资源量的31%。待发现的石油资源量与天然气资源量相当，分别占待发现资源量的52%和48%，分别为939 246百万桶和51 963 880亿立方英尺。全球油气扩展储量为1 339 550百万桶油当量，占全球油气资源量的23%，其中石油扩展储量占54%，天然气为46%。

表4-1　　　　　　　　全球油气总资源量汇总

| 项目 | 石油 | 天然气 | | 总计 |
| --- | --- | --- | --- | --- |
| | 百万桶 | 十亿立方英尺 | 百万桶油当量 | 百万桶油当量 |
| 已发现储量 | 1 676 781 | 6 543 981 | 1 090 664 | 2 767 445 |
| 待发现资源量 | 939 246 | 5 196 388 | 866 065 | 1 805 311 |
| 扩展储量 | 729 600 | 3 659 700 | 609 950 | 1 339 550 |
| 合计 | 3 345 627 | 15 400 069 | 2 566 679 | 5 912 306 |

资料来源：USGS，2000。

相比而言，石油和天然气的勘探程度有所差别，已发现的石油储量占最终石油储量的50%，天然气已发现储量占最终天然气可采储量的42%。随着勘探理论的进步，勘探技术的提高和勘探程度的加深，未来天然气勘探会有更大的突破。

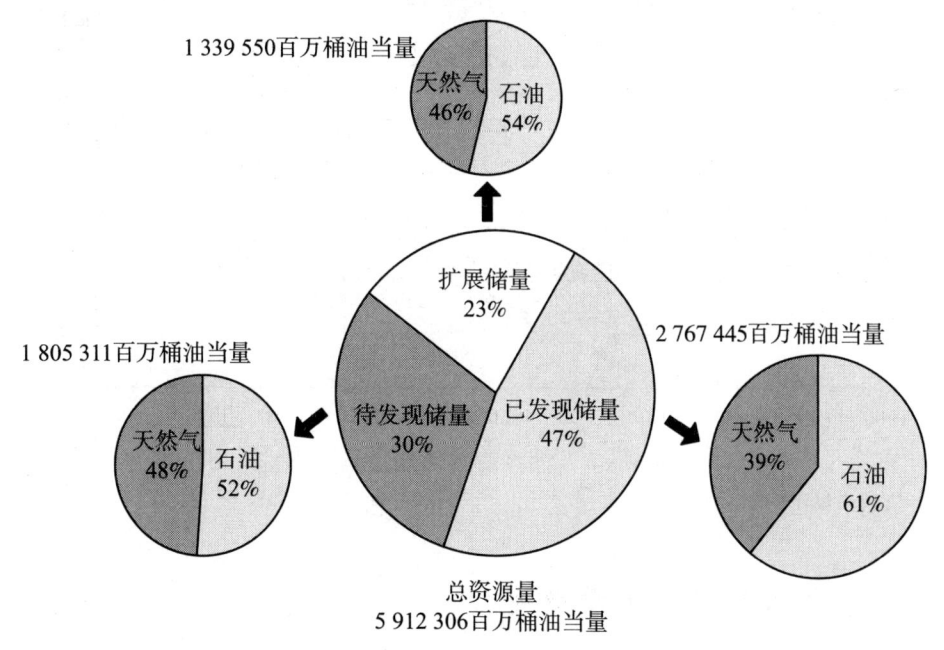

图4-2　全球资源量概况

资料来源：USGS，2000。

根据朗利（Longley，2006）的统计，全球2P（探明+控制）储量约4万亿桶油当量。这些储量中，石油储量占63%，约2.5万亿桶（TBL），天然气储量占37%，约9 000万亿立方英尺。图4-3为世界油气储量累计增长图，从图中可以看出世界油气增长历史曲线上出现了4个台阶，这些台阶分别对应了当年的大油气田发现。第一个台阶出现在1938年，发现了世界上最大的碎屑岩油田——大布尔干油田，储量约为590亿桶油当量。第二个台阶是1948年，发现了世界上最大的油田——加瓦尔油田，储量约为1 400亿桶油当量。第三个台阶为1971年，发现的世界上最大的气田——诺斯气田，储量约为1 000万亿立方英尺。第四个台阶为1992年，发现了中东最大的气田——南帕尔斯气田，储量约为501万亿立方英尺。可以看出大油气田的发现，对世界油气储量增长具有巨大的贡献作用。石油储量在20世纪60年代中期以前一直占很高的比例，随着天然气田发现的增多，尤其是1971年发现的诺斯气田，天然气储量占油气总储量的比例开始逐渐提高。通过石油储量和天然气储量曲线的形态可以看出，无论是石油储量还是天然气储量目前都仍呈现为增长趋势。

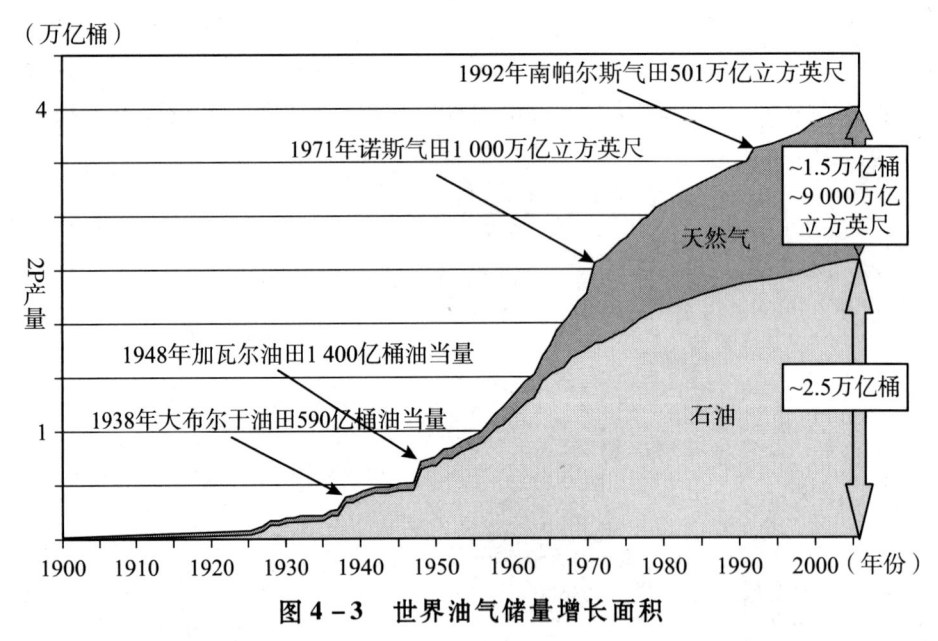

**图4-3　世界油气储量增长面积**

资料来源：IHS，2007。

## 三、已发现油气储量分布

据USGS（2000）评价结果的统计，全球已发现油气储量为2 767 446百万桶油当量，其中石油储量为1 676 781百万桶，天然气储量为65 439 810亿立方英尺，合 1 090 665 百万桶油当量（见表 4-2）。已发现的油气资源分布在世界各个地区，但是储量的分布具有一定的集中性（见图 4-4）。

表 4-2　　　　　全球各地区已发现油气储量汇总

| 大区 | 石油 | 天然气 | | 储量 |
|---|---|---|---|---|
| | 百万桶 | 十亿立方英尺 | 百万桶油当量 | 百万桶油当量 |
| 中东 | 718 188 | 1 669 985 | 278 331 | 996 519 |
| 前苏联地区 | 280 810 | 2 072 391 | 345 399 | 626 209 |
| 北美 | 271 419 | 1 195 114 | 199 186 | 470 605 |
| 非洲 | 117 296 | 353 081 | 58 847 | 176 143 |
| 中南美 | 116 868 | 277 993 | 46 332 | 163 200 |
| 亚太 | 93 653 | 401 013 | 66 836 | 160 489 |
| 欧洲 | 65 857 | 484 014 | 80 669 | 146 526 |
| 南亚 | 12 690 | 90 390 | 15 065 | 27 755 |
| 总计 | 1 676 781 | 6 543 981 | 1 090 665 | 2 767 446 |

资料来源：USGS，2000。

在世界八个大区里，已发现的油气储量主要分布在中东、前苏联地区和北美三个地区（见表 4-2 和图 4-4）。中东已发现油气储量为 996 519 百万桶油当量，占全球已发现储量的 36%。前苏联地区和北美已发现油气储量各为 626 209 百万桶油当量和 470 605 百万桶油当量，分别占全球总油气储量的 23% 和 17%。三个地区的储量总和占全球已发现储量的 76%（见图 4-5）。非洲、中南美、亚太和欧洲四个地区的已发现油气储量相当，都占全球总储量的 6% 左右。南亚地区已发现油气储量最少，为 27 755 百万桶油当量，仅占全球总储量的 1%。

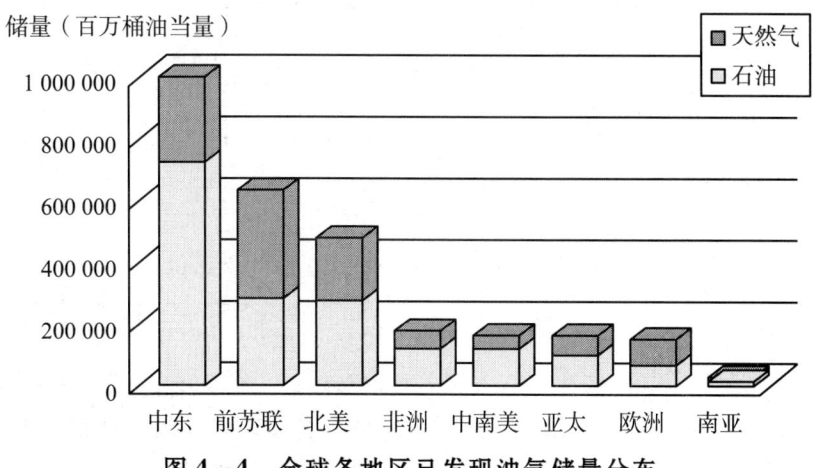

图 4-4　全球各地区已发现油气储量分布

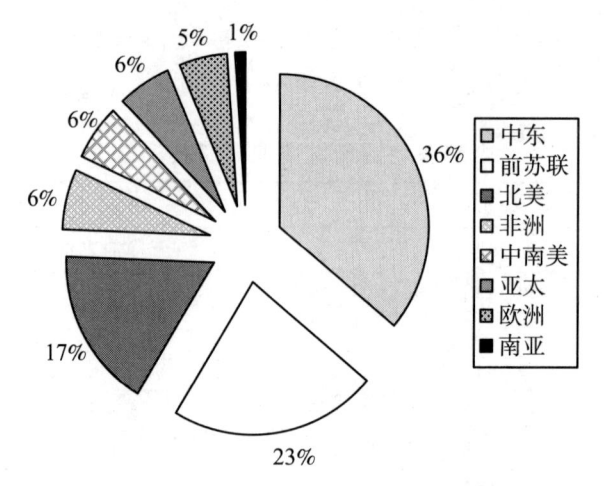

图4-5 全球各大区已发现油气储量比例

已发现的石油储量中，中东地区的石油储量为718 188百万桶油当量，占全球石油总储量的42%，全球几乎一半的石油储量都位于中东（见图4-6）。前苏联和北美的石油储量平分秋色，分别占16%和17%，其他地区都在7%以下，共占25%。中东、北美、非洲、中南美和亚太地区五个地区的已发现石油储量比天然气储量所占比例更大（见表4-2）。

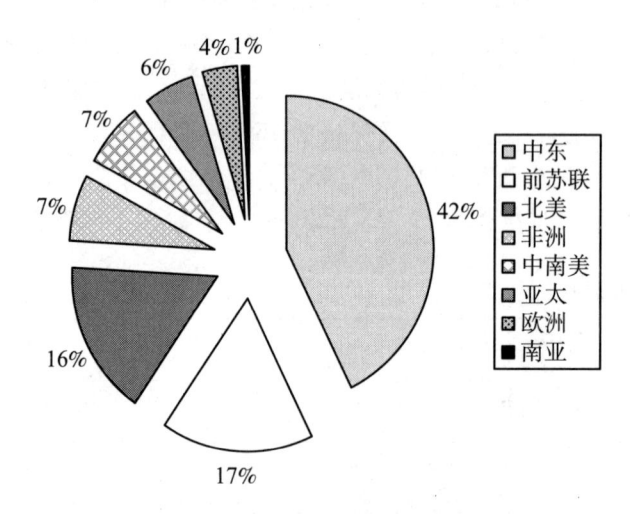

图4-6 全球各大区已发现石油储量比例

前苏联地区是世界上发现天然气储量最多的地区，约345 399百万桶油当量，占全球的33%（见图4-7）。其次为中东地区，占26%。北美天然气储量占全球的18%。欧洲天然气储量占世界的7%，位于天然气储量的第四位。前苏联、欧洲和南亚三个地区是世界上已发现天然气储量比石油储量多的地区（见

表4-2)。在全球总油气资源量中,石油的探明率为50%,天然气探明率为42%,未来天然气的勘探会有进一步的突破。

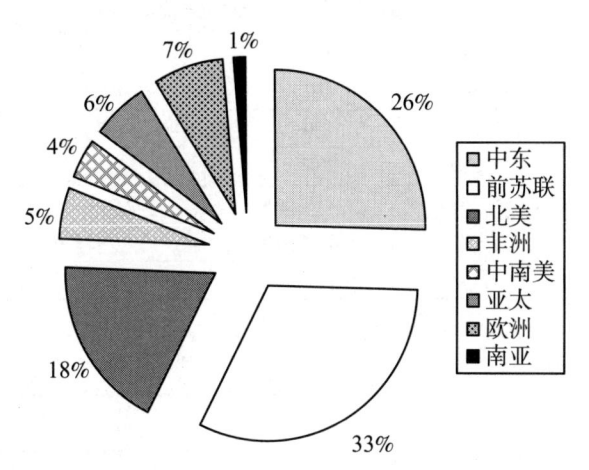

**图4-7 全球各大区已发现天然气储量比例**

饼图数据:中东33%,前苏联26%,北美18%,非洲6%,中南美7%,亚太4%,欧洲5%,南亚1%

## 四、待发现油气资源量分布

根据USGS(2000)评价结果的统计,全球待发现油气资源量为1 805 311百万桶油当量,其中石油资源量为939 245百万桶,天然气资源量为5.2万亿立方英尺,约合866 066百万桶油当量(见表4-3),而几乎一半以上的待发现油气资源量位于中东和前苏联地区(见图4-8和图4-9)。中东待发现油气资源约505 926百万桶油当量,占待发现总量的29%,是全球待发现油气资源最多的地区。前苏联地区待发现资源量占总量的24%,位居第二位。剩余47%的待发现油气资源量分布于其他地区,其中北美地区的待发现资源量占全球的15%,位于第三位(见图4-9)。值得注意的是中南美地区的待发现油气资源占全球的11%,超过已发现油气储量第三位的非洲地区(9%),位于世界的第四位(见图4-8)。近几年在南美巴西深水发现许多油气资源量,证明了USGS在2000年发布的中南美洲待发现资源量评价结果的预测。中南美地区的待发现油气资源量为206 500百万桶油当量,是世界唯一待发现油气资源量超过已发现储量的地区(见表4-3)。

**表4-3 全球各地区待发现油气资源汇总**

| 大区 | 石油 | 天然气 | | 总计 |
|---|---|---|---|---|
| | 百万桶 | 十亿立方英尺 | 百万桶油当量 | 百万桶油当量 |
| 中东 | 290 117 | 1 294 857 | 215 810 | 505 926 |
| 前苏联 | 170 791 | 1 611 262 | 268 544 | 439 335 |

续表

| 大区 | 石油 | 天然气 | | 总计 |
|---|---|---|---|---|
| | 百万桶 | 十亿立方英尺 | 百万桶油当量 | 百万桶油当量 |
| 北美 | 161 944 | 681 399 | 113 567 | 275 511 |
| 中南美 | 125 302 | 487 190 | 81 198 | 206 500 |
| 非洲 | 103 789 | 310 366 | 51 728 | 155 517 |
| 亚太 | 45 159 | 379 339 | 63 223 | 108 382 |
| 欧洲 | 35 959 | 312 365 | 52 061 | 88 020 |
| 南亚 | 6 184 | 119 610 | 19 935 | 26 119 |
| 总计 | 939 245 | 5 196 388 | 866 066 | 1 805 311 |

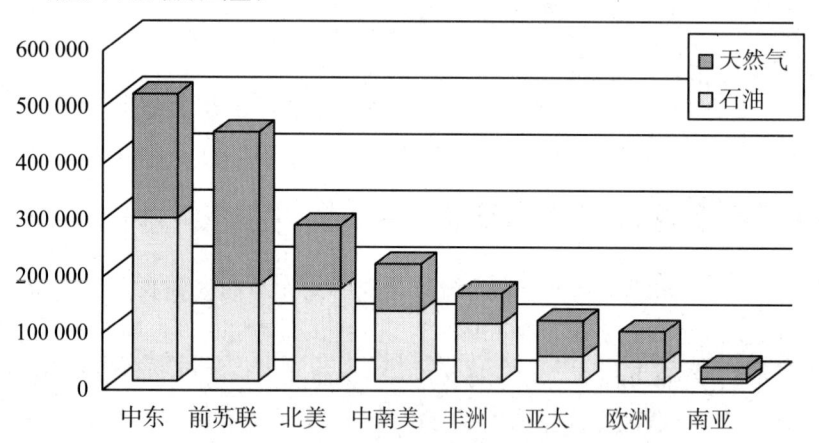

图 4-8　全球各地区待发现油气资源量分布

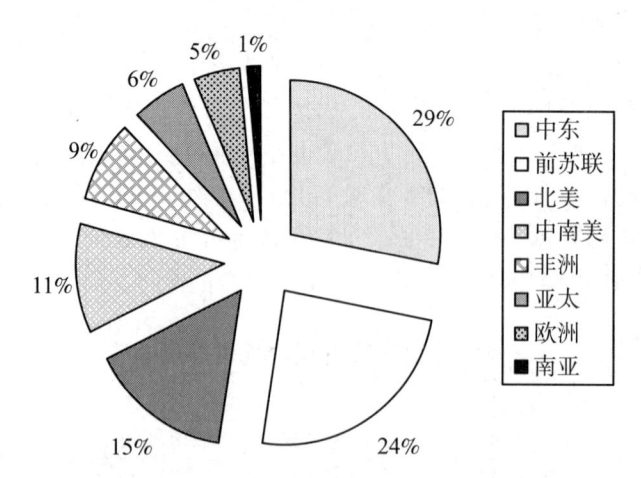

图 4-9　全球各地区待发现油气资源量比例

全球石油待发现资源量约为 939，245 百万桶。中东仍是全球待发现石油资源量最多的地区，约占全球的 31%。然后依次是前苏联地区（18%）、北美（17%）和中南美（13%）。亚太、欧洲和南亚地区都比较低，共占 10%（见表 4-3、图 4-10）。中南美洲的已发现石油储量为 116 868 百万桶，仅占全球的 7%，而待发现石油资源量为 125 302 百万桶，占世界的 13%，是世界唯一待发现石油储量超过已发现储量的地区。

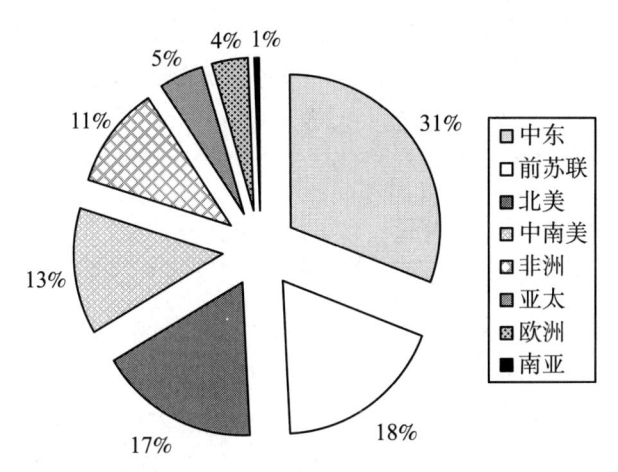

图 4-10　全球各地区待发现石油资源量比例

全球待发现天然气资源量约 51 963 880 亿立方英尺，资源量最多的仍是前苏联地区，占 32%，然后依次为中东地区（25%）和北美地区（13%）。位于第四位的是中南美地区（9%），待发现天然气资源为 4 871 900 亿立方英尺，几乎是该地区已发现天然气储量的两倍（见图 4-11）。世界各地区待发现天然气储

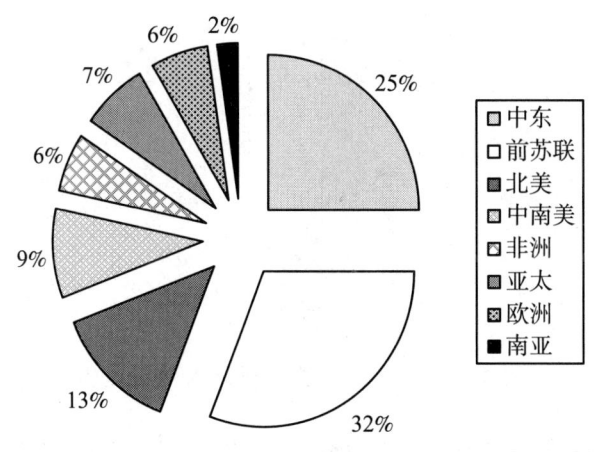

图 4-11　全球各地区待发现天然气资源量比例

量在待发现油气资源总量中所占比例有所提高。中南美和南亚是世界上待发现天然气资源量超过已发现储量的两个地区。亚太、欧洲和南亚三个地区的天然气待发现资源量超过了石油。可见，未来全球天然气勘探领域会较以前有更大的突破。

## 五、油气剩余储量分布

BP 统计的全球剩余油气储量包括常规资源和非常规资源的剩余储量。截至 2010 年年底，全球油气剩余储量为 2 484 684 百万桶油当量。剩余储量中石油储量占 56%，约为 1 383 206 百万桶，天然气剩余储量占 44%，约为 66 088 650 亿立方英尺，合 1 101 478 百万桶油当量（见表 4-4，图 4-12）。

表 4-4　　　　　　　　全球各地区剩余油气资源量汇总

| 大区 | 石油 | 天然气 | | 总计 |
|---|---|---|---|---|
| | 百万桶 | 十亿立方英尺 | 百万桶油当量 | 百万桶油当量 |
| 中东 | 752 530 | 2 676 953 | 446 159 | 1 198 689 |
| 欧亚大陆 | 139 661 | 2 227 608 | 371 268 | 510 929 |
| 非洲 | 132 077 | 520 072 | 86 679 | 218 756 |
| 中南美 | 239 438 | 261 608 | 43 601 | 283 039 |
| 亚太 | 45 152 | 571 795 | 95 299 | 140 451 |
| 北美 | 74 348 | 350 829 | 58 472 | 132 820 |
| 总计 | 1 383 206 | 6 608 865 | 1 101 478 | 2 484 684 |

资料来源：BP，2011。

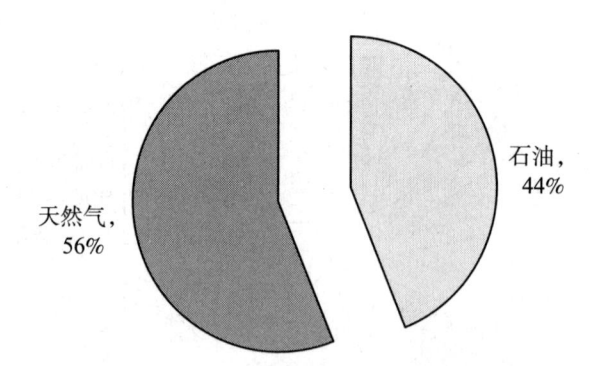

图 4-12　石油和天然气剩余储量比例

全球油气剩余储量在各地区的分布很不均匀，中东仍是世界的"油库"，有 48% 的剩余油气分布在中东地区，其次为欧亚大陆（21%），其他地区共占 31%

（见图 4-13 和图 4-14）。北美地区虽然已发现油气储量位于世界第三位，但剩余储量仅占全球的 5%，这是由于该地区油气开采利用程度较高，导致剩余储量大幅减少。

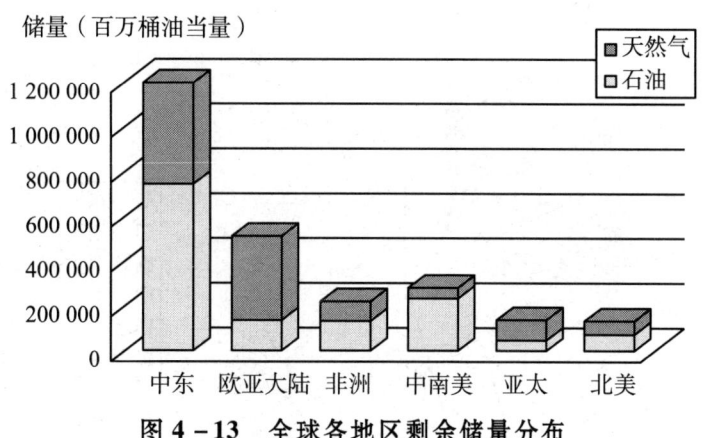

图 4-13 全球各地区剩余储量分布

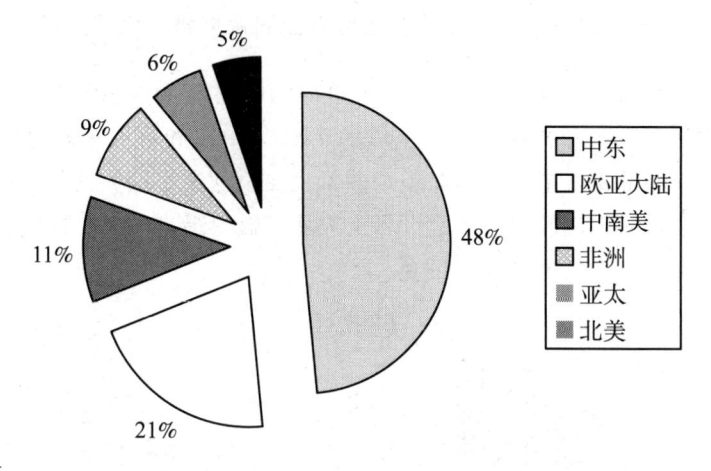

图 4-14 全球各地区油气剩余储量比例

全球石油剩余储量为 1 383 207 百万桶，其中有 55% 位于中东地区，然后依次为中南美（17%）、欧亚大陆（10%）和非洲（10%）。中南美的剩余储量有所增加是因为 2007 年在桑托斯盆地发现了图皮（Tupi）大型油气田，随后还在该盆地的盐下发现了油气田。在坎波斯盆地也有新发现，截至 2009 年 7 月，完钻 97 口初探井，发现 24 个油气田，其中包括巴莱亚阿祖尔（Baleia Azul）、巴莱亚·弗兰卡（Baleia Franca）、朱巴克（Jubarte）和毗雷巴（Piramba）巨型油田。中东是世界上石油最富集的地区，其已发现石油储量占全球的 42%，而剩余石油储量占全球的 55%。中东地区几套优质的烃源岩、储层、盖层，且生储盖组合配置良好,构造演化适宜,有利于油气富集,它是未来全球石油最重要的来源地区,是世界各国寻求石油的重点地区。北美地区由于开发利用程度较高,石油剩余储量仅占5%。亚太地区受已发现石油储量的影响,剩余储量也较小,仅占3%(见图4-15)。

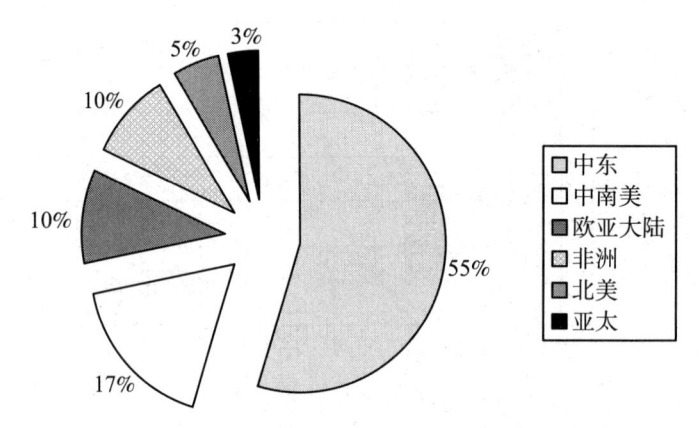

**图 4-15 全球各地区石油剩余储量比例**

剩余天然气储量主要分布在中东(40%)和欧亚大陆(34%)两个地区,两个地区的剩余天然气储量占到了全球的74%。中东和欧亚大陆这两个地区的已发现天然气储量非常丰富,因此剩余储量也在全球占有较大的份额。欧亚大陆的俄罗斯、中东的伊朗和卡塔尔是世界上天然气储量最多的三个国家,其剩余储量在全球占有非常大的比例(见图4-16)。

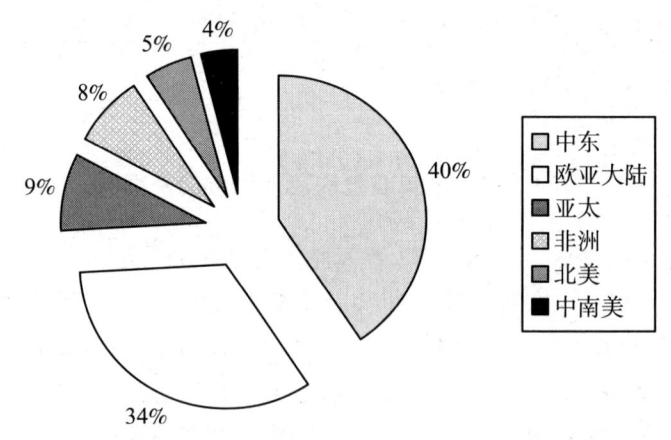

**图 4-16 全球各地区天然气剩余储量比例**

据BP统计,截至2010年年底,剩余油气储量位居世界前三位的国家是俄罗斯(340 865 百万桶油当量)、沙特阿拉伯(311 692 百万桶油当量)和伊朗

（311 288百万桶油当量）。俄罗斯依然是剩余储量大国，剩余油气储量占全世界的14%。沙特阿拉伯和伊朗都位于中东地区，据统计分析，中东地区的剩余油气储量最多，剩余储量最多的10个国家里有6个位于中东地区，其剩余油气储量占世界的43%。其他国家剩余储量相对较少。中国的剩余储量是31 310百万桶油当量，位居世界第16位，所占比例仅为1%（见表4-5）。

表4-5　　　　　世界前20位国家剩余储量汇总

| 序号 | 国家 | 储量（百万桶油当量） | 序号 | 国家 | 储量（百万桶油当量） |
| --- | --- | --- | --- | --- | --- |
| 1 | 俄罗斯 | 340 865 | 11 | 哈萨克斯坦 | 50 691 |
| 2 | 沙特阿拉伯 | 311 692 | 12 | 土库曼斯坦 | 47 864 |
| 3 | 伊朗 | 311 288 | 13 | 加拿大 | 42 240 |
| 4 | 委内瑞拉 | 243 290 | 14 | 阿尔及利亚 | 38 710 |
| 5 | 卡塔尔 | 174 944 | 15 | 尼日利亚 | 37 231 |
| 6 | 伊拉克 | 133 644 | 16 | 中国 | 31 310 |
| 7 | 阿联酋 | 133 295 | 17 | 印度尼西亚 | 22 297 |
| 8 | 科威特 | 112 000 | 18 | 澳大利亚 | 21 263 |
| 9 | 美国 | 76 290 | 19 | 马来西亚 | 19 908 |
| 10 | 利比亚 | 55 539 | 20 | 挪威 | 18 679 |

资料来源：BP，2011。

全球剩余石油储量最多的三个国家是沙特阿拉伯（264 516百万桶）、委内瑞拉（211 173百万桶）和伊朗（137 010百万桶）。委内瑞拉的重油使其剩余石油储量有所提高。全球剩余石油储量的大部分分布在中东地区，前十位国家中沙特阿拉伯、伊朗、伊拉克、科威特和阿联酋都是中东国家，其剩余石油储量共占世界的51%，占一半以上，其他国家所占的比例就相对较小，美国仅占2%，中国仅占1%（见表4-6）。

表4-6　　　　　世界前20位国家剩余石油储量汇总

| 序号 | 国家 | 石油储量（百万桶） | 序号 | 国家 | 石油储量（百万桶） |
| --- | --- | --- | --- | --- | --- |
| 1 | 沙特阿拉伯 | 264 516 | 4 | 伊拉克 | 115 000 |
| 2 | 委内瑞拉 | 211 173 | 5 | 科威特 | 101 500 |
| 3 | 伊朗 | 137 010 | 6 | 阿联酋 | 97 800 |

续表

| 序号 | 国家 | 石油储量（百万桶） | 序号 | 国家 | 石油储量（百万桶） |
| --- | --- | --- | --- | --- | --- |
| 7 | 俄罗斯 | 77 404 | 14 | 中国 | 14 784 |
| 8 | 利比亚 | 46 422 | 15 | 巴西 | 14 246 |
| 9 | 哈萨克斯坦 | 39 828 | 16 | 安哥拉 | 13 500 |
| 10 | 尼日利亚 | 37 200 | 17 | 阿尔及利亚 | 12 200 |
| 11 | 加拿大 | 32 073 | 18 | 墨西哥 | 11 403 |
| 12 | 美国 | 30 872 | 19 | 印度 | 9 043 |
| 13 | 卡塔尔 | 25 907 | 20 | 阿塞拜疆 | 7 000 |

资料来源：BP，2011。

据 2011 年 BP 统计年鉴显示，俄罗斯依然是天然气剩余储量最多的国家，其天然气剩余储量为 15 807 670 亿立方英尺，占世界剩余天然气储量的 24%。紧随其后的是伊朗，所占比例为 16%，卡塔尔占 14%，其他国家所占比例都在 10% 以下。伊朗发现的南帕尔斯气田对伊朗的天然气剩余储量贡献很大，而卡塔尔有诺斯气田，所以其天然气剩余储量也很高。全球天然气剩余储量主要分布在俄罗斯和中东地区，其余国家的剩余天然气储量相对较小，美国的剩余天然气储量仅占 4%，而中国所占比例不到 1%（见表 4-7）。

表 4-7　　　　　　世界前 20 位国家剩余天然气储量汇总

| 序号 | 国家 | 天然气储量（十亿立方英尺） | 序号 | 国家 | 天然气储量（10 亿立方英尺） |
| --- | --- | --- | --- | --- | --- |
| 1 | 俄罗斯 | 1 580 767 | 11 | 印度尼西亚 | 108 400 |
| 2 | 伊朗 | 1 045 667 | 12 | 澳大利亚 | 103 121 |
| 3 | 卡塔尔 | 894 223 | 13 | 中国 | 99 154 |
| 4 | 土库曼斯坦 | 283 582 | 14 | 马来西亚 | 84 649 |
| 5 | 沙特阿拉伯 | 283 057 | 15 | 埃及 | 78 045 |
| 6 | 美国 | 272 509 | 16 | 挪威 | 72 113 |
| 7 | 阿联酋 | 212 967 | 17 | 哈萨克斯坦 | 65 175 |
| 8 | 委内瑞拉 | 192 700 | 18 | 科威特 | 63 001 |
| 9 | 阿尔及利亚 | 159 057 | 19 | 加拿大 | 61 004 |
| 10 | 伊拉克 | 111 866 | 20 | 乌兹别克斯坦 | 55 077 |

资料来源：BP，2011。

## 第二节 全球非常规资源分布

### 一、页岩气资源分布概况

页岩气是聚集于暗色泥页岩或高碳泥页岩（包括粘土及致密砂岩）中、有机质富集、以热解气或生物甲烷气为主、主要以吸附气的形式聚集于有机质或粘土中或者以游离气形式赋存于孔隙和裂缝中、连续的自生自储的非常规油气资源。

美国能源信息署（2011）对32个国家、48个页岩气盆地、69个页岩气地层进行页岩气资源潜力分析认为，这些评价区域的地质数据比较充足，是具有近期页岩气前景的地区。这32个国家（不包括美国）的页岩气原地资源量是22 016万亿立方英尺，页岩气技术可采储量为5 760万亿立方英尺，加上美国的页岩气资源，目前已评价区域的总页岩气技术可采储量是6 622万亿立方英尺。已发现页岩气资源将世界天然气技术可采资源量提高了40%以上，总量达22 600万亿立方英尺。

经评价认为，页岩气资源分布广泛，在各个地区均有分布，主要分布在亚洲、北美、南美和非洲（见表4-8）。其中亚洲的页岩气原地资源最为丰富，其页岩气原地资源量占世界页岩气原地资源量的25%，南美位居第二，所占比例为21%。非洲、北美、欧洲和澳大利亚的页岩气资源量及所占比例依次减少，北美的页岩气原地资源量较少，是因为美国能源信息署统计时，未统计美国的页岩气原地资源量。但北美的页岩气技术可采资源最为丰富，其页岩气技术可采储量达1 931万亿立方英尺，占世界总页岩气技术可采储量的30%，位居第二、第三、第四位的分别是亚洲、南美和非洲，其所占比例分别为21%、18%和16%。欧洲和澳大利亚的页岩气资源相对较少（见图4-7~图4-20）。

表4-8　　　　　各地区的页岩气资源概况

| 地区 | 页岩气原地资源量<br>（万亿立方英尺） | 页岩气技术可采资源量<br>（万亿立方英尺） |
| --- | --- | --- |
| 北美 | 3 856 | 1 931 |
| 南美 | 4 569 | 1 225 |

续表

| 地区 | 页岩气原地资源量（万亿立方英尺） | 页岩气技术可采资源量（万亿立方英尺） |
| --- | --- | --- |
| 欧洲 | 2 587 | 624 |
| 非洲 | 3 962 | 1 042 |
| 亚洲 | 5 661 | 1 404 |
| 澳大利亚 | 1 381 | 396 |
| 合计 | 22 016 | 5 760 |

资料来源：美国能源信息署，2011 有修改。

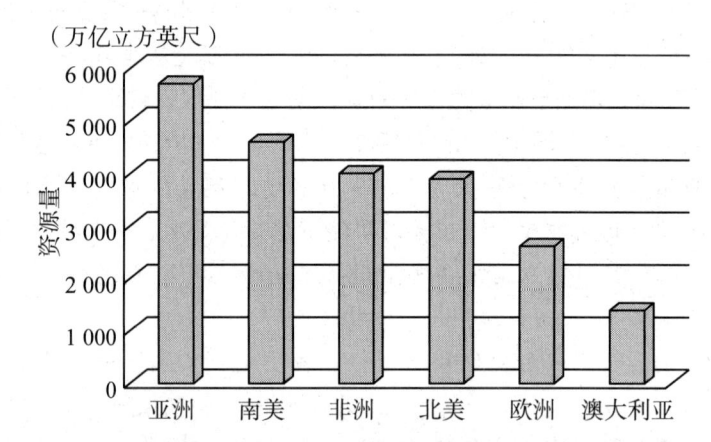

图 4-17　各地区页岩气原地资源量分布（不包括美国）

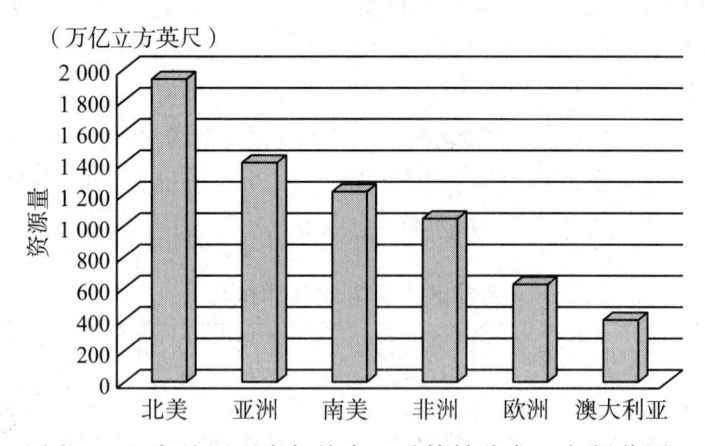

图 4-18　各地区页岩气技术可采储量分布（包括美国）

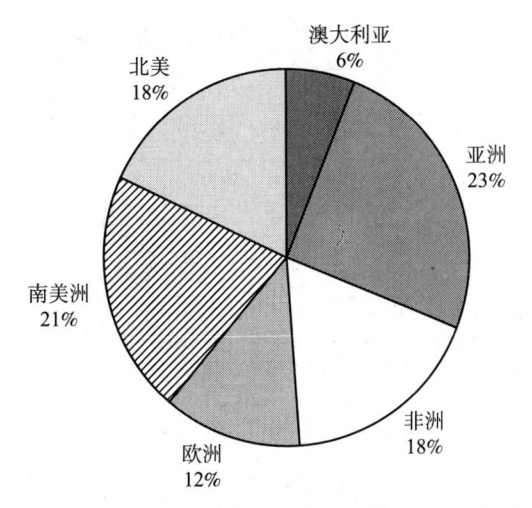

图 4-19　各地区页岩气原地资源量（不包括美国）

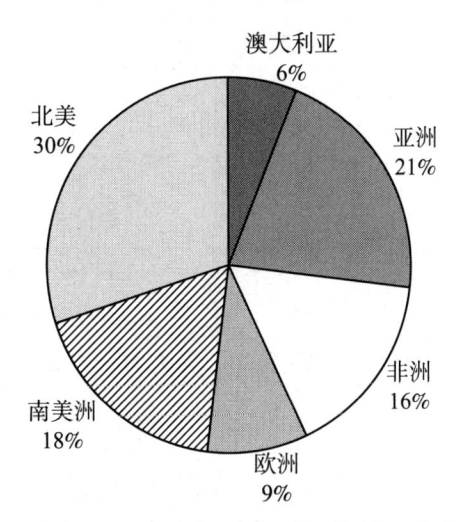

图 4-20　各地区页岩气技术可采储量（包括美国）

从表 4-9 可以看出，中国的页岩气资源最为丰富，其页岩气原地资源量及页岩气技术可采储量都居世界第一位。美国和阿根廷的页岩气技术可采储量分别位居第二位和第三位，位居前十一位的国家还有墨西哥、南非、加拿大、澳大利亚、利比亚、巴西和阿尔及利亚。其余 22 个国家的总页岩气原地资源量为 4 247 万亿立方英尺，总页岩气技术可采储量为 1 014 万亿立方英尺（见图 4-21 和图 4-22）。

表4-9　　　　　　　　32个国家的页岩气资源分布情况

| 地区 | 区域 | 国家 | 页岩气原地资源量（万亿立方英尺） | 页岩气技术可采储量（万亿立方英尺） |
|---|---|---|---|---|
| 北美 | | 美国 | | 862 |
| | | 加拿大 | 1 490 | 388 |
| | | 墨西哥 | 2 366 | 681 |
| | | 合计 | 3 856 | 1 931 |
| 南美 | 南美北部 | 哥伦比亚 | 78 | 19 |
| | | 委内瑞拉 | 42 | 11 |
| | | 小计 | 120 | 30 |
| | 南美南部 | 阿根廷 | 2 732 | 774 |
| | | 玻利维亚 | 192 | 48 |
| | | 巴西 | 906 | 226 |
| | | 智利 | 287 | 64 |
| | | 巴拉圭 | 249 | 62 |
| | | 乌拉圭 | 83 | 21 |
| | | 小计 | 4 449 | 1 195 |
| | 合计 | | 4 569 | 1 225 |
| 欧洲 | 欧洲东部 | 波兰 | 792 | 187 |
| | | 立陶宛 | 17 | 4 |
| | | 加里宁格勒 | 76 | 19 |
| | | 乌克兰 | 197 | 42 |
| | | 小计 | 1 082 | 252 |
| | 欧洲西部 | 法国 | 720 | 180 |
| | | 德国 | 33 | 8 |
| | | 荷兰 | 66 | 17 |
| | | 瑞典 | 164 | 41 |
| | | 挪威 | 333 | 83 |
| | | 丹麦 | 92 | 23 |
| | | 英国 | 97 | 20 |
| | | 小计 | 1 505 | 372 |
| | 合计 | | 2 587 | 624 |

续表

| 地区 | 区域 | 国家 | 页岩气原地资源量（万亿立方英尺） | 页岩气技术可采储量（万亿立方英尺） |
|---|---|---|---|---|
| 非洲 | 中北非 | 阿尔及利亚 | 812 | 230 |
| | | 利比亚 | 1 147 | 290 |
| | | 突尼斯 | 61 | 18 |
| | | 摩洛哥* | 108 | 18 |
| | | 小计 | 2 128 | 557 |
| | 南非 | | 1 834 | 485 |
| | 合计 | | 3 962 | 1 042 |
| 亚洲 | 中国 | | 5 101 | 1 275 |
| | 印度/巴基斯坦 | 印度 | 290 | 63 |
| | | 巴基斯坦 | 206 | 51 |
| | 土耳其 | | 64 | 15 |
| | 合计 | | 5 661 | 1 404 |
| 澳大利亚 | 澳大利亚 | | 1 381 | 396 |
| 总计 | | | 22 016 | 6 622 |

注：* 包括撒哈拉西部和毛里塔尼亚。

资料来源：美国能源信息署，2011。

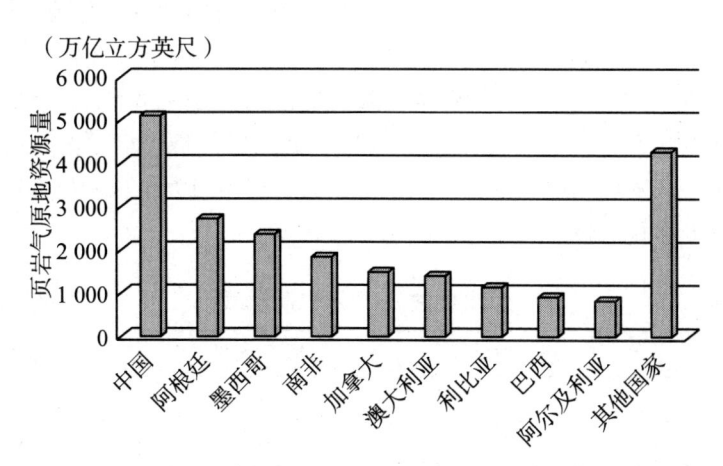

图 4-21 各个国家页岩气原地资源量分布（不包括美国）

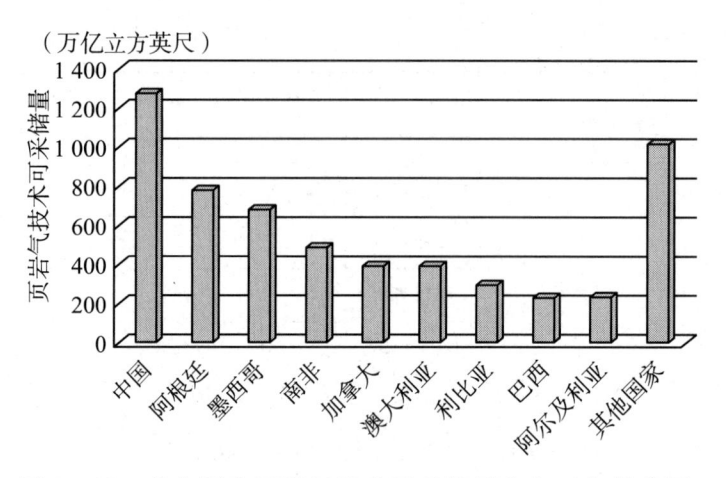

图 4-22　各个国家页岩气技术可采储量分布（包括美国）

## 二、重油资源分布概况

重油是指 API 重度在 10°~20°之间，粘度大于 100 厘泊（cP）的石油。全球已发现油藏中的重油资源量为 33 970 亿桶，有 192 个盆地富集重油。重油资源的分布很广，但是分布很不均匀，且目前产出程度很低，重油的累计产量占已发现重油原地资源量的比例不到 3%。

全球重油资源在南美、中东、北美、俄罗斯、东亚、非洲、欧洲、东南亚和大洋洲、高加索和南亚都有分布（见表 4-10），但仅在南美、中东和北美大规模分布。据统计，西半球的重油资源量占世界的 52%。南美和中东的重油原地资源量最大，南美已发现地质储量为 10 990 亿桶，总原地资源量为 11 270 亿桶，北美位居第三，原地资源量为 6 520 亿桶，其他几个地区的重油资源相对较少（见图 4-23）。南美的重油资源占世界总重油资源的 33%，中东占 29%，北美占 19%，而其他国家共占 19%（见图 4-24）。据数据分析，全球重油资源的远景资源量较少，已发现地质储量占原地资源量的比例相当大，这个趋势在各个地区以及整个世界都很明显。

表 4-10　　　　　　　　　全球重油资源分布情况表　　　　　　　　单位：十亿桶

| 地区 | 已发现地质储量 | 远景资源量 | 总原地资源量 |
| --- | --- | --- | --- |
| 南美 | 1 099 | 28 | 1 127 |
| 中东 | 971 | 0 | 971 |
| 北美 | 650 | 2 | 652 |

续表

| 地区 | 已发现地质储量 | 远景资源量 | 总原地资源量 |
|---|---|---|---|
| 俄罗斯 | 182 | 0 | 182 |
| 东亚 | 168 | 0 | 168 |
| 非洲 | 83 | 0 | 83 |
| 欧洲 | 75 | 0 | 75 |
| 东南亚和大洋洲 | 68 | 0 | 68 |
| 高加索 | 52 | 0 | 52 |
| 南亚 | 18 | 0 | 18 |
| 总计 | 3 368 | 30 | 3 397 |

资料来源：理查德等（Richard et al., 2007）。

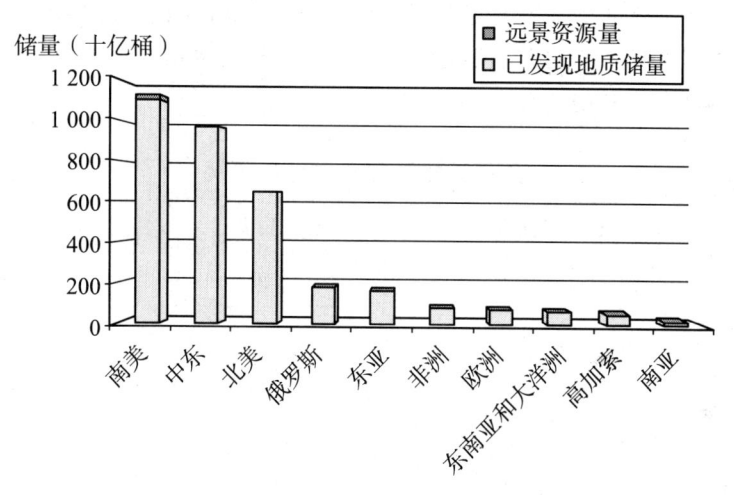

图 4-23 全球重油资源分布

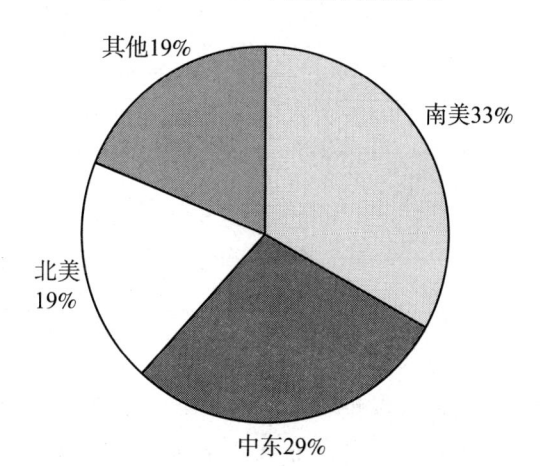

图 4-24 全球重油资源分布

## 三、天然沥青分布概况

天然沥青是指 API 重度小于 10°，粘度通常大于 10 000cP 的石油。全球已发现油藏中的天然沥青资源量为 55 050 亿桶，包括 9 930 亿桶远景资源量。全球有 89 个盆地富集天然沥青。天然沥青虽然分布较广，但分布不均匀，且产出程度低，仅西半球的天然沥青资源量就占世界的 85%，目前天然沥青累计产量占已发现天然沥青原地资源量的比例不到 0.4%。

目前，北美和南美的天然沥青原地资源量最大。北美天然沥青已发现地质储量 16 710 亿桶，远景资源量 7 200 亿桶，总原地资源量 23 910 亿桶。南美的天然沥青已发现地质储量 20 700 亿桶，远景资源量 1 900 亿桶，总原地资源量 22 600 亿桶。高加索和俄罗斯的天然沥青资源量分别位居世界第三、第四，但其天然沥青规模远不如北美和南美（见表 4-11 和图 4-25）。

表 4-11　　　　全球天然沥青资源分布情况　　　　单位：十亿桶

| 地区 | 已发现地质储量 | 远景资源量 | 总原地资源量 |
| --- | --- | --- | --- |
| 北美 | 1 671 | 720 | 2 391 |
| 南美 | 2 070 | 190 | 2 260 |
| 高加索 | 430 | 0 | 430 |
| 俄罗斯 | 296 | 51 | 347 |
| 非洲 | 13 | 33 | 46 |
| 欧洲 | 17 | 0 | 17 |
| 东亚 | 10 | 0 | 10 |
| 东南亚和大洋洲 | 4 | 0 | 4 |
| 中东 | 0 | 0 | 0 |
| 南亚 | 0 | 0 | 0 |
| 总计 | 4 512 | 993 | 5 505 |

资料来源：理查德等（2007）。

据分析，北美的天然沥青占世界天然沥青资源量的 43%，南美占 41%，这也就意味着几乎所有的天然沥青都分布在西半球，仅有 16% 分布在全球其他地区（见图 4-26）。

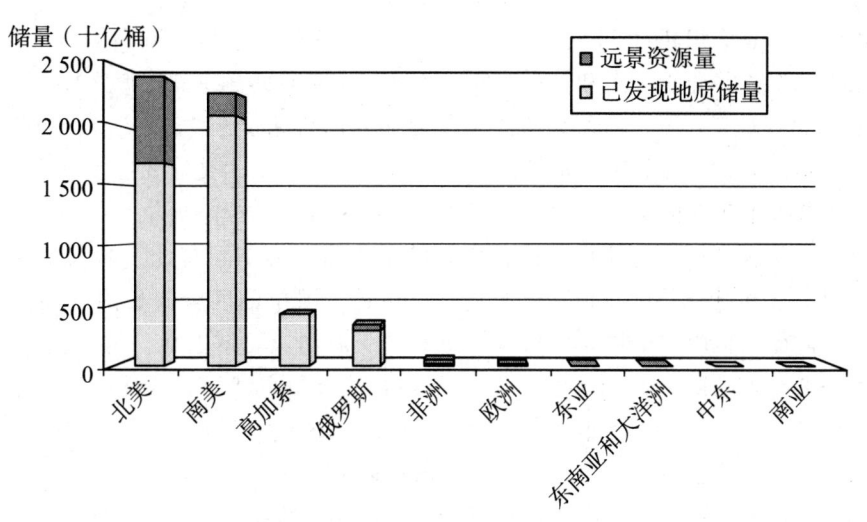

图 4-25 全球天然沥青分布

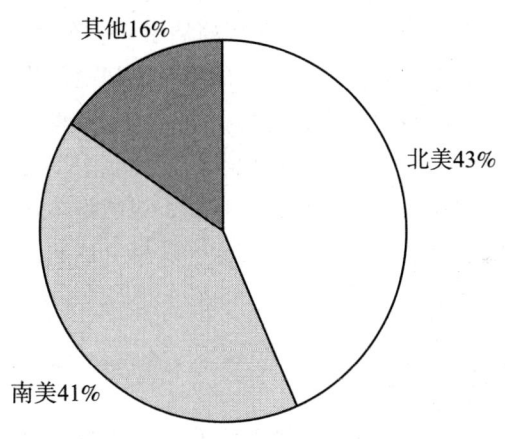

图 4-26 全球天然沥青分布

## 第三节 全球各大区油气地质概况

### 一、中东地区

**(一) 区域概况**

中东又称中东地区,是指地中海东部与南部区域,从地中海东部到波斯湾的广大地区，总面积超过 $740 \times 10^4$ 平方千米。"中东"一词源于欧洲中心论者，意指欧洲以东，并介于远东和近东之间的地区。中东是两洋三洲五海之地，处于联系亚、欧、非三大洲，沟通大西洋和印度洋的枢纽地位，"五海"具体指里海、黑海、地中海、红海和阿拉伯海。中东历来是欧亚大陆的交通要道和海陆贸易中枢，近代石油工业的崛起更加突出了中东政治和经济的战略地位。

中东不属于正式的地理术语，广义的中东除伊朗和阿富汗（狭义的中东地区）外，还包括沙特阿拉伯、伊拉克、科威特、阿拉伯联合酋长国（阿联酋）、埃及、阿曼、也门、卡塔尔、巴林、土耳其、叙利亚、黎巴嫩、约旦、以色列、塞浦路斯和巴勒斯坦 16 个近东国家。英国石油公司全球能源统计中的中东国家包括沙特阿拉伯、伊朗、伊拉克、科威特、阿联酋、阿曼、也门、卡塔尔、巴林、叙利亚、黎巴嫩、约旦、以色列和巴勒斯坦。

中东地区的地质情况相对比较简单，勘探开发的成本较低。该区的单井产量都比较高，一般在 500~3 000 吨/日，因此尽管中东的油井数仅占全球的 1.3%，但其石油产量却占到全球的近 30%。丰富的储量和较低的生产成本使得中东地区成为世界上最重要的产油区，且在今后的很长时间内仍将会保持其独一无二的地位。我国石油工业在不断发展壮大的过程中，必然要将勘探开发的领域进一步向海外扩展，这也是我国国民经济飞速发展的需要。中东地区作为世界上最重要的油气区，必将是我国高度关注的对象。目前，我国除了在中东地区展开一些技术服务工作外，也已获取了多个区块的勘探开发权，这些为我国进一步介入中东地区油气资源的勘探开发打下了基础。

## （二）沉积盆地

就大地构造位置而言，中东地区大部分位于阿拉伯板块内。中东地区十分丰富的油气资源多富集于阿拉伯板块内发育的三个沉积盆地：阿拉伯盆地、扎格罗斯盆地和阿曼盆地（见图 4-30），阿拉伯盆地与阿曼盆地合在一起称为波斯湾盆地（即大阿拉伯盆地或狭义的波斯湾盆地），中国学者常把狭义的波斯湾盆地与扎格罗斯盆地合在一起泛称为波斯湾盆地。

## （三）油气分布

截至 2009 年 7 月，中东已发现油气田 1 266 个，探明和控制可采储量为 1 002 077 百万桶石油（包括凝析油），2 960.69 万亿立方英尺天然气，合成油当量总计为 1 470 877 百万桶油当量（见表 4-12），天然气储量占油气总储量的 33.5%。在已发现的油气田中，储量超过 500 百万桶油当量的大油田 140 个，大气田 49 个，其中包括世界上最大的 10 个油田和 2 个最大的气田。中东已发现油气储量的 95.3% 分布于大油气田中。

表 4-12 中东油气探明和控制储量一览

| 地貌 | 油气田个数（个） | 探明和控制储量 | | | | | | |
|---|---|---|---|---|---|---|---|---|
| | | 石油 | | 天然气 | | 油当量 | | |
| | | （百万桶油） | 占阿拉伯板块（%） | （万亿立方英尺） | 占阿拉伯板块（%） | （百万桶油当量） | 占阿拉伯板块（%） | 石油占油气总储量（%） |
| 陆上 | 1 145 | 857 778 | 85.6 | 2 206 | 74.5 | 1 203 177 | 81.8 | 69.2 |
| 海上 | 121 | 114 237 | 14.4 | 755 | 25.5 | 267 700 | 18.2 | 30.8 |
| 合计 | 1 266 | 1 002 077 | 100.0 | 2 961 | 100.0 | 1 470 877 | 100.0 | 66.2 |

资料来源：IHS，根据 2009 年数据整理而成。

中东地区的大油气田，特别是特大型油气田（指可采储量超过 $79.8 \times 10^6$ 立方米或 50 亿桶油当量的油气田）主要分布于中阿拉伯盆地、扎格罗斯盆地和鲁卜哈利盆地的东部。大油气田的这种分布特点导致了盆地内不同构造单元内油气储量分布的极不均一，且储量主要集中于大油气田分布的结果。区域上，盆地内已发现的石油（包括凝析油）主要分布于中阿拉伯盆地（651 022 百万桶）、扎格罗斯盆地（192 886 百万桶）和鲁卜哈利盆地（116 486 百万桶），它们的石油储量分别占盆地总储量的 65.0%、19.2% 和 11.6%，合计为 95.8%。发现的天然气也主要分布于中阿拉伯盆地（2 146.99 万亿立方英尺）、扎格罗斯盆地（555.31 万亿立方英尺）和鲁卜哈利盆地（255.81 万亿立方英尺），它们的天然气储量分别占盆地天然气总储量的 69.8%、18.0% 和 8.3%，合计为 96.1%。

根据 USGS（2000）的评价结果，中东待发现油气资源量为 505 927 百万桶油当量，是全球待发现油气资源量最多的地区。主要分布在沙特阿拉伯、伊朗和伊拉克三个国家（见表 4-13）。沙特阿拉伯的石油待发现资源量是世界上最多的国家，约 135 965 百万桶。沙特阿拉伯也是待发现油气资源量位居世界第二的国家，仅次于俄罗斯。伊朗是世界第四大待发现油气资源国，其石油待发现量为 67 069 百万桶，天然气为 3 145 760 亿立方英尺。

根据 BP（2011）统计结果，截至 2010 年年底中东剩余油气储量为 1 198 689 百万桶油当量，主要集中在沙特阿拉伯、伊朗、卡塔尔、伊拉克、阿联酋和科威特六个国家（见表 4-14）。中东油气剩余油气储量主要分布在沙特阿拉伯和伊朗，两个国家的剩余储量非常丰富，分别占中东的 26% 和 25.97%（见表 4-14）。沙特阿拉伯是中东石油剩余储量最多的国家，约 264 516 百万桶，占中东的 35.15%。沙特阿拉伯发现了很多大型的油田，拥有世界上最大的油田——加瓦尔油田。其他石油剩余储量分布在伊朗（18.21%）、伊拉克（15.28%）、阿联酋(13.00%)和科威特(13.49%)。中东大部分的剩余天然气储量主要分布在伊朗和卡塔尔两个国家,分别占39.06%和33.4%。这主要是因为卡塔尔有世界上最大的气田——诺斯气田,其探明可采储量达到$27×10^{12}$立方米,伊朗的南帕尔斯气田的探明可采储量也达到了$15×10^{12}$立方米。此外,剩余天然气储量在沙特阿拉伯占10.57%,其他的国家共占16.96%。

表4-13 中东地区各国待发现油气资源量汇总

| 国家 | 石油 | 天然气 | | 总计 |
|---|---|---|---|---|
| | 百万桶 | 十亿立方米 | 百万桶油当量 | 百万桶油当量 |
| 沙特阿拉伯 | 135 965 | 680 996 | 113 499 | 249 464 |
| 伊朗 | 67 069 | 314 567 | 52 428 | 119 497 |
| 伊拉克 | 51 324 | 120 006 | 20 001 | 71 325 |
| 阿联酋 | 10 060 | 44 524 | 7 421 | 17 481 |
| 卡塔尔 | 5 438 | 41 100 | 6 850 | 12 288 |
| 阿曼 | 5 212 | 33 746 | 5 624 | 10 836 |
| 也门 | 4 572 | 21 901 | 3 650 | 8 222 |
| 科威特 | 4 031 | 5 915 | 986 | 5 017 |
| 巴林 | 1 610 | 16 516 | 2 753 | 4 363 |
| 叙利亚 | 1 643 | 5 097 | 850 | 2 493 |
| 土耳其 | 768 | 749 | 125 | 893 |
| 约旦 | 194 | 2 422 | 404 | 598 |
| 其他国家 | 2 231 | 7 318 | 1 221 | 3 451 |
| 总计 | 290 117 | 1 294 857 | 215 810 | 505 927 |

资料来源:USGS,2000。

表4-14 中东地区各国剩余储量汇总

| 国家 | 石油 | | 天然气 | | 总计 | |
|---|---|---|---|---|---|---|
| | 百万桶 | % | 十亿立方英尺 | % | 百万桶油当量 | % |
| 沙特阿拉伯 | 264 516 | 35.15 | 283 057 | 10.57 | 311 692 | 26 |
| 伊朗 | 1 371 010 | 18.21 | 1 045 667 | 39.06 | 311 288 | 25.97 |
| 卡塔尔 | 25 907 | 3.44 | 894 223 | 33.40 | 174 944 | 14.59 |
| 伊拉克 | 115 000 | 15.28 | 111 866 | 4.18 | 133 644 | 11.15 |
| 阿联酋 | 97 800 | 13.00 | 212 967 | 7.96 | 133 295 | 11.12 |

续表

| 国家 | 石油 | | 天然气 | | 总计 | |
|---|---|---|---|---|---|---|
| | 百万桶 | % | 十亿立方英尺 | % | 百万桶油当量 | % |
| 科威特 | 101 500 | 13.49 | 63 001 | 2.35 | 112 000 | 9.34 |
| 阿曼 | 5 500 | 0.73 | 24 367 | 0.91 | 9 561 | 0.80 |
| 也门 | 2 670 | 0.35 | 17 250 | 0.64 | 5 545 | 0.46 |
| 叙利亚 | 2 500 | 0.33 | 9 101 | 0.34 | 4 017 | 0.34 |
| 巴林 | — | 0.00 | 7 732 | 0.29 | 1 289 | 0.11 |
| 其他国家 | 128 | 0.02 | 7 721 | 0.29 | 1 414 | 0.12 |
| 合计 | 752 531 | 100 | 2 676 953 | 100 | 1 198 689 | 100 |

资料来源：BP，2011。

## 二、欧洲及欧亚大陆

### (一) 区域概况

该地区包括欧洲和欧亚大陆两部分，欧亚大陆主要指前苏联地区，包括俄罗斯地区以及中亚等地区。

俄罗斯联邦位于欧亚大陆北部，地跨东欧和北亚大部分地区，东濒太平洋，北临北冰洋，西部为波罗的海芬兰湾，南临中国、朝鲜和蒙古国等国家，总面积为 $17.08 \times 10^6$ 平方千米，是世界上幅员最辽阔的国家。俄罗斯地区总人口为1.04亿。按现今板块构造单元划分，俄罗斯地区主体处于欧亚板块东北部。与其他大陆板块相比，欧亚板块具有更复杂的演化历史和地壳结构。该区内较大的前寒武纪古老地块主要有西伯利亚地台和东欧地台。

中亚地区指里海及其以东至天山山麓的地区，包括里海及其周缘地区、土兰平原和周围山地与丘陵，地势东高西低，东部多为山地、丘陵，西部为平原和海域。该地区主要包括土库曼斯坦、乌兹别克斯坦、吉尔吉斯斯坦、塔吉克斯坦和哈萨克斯坦等国家，与我国西北地区近邻。中亚地区的油气资源主要分布于哈萨克斯坦、土库曼斯坦和乌兹别克斯坦。

### (二) 沉积盆地

俄罗斯联邦有20余个发育于不同时代的大型含油气盆地，含油气远景面积 $1\,290 \times 10^4$ 平方千米（其中海洋和内海大陆架为 $560 \times 10^4$ 平方千米），自1975

年以来,石油和天然气产量曾多年居世界首位。

在大地构造上,哈萨克斯坦跨东欧地台、斯拉夫地台和土兰地台以及大高加索山前坳陷带。境内分布的含油气盆地有滨里海盆地(大部分)、曼格什拉克盆地(大部分)、乌斯丘尔特盆地(绝大部分)和楚河—萨雷苏伊盆地。乌兹别克斯坦境内有卡拉库姆、费尔干纳和塔吉克等盆地。其中卡拉库姆盆地和费尔干纳盆地对乌兹别克斯坦的油气工业具有重要作用。土库曼斯坦境内分布的盆地包括东部的卡拉库姆盆地、西部的西土库曼盆地及塔吉克盆地的一部分,而其中绝大部分沉积盆地均位于土兰地台上。

### (三) 油气分布

欧洲的油气主要分布在喀尔巴阡山脉山麓地区、北海及其沿岸地区,北海盆地是欧洲重要的油气产区。欧洲的待发现油气资源量为 88 020 百万桶油当量,其中石油为 35 959 百万桶,天然气为 3 123 650 亿立方米(USGS,2000)。这些待发现资源量主要分布在挪威和英国两个国家,分别为 53 240 百万桶油当量和 11 024 百万桶油当量,分别占整个欧洲待发现资源量的 60.49% 和 12.52%(见表 4-15)。

表 4-15　　　　　　　　欧洲待发现油气资源量汇总

| 国家 | 石油 | 天然气 | | 总计 |
|---|---|---|---|---|
| | 百万桶 | 十亿立方英尺 | 百万桶油当量 | 百万桶油当量 |
| 挪威 | 22 734 | 183 036 | 30 506 | 53 240 |
| 英国 | 7 128 | 23 377 | 3 896 | 11 024 |
| 意大利 | 935 | 27 272 | 4 545 | 5 480 |
| 法国 | 1 238 | 20 827 | 3 471 | 4 709 |
| 西班牙 | 863 | 17 795 | 2 966 | 3 829 |
| 德国 | 227 | 12 993 | 2 166 | 2 393 |
| 罗马尼亚 | 1 201 | 5 416 | 903 | 2 104 |
| 荷兰 | 474 | 8 554 | 1 426 | 1 900 |
| 波兰 | 267 | 2 822 | 470 | 737 |
| 匈牙利 | 224 | 2 508 | 418 | 642 |
| 克罗地亚 | 116 | 1 718 | 286 | 402 |
| 丹麦 | 135 | 777 | 130 | 265 |
| 捷克 | 16 | 543 | 91 | 107 |

续表

| 国家 | 石油 | 天然气 | | 总计 |
|---|---|---|---|---|
| | 百万桶 | 十亿立方英尺 | 百万桶油当量 | 百万桶油当量 |
| 塞黑 | 58 | 271 | 45 | 103 |
| 斯洛伐克 | 16 | 256 | 43 | 59 |
| 保加利亚 | 10 | 28 | 5 | 15 |
| 奥地利 | 1 | 70 | 12 | 13 |
| 斯洛文尼亚 | 0 | 10 | 2 | 2 |
| 其他国家 | 316 | 4 092 | 682 | 998 |
| 总计 | 35 959 | 312 365 | 52 061 | 88 020 |

资料来源：USGS，2000。

根据 USGS（2000）的评价结果，俄罗斯发现的油气储量和油气田主要分布于西西伯利亚盆地，其他的主要产油气盆地包括东西伯利亚、伏尔加—乌拉尔和堤曼—伯朝拉等盆地。俄罗斯待发现油气资源量在欧亚大陆占有绝对优势，其石油待发现资源量为 115 342 百万桶，天然气为 11 687 350 亿立方英尺，总油气当量为 310 131 百万桶，占欧亚大陆待发现资源量的 70.59%（见表 4-16）。俄罗斯的待发现天然气资源量在全球位居第一，该国也是全球待发现油气资源量最多的国家。

表 4-16　　　　　欧亚大陆待发现油气资源量汇总

| 国家 | 石油 | 天然气 | | 总计 |
|---|---|---|---|---|
| | 百万桶 | 十亿立方英尺 | 百万桶油当量 | 百万桶油当量 |
| 俄罗斯 | 115 342 | 1 168 735 | 194 789 | 310 131 |
| 土库曼斯坦 | 13 610 | 207 692 | 34 615 | 48 225 |
| 哈萨克斯坦 | 24 680 | 72 255 | 12 043 | 36 723 |
| 阿塞拜疆 | 9 249 | 67 449 | 11 242 | 20 491 |
| 乌克兰 | 2 269 | 27 536 | 4 589 | 6 858 |
| 乌兹别克斯坦 | 577 | 15 038 | 2 506 | 3 083 |
| 阿富汗 | 435 | 14 653 | 2 442 | 2 877 |
| 其他地区 | 4 629 | 37 904 | 6 317 | 10 946 |
| 总计 | 170 791 | 1 611 262 | 268 544 | 439 335 |

资料来源：USGS，2000。

欧亚大陆其他待发现油气资源主要分布在土库曼斯坦、哈萨克斯坦和阿塞拜疆。土库曼斯坦的待发现石油和天然气可采资源量分别为 13 610 百万桶和 2 076 920 亿立方英尺，主要是由分布在西土库曼盆地的石油及卡拉库姆盆地的天然气贡献的。哈萨克斯坦发现的油气田和探明的油气储量绝大部分分布在滨里海盆地和北高加索—曼格什拉克含油气盆地内，其他盆地所发现的油气田数目和探明的储量规模都很有限，且勘探程度也较低。哈萨克斯坦待发现石油和天然气可采资源量分别为 24 680 百万桶和 722 550 亿立方英尺。

根据 BP（2011）统计结果，截至 2010 年年底，欧洲以及欧亚大陆地区剩余储量最多的国家是俄罗斯，总气油当量占该地区的 66.71%，其中石油占 55.42%，天然气占 70.96%（见表 4-17）。中亚地区哈萨克斯坦的石油剩余储量占该地区的 28.52%，土库曼斯坦的天然气储量占该地区的 12.73%。欧洲国家普遍剩余储量规模较小，挪威是欧洲剩余储量最多的国家，占该地区的 3.66%。

表 4-17　　　　　　欧洲以及欧亚大陆各国剩余储量汇总

| 国家 | 石油 | | 天然气 | | 合计 | |
| --- | --- | --- | --- | --- | --- | --- |
| | 百万桶 | % | 十亿立方英尺 | % | 百万桶油当量 | % |
| 俄罗斯 | 77 404 | 55.42 | 1 580 767 | 70.96 | 340 865 | 66.71 |
| 哈萨克斯坦 | 39 828 | 28.52 | 65 175 | 2.93 | 50 691 | 9.92 |
| 土库曼斯坦 | 600 | 0.43 | 283 582 | 12.73 | 47 864 | 9.37 |
| 挪威 | 6 660 | 4.77 | 72 113 | 3.24 | 18 679 | 3.66 |
| 阿塞拜疆 | 7 000 | 5.01 | 44 865 | 2.01 | 14 477 | 2.83 |
| 乌兹别克斯坦 | 594 | 0.43 | 55 077 | 2.47 | 9 774 | 1.91 |
| 荷兰 | | | 41 452 | 1.86 | 6 909 | 1.35 |
| 乌克兰 | | | 33 021 | 1.48 | 5 503 | 1.08 |
| 英国 | 2 835 | 2.03 | 9 041 | 0.41 | 4 342 | 0.85 |
| 罗马尼亚 | 480 | 0.34 | 21 015 | 0.94 | 3 983 | 0.78 |
| 意大利 | 967 | 0.69 | 2 988 | 0.13 | 1 465 | 0.29 |
| 丹麦 | 899 | 0.64 | 1 836 | 0.08 | 1 206 | 0.24 |
| 波兰 | | | 4 238 | 0.19 | 706 | 0.14 |
| 德国 | | | 2 430 | 0.11 | 405 | 0.08 |
| 其他国家 | 2 395 | 1.71 | 10 009 | 0.45 | 4 063 | 0.80 |
| 合计 | 139 661 | 100.00 | 2 227 608 | 100.00 | 510 929 | 100.00 |

资料来源：BP，2011。

## 三、亚太地区

### （一）区域概况

亚洲太平洋地区（简称亚太地区）包括亚洲的东亚、东南亚、南亚以及南太平洋地区，共33个国家，总面积约 $2\,900 \times 10^4$ 平方千米，总人口30.5亿。

除中国外，亚太地区的主要产油气国家还有印度尼西亚、马来西亚、印度、澳大利亚、泰国、文莱、巴基斯坦等国。目前，亚太地区当地的石油产量仅能满足石油需求量的35%左右，天然气自给率在88%左右。

### （二）沉积盆地

亚太地区在区域地质构造上包括欧亚板块的南部、印度板块、澳大利亚板块、菲律宾板块和太平洋板块的西南部边缘以及板块之间不同时期的碰撞带和俯冲带。该区既有发育稳定的古老克拉通地块，又有发育年轻的构造活动带。

亚太地区发育了众多的沉积盆地，据李国玉等（2005）的研究，亚太地区共发育有131个主要沉积盆地，其中50余个发现有油气。亚太地区复杂的地质演化史造就了复杂的地质结构，该地区有发育类型众多、时代齐全的沉积盆地。元古代—古生代沉积盆地主要发育于古老的稳定克拉通内，而中、新生代盆地则主要发育于大陆边缘。

亚太地区的沉积盆地分为5大类、8种类型：

离散型板块边缘沉积盆地：该类型可进一步分为大陆裂谷—坳陷盆地和面向大洋的被动陆缘盆地。发育于印度尼西亚东部伊里安查亚地区的萨拉瓦提盆地、中国东部诸盆地和东海盆地等为大陆裂谷—坳陷盆地，发育于澳大利亚周缘、加里曼丹岛南北两侧和印度东西两岸的盆地为面向大洋的被动大陆边缘盆地。

聚敛型板块边缘沉积盆地：该类型可进一步分为形成于俯冲带边缘的弧前盆地、弧后盆地和与地体增生相关的大陆碰撞、岛弧碰撞和浅俯冲形成的盆地。弧前盆地和弧后盆地发育于苏门答腊—爪哇俯冲带以及菲律宾俯冲带，北、中、南苏门答腊盆地以及东、西爪哇盆地属于弧后盆地。后一种盆地类型发育于巴布亚新几内亚南缘。

走滑盆地：走滑盆地主要分布于走滑断裂带附近，莺歌海、泰国湾、马来和西纳吐纳盆地划分为走滑盆地。

陆—陆碰撞前陆盆地：中国西部的库车盆地、巴基斯坦的印度河盆地等属于这类盆地。

克拉通内盆地：这类盆地发育于稳定的克拉通地块内，澳大利亚大陆内的诸盆地（如坎宁盆地、库珀盆地等）以及中国的四川和鄂尔多斯盆地属于这类盆地。

### （三）油气分布

在亚太地区的含油气盆地中，渤海湾盆地、松辽盆地、大沙捞越盆地、中苏门答腊盆地、巴兰三角洲/文莱—沙巴盆地、孟买盆地、马来盆地、库特盆地和北卡那封盆地内发现的油气可采储量超过了100亿桶油当量，准噶尔盆地、吉普斯兰盆地、北苏门答腊盆地、西爪哇盆地和南苏门答腊盆地内发现的油气可采储量介于40亿~100亿桶油当量之间，而其他盆地内发现的油气可采储量则都小于40亿桶油当量。

在东南亚和大洋洲，烃源岩和储集岩分布于从奥陶纪到上新世的多套层系。古老的烃源岩和储集岩局限于澳大利亚，特别是其中、西部发育的克拉通内盆地（阿马迪厄斯盆地和坎宁盆地）。澳大利亚最年轻的烃源岩和储集层发育于其南缘的吉普斯兰盆地，该盆地的主力烃源岩为晚白垩世—古近纪煤系地层，主力储集层为古近纪河流相、三角洲相和滨海相砂岩。除了泰国陆上的呵叻盆地外，东南亚含油气盆地的烃源岩和储集岩都是第三系，其中沙巴盆地、巴兰三角洲盆地、打拉根盆地、库特盆地以及北苏门答腊盆地内的烃源岩和储集层以中新统—上新统为主。

亚太地区油气待发现资源量为 134 501 百万桶油当量，其中石油 51 343 百万桶，天然气 4 989 490 亿立方英尺（约合 83 158 百万桶油当量），未来该地区待发现资源将以天然气为主（USGS，2000）。亚太的待发现资源主要分布在中国、澳大利亚和印度尼西亚三个国家，占亚太待发现资源量的 65.49%。中国是亚太待发现资源量最多的国家，石油待发现资源量为 16 576 百万桶，天然气为 857 860 亿立方英尺。亚太其他地区天然气的待发现资源量普遍超过石油的资源量（见表 4 - 18）。

表 4 - 18　　　　　　　亚太地区各国待发现资源量汇总

| 国家 | 石油 | 天然气 | | 总计 |
|---|---|---|---|---|
| | 百万桶 | 十亿立方英尺 | 百万桶油当量 | 百万桶油当量 |
| 中国 | 16 576 | 85 786 | 14 298 | 30 874 |
| 澳大利亚 | 10 808 | 109 418 | 18 236 | 29 044 |
| 印度尼西亚 | 10 212 | 107 710 | 17 952 | 28 164 |

续表

| 国家 | 石油 | 天然气 | | 总计 |
|---|---|---|---|---|
| | 百万桶 | 十亿立方英尺 | 百万桶油当量 | 百万桶油当量 |
| 马来西亚 | 4 371 | 50 174 | 8 362 | 12 733 |
| 印度 | 2 878 | 30 279 | 5 047 | 7 925 |
| 缅甸 | 1 544 | 27 144 | 4 524 | 6 068 |
| 巴基斯坦 | 1 274 | 28 606 | 4 768 | 6 042 |
| 孟加拉国 | 190 | 33 581 | 5 597 | 5 787 |
| 文莱 | 2 429 | 12 412 | 2 069 | 4 498 |
| 泰国 | 160 | 4 674 | 779 | 939 |
| 柬埔寨 | 156 | 1 762 | 294 | 450 |
| 越南 | 58 | 777 | 130 | 188 |
| 其他国家 | 687 | 6 626 | 1 103 | 1 790 |
| 总计 | 51 343 | 498 949 | 83 158 | 134 501 |

资料来源：USGS，2000。

根据 BP（2011）统计结果，截至 2010 年年底，亚太地区总剩余储量为 140 452 百万桶油当量，天然气的剩余储量为 95 299 百万桶油当量，石油储量为 45 152 百万桶。这些油气储量主要分布在中国、印度尼西亚、澳大利亚、马来西亚和印度五个国家。中国的剩余油气储量最多，占亚太的 22.29%。石油剩余储量主要分布在中国（32.74%）、印度（20.03%）和马来西亚（12.85%）三个国家。天然气剩余储量主要分布在中国（17.34%）、印度尼西亚（18.96%）、澳大利亚（18.03%）和马来西亚（14.81%）四个国家。亚太各国的天然气剩余储量普遍高于石油的剩余储量（见表 4 - 19）。

表 4 - 19　　　　　　　亚太地区各国剩余储量汇总

| 国家 | 石油 | | 天然气 | | 合计 | |
|---|---|---|---|---|---|---|
| | 百万桶 | % | 十亿立方英尺 | % | 百万桶油当量 | % |
| 中国 | 14 784 | 32.74 | 99 154 | 17.34 | 31 310 | 22.29 |
| 印度尼西亚 | 4 230 | 9.37 | 108 400 | 18.96 | 22 297 | 15.88 |
| 澳大利亚 | 4 076 | 9.03 | 103 121 | 18.03 | 21 263 | 15.14 |
| 马来西亚 | 5 800 | 12.85 | 84 649 | 14.80 | 19 908 | 14.17 |
| 印度 | 9 043 | 20.03 | 51 217 | 8.96 | 17 580 | 12.52 |

续表

| 国家 | 石油 | | 天然气 | | 合计 | |
|---|---|---|---|---|---|---|
| | 百万桶 | % | 十亿立方英尺 | % | 百万桶油当量 | % |
| 越南 | 4 400 | 9.74 | 21 793 | 3.81 | 8 032 | 5.72 |
| 巴基斯坦 | | | 29 090 | 5.09 | 4 848 | 3.45 |
| 文莱 | 1 100 | 2.44 | 10 638 | 1.86 | 2 873 | 2.05 |
| 巴布亚新几内亚 | | | 15 604 | 2.73 | 2 601 | 1.85 |
| 泰国 | 435 | 0.96 | 11 026 | 1.93 | 2 273 | 1.62 |
| 孟加拉国 | | | 12 930 | 2.26 | 2 155 | 1.53 |
| 缅甸 | | | 11 754 | 2.06 | 1 959 | 1.39 |
| 其他国家 | 1 284 | 2.84 | 12 420 | 2.17 | 3 354 | 2.39 |
| 合计 | 45 152 | 100.00 | 571 795 | 100.00 | 140 452 | 100.00 |

资料来源：BP，2011。

## 四、非洲地区

### (一) 区域概况

非洲陆地总面积 $3\,020 \times 10^4$ 平方千米，拥有较丰富的油气资源。非洲总体勘探程度较低，且不均衡。西非主要含油气盆地勘探程度相对较高，其二维地震测线密度 0.2~1.5 平方千米/千米，探井密度 112~924 平方千米/口；北非次之，二维地震测线密度在 2.5~5.3 平方千米/千米，探井密度 330~663 平方千米/口；中部非洲最低。海上较陆上勘探开发程度低。截至 2004 年年底，非洲已完成二维地震采集 $138.3 \times 10^4$ 平方千米，其中海上 $98.33 \times 10^4$ 平方千米，陆上 $39.94 \times 10^4$ 平方千米；三维地震采集 $41.47 \times 10^4$ 平方千米，其中海上 $35.09 \times 10^4$ 平方千米，陆上 $6.38 \times 10^4$ 平方千米。共钻探井 4 978 口，海上 1 168 口（23.5%），陆上 3 810 口；钻开发井 10 036 口，海上 3 593 口（35.8%），陆上 6 443 口。

### (二) 沉积盆地

非洲含油气盆地类型主要有克拉通内陆坳陷及克拉通边缘坳陷、内陆裂谷盆地、被动陆缘盆地和前陆盆地等类型：中新生代内陆裂谷盆地，如穆格莱德盆地、麦卢特盆地；克拉通内坳陷盆地，如刚果盆地、卡拉哈里盆地、陶丹尼盆地、伊利兹盆地、古达米斯盆地、乌埃德姆亚（OUED MYA）盆地，北非克拉通边缘古达米斯盆地、韦德迈阿盆地经历了晚古生代被动陆缘盆地和中生代裂陷盆地叠加；被动大陆边缘盆地，分布于大西洋和印度洋边缘，如西非的尼日尔三角洲、加蓬、下刚果、刚果扇、宽扎、阿比让等中新生代被动大陆边缘盆地，再如非洲东海岸的莫桑比克盆地等新生代被动大陆边缘盆地；前陆盆地，如南非的卡鲁盆地和西北非的高原盆地。

### （三）油气分布

油气主要集中于北非和西非。在区域上，北非已发现的石油和天然气储量占整个非洲的 49% 和 52.7%，西非占 48.5% 和 45.6%，中部非洲占 2.1% 和 0.21%，东部非洲仅占 0.3% 和 1.4%。在层系上，第三系和中生界储层中的石油储量占非洲石油总储量的 52.9%。按储集层岩性统计，砂岩和碳酸盐岩储层中的油气分别占总储量的 75.3% 和 22.3%。在油气田深度上，90% 以上的油田和 82% 的石油可采储量分布在 500~3 500 米之间。在 24 个大油田中，有 19 个分布在 1 500~3 500 米之间，其可采储量占大油田总储量的 82% 以上。

非洲的勘探领域主要有北非的古生代克拉通坳陷及其与中生代（三叠纪—早侏罗世）裂陷叠合盆地和西非被动陆缘的内陆裂陷（白垩纪）/边缘坳陷（第三纪）盆地；次要的领域包括中非陆内裂谷盆地（白垩纪）、沿中非剪切带发育的内陆走滑盆地（白垩纪）以及内陆裂陷盆地（晚白垩世与古近系）；其他勘探程度较低和发现较差的领域还包括北非的下寒武统、非洲南部的卡鲁巨层序、内陆断陷/边缘坳陷盆地内的侏罗系—下白垩统以及非洲东北部和东部内陆裂陷盆地的第三系地层。

从油气储量来看，北非的克拉通内坳陷盆地和边缘裂谷盆地占非洲总油气储量的 40% 以上；西非陆缘的晚中生代裂谷盆地和白垩纪—第三纪被动陆缘盆地的油气储量占非洲总量的 45%~50%，其次是陆内裂谷盆地，其他盆地油气储量较少。从油气田的数量上分析，坳陷盆地仅占非洲油气田总数的 26.4%，储量却占到 40%，叠合盆地油气田的数量占非洲油气田总数的 50.4%。

根据 USGS（2000）的评价结果进行统计，非洲待发现资源量主要分布在西非，西非的尼日利亚是非洲待发现资源量最多的国家，约 63 723 百万桶油当量（见表 4-20）。安哥拉的待发现资源量约 23 709 百万桶油当量，位居第二。北非是非洲第二大油气资源量产区，北非国家的待发现资源量主要分布在阿尔及利亚和埃及两个国家，待发现资源量分别为 18 031 百万桶油当量和 12 708 百万桶油当量。非洲地区待发现资源量中，石油资源比天然气占有更大的比例。西非的尼日利亚和安哥拉等国家的石油待发现资源量几乎是天然气待发现资源量的一倍。

表 4-20　　　　　　　非洲待发现油气主要国家资源量汇总

| 国家 | 石油 | 天然气 | | 总计 |
| --- | --- | --- | --- | --- |
| | 百万桶 | 十亿立方米 | 百万桶油当量 | 百万桶油当量 |
| 尼日利亚 | 43 188 | 123 209 | 20 535 | 63 723 |
| 安哥拉 | 16 586 | 42 739 | 7 123 | 23 709 |
| 阿尔及利亚 | 9 867 | 48 982 | 8 164 | 18 031 |
| 加蓬 | 9 344 | 24 307 | 4 051 | 13 395 |
| 利比亚 | 9 190 | 21 109 | 3 518 | 12 708 |
| 刚果（布拉柴维尔） | 6 643 | 17 395 | 2 899 | 9 542 |
| 埃及 | 4 207 | 20 435 | 3 406 | 7 613 |
| 苏丹 | 1 685 | 15 491 | 2 582 | 4 267 |

资料来源：USGS，2000。

截至 2010 年年底，非洲地区总剩余储量为 187 639 百万桶油当量，石油的剩余储量占优势，约 132 077 百万桶油当量，天然气剩余储量较少，约 3 333 730 亿立方英尺（BP，2011）。大部分的剩余储量都分布在利比亚（29.60%）、阿尔及利亚（20.63%）和尼日利亚（19.84%）三个国家（见表 4-21）。非洲的石油剩余储量主要分布在利比亚（35.15%）、尼日利亚（28.17%）、安哥拉（10.22%）和阿尔及利亚（9.24%）四个国家（见表 4-21）。非洲剩余天然气储量主要分布在阿尔及利亚、埃及和利比亚三个国家。尼日利亚剩余天然气储量最多，约为 547 020 亿立方英尺，占非洲的 47.71%。

表 4-21　　　　　　　非洲各国剩余储量汇总

| 大区 | 石油 | | 天然气 | | | 总计 | |
| --- | --- | --- | --- | --- | --- | --- | --- |
| | 百万桶 | % | 十亿立方米 | 百万桶油当量 | (%) | 百万桶油当量 | (%) |
| 利比亚 | 46 422 | 35.15 | 54 702 | 9 117 | 16.41 | 55 539 | 29.60 |
| 阿尔及利亚 | 12 200 | 9.24 | 159 057 | 26 510 | 47.71 | 38 710 | 20.63 |
| 尼日利亚 | 37 200 | 28.17 | 187 | 31 | 0.06 | 37 231 | 19.84 |
| 埃及 | 4 500 | 3.41 | 78 045 | 13 008 | 23.41 | 17 508 | 9.33 |
| 安哥拉 | 13 500 | 10.22 | | | 0.00 | 13 500 | 7.19 |
| 苏丹 | 6 700 | 5.07 | | | 0.00 | 6 700 | 3.57 |
| 加蓬 | 3 684 | 2.79 | | | 0.00 | 3 684 | 1.96 |
| 刚果 | 1 940 | 1.47 | | | 0.00 | 1 940 | 1.03 |

续表

| 大区 | 石油 | | 天然气 | | | 总计 | |
|---|---|---|---|---|---|---|---|
| | 百万桶 | % | 十亿立方米 | 百万桶油当量 | (%) | 百万桶油当量 | (%) |
| 赤道几内亚 | 1 705 | 1.29 | | | 0.00 | 1 705 | 0.91 |
| 乍得 | 1 500 | 1.14 | | | 0.00 | 1 500 | 0.80 |
| 突尼斯 | 425 | 0.32 | | | 0.00 | 425 | 0.23 |
| 其他国家 | 2 301 | 1.74 | 41 381 | 6 897 | 12.41 | 9 198 | 4.90 |
| 合计 | 132 077 | 100 | 333 373 | 55 562 | 100 | 187 639 | 100 |

资料来源：BP，2011。

## 五、北美地区

### （一）区域概况

北美地区在地理位置上，处于西半球和北半球，其西面、东面和北面分别是太平洋、大西洋和北冰洋。在现今的构造格局中，北美含油气区域西部由于太平洋板块向北美板块俯冲而处于挤压环境之中，东部和南部由于大西洋的打开而处于拉张环境中，而北部则处于北冰洋打开形成的拉张环境中。根据地壳性质和一般构造特征，北美含油气域主要有褶皱冲断带、北美克拉通台地和穹隆三种大地构造单元。

褶皱冲断带，即围绕北美克拉通分布的地壳活动及构造强烈变形的地带，主要为环北美大陆东部、南部和西部的褶皱山系。北美克拉通，即板块内部地壳稳定、构造平缓的地区，是北美大陆的主体部分。根据地表地质的差异，北美克拉通又可分为加拿大地盾和中央稳定地台两个次级构造单元，而北美大陆就源于古老的加拿大地盾。这些台地和穹隆位于北美克拉通之上，整个北美含油气域分布有众多的台地和穹隆或隆起，主要有加拿大内陆台地、北极台地、哈得逊台地及横大陆穹隆等。

### （二）沉积盆地

北美含油气域盆地众多，分布在美国和加拿大。北美大陆经历了多次的构造运动，其构造沉积演化控制了这些盆地的形成和分布，并造成了北美含油气域内盆地的分布出现分区和分带的特征。总的来说，这些盆地可以划分为5个区带，分别为落基山前陆地区、马拉松—沃希托前陆和中陆地区、阿巴拉契亚前陆地区、内克拉通地区和被动大陆边缘地区。在北美含油气域内,前陆地区和内克拉通地区的盆地基底为前寒武系火山岩和变质岩结晶基底,而在被动大陆边缘地区则是前三叠系火山岩和变质岩基底。含油气域内的前陆盆地在靠近造山带一侧地层最厚,断裂最为发育;而向前缘斜坡方向地层逐渐减薄,构造也趋稳定。内克拉通地区盆地构造不发育,剖面上大都呈碟形,地层较薄。而北大西洋被动大陆边缘盆地沉积物向海方向逐渐加厚,断裂与前陆地区和内克拉通地区的断裂不同,是大西洋逐渐打开时形成的正断层。这些区带的盆地中盐较为发育,在形成油气藏方面起到了重要的作用。

### (三) 油气分布

北美是全球重要的油气区之一,已发现常规油气储量为 470 605 百万桶油当量,位居世界第三,其中石油储量为 271 419 百万桶,天然气储量为 11 951 140 亿立方英尺。北美还有丰富的非常规油气资源,包括页岩气、天然沥青砂和重油资源。北美天然沥青已发现地质储量是 16 710 亿桶,远景资源量是 7 200 亿桶,总原地资源量是 23 910 亿桶,主要位于加拿大的阿尔伯塔盆地。北美的重油资源量位居第三,原地资源量为 6 520 亿桶。北美页岩气的技术可采资源量为 1 931 万亿立方英尺,超过了常规天然气的储量。

根据 USGS（2000）的评价结果,北美常规油气待发现资源量约 $275 \times 10^3$ 百万桶油当量,位于世界第三位。美国待发现资源量最多,占北美地区的 62.16%,其次为格陵兰岛地区,占 23.54%。墨西哥和加拿大分别占 11.46% 和 2.83%。石油待发现资源量约 161 344 百万桶,有 51.44% 的资源量位于美国,31.80% 位于格陵兰岛。北美天然气待发现资源量约 113 750 百万桶油当量,主要分布在美国,占 77.36%（见表 4-22）。加拿大虽然待发现常规油气资源量较少,但有非常丰富的油砂资源。

表 4-22　　　　　北美各地区待发现油气资源量汇总

| 国家 | 石油 | 天然气 | | 总计 | |
|---|---|---|---|---|---|
| | 百万桶 | 十亿立方米 | 百万桶油当量 | 百万桶油当量 | (%) |
| 美国 | 83 000 | 527 000 | 88 000 | 171 000 | 62.16 |
| 格陵兰岛 | 51 318 | 80 709 | 13 452 | 64 770 | 23.54 |
| 墨西哥 | 23 320 | 49 272 | 8 212 | 31 532 | 11.46 |
| 加拿大 | 3 706 | 24 519 | 4 087 | 7 793 | 2.83 |
| 合计 | 161 344 | 681 500 | 113 750 | 275 094 | 100.00 |

资料来源：USGS, 2000。

北美地区工业发达，虽然有丰富的常规油气资源量，但油气开采程度较高，常规油气剩余储量较小。但该地区有沥青砂、页岩气、重质油等多种非常规油气资源量。截至 2010 年年底，北美的剩余油气储量为 132 819 百万桶油当量，其中美国占 57.4%，加拿大占 31.8%，墨西哥占 10.8%（见表 4-23）。石油剩余储量为 74 348 百万桶，其中加拿大占 43.1%，美国占 41.5%，这里包括了沥青砂和重质油等非常规石油资源。北美天然气剩余储量为 3 508 290 亿立方米，其中有 77.7% 分布在美国。这是由于美国有大量的页岩气等非常规天然气资源。

表 4-23　　　　　　　北美各地区剩余油气储量汇总

| 国家 | 石油 | | 天然气 | | | 总计 | |
|---|---|---|---|---|---|---|---|
| | 百万桶 | （%） | 十亿立方米 | 百万桶油当量 | （%） | 百万桶油当量 | （%） |
| 美国 | 30 872 | 41.52 | 272 509 | 45 418 | 77.68 | 76 290 | 57.44 |
| 加拿大 | 32 073 | 43.14 | 61 004 | 10 167 | 17.39 | 42 240 | 31.80 |
| 墨西哥 | 11 403 | 15.34 | 17 316 | 2 886 | 4.94 | 14 289 | 10.76 |
| 合计 | 74 348 | 100.00 | 350 829 | 58 472 | 100.00 | 132 819 | 100.00 |

资料来源：BP，2011。

## 六、中南美地区

### （一）区域概况

中美洲是指墨西哥以南、哥伦比亚以北的美洲大陆中部地区，东临加勒比海，西濒太平洋，是连接南美洲和北美洲的狭长陆地。中美洲包括危地马拉、伯利兹、萨尔瓦多、洪都拉斯、尼加拉瓜、哥斯达黎加和巴拿马 7 个国家，面积为 $52.33 \times 10^4$ 平方千米，地形以高原和山地为主，平原面积狭窄。

南美洲位于西半球的南部，东濒大西洋，西临太平洋，北濒加勒比海，南隔德雷克海峡与南极洲相望。陆地一般以巴拿马运河为界与北美洲相分，东至布朗库角，南至弗罗厄德角，西至帕里尼亚斯角，北至加伊纳斯角。陆地面积约 $1 797 \times 10^4$ 平方千米（包括附近岛屿），约占世界陆地总面积的 12%。

南美洲包括南美北部的圭亚那、苏里南、法属圭亚那、委内瑞拉和哥伦比亚，安第斯山地中段的厄瓜多尔、秘鲁、玻利维亚，南美南部的智利、阿根廷、乌拉圭和巴拉圭以及南美东部的巴西，总计 13 个国家，其中巴西的面积约占南美洲大陆总面积的一半。

## (二) 沉积盆地

中南美洲主要发育有克拉通内陆盆地、弧后—前陆盆地和大西洋被动陆缘盆地三类沉积盆地。

克拉通内陆盆地包括亚马孙盆地、马拉尼昂盆地、圣弗朗西斯科盆地和巴拉那盆地，均为古生代盆地。巴拉那盆地沉积有晚奥陶世至白垩纪6个盆地级地层层序，其中古生代碎屑岩和志留纪、泥盆纪厌氧海浸环境中沉积的混合物组成的巨厚层系，石炭—二叠纪冰川沉积之后为富有机质的湖相泥质沉积。晚侏罗世地壳在大西洋形成之前急剧上隆，导致南美东南缘早期地层的剥失。克拉通上古生界保存较好的地区还有阿根廷西北部以及巴西南部等。巴西的亚马孙盆地已发现多个以泥盆系为烃源岩，以石炭系为储层的油气田，巴拉那盆地中的奥陶系、志留系和泥盆系砂岩中也见有石油产出，可以认为这种盆地中的古生代地层中发育有重要的生油层系。目前，这类盆地的油气发现较少。

弧后—前陆盆地发育于克拉通边缘坳陷盆地基础上，晚期与太平洋消减带弧后扩张以及随后的碰撞火山弧带前的前渊式沉降作用有关，在国外文献中也被称为次安第斯盆地。发育在安第斯山东侧，从委内瑞拉开始，沿哥伦比亚、厄瓜多尔、秘鲁、阿根廷直至南美洲最南端一线，位于安第斯山与南美洲的克拉通之间。包括东委内瑞拉盆地、亚诺斯盆地、普图马约盆地、乌卡亚利盆地、圣克鲁斯盆地、库约盆地、内乌肯盆地、圣豪尔赫湾盆地和麦哲伦盆地等。这些盆地的初期（三叠纪至侏罗纪），在狭长的克拉通边缘内发育陆表海和陆缘海沉积，沉积了重要的油气源岩。随着太平洋板块的俯冲和安第斯火山弧的发育，发育了弧后及前陆海相沉积，晚白垩世及整个第三纪的沉积均受海平面升降控制，沉积了多个碎屑岩储集岩和盖层旋回地层，例如奥斯特拉尔、内乌肯和库约等盆地，都成为很重要的含油气盆地类型。

大西洋被动边缘盆地是大西洋裂开时，发育于南美洲东部沿岸的被动大陆边缘盆地。盆地的内侧根部位于海岸平原大陆架和陆坡之下变薄的下沉陆壳上，其外侧位于陆坡和陆隆下面下沉的洋壳上。盆地发育包括三个阶段：第一阶段从大陆裂谷开始，沉积物以陆源河流或湖泊相碎屑岩为主，可能发育有良好的碎屑储集岩和湖相烃源岩；第二阶段裂谷与海水有限连通或断续，发育了蒸发岩和富有机质页岩等局限岩相；第三阶段大西洋拉开，由于减薄的地壳、新生洋壳冷却收缩及沉积负载而发生大规模沉降，沉积了一系列的碎屑岩和碳酸盐岩被动陆缘楔状体沉积。这类盆地是南美重要的含油气盆地类型，主要沿大西洋边缘分布，从北部苏里南，向南至巴西、阿根廷直到马尔维纳斯群岛，大多位于海上，有18个盆地之多，是南美洲重要的含油气盆地类型。

## （三）油气分布

中南美地区的油气已发现储量为 163 200 百万桶油当量，其中石油储量为 116 868 百万桶，天然气储量为 2 779 930 亿立方英尺。现在该地区已成为世界油气储量增长最快的地区。南美的油气资源主要集中在：（1）南美北部的哥伦比亚、委内瑞拉及圭亚那，即下马格达雷纳盆地、马拉开波盆地及东委内瑞拉盆地。（2）安第斯山脉东侧的兰诺斯—巴利纳斯盆地、普图马约、奥连特盆地（马拉隆盆地）和查科盆地。（3）巴西东海岸的桑托斯、坎波斯等大西洋被动陆缘盆地。

据 USGS（2000）的结果，中南美地区常规油气待发现资源量为 206 500 百万桶油当量，石油为 125 302 百万桶，天然气为 4 871 900 亿立方英尺（见表 4-24）。全球只有中南美地区的待发现资源量超过了已发现油气储量。待发现资源量主要集中在巴西（42.26%）和委内瑞拉（19.91%）两个国家。巴西的待发现油气资源量为 87 274 百万桶油当量，石油为 54 873 百万桶，天然气为 1 944 080 亿立方英尺。委内瑞拉的待发现资源量为 41 116 百万桶油当量，石油为 24 243 百万桶，天然气为 1 012 400 亿立方英尺。

截至 2010 年年底，中南美的剩余油气储量为 283 040 百万桶油当量，其中石油储量为 211 173 百万桶，天然气储量为 2 616 080 亿立方英尺（BP，2011 年）。主要分布在委内瑞拉，占该地区的 85.96%（见表 4-25）。这主要是由于剩余储量中包括了东委内瑞拉奥里诺科重油带，是世界上最大的天然沥青和重油油气区，其分布面积广、整体连片，估计重油储量为 1 400 亿~2 800 亿吨，已初步探明储量约 420 亿吨。目前委内瑞拉正积极引进外资进行重油勘探开采，扩大奥里乳化油生产和出口。巴西的油气剩余储量为 16 699 百万桶油当量，占中南美的 5.9%。巴西剩余储量以石油为主，为 14 246 百万桶，占 85.31%。

表 4-24　　　　　　中南美地区各国待发现油气资源量汇总

| 国家 | 石油 | 天然气 | | 总计 | |
|---|---|---|---|---|---|
| | 百万桶 | 十亿立方英尺 | 百万桶油当量 | 百万桶油当量 | （%） |
| 巴西 | 54 873 | 194 408 | 32 401 | 87 274 | 42.26 |
| 委内瑞拉 | 24 243 | 101 240 | 16 873 | 41 116 | 19.91 |
| 苏里南 | 15 024 | 36 003 | 6 000 | 21 024 | 10.18 |
| 阿根廷 | 4 085 | 36 695 | 6 116 | 10 201 | 4.94 |
| 马尔维纳斯群岛 | 6 203 | 16 581 | 2 764 | 8 967 | 4.34 |

续表

| 国家 | 石油 | 天然气 | | 总计 | |
|---|---|---|---|---|---|
| | 百万桶 | 十亿立方英尺 | 百万桶油当量 | 百万桶油当量 | (%) |
| 哥伦比亚 | 5 611 | 10 101 | 1 683 | 7 294 | 3.53 |
| 特立尼达和多巴哥 | 1 936 | 31 790 | 5 298 | 7 234 | 3.50 |
| 玻利维亚 | 2 219 | 25 013 | 4 168 | 6 387 | 3.09 |
| 秘鲁 | 3 632 | 6 337 | 1 056 | 4 688 | 2.27 |
| 圭亚那 | 2 539 | 6 022 | 1 004 | 3 543 | 1.72 |
| 巴拉圭 | 1 123 | 4 506 | 751 | 1 874 | 0.91 |
| 智利 | 480 | 6 405 | 1 067 | 1 547 | 0.75 |
| 厄瓜多尔 | 992 | 552 | 92 | 1 084 | 0.52 |
| 古巴 | 529 | 592 | 99 | 628 | 0.30 |
| 乌拉圭 | 202 | 1 140 | 190 | 392 | 0.19 |
| 格林纳达 | 8 | 804 | 134 | 142 | 0.07 |
| 其他国家 | 1 603 | 9 001 | 1 502 | 3 105 | 1.50 |
| 合计 | 125 302 | 487 190 | 81 198 | 206 500 | 100.00 |

资料来源：USGS，2000。

表4-25　　　　中南美地区各国剩余油气储量汇总

| 国家 | 石油 | | 天然气 | | | 总计 | |
|---|---|---|---|---|---|---|---|
| | 百万桶 | (%) | 十亿立方英尺 | 百万桶油当量 | (%) | 百万桶油当量 | (%) |
| 委内瑞拉 | 211 173 | 88.20 | 192 700 | 32 117 | 73.66 | 243 290 | 85.96 |
| 巴西 | 14 246 | 5.95 | 14 714 | 2 452 | 5.62 | 16 699 | 5.90 |
| 厄瓜多尔 | 6 158 | 2.57 | | | 0.00 | 6 158 | 2.18 |
| 阿根廷 | 2 511 | 1.05 | 12 234 | 2 039 | 4.68 | 4 550 | 1.61 |
| 秘鲁 | 1 240 | 0.52 | 12 462 | 2077 | 4.76 | 3 317 | 1.17 |
| 特立尼达和多巴哥 | 830 | 0.35 | 12 878 | 2 146 | 4.92 | 2 976 | 1.05 |
| 哥伦比亚 | 1 900 | 0.79 | 4 384 | 731 | 1.68 | 2 631 | 0.93 |
| 玻利维亚 | | 0.00 | 9 923 | 1 654 | 3.79 | 1 654 | 0.58 |
| 其他国家 | 1 380 | 0.58 | 2 312 | 385 | 0.88 | 1 765 | 0.62 |
| 合计 | 239 438 | 100.00 | 261 608 | 43 601 | 100.00 | 283 040 | 100.00 |

资料来源：BP，2011。

# 第五章

# 全球油气资源重点合作区域地缘政治研究

地缘政治是影响国际油气合作的又一重要因素，决定了国际油气合作的门槛和持久稳定。油气地缘政治也可以称为"油气地理政治"，是根据油气资源国所在区域的各种地理环境和政治格局的地域形势，分析、预测该区域的战略局势，这种局势对这个地区的石油生产、贸易、运输有着重大影响。2011年以来，全球重点资源国地区相继出现了国家政局的持续动荡，地区冲突不断升级，严重影响中国在这些地区的油气合作项目。同时在南美地区，许多国家纷纷实施资源国有化政策，造成西方一些石油公司损失惨重。可见，除了资源量和资源分布的因素外，油气资源地区的地缘政治在跨国油气合作中的制约性和影响力越来越大。本章围绕俄罗斯—中亚、非洲、中东、南美和亚太地区的地缘政治展开研究，分析各区域的政治形势和主要能源政策，以指导中国企业进行海外油气投资区位优选。

## 第一节 俄罗斯—中亚石油地缘政治分析

从地缘政治的角度来看，中国与俄罗斯—中亚地区的油气资源合作的最大特点是：这一地区各国都是中国的陆上邻国，双方都因地缘因素视对方为能源合作的最重要战略合作伙伴之一，各方的能源政策、投资或出口战略都直接影响双方的油气资源合作。其中，俄罗斯和中亚诸国的具体地缘政治因素各有不同，需要分别进行分析。

## 一、俄罗斯石油地缘政治分析

进入 21 世纪以来，俄罗斯与欧洲天然气消费国及其管线过境国家之间多次发生"斗气"争端，极大地损害了俄罗斯作为可靠能源供应国的地位，迫使俄罗斯急迫寻求出口多元化、平衡东西方。所以，加强对东亚国家的出口，成为俄罗斯石油地缘战略的一个优先选择。

另外，由于俄罗斯的远东地区经济发展相对落后，因此俄罗斯也希望通过引进外国资金和技术推动该地区经济的发展。近年来，俄罗斯能源部门的主要出口战略日渐倾向于亚太地区市场，即开发东西伯利亚和远东地区新油气，拓宽出口渠道，保证石油天然气产品的出口安全。所以，石油出口重点的战略东移，已成为俄罗斯政界、商界与石油界的共识。

与此相应的是，邻近俄罗斯远东的亚太主要经济体多为日益增长的油气进口国。日本和韩国 90% 以上油气消耗需要进口。近年来，中国的石油对外依存比例也维持在 50% 以上。传统上，中东是亚太国家石油进口的主要来源地，而中东和北非自 2011 年年初以来进入了政治社会动荡状态，虽然主要油气生产国并没有受到太大影响，但中东局势不稳带来的油气供应紧张预期让亚太主要经济体不得不加快进口多元化步伐。因此，俄罗斯凭借丰富的油气资源，自然成为它们进口多元化的首选。

早在 2003 年 8 月，俄罗斯联邦政府就颁布了《2020 年俄罗斯能源战略》，提出要增强东部地区在俄石油天然气工业中的作用，开辟通向亚太地区市场的出口通道。俄罗斯相关部门多次出台报告称，未来的 20～30 年里，俄政府将着力发展远东地区。2012 年 5 月底，俄罗斯新设立了远东地区发展部，任命伊沙耶夫为部长。俄罗斯亚太经合组织研究中心副主任、特命大使格列布·伊瓦申佐夫认为，今后南雅库特将成为重工业中心，这里虽然面积不大，但拥有丰富的天然气、石油和煤炭等资源，而且发达的铁路运输也是这一地区的优势。早前俄罗斯就打算在东部地区构建新的大型石油天然气工业中心，以满足该地区的油气需要，俄罗斯依托西西伯利亚、东西伯利亚和萨哈（雅库特）共和国的油田向亚太国家长期供应油气资源。以库页岛（萨哈林岛）陆架油田为基础形成另外一个主要满足出口需求的石油天然气供应体系。格列布·伊瓦申佐夫预测，到 2020 年，整个东北亚地区天然气需求量将达到 6 000 亿立方米以上[①]。而俄罗斯

---

① 方茗萱：《伊瓦申佐夫：俄将借 APEC 峰会打开亚太大门》[EB/OL]，财经网 2012 年 7 月 13 日。

能源巨头俄罗斯天然气工业股份公司正在加快俄罗斯东部地区储量丰富的天然气开发，试图来满足亚洲市场对天然气需求的增长。

为加快俄罗斯东部油气发展，实现资源接替和油气出口多元化，并带动东部地区经济发展，2007 年 9 月，俄罗斯政府批准了《关于建立东西伯利亚和远东天然气开采、输送和供应统一系统并考虑可能向中国及其他亚太国家市场出口天然气的规划》（简称《东部天然气规划》）。天然气工业公司被确定为实施这一规划的协调者。根据该《东部天然气规划》，2020 年东西伯利亚和远东地区的天然气产量将达到 1 500 亿立方米/年，其中对国内供气量将超过 270 亿立方米/年，通过管道向中国和韩国的出口量可以达到 250 亿～500 亿立方米/年，通过 LNG 向亚太地区的出口量为 210 亿立方米/年。这一《东部天然气规划》的实施，为中国和亚太地区各国与俄罗斯的天然气合作带来了新的机遇。

2012 年俄罗斯成为亚太经合组织（APEC）新一任轮值主席国。普京没有选择在莫斯科或者圣彼得堡举办 2012 年 9 月的 APEC 峰会与 2013 年年初 APEC 议会论坛，而是选择了远东港口城市符拉迪沃斯托克。符拉迪沃斯托克在俄语中意为"征服东方"，媒体认为普京此举表明，纵贯东西的俄罗斯"双头鹰"握有强大的能源牌，俄罗斯领导人决心利用能源优势把远东打造成工业生产中心。而符拉迪沃斯托克作为一个象征，正在发展成为俄罗斯转向与亚太地区深入合作的桥头堡。

然而，也有专家分析认为，现在断定俄罗斯油气地缘战略全面东移为时尚早。专家指出，务实的俄罗斯人信奉"战略伙伴关系是一种昂贵的商品，但是更昂贵的是国家利益"的原则。也许对俄罗斯来说，把能源输往欧洲还是亚洲都不重要，重要的是，越高的出口价格、越多的客户竞争就意味着越高的利润。

## 二、中亚石油地缘政治分析

### （一）中亚各国的地缘油气发展战略

中亚各国是原苏联五个加盟共和国独立而形成的，其中哈萨克斯坦、土库曼斯坦、乌兹别克斯坦油气资源较为丰富，其油气发展的首要地缘战略是如何摆脱原有的油气出口被俄罗斯垄断的问题，实现多元化、全方位的油气出口格局；塔吉克斯坦和吉尔吉斯斯坦两个山地国家油气资源贫乏，但其他三国油气出口的东、南两个方向路径必须途经两国，因此具有不可忽视的地缘政治意义。

哈萨克斯坦是中亚国家中油气资源最丰富的国家，也是中亚地区最早实施"资源立国"战略的国家。哈萨克斯坦的石油产量预计到 2015 年可达 1.5 亿吨，其80%都需要出口。为此，哈萨克斯坦的石油发展战略是：加大力度吸引外资，充分利用国外先进的技术和工艺，发展本国石油工业；发展多方向的石油出口管道建设，防止依赖一个国家，加速本国基础建设，提高石油深加工能力，保证本国需求，提高出口产品能力和产品附加值。哈萨克斯坦的油气出口在多个方向都在积极推进，包括中哈管道一期和二期相继建成投入运营，使哈萨克斯坦西部到中国新疆的输油管道全线贯通；中国—土库曼斯坦天然气管道也于2009年年底通气，2012年全面达到了设计输气能力；哈萨克斯坦近年来与中石油、中海油及其他国际石油公司相继完成了系列油田的合作开发协议的签订与油气公司的收购。

土库曼斯坦天然气资源十分丰富。根据英国石油公司发布的2012年能源统计年鉴，土库曼斯坦拥有全球11.7%天然气储量，远景储量为22.8万亿立方米，居世界第3位（位列中东和俄罗斯之后）[1]。但是，在2009年年底土库曼斯坦—中国天然气管道建成之前，土库曼斯坦天然气只有向北通往俄罗斯的一个出口，即中亚—中央天然气管道。拥有垄断地位的俄罗斯一方面压低土库曼斯坦天然气的采购价格，另一方面按照欧洲价格转口出售赚取丰厚利润，土库曼斯坦对此感到愤愤不平。因此，绕开俄罗斯，另辟天然气出口通道是土库曼斯坦迫切追求的目标。而俄罗斯也一直利用传统的政治、经济优势，竭力维持其垄断土库曼斯坦天然气出口的地位，对任何打破其垄断的企图都给予强力反弹。所以，目前土库曼斯坦出口走向的地缘局势是，土库曼斯坦追求能源出口多元化的步伐越来越迫切，而中、俄、欧美在土库曼斯坦天然气方面的博弈是更具决定性作用的因素。面对这一局面，夹缝中的土库曼斯坦寄希望于在更高的国际层面解决问题，土库曼斯坦总统别尔德穆哈梅多夫在2012年5月31日独联体峰会上要求讨论天然气出口安全问题，甚至提议将能源运输安全问题提交给下一届联合国大会进行讨论。

### （二）中亚各国的国内政治势力与政局走向

自苏联解体后，中亚五国政局总体上向渐趋稳定的方向发展，但仍受到西方主导的颜色革命的冲击，国内政治社会形势的复杂性日益凸显。由于中亚五国地缘战略位置特殊，经常深陷东、西方大国的利益之争，民族关系、宗教关系敏感而复杂，各种势力交错渗透；进入21世纪后，各国社会经济发展差距逐渐拉大，资源分布和财富分配的不平衡使得该地区各国在一定程度上更容易发生新的冲突和动荡。

---

[1] 魏倩：《2012年BP世界能源统计报告发布》[EB/OL]，人民网能源频道，2012年6月26日。

**1. 哈萨克斯坦**

独立之初的哈萨克斯坦将西方的自由民主制度及三权分立的运行模式引入了政治生活，结果三权掣肘、争吵、推诿等现象愈演愈烈，导致一些重大的改革举措议而不决，决而不行，最终影响了政局的稳定。1993年年底，哈萨克斯坦宣布议会自行解散，之后又通过修改宪法和几次议会改革，不断减少议会权力，加强总统权力，基本完成了从三权分立式的总统制向总统集权制政体的过渡，较好地维持了政局的稳定。目前，哈萨克斯坦总统纳扎尔巴耶夫的执政地位非常稳固，2011年4月第四次当选总统，在哈萨克斯坦政治生活中长期占据至高无上的地位，其确定的内外政策深刻影响着哈萨克斯坦的发展。

**2. 乌兹别克斯坦**

乌兹别克斯坦自独立以来国内政治演变始终遵循着自己的独特轨道，实行强有力的总统集权制，严格控制反对派。但乌兹别克斯坦政局暗流涌动，卡里莫夫的强人政治使得其身后可能出现巨大的统治真空，来自不同地区的政治集团有可能为权力归属展开明争暗斗。同时，强有力的控制方式使经济的改革开放受到一定限制，而国内大量的失业人口和宗教极端势力（乌伊运等极端宗教组织与军事恐怖组织）的蔓延有可能突发性影响现有经济环境和经济政策的执行。

**3. 吉尔吉斯斯坦**

吉尔吉斯斯坦独立后，阿卡耶夫总统通过议会选举、修改宪法和政府的大改组不断加强自身权力，但终因树敌过多，未能有效解决总统与反对派之间的矛盾，在2005年遭遇"郁金香革命"而流亡俄罗斯。接替他的巴基耶夫总统，同样因家族统治和经济发展停滞在2010年4月被赶下台。现任总统阿坦巴耶夫于2011年年底通过选举上任，评论认为他重视与俄罗斯的关系，也关注与中国的合作及发挥上海合作组织的作用。但整体上吉尔吉斯斯坦政局难言稳定，国内矛盾重重，弱势政府难以保持经济政策的稳定性与连贯性，在中亚五国中经济增长最易受到政局动荡的影响。

**4. 塔吉克斯坦**

塔吉克斯坦自独立之初就经历了持续五年半之久的内战，内战使塔吉克斯坦的国民经济全面崩溃，人民生活水平是中亚五国中最低的。虽然最终实现了民族和解，政局趋于稳定，但塔吉克斯坦的政治平衡仍是脆弱的。长期执政的塔吉克斯坦总统拉赫蒙竭力维持集权总统制，面临着恢复经济发展，提高人民生活水平的任务，同时还需要应对民族问题、宗教问题、贩毒以及宗教极端组织的重新抬头等挑战，以及拉赫蒙之后的权力交接与过渡问题。

**5. 土库曼斯坦**

土库曼斯坦独立后一直奉行"中立"政策，在东西方和俄罗斯、欧美、中国之间保持"中立国"的地位。土库曼斯坦对内也长期保持保守和封闭的政治态度,2007年前任总统去世,新总统别尔德穆哈梅多夫顺利完成了权力交替,其政策仍旧趋于保守。整体来看,土库曼斯坦的政局稳定程度是较高的。但凭借能源发展经济的单一模式在客观上也在阻碍本国的开放程度。同时,别尔德穆哈梅多夫声明,在继续保持政局稳定的同时,要进行渐进的民主改革,推动土库曼斯坦的发展。

## 第二节 非洲石油地缘政治分析

非洲石油资源的一大特征是其分布的不均匀。非洲陆上石油主要分布在北非三大盆地和西非几内亚湾的盆地群,海上石油集中在西非的几内亚湾一带。另外,东非肯尼亚等国陆上及附近海域最近也发现了极富远景潜力的油气储藏,有望成为新的一个非洲油气资源重点开发区域。

从地缘政治的角度来看,非洲石油资源的地缘政治特征是:第一,许多非洲油田位于大西洋中或北非、西非、东非沿海,远离矛盾纷争的陆上地区,可以避免受到地缘政治矛盾对油气输出的阻碍与袭扰。例如,大西洋油气可直接输往北美,北非油气直接出口欧洲,东非油气直接运往南亚、东亚,都避开了波斯湾、苏伊士运河等矛盾聚集的关节点。第二,多数非洲石油资源国之间不存在密切的历史、文化、宗教联系,不太可能形成一致对外的统一政治联盟,有利于油气供应的多元化,保障油气供应安全。第三,非洲产油国多为新起之秀,不是欧佩克等产业联盟卡特尔的成员,不会受到这类组织对其成员国产量的限制,因此未来产量提升的潜力和空间很大。第四,非洲资源国基本上都实行对外开放政策,欢迎外国直接投资,这与中东地区资源国强调国家对资源的控制、只允许外国公司以服务商方式参与石油开发的政策形成鲜明对比,有利于包括中国石油企业在内的国际石油公司投资非洲油气资源。

### 一、北非石油地缘政治分析

此处的北非主要是指传统的北非阿拉伯国家摩洛哥、阿尔及利亚、突尼斯、利比亚和埃及5国,其中阿尔及利亚和利比亚长期以来是非洲主要的产油国,且是欧佩克成员国。北非国家地缘政治的最大特点是,它们与西亚诸国在宗教和种族上同属阿拉伯伊斯兰世界,地质上也与西亚产油国类似,拥有较丰富的油气资源。因此,国际上经常把北非与西亚国家划在一起,成为广义上的中东地区的一部分。同样,作为世界火药桶的中东地区的动荡与战火,也总是把北非国家卷入其中。

2010年年底以来席卷中东的"阿拉伯之春",就是发源于北非的突尼斯,迅速蔓延到周边的阿尔及利亚、利比亚、埃及等国,在利比亚引发了大规模内战,最终导致卡扎菲被杀和政权更替。2012年7月,利比亚举行了民主选举,利比亚过渡委向选举产生的国家议会正式移交了权力。但因利比亚社会政治主要靠部族势力控制,反对派和地方分裂势力不断发起暴力冲突,给美国驻利比亚使馆等西方国家人员造成了严重安全威胁,也使该国石油生产与出口时断时续,一直未能恢复到战前水平。突尼斯、埃及的动乱也导致了在位数十年的政治强人统治者下台,埃及在2012年6月选举了历史上第一位非军人出身的穆尔西出任新总统,但仅仅一年旋即又被社会政治动乱推翻,整个国家深陷各宗教、政治派别的持续冲突之中。除此之外,阿尔及利亚、摩洛哥等国虽然也是这次"阿拉伯之春"初起的发源地,但这些国家的统治集团反应较快,及时压制住了社会动乱,并实施了改革,举行了大选,增加了议会的权力,所以上述两国在初期的社会骚动之后归于平静,保持了相对稳定与发展。

"阿拉伯之春"给北非国家造成的政局变动对北非石油地缘政治产生了深刻影响。首先,社会动乱的平息甚至国家政权改朝换代的完成并不意味着原有矛盾的解决,恰恰相反,引发"阿拉伯之春"的社会冲突和矛盾仍没有消除。"阿拉伯之春"过后的北非诸国,都将长期面临复杂矛盾带来的国内局势动荡不稳的局面,石油生产及其他建设与发展受到安全风险的挑战。

继"阿拉伯之春"之后,埃及与以色列的关系,包括油气供应在内的能源合作,将复杂多变,不再乐观。在穆巴拉克时代,埃以之间维持和平,对以色列的安全起到至关重要的作用。自埃及局势于2011年年初发生突变后,埃以关系急转直下,埃及多次表示要修改向以色列供应天然气的能源合同,并两次发生天然气管道受到恐怖袭击、供应中断的事件。这使以色列的不安全感加剧,并对埃以合约能否维持十分担忧。20世纪80年代以来埃及世俗政权与以色列达成的政治默契,还能不能保持下去,面临极大考验。而埃以之间任何冲突的火星,都可能在这一地区形成燎原大火,将很多产油国卷入,从而对中东石油生产造成严重威胁,引发世界石油市场动荡。

借埃及等国推翻世俗政权变革之机,基地组织近期在多个国家卷土重来,呈现扩大趋势。最为严重的事件就是基地组织的北非分支于2013年1月16日袭击了阿尔及利亚的艾因阿门纳斯(Ain Amenas)天然气田,劫持了上百名外籍人员和几百名阿尔及利亚本国工人,最后虽然阿尔及利亚军队迅速消灭了这伙恐怖分子，但事件付出了惨重代价，主要来自西方国家的人质死亡几十人。阿尔及利亚人质事件表明，目前基地组织活动的重点之一就是针对石油项目进行恐怖袭击，目的是中断油气供应，打击依赖中东北非油气供应的西方国家。这导致在这一地区作业的包括中国油企在内的国际石油公司面临的安全风险重新升高。

## 二、西非石油地缘政治分析

为了叙述方便，我们把非洲西部大西洋沿岸的所有国家都划入西非的范畴内，包括几内亚湾油气资源富集区域，其陆上是非洲第一大产油国尼日利亚，也包括安哥拉、赤道几内亚、加蓬、刚果、毛里塔尼亚等新兴的产油国，其中尼日利亚和安哥拉为欧佩克成员国。

西非石油地缘政治的突出特点是多数产油国社会经济欠发达，社会不稳定因素较多，石油生产的安全风险很高，但西非各国政局与其他国家关联度较低，不像北非与中东乃至全世界伊斯兰国家那样密切相关，所以西非政局对区域外的影响较小。我们选择尼日利亚和安哥拉这两个最主要的产油国分析西非石油地缘政治情况。

### （一）社会关系错综交织，暴力冲突频发

尼日利亚是非洲第一人口大国，民族和宗教构成极为复杂。全国共有大小民族373个，最大的三个民族在全国总人口中的占比分别为29%、21%和18%左右，没有占全国总人口优势比例的主体民族。居民中有50%信奉伊斯兰教，40%信奉基督教，10%信奉其他宗教，也不具备占绝对多数的主体宗教。与绝大多数撒哈拉以南非洲国家一样，尼日利亚不是长期自然发展而成的民族国家，并未形成稳固统一的国家意识，部族和宗教认同往往更胜于国家认同，继而成为国内政治矛盾乃至暴力冲突的根源。

此外，尽管尼日利亚北部豪萨—富拉尼族占有政治权力的优势，但石油等主要经济资源则分布于伊博族等少数部族聚居的南方，特别是尼日尔河三角洲地区的石油收入占到全国商品出口的90%以上，经济资源分布格局与政治权力分布格局的错位也导致了国内严重的社会分裂和纷争。在因此而产生的武装争斗和袭击事件中，外国公民和外资企业屡屡成为反政府武装扩大自身影响，争夺经济利益的牺牲品。

类似的情况也存在于安哥拉。安哥拉独立后经历了二十多年的内战，内战平息后遗留了错综复杂的矛盾和利益纷争。其中石油资源（以及钻石资源）的财富分配是利益集团和民众瞩目的焦点，也是社会动荡和战乱的根源。至今，安哥

拉石油主产区的卡宾达省还在为石油财富进行争取独立的斗争。

### (二) 有组织犯罪猖獗，恐怖主义威胁石油安全

过去几年中，尼日利亚北部地区不时出现周期性复兴运动，瓦哈比教派在沙特阿拉伯、伊朗等中东国家的人力和资金支持下日益壮大。此外，一些分裂主义团体已经出现采用恐怖主义战术和策略的倾向。

尼日利亚有大量武器散落民间，武器泛滥、法制不力，加之高度贫困导致尼日利亚持枪团伙抢劫暴力案件层出不穷，公路附近、边远地区和边境地区是此类案件的重灾区。在安哥拉则因为20多年的内战，交战双方都埋设了大量地雷，国内和平后政府虽然一直在进行排雷，但很难完全清除干净，曾经发生过中国工人被炸伤的情况。

尼日利亚是全球海上犯罪案件第三高发水域，仅次于印度尼西亚和孟加拉，特别是在拉各斯海港和尼日尔三角洲地区进出的游船和货船更容易遭到非法军事武装洗劫。另有证据表明，在一些洗劫油船的案件中还存在官盗勾结的可能。

近年，尼日利亚绑架劫持等恶性案件爆发势头愈演愈烈。这类绑架案件在赎金支付后往往能得到解决，基本无人员伤亡。外国石油公司及其工作人员是主要作案目标，陆上油气作业比海上油气作业面临更大的安全风险。

### (三) 贪污腐败严重，贫富差距引发社会动荡

根据国际权威机构"透明国际"的评估，尼日利亚的腐败指数全球排名倒数第18位，官僚体系中的贪污腐败痼疾已经成为诱发尼日利亚社会风险的深层因素之一。尼日利亚是非洲第一大产油国，世界第七大原油出口国，石油所带来的巨额财富却基本掌握在少数特权阶层手中，70%的人口日平均生活消费低于1美元。迫于生计，贫困居民盗油抢油案件屡禁不止，油管泄漏爆炸事故时有发生。1998年至今，已有2 000多人在这类油管爆炸或火灾事故中丧生。财富分配不公，贫富两极分化导致尼日利亚民怨高涨，加剧了社会动荡。

同样，安哥拉内战对该国基础设施破坏严重，资金、技术、管理极度缺乏，联合国发展署对全球国家发展水平的几次排名中，拥有丰富资源条件的安哥拉都居于倒数10名左右。安哥拉石油产量在撒哈拉沙漠以南产油国中排名第二，仅次于尼日利亚，2007年加入欧佩克后石油工业迅猛发展，成为世界上发展最快的新兴经济体之一。但该国仍然有大量民众生活在世界银行规定的贫困线以下，根据安哥拉天主教大学研究中心统计，2/3的安哥拉人每天的收入不到2美元[①]。

---

① 白晶：《非洲LNG的安哥拉样本》，载《中国能源报》2012年7月16日，第8版。

据哈佛大学学者观察,在安哥拉这样失业率极高的国家,有相当多的中资企业在投资安哥拉的项目中带入了许多中国工人,这在生活贫困、失业严重的当地社会引起许多敌对情绪,导致不稳定因素增加。

## 三、东非[①]石油地缘政治分析

历史上东非一直是非洲的贫油区。截至2011年,该地区已探明的原油储量还不足60亿桶,相比之下西非储量达600亿桶,更无法与资源富足的北非地区相比。但是,2012年3月东非最大经济体肯尼亚北部发现了油田,前景堪比英国北海油田。同时,肯尼亚的近海地区也发现拥有巨量的能源前景。早在2006年,肯尼亚邻国乌干达曾首次发现石油资源。目前,该国借力英中法三国公司共同开发原油,有望在短期内投产。同时在乌干达与刚果交界的艾伯特湖盆地,又探明了10亿桶的石油储量,而最终实际储量可能还要再翻一番。而在坦桑尼亚,2012年以来,BP和挪威国家石油公司在近海发现了巨大的气田,仅新近发现的天然气储量就相当于10亿桶油当量。坦桑尼亚的气田向南一直延伸到莫桑比克。意大利埃尼集团在2012年3月表示,已发现一个储量达13亿桶油当量的气田。美国阿纳达科石油公司在该国也有所斩获。一旦在此地建成液化天然气终端,莫桑比克将会在10年内成为天然气出口大国。

东非地区的油气新发现对于石油需求快速增长的南亚与东亚来说具有特别重要的地缘意义。因为东非油气向南亚、东亚出口具有地理位置上的便利,特别是可以避开波斯湾、红海、索马里海域等高地缘政治风险或海盗出没的区域,运输安全能够得到保障。

但是,与非洲其他地区类似,东非产油国的国内安全局势也存在许多隐患。在刚刚发现新油田的索马里也发生了恐怖袭击活动,试图阻止外国石油公司进入。同样,肯尼亚图尔卡纳地区的牧民拥有武装,对国外石油公司充满敌意。尽管埃塞俄比亚在欧加登沙漠地区也发现了天然气,但其政府需要制服当地对抗政府的索马里族裔。很多专家分析认为,索马里虽然发现了石油,但当地的战乱与海盗让投资者心存畏惧。此外,东非国家极其缺乏良好的公共管理能力,很多国家的统治依靠总统所在的部族支持,停留在部族政治阶段,难以与国际大石油公司开展公平的合作。

另外,东非最大的产油国实际上是刚刚建国的南苏丹。从2011年7月南苏

---

① 此处东非概念包括了非洲东海岸的所有产油国,其中苏丹原本不属于东非,但鉴于苏丹南部2011年7月独立,地理上划归东非,而南苏丹石油产量占原苏丹的80%,所以我们将南北苏丹一并放在东非叙述。

丹独立伊始，南北双方就展开了一系列以石油为武器、彼此要挟的拉锯战。由于南苏丹是内陆国家，其丰富的石油必须通过横贯苏丹全境的输油管道才能经由北部的苏丹港出口，因此双方在石油出口量和过境费问题上龃龉不断。最终双方爆发了一场边界战争，造成两败俱伤。在国际协调下，2012年8月5日，南北苏丹终于达成协议，南苏丹同意按每桶石油9.46美元的价格向苏丹支付石油设施使用费，并一次性支付30亿美元，补偿因南苏丹独立给苏丹留下的财政缺口。显然，这是一个打破双方石油停产、停运僵局的暂时妥协之策，但这仍然不能根本解决双方的能源安全问题。所以，南苏丹在独立后筹划了一条通往肯尼亚的输油管道，将其原油输送至新建的拉姆港口，从而彻底改变南苏丹石油出口的地缘格局。新路线不但能使南苏丹绕开与苏丹的政治纠纷，还能避开海盗出没的索马里海域，保障东非石油出口的稳定性，并大大造福肯尼亚，壮大东非共同体。同时，与肯尼亚共享石油前景的埃塞俄比亚也准备铺设一条通过肯尼亚实现石油出海的管道。与此同时，南苏丹的国内社会政治局势也一直危机四伏。2013年12月15日开始，战乱频发的南苏丹再次爆发严重的国内武装冲突，被解职的副总统马沙尔所属的军队在首都朱巴及其他地点向忠于总统基尔的政府军发起进攻，占领多个城镇，袭扰联合国设立的难民营，已造成无辜平民为主的数百人死亡，甚至打死了两名联合国维和部队士兵，并击伤了一架美国保护侨民的军用飞机。虽然中国及非洲邻国多方调停，军事冲突和暴力杀戮仍在南苏丹多地蔓延，居民生活和石油生产都受到了严重影响，以中国企业为主的国际石油公司与南苏丹的石油合作面临着空前严峻的安全风险。

## 第三节　中东石油地缘政治分析

中东地区既是世界的"大油库"，又是世界的"火药库"，在这两个方面都堪称世界之最：它是全世界石油资源最丰富、出口量最大的众多产油国聚集地，又是集中了政治、经济、民族、宗教矛盾与冲突的是非之地，长期以来社会动荡，冲突频发。因此，中东地缘政治对世界石油市场和国际政治格局都有巨大影响。

从地缘政治的角度来看，中东产油国可以划分为3个不同的组群：一是石油资源丰富，国内政局相对稳定，主要是指海湾6国：沙特阿拉伯、阿联酋、科威特、巴林、卡塔尔、阿曼；二是石油资源丰富，但面临较高的地缘政治风险，因而近期内无论石油产出还是政局走向都存在较大变数，主要是指伊朗、伊拉克和也门3国；三是石油资源不够丰富，但在油气管道和地缘政治上都有重要影响，如叙利亚、约旦、以色列及巴勒斯坦等。

近年来，中东地区最具影响的地缘政治事件，一是被称为"阿拉伯之春"的社会政治动荡，甚至在利比亚、也门、叙利亚3国升级为大规模的内战；二是围绕伊朗核问题欧美实施的制裁与反制裁斗争。两个事件都对中东石油地缘政治的发展产生了深远的影响。

## 一、"阿拉伯之春"后的中东地缘政治走势

肇始于2010年年底突尼斯动乱的中东北非地区的"阿拉伯之春"，在经历了多个国家的社会动荡乃至武力冲突，导致突尼斯、埃及、利比亚、也门4国改朝换代，目前仍然在多个国家蔓延、发酵。其中，海湾6国中的沙特阿拉伯、阿联酋、卡塔尔、科威特和阿曼5个主要石油富国都及时处理了社会不稳定因素，解决了一些财富分配问题，因而避免了出现大规模骚乱的可能，未来相当长一个时期内也能够继续维持稳定。唯有海湾小国巴林曾经在2011年3月发生了反巴林王室的骚乱，但被沙特阿拉伯及阿联酋出动军队迅速镇压下去，并将整个国家置于沙特阿拉伯与美国的强力掌控之下。另外的约旦、黎巴嫩等国，都在初期的社会骚动之后归于平静，保持了稳定与发展。从整体上看，这一场夺权政治风暴，在这一地区几乎所有的国家都引起了动荡，但今后的趋势是逐步趋于平息。

当然，动乱风暴过后所有中东国家仍要面对一些严峻的挑战。伊拉克正是一个民选政府建立起来以后面临严峻安全挑战的典型例子。仅在2012年7月22～23日两天时间内，伊拉克全国范围就发生了几十起连环爆炸和恐怖袭击，共造成100多人死亡，数百人受伤，媒体称其为自2010年5月以来最血腥的日子。制造这些血案的首要怀疑对象是"基地"组织，"基地"组织伊拉克分支已经在互联网上发表声明，宣称要在伊拉克发动新攻势；同时，伊拉克国内什叶派与逊尼派的教派冲突也必然深度牵涉其中；另外还有库尔德人与伊拉克中央政府的矛盾也纷争不断。显然，中东地区长期积累的种种社会矛盾，在美国军队撤出伊拉克后出现了集中爆发的态势，严重考验着独自面对混乱局面的伊拉克民选政府。同样，"阿拉伯之春"过后的也门、叙利亚等国新政权以及渡过了动乱冲击的其他中东国家，都将长期面临复杂矛盾带来的安全局势挑战。这是"阿拉伯之春"过后中东政局发展的首要特点。

其次，借"阿拉伯之春"局势动荡之机，土耳其有意识地在解决叙利亚问题、伊朗问题以及埃及问题过程中积极活动，多方协调与施压，扩大了政治、社会、外交影响力和地区安全主导能力，使其在中东与伊斯兰国家中的影响明显上

升，迅速崛起为一个既不亲美也不反美的中东首要大国。与此同时，原来的中东头号政治大国埃及推翻了穆巴拉克的统治后，显示出既不亲美、亲以，但在短期内也不会坚决反美、反以的政治态度，预示着埃及今后很可能也要走一条中间路线。所以，未来的中东，一个中间阵营正在形成。这样，中东地区原有的亲美与反美两大阵营非此即彼的战略格局，将被一批走中间道路的重要国家所打破。

总之，"阿拉伯之春"过后，中东地区将呈现出多数国家乱后趋稳，少数国家安全形势恶化，对欧美关系趋向中间路线的地缘政治特点。

## 二、伊朗核问题与中东地缘政治局势

2011年10月以来，美国为首的西方国家发起了针对伊朗核问题的新一轮严厉制裁，美欧先后都宣布对伊朗实施石油禁运和金融冻结，并且调兵遣将，摆出一副随时发起军事打击的阵势；伊朗则针锋相对，强力反击，多次威胁停止对欧洲石油出口，并要封锁霍尔木兹海峡。因此，海湾地区各国军舰云集，海陆军演此起彼伏，波斯湾上空战云密布，许多国际石油公司已经或正在撤离伊朗这块是非之地。波斯湾霍尔木兹海峡是世界上最繁忙、最重要的能源大通道之一。目前每天经由霍尔木兹海峡运输的石油约1 500万桶，占全球石油产量的约20%、油轮运输量的约40%以及数量可观的天然气，都要由这里源源不断地输往亚欧各国。波斯湾局势的紧张，如果引发油价飙涨，显然会对全球经济产生较大的负面影响，更会对中国的石油安全形成一定的威胁。

然而，经过两年针锋相对的对峙以后，伊朗核问题出现了峰回路转的缓和局面。2013年11月24日，伊朗与中、英、美、俄、法、德六国代表在瑞士日内瓦达成了阶段性协议。伊朗将限制其浓缩铀浓度，六国则同意放宽部分制裁措施。评论认为，这标志着双方重大和解的开始，由此将减少全面中东战争爆发的风险。消息传来，国际石油市场原油价格应声下跌，一天之内布伦特和纽约原油期货价格分别下跌了超过2美元和1美元。

这次伊核问题谈判能够取得成果，首先一个因素是美欧的严厉制裁已对伊朗经济产生了严重影响，伊朗货币大幅贬值、通货膨胀，殃及伊朗民众的正常生活，严重制约了伊朗的发展。据报道，伊朗国家天然气公司负债超过40亿美元，现已宣布破产。这是伊朗经济深陷危机的明显印证。制裁不仅限制了伊朗国内许多油气项目的进展，更是击碎了伊朗进军欧洲天然气市场的计划。除了石油出口量锐减，大量海外账户被银行冻结也令伊朗损失了巨额美元的石油出口收入。这导致伊朗货币里亚尔两年来已贬值过半，国内面临严重的通货膨胀。伊朗领导人对于伊朗经济难以为继的困局看得很清楚，如此下去，伊朗政权将面临被颠覆的危险，埃及在"阿拉伯之春"中不停地改朝换代的动荡局面，就是伊朗的前车之鉴。

另外，美国要实施战略东移，国内的反战压力也很大，奥巴马不想使美国卷入一场新的规模更大的中东战争。但是面对伊朗可能拥有核武器的严峻挑战，奥巴马认为最好是能够与伊朗达成临时性的协议，限制伊朗进一步获得研发核武器的能力。所以在近期的一系列外交活动中，美国主动谋求与伊朗缓和关系，灵活地提出双方都能接受的阶段性协议。尤其是中国作为联合国安理会常任理事国，并在中东地区有着能源安全的重大利益关切，在伊核谈判中积极促和、斡旋，推动相关各方克服重重障碍，多次延期，最终达成了对各方都有积极意义的协议。

综观全局，伊朗核问题谈判达成缓解协议，国际油气地缘政治因此将发生重大变化，对于中国的石油安全也将产生多方面的影响。首先，削减对伊朗的制裁将减轻亚太国家进口伊朗原油承受的压力，让更多原油流入国际市场，可能进一步推低油价。油价趋低以及增加对包括中国在内的亚太地区原油供应，对于中国石油安全是一个利好因素。其次，协议条款允许海运保险公司恢复承接伊朗原油货运业务。国际能源署指出，2013年10月，伊朗油轮中有3 700万桶油没能售出。有了保险以后，这些石油虽不会一股脑全部得以出口，但包括中印等国在内的亚洲炼油厂商运进伊朗原油将更加容易。而此前在没有保险的情况下，即便制裁允许他们购买少量伊朗石油，也无法运送。最后，随着核谈判取得进展，伊朗石油部已开始与西方主要石油公司展开接触，试图鼓励这些石油公司重返伊朗。为了吸引西方石油公司重新投资伊朗，伊朗显露出要对原有的油气开发政策进行调整的倾向，特别是对原来外国投资者最为抵触的"回购"等政策作出一定的变通。这些改革也许会使伊朗油气开发领域的竞争者渐渐多起来，形成一定的竞争局面。

从正在实施"走出去"战略的中国石油企业的角度来看，伊朗的确是颇有吸引力的重点区域。据不完全统计，伊朗常规石油储量占世界总量的11%，仅次于沙特阿拉伯；天然气储量占世界16%，仅次于俄罗斯。还有一个更被业界重视的数字是剩余可采储量。伊朗目前原油剩余可采储量为208亿吨，天然气剩余可采储量为33.1万亿立方米。而且，伊朗还是中东地区为数不多的既有丰富油气资源，又乐于接受外国能源公司投资的国家，而沙特阿拉伯就拒绝外国油气公司投资本国上游区块。另外，与竞争激烈的伊拉克油气招标市场不同，由于国际社会对伊朗制裁，西方石油公司近几年先后撤出了伊朗，给新来者留下了难得的机会。2009年中石油在伊朗连续斩获了三份大单，奠定了中石油伊朗排名第一外国石油公司的地位。伊拉克的艾哈代布（Al - Ahdab）、哈法亚、鲁迈拉三大油田和伊朗的北阿扎德甘被中石油列为"3 + 1"的四大中东重点项目。

除了中国石油企业已经与伊朗签订的油气合作项目之外，放眼未来，中国为保障石油安全而筹划或已建成的油气战略通道，也应该向伊朗南北两个方向扩展延伸，使伊朗成为稳定可靠的油气进口来源。这就是伊朗北部相邻的土库曼斯坦，以这里为起点，中国与中亚诸国已建设了中亚天然气管线 A、B、C 三条管道，未来可以从陆路或里海连通伊朗；南线是与伊朗相邻的巴基斯坦，中巴合作开发建设了距伊朗不远的瓜达尔港，以及中巴双方都有积极意向的新疆—瓜达尔能源走廊规划，未来可以很方便地连通伊朗海运出口的油气资源。

需要指出，目前伊核问题谈判的协议只是一个阶段性的初步协议，伊朗为了谋求在中东地区和伊斯兰世界的大国地位，不会轻易放弃对核武器的追求。而美国出于对中东地区这一"世界油库"控制权的高度重视，也绝不会容忍伊朗拥有核武器。以色列直接面对伊朗的威胁，更不能坐等伊朗逼近拥核的红线，一直在迫不及待地要发动先发制人的打击。所以，伊朗核问题及其对国际油气地缘政治的影响仍然变数多多。

## 第四节 南美洲石油地缘政治分析

南美洲主要产油国为委内瑞拉、巴西、阿根廷、哥伦比亚和厄瓜多尔，另外，玻利维亚天然气资源也较为丰富。其中，委内瑞拉和厄瓜多尔是欧佩克成员国，尤其是委内瑞拉，是欧佩克内反美派的代表。

南美洲主要产油国突出的地缘政治特点有四个方面：第一，多数南美国家的政权近年来出现"左转"风潮，即由左派政党上台执政，或执政领导人采取一系列左派特点的内政外交政策，而且国内政局保持了相对稳定与发展；第二，多数南美石油资源国采取了国有化政策，尽管其实行国有化的时间有先后，具体形式各有不同，但都对本区域油气行业的发展产生了较大影响；第三，以委内瑞拉为代表的多个左派执政国家都与美国不同程度上存在政治、外交矛盾，但同时，这些国家的石油出口仍然以美国为主，不过，委内瑞拉领导人已经开始有意识地增加对亚太地区尤其是中国的出口；第四，以委内瑞拉和巴西为首的国家正在努力谋求南美区域一体化，以及南方共同市场、安第斯共同体等次区域一体化组织，尤其是委内瑞拉领导人以石油为武器，联合古巴、伊朗及俄罗斯等国，在国际政治舞台上与美国对抗。

## 一、南美国家石油国有化的地缘政治影响

2007年年初，委内瑞拉总统查维斯高举资源国有化、建设21世纪社会主义的大旗开始了第三个为期6年的总统任期。委内瑞拉是南美石油国有化风潮的发起者，在各产油国中实施了比较激进的排斥外国公司、掌控石油资源的行动。2007年5月1日，委方开始接管该国奥里诺科重油带项目控制权。根据国有化计划，奥里诺科重油带的外资控制项目必须转为由委国家石油公司控制的合资项目，且委方股份不低于60%。投资奥里诺科重油带的外资公司中，美国康菲公司拒绝按新的要求与委达成合资协议，委方威胁将对其驱逐出境。

玻利维亚2005年5月1日宣布石油和天然气国有化，并派兵进驻油田和天然气田。法令规定，玻利维亚国营石油矿业公司将对全国所有油气田实行全面控制，所有在玻利维亚经营石油业的外国公司必须在今后180天内与之重新签订合同。在过渡期间，国营石油矿业公司将征收外国公司82%的收入。国有化后，玻利维亚政府收回了82%的石油天然气产量，占有石油天然气公司51%的股份。玻利维亚政府强调其国有化并不意味将跨国公司财产没收，莫拉莱斯当选总统后向法国、西班牙、中国等提出以合资方式开发其天然气资源并欢迎外国企业到玻投资，只是不允许外国企业掌控石油的控制权。玻利维亚国家石油公司从2007年5月1日开始全部控制石油和天然气的生产、运输、销售和出口，国家石油公司派出的技术员已经到达所有的油田，切断所有的工厂和油井及相应的库存。2012年5月，总统莫拉莱斯更进一步，宣布对西班牙电网集团所属国际电网公司实行国有化，并命令军队正式接管该公司所有设施。

受委内瑞拉、玻利维亚等国石油国有化影响，厄瓜多尔2006年2月爆发了全国范围内的激烈抗议，人们要求政府将外国石油公司赶走，并且实施改革，让穷人从石油收入中受益更多。特别是厄瓜多尔印第安人政党组织要求政府实行油气资源国有化，以补偿原住民族印第安人。在这样的背景下，厄瓜多尔做出石油国有化的决定。2006年5月15日，厄宣布废除与美国西洋石油公司签订的石油合同，没收其资产以及各种设施。厄能源部长表示，厄瓜多尔国家石油公司有足够的经济和技术实力接管西方公司的油田。

2012年4月16日，阿根廷总统克里斯蒂娜向议会提交了一份名为《阿根廷石油主权》的议案，表示阿根廷油气资源非常丰富，但外国石油企业在阿根廷投资严重不足，外资企业将盈利转回国内而不是在阿根廷再投资。这种"空心化"策略造成了阿根廷油气产量不断下降，每年需要大量进口燃料。因此，阿根廷成了拉美甚至全世界唯一无法掌控和管理自己自然资源的国家。所以，议案

提出要尽快"收回阿根廷的石油主权"。第一步就是向阿根廷最大石油企业西班牙国家石油公司（YPF）的第一大股东、西班牙雷普索尔公司强行收购西班牙国家石油公司的51%股份，以掌握西班牙国家石油公司的控股权。议案指出，阿根廷政府不仅要强行控股西班牙国家石油公司，还要采取一系列国有化措施，实现对整个石油产业的掌控。这标志着阿根廷在犹豫了几年之后，终于步委内瑞拉等国后尘，最后一个踏上了石油国有化之路。

每次南美国家实施国有化举动都引发了业界强烈反响。人们分析认为，南美国家石油政策调整的核心都是这些国家的政府及其企业要在石油市场上占据绝对优势，外资石油企业将成为重点打击和遏制的对象。另一个目标则是在南美国家开采的石油要满足当地市场需要，外资石油企业的盈利必须用于在资源国的再投资以扩大生产。这就意味着进入南美国家石油产业的外国投资丧失了大部分经营自主权，将不得不按照资源国政府的产业政策活动，一旦遭受政府打击将无法全身而退。显然，对于外国投资企业来说，这是南美国家石油产业环境的重大不利变化，受到了各跨国公司不同方式的反对和抵制。

但是，在对南美石油国有化恶评如潮的喧嚣中，需要中国相关企业冷静观察，深入分析这一波国有化浪潮的具体目的和不同于其他国有化的特点，有针对性地采取对策，化解风险，转危机为机遇。

首先，我们可以看出，归根结底，南美国家政府对石油产业强烈干预的目的，无非是要迫使石油公司增加投资扩大生产，并限制外资石油企业将盈利转移回母国。因此，多数南美国家此次国有化不同于六七十年代产油国的国有化运动，并不是排斥外来资本或将外国公司驱逐出境，相反，阿根廷、玻利维亚等希望外资增加对其石油业的投入，欢迎跨国公司与南美扩大合作提升其石油供应能力。所以，有专家称南美国家此次是一种"准石油国有化"，是一种比较温和的特殊国有化。而且，南美国家政府因国有化与西方企业关系恶化，也许恰好是中国石油企业扩大在该地区石油合作的有利时机。

其次，南美国家推进石油国有化的主要手段是强化政府对资源的掌控，促进本国与外国企业增加在南美石油投资，禁止外资企业将盈利或分红转回母国，以帮助南美国家左派政党增加社会福利，争取选民支持。针对南美国家的上述要求，中国石油企业可以及时调整国际石油合作在南美地区的现阶段战略目标及合作方式，发挥自己的优势，通过灵活多样的途径扩大国际石油合作领地。南美产油国特别是委内瑞拉油气资源非常丰富，对于中国企业来说具有巨大的、长远的资源潜力。中国企业可以遵守资源国政府禁止盈利汇出、增加对当地投资的命令，用企业盈利扩大在南美地区的石油合作，并且与资源国政府协商以易货贸易或两国本币结算来增加对南美油气产业的物资装备投入，力争实现互利多赢。

最后，从社会政治环境及其发展趋势上看，整个拉美地区政治上都在向"左"转，拉美各产油国几乎都是左派执政，未来的发展趋势仍将是中左派继续长期执政，其政策倾向与民众舆论倾向都是要加强国家对资源的控制，实行石油国有化。这种政治格局对于提高南美国家的社会稳定性将会起到一定作用，对于外来长期投资而言也是一个可能的利好因素。综合上述多方面因素，我们应该辩证地看待南美石油国有化现象，一方面石油国有化会增加外来投资的经营难度，加剧合作项目的政治风险，但另一方面国有化增强了国家对资源的掌控，便于发展中国家在政府层面相互呼应，也会有利于双方的沟通与合作，开拓国际石油合作的新领地。这对于中国石油企业这样的世界石油产业后起之秀来说，如果能够练好内功，抓住时机，扬长避短，完全有可能在新一轮石油国有化浪潮中占据"后发优势"的有利地位。

## 二、委内瑞拉政局走向及其地缘政治影响

截至 2011 年年底，委内瑞拉的探明石油储量达到 2 965 亿桶，占世界探明总储量的 18%，超过沙特阿拉伯成为世界第一大储油国和国际能源市场上的决定性力量。但与此同时，投资不足、管理不当、难以获得新技术以及苛刻对待外国公司，成为委内瑞拉及其国家石油公司的顽疾。政治干预远不止于破坏企业运营的任人唯亲和裙带关系，而且国家对石油企业课以重税，实施价格管制，在某些情况下，还迫使企业涉足与核心业务完全无关的活动。

委内瑞拉领导人查韦斯的石油政策主要有三个方面。第一是对石油资源进行"国有化"，加强政府在这个行业的控制。这逼走了大批外国投资者，其余的则被迫就范，包括中国企业，在其苛刻条款下坚持下来。第二是以石油收入支撑社会福利。委内瑞拉国家石油公司每年贡献给政府的收入占其总收入的比重日益增多，国内实行超低汽油价格（约每升 3 美分），这使查韦斯获得了大批底层民众的支持，但造成委内瑞拉国家石油公司自身再投资财力明显不足，委内瑞拉空有世界上最大的储油量，但产能却严重受损。第三是查韦斯在国际石油市场的作为和影响力。委内瑞拉一直是欧佩克中"限产保价"的强硬派，查韦斯号召以欧元代替美元来作为国际石油贸易的结算货币，甚至建议发行新货币"石油元"，以掌握石油的定价权。再加上查韦斯与非洲、伊朗、俄罗斯等地区的"石油外交"，无疑对整个世界石油市场和国际政治有着重要的影响。

2012 年委内瑞拉总统大选反对派候选人、年仅 39 岁的政治家卡普里莱斯主张自由主义路线，表示要停止石油国有化，引入外资促进竞争，提高效率，提高委内瑞拉石油生产能力。这些主张切中查韦斯政策的弊端，得到委内瑞拉有识之

士特别是中产阶级的拥护。但是查韦斯的民粹主义政策拥有民众支持的数量优势,最终还是以微弱多数赢得了他的第四个任期大选的胜利。

查韦斯去世之后,代行总统之职的副总统马杜罗借查韦斯的声誉,以微弱优势、艰难地赢得了总统大选。尽管反对派对这一选举结果尚存有异议,但也很难改变。值得关注的是,这一微弱优势也表明了后查韦斯时代委政局的微妙变化。反对派力量的崛起也必将增大美国等西方国家支持反对派的信心。后查韦斯时代的委内瑞拉的内政外交必然会对国际石油市场产生影响。中国石油企业亟须未雨绸缪,继续保持原有的低成本优势及应对国有化的策略经验,增强重油开发、环保等方面的竞争实力,并积极推进全方位、多形式的外交与公共关系,加强与当地各层面的沟通、理解和友谊,使中委友好合作关系具备"全天候"可持续性,保障中国的石油安全。

## 第五节 亚太地区石油地缘政治分析

按照国际能源界的惯例,亚太地区包括东北亚、东南亚、南亚和大洋洲四个区域。位于北美洲太平洋东岸的加拿大本来不属于能源意义上的亚太地区,但加拿大丰富的油气资源尤其是其核心石油产区阿尔伯塔省近年来正在致力于出口亚太,与亚太地区石油地缘政治有着越来越密切的关联,因此本节也将分析加拿大石油投资与亚太石油地缘政治的关系。

整体上,亚太地区的石油地缘政治特点有四个:第一,亚太地区既有多个能源消费快速增长、严重依赖能源进口的经济体,如传统的能源进口大国日本,新兴的经济大国中国、印度,中小型的经济体亚洲"四小龙"、"四小虎",又有能源生产和出口大国,如俄罗斯、加拿大、澳大利亚,这些能源生产国与进口国构成能源互补关系,理应组成国际能源市场的最佳要素匹配;第二,亚太地区石油消费国虽然都进口数量巨大,却缺乏有效的能源安全协调机制,各消费国之间竞争多于合作,在国际石油市场上是一个庞大的"弱势群体",导致国际石油市场上的"亚洲溢价"现象;第三,亚太石油消费国中,除了作为国际能源署成员的日本和韩国拥有足够的战略石油储备以外,其他消费国总体上缺乏战略石油储备和预警机制,抵御能源危机的能力较弱。第四,近期亚太地区发生地缘政治冲突的热点区域是中国东海和南中国海地区,卷入矛盾和争端的多个国家争夺的焦点都是这两个海域丰富的油气资源以及南中国海这一国际能源运输大通道的航行安全。

## 一、东北亚能源合作的地缘政治分析

东北亚能源圈包括俄罗斯、中国、日本、蒙古国、朝鲜和韩国。俄罗斯的西西伯利亚产油区经过长期的开发,已经到了开采的中后期,不仅产量的提高受到限制,就是维持原有的产量也需要巨额的资金投入,对于资金紧张的俄罗斯来说,这有着很大难度。与西西伯利亚产油区相对应的东西伯利亚和远东地区也拥有相当丰富的油气资源储量,开发潜力很大,而且该地区靠近能源需求大国日本、中国和韩国,具有与巨大需求市场相连接的地缘优势。更重要的是,俄罗斯可以通过能源地区合作加快其融入亚太市场的步伐。因此,俄罗斯正在逐步加大对东西伯利亚和远东地区油气资源开发的力度。对中、日、朝、韩等国来说,从俄罗斯远东地区进口能源距离短、成本低,而且相对稳定,是能源进口多元化的较优选择。很明显,加强本地区的能源合作对东北亚能源圈的各方都是有利的选择。在石油业发展史上,像东北亚地区的油气资源潜力、市场、资金、劳动力四个方面要素齐备的最佳组合条件,只在加拿大、墨西哥油气开发供应美国需求和独联体国家、北非油气开发供应欧洲需求这两个区域案例中出现过,两个案例都带来了石油业与地区经济的迅速发展。所以,东北亚油气要素最佳组合是中国与东北亚各国建立油气战略合作的良好基础。

但是,东北亚石油地缘政治因素中又存在着一些本地区特有的不利因素,阻碍着东北亚石油合作。首先,历史遗留的领土争议导致各方之间的不信任感和矛盾冲突持续不断。现归俄罗斯的远东地区领土,历史上曾经部分地属于中国、日本、韩国的势力范围,至今俄日之间关于南千岛群岛、中日之间关于钓鱼岛、日韩之间关于独岛仍存在领土争议,相关海域的划分也有较大的分歧。这些矛盾经常被某些政治家利用作为谈判中制约对方的筹码,作为捞取政治利益的借口,影响经济、能源合作的发展;历史上的战争与长期的冷战也给东北亚各国人民心理上留下了敌对性的阴影,导致一些势力总想以能源为武器,遏制邻国发展、干涉别国内政,这些地缘政治因素对东北亚油气合作造成了不小的负面影响。其次,日本、韩国与中国这三个东北亚石油消费大国的能源消费结构高度相似,石油进口来源趋同,所以在与油气资源国的合作过程中,本地区石油消费国之间在进口来源、管线走向、投资融资、油气价格等方面存在激烈竞争,甚至恶性竞争,短期内这看似给俄罗斯等资源国提供了地缘政治优势空间,实际上,从长远看,这对包括俄罗斯在内的整个东北亚地区能源与经济发展都造成了伤害。最后,作为东北亚油气大国的俄罗斯,自苏联解体以来一直处于从计划经济体制向市场经济的艰难转型过程中,尽管最近终于完成了加入世界贸易组织的谈判,但俄罗斯能源领域仍然存在许多负面因素，如法律法规不完善、不透明，各部门、中央与地方之间矛盾、扯皮，国家垄断资本主义对石油企业的强力控制，等等，给包括中国石油企业在内的外国企业投资俄罗斯造成了重重障碍，形成了亟须外资投入的俄罗斯能源业外资严重不足的局面。

对于东北亚地区油气合作的有利条件与不利因素，各国有远见的政治家与企业家经过近年来深入的研究与交流，在抗御世界金融危机的过程中，逐步达成了诸多重要共识，取得了东北亚油气合作的重要成果。包括俄罗斯太平洋石油管线已经开始兴建，其中向中国东北供油的斯科沃罗季诺至大庆石油管线已经建成，并达到了年输油 1 500 万吨的设计能力；与此同时，其他输油气管道项目也进入了价格谈判、项目论证或可行性研究阶段。另外，各种形式的国家间及民间能源合作也在升温，以东北亚能源为主题的多种地区性、专题性国际研讨会，成为各国民间交流的论坛。例如，以"东北亚天然气和管线多边合作"为题的国际会议已连续举行了 13 届。2013 年 9 月初，第十三届东北亚天然气和管道国际会议在中国成都召开，大会以"多边共赢的东北亚天然气和管道合作机制"为主题，重点聚焦东北亚各国的天然气政策、资源与市场及合作机制，旨在加强供应方与需求方之间的相互理解，促进合作共谋发展。

展望未来，东北亚地区的能源地缘形势表现为能源竞争风险上升、能源合作潜力巨大、能源合作机制有待建立三大特点。国际石油地缘政治格局的发展历史表明，竞争可以导致冲突甚至战争，也可以演化为合作或者竞争下的合作。作为世界重要的能源供应国和消费国集中的东北亚地区应该避免冲突，共同走向合作或者竞争下的合作，以实现各国能源安全的"双赢"或"多赢"。

有专家提出，东北亚石油地缘政治格局中当前最紧迫的任务是借鉴世界能源宪章（ECT）组织，建立多边能源合作机制。东北亚地区能源合作首要的问题是解决制度安排问题，即无论是以一种松散的或是紧密的形式来进行能源合作，都应有相应的制度安排来加以保证。构建东北亚多边能源合作机制可以是灵活多样的，但类似于国际能源署的能源合作组织显然不适合东北亚地区社会制度、意识形态和发展程度的巨大差异。1998 年 4 月生效的《能源宪章条约》是一个涵盖石油、天然气、煤炭及可再生资源等在内的各种能源资源，从设计勘探开发到运输分配的条约，主要内容涉及能源领域的国际投资、贸易、过境运输和争端解决办法四个方面。这是第一个具有法律约束力的多边投资保护协定，为跨地区的能源投资、贸易、运输、能源效率与环境保护以及解决争端提供了一个法律框架和机制。可以预见，基于东北亚地区多样化的特点，经过谈判协商，达成一个稳定有效的多边条约，并成立一个相应的机构来保证本地区能源合作的顺利，是必要且可行的。尤其是，在合作领域方面，东北亚多边能源合作机制应超越简单的买卖关系，从一般贸易逐步向生产合作与相互投资方向发展，逐步涵盖油气资源的勘探、开发和运输、储备、加工和环境保护等各个能源环节和领域。

## 二、南海争端的油气地缘政治分析

从石油地缘政治角度来看，南中国海有两个显著特点：第一，南中国海及其周边区域的国家都是亚太能源区内的石油进口国，南中国海及其附近海域特别是马六甲海峡是这些国家很大部分进口石油的运输通道；第二，虽然南中国海大部分海域主权无可争辩属于中国，但是南中国海牵涉的利益相关国家非常之多，既有周边的所谓"六国七方"（即东盟5国加中国及中国台湾），又有日本、韩国、印度、澳大利亚甚至相去甚远的美国、俄罗斯，所以南海问题极为错综复杂。

在20世纪70年代之前，南中国海的主权问题并不突出。70年代开始对南海进行油气资源勘探之后，对油气的追求逐渐使南海主权的划分成为一个越来越严重的争执问题。可以说，油气争夺是南海主权之争的主要诱因和实质目的。

据地质机构评估，南海的油气资源极为丰富，整个南海盆地群石油地质资源量约在230亿~300亿吨之间，天然气总地质资源量约为16万亿立方米，占中国油气总资源量的1/3，其中70%蕴藏于153.7万平方千米的深海区域。但是，由于技术方面及其他方面原因，此前几十年里中国海洋石油工业勘探开发的海上油田水深普遍小于300米，大于300米水深的油气勘探开发处于起步阶段。而南海周边的菲律宾、越南、文莱、印度尼西亚、马来西亚等国早在几十年前就已抢先下手。20世纪70年代开始，南沙海域周边国家竞相把南沙海域油气开采权对外开放招标，越南、菲律宾、马来西亚等国分别同美国、日本、英国、荷兰等30多个国家签订了一系列联合开发南沙石油、天然气资源的合同。借此越南成功地从原油净进口国变为净出口国。

近两年，菲律宾、越南与中国多次因南海主权发生争端。2012年5月起，南海诸国的频频军演又令南海问题骤然升温。显然，随着各国对南海油气"主权申诉"的日益加紧，这一区域的地缘政治冲突或是中国今后10年与南海周边国家关系最严峻的主题。而且，主权之争的表象之下，油气资源的争夺是最重要的实质内容。

由于技术及其他方面种种原因，相比周边其他国家在南海油气开发动作频频，中国动作却一直不大。直至2012年5月，中海油981钻井平台南海开钻，宣示了中国维护主权、强势介入南海油气资源竞争的姿态。一个月后，中海油又对外发布公告，宣布对南海海域的部分区块进行对外联合油气资源开发，并公开招标。

看来，维护中国的南海主权，尤其是维护中国在南中国海的油气资源权益，必须要坚持"搁置争议，共同开发"的原则，尤其是要加紧具体落实油气资源的共同开发。共同开发的合作对象，既应包括周边国家的石油企业，也要尽力争取跨国石油公司。2002 年中国—东盟第六次领导人会议签署的《南海各方行为宣言》和 2003 年中国正式加入《东南亚友好合作条约》，不但大为缓和了中国与相关东盟国家在南海争执的紧张气氛，也缓和了东盟内部的争执，南海开始向有利合作的氛围转变。2004 年中海油与菲律宾国家石油公司签约在南海西南部区块进行石油地球物理勘探，后来对该区块有主权要求的越南也被吸收加入。这是中国与东盟国家在南海争议区第一个合作勘探的案例。此后中国与文莱、马来西亚也重申了在南海合作开发能源的愿望。事实证明，在存有争议而短期内无法划定归属的区域，对抗没有前途，只有"搁置争议，共同开发"才是促进油气发展平等互利的解决办法，南海可以由争议之海变成为周边国家造福的和平之海，也为相关国家石油运输提供安全的海上通道，从而有利于整个亚太地区的能源安全。

## 三、加拿大能源并购与亚太能源地缘政治

2012 年 7 月 23 日，中海油宣布斥资 150 亿美元收购位于卡尔加里的加拿大能源公司尼克森。这是迄今为止中国最大金额的海外收购案。而且，中海油的这次并购并不是中国油企在加拿大的孤立行为。自 1993 年 7 月，中石油获得加拿大阿尔伯塔省北湍宁油田部分权益，首次进入加拿大油气投资市场以来，中国公司对加拿大资源的投资热情不断高涨，在 2011 年更是投入巨额资金，成为加拿大石油资源市场上的重要力量。根据中石油集团经济技术研究院统计，截至 2011 年 10 月，2011 年中国油企海外投资总额已达 100 亿美元，其中近半数投向了加拿大。而据阿尔伯塔方面统计，2011 年在该省油砂项目上的意向投资约为 143 亿美元，这意味着来自中国的资金占近三分之一①。另一方面，作为加拿大核心石油产区的阿尔伯塔省，近年来陆续发现巨量石油储藏，已探明石油储量 2.5 万亿桶，其中 3 000 亿桶用目前的技术手段就能开采，这使加拿大迅速加大了石油出口设施建设的力度。但是，加拿大寄予厚望的出口美国管道启斯东项目，被美国政府迫于民间、环保压力以及政党政治考虑而否决划。这使得另一个方向的"北方门户"（Northern Gateway）管道项目，即从阿尔伯塔省向太平洋地区出口的管线显得更为举足轻重。

---

① 安耕：《中加对话能源商机》，载《中国能源报》2012 年 2 月 13 日。

中国油企热衷投资加拿大，而加拿大尤其是阿尔伯塔省也越来越重视吸引中国能源企业投资，并在未来向包括中国在内的亚太地区出口油气，双方在很大程度上都是出于地缘政治的考虑，都将对未来亚太地区石油地缘政治产生深远影响。以中海油收购尼克森公司为例，由于中海油此次竞拍的溢价高达60%，有学者从公司财务的角度不看好这次收购，他们认为中海油出价过高，存在过高的亏损风险。但是，尼克森的能源项目在全球范围内分布较广，在加拿大西部、英国北海、墨西哥湾和尼日利亚海上等全球最主要产区都有投资，包含了常规油气、油砂以及页岩气资源。该公司的资产组合不仅是对中海油的良好补充，同时也使中海油的全球化布局得以增强。中国通过并购尼克森，能够大大推进油气来源多元化的目标，更好地保障能源来源渠道的通畅，对于中国的能源安全具有重要意义；从技术层面来讲，尼克森在油砂开采、石油储能等方面拥有专业技术，中海油通过收购尼克森来提高自身在非常规油气领域特别是油砂领域的优势与未来潜力，这是具有全球视野的远见举措；最重要的是，尼克森在深海石油钻井、浮式生产方面具有强项，中海油如果消化了尼克森的深海开采钻井技术，未来有望更好地应付来自南海油气开采的难题。这样，中国企业在南海地区油气开发实力的增强，有利于中国在南海的影响力继续扩大，必将大大提升中国在南海这一亚太地区的油气核心区域的战略优势，所以具有长远的能源地缘战略意义。

# 第六章

# 中国参与全球油气资源合作的国际机制研究

当前,世界各国能源外交日益频繁,国家间能源矛盾和冲突日益显现,因此,寻求有效的国际能源合作机制已经迫在眉睫。能源安全问题作为"国之大事",必须要重视国际能源组织的作用。1960年成立的石油输出国组织欧佩克改变了世界经济格局,财富在西方国家和阿拉伯主义世界之间重新分配。能源进口国之间的合作组织国际能源信息署建立了紧急石油共享机制,为应对石油危机发挥了重要的作用。在日益相互依赖的国际社会中,国家间能源贸易、投资、运输活动日益频繁,面对能源领域的摩擦,如果缺乏国际制度安排,问题的协商解决就无章可循。本章将在全球油气资源重点区域地缘政治分析的基础上,进一步分析当前全球油气资源合作的主要国际机制。

## 第一节 油气资源全球与区域层面的合作机制

国际能源机制是指在国际能源领域,各国政府、国际组织、产销供需双方及利益相关者公认或默认的、通行的原则、规范、规则和决策程序。这些机制通过世界能源市场上相关利益主体竞争、合作及谈判等方式最终形成。按照制度经济学代表人物诺斯的观点,这些制度是社会的博弈规则,或者更严格地说,是人类设计的制约人们相互行为的约束条件。其意义在于使能源市场上各个国家的竞争与合作的行为处于一个可预期的状态,从而降低不确定因素导致的各种交易成本。国际能源机制还有助于汇聚利益相关主体的期望以及确立相互间的信任关系，有利于合作概率的提高。目前，除了欧佩克和国际能源机构已经建立了相对成熟的国际能源合作机制外，一些石油进口国与出口国之间的对话和合作机制，如国际能源会议、世界能源理事会、世界石油大会、世界能源宪章等也相继成形。还有一些能源合作是在一些国际组织的论坛或对话框架内进行的，如八国集团、联合国贸发会议、亚太经合组织、东盟等国际组织内部都设有关于能源合作的对话机制或能源工作组。

现有的国际社会和能源体系中，涉及能源领域的问题多且复杂，全世界产油的国家有几十个，而所有国家都是能源消费国。能源生产又涉及上下游等各个环节。能源合作的领域十分广泛，涉及能源投资、贸易、战略石油储备、运输、勘探开发与环保技术、信息共享等各个领域，因此，能源合作机制呈现多样性、多层次的特点。

## 一、全球能源合作机制

在国际层面，国际能源署、欧佩克、八国集团（G8）的合作机制合作较为紧密，而其他国际机制的合作都是协调性和对话型（见表6-1）。

表6-1　　　　　　　　全球能源合作机制

| 组织名称 | 性质 | 合作目的和任务 | 合作机制 | 合作领域和特点 |
| --- | --- | --- | --- | --- |
| 国际能源署 | 同盟型国际组织 | 保护西方发达能源消费国（进口国）的集体利益和能源安全 | 1. 国际能源纲领协议<br>2. 应急机制（战略储备、需求限制、紧急分享）<br>3. 信息和情报系统<br>4. 与石油公司协商机制<br>5. 长期能源合作计划 | 领域：石油、核能、煤炭、新能源<br>特点：具有排他性 |
| 欧佩克 | 同盟型国际组织 | 保护石油输出国的集体利益 | 1. 石油最优价格原则<br>2. 生产配额制度 | 特点：排他性<br>领域：石油 |
| 独立石油输出国集团 | 协调型 | 保护欧佩克以外的石油输出国的经济利益 | | 特点：开放性<br>领域：石油 |
| 八国集团 | 协作型非官方集团 | 主要讨论西方的能源安全和全球性的能源问题 | 集团内对话和交流机制 | 排他性 |

续表

| 组织名称 | 性质 | 合作目的和任务 | 合作机制 | 合作领域和特点 |
|---|---|---|---|---|
| 国际能源论坛 | 非官方论坛（定期） | 进行能源进口和出口国的全球性对话 | 非正式对话机制 | 开放性 |
| 世界能源理事会 | 协调型非政府国际组织 | 讨论全球能源发展的社会经济和生态等问题 | 全球各国关于能源问题的非政府对话机制 | 开放性 |
| 联合国贸易和发展会议 | 协调型国际组织 | 讨论与世界能源有关的全球和地区问题 | 在联合国框架内进行能源问题的对话机制 | 广泛性、开放性 |
| 世界石油大会和天然气大会 | 对话型非政府组织 | 承担石油和天然气发展问题 | 各国能源部门的对话协调机制 | 1. 广泛性、开放性 2. 石油和天然气 |

20世纪90年代以来，八国集团在全球能源治理中发挥了重要作用，制定了一些重要的政策进程，成为全球能源治理的中心。八国集团借助世界贸易组织、国际货币基金组织（IMF）、联合国环境署（UNEP）、联合国气候变化框架公约（UNFCCC）、欧盟、欧佩克等国际组织或机制的合作共同应对能源安全和气候变化的挑战。这些政府间国际组织也经常受七国集团/八国集团（G7/G8）委托向峰会报告一些工作进展的材料。2008年美国金融危机的爆发，八国集团面临着自创立以来最大的合法性危机。二十国集团（G20）迅速从部长会议层次提升到首脑会议层次，并成为处理和解决金融危机的核心治理平台。二十国集团论坛由19个国家、欧洲联盟、国际货币基金组织和世界银行组成，由于其中包含中国、印度、巴西等新兴市场国家，具有更广泛的代表性，因而不仅在全球金融治理领域，而且在全球能源治理中也被寄予厚望。

## 二、区域能源合作机制

在区域层面，大都是地区经济性国际组织，组织的数量多，形成了有监督和一定约束力的合作机制和协议，实质性合作程度加深。欧盟、北美、东盟、上海合作组织等都在能源合作领域取得很大的实质进展（见表6-2）。

表 6-2　　　　　　　　　　区域能源合作机制

| 组织名称 | 性质 | 合作目的和任务 | 合作机制 | 合作领域和特点 |
|---|---|---|---|---|
| 能源宪章（ECT） | 专门性国际组织 | 尽可能发展能源出口国、进口国和过境运输国利益的欧亚地区的多边能源合作机制，制定国际法的基础 | 1. 能源宪章条约<br>2. 能源宪章贸易条款修正案<br>3. 投资补充协定<br>4. 能源效率与环保问题议定书<br>5. 能源运输协定 | 1. 石油、天然气、煤炭及可再生资源领域<br>2. 能源贸易、投资、过境运输、能源效率<br>3. 开放性、约束力 |
| 欧盟 | 地区性经济一体化组织 | 制定和完善欧盟框架内外的能源政策实施机制和国际法基础 | 欧洲联盟条约 | 1. 统一能源政策<br>2. 约束力和排他性 |
| 北美自由贸易协定 | 地区性经济一体化组织 | 制定北美能源市场发展的国际法基础 | 北美自由贸易协定 | 1. 能源政策和市场<br>2. 有约束力和排他性 |
| 亚太经济合作组织（能源组） | 地区性经济组织 | 在组织内探讨纲领性和组织型的地区能源合作和安全合作基础 | 对话机制和平台 | 1. 经济、贸易、能源<br>2. 开放性、无约束力 |
| 上海合作组织（能源组） | 地区性国际组织 | 组织框架内探讨地区能源合作机制 | 1. 政府首脑定期会晤机制<br>2. 上海合作组织宪章<br>3. 能源俱乐部<br>4. 上海合作组织成员国多边经贸合作纲要 | 1. 经济、安全、能源<br>2. 法律约束力、排他性 |
| 东盟 | 国家间地区性经济组织 | 在组织框架内探讨地区能源合作 | 东盟宪章 | 1. 经济、项目<br>2. 法律约束力、排他性 |
| 经济合作与发展组织（OECD） | 地区性经济国际组织 | 在组织内进行经济、政策的交流，能源合作是主要合作方向 | 对话和交流、实践机制 | 无约束力、开放性 |

区域层面的能源合作，有很强的地缘特点，都是些地缘毗邻的国家、政治和

经济交往和关系密切、共同利益广泛的国家开展的合作，但有一定排他性。在区域层面的各种国际机制中，《能源宪章条约》是一个具有里程碑式意义的制度设计，涵盖石油、天然气、煤炭、可再生能源的勘探、设计、开发、运输等广泛领域，兼具有约束力和开放性，代表未来发展方向。其基本内容建立在三大国际合作框架内：第一，世贸组织和关贸总协定；第二，双边投资条约（Bilateral Investment Treaties，BITs）以及北美自由贸易区（NAFTA）投资条款；第三，《欧洲能源宪章》①。52个亚欧国家承诺遵守面向能源市场一系列基本准则，这些准则旨在保护能源投资、能源原料、产品及相关设备的自由贸易、管道和电网的自由过境运输、能源效率促进政策制定和实施、政府间或投资者与东道国争端的国际仲裁等，条约的最终目标是在各成员国之间建立一个真正开放的、非歧视的能源市场（见表6-3）。

表6-3　　　　　　　能源宪章与其他机制比较

| 国际组织 | 法律状态 | 范围 | 贸易 | 投资 | 运输 | 能源效率 | 争端解决 |
| --- | --- | --- | --- | --- | --- | --- | --- |
| 能源宪章 | 有约束力 | 能源 | 涉及 | 涉及 | 涉及 | 涉及 | 涉及 |
| 世贸组织 | 有约束力 | 一般 | 涉及 | 涉及 | 有争议 | 无 | 涉及 |
| 经合组织 | 有约束力 | 一般 | 无 | 涉及 | 无 | 无 | 无 |
| 亚太经合 | 无约束力 | 一般 | 涉及 | 涉及 | 无 | 无 | 无 |
| 国际能源署 | 有约束力 | 能源 | 无 | 无 | 无 | 涉及 | 涉及 |

应当看到，国际能源机制设计的产生都具有特定的历史需求背景，反映的是北美、欧洲等西方发达国家的利益诉求。一些重要的国际机制如欧佩克、IEA、八国集团等机制不具有开放性特征，能源宪章尽管具有开放性和国际法基础，其未来也存在一些障碍，关键的因素是俄罗斯迟迟没有批准该条约。没有俄罗斯的合作，能源宪章将是一个"流产"的条约。

## 第二节　中国参与国际能源合作机制状况

中国与国际及区域层面的国际能源组织都有合作关系。但是，中国参与全球

---

① 《欧洲能源宪章》宗旨是，欧洲能源采取非歧视和市场导向的价格体系，提高能源生产和供应可靠性，最大限度地保障能源生产、运输和利用等各环节效益。欧洲天然气市场在过去的20年经历了大规模的自由化进程，但是这个过程遭到俄罗斯的抵触。

多边能源合作程度比较低,实质性合作不多,主要是一般性合作和对话性合作。目前,全球层面的对话与信息交流机制有:世界能源理事会、联合国贸易和发展会议、世界石油和天然气大会、八国集团等①。中国政府在 1996 年 10 月与 IEA 签署了《关于在能源领域里进行合作的政策性谅解备忘录》并建立了战略对话机制,主要加强能源效率、开发与利用、投资和贸易、能源供应和环境保护方面的合作。2003 年 6 月,中国首次参加了八国集团的非正式对话机制,2005 年 12 月"中国——欧佩克"首次确立了定期对话机制,双方已经在下游领域的炼油项目展开合作。2008 年金融危机后,G20 逐渐成为全球层面的重要信息交流平台。亚洲区域性能源合作处于起步阶段,主要以信息和政策交流为主。

中国参加区域层面的国际能源机制有:亚太经合组织(APEC)、"东盟 10 + 3"、上海合作组织(SOC)、东亚峰会、亚洲合作对话(ACD)、中美日韩印五国能源部长会议、博鳌亚洲论坛、亚洲能源部长级圆桌会议、中亚区域合作能源协调委员会、亚太清洁发展和气候变化新伙伴关系计划等。总体上,中国与上述国际机制的能源合作都停留在对话、交流、政策协调的平台建设阶段,尽管有些已开始具体的合作计划和项目,但还处于探索阶段(见表 6 - 4)②。

表 6 - 4　　　　　　　　中国参与国际能源合作情况

| 组织名称 | 参与程度 | 合作情况 | 合作的领域和范围 |
| --- | --- | --- | --- |
| 能源宪章 | 对话性合作 | 2001 年成为组织观察员 | 1. 积极参与《能源宪章条约》<br>2. 在国内应用《条约》的概念和原则 |
| 欧盟 | 实质性合作 | 1. 定期首脑会晤峰会<br>2. 每 2~3 年在中、欧轮流举办中国—欧盟能源合作大会,定期对话交流机制<br>3. 中欧能源工作组会议。成立 1996 年,是中欧能源合作的指导、协调和监督机制 | 1. 能源技术合作。通过技术培训,建立 8 个能源政策和管理培训中心<br>2. 能源贸易,以煤炭为主,清洁能源机制 CDM<br>3. 联合开发,油气、新能源和可再生能源产业化合作 |

---

　①　世界能源理事会是非政府对话机制,讨论全球能源发展的社会经济和生态等问题;联合国贸易和发展会议是在联合国框架内进行能源问题的对话机制,讨论与世界能源有关的全球和地区问题;世界石油和天然气大会是各国能源部门的对话协调机制。

　②　2008 年前国家能源局局长张国宝提出,中国参与了 14 个国际多边能源机制:一是 APEC 能源合作,二是国际能源论坛,三是东盟 10 + 3 能源合作,四是中国 - 欧盟能源对话,五是中国和 OPEC 能源合作,六是中国和海湾合作组织能源合作,七是上海合作组织能源工作组,八是中亚区域合作能源协调委员会,九是甲烷市场化伙伴关系,十是亚太清洁发展和气候变化新伙伴关系计划,十一是湄公河区域合作电力工作组,十二是世界能源理事会,十三是能源宪章,十四是中、日、韩、印度、美国五国能源部长会。

续表

| 组织名称 | 参与程度 | 合作情况 | 合作的领域和范围 |
| --- | --- | --- | --- |
| 亚太经济合作组织 | 实质性合作 | 中国是重要成员国，能源合作工作组是协调机构之一，是中国开展双边、多边、区域经济合作的重要对话平台 | 主要是经贸合作和对话，能源合作是它的一个对话领域 |
| 上海合作组织 | 实质性合作 | 中国是成员国，能源合作程度比较高，成立了上海能源俱乐部，2004年9月，通过《纲要》的经贸合作计划，共127个项目，能源合作是优先领域 | 1. 能源安全和战略的合作<br>2. 能源的生产、运输和消费合作<br>3. 油气、煤炭和电力的合作<br>4. 提高能源利用率，开发清洁能源和技术，利用可再生资源 |
| 东盟 | 实质性合作 | 中国加入了《东南亚友好合作条约》并签署了联合宣言。建立了东盟10+1和东盟10+3的区域合作 | 能源领域的经贸合作 |
| 经济合作与发展组织 | 对话性合作 | 1995年中国和经合组织启动了对话和合作计划（CC-NM），2002年成为组织科技委员会的观察员 | 主要是能源的信息统计、分析和政策的对话和交流合作 |
| 海湾合作委员会 | 实质性合作 | 2004年7月双方签署经济、贸易、投资和技术合作协议，启动和建立自由贸易区 | 油气贸易、投资、技术合作 |
| 亚洲合作对话（ACD） | 对话性合作 | 2002年成为成员国，亚洲合作对话机制是讨论亚洲能源安全和合作问题。2004年6月在青岛发表了《青岛倡议》，开展区域的国际合作 | 1. 加强信息交流<br>2. 鼓励能源勘探与开发<br>3. 加强节能、能效、可再生能源与环境保护的科技和商业合作<br>4. 探讨和加强建立区域性能源和电力输送网 |
| 东亚峰会 | 对话性合作 | 中国签署了《东亚能源安全宿务宣言》，提出东亚地区能源合作的目标和措施，有必要制定适合各国国情的能源政策和战略 | 1. 提高能源效率和环境保护<br>2. 减少对传统能源的依赖，稳定地区和国际市场，提供经济可承受的能源 |

续表

| 组织名称 | 参与程度 | 合作情况 | 合作的领域和范围 |
| --- | --- | --- | --- |
| 中美日韩印五国能源部长会议 | 对话性合作 | 对话和交流的机制和平台。会议发表了《联合声明》，在能源领域拥有共同利益，采取共同措施，促进五国和全球的能源安全 | 1. 能源安全和战略石油储备<br>2. 能源机构多样化和替代能源<br>3. 投资和能源市场<br>4. 国际合作<br>5. 节能和提高能效 |
| 博鳌亚洲论坛 | 对话性合作 | 中国是成员国，作为对话和交流的平台，能源领域是论坛的主要议题之一 | 1. 东亚和西亚的能源合作<br>2. 讨论亚洲的能源与环境区域合作和经济、投资、可持续发展的问题 |
| 亚洲能源部长级圆桌会议 | 对话性合作 | 亚洲主要石油进口国与8个中东产油国的对话机制，推动双方在能源领域的互信与合作，保证亚洲的能源供应安全 | 石油的经济、稳定、安全和可持续发展 |
| 中亚区域合作能源协调委员会 | 实质性合作 | 中亚八国，提供一个能源安全合作平台，实施能源合作计划，目的是保障稳定、经济、环境友好的油气供应 | 油气资源合作 |
| 亚太清洁发展和气候变化新伙伴关系计划 | 实质性合作 | 中国是六个成员国之一，实施《联合国气候变化框架公约》和议定书有关的规划和机制，加强实施公约以应对气候变化的长期合作并进行非正式对话 | 主要是通过技术合作，促进技术转让、开发和应用，减少大气污染、增强能源安全，应对气候变化 |

中国在全球能源合作中一般采取双边合作的方式。为什么会存在这种状况？从经济学一般性解释是：双边合作的收益大于多边。换句话说，多边机制参与或构建的成本太高。然而，现实中我们也看到石油"亚洲溢价"等能源博弈中的"囚徒困境"局面。随着各国经济发展和能源需求的增加，双边合作的边际成本逐步上升。因此，对于中国而言，参与或主导建构一个能源合作的多边机制，成为全球能源交易规则的参与者和主要制定者，进一步融入国际能源市场体系，成为国际社会负责任的、可预期的建设者，对树立中国大国形象，意义深远。

## 第三节　中国如何有效利用当前国际能源机制

衡量国际能源机制的有效性，一般会考虑体制属性、成员数量、制度互动、合法性和透明度这几个因素。对中国而言，尽管未能参与国际能源机构这样的组织，但其他各种能源机制同样对中国而言具有十分重要的意义。

第一，一般而言，在其他因素相同时，体制任务难度越小，相对而言，越是能增进成员国自身利益的机制任务，成员国对该机制的支持就越高。因此，国家可以根据自身目标与国际制度相契合的程度来决定参与国际制度的方式、范围与时机。相对于正式的、过于"僵硬"的国际机制，面对同一问题时，非正式机制反而能发挥更大的作用。在这个意义上，一些对话性合作的能源论坛或者圆桌会议等非正式的机制具有很大的发展空间。

第二，小集团较大集团透明度更高，组织更有效，但其决议需具有一定的合法性，否则这一机制需要进化。对于国际机制的成员数量，相对较小的集团具有更大的有效性。这也就是说集团越大，行为体数目越多，交易费用和不确定性就越大，合作性的集体行动就越不可能。简言之，组织成本是集团中个人数量的一个单调递增函数[①]。更为重要的是，小集团的信息相对充足、明确、透明，促使成员的机会主义行为发生的概率明显降低，国际制度的有效性明显增强。但国际性的小集团其成员应囊括全球核心国家，增强其合法性和执行力，避免机制羸弱无为。对中国而言，在全球能源格局转换的背景下，上海合作组织框架下的合作有望作为中国取得实质性合作的优先选择，不仅因为其集团数量少，组织成本较低，更因为有中国和俄罗斯这两个互补性强的核心大国存在。

第三，在相互依赖的世界中，问题的交叠性决定了某些特定的合作机制间可以进行合作，以发挥各自的职能和优势，甚至处理跨组织的国际问题。由于大部分全球问题的交叠性，全球性问题的解决之道通常并不局限在单个领域，而是与其他领域和国际机制紧密关联。随着全球性问题开始"结合"起来共同侵蚀国际安全和人类安全，这些都挑战着专业化和单一化的问题应对模式。人为分割全球治理体系和国际机制议题并不能解决问题，当多元议题盘根错节之时，对议题互相"嵌入"问题进行分析，有助于国际机制研究的进展。

从问题的交叠性角度出发，二十国集团可以将能源与金融进行有效整合。

---

① [美]曼瑟尔·奥尔森，陈郁译：《集体行动的逻辑》，上海人民出版社1996年版。

2008年美国金融危机的爆发沉重打击了八国集团的地位，二十国集团迅速从部长会议层次提升到首脑会议层次，并成为处理和解决金融危机的核心治理平台。二十国集团可以成为全球能源治理的核心机制吗？至少中国的官方及学界非常期待。2010年全球GDP约为63万亿美元，其中G20约为51万亿美元，约占全球GDP的81%。当然，在G20机制内，能源需求国之间、能源需求国和供给国、代表老势力的G7和其他新兴经济体之间、国际能源信息署和欧佩克、经合组织成员国和非经合组织成员国之间等几组关系的处理，将比较复杂。另外，二十国集团同样面临着合法性不足的问题。由于该体系内的西方发达国家成员在IMF和世界银行内的投票权所占份额较大，这意味着其要继续进行改革。

第四，透明的技术和信息交流，有利于各成员国降低交易成本，形成成员国的互信机制，减少国家机会主义行为。例如国际能源论坛（IEF），促进了生产商和消费者对话，作为一种非正式制度，供需之间对价格存有分歧时，可以增加透明度，对长期事务的理解与讨论可以促进互信。IEA的数据采集及共享同样也是降低交易费用的一个例子。另外，GECF与国际能源论坛就共同组织石油数据倡议（JODI）数据库项目签署了一份谅解备忘录，这一数据库项目一直被国际能源论坛高调追求多年，该项目旨在自21世纪后期系统地收集基础油、天然气统计数据（进口/出口，供给和需求），每年发布的例子可以形成市场有效预期，从而促进企业投资于能源基础设施。在这个意义上，中国应利用各种信息交流机制，降低交易费用，促进国际合作。

从长期看，随着全球石油天然气市场化程度的提高，以及中国能源市场化改革进程加快，能源价格与国际市场的接轨只是时间问题。在这个意义上，那些基于市场规则性约束的国际能源机制，对中国意义重大。例如能源宪章是世贸组织在能源领域的实践，在投资、贸易、过境运输等方面具有一套争端解决机制，并具有法律约束力。随着中国境内管线的建设进展，中国的地理条件决定了中国可能成为过境运输国。随着俄罗斯加入世贸组织，其国内能源政策也不得不更多地受到市场规则的约束。因此，更深入地融入能源宪章是中国长期的能源安全战略，有利于中国与能源供应国及其他能源消费国的长期能源战略接轨。

# 第七章

# 中国油气跨国投资与合作战略选区

投资区位选择是开展国际油气投资与合作的第一要义。区位选择的前提条件是判断东道国或地区拥有的影响和决定国际直接投资进入并取得预期经济效益的各种因素,它是开展国际直接投资活动的外部条件。客观判断和评估资源国的投资环境,选择最佳投资区域,是海外油气项目投资决策的重要一环。如何集成投资环境中各方面的信息,评估投资环境中蕴含的风险,制定油气跨国投资区域优选的量化分析机制,是一个重要研究课题,这既具有一定学术价值,也有很强的现实指导意义。目前,关于油气跨国投资区位选择问题尚无完整的理论体系。本章在总结现有区域选择理论的基础上,结合前两章对全球油气资源分布特征和区域地缘政治环境的分析,建立针对海外油气项目的投资区位评价系统,将各类投资环境进行综合分析预评估,并对重点区域和国家的投资环境进行排序和优选,从而分析我国开展跨国油气投资与合作的战略机会。

## 第一节 跨国油气战略选区理论框架

### 一、区位优选的理论基础

目前,关于油气跨国投资的区位选择问题的探讨大多来源于区位论的思想,并结合国际直接投资理论进行研究。区位论解释经济活动的地理方位及其形成原因的问题，主要分为成本学派和市场学派。成本学派认为决定企业布局和经济活动的目标函数是一定约束条件下生产成本极小化，代表人物有约翰·冯·杜能、韦伯和艾萨德①，主要研究工业经济活动的空间分布规律，着重从自然、技术、经济以及社会行为等多个方面研究对区位决策的影响。但随着交通工具和通信设施的改善，运输成本已经不再是企业进行区位选择时考虑的主要因素，产品的销售市场变成了企业关注的主要问题。市场学派的核心思想是认为企业区位选择的原则和目标是尽量靠近市场和利润最大化，代表人物主要有克里斯塔勒和勒施②。但就油气投资活动而言，由于油气资源分布与需求市场在空间上极度不对称，上游勘探项目的区位选择问题更多地考虑成本因素，下游炼化活动才更多地考虑与消费市场的距离问题。

国际直接投资理论形成于 20 世纪 60 年代，海默（1960）的垄断优势论、弗农（1966）的产品生命周期理论、巴克利和卡森（1976）的内部化理论、邓宁（1977）的国际折衷理论等国际直接投资理论对于 FDI 的区位选择问题都曾直接或间接地提及过，但迄今尚不存在一个系统的国际直接投资区位选择理论体系③。其中，海默的垄断优势论对油气跨国投资有一定的借鉴意义，该理论认为，在东道国市场不完全的条件下，跨国公司可利用其垄断优势排斥自由竞争，维持垄断高价以获得超额利润，这可以解释伊拉克战后多国石油公司积极参与伊拉克政府油气招标的现象，也能解释当前国际石油公司纷纷进入非洲等市场未完全形成的地区开展勘探开发的浪潮。国内学者也围绕对外直接投资的影响因素开展了实证研究，如方齐云、项本武④、杨炘等⑤、赵旭等⑥。

---

① 参见 Dunning J. H. Trade：*Location of Economic Activity and the Multinational Enterprise*：*A Research for an Eclectic Approach*，in the International Allocation of Economic Activity，London：Macmillan，1977；Weber A：*Alfred Weber's Theory of the Location of Industries*，Chicago：UCP，1929；Isard W：*Location and Space Economy*，Cambridge，MIT Press，1956.

② 参见 Christaller W. *Central Places in Southern Germany*，Englewood Cliffs：Prentice Hall，1933；Losch A.：*The Economies of Location*，Trans，Woglom，Oxford University Press，1940.

③ Vernon R. *International Investment and International Trade in the Produce Cycle*，Quarterly of Economics，1966（3）：29；Buckley P. J. Casson，M. *The Future of the Multinational Enterprise*，London：MacMillan，1976；Dunning J. H. Trade，*Location of Economic Activity and the Multinational Enterprise*：*A Research for an Eclectic Approach*，in the International Allocation of Economic Activity，London：Macmillan，1977.

④ 方齐云、项本武：《对外直接投资决定因素的实证研究综述》，载《经济学动态》2005 年第 10 期，第 105~108 页。

⑤ 杨炘等：《中国国际石油投资模糊数学综合评价方法》，载《清华大学学报（自然科学版）》2006 年第 46 卷第 6 期，第 855~857 页。

⑥ 赵旭：《海外油气投资目标筛选决策支持系统研究》，载《技术经济及管理研究》2011 年第 3 期，第 8~12 页。

## 二、区位优选的主要方法

20 世纪 60 年代至今，许多学者和研究机构一直致力于国际投资区位评估方法的研究，意在寻求一种科学而有效的方法，为国际投资者制定投资战略、选择投资国、确定投资部门和选择投资方式提供参考依据。衡量一个投资环境评价系统的优劣，需要应用一系列关键的评判原则。一个好的投资环境评价系统，应满足如下几个关键原则：

第一，评价系统能够反映公司的发展战略和偏好，即投资环境的优劣必须由投资公司的发展目标和自身优势来决定。如追求增加储采比、减低经营业务的难度、强化竞争优势、规避政治风险区域或者是上述组合。同样的投资环境，不同投资者的评价结果可能出现很大出入。

第二，所有投资环境因素的测度必须保持测量刻度的一致性。所有投资环境包含的因素都是可测的，至少是为了评价的目的时，当可以认为一个因素比另一个"更好"时，这个机会就能够被测度了。只要选择了合适的刻度，所有资源国投资环境包含的各种因素都能够被定性或定量评价。然后需要将不同因素的不同刻度统一成一个通用刻度，并将结果转变成一个可比的结果。

第三，列示出来进行测度的评价指标必须足够广泛，能够涵盖投资环境中所有的影响因素。即使有一些因素只存在于一部分资源国的投资机会中，但是为了进行比较，这些因素也应该被列示出来，并进行明确的分级。

第四，保证评价结果的明晰性。评价结果应有助于投资者清楚地辨认出投资环境的优劣，以及一个国家投资环境好于另一个国家的原因。同时，在这样一个评价系统中，来自各个部门和学科的人员都能够进行评价和排序，并且理解全部的结果，而不仅只是了解他们自己部门的工作。

在对直接投资区位选择的众多方法中，尽管评估者考虑的因素不尽相同，但是每种方法都仅仅围绕各种投资环境系统因素展开。目前主要的评估方法有：多因素评分分析法、冷热比较法、美国道氏化学公司评估法、关键因素评估法、抽样评估法、相似度法、国际风险评级法等。这里详细介绍三种与海外油气项目投资环境最为相关的评估方法。

### （一）英国罗伯逊研究咨询公司的问卷调查法

英国罗伯逊研究咨询公司应用问卷调查法评估各国投资环境，其调查对象为各个国家的外国石油公司，此方法进行了 20 年，积累了丰富的经验。他们将国家分为 4 个级别：很有兴趣、有兴趣、有点兴趣和没有兴趣。根据答卷进行排队。据 2001 年公布的 148 个国家投资机会和吸引力的调查结果，前几名依次为利比亚、英国、澳大利亚、阿尔及利亚、埃及、印度尼西亚、巴西、墨西哥和安哥拉。这种评价实际上包含了各方面的因素。

### （二）特里顿（Triton）能源公司的"财富之轮"评估系统

特里顿能源公司提出的"财富之轮"的概念［尼克·德·亚瑟（Nick De'Ath）1996，国际新风险大会，伦敦］是一个很好的测度系统。特里顿公司的"财富之轮"包含 60 个变量，主要反映了三大类风险：技术、经济和政治（见图 7-1）。①

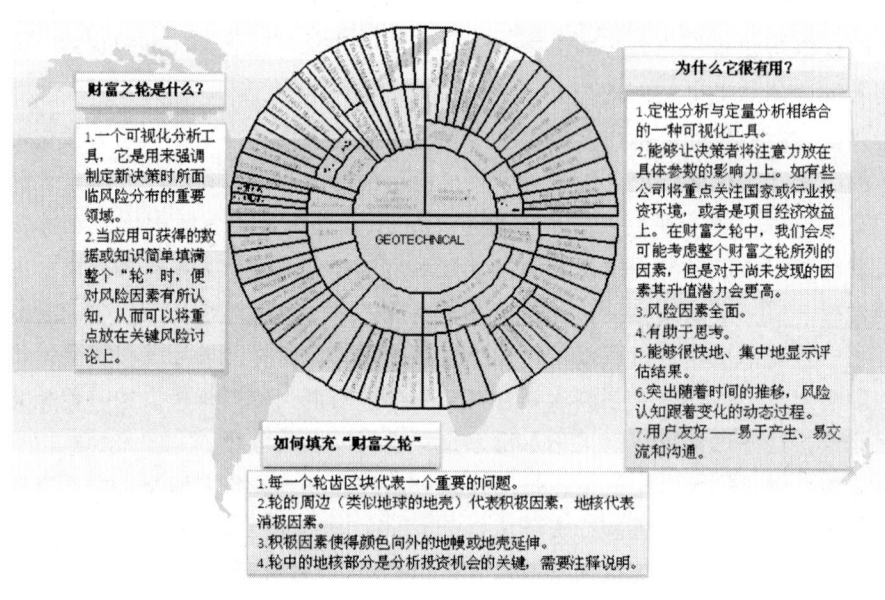

**图 7-1 特里顿的"财富之轮"**

"财富之轮"的主要特点是随着每一部分确定性的增加或者风险的消除，齿轮就被填充了。齿轮最圆满时就是最好的投资机会。这是一个非常有效的工具，可以定量分析蕴含在项目中的风险如何随着时间的变化而变化，也是一种全面进行风险评估的方法。

然而，在齿轮中，很难看出投机机会和投资环境是如何清晰排序的。这个测量系统并不能直觉的告诉我们哪个轮齿比其他更重要，也不能说明各个轮齿之间

---

① Nick De'Ath: *Triton as qualitative approach to risk perception*, 1996, International New Ventures Conference, London, 1996-03-15 和 Kellas G K: *Ranking global risks*, Integrated RiskManagement Euro Forum, London, 1998211226..

如何排序。

### (三) 石油公司跨国经营石油项目投资环境评估方法

中国石油集团公司经济技术研究院提出了重点国家选择的10个硬指标和12个软指标（见表7-1）。该方法采用分类指标专家打分和加权评估办法获得投资环境的定量评估值。

表7-1　　　　　　　　　投资环境评估指标分类

| 类别 | 硬指标（10个） | 软指标（12个） |
| --- | --- | --- |
| 资源类 | 剩余储量、未发现储量 | 对外合作的储量 |
| 成本类 | 勘探开发成本、基础设施、当地后勤服务、管道设施 | |
| 财税条款类 | 承包商收益比、成本回收限制、政府参与 | 灵活性 |
| 政治经济类 | 通货膨胀 | 政治稳定、对外合作政策、外汇政策、对待外国人政策、政治风险、经济风险、人身风险 |
| 公司优势类 | | 政治关系、经济关系、中国公司的地位 |

## 第二节　建立投资区域排序指标体系

### 一、投资环境综合分级和排序指数

综合上述各种评估方法和评估系统的优缺点，针对海外重点投资国家和地区的特点，课题组建立了一套投资环境风险评估和排序体系，如式7-1所示。这种方法在范围上和特里顿的"财富之轮"同样广泛，同时对风险的测度也是一致的，使得能够对任何一个投资项目进行清晰的排序，并且能够满足不同的投资目标和投资偏好。

$$I = \sum_{i=1}^{n} C_i \times W_i \qquad (7-1)$$

式中：$I$ 表示指数，$w$ 表示权重，$C$ 表示单个变量的等级（0-5），$\sum W = 100\%$。

## 二、评估的规则

评估和排序的规则比较简单：

（1）所有的环境因素都被分级在0（最好）和5（最差）之间；

（2）每一个环境因素都被赋一个权数，权数反映了公司的发展目标或者投资者的偏好；

（3）加权后的分级数据汇总后就能产生一个具有可比性的总指数。

本方法未必能包罗一切投资环境因素，但是已经满足了一个排序系统中的关键原则——涵盖广泛的环境因素。只要有数据的支撑，指标涵盖范围可以尽可能多地反映投资环境因素。

## 三、评估的过程

对投资环境的评估和排序的过程如下：

第一，利益相关主体或相关机构负责人确认各自领域关注的因素。例如，经济效益因素、环境因素、地质因素等。

第二，建立标准，衡量投资环境。在一些情况下，需要定量分析，其他情况下可以采用定性的方式（非常好、非常坏等）。在这一阶段，0~5的分级体系并没有应用。

第三，根据上面建立的标准，收集原始数据，测量每一投资环境因素。

第四，评价机构根据原始数据，建立每一个标准的最小—最大区间。

第五，将原始数据分为6段——0~1、1~2等——在每一段中确定相应的分级水平，这样就可得到0~5的分级数据。

第六，投资主体的目标可以通过对每一个分级数据赋权来反映。这可以由高层领导来决定，也可以由中层职能部门的负责人来决定，也可以由从高层至中层的主管们共同决定。

## 四、指标体系的构成

### （一）投资环境综合评估和排序指数的构成

基于可用的信息，并考虑操作的可行性，确定投资环境综合评估和排序指数由三部分组成：资源技术指数、经济评价指数和政治环境指数（见图7-2）。这些指数分别代表技术、经济和政治环境优劣程度。每一部分的评价指数将进一步细分到可量化的级别，从而更精确地反映投资环境。

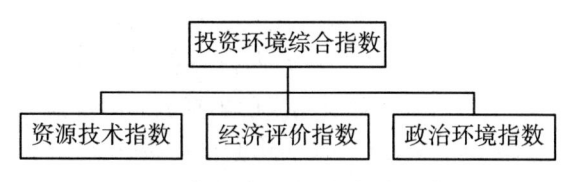

图7-2 综合分级和分类指数的构成

（二）资源技术指数的构成

资源技术指数包含四个因素，分别是储量因素、产量因素、成功率和资源开放与投资活跃程度（见图7-3）。对这四个因素进一步细化分析：储量因素包括剩余可采储量和当年新增石油储量；产量因素是指当年石油产量；成功率包括单井新增储量和钻井成功率；资源开放与投资活跃程度包括钻井井数、授予新许可证数和活跃公司数。

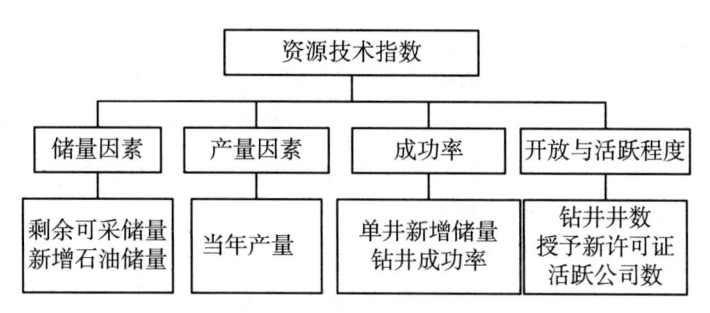

图7-3 资源技术指数的构成

（三）经济评价指数的构成

经济评价指数度量了海外油气项目基于经济价值环境的考量，在我们的评估系统中包含四个因素：投资回收期、承包商内部收益率（IRR）、承包商所得和承包商每桶收益（见图7-4）。

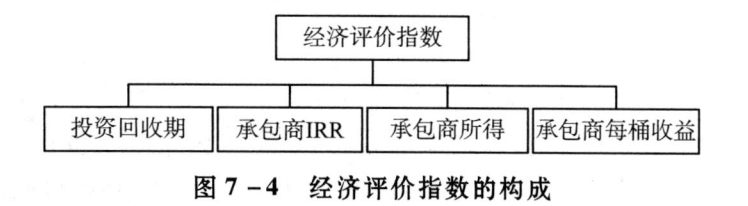

图7-4 经济评价指数的构成

### (四) 政治环境指数的构成

政治环境的分级主要基于主观或者定性的判断，可通过以下分析获得：(1) 对熟悉东道国情况的工作人员或者相关资料的调研和查阅；(2) 业内政治学家、经济学家和行业专家的分析和判断。目前，可获取评级机构报告中，ICRG 是最专业的、唯一每月发布评级结果的国别风险测量报告。ICRG 的国家风险评价包括政治、金融和经济三个范畴，由政治风险、金融风险和经济风险加权合成的综合风险指数来反映一国整体风险状况。我们参照 ICRG 的政治风险评价体系，假定政治环境指数包含 12 个因素：政权稳定、内部冲突、外部冲突、民主化程度、种族争端、社会经济条件、军事干预、宗教争端、政府效率、法律秩序、腐败程度和投资环境（见表 7-2）。

政权稳定性考察的是政府持续执政并实施其宣布项目的能力，通过衡量三个子项目：政府统一、立法强度和群众拥护来确定。内部冲突考察的是国家政治冲突事件及事件对政府影响的指标，主要包含内战威胁、恐怖/政治暴力和公民骚乱三个子指标。外部冲突考察的是国际外在环境对当权政府的威胁，通过衡量战争、边界冲突和外国压力三个子项目来判断。外部冲突可能从多方影响跨国商业的发展，例如：限制贸易、制裁投资、扭曲经济资源分配和改变行业结构。民主化程度考察的是政府对于民众的响应程度，通过确定政府的统治方式来衡量。越民主的政府政权的稳定性越高。种族争端考察的是国家不同种族、国籍和语言的民众之间关系的紧张程度。社会经济条件考察的是社会中存在的社会经济压力，主要包括失业率、消费者信心和贫困程度三个方面。社会经济条件会影响政府的举措，并可能引发群众对政府的不满。军事干预既会带来多方面的影响又可以反映某些潜在风险，如影响民主化程度、反映内部冲突激烈化或外部威胁加剧等。宗教争端衡量的是单一宗教团体专政时试图以宗教法替代民主法并打压其他宗教团体的程度。政府效率以及法律秩序作为吸收风险的指标，能够减少政治风险。腐败程度考察的是政府体系的腐败情况，它会对海外投资和经济产生影响。投资环境通过衡量合同可行性、利润回馈和支付延期三重指标来考察其他指标不能包含的环境因素对投资情况的影响。

### 五、分级指标的说明

对各个投资环境测度指标关系和计算方式见表 7-2。各机构的评价方法不完全相同，即使是使用相同的指标来进行评价，分级时所选的标准有相同的，也有不相同的，侧重点不会完全一致。即使一个标准，不同机构的理解也会有差别。如政治环境,有些西方公司认为投资环境很差的国家,对中国公司来说未必一定差。这与各个投资主体所具有的政治、经济背景和战略目标不同有关。对于中国来说,要从自己的实际情况出发,不能简单照搬西方国家广泛使用的跨国投资评价标准。各级指标的赋权反映了公司的投资驱动和投资偏好,可以根据投资者的需求进行调整。

表 7-2　　　　　　　　对各个环境因素测度指标的说明

| 指标名称 | 指标性质 | 父指标 | 指标计算说明 |
| --- | --- | --- | --- |
| 剩余可采储量 | 实际数据 | 资源技术指数 | 国家过去 5 年平均已探明剩余可采储量 |
| 新增石油储量 | 实际数据 | 资源技术指数 | 5 年内累计新增石油储量 |
| 产量 | 实际数据 | 资源技术指数 | 国家过去 5 年平均产量 |
| 单井新增储量 | 实际数据 | 资源技术指数 | (国家过去 5 年中累计新增储量)/(累计总钻井数) |
| 钻井成功率 | 实际数据 | 资源技术指数 | (国家过去 5 年累计总钻井数 - 干井数)/(累计总钻井数) |
| 钻井井数 | 实际数据 | 资源技术指数 | 近 5 年钻井井数 |
| 授予新许可证 | 实际数据 | 资源技术指数 | 近 5 年授予新许可证 |
| 活跃公司数 | 实际数据 | 资源技术指数 | 近 5 年活跃公司数 |
| 投资回报期 | 评价计算 | 经济评价指数 | 累计现金流等于零的时间 |
| 承包商 IRR | 评价计算 | 经济评价指数 | 投资者在项目期内的 IRR |
| 承包商所得 | 评价计算 | 经济评价指数 | 承包商所得/税前净现值(Pre - TaxNPV) |
| 承包商每桶收益 | 评价计算 | 经济评价指数 | 净现值/原油当量桶 |
| 政权稳定 | 定性判断 | 政治环境指数 | 政府持续执政和实施计划的能力,包括政府统一、立法强度和群众拥护三个子项目。(过去 5 年平均) |
| 内部冲突 | 定性判断 | 政治环境指数 | 政治冲突事件及其对政府的影响,主要包括内战威胁、恐怖/政治暴力和公民骚乱。(过去 5 年平均) |
| 外部冲突 | 定性判断 | 政治环境指数 | 主要包括战争、边界冲突和外国压力三个子指标(过去 5 年平均) |
| 民主化程度 | 定性判断 | 政治环境指数 | 政府对于民众的响应程度,政府的不同统治方式下的民主化程度不一(过去 5 年平均) |
| 种族争端 | 定性判断 | 政治环境指数 | 不同民族、国籍和语言的群众之间关系的紧张程度(过去 5 年平均) |

续表

| 指标名称 | 指标性质 | 父指标 | 指标计算说明 |
| --- | --- | --- | --- |
| 社会经济条件 | 定性判断 | 政治环境指数 | 社会经济压力，主要包括失业率、消费者信心和贫困程度三方面（过去5年平均） |
| 军事干预 | 定性判断 | 政治环境指数 | 军队在政府中的影响力，更趋向于一个反映潜在风险的指标（过去5年平均） |
| 宗教争端 | 定性判断 | 政治环境指数 | 单一宗教专政时，企图以宗教法代替民主法并打压其他宗教团体的程度（过去5年平均） |
| 政府效率 | 定性判断 | 政治环境指数 | 作为风险吸收指标，越强有力和高效率的政府，政策变动和政府更替对经济的影响越小（过去5年平均） |
| 法律秩序 | 定性判断 | 政治环境指数 | 包括法律体系的力度和公正性以及法律的执行力三个子指标（过去5年平均） |
| 腐败程度 | 定性判断 | 政治环境指数 | 政府体系的腐败情况，会对海外投资和市场的正常发展产生影响（过去5年平均） |
| 投资环境 | 定性判断 | 政治环境指数 | 衡量其他指标不能包括的因素对投资的影响，主要包括合同可行性、利润回馈和延期支付三个指标（过去5年平均） |

## 第三节  海外油气项目投资环境分析

### 一、评估国家选择与分类

通常，不同国家的财税条款会因国家资源禀赋好坏、国家经济发展水平、技术依赖程度等多种因素而有所不同。即使具体到同一个国家，政府也会因项目的开采难易程度、储量大小等因素而设置不同的财税条款，其中水深即是一个重要的因素。随着全球油气勘探开发水平的提高，油气勘探也从陆地发展到大陆架，继而延伸至深水，这给陆地资源匮乏、靠海的国家带来了机遇，而这些国家的新项目通常也位于海上。同时资源国为了吸引石油公司投资，一般会在财税条款上相对于陆上项目给予海上项目一定的优惠政策。因此,为了有针对性地进行对比,我们根据各个国家新项目最可能的位置,将研究国家划分为陆地、大陆架、深水三个大类,具体如表7-3所示。

表7-3 重点投资国家及其类型

| 国家类型 | 国家名称 | 国家类型 | 国家名称 |
| --- | --- | --- | --- |
| 陆地 | 阿根廷 | 大陆架 | 澳大利亚 |
| | 哥伦比亚 | | 印度尼西亚 |
| | 厄瓜多尔 | | 马来西亚 |
| | 秘鲁 | | 泰国 |
| | 委内瑞拉 | | 越南 |
| | 伊拉克 | | 卡塔尔 |
| | 阿曼 | | 阿联酋 |
| | 叙利亚 | | 英国 |
| | 哈萨克斯坦 | 深水 | 巴西 |
| | 阿尔及利亚 | | 阿塞拜疆 |
| | 埃及 | | 安哥拉 |
| | 利比亚 | | 尼日利亚 |
| | 突尼斯 | | |

## 二、分级标准

本研究中,分级情况根据实际数据,进行定量分级。根据实际数据的分级,以 2008~2012 年之间新增石油储量的数据为例,按照表7-4进行如下分级:

表7-4 对 2008~2010 年之间新增石油储量的数据分级

| 分级 | 新增储量 2008~2012 年(百万桶油当量) |
| --- | --- |
| 0 | >7 507 |
| 0~1 | 7 507~6 006 |
| 1~2 | 6 006~4 505 |
| 2~3 | 4 505~3 005 |
| 3~4 | 3 005~1 504 |
| 4~5 | 1 504~3 |
| 5 | <3 |

为了保持所有国家投资环境的可比性，我们对所有类型的国家采取了同样的分级标准。最终，所有指标采用的分级标准如表7-5和表7-6所示。

表7-5　　　　　　　　不同国家投资环境分级标准（a）

| 序号 | 指标名称 | 单位 | 0级 | 0~1级 | | | 1~2级 |
|---|---|---|---|---|---|---|---|
| 资源技术参数 | 剩余可采储量 | 百万桶油当量 | 292 635 | 292 635 | 234 285 | 234 285 | 175 935 |
| | 新增石油储量 | 百万桶油当量 | 7 507 | 7 507 | 6 006 | 6 006 | 4 505 |
| | 产量 | 百万桶油当量 | 1 583 | 1 583 | 1 275 | 1 275 | 967 |
| | 单井新增储量 | 百万桶油当量/口 | 420 | 420 | 336 | 336 | 252 |
| | 钻井成功率 | % | 80 | 80 | 65 | 65 | 51 |
| | 钻井井数 | 口 | 852 | 852 | 682 | 682 | 513 |
| | 授予新许可证 | 个 | 162 | 162 | 130 | 130 | 97 |
| | 活跃公司数 | 个 | 296 | 296 | 240 | 240 | 185 |
| 经济评价参数 | 静态投资回报期 | 年 | 3.14 | 3.14 | 3.64 | 3.64 | 4.13 |
| | 承包商IRR | % | 108 | 108 | 91 | 91 | 75 |
| | 承包商所得 | % | 65 | 65 | 53 | 53 | 42 |
| | 承包商每桶收益 | 美元/桶油当量 | 29.20 | 29.20 | 23.98 | 23.98 | 18.77 |
| 政治环境参数 | 政府稳定性 | 无 | 10.88 | 10.88 | 9.98 | 9.98 | 9.08 |
| | 内部冲突 | 无 | 10.44 | 10.44 | 9.47 | 9.47 | 8.50 |
| | 外部冲突 | 无 | 11.50 | 11.50 | 10.66 | 10.66 | 9.82 |
| | 民族争端 | 无 | 6.00 | 6.00 | 5.10 | 5.10 | 4.20 |
| | 社会经济条件 | 无 | 9.66 | 9.66 | 7.83 | 7.83 | 6.00 |
| | 军事干预 | 无 | 6.00 | 6.00 | 4.80 | 4.80 | 3.60 |
| | 宗教争端 | 无 | 6.00 | 6.00 | 5.00 | 5.00 | 4.00 |
| | 民主化程度 | 无 | 6.00 | 6.00 | 5.00 | 5.00 | 4.00 |
| | 政府效率 | 无 | 4.00 | 4.00 | 3.40 | 3.40 | 2.80 |
| | 法律秩序 | 无 | 5.50 | 5.50 | 4.64 | 4.64 | 3.78 |
| | 腐败程度 | 无 | 4.72 | 4.72 | 3.96 | 3.96 | 3.21 |
| | 投资环境 | 无 | 11.25 | 11.25 | 9.57 | 9.57 | 7.88 |

表7-6　　　　　不同国家投资环境分级标准（b）

| 序号 | 指标名称 | 单位 | 2~3级 | | 3~4级 | | 4~5级 | | 5级 |
|---|---|---|---|---|---|---|---|---|---|
| 资源技术参数 | 剩余可采储量 | 百万桶油当量 | 175 935 | 117 585 | 117 585 | 59 235 | 59 235 | 886 | 886 |
| | 新增石油储量 | 百万桶油当量 | 4 505 | 3 005 | 3 005 | 1 504 | 1 504 | 3 | 3 |
| | 产量 | 百万桶油当量 | 967 | 659 | 659 | 350 | 350 | 42 | 42 |
| | 单井新增储量 | 百万桶油当量/口 | 252 | 168 | 168 | 85 | 85 | 1 | 1 |
| | 钻井成功率 | % | 51 | 36 | 36 | 21 | 21 | 7 | 7 |
| | 钻井井数 | 口 | 513 | 343 | 343 | 174 | 174 | 4 | 4 |
| | 授予新许可证 | 个 | 97 | 65 | 65 | 33 | 33 | 1 | 1 |
| | 活跃公司数 | 个 | 185 | 129 | 129 | 74 | 74 | 18 | 18 |
| 经济评价参数 | 静态投资回报期 | 年 | 4.13 | 4.63 | 4.63 | 5.13 | 5.13 | 5.63 | 5.63 |
| | 承包商IRR | % | 75 | 58 | 58 | 41 | 41 | 24 | 24 |
| | 承包商所得 | % | 42 | 30 | 30 | 19 | 19 | 7 | 7 |
| | 承包商每桶收益 | 美元/桶油当量 | 18.77 | 13.56 | 13.56 | 8.35 | 8.35 | 3.14 | 3.14 |
| 政治环境参数 | 政府稳定性 | 无 | 9.08 | 8.17 | 8.17 | 7.27 | 7.27 | 6.37 | 6.37 |
| | 内部冲突 | 无 | 8.50 | 7.54 | 7.54 | 6.57 | 6.57 | 5.60 | 5.60 |
| | 外部冲突 | 无 | 9.82 | 8.98 | 8.98 | 8.13 | 8.13 | 7.29 | 7.29 |
| | 民族争端 | 无 | 4.20 | 3.30 | 3.30 | 2.40 | 2.40 | 1.50 | 1.50 |
| | 社会经济条件 | 无 | 6.00 | 4.16 | 4.16 | 2.33 | 2.33 | 0.50 | 0.50 |
| | 军事干预 | 无 | 3.60 | 2.40 | 2.40 | 1.20 | 1.20 | 0.50 | 0.50 |
| | 宗教争端 | 无 | 4.00 | 3.00 | 3.00 | 2.00 | 2.00 | 1.00 | 1.00 |
| | 民主化程度 | 无 | 4.00 | 3.00 | 3.00 | 2.00 | 2.00 | 1.00 | 1.00 |
| | 政府效率 | 无 | 2.80 | 2.20 | 2.20 | 1.60 | 1.60 | 1.00 | 1.00 |
| | 法律秩序 | 无 | 3.78 | 2.93 | 2.93 | 2.07 | 2.07 | 1.21 | 1.21 |
| | 腐败程度 | 无 | 3.21 | 2.45 | 2.45 | 1.70 | 1.70 | 0.94 | 0.94 |
| | 投资环境 | 无 | 7.88 | 6.20 | 6.20 | 4.51 | 4.51 | 2.83 | 2.83 |

## 三、指标赋权

各指标的赋权表明了公司的投资驱动和投资偏好。在缺省赋权设置中，假设投资者更加注重经济评价指数,而对政治环境是不敏感的。资源技术指数占40%,经济评价指数占45%,政治环境指数占15%。

另外,对于资源技术指数,假定投资者偏重项目机会的当前价值,从而权重倾向于描述产量因素;对于政治环境指数,视12个政治风险指标的重要程度一致,给予相同的权重。

各个指标的权重如表7-7所示。

表7-7　　　　　　　　　　指标权重

| 一级指标 | | 二级指标 | | 三级指标 | |
| --- | --- | --- | --- | --- | --- |
| 名称 | 权重 | 名称 | 权重(%) | 名称 | 权重(%) |
| 资源技术指数(%) | 40 | 储量因素 | 25 | 剩余可采储量 | 40 |
| | | | | 新增石油储量 | 60 |
| | | 产量因素 | 35 | 当年产量 | 100 |
| | | 成功率 | 20 | 单井新增储量 | 50 |
| | | | | 钻井成功率 | 50 |
| | | 开放与活跃程度 | 20 | 钻井井数 | 30 |
| | | | | 授予新许可证 | 40 |
| | | | | 活跃公司数 | 30 |
| 经济评价指数(%) | 45 | 投资回收期 | 25 | 投资回收期 | 100 |
| | | 承包商 IRR | 25 | 承包商 IRR | 100 |
| | | 承包商所得 | 25 | 承包商所得 | 100 |
| | | 承包商每桶收益 | 25 | 承包商每桶收益 | 100 |
| 政治环境指数(%) | 15 | 政权稳定 | 8.33 | 政权稳定 | 100 |
| | | 内部冲突 | 8.33 | 内部冲突 | 100 |
| | | 外部冲突 | 8.33 | 外部冲突 | 100 |
| | | 民主化程度 | 8.33 | 民主化程度 | 100 |
| | | 种族争端 | 8.33 | 种族争端 | 100 |
| | | 社会经济条件 | 8.33 | 社会经济条件 | 100 |
| | | 军事干预 | 8.33 | 军事干预 | 100 |
| | | 宗教争端 | 8.33 | 宗教争端 | 100 |
| | | 政府效率 | 8.33 | 政府效率 | 100 |
| | | 法律秩序 | 8.33 | 法律秩序 | 100 |
| | | 腐败程度 | 8.33 | 腐败程度 | 100 |
| | | 投资环境 | 8.33 | 投资环境 | 100 |

## 四、分级结果

### (一) 以陆地项目为主的重点国家投资环境评估

位于陆地的油气项目依然是当前油气开发的重点,我们所选择的 25 个国家中有 13 个国家的新开发项目以陆地项目为主。

**1. 基础数据**[①]

根据表 7-3 中对各个环境因素测度指标的说明,从各种数据源中收集相关指标。13 个国家所有指标构成的基础数据如表 7-8、表 7-9、表 7-10 所示:

**表 7-8　陆地国家投资环境综合评估和排序系统基础数据 (a)**

| 类别 | 评价指标 | | 美洲 | | | | |
|---|---|---|---|---|---|---|---|
| | 国家 | | 阿根廷 | 哥伦比亚 | 厄瓜多尔 | 秘鲁 | 委内瑞拉 |
| 资源技术指数 | 剩余可采储量 | 百万桶油当量 | 8 532 | 6 949 | 4 588 | 7 482 | 292 635 |
| | 新增石油储量 | 百万桶油当量 | 157 | 269 | 15 | 262 | 392 |
| | 产量 | 百万桶油当量 | 496 | 375 | 189 | 97 | 1 410 |
| | 单井新增储量 | 百万桶油当量/口 | 4 | 4 | 6 | 52 | 66 |
| | 钻井成功率 | % | 52 | 35 | 80 | 42 | 30 |
| | 钻井井数 | 口 | 852 | 454 | 140 | 136 | 53 |
| | 授予新许可证 | 个 | 27 | 44 | 6 | 6 | 6 |
| | 活跃公司数 | 个 | 113 | 149 | 36 | 70 | 39 |
| 经济评价指数 | 投资回报期 | 年 | 4.87 | 3.22 | 5.46 | 3.14 | 4.06 |
| | 承包商 IRR | % | 34 | 68 | 28 | 108 | 49 |
| | 承包商所得 | % | 12 | 29 | 8 | 65 | 8 |
| | 承包商每桶收益 | 美元/桶油当量 | 5.21 | 12.85 | 3.78 | 29.20 | 3.43 |
| 政治环境指数 | 政权稳定 | 无 | 6.76 | 9.35 | 6.81 | 6.40 | 7.76 |
| | 内部冲突 | 无 | 9.57 | 6.17 | 8.16 | 7.61 | 8.43 |
| | 外部冲突 | 无 | 9.50 | 9.21 | 9.04 | 10.01 | 8.23 |
| | 民主化程度 | 无 | 6.00 | 5.00 | 3.50 | 3.00 | 5.00 |

---

[①] 资源技术指数、经济评价指数来源于 IHS、Wood Mackenzie 咨询公司数据库,政治环境指数参考国际国别风险指南的政治风险评价体系。

续表

| 类别 | 评价指标 | | 美洲 | | | | |
|---|---|---|---|---|---|---|---|
| | 国家 | | 阿根廷 | 哥伦比亚 | 厄瓜多尔 | 秘鲁 | 委内瑞拉 |
| 政治环境指数 | 种族争端 | 无 | 5.07 | 3.68 | 4.73 | 4.50 | 4.47 |
| | 社会经济条件 | 无 | 4.50 | 2.00 | 1.50 | 4.68 | 0.50 |
| | 军事干预 | 无 | 6.00 | 5.00 | 5.00 | 6.00 | 4.00 |
| | 宗教争端 | 无 | 4.48 | 4.50 | 3.74 | 5.00 | 3.05 |
| | 政府效率 | 无 | 3.00 | 2.00 | 2.00 | 2.00 | 1.00 |
| | 法律秩序 | 无 | 2.50 | 1.99 | 2.50 | 3.23 | 1.21 |
| | 腐败程度 | 无 | 2.44 | 2.86 | 2.73 | 2.44 | 1.00 |
| | 投资环境 | 无 | 5.83 | 8.39 | 3.81 | 7.92 | 2.83 |

表7-9 陆地国家投资环境综合评估和排序系统基础数据（b）

| 类别 | 评价指标 | | 中东 | | | 欧洲 |
|---|---|---|---|---|---|---|
| | 国家 | | 伊拉克 | 阿曼 | 叙利亚 | 哈萨克斯坦 |
| 资源技术指数 | 剩余可采储量 | 百万桶油当量 | 178 405 | 15 464 | 3 713 | 51 513 |
| | 新增石油储量 | 百万桶油当量 | 1 703 | 118 | 42 | 82 |
| | 产量 | 百万桶油当量 | 1 060 | 511 | 157 | 779 |
| | 单井新增储量 | 百万桶油当量/口 | 281 | 8 | 3 | 5 |
| | 钻井成功率 | % | 58 | 26 | 39 | 23 |
| | 钻井井数 | 口 | 25 | 533 | 72 | 45 |
| | 授予新许可证 | 个 | 8 | 2 | 1 | 2 |
| | 活跃公司数 | 个 | 56 | 44 | 22 | 120 |
| 经济评价指数 | 投资回报期 | 年 | 3.43 | 3.60 | 3.60 | 3.33 |
| | 承包商IRR | % | 61 | 49 | 67 | 77 |
| | 承包商所得 | % | 13 | 14 | 29 | 34 |
| | 承包商每桶收益 | 美元/桶油当量 | 6.00 | 6.30 | 13.04 | 15.18 |
| 政治环境指数 | 政权稳定 | 无 | 7.03 | 10.24 | 8.66 | 10.03 |
| | 内部冲突 | 无 | 5.88 | 9.64 | 8.75 | 10.40 |
| | 外部冲突 | 无 | 7.29 | 10.00 | 7.61 | 11.00 |
| | 民主化程度 | 无 | 2.50 | 5.00 | 2.84 | 5.00 |
| | 种族争端 | 无 | 0.50 | 7.54 | 4.86 | 7.78 |

续表

| 类别 | 评价指标 | | 中东 | | | 欧洲 |
|---|---|---|---|---|---|---|
| | 国家 | | 伊拉克 | 阿曼 | 叙利亚 | 哈萨克斯坦 |
| 政治环境指数 | 社会经济条件 | 无 | 0.00 | 5.00 | 2.00 | 5.00 |
| | 军事干预 | 无 | 1.08 | 4.00 | 4.53 | 4.38 |
| | 宗教争端 | 无 | 4.29 | 1.23 | 1.00 | 1.80 |
| | 政府效率 | 无 | 1.46 | 2.00 | 1.47 | 2.00 |
| | 法律秩序 | 无 | 1.50 | 5.00 | 4.83 | 3.85 |
| | 腐败程度 | 无 | 1.30 | 2.50 | 1.94 | 1.50 |
| | 投资环境 | 无 | 7.88 | 11.03 | 5.16 | 8.13 |

表7-10　陆地国家投资环境综合评估和排序系统基础数据（c）

| 类别 | 评价指标 | | 非洲 | | | |
|---|---|---|---|---|---|---|
| | 国家 | | 阿尔及利亚 | 埃及 | 利比亚 | 突尼斯 |
| 资源技术指数 | 剩余可采储量 | 百万桶油当量 | 29 824 | 15 249 | 38 626 | 1 729 |
| | 新增石油储量 | 百万桶油当量 | 94 | 399 | 322 | 56 |
| | 产量 | 百万桶油当量 | 1 273 | 642 | 645 | 46 |
| | 单井新增储量 | 百万桶油当量/口 | 5 | 4 | 7 | 4 |
| | 钻井成功率 | % | 40 | 42 | 39 | 38 |
| | 钻井井数 | 口 | 81 | 540 | 166 | 31 |
| | 授予新许可证 | 个 | 9 | 5 | 1 | 1 |
| | 活跃公司数 | 个 | 43 | 90 | 22 | 66 |
| 经济评价指数 | 投资回报期 | 年 | 3.39 | 4.12 | 5.20 | 3.38 |
| | 承包商IRR | % | 79 | 48 | 42 | 81 |
| | 承包商所得 | % | 15 | 17 | 07 | 20 |
| | 承包商每桶收益 | 美元/桶油当量 | 6.88 | 7.88 | 3.14 | 9.19 |
| 政治环境指数 | 政权稳定 | 无 | 8.22 | 7.54 | 9.25 | 9.37 |
| | 内部冲突 | 无 | 8.13 | 7.81 | 10.44 | 9.91 |
| | 外部冲突 | 无 | 10.41 | 9.80 | 9.83 | 10.92 |
| | 民主化程度 | 无 | 3.50 | 5.00 | 5.00 | 5.00 |
| | 种族争端 | 无 | 5.10 | 4.89 | 4.91 | 5.83 |
| | 社会经济条件 | 无 | 3.00 | 2.39 | 3.11 | 3.92 |

续表

| 类别 | 评价指标 | | 非洲 | | | |
|---|---|---|---|---|---|---|
| | 国家 | | 阿尔及利亚 | 埃及 | 利比亚 | 突尼斯 |
| 政治环境指数 | 军事干预 | 无 | 2.50 | 2.80 | 5.00 | 4.87 |
| | 宗教争端 | 无 | 3.71 | 1.79 | 1.22 | 2.00 |
| | 政府效率 | 无 | 2.00 | 2.00 | 1.00 | 2.00 |
| | 法律秩序 | 无 | 3.00 | 3.28 | 4.00 | 4.92 |
| | 腐败程度 | 无 | 1.78 | 2.00 | 1.50 | 2.42 |
| | 投资环境 | 无 | 7.81 | 6.32 | 8.71 | 7.97 |

## 2. 分级结果

根据表7-5的分级标准对收集到的基础数据进行分类。具体分类方法如下：先比较指标处于哪个区间，确定分级的整数取值；再结合区间的上下限计算得到分级的小数取值；整数部分与小数部分之和即为分级结果。13个以陆地项目为主的重点国家投资环境分级结果见表7-11。

**表7-11　以陆地项目为主的不同国家投资环境分级结果**

| 指标类别 | 评价指标 | 美洲 | | | | | 中东 | |
|---|---|---|---|---|---|---|---|---|
| | 国家 | 阿根廷 | 哥伦比亚 | 厄瓜多尔 | 秘鲁 | 委内瑞拉 | 伊拉克 | 阿曼 |
| 资源技术指数 | 剩余可采储量 | 4.87 | 4.90 | 4.94 | 4.89 | 0.00 | 1.96 | 4.75 |
| | 新增石油储量 | 4.90 | 4.82 | 4.99 | 4.83 | 4.74 | 3.87 | 4.92 |
| | 产量 | 3.53 | 3.92 | 4.52 | 4.82 | 0.56 | 1.70 | 3.48 |
| | 单井新增储量 | 4.96 | 4.96 | 4.94 | 4.38 | 4.22 | 1.65 | 4.91 |
| | 钻井成功率 | 1.90 | 3.05 | 0.00 | 2.59 | 3.41 | 1.50 | 3.68 |
| | 钻井井数 | 0.00 | 2.35 | 4.20 | 4.22 | 4.71 | 4.88 | 1.88 |
| | 授予新许可证 | 4.18 | 3.66 | 4.84 | 4.85 | 4.83 | 4.79 | 4.95 |
| | 活跃公司数 | 3.29 | 2.65 | 4.67 | 4.07 | 4.63 | 4.31 | 4.53 |
| 经济评价指数 | 投资回报期 | 3.48 | 0.16 | 4.66 | 0.00 | 1.86 | 0.59 | 0.94 |
| | 承包商IRR | 4.41 | 2.39 | 4.80 | 0.00 | 3.51 | 2.81 | 3.50 |
| | 承包商所得 | 4.60 | 3.13 | 4.88 | 0.00 | 4.94 | 4.45 | 4.39 |
| | 承包商每桶收益 | 4.60 | 3.14 | 4.88 | 0.00 | 4.94 | 4.45 | 4.39 |

续表

| 指标类别 | 评价指标 | 美洲 | | | | | 中东 | |
|---|---|---|---|---|---|---|---|---|
| | 国家 | 阿根廷 | 哥伦比亚 | 厄瓜多尔 | 秘鲁 | 委内瑞拉 | 伊拉克 | 阿曼 |
| 政治环境指数 | 政权稳定 | 4.57 | 1.70 | 4.51 | 4.97 | 3.46 | 4.26 | 0.71 |
| | 内部冲突 | 0.90 | 4.42 | 2.36 | 2.92 | 2.07 | 4.72 | 0.82 |
| | 外部冲突 | 2.38 | 2.72 | 2.92 | 1.77 | 3.89 | 5.00 | 1.78 |
| | 民主化程度 | 0.00 | 1.11 | 2.78 | 3.33 | 1.11 | 3.89 | 1.11 |
| | 种族争端 | 2.51 | 3.27 | 2.69 | 2.82 | 2.83 | 5.00 | 1.16 |
| | 社会经济条件 | 1.25 | 3.33 | 3.75 | 1.10 | 4.58 | 5.00 | 0.83 |
| | 军事干预 | 0.00 | 1.00 | 1.00 | 0.00 | 2.00 | 4.93 | 2.00 |
| | 宗教争端 | 1.52 | 1.50 | 2.26 | 1.00 | 2.95 | 1.71 | 4.77 |
| | 政府效率 | 1.67 | 3.33 | 3.33 | 3.33 | 5.00 | 4.24 | 3.33 |
| | 法律秩序 | 3.50 | 4.09 | 3.50 | 2.64 | 5.00 | 4.66 | 0.58 |
| | 腐败程度 | 3.01 | 2.46 | 2.64 | 3.01 | 4.92 | 4.53 | 2.93 |
| | 投资环境 | 3.22 | 1.70 | 4.42 | 1.98 | 5.00 | 2.00 | 0.13 |

| 指标类别 | 评价指标 | 中东 | 欧洲 | 非洲 | | | |
|---|---|---|---|---|---|---|---|
| | 国家 | 叙利亚 | 哈萨克斯坦 | 阿尔及利亚 | 埃及 | 利比亚 | 突尼斯 |
| 资源技术指数 | 剩余可采储量 | 4.95 | 4.13 | 4.50 | 4.75 | 4.35 | 4.99 |
| | 新增石油储量 | 4.97 | 4.95 | 4.94 | 4.74 | 4.79 | 4.97 |
| | 产量 | 4.63 | 2.61 | 1.01 | 3.05 | 3.04 | 4.99 |
| | 单井新增储量 | 4.97 | 4.95 | 4.95 | 4.96 | 4.92 | 4.96 |
| | 钻井成功率 | 2.83 | 3.88 | 2.70 | 2.59 | 2.83 | 2.85 |
| | 钻井井数 | 4.60 | 4.76 | 4.54 | 1.84 | 4.04 | 4.84 |
| | 授予新许可证 | 4.99 | 4.97 | 4.73 | 4.88 | 4.99 | 4.98 |
| | 活跃公司数 | 4.94 | 3.17 | 4.55 | 3.70 | 4.94 | 4.14 |
| 经济评价指数 | 投资回报期 | 0.93 | 0.39 | 0.51 | 1.98 | 4.15 | 0.49 |
| | 承包商 IRR | 2.47 | 1.84 | 1.75 | 3.56 | 3.93 | 1.60 |
| | 承包商所得 | 3.10 | 2.69 | 4.28 | 4.09 | 5.00 | 3.84 |
| | 承包商每桶收益 | 3.10 | 2.69 | 4.28 | 4.09 | 5.00 | 3.84 |
| 政治环境指数 | 政权稳定 | 2.46 | 0.94 | 2.95 | 3.70 | 1.81 | 1.68 |
| | 内部冲突 | 1.74 | 0.04 | 2.39 | 2.72 | 0.00 | 0.54 |
| | 外部冲突 | 4.62 | 0.59 | 1.30 | 2.02 | 1.98 | 0.69 |

续表

| 指标类别 | 评价指标 | 中东 | 欧洲 | 非洲 | | | |
|---|---|---|---|---|---|---|---|
| | 国家 | 叙利亚 | 哈萨克斯坦 | 阿尔及利亚 | 埃及 | 利比亚 | 突尼斯 |
| 政治环境指数 | 民主化程度 | 3.51 | 1.11 | 2.78 | 1.11 | 1.11 | 1.11 |
| | 种族争端 | 2.62 | 1.03 | 2.49 | 2.60 | 2.59 | 2.09 |
| | 社会经济条件 | 3.33 | 0.83 | 2.50 | 3.01 | 2.41 | 1.74 |
| | 军事干预 | 1.48 | 1.62 | 3.50 | 3.20 | 1.00 | 1.13 |
| | 宗教争端 | 5.00 | 4.20 | 2.29 | 4.21 | 4.78 | 4.00 |
| | 政府效率 | 4.22 | 3.33 | 3.33 | 3.33 | 5.00 | 3.33 |
| | 法律秩序 | 0.78 | 1.92 | 2.91 | 2.59 | 1.75 | 0.68 |
| | 腐败程度 | 3.68 | 4.26 | 3.88 | 3.60 | 4.26 | 3.04 |
| | 投资环境 | 3.62 | 1.85 | 2.04 | 2.93 | 1.51 | 1.94 |

**3. 投资环境评估结果**

根据每个项目的综合指数的大小对项目进行排名的。综合指数是由经济评价指数、资源技术指数、政治环境指数分别乘以他们相应的权重，然后计算他们的和得到的。综合指数是一种综合投资环境指数，综合指数越小，代表这个项目的投资面临的环境越好，排名就越靠前。表7-12是所有陆地国家投资环境排序结果。

表7-12　　以陆地项目为主的国家投资环境排序结果

| | 国家名称 | 经济评价指数 | 资源技术指数 | 政治环境指数 | 综合指数 | 综合排名 |
|---|---|---|---|---|---|---|
| 美洲 | 秘鲁 | 0.00 | 4.48 | 2.41 | 2.15 | 1 |
| 欧洲 | 哈萨克斯坦 | 1.90 | 3.83 | 1.81 | 2.66 | 2 |
| 非洲 | 阿尔及利亚 | 2.71 | 3.23 | 2.70 | 2.92 | 3 |
| 美洲 | 哥伦比亚 | 2.20 | 3.98 | 2.55 | 2.97 | 4 |
| 中东 | 伊拉克 | 3.07 | 2.62 | 4.16 | 3.06 | 5 |
| 非洲 | 突尼斯 | 2.44 | 4.71 | 1.83 | 3.26 | 6 |
| 美洲 | 委内瑞拉 | 3.81 | 2.62 | 3.57 | 3.30 | 7 |
| 中东 | 阿曼 | 3.31 | 4.07 | 1.68 | 3.37 | 8 |
| 中东 | 叙利亚 | 2.40 | 4.61 | 3.09 | 3.39 | 9 |

续表

| 国家名称 | | 经济评价指数 | 资源技术指数 | 政治环境指数 | 综合指数 | 综合排名 |
|---|---|---|---|---|---|---|
| 非洲 | 埃及 | 3.43 | 3.73 | 2.92 | 3.47 | 10 |
| 美洲 | 阿根廷 | 4.27 | 3.67 | 2.04 | 3.70 | 11 |
| 非洲 | 利比亚 | 4.52 | 3.93 | 2.35 | 3.96 | 12 |
| 美洲 | 厄瓜多尔 | 4.80 | 4.24 | 3.01 | 4.31 | 13 |

所选择的 13 个以大陆项目为主的重点国家中，投资环境以秘鲁、哈萨克斯坦、阿尔及利亚、哥伦比亚、伊拉克居前，而委内瑞拉、叙利亚等其他国家稍差，厄瓜多尔由于财税最苛刻、资源不佳位居最后。值得注意的是，秘鲁的财税制度最为宽松，委内瑞拉、伊拉克资源技术指数最优，阿曼的政治环境最好。

**4. 投资环境气泡图**

以横坐标代表经济评价指数，纵坐标代表资源技术指数，气泡的大小代表国家政治环境所绘制投资环境气泡图（见图 7-5）。可以看出，对于大陆项目来说，秘鲁的投资环境要明显好于哈萨克斯坦、阿尔及利亚、哥伦比亚、伊拉克等 12 个国家。

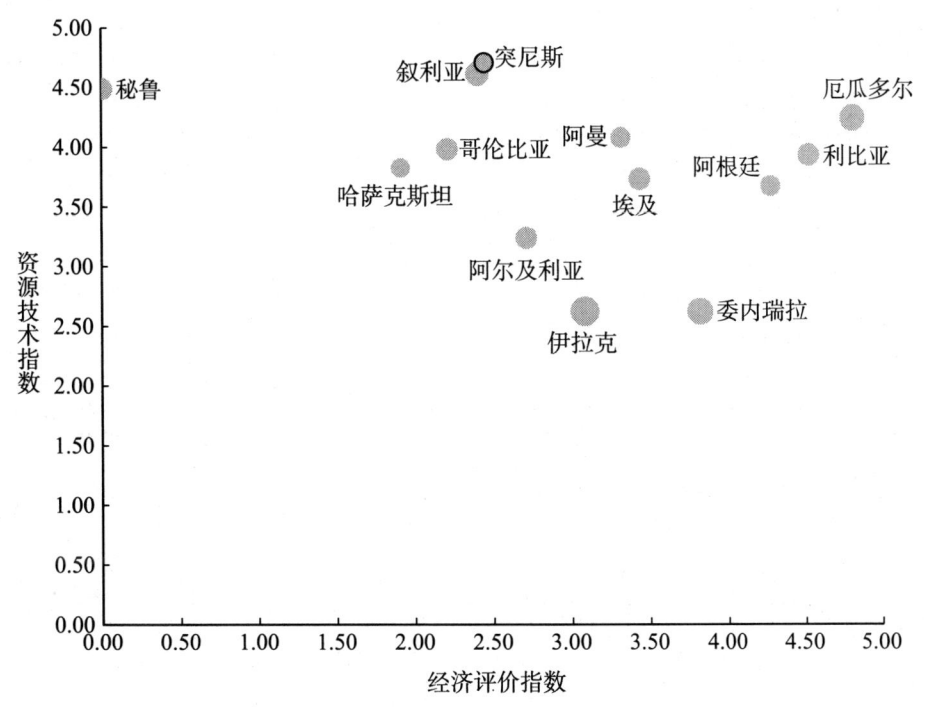

图 7-5  以陆地项目为主的国家投资环境排序

注：气泡大小代表政治风险高低。

## （二）以大陆架项目为主的重点国家分级结果

新开发项目位于大陆架地区的国家有 8 个，分别为澳大利亚、印度尼西亚、马来西亚、泰国、越南、卡塔尔、阿联酋和英国。

### 1. 基础数据

根据表 7-3 中对各个环境因素测度指标的说明，从各种数据源中收集相关指标，并将投资环境的基础数据汇总到表 7-13。

**表 7-13　大陆架国家投资环境综合评估和排序系统基础数据**

| 类别 | 评价指标 | | 亚太 | | | | | 中东 | | 欧洲 |
| --- | --- | --- | --- | --- | --- | --- | --- | --- | --- | --- |
| | 指标名称 | | 澳大利亚 | 印度尼西亚 | 马来西亚 | 泰国 | 越南 | 卡塔尔 | 阿联酋 | 英国 |
| 资源技术指数 | 剩余可采储量 | 百万桶油当量 | 44 651 | 36 645 | 21 373 | 3 907 | 6 896 | 199 241 | 76 762 | 17 330 |
| | 新增石油储量 | 百万桶油当量 | 1 521 | 353 | 586 | 61 | 182 | 78 | 22 | 351 |
| | 产量 | 百万桶油当量 | 469 | 853 | 596 | 257 | 167 | 1 008 | 1 583 | 809 |
| | 单井新增储量 | 百万桶油当量/口 | 21 | 8 | 27 | 4 | 16 | 39 | 4 | 11 |
| 资源技术指数 | 钻井成功率 | % | 38 | 47 | 46 | 56 | 41 | 10 | 7 | 38 |
| | 钻井井数 | 口 | 651 | 669 | 69 | 521 | 60 | 4 | 115 | 233 |
| | 授予新许可证 | 个 | 36 | 21 | 11 | 2 | 4 | 1 | 2 | 162 |
| | 活跃公司数 | 个 | 296 | 176 | 18 | 42 | 54 | 23 | 21 | 206 |
| 经济评价指数 | 投资回报期 | 年 | 3.38 | 4.51 | 3.43 | 3.68 | 4.00 | 4.89 | 4.48 | 3.30 |
| | 承包商 IRR | % | 63 | 32 | 43 | 32 | 33 | 28 | 38 | 73 |
| | 承包商所得 | % | 41 | 10 | 12 | 10 | 8 | 13 | 24 | 51 |
| | 承包商每桶收益 | 美元/桶油当量 | 18.95 | 4.77 | 5.44 | 4.71 | 3.76 | 6.01 | 10.80 | 23.20 |
| 政治环境指数 | 政权稳定 | 无 | 7.90 | 7.45 | 6.37 | 6.98 | 9.58 | 10.88 | 10.83 | 7.30 |
| | 内部冲突 | 无 | 10.00 | 8.36 | 9.88 | 7.87 | 10.03 | 9.43 | 9.93 | 9.20 |
| | 外部冲突 | 无 | 10.22 | 10.50 | 10.50 | 9.19 | 11.50 | 8.50 | 11.00 | 7.90 |
| | 民主化程度 | 无 | 4.00 | 6.00 | 6.00 | 2.60 | 4.50 | 6.00 | 5.00 | 4.00 |
| | 种族争端 | 无 | 9.38 | 6.02 | 9.54 | 7.22 | 4.45 | 8.00 | 9.66 | 8.23 |

续表

| 类别 | 评价指标 | | 亚太 | | | | | 中东 | | 欧洲 |
|---|---|---|---|---|---|---|---|---|---|---|
| | 指标名称 | 澳大利亚 | 印度尼西亚 | 马来西亚 | 泰国 | 越南 | 卡塔尔 | 阿联酋 | 英国 |
| 政治环境指数 | 社会经济条件 | 无 | 6.00 | 2.50 | 5.00 | 2.95 | 3.00 | 4.00 | 5.00 | 6.00 |
| | 军事干预 | 无 | 6.00 | 1.00 | 4.00 | 2.00 | 4.00 | 4.00 | 4.00 | 6.00 |
| | 宗教争端 | 无 | 6.00 | 5.00 | 4.39 | 4.50 | 1.22 | 2.00 | 2.50 | 6.00 |
| | 政府效率 | 无 | 4.00 | 2.00 | 3.00 | 2.00 | 2.00 | 3.00 | 3.00 | 4.00 |
| | 法律秩序 | 无 | 5.50 | 3.00 | 4.00 | 2.50 | 4.00 | 5.00 | 4.00 | 5.36 |
| | 腐败程度 | 无 | 4.72 | 3.28 | 2.50 | 1.94 | 2.95 | 2.56 | 3.00 | 4.06 |
| | 投资环境 | 无 | 11.25 | 8.36 | 9.46 | 7.79 | 7.72 | 9.90 | 10.64 | 10.48 |

**2. 分级结果**

同样，根据表 7-4 的分级标准对收集到的基础数据进行分级，与以陆地项目为主的分级方法相同。8 个以大陆架项目为主的重点国家投资环境分级结果见表 7-14。

**表 7-14 大陆架不同国家投资环境分级结果**

| 类别 | 评价指标 | 亚太 | | | | | 中东 | | 欧洲 |
|---|---|---|---|---|---|---|---|---|---|
| | 国家 | 澳大利亚 | 印度尼西亚 | 马来西亚 | 泰国 | 越南 | 卡塔尔 | 阿联酋 | 英国 |
| 资源技术指数 | 剩余可采储量 | 4.25 | 4.39 | 4.65 | 4.95 | 4.90 | 1.60 | 3.70 | 4.72 |
| | 新增石油储量 | 3.99 | 4.77 | 4.61 | 4.96 | 4.88 | 4.95 | 4.99 | 4.77 |
| | 产量 | 3.61 | 2.37 | 3.20 | 4.30 | 4.59 | 1.87 | 0.00 | 2.51 |
| | 单井新增储量 | 4.75 | 4.92 | 4.69 | 4.96 | 4.82 | 4.55 | 4.97 | 4.88 |
| | 钻井成功率 | 2.85 | 2.25 | 2.31 | 1.64 | 2.65 | 4.77 | 5.00 | 2.86 |
| | 钻井井数 | 1.19 | 1.08 | 4.62 | 1.95 | 4.67 | 5.00 | 4.35 | 3.65 |
| | 授予新许可证 | 3.89 | 4.37 | 4.69 | 4.96 | 4.89 | 4.99 | 4.96 | 0.00 |
| | 活跃公司数 | 0.00 | 2.15 | 5.00 | 4.56 | 4.36 | 4.91 | 4.95 | 1.63 |
| 经济评价指数 | 投资回报期 | 0.49 | 2.76 | 0.59 | 1.08 | 1.72 | 3.52 | 2.69 | 0.33 |
| | 承包商 IRR | 2.67 | 4.54 | 3.89 | 4.53 | 4.48 | 4.76 | 4.22 | 2.10 |
| | 承包商所得 | 2.03 | 4.70 | 4.58 | 4.72 | 4.89 | 4.47 | 3.57 | 1.23 |
| | 承包商每桶收益 | 1.97 | 4.69 | 4.56 | 4.70 | 4.88 | 4.45 | 3.53 | 1.15 |

续表

| 类别 | 评价指标 | 亚太 | | | | | 中东 | | 欧洲 |
|---|---|---|---|---|---|---|---|---|---|
| | 国家 | 澳大利亚 | 印度尼西亚 | 马来西亚 | 泰国 | 越南 | 卡塔尔 | 阿联酋 | 英国 |
| 政治环境指数 | 政权稳定 | 3.30 | 3.80 | 5.00 | 4.33 | 1.45 | 0.00 | 0.06 | 3.97 |
| | 内部冲突 | 0.45 | 2.15 | 0.58 | 2.66 | 0.43 | 1.04 | 0.53 | 1.28 |
| | 外部冲突 | 1.52 | 1.19 | 1.19 | 2.74 | 0.00 | 3.56 | 0.59 | 4.28 |
| | 民主化程度 | 2.22 | 4.44 | 2.22 | 3.78 | 1.67 | 0.00 | 1.11 | 2.22 |
| | 种族争端 | 0.15 | 1.99 | 0.06 | 1.33 | 2.84 | 0.91 | 0.00 | 0.78 |
| | 社会经济条件 | 0.00 | 2.92 | 0.83 | 2.54 | 2.50 | 1.67 | 0.83 | 0.00 |
| | 军事干预 | 0.00 | 5.00 | 2.00 | 4.00 | 2.00 | 2.00 | 2.00 | 0.00 |
| | 宗教争端 | 0.00 | 1.00 | 1.61 | 1.50 | 4.78 | 4.00 | 3.50 | 0.00 |
| | 政府效率 | 0.00 | 3.33 | 1.67 | 3.33 | 3.33 | 3.33 | 1.67 | 0.00 |
| | 法律秩序 | 0.00 | 2.91 | 1.75 | 3.50 | 1.75 | 0.58 | 1.75 | 0.17 |
| | 腐败程度 | 0.00 | 1.90 | 2.93 | 3.67 | 2.34 | 2.85 | 2.27 | 0.87 |
| | 投资环境 | 0.00 | 1.71 | 1.06 | 2.05 | 2.10 | 0.80 | 0.36 | 0.45 |

**3. 投资环境评估结果**

同样,根据每个项目的综合指数的大小对项目进行排名。表 7-15 是所有大陆架国家投资环境排序结果。

**表 7-15　以大陆架项目为主的不同国家投资环境排序结果**

| 国家名称 | | 经济评价指数 | 资源技术指数 | 政治环境指数 | 综合指数 | 综合排名 |
|---|---|---|---|---|---|---|
| 欧洲 | 英国 | 1.20 | 3.16 | 1.17 | 1.98 | 1 |
| 亚太 | 澳大利亚 | 1.79 | 3.43 | 0.64 | 2.27 | 2 |
| 中东 | 阿联酋 | 3.50 | 3.07 | 1.22 | 2.99 | 3 |
| 亚太 | 马来西亚 | 3.40 | 3.93 | 1.74 | 3.36 | 4 |
| 亚太 | 印尼 | 4.17 | 3.24 | 2.70 | 3.58 | 5 |
| 中东 | 卡塔尔 | 4.30 | 3.48 | 1.73 | 3.59 | 6 |
| 亚太 | 泰国 | 3.75 | 4.19 | 2.95 | 3.81 | 7 |
| 亚太 | 越南 | 4.00 | 4.51 | 2.10 | 3.92 | 8 |

8 个重点选择的国家中,投资环境的综合排名依次为英国、澳大利亚、阿联酋、马来西亚、印度尼西亚、卡塔尔、泰国和越南。

**4. 投资环境气泡图**

相同的，以横坐标代表经济评价指数，纵坐标代表资源技术指数，气泡的大小代表政治环境所绘制投资环境气泡图（见图7-6）。图7-6中可以看出，大陆架项目中，英国、澳大利亚的投资环境要明显好于阿联酋、马来西亚、印度尼西亚、泰国、卡塔尔和越南。

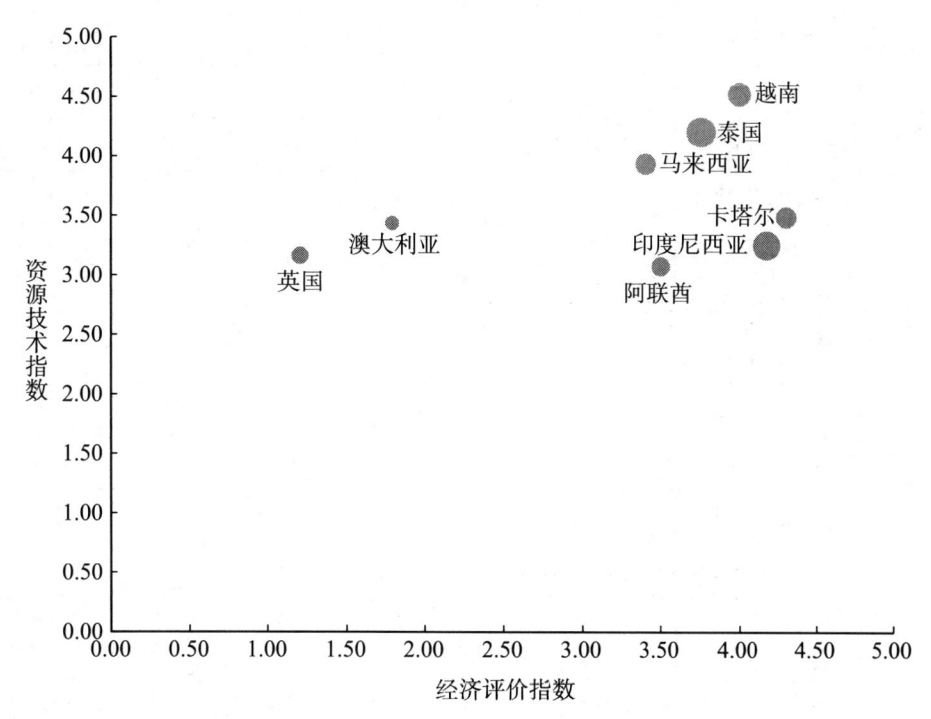

**图7-6　以大陆架项目为主的国家投资环境排序**

**（三）以深水项目为主的重点国家分级结果**

在陆地资源增长乏力及油价持续高企的今天，深水油气项目越来越受到全球石油公司的关注。我们选择了四个新项目最可能处于深水的国家，分别为巴西、阿塞拜疆、安哥拉和尼日利亚。

**1. 基础数据**

根据表7-3中对各个风险测度指标的说明搜集相关指标，并将投资环境的基础数据汇总到表7-16。

**2. 分级结果**

同样根据表7-4的分级标准对收集到的基础数据进行分级，与以陆地项目为主的分级方法相同。四个以深水项目为主的重点国家投资环境分级结果见表7-17。

表7-16 深水国家投资环境综合评估和排序系统基础数据

| 指标类别 | 评价指标 | | 美洲 | 欧洲 | 非洲 | |
|---|---|---|---|---|---|---|
| | 国家 | | 巴西 | 阿塞拜疆 | 安哥拉 | 尼日利亚 |
| 资源技术指数 | 剩余可采储量 | 百万桶油当量 | 64 917 | 20 631 | 19 171 | 65 115 |
| | 新增石油储量 | 百万桶油当量 | 7 507 | 420 | 574 | 141 |
| | 产量 | 百万桶油当量 | 871 | 441 | 692 | 1 051 |
| | 单井新增储量 | 百万桶油当量/口 | 81 | 420 | 44 | 15 |
| | 钻井成功率 | % | 37 | 60 | 42 | 50 |
| | 钻井井数 | 口 | 769 | 12 | 120 | 96 |
| | 授予新许可证 | 个 | 27 | 1 | 3 | 1 |
| | 活跃公司数 | 个 | 85 | 21 | 44 | 83 |
| 经济评价指数 | 投资回报期 | 年 | 5.63 | 5.26 | 5.30 | 5.50 |
| | 承包商IRR | % | 27 | 29 | 25 | 24 |
| | 承包商所得 | % | 44 | 21 | 19 | 23 |
| | 承包商每桶收益 | 美元/桶油当量 | 13.24 | 6.17 | 5.78 | 6.95 |
| 政治环境指数 | 政权稳定 | 无 | 8.49 | 9.74 | 9.49 | 7.53 |
| | 内部冲突 | 无 | 9.83 | 9.06 | 8.82 | 6.27 |
| | 外部冲突 | 无 | 10.50 | 7.92 | 11.00 | 9.44 |
| | 民主化程度 | 无 | 3.00 | 4.50 | 3.00 | 2.00 |
| | 种族争端 | 无 | 6.93 | 7.97 | 2.84 | 1.91 |
| | 社会经济条件 | 无 | 4.00 | 3.55 | 2.00 | 1.93 |
| | 军事干预 | 无 | 6.00 | 4.28 | 4.00 | 1.59 |
| | 宗教争端 | 无 | 5.00 | 1.50 | 2.20 | 3.50 |
| | 政府效率 | 无 | 2.00 | 1.00 | 1.50 | 1.00 |
| | 法律秩序 | 无 | 2.00 | 3.50 | 2.80 | 2.00 |
| | 腐败程度 | 无 | 2.81 | 1.94 | 1.50 | 1.50 |
| | 投资环境 | 无 | 7.36 | 9.40 | 7.87 | 6.41 |

表 7-17　　以深水项目为主的不同国家投资环境分级结果

| 指标类别 | 评价指标 | 美洲 | 欧洲 | 非洲 | |
|---|---|---|---|---|---|
| | 国家 | 巴西 | 阿塞拜疆 | 安哥拉 | 尼日利亚 |
| 资源技术指数 | 剩余可采储量 | 3.90 | 4.66 | 4.69 | 3.90 |
| | 新增石油储量 | 0.00 | 4.72 | 4.62 | 4.91 |
| | 产量 | 2.31 | 3.71 | 2.89 | 1.73 |
| | 单井新增储量 | 4.05 | 0.00 | 4.48 | 4.83 |
| | 钻井成功率 | 2.96 | 1.36 | 2.60 | 2.02 |
| | 钻井井数 | 0.48 | 4.96 | 4.32 | 4.46 |
| | 授予新许可证 | 4.17 | 5.00 | 4.93 | 4.99 |
| | 活跃公司数 | 3.79 | 4.94 | 4.54 | 3.83 |
| 经济评价指数 | 投资回报期 | 5.00 | 4.26 | 4.34 | 4.74 |
| | 承包商 IRR | 4.82 | 4.74 | 4.95 | 5.00 |
| | 承包商所得 | 1.77 | 3.82 | 3.93 | 3.59 |
| | 承包商每桶收益 | 3.06 | 4.42 | 4.49 | 4.27 |
| 政治环境指数 | 政权稳定 | 2.65 | 1.27 | 1.54 | 3.71 |
| | 内部冲突 | 0.63 | 1.43 | 1.67 | 4.31 |
| | 外部冲突 | 1.19 | 4.25 | 0.59 | 2.45 |
| | 民主化程度 | 3.33 | 1.67 | 3.33 | 4.44 |
| | 种族争端 | 1.49 | 0.92 | 3.72 | 4.23 |
| | 社会经济条件 | 1.67 | 2.04 | 3.33 | 3.39 |
| | 军事干预 | 0.00 | 1.72 | 2.00 | 4.41 |
| | 宗教争端 | 1.00 | 4.50 | 3.80 | 2.50 |
| | 政府效率 | 3.33 | 5.00 | 4.17 | 5.00 |
| | 法律秩序 | 4.08 | 2.33 | 3.15 | 4.08 |
| | 腐败程度 | 2.53 | 4.26 | 3.68 | 4.26 |
| | 投资环境 | 2.31 | 1.10 | 2.01 | 2.87 |

**3. 环境评估结果**

同样，根据每个项目的综合指数的大小对项目进行排名。表 7-18 是所有深水项目排序结果。

表7-18　以深水项目为主的不同国家投资环境排序结果

| 国家名称 | 经济评价指数 | 资源技术指数 | 政治环境指数 | 综合指数 | 综合排名 |
|---|---|---|---|---|---|
| 巴西 | 3.66 | 2.49 | 2.02 | 2.95 | 1 |
| 阿塞拜疆 | 4.31 | 3.60 | 2.54 | 3.76 | 2 |
| 尼日利亚 | 4.40 | 3.31 | 3.80 | 3.88 | 3 |
| 安哥拉 | 4.43 | 3.81 | 2.75 | 3.93 | 4 |

四个重点选择的深水国家中,以巴西的投资环境最好,并且其在经济评价指数、资源技术指数、政治环境指数三个方面都为最优。

**4. 投资环境气泡图**

同样以横坐标代表经济评价指数,纵坐标代表资源技术指数,气泡的大小代表政治环境所绘制投资环境气泡图(见图7-7)。图7-7中可以看出,对于深水项目来说,巴西的投资环境要明显好于阿塞拜疆、尼日利亚和安哥拉。

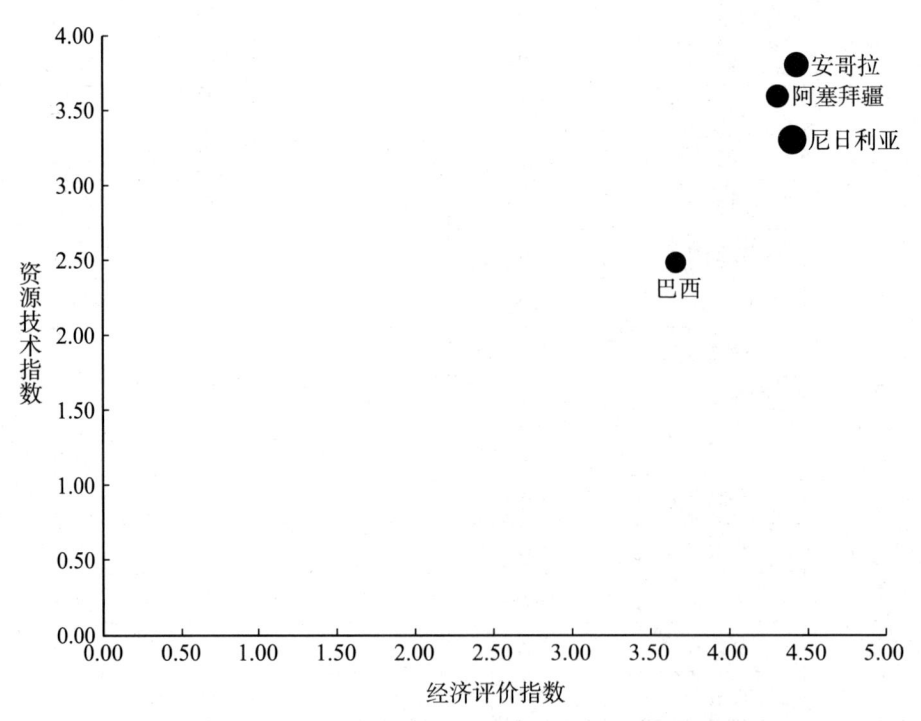

图7-7　以深水项目为主的国家投资环境排序

**(四) 重点国家分级总结果**

**1. 国家环境评估总结果**

将上述三大类国家的所有分级结果汇总,根据计算出的综合指数对其进行排序。表 7-19 是所有国家排序结果。

表 7-19　　　　　　　　不同国家投资环境排序结果

| 国家洲别 | 国家名称 | 项目位置 | 经济评价指数 | 资源技术指数 | 政治环境指数 | 综合指数 | 综合排名 |
| --- | --- | --- | --- | --- | --- | --- | --- |
| 欧洲 | 英国 | 大陆架 | 1.20 | 3.16 | 1.17 | 1.98 | 1 |
| 美洲 | 秘鲁 | 陆地 | 0.00 | 4.48 | 2.41 | 2.15 | 2 |
| 亚太 | 澳大利亚 | 大陆架 | 1.79 | 3.43 | 0.64 | 2.27 | 3 |
| 欧洲 | 哈萨克斯坦 | 陆地 | 1.90 | 3.83 | 1.81 | 2.66 | 4 |
| 非洲 | 阿尔及利亚 | 陆地 | 2.71 | 3.23 | 2.70 | 2.92 | 5 |
| 美洲 | 巴西 | 深水 | 3.66 | 2.49 | 2.02 | 2.95 | 6 |
| 美洲 | 哥伦比亚 | 陆地 | 2.20 | 3.98 | 2.55 | 2.97 | 7 |
| 中东 | 阿联酋 | 大陆架 | 3.50 | 3.07 | 1.22 | 2.99 | 8 |
| 中东 | 伊拉克 | 陆地 | 3.07 | 2.62 | 4.16 | 3.06 | 9 |
| 非洲 | 突尼斯 | 陆地 | 2.44 | 4.71 | 1.83 | 3.26 | 10 |
| 美洲 | 委内瑞拉 | 陆地 | 3.81 | 2.62 | 3.57 | 3.30 | 11 |
| 亚太 | 马来西亚 | 大陆架 | 3.40 | 3.93 | 1.74 | 3.36 | 12 |
| 中东 | 阿曼 | 陆地 | 3.31 | 4.07 | 1.68 | 3.37 | 13 |
| 中东 | 叙利亚 | 陆地 | 2.40 | 4.61 | 3.09 | 3.39 | 14 |
| 非洲 | 埃及 | 陆地 | 3.43 | 3.73 | 2.92 | 3.47 | 15 |
| 亚太 | 印度尼西亚 | 大陆架 | 4.17 | 3.24 | 2.70 | 3.58 | 16 |
| 中东 | 卡塔尔 | 大陆架 | 4.30 | 3.48 | 1.73 | 3.59 | 17 |
| 美洲 | 阿根廷 | 陆地 | 4.27 | 3.67 | 2.04 | 3.70 | 18 |
| 欧洲 | 阿塞拜疆 | 深水 | 4.31 | 3.60 | 2.54 | 3.76 | 19 |
| 亚太 | 泰国 | 大陆架 | 3.75 | 4.19 | 2.95 | 3.81 | 20 |
| 非洲 | 尼日利亚 | 深水 | 4.40 | 3.31 | 3.80 | 3.88 | 21 |
| 亚太 | 越南 | 大陆架 | 4.00 | 4.51 | 2.10 | 3.92 | 22 |
| 非洲 | 安哥拉 | 深水 | 4.43 | 3.81 | 2.75 | 3.93 | 23 |
| 非洲 | 利比亚 | 陆地 | 4.52 | 3.93 | 2.35 | 3.96 | 24 |
| 美洲 | 厄瓜多尔 | 陆地 | 4.80 | 4.24 | 3.01 | 4.31 | 25 |

25 个重点选择的所有国家中，以深水项目为主的国家的投资环境评价指数均值（3.63）要普遍弱于以陆地（3.27）和大陆架（3.19）项目为主的国家，

意味着这些国家的总体投资环境明显比其他国家差。

### 2. 投资环境气泡图

项目气泡的横坐标代表项目的经济环境，纵坐标代表技术环境，气泡的大小代表项目的政治环境。从图 7-8 中可以看出，总体来看，英国、秘鲁、澳大利亚的投资环境要好于哈萨克斯坦、阿尔及利亚等 22 个国家。

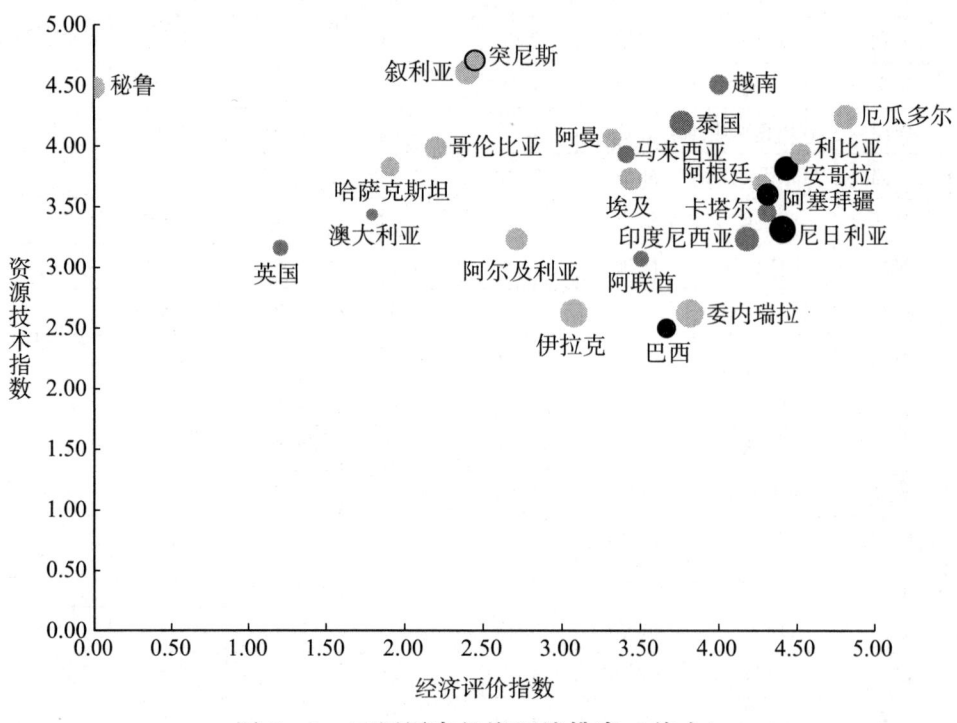

**图 7-8　不同国家投资环境排序（综合）**

注：气泡大小代表政治环境；浅色代表陆地国家，深灰色代表大陆架国家，黑色代表深水国家。

## 第四节　海外油气投资战略机会分析

前文基于评估原则构建了一套具有可操作性的海外油气项目投资环境评估模型，并进行了应用分析，通过计算得到投资环境评估指数。根据投资环境指数的评估结果，这 26 个国家的项目，从英国、秘鲁到阿塞拜疆、厄瓜多尔吸引力依次递减（见图 7-9）。

| 国家名称 | 项目位置 |
|---|---|
| 英国 | 大陆架 |
| 秘鲁 | 陆地 |
| 澳大利亚 | 大陆架 |
| 哈萨克斯坦 | 陆地 |
| 阿尔及利亚 | 陆地 |
| 哥伦比亚 | 陆地 |
| 巴西 | 深水 |
| 伊拉克 | 陆地 |
| 阿联酋 | 大陆架 |
| 委内瑞拉 | 陆地 |
| 突尼斯 | 陆地 |
| 叙利亚 | 陆地 |
| 阿曼 | 陆地 |
| 马来西亚 | 大陆架 |
| 埃及 | 陆地 |
| 印度尼西亚 | 大陆架 |
| 阿根廷 | 陆地 |
| 苏丹（分裂前） | 陆地 |
| 尼日利亚 | 深水 |
| 泰国 | 大陆架 |
| 卡塔尔 | 大陆架 |
| 利比亚 | 陆地 |
| 安哥拉 | 深水 |
| 越南 | 大陆架 |
| 阿塞拜疆 | 深水 |
| 厄瓜多尔 | 陆地 |

**图 7-9 不同国家投资环境吸引力大小**

当然，投资环境评估结果最好的并不代表投资机会最大，需要详细分析指标体系中各指标数值，有些国家某一指标的严重短板并不会充分反映到最终结果，但却可能是限制投资机会的关键因素。例如若从资源、经济和政治环境来看，英国北海和美国墨西哥湾地区的投资环境综合指数一定将会高于中亚地区国家，但由于英美等国的能源巨头在这些地区已经占得先机，对后来者的中国企业来说，在这些地区的投资机会不仅受到深水油气开发技术的约束，还受限于滞后的进入时机。因此在评价各国投资环境的基础上，还需要对地区的投资机会进行深入分析。

## 一、投资区域划分

根据对外开放的程度和市场竞争的激烈程度，结合第三节对 26 个国家和地区资源技术条件、政治环境和经济效益的综合评价，将全球油气资源重点地区[①]

---

① 这里的重点地区涵盖图 7-9 的 26 个国家，同时增加了俄罗斯、加拿大、美国和墨西哥湾地区。

投资环境划分为四大类：重点开发地区、优化开发地区、限制开发地区和难以预测地区（见表7-20）。

表7-20　　　　　　　　　重点地区投资环境级别

| 重点开发地区 | 优化开发地区 |
|---|---|
| 陆上项目：俄罗斯、哈萨克斯坦、秘鲁、哥伦比亚、阿尔及利亚、伊拉克<br>浅水大陆架项目：澳大利亚<br>非常规石油：加拿大、委内瑞拉 | 资源优势有限：苏丹的传统陆上项目<br>经济效益较弱：泰国的大陆架项目 |
| 限制开发地区 | 难以预测地区 |
| 资源国有化：阿根廷，厄瓜多尔，卡塔尔<br>合作意愿较弱：阿联酋、阿曼和沙特阿拉伯，英国浅水大陆架项目<br>竞争激烈：美国本土 | 技术尚不成熟：墨西哥湾、巴西、尼日利亚、安哥拉和阿塞拜疆的深水领域；南美的非常规天然气<br>战争和政局动荡：伊朗，叙利亚，利比亚，突尼斯，埃及<br>南海问题国：马来西亚，卡塔尔，越南，印度尼西亚的大陆架项目 |

## （一）重点开发地区

指油气远景好，勘探成功率高，与我国对外合作关系良好，且西方大石油公司尚未形成垄断的国家和地区。如进入战后重建阶段的伊拉克，国内油气资源非常丰富，地层条件得天独厚，西方大石油公司的垄断地位早已被打破，而且急需外国合作力量。又例如拥有丰富常规油气资源的俄罗斯和哈萨克斯坦，拥有全球最多非常规石油资源的加拿大和委内瑞拉，和中国在外交和经济合作方面有着密切关系的秘鲁和投资环境综合排名较为优先的哥伦比亚、阿尔及利亚，都属于战略布局的重点地区。

## （二）优化开发地区

一类是资源优势有限的地区，指已进行了多年开采、产能提升空间有限的国家和地区，或者所提供的勘探区块风险较大，但合同条款较为优惠，与我国对外合作关系良好的地区，例如苏丹；另一类是经济效益较弱的地区，例如泰国。

## （三）限制开发地区

限制开发的地区有阿根廷、厄瓜多尔等资源国有化程度较高的地区，沙特阿拉伯等长期以来抗拒上游对外合作的地区，也有尽管对外招标但由于陌生的财税条款和法规，以及成熟的市场竞争使得我国企业难以占得优势的地区，如美国本土。

### （四）难以预测的地区

一类是由于生产技术要求过高而我国目前的技术条件尚难以完成的项目所在地区，如墨西哥湾、巴西和西非尼日利亚的深水资源开发和南美的非常规天然气资源，这类地区一旦实现技术突破则前景极好；一类是由于严重的地区战争与冲突使正常生产活动难以进行的地区，例如伊朗、叙利亚和利比亚；还有一类是与中国存在主权领土矛盾的东南亚国家，例如马来西亚、菲律宾和越南等，这类地区的前景难以预测。

## 二、各区域主要投资机会

根据资源国对外开放程度和未来前景可预测性的高低，可将投资机会划分为：进入机会、分享机会、稳定机会和扩张机会（见图7-10）。

限制开发地区：美国本土地区，阿联酋、阿曼和沙特，英国浅水地区，阿根廷，厄瓜多尔，卡塔尔

难以预测地区：墨西哥湾、巴西、尼日利亚、安哥拉和阿塞拜疆的深水；南美的非常规天然气，东南亚的大陆架项目，伊朗、叙利亚、利比亚、突尼斯、埃及

重点开发地区：伊拉克，委内瑞拉，加拿大

重点开发地区：俄罗斯，哈萨克斯坦，秘鲁，哥伦比亚，阿尔及利亚，澳大利亚
优化开发地区：苏丹

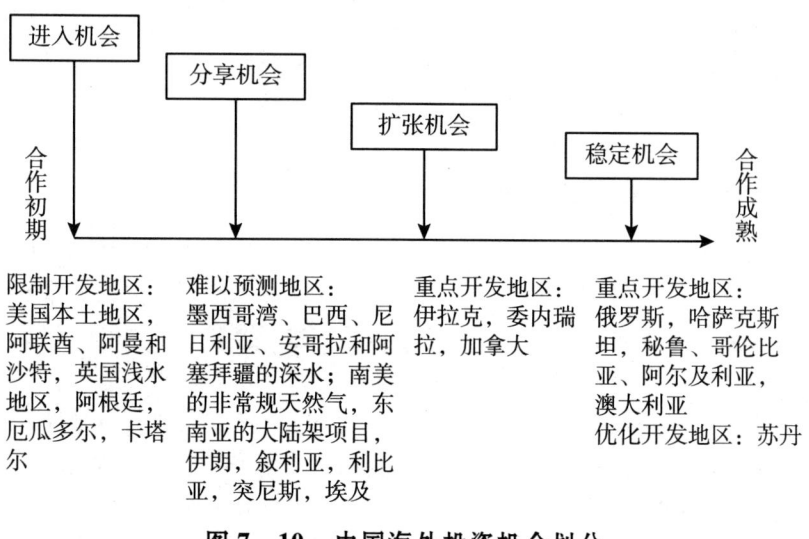

图7-10 中国海外投资机会划分

### （一）限制开发地区蕴藏"进入机会"

由于石油在全球的资源分布极不均衡，产地和消费市场严重分离，这决定了石油的贸易必定是全球性的贸易。由于战争和地区冲突导致外国石油企业暂时介入的地区也孕育着进入机会。资源国战争与民族冲突等变革事件的结局往往是政

治势力的重新洗牌，伊拉克战后两轮石油招标吸引大量外资进入就是最好的例子。过去被大国所垄断的地区，随着世界经济危机的蔓延，一方面大国无力继续保持垄断的主导地位，另一方面，资源国也需要大量外来投资拉动国民经济，这就给拥有充足外汇资金的中国石油企业提供了进入的机会。例如，沙特阿拉伯阿美与美国康菲石油早在 2006 年就在磋商建立合资炼厂，预计处理的重油规模达 40 万桶/日。然而到 2010 年，康菲石油突然将企业重心转移到石油勘探而非炼油业务因而退出此项目，这就给中石化进入沙特阿拉伯下游业务板块制造了机会。2012 年中石化与沙特阿拉伯阿美建立合资炼厂，双方 40 万桶/日的重油加工量，相当于年加工油 2 000 万吨以上。中沙炼化项目的开启，可使中石化借机深入探寻包括沙特阿拉伯及其毗邻的中亚地区上游油田的勘探与开发合作机会，并为中石化在中亚地区加强其炼化一体化业务布局。

## （二）难以预测地区存在"分享机会"

分享机会主要针对难以预测的地区，主要指我国技术尚未成熟但其他国际公司热力追捧的深水开发地带：墨西哥湾、巴西、尼日利亚、安哥拉和阿塞拜疆的深水。由于已有石油公司抢占了进入这些地区的先机，如道达尔和巴西石油，并先于中国掌握深水开发的核心技术，我国在技术和经验上已处于劣势。因此，与这些占先优势的石油企业开展深水油气合作，分享收益，共担风险，是我国在成长为独立的深水开发作业者之前必经的过渡策略。

## （三）重点开发地区拥有"扩张机会"

近年来，由于中国海外并购步伐的加快，已在一些有资源优势的地区占有重要的份额，如近年才对外开放国内石油工业的伊拉克和全球重要的非常规油气生产地——加拿大和委内瑞拉，在这些地方依然有进一步扩张的机会。伊拉克是公认的石油储量大国，但自身石油生产能力低下，除了联邦政府外，库尔德政府也在酝酿着新的招标合作，中国可持续改进开发技术水平，提高开发效率，增强对资源拥有方的吸引力，进一步扩大在伊拉克的石油生产权益。加拿大的油砂和委内瑞拉的重油也拥有巨大的潜力，目前由于全球经济增长放缓，加拿大一些小型石油勘探开发商面临资金短缺的问题，美国和欧盟的国家将加拿大油砂列入另册后，加拿大急需其他国家的大型石油公司的资金支持，这也鼓励我国石油企业通过并购和重组来实现进一步的扩张。

## （四）优化开发地区与部分重点开发地区伴生"稳定机会"

稳定机会主要针对与我国以开展了多年油气合作，建立了良好关系的优化开发地区，主要包括周边的能源帝国俄罗斯，以及中亚的石油大国哈萨克斯坦，以非洲的苏丹和阿尔及利亚，及澳大利亚、哥伦比亚这类投资环境较好的国家。俄罗斯—中亚与我国有着广泛而深远的油气合作历史，前者是资源类国家，既向我国提供油气资源，又同时与我国形成资源竞争，后者则是通道类国家，既是我国进口油气资源时所必经的通道国，也是处于其他通道国周边而具有重要地位的国家。中国、美国和俄罗斯三个大国势力在俄罗斯—中亚地区交织，任何一个国家都难以独自控制该地区的油气资源，中国可采取利益共享、风险分担的方式，分享这一地区的投资机会，实现资源国与资源进口国的双赢。而对于苏丹这类尽管有多年友好合作经验，甚至树立了对外油气合作"苏丹模式"的典范，但资源增长潜力有限地区，我们认为应当采取相对稳健的投资策略。且南北苏丹分裂后政治环境面临高度不确定性，苏丹政局的动荡已使中国的石油企业遭受重大损失，技术设施的建设和产能的恢复尚需大量的时间和投入，我们认为对南北苏丹甚至可以在重新评估效益的基础上进行有选择的优化投资。

# 第三篇

# 中国参与全球油气资源重点区域合作的途径

中国油气需求的快速增长和世界油气市场巨大的合作潜力，是中国石油企业开展国际油气合作的动力所在。然而在一些国家，一些人担心中国公司对石油的寻求会让中国在世界未来石油供应中抢占先机，并将其他国家排除在外。同时，在非洲、南美等产油国和地区，跨国石油公司掠夺式的资源开采间接地对经济增长产生负面影响，出现经济学中常见的"资源诅咒"现象，这种现象在高油价的作用下正在促使资源国有化的发生和油气合同财税条款的日益苛刻，这无疑给积极投身海外油气开发的中国石油企业增添了诸多障碍。中国该以什么样的理念参与国际油气合作？通过什么样的途径确保油气供应安全？这些问题都将在本篇进行深入探讨。本篇第八章首先用实证分析验证产油国"资源诅咒"现象的存在，证实资源通过对经济增长关键要素产生一种"挤出效应"，从而间接地对经济增长产生负面影响的传导原理，提出只有建立基于利益分享的合作模式才是维持我国能源安全长期稳定唯一途径的观点。保障能源安全最根本是如何集中资源，确保一国能源的长期、稳定、有效供应，这其中包含了油气来源的稳定性和油气运输的安全性。从油气来源来说，主要是通过跨国油气投资和石油贸易来实现。所以，拓展跨国油气勘探开发，提高国际油气贸易能力，强化与资源国合资建储炼运设施合作，是保障我国长期能源安全最重要的三条途径。

# 第八章

# 新石油安全观下油气合作利益分享模式

近几年来,新兴经济体的快速崛起逐渐打破了传统发达经济体对石油等自然资源消费的主宰,资源争夺愈演愈烈。从全球主要产油国的经济和社会发展水平来看,一些中东、拉美和非洲等油气资源国在原油出口逐年增长的同时国民生活水平却没有实现根本提高,所谓资源国"资源诅咒"现象被提出。新时期世界政治经济环境格局的变革,给世界能源市场带来了巨大的冲击,能源市场参与者们也面临着新一轮的机遇和挑战。历史经验和教训让油气资源市场参与者逐渐了解到,在以和平为主导的现代国际政治经济环境下,合作是消费国和产油国实现"双赢"的唯一途径。中国寻求同产油国的国际油气合作,是基于利益分享的可持续发展理念的体现。这既包含了从中国自身发展角度的考虑,也反映了国际社会期望与日益强大的中国持续合作的意愿。

## 第一节 "资源诅咒"与新石油安全观

### 一、两个基本概念

自奥蒂(Auty,1993)正式提出"资源诅咒"概念以来,这一问题引起了学术界广泛关注。经济学家把国际中某些国家资源禀赋优异,而经济表现却很差的现象称为"资源诅咒"①。对"资源诅咒"进行实证研究方面做出开创性工作的当属赛克斯和华纳。赛克斯和华纳对"资源诅咒"这一假说进行实证检验,结果表明,经济增长与自然资源禀赋之间有着显著的负相关性,即使将更多的解释变量纳入回归模型,如制度安排、区域效果、价格波动性等,负相关性依然存在②。继赛克斯和华纳之后,不同学者又从不同视角研究自然资源与经济增长之间的关系,有效证明了"资源诅咒"不仅在国家层面上存在,在特定国家内各地区间同样存在③④⑤。另外,资源诅咒的传导机制也受到了广泛关注,涌现出了一批具有代表性的成果,研究视角也广泛涉及"荷兰病"、挤出效应、腐败、寻租⑥⑦。纵观现有"资源诅咒"理论的研究文献,发现其探讨的焦点大多是关于自然资源丰裕度对经济阻滞作用的研究。而石油作为全球贸易的大宗能源商品,无论对经济还是政治,在影响上都已大大超越了其他资源。尤其是金融危机爆发以来,石油价格的波动对脆弱经济的影响、石油资源的战略意义都更胜以往。从产油国的立场来看,产油国为摆脱"资源诅咒"现象,纷纷提高自身在国际油气合作中的话语权,一种行为是在加大对外合作招标的同时大力修改国际油气合作合同条款,使之更有利于资源国政府;另一种行为则是将资源直接收归政府所有,实施资源国有化。从消费国的立场来看,不论哪一种行为,都大大增加了国际油气合作的获利难度,威胁到油气进口大国的能源安全。

所谓能源安全,是指一个国家以能够承受的代价获得经济与社会发展所需的足够的能源供应。它包含两层含义:一是"可以承受的代价",既包括经济方面

---

① Audy R M: *Sustaining Development in Mineral Economics: the Resource Curse Thesis* 和徐康宁、邵军在《自然资源丰裕程度和经济发展水平关系的研究》这两篇文章中的定义。

② Sachs J D. 和 Warner A M. 的相关著作包括 *Natural Resource Abundance and Economic Growth*. NBER Working Paper, No. 5398, 1995. 和 *Natural Resource Abundance and Economic Growth*, Harvard CID Working Paper, 1997.

③ Gylfason T 的相关著作包括 *Natural Resources, Education and Economic Development*, European Economic Review, 2001, 45, pp. 847 – 869; *Natural Resources and Economic Growth: From Dependence to Diversification*, CEPR Discussion Paper No. 4804, 2004; *Resources, Agriculture, and Economic Growth in Economics in Transition*, Kyklo, 2005, 53 (4), pp. 545 – 580; *Institutions, Human Capital, and Diversification of Rentier Economies*, Prepared for Workshop on Transforming Authoritarian Rentier Economies at the Friedrich Ebert Foundation in Bonn, 2005 (9), PP. 21 – 24.

④ 胡援成、肖德勇《经济发展门槛与自然资源诅咒——基于我国省际层面的面板数据实证研究》,载《管理世界》2007 年第 4 期,第 15 ~ 23 页。

⑤ Papyrakis E and Gerlagh R: *Resource Abundance and Economic Growth in the United States*, European Economic Review, 2006, 4, pp. 253 – 282.

⑥ Papyrakis E and Gerlagh R: *The Resource Curse Hypothesis and Its Transmission Channels*, Journal of Comparative Economics, 2004, 32, p181 – 193.

⑦ Sach J D. and Warner A M.: *The Curse of Natural Resources*, European Economic Review, 2001, 45, pp. 827 – 838.

的支出，也包括政治妥协和军事支撑等，代价"可以承受"即视为安全；二是"发展所需"，能满足发展所需即视为安全。我国能源资源总量位于世界前列，但人均能源资源占有量不到世界平均水平的一半，我国几大传统化石能源都需要净进口，而且对外依存度提高速度都很快。能源安全日益成为维持我国经济持续快速发展的重大潜在风险和不安全因素。在经济全球化越发加深和我国现有石油资源不足的情况下，走出国门，积极寻求国际合作，是有效解决我国能源安全问题的唯一途径。

## 二、石油"资源诅咒"现象的实证研究

### （一）变量选取

**1. 经济增长**

选取 1981~2010 年各国按有经济行为能力人口数为基础计算的购买力平价人均 GDP 的年增长率作为经济增长指标，表示为 GDPG。人均 GDP 作为经济增长的绩效指标，主要是为了剔除国家大小和人口规模造成的偏差。再次，变量选用购买力平价指标，一方面可以剔除名义汇率的大幅变动给换算带来的不确定性和偏差；另一方面对增长问题的研究往往更关注真实而非名义财富，这是国际上研究的普遍做法。

**2. 资源丰裕度**

资源丰裕度的测量是实证研究中一个重要难题，为此，学者们纷纷引入了一些替代变量，包括初级产品的出口与 GDP 的比值、初级产品部门的就业比例、自然资源产出在社会总产出中所占比重等。但是选取不同的自然资源丰裕程度的指标有可能会得到不一致的结论，如萨拉·马丁发现初级产品占总出口的比重对经济增长具有显著负效应，而 GDP 中采掘业的比重则具有显著的正效应[1]。鉴于本书研究的重点在于产油国的"资源诅咒"现象，所以采用世界银行公布的燃料出口（SITC 第 3 类矿物燃料）占商品出口的百分比来代表一国的油气资源丰裕度。

**3. 其他控制变量**

开放度：开放度（SOPEN）是一个重要的指标，用以控制外向度对经济增长的影响。在以往的研究中，大多以赛克斯和华纳（1995，1997）的定义为基

---

[1] Sala‐Martin X X: *I Just Ran Two Million Regressions*, American Economic Review, 1997, 87, 178-183.

础，将样本期内开放年度的数量除以总的时间跨度得出衡量外向度的指标 SOPEN。但此数据由于年限所致（仅至 1992 年），无法用于本书面板数据回归之中。因此，笔者将开放度划分为经济开放度和政治开放度，前者参照兰宜生（2002）以外贸依存度（商品和服务进出口总额占 GDP 比例）和外资依存度（实际外商直接投资与 GDP 之比）衡量一国的经济开放程度[①]，后者以 ICRG 对各个国家的政治风险评价值为参考，两者标准化后加权求和代表该国的整体开放度。

物质资本积累：利用 1981~2009 年每年资本投资占 GDP 比重，用来控制物质资本积累的影响，表示为 INV。

商品价格冲击：利用 1981~2010 年每年出口价格指数对进口价格指数的比值，反映每单位出口商品所换回进口商品的单位数量，即贸易条件，来衡量一国出口相对于进口的盈利能力和贸易利益，用于控制价格冲击的影响，记为 CPS。

人力资本：人力资本一直被视为促进经济增长的一个关键因素，本书加入代表人力资本的变量 SCH，利用 1981~2010 年各国中学入学率来控制人力资本积累的影响[②]。

法律制度：本书采用 ICRG 政治风险体系中 RL 指数作为衡量一国法律规则的质量[③]。

腐败情况：用 ICRG 政治风险体系中 CP 指数反映一国对于腐败的控制力度。

民主程度：用政治指数数据集（Polity IV）中 Democ 指标衡量一国的民主化程度[④]。

各个变量的测度说明如表 8-1 所示。

表 8-1　　　　　产油国资源诅咒模型指标测度说明

| 变量类别 | 变量名称 | 变量代码 | 单位 | 数据来源 |
| --- | --- | --- | --- | --- |
| 经济增长 | 购买力平价人均 GDP 的年增长率 | GDPG | % | PWT 数据库 |
| 资源丰裕度 | 燃料出口占商品出口比重 | FR | % | 世界银行 |

---

[①] 兰宜生：《对外开放度与地区经济增长的实证分析》，载《统计研究》2002 年第 2 期，第 19~22 页。
[②] 数据来自世界银行，http：//data. worldbank. org. cn/indicator/SE. SEC. ENRR/countries/1W？display = graph。
[③] 数据来自 ICRG，http：//www. prsgroup. com/countrydata_PreparedDatasets. aspx。
[④] 数据来源于 Polity IV，http：//www. systemicpeace. org/polity/polity4. htm。

续表

| 变量类别 | 变量名称 | 变量代码 | 单位 | 数据来源 |
|---|---|---|---|---|
| 其他控制变量 | 开放度 | OPEN | | 世界银行 |
| | 物质资本积累 | INV | % | PWT 数据库 |
| | 商品价格冲击 | CPS | % | 世界银行 |
| | 人力资本 | SCH | % | 世界银行 |
| | 法律制度 | LAW | | 国际国别风险指南 |
| | 腐败情况 | COR | | 国际国别风险指南 |
| | 民主程度 | DEM | | Polity IV Project |

## （二）样本选取

本书在选取产油国样本时，主要依据《BP 世界能源统计（2011）》中包含的石油生产国以及各项数据的完整性；同时考虑到前苏联地区的几个产油国在1991年后才成立，而本研究年限起于1981年，因此在本研究中不包括这些国家。最终选取36个产油国（见表8-2）。

表8-2　　　　　　　　研究样本

| 地区 | 国家 | 地区 | 国家 |
|---|---|---|---|
| 中东地区 | 伊朗 | 亚洲地区 | 澳大利亚 |
| | 科威特 | | 文莱 |
| | 阿曼 | | 中国 |
| | 卡塔尔 | | 印度 |
| | 沙特阿拉伯 | | 印度尼西亚 |
| | 叙利亚 | | 马来西亚 |
| | 阿联酋 | | 泰国 |
| | 也门 | | 越南 |
| 美洲地区 | 加拿大 | 欧洲地区 | 意大利 |
| | 美国 | | 挪威 |
| | 墨西哥 | | 罗马尼亚 |
| | 阿根廷 | | 英国 |
| | 巴西 | 非洲地区 | 阿尔及利亚 |
| | 哥伦比亚 | | 埃及 |
| | 厄瓜多尔 | | 加蓬 |
| | 秘鲁 | | 尼日利亚 |
| | 特立尼达和多巴哥 | | 苏丹 |
| | 委内瑞拉 | | 突尼斯 |

### (三) 实证分析

按照跨国增长研究的通常做法，我们将计量模型建立在条件收敛的假设之上。所谓条件收敛即是指，在控制了所有其他变量之后，人均收入较低国家的经济增长率应该高于人均收入较高国家的增长率。基于此，计量模型服从以下的一般形式：

$$GDPG_{it} = \alpha_i + \alpha_1 R_{it} + \alpha_2 Z_{it} + \varepsilon_{it} \quad (8-1)$$

其中，$GDPG_{it}$表示国家$i$在$t$年时人均GDP的年增长率。$R$表示资源丰裕度，本书使用燃料资源出口占商品出口比重这一变量来测度产油国与进口国油气资源丰裕度，记为$FR$。$Z$是即将加入的一系列控制变量组成的向量。

"资源诅咒"的含义就是自然资源丰裕的国家的经济增长反而较为缓慢，用计量经济学的语言来表达，就是要检验模型（8-1）中资源系数的正负性。首先将$GDPG$和$FR$变量带入模型（8-1），构建出基本的回归模型：

$$GDPG_{it} = \alpha_i + \alpha_1 FR_{it} + \varepsilon_{it} \quad (8-2)$$

这一模型的回归结果在表8-3第二列中列出，其中，$FR$的估计系数为-0.0244，并且在1%显著性水平下显著。初步可以说明资源富裕度与经济增长率显著负相关，资源越丰富的地区经济增长率越慢。

表8-3　　　产油国经济增长与资源丰裕度之关系

|   | (1) | (2) | (3) | (4) | (5) | (6) | (7) | (8) |
|---|---|---|---|---|---|---|---|---|
| FR | -0.0244*** | -0.0194** | -0.0208*** | -0.0215*** | -0.0308*** | -0.0309*** | -0.0316*** | -0.0319*** |
|    | (-3.41) | (-2.49) | (-2.67) | (-2.86) | (-4.17) | (-4.20) | (-4.14) | (-4.04) |
| OPEN |  | 0.0186*** | 0.0132** | 0.0091 | 0.0104 | 0.0106 | 0.0104 | 0.0101 |
|      |  | (2.89) | (2.01) | (1.41) | (1.56) | (1.56) | (1.49) | (1.43) |
| INV |  |  | 0.0925*** | 0.1008*** | 0.0900*** | 0.0906*** | 0.0909*** | 0.0949*** |
|     |  |  | (3.46) | (3.62) | (3.20) | (3.21) | (3.20) | (3.23) |
| CPS |  |  |  | -0.0024 | -0.0059 | -0.0060 | -0.0060 | -0.0063 |
|     |  |  |  | (-0.37) | (-0.76) | (-0.77) | (-0.77) | (-0.81) |
| SCH |  |  |  |  | -0.0200* | -0.0187* | -0.0187* | -0.0196* |
|     |  |  |  |  | (-1.96) | (-1.67) | (-1.66) | (-1.71) |
| LAW |  |  |  |  |  | -0.0472 | -0.0175 | -0.0210 |
|     |  |  |  |  |  | (-0.26) | (-0.09) | (-0.10) |
| COR |  |  |  |  |  |  | -0.0873 | -0.0971 |
|     |  |  |  |  |  |  | (-0.42) | (-0.45) |

续表

|  | (1) | (2) | (3) | (4) | (5) | (6) | (7) | (8) |
|---|---|---|---|---|---|---|---|---|
| DEM |  |  |  |  |  |  |  | 0.0141<br>(0.36) |
| _cons | 5.3104***<br>(12.03) | 2.8713***<br>(2.96) | 1.3330<br>(1.23) | 1.9820<br>(1.54) | 4.3677***<br>(3.05) | 4.4329***<br>(3.10) | 4.6162***<br>(2.96) | 4.6199***<br>(2.93) |
| N | 916 | 795 | 771 | 766 | 618 | 618 | 618 | 613 |

注：(1) 括号内为 t 值；
(2) * 表示 $p<0.1$，** 表示 $p<0.05$，*** 表示 $p<0.01$。

不过，据此判定产油国与经济增长之间存在负相关还为时尚早。回归模型中如果只有油气资源丰裕度作为解释变量，那么，计量分析所显示出的负相关，实际上很有可能是因为包含了其他增长变量的影响的综合结果，这样的结果就是有偏的。因此，继续在基本回归模型中加入其他变量对这些影响进行控制是必要的。

继续在回归模型中逐步加入其他增长变量，分别用以控制开放度、物质资本积累、商品价格冲击、人力资源、法律制度、腐败控制度等因素对增长的影响。首先加入的变量是表示开放度的 OPEN，用以控制外向度对经济增长的影响。这里的 OPEN 包含了经济开发度和政治开放度，从表 8-3 看出加入这一变量后的回归结果显示 FR 的系数还是负值（-0.0194）。依次加入物质资本积累、商品价格冲击、人力资本、法律制度、腐败控制力度、民主程度指标后，可以发现，FR 的系数全是负值，并且回归结果全部在 1% 显著性水平下显著。这就是说，从主要产油国 1981~2010 年长达 30 年间经济增长的经验来看，经济增长与油气资源丰裕程度之间确实存在负相关性。

从上述检验的结果来看，产油国存在"资源诅咒"命题确实成立。

## 三、"资源诅咒"现象的传导机制

资源并不会对经济增长产生直接影响，而是通过那些对经济增长至关重要的要素产生一种"挤出效应"，从而间接地对经济增长产生负面影响，哥理法森（Gylfason，2001；2004；2005）称为"资源诅咒"的传导机制。赵伟伟（2009）等从经济学和政治学两个角度，总结了"资源诅咒"传导机制的研究现状，经济层面主要有贸易条件恶化、投资不足、"荷兰病"、挤出创新、挤出开放度，政治层面主要强调资源开发增加了国家腐败、冲突和不稳定性、弱化了制度质量建设以及寻租等①。

## （一）"荷兰病"

"荷兰病"理论当中，某种自然资源的发现或者自然资源的价格意外上涨将导致两方面的后果：一是劳动和资本转向资源出口部门，则可贸易的制造业部门不得不花费更大的代价来吸引劳动力，同时由于出口自然资源带来外汇收入的增加使得本币升值，打击了制造业的出口竞争力，这被称为资源转移效应；二是自然资源出口带来的收入增加会增加对制造业和不可贸易部门的产品需求，但这时对制造业产品需求的增加却是通过进口国外同类价格相对更便宜的制成品来满足的，这被称为支出效应。两种效应的结果是最终使得制造业衰落，服务业繁荣。问题在于制造业承担着技术创新和组织变革甚至培养企业家的使命，一旦制造业衰落，一个国家就失去了长足发展的动力机器。由于缺乏各国贸易与非贸易部门数据，这里借助于资本投资占 GDP 的比重和表示国内外相对价格水平的贸易条件，来研究制造业萎缩以及物价水平上升等"荷兰病"效应。基于我们实证部分的样本，分别将 INV 和 DTT 对 FR 进行回归，得出表 8 - 4 第 2 列、第 3 列的结果。但结果并没有提供有利证据证明重要产油国发展过程中"荷兰病"效应的存在。产油国资源越丰富，该国的投资率反而更高，贸易条件也有正的改善。此外，将 OPEN 对 FR 进行回归，得出表 8 - 4 第 4 列的结果，可以看出，油气资源丰裕度与开放度之间也不存在所谓的负相关性。

表 8 - 4　　　　　　资源阻滞经济增长的作用渠道分析

| | (1)<br>INV | (2)<br>CPS | (3)<br>OPEN | (4)<br>SCH | (5)<br>LAW | (6)<br>COR | (7)<br>DEM |
|---|---|---|---|---|---|---|---|
| FR | 0.0366 ***<br>(3.32) | 0.0194<br>(0.44) | 0.0004<br>(0.01) | -0.0980 ***<br>(-3.26) | -0.0001<br>(-0.05) | -0.0033 **<br>(-2.17) | -0.0222 *<br>(-1.83) |
| _cons | 23.8664 ***<br>(16.80) | 90.7503 ***<br>(28.42) | 134.6220 ***<br>(20.59) | 75.8755 ***<br>(18.26) | 3.8461 ***<br>(18.26) | 3.0337 ***<br>(16.77) | 4.8969 ***<br>(6.08) |
| N | 903 | 931 | 808 | 748 | 851 | 851 | 914 |

注：(1) 括号内为 t 值；(2) * 表示 $p < 0.1$，** 表示 $p < 0.05$，*** 表示 $p < 0.01$。

## （二）人力资本

从长期看，人力资本是决定经济增长的关键变量。培育并积累一定存量的人

---

① 赵伟伟、白永秀：《资源诅咒实证研究的文献综述》，载《世界经济文汇》2009 年第 6 期，第 104 ~ 117 页。

力资本，是工业发展和技术进步的先决条件。然而，在众多资源丰裕的国家中，对于人力资本的培育却往往被轻视了。哥理法森认为，在资源繁荣的条件下，资源充裕地区的政府或家庭过分自信而没有形成对高水平教育的需求，他们相信自然资本是最重要的资产，是一种安全的保障，而忽略了人力资本的积累。在资源丰裕的国家中，初级产品的生产构成了经济活动的主要部分，这些部门并不需要高技能的劳动力，因此扩大教育支出以增加人力资本对这些国家是没有必要的。对于个人而言，由于就业领域仍然以初级产品部门为主，接受教育以提高其人力资本的收益并不高，因而个人也缺乏接受教育的激励。这里，我们将样本国家的 $SCH$ 变量对 $FR$ 进行回归，得出表 8-4 第 5 列的结果。可以看出，$FR$ 系数为负（-0.0980），并且高度显著，说明产油国油气资源丰裕度与人力资本积累之间存在着负向关系，且影响较大。

### （三）制度质量

在"资源诅咒"发生机制的分析中，制度问题是影响经济增长非常重要的因素。例如，哥理法森的研究发现资源丰裕程度与腐败程度有着规律性的联系，即自然资源越丰富的国家其腐败越厉害，腐败控制力度越低，而腐败程度又与经济增长呈显著的相关关系——腐败程度越厉害经济增长越缓慢。哥理法森还检验了自然资源丰裕程度与民主化之间的关系，即自然资源越丰富的国家其民主化程度也就越低，而民主与经济增长存在正向相关关系，即民主化程度较高的国家其经济增长速度也较高。我们利用计量方法，将样本国家的法律制度变量 $LAW$、腐败情况变量 $COR$ 及民主程度变量 $DEM$ 分别对资源变量 $FR$ 进行回归，表 8-4 第 6 列、第 7 列、第 8 列为其结果，可以看出 $FR$ 的系数分别为 -0.0001、-0.0033、-0.0222，这就是说，我们的研究同样印证了在重要产油国，油气资源对该国制度质量造成的负面影响。

### （四）"资源诅咒"传导机制相对重要性分析

"荷兰病"、人力资本、制度是油气资源阻滞经济增长的作用渠道，为区分各渠道的相对重要性，我们利用徐康宁（2006）中的方法，结合表 8-3 和表 8-4 的回归结果，得到表 8-5 中第 4 列所示的各渠道的相对重要性[①]。

---

① 徐康宁、邵军：《自然资源丰裕程度和经济发展水平关系的研究》，载《经济研究》2006 年第 1 期，第 38~46 页。

表8-5　　　　　资源阻滞作用传导渠道的相对重要性分析

| 传导机制 | (1) | (2) | (3) = (1) × (2) |
| --- | --- | --- | --- |
| INV | 0.0949 | 0.0366 | 0.003473 |
| CPS | -0.0063 | 0.0194 | -0.000122 |
| OPEN | 0.0101 | 0.0004 | 0.000004 |
| SCH | -0.0196 | -0.0980 | 0.001921 |
| LAW | -0.0210 | -0.0001 | 0.000002 |
| COR | -0.0971 | -0.0033 | 0.000320 |
| DEM | 0.0141 | -0.0222 | -0.000313 |

注：第2列为表8-3第8列相关变量的回归系数，第3列为表8-1相关回归方程的资源变量系数。

从表8-5最后一行的结果中可以看出，产油国"资源诅咒"现象的出现，主要是降低了该国的民主程度，从而抑制了经济的增长。但其他行的结果指出，尽管产油国丰富的油气资源造成了教育、法律制度及腐败控制力度的弱化，但并没有通过这些已有"资源诅咒"研究得出的传导机制对经济增长产生显著的负作用。

## 四、"资源诅咒"改变产油国行为

从上文可以得出结论，"资源诅咒"对一国经济所产生的负面影响与之归因于丰富的自然资源本身，不如归因于资源禀赋对社会民主的"挤出效应"，独裁和专制才是造成资源国社会发展滞后的原因。从图8-1可以看出，主要产油国民主程度普遍低于世界平均水平。

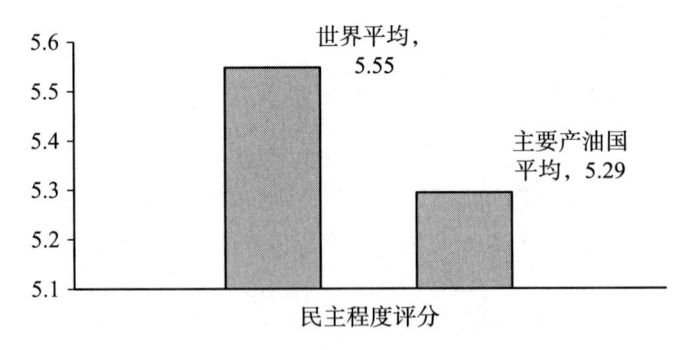

图8-1　主要产油国民主程度评分

注：数据根据《经济学人》整理。主要产油国指表8-2中所列国家，数据范围0~10，取值越大表示民主程度越高。

资源国通过原油出口获得高额收益导致本国经济过分依赖油气资源，挤压农业等其他行业的发展。在经济体本身发展能力有限的情况下，很多行业发展需要依赖政府补贴，因此有时会出现产油国社会福利状况普遍较好的现象，如资源丰富的挪威、卡塔尔、沙特阿拉伯和阿联酋。然而更多属于发展中国家的资源国则表现出典型的"资源诅咒"症状，如拉美和非洲地区。这些国家为了摆脱"资源诅咒"、获得足够的原油出口收入以维持社会福利和促进经济发展，在出让油田开采权时普遍采取以下两种行为：产油国将油气资源收归政府控制和通过招标形式驱使有进入意愿的国际石油公司之间进行博弈。

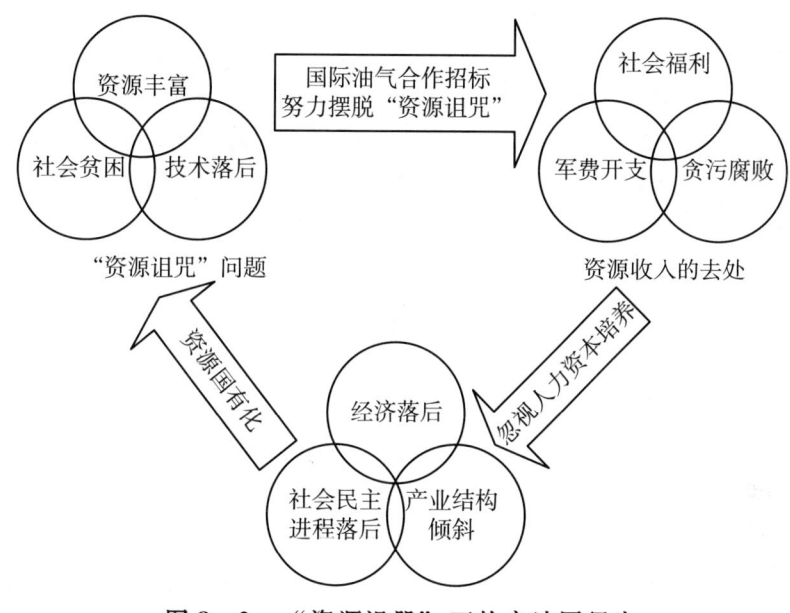

图 8-2　"资源诅咒"下的产油国行为

### （一）资源国有化

拉丁美洲是试图通过资源国有化的方式改善国民经济状况的典型区域。拉美各国自然资源，尤其是油气资源储量丰富。20世纪90年代中期，拉美连续出现了墨西哥（1994~1995年）、巴西（1999年）和阿根廷（1999~2003年）3次大的金融危机。自2003年起，拉美地区各国才陆续走出了金融危机的阴影，走上经济复苏和增长之路。尽管制造业产值和固定资产形成占国内总产值比重的上升，但仍不足以支持各国的长期可持续发展，需要进一步提高投资率以促进经济的增长。以基础性产品和原材料为主导的出口结构和对外资的过度依赖决定了拉美各国经济极易受到世界经济周期波动的影响，而国外直接投资一般都集中于拉美各国的能矿资源领域，拉美各国意识到石油资源的战略重要性，开始加强政府对石油资源的控制。

事实上，拉美各国的能源管理体制并不适应经济发展的需要，国有化虽然有助于国家掌握更多的财富，但并不必然会推动经济的增长。资本缺乏、技术和基础设施落后的现状制约了拉美各国通过能源获取更多财富的能力，从这个角度来看，资源国有化并不能解决"资源诅咒"的问题。油气开发始终是一项企业行为，企业行为的本质是要追逐利润，在政府监管能力不足和企业自律能力低下的情况下，只会导致更多的腐败和社会问题发生。从这个角度来看，国有化可能加速"资源诅咒"的恶性循环。

### （二）国际油气合作招标

通过国有化来改善产油国经济的这种策略对产油国自身油气生产技术和资金实力要求较高。一些资金贫乏、技术落后的国家和地区更多是通过公开招标制度出让石油开采权来吸引有进入意愿的外国企业进行合作，在众多竞标者来回博弈的过程中最大化资源国利益。

面临"资源诅咒"问题同时又在扩大国际油气合作招标的典型国家和地区是伊拉克和非洲的一些国家。伊拉克是石油输出国组织成员，拥有世界第四大石油储量和第十大天然气储量，石油出口收入占国家财政总收入的95%。长期的经济封锁和战乱使得伊拉克的油气开发受限。为了扭转这种状况，从2008~2012年5月，伊拉克已经先后举行了4轮对外油气招标，同外国能源公司签署了15个石油和天然气开发合同，油气收入已成为伊拉克战后重建和经济发展所需资金的重要来源。从技术和社会环境来看，伊拉克油气勘探风险较小，但伊拉克巴格达政府对外提供的合作条款极为苛刻。如根据第二轮招标中采用的开发生产服务合同，油气产量全部归政府所有，外国投资者不但提供勘探、开发和生产所需的全部资金和技术服务，还要独自承担风险，仅获得固定的成本回收和现金报酬。与伊拉克不同，非洲地区是全球勘探程度最低的地区，目前有超过400家外国石油企业在非洲持有勘探合同区块，几乎占非洲总勘探面积的80%。由于勘探风险极高，非洲国家在对外公开招标时，允许外国投资者高比例进行成本回收，部分国家免除矿区使用费，但勘探风险由外商承担。

### 五、"资源诅咒"与石油供应安全

资源国都充分认识到石油经济的重要性，不论将资源收归国有还是加大对外油气招标，都是资源国为摆脱"资源诅咒"作出的努力和尝试。但站在中国这样的外国投资者立场，重要产油国"资源诅咒"现象的存在，及其主要的传导机制，对中国参与全球油气资源投资行为具有重要的参考价值，这不仅体现在中国石油公司如何获取这些国家的油气权益，对获取油气资源后稳固、扩大及有效保障油气开采权益也具有重要意义。"资源诅咒"下的产油国行为的突出特点是产油国正在国际油气合作博弈的过程中增加自己的主导权，同时将更多的风险转移到在全球范围积极找油的外国石油公司。资源国有化无疑是影响消费国石油供应最直接的行为，在国际招投标中调整合同模式和加大竞争力度则是影响消费国石油供应的间接行为方式。

在保障国家和地区能源安全的思维下，能源领域的国际角逐不断增强，非理性和不合作的事件时有发生。为了完善集体能源安全体系，各国正在积极加强能源领域的国际调节与合作，以避免毁灭性和无秩序的国际竞争。为了保障本国的能源安全和国内能源公司的对外经济利益，一国总会依据上述两方面做出最符合自身利益的对外行为。例如，许多能源消费国的能源安全目标主要是在抵御破坏外部能源供应系统的威胁，防止价格的剧烈变化，特别是价格上涨部分。而另一方面对能源生产国而言，所关注的是在控制价格并倾向以量制价的方式来保持自己的利益，其外交政策的重点在保障销售市场的稳定和垄断。对于能源过境国而言，其利益则在于通过过境服务获取收益。而就历史而言，这三组国家的利益并不总是互相一致，三者之间存在着利益冲突之处。对于中国而言，随着油气对外依存度的逐渐上升，保障石油安全更多的是要保障石油供应的安全。树立正确的国际油气投资与合作理念，在国际油气合作与竞争的拉锯战中寻找到一个平衡点，以指导我国石油企业更快、更稳、更好地"走出去"，无疑是一个巨大的挑战。

## 第二节 基于利益分享的油气合作演化博弈

随着我国国内能源消费越来越大，中国更多的是以消费大国身份参与国际间油气合作。因此，我国不仅需要与资源生产国进行合作，同时也需与其他消费型国家进行竞争合作。有学者认为，战略资源（如石油、天然气等）具有零和性质和不可替代性，因此国家之间必然会因战略资源竞争爆发冲突，战略资源富集区必然成为大国对抗的前沿。例如，20 世纪 30 年代，美国公司击败英国公司获得沙特阿拉伯的石油开采权益；20 世纪 50 年代，意大利石油公司利用伊朗与英美石油公司的矛盾成功进入伊朗等；冷战时期美国与苏联在中东地区的争夺也说明了这一点。但近年来，中国参与的多项国际油气合作的经验告诉我们，战略资源竞争未必一定引发冲突。如中国石油企业进入哈萨克斯坦及委内瑞拉，获得参与当地石油开发的权利;中石油与英国 BP 公司合作投标获得伊拉克油田开发权等。这些成功的例子说明,国家之间的战略资源关系具有非零和性质。因此,战略资源竞争未必会引发或加剧冲突,甚至围绕战略资源的冲突可能还会减缓。中石油进入原苏丹后,积极帮助当地政府和人民进行生产建设,努力调停当地内部矛盾,帮助苏丹人民发展经济,同时获得了当地的石油开发权,是实至名归的"双赢"结果,这也证明了"非零和"合作方式是存在的。这里,我们尝试建立资源国与消费国的演化合作博弈模型,从理论上进一步验证基于互利共赢的积极合作理念才是稳定资源国与消费国油气合作的模式。

## 一、油气演化博弈模型的建立

假设在国际油气合作中存在甲、乙两方,作为具备有限信息和不完全理性的参与者,博弈是非对称演化博弈。合作方在消极合作时的收益为 $\pi_i$;而积极合作需付出的额外成本为 $C_i$,该成本在双方均积极合作时由于双方配合良好可忽略不计;双方积极合作产生双赢的额外收益为 $R_i$。另外,存在双方国家对于积极合作方给予的支持优惠和补贴 $F_i$,对消极合作方给予一定的惩罚,$W_i$ 为惩罚措施。则国际油气资源合作双方的合作收益矩阵如表 8-6 所示。

表 8-6　　　　　　　　合作收益矩阵

| | | 参与方乙 | |
|---|---|---|---|
| | | 积极合作策略 C 概率为 $q$ | 消极合作策略 D 概率为 $1-q$ |
| 参与方甲 | 积极合作策略 A 概率为 $p$ | $\pi_1 + R_1 + F_1,\ \pi_2 + R_2 + F_2$ | $\pi_1 + F_1 - C_1,\ \pi_2 - W_2$ |
| | 消极合作策略 B 概率为 $1-p$ | $\pi_1 - W_1,\ \pi_2 + F_2 - C_2$ | $\pi_1,\ \pi_2$ |

其中:

$p$、$q$ 分别表示参与方甲、乙采取积极合作策略 A 的概率;

$\pi_i(i=1,2)$ 表示参与双方采取消极合作时的收益;

$C_i(i=1,2)$ 甲方(乙方)积极合作所要付出的额外成本;

$R_i(i=1,2)$ 表示甲乙双方积极合作产生的双赢结果时而获得的额外收益;

$F_i(i=1,2)$ 表示双方国家对于积极合作给予的支持优惠和补贴;

$W_i(i=1,2)$ 表示甲方(乙方)消极合作时而受到的惩罚。

## 二、油气演化博弈模型的求解

我们假设甲方代表的是资源消费国，采取纯策略 A（积极合作）。乙方代表资源生产国，采取纯策略 B（消极合作）。甲乙双方的平均收益为：

$$E(A) = q \times (\pi_1 + R_1 + F_1) + (1-q) \times (\pi_1 + F_1 - C_1)$$
$$= q(R_1 + C_1) + \pi_1 + F_1 - C_1 \quad (8-3)$$

$$E(B) = q \times (\pi_1 - W_1) + (1-q) \times \pi_1 = \pi_1 - qW_1 \quad (8-4)$$

甲方以概率 p 和 1−p 选取策略 A（积极合作）和策略 B（消极合作）的平均收益为：

$$E(甲方) = p \times E(A) + (1-p) \times E(B)$$
$$= p(qR_1 + qC_1 + \pi_1 + F_1 - C_1) + (1-p) \times (\pi_1 - qW_1)$$
$$= pq(R_1 + C_1 + W_1) + \pi_1 - qW_1 + p(F_1 - C_1) \quad (8-5)$$

甲方的动态复制方程为：

$$\frac{\partial p}{\partial t} = p[E(A) - E(甲方)]$$
$$= p[(qR_1 + qC_1 + \pi_1 + F_1 - C_1) - (pq(R_1 + C_1)$$
$$+ \pi_1 - qW_1 + p(F_1 - C_1 + qW_1))]$$
$$= p(1-p)(qR_1 + qC_1 + qW_1 + F_1 - C_1) \quad (8-6)$$

同理可得参与方乙的动态复制方程：

$$\frac{\partial q}{\partial t} = q[E(C) - E(乙方)]$$
$$= q[(pR_2 + pC_2 + \pi_2 + F_2 - C_2) - (pq(R_2 + C_2 + W_2)$$
$$+ \pi_2 - pW_2 + q(F_2 - C_2))]$$
$$= q(1-q)(pR_2 + pC_2 + pW_2 + F_2 - C_2) \quad (8-7)$$

当式（8−6）、式（8−7）为 0 时，$E_1(0,0)$，$E_2(1,0)$，$E_3(0,1)$，$E_4(1,1)$ 为均衡点，而 $0 < p = \dfrac{C_2 \quad F_2}{R_2 + C_2 + W_2} < 1$，且 $0 < q = \dfrac{C_1 \quad F_1}{R_1 + C_1 + W_1} < 1$ 时，存在演化均衡点 $E_5\left(\dfrac{C_2 \quad F_2}{R_2 + C_2 + W_2}, \dfrac{C_1 \quad F_1}{R_1 + C_1 + W_1}\right)$。

根据动态复制方程式（8−6）和式（8−7）分别对 p 和 q 求偏导，可得到雅各比（Jaconbian）矩阵。

$$J = \begin{vmatrix} (1-2p)(qR_1 + qC_1 + qW_1 + F_1 - C_1) & p(1-p)(R_1 + C_1 + W_1) \\ q(1-q)(R_2 + C_2 + W_2) & (1-2q)(pR_2 + pC_2 + pW_2 + F_2 - C_2) \end{vmatrix}$$

根据雅各比矩阵在上述 5 个均衡点的行列式和迹的值的符号，判断这 5 个平衡点的局部稳定性，计算结果如表 8-7 所示。

表 8-7　　　　　　　　　局部稳定性分析

| 均衡点 | J 的行列式 | 符号 | J 的迹 | 符号 | 局部稳定性 |
|---|---|---|---|---|---|
| $E_1(0, 0)$ | $(F_1 - C_1)(F_2 - C_2)$ | + | $-(C_1 - F_1 + C_2 - F_2)$ | - | ESS |
| $E_2(1, 0)$ | $(C_1 - F_1)(R_2 + F_2 + W_2)$ | + | $C_1 - F_1 + R_2 + F_2 + W_2$ | + | 不稳定 |
| $E_3(0, 1)$ | $(C_2 - F_2)(R_1 + F_1 + W_1)$ | + | $C_2 - F_2 + R_1 + F_1 + W_1$ | + | 不稳定 |
| $E_4(1, 1)$ | $(R_1 + F_1 + W_1)(R_2 + F_2 + W_2)$ | + | $-(R_1 + F_1 + W_1 + R_2 + F_2 + W_2)$ | - | ESS |
| $E_5\left(\dfrac{C_2 - F_2}{R_2 + C_2 + W_2}, \dfrac{C_1 - F_1}{R_1 + C_1 + W_1}\right)$ | $\dfrac{(C_1 - F_1)(R_1 + W_1 + F_1)(C_2 - F_2)(R_2 + W_2 + F_2)}{(R_1 + C_1 + W_1)(R_2 + C_2 + W_2)}$ | - | 0 | | 鞍点 |

由表 8-7 可知，5 个局部均衡点中的 $E_1(0, 0)$ 和 $E_4(1, 1)$ 是满足演化稳定策略 ESS 条件的，具有局部稳定性，它们所对应的策略条件为（消极合作，消极合作）与（积极合作，积极合作）。同时还存在两个不稳定的局部平衡点 $E_2(1, 0)$ 和 $E_3(0, 1)$，它们所对应的策略条件为（积极合作，消极合作）与（消极合作，积极合作）。最后还有一个鞍点 $E_5\left(\dfrac{C_2 - F_2}{R_2 + C_2 + W_2}, \dfrac{C_1 - F_1}{R_1 + C_1 + W_1}\right)$，即 $E_5(p, q)$。

只有 $E_1$ 和 $E_4$ 点是最终稳定策略点，其余的策略分配最终会根据其所在位置逐步演化至这两点上。而具体的演化途径跟 $E_5$ 点所分割出的区域有关。具体的系统动态演化路径如图 8-3 所示：

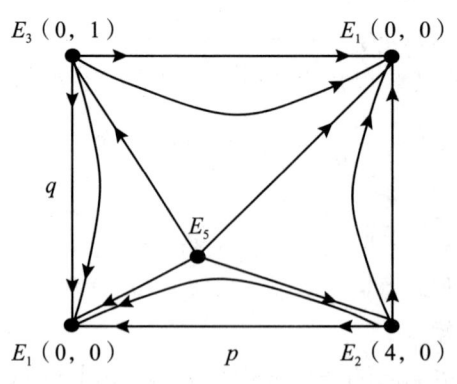

图 8-3　国际油气合作动态演化路径

由图 8-3 的演化路径可知，面积 $E_1E_2E_5E_3$（即双方消极合作的部分）最终收敛于 $E_1$ 点，是国际油气合作双方选择消极合作的面积；阴影面积 $E_2E_5E_3E_4$（即双方积极合作的部分）收敛于 $E_4$ 点，是合作双方积极合作的面积，这两部分的面积和为 1。$E_5$ 点的坐标已知，很容易得到双方合作的面积，即积极合作概率：

$$S = \frac{1}{2} \times \left(1 - \frac{C_2 - F_2}{R_2 + F_2 + W_2}\right) + \frac{1}{2} \times \left(1 - \frac{C_1 - F_1}{R_1 + F_1 + W_1}\right)$$

$$= 1 - \frac{1}{2} \times \left(\frac{C_2 - F_2}{R_2 + F_2 + W_2} + \frac{C_1 - F_1}{R_1 + F_1 + W_1}\right)$$

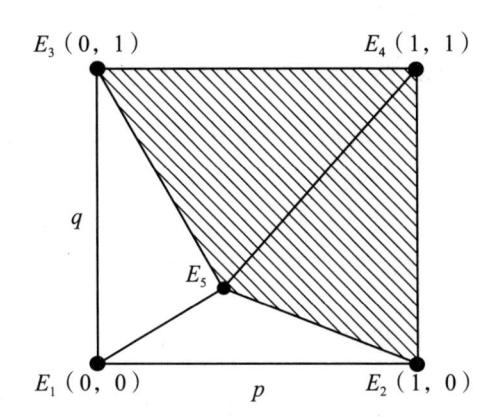

图 8-4　国际油气合作动态演化积极合作概率

注：阴影所示面积大小为博弈双方选择积极合作的概率。

## 三、演化博弈均衡解的解释

由于系统动态演化需要相当长的时间，所以在很长的时间内动态演化系统保持一种积极与消极合作共存的局面。博弈双方选择积极合作的面积取决于 $E_5$ 点的位置。$E_2E_5E_3E_4$ 部分的面积越大，演化系统收敛于 $E_4$ 的可能性也越大。油气合作的动态系统演化的长期均衡结构可能是国际间积极的合作，也可能是消极的合作。究竟沿哪条路径到达哪一种状态与博弈的支付矩阵以及博弈发生时的初始状态密切相关，所以在博弈过程中构成博弈双方收益函数的某些参数值及其变化将导致演化系统向不同的均衡点收敛。下面将讨论几个参数变化对系统演化行为的影响。

### （一）积极合作产生双赢结果时而获得的额外收益 $R_i$

如果双方积极合作能带来巨大的双赢收益，这必然促进国际油气合作双方积极的合作。当其他变量不变时，$R_i$ 越大，$E_5$ 点向 $E_1$ 点移动，从而 $E_1E_2E_5E_3$ 的面积越小，$E_2E_5E_3E_4$ 部分的面积越大，演化系统收敛于 $E_4$ 的概率也越大，国际油气的积极合作是演化稳定策略。反之，$R_i$ 越小，则演化稳定策略为消极合作策略。

### （二）积极合作所要付出的额外成本 $C_i$

$C_i$ 越大，$E_5$ 点向 $E_4$ 点移动，从而 $E_1E_2E_5E_3$ 的面积越大，演化系统收敛于 $E_1$ 的概率也越大，双方消极合作的概率增加，消极合作成为演化稳定策略；反之，$C_i$ 越小，$E_5$ 向 $E_1$ 点移动，从而 $E_2E_5E_3E_4$ 部分的面积越大，积极合作成为演化稳定策略。

### （三）双方对于积极合作给予的支持优惠和补贴 $F_i$

当 $F_i$ 的值增大时，$E_5$ 点向 $E_1$ 点移动，从而 $E_1E_2E_5E_3$ 的面积越小，$E_2E_5E_3E_4$ 部分的面积越大，演化系统收敛于 $E_4$ 的概率也越大，国际油气的积极合作是演化稳定策略。而当 $F_i$ 变小时，演化系统收敛于 $E_1$ 的概率也越大，双方消极合作的概率增加，消极合作成为演化稳定策略。

### （四）因违反合作规则而受到的处罚 $W_i$

在图 8-4 中，$W_i$ 的值越大，$E_5$ 点向 $E_1$ 点移动，从而 $E_1E_2E_5E_3$ 的面积越小，$E_2E_5E_3E_4$ 部分的面积越大，演化系统收敛于 $E_4$ 的概率也越大，国际油气的积极合作是演化稳定策略。在实际的区域合作中，对于违反事先签订的合作协议的现象应该给予严厉的处罚，这样才能有效地对合作双方建立有效的约束，促进积极的合作。

以上均是 $0<p<1$，且 $0<q<1$ 的约束条件成立时的分析。现实中也会存在 $p$、$q$ 不在 (0, 1) 之间的情况。在这些情况下系统均会收敛到 $E_1$ 点，即双方均不进行积极合作的策略。所以只有 $p$、$q$ 均在 (0, 1) 之间是才存在双方积极合作的可能。

## 第三节 我国建立利益分享合作模式的策略

### 一、树立国际油气合作指导原则

通过本章第二节的分析，我们证实了国际油气合作的"非零和"博弈在理论上是真实存在的。从资源国的角度来看，尽管"资源诅咒"使部分资源国越来越从自身利益角度出发制定游戏规则，但面对落后的技术和匮乏的人力资本，资源国走对外合作的道路是必然的。从我国的角度来看，中国寻求国外油气合作的时候，建立基于利益分享的共同发展理念，可有效争取资源国的支持，为中国顺利进入获取油气开采权益奠定基础。我们只有建立基于利益分享的共同发展理念，才能有效获取油气开采权益，稳定海外油气贸易环境。

中国参与国际油气合作必须坚持以下四个原则：

### （一）以保障国家油气安全为根本目的

以政府为引导、企业为主体、市场为导向，按照合作对象在我国油气资源利用中的功能定位，有区别、有重点地提高合作力度，拓展合作领域，创新合作模式，健全合作机制，保障我国油气资源供应和运输通道安全。

### （二）坚持"互利合作"原则

我们不主张以武力和掠夺的方式获取油气资源。为了保证和发展我国与产油国的长期互惠互利的合作关系，我们是不可能、也绝不允许重复西方大国工业化进程中的掠夺、殖民方式。

### （三）坚持"协同保障"原则

加强经济援助、提供技术支持等有效措施，稳固并扩大中国在资源国的油气开采权益。协助资源国经济、社区建设，化解资源国的排外意识，扩大中国在资源国的影响力。

### （四）积极合作与全面风险管理并重

积极合作是中国石油企业"走出去"的最基本原则。只有当合作双方都是采取积极合作策略时才能实现合作利益最大化。但我们也必须认识到海外合作的风险，资源国"资源诅咒"现象的一个重要原因就是资源国丰富的资源弱化了资源国制度体系的建设，结合油气行业投资普遍具有投资高、周期长的特点，导致中国在资源国的既定权益面临极大的风险暴露。因此，非常有必要且迫切需要实施全面风险管理，保障中国在资源国投资的既定权益。

## 二、区分海外油气合作对象类型

在我们的国际油气合作指导原则中，明确提出要区分合作对象，进行有侧重的合作，要区分合作对象选择相应的合作途径。依据功能与战略地位两个维度，我们的海外合作对象可以分为两类：一个是资源相关类国家，包括向我国提供油气资源的国家，或与我国形成资源竞争的国家；另一个是通道相关类国家，包括我国进口油气资源时所必经的通道国，或处于通道国周边而具有重要地位的国家。

资源类国家又可以划分为四种类型：

一是资源战略型。该类型国家特点是油气储量和产量都比较大，且占世界油气资源重要地位。油气出口也比较大。国家油气生产政府主导力量较为强大，政府对本国油气生产具有很高的控制水平。与中国油气资源合作已具有一定水平，且前景广阔。即可以直接成为我国海外油气资源战略供应源的重要国家。

二是资源市场型。该类型国家特点是有一定程度的油气储量和产量，但不如资源战略型国家。油气资源有一定程度的出口，油气生产开放度较高，经济模式遵循自由市场经济。与我国油气资源合作程度一般，主要油气资源获得方式为市场贸易。

三是资源拓展型。该类国家具有一定的油气储量，但油气生产相对落后或处于生产的起步阶段，具有一定的发展潜力。

四是资源竞争型。该类型国家油气资源相对较少，而自身需求却十分巨大，需要大量进口油气资源，从而对中国海外油气资源的进口形成一定程度的竞争。或者与中国油气储藏区块具有重叠，在资源归属问题存在较大争议（主要集中在东海和南海地区），对我国获取油气资源形成一定威胁。

通道类国家可以划分为两种类型：

一是通道战略型。该类型国家领土直接位于我国油气运输通道上，同时自身也存在一定的油气资源，且与我国通道建设有了一定程度的合作，对于保障我国油气通道安全具有重要战略意义。此类国家一般属于我国陆上运输通道过境国。

二是通道拓展型。该类型国家自身油气资源相对匮乏，几乎没有或具有很少的开发价值，且不直接处于我国现有海外油气资源运输通道上。但其地理位置处于现有油气资源通道周边，或具有一定程度的潜在运输通道的拓展意义。我国与该类国家的合作尚处于初始阶段，但未来具有一定的合作潜力。

## 三、探索海外油气合作主要途径

在战略型资源国家和战略型通道国家类型中，侧重国家层面的政治经济合作，政府外交等国家手段在国际合作中将占据主导地位，企业要在政府合作的框架下界定合适的合作方式。对于竞争型国家，政府和企业地位并重，政府层面侧重协调、避免竞争；企业层面可以建立有效的进口需求联合体。对于市场型国家，要相对淡化国家功能，充分发挥企业和市场的主动性和能动性。具体来说，针对不同类型的国家，主要有以下几种合作途径：

### （一）拓展与资源型国家的油气勘探开发合作

充分发挥我国油气企业强大的技术优势和油气勘探开发能力，鼓励和支持我国油气企业，特别是中小油气企业，积极参与油气资源国的油气勘探和开发，拓展油气资源来源。注重与资源战略型国家企业和民间层次合作，淡化油气合作的功利色彩，提高这些国家相关企业和民间与我国油气合作的积极性和主动性。

### （二）提高与通道型国家的国际油气贸易能力

强化与油气进口通道相关国家政治层面的合作，提高合作层次，加强与通道拓展型国家的政治和经济交往，协调保护这些国家在国际社会中的利益，不断加深这些国家与我国的政治互信，以形成通道安全的长期运行保障机制。以国际贸易为主要方式，借助国内庞大的需求规模，创新液化天然气价格形成机制，扩大与资源市场型国家的液化天然气进口贸易，力争在天然气定价方面有更大的话语权。强化贸易能力，充分利用期货、期权等现代贸易手段，提高贸易效率，降低贸易成本，化解贸易风险。

### （三）与市场型国家统筹协商储炼运设施合作

积极推动我国企业参与市场型国家的炼化设施投资和建设，为其国内稳定提供支持，并能避免由于相关国家国内政治局势的可能变化对通道安全的冲击。构建多层次、多渠道的油气进口通道，拓宽油气进口通道潜在国家数量，降低对某一油气进口通道的依赖程度。在海上，逐步扩大我国自有油轮船队运力，通过建造新船、改造二手船等方式加快自有大型油轮建设，改革油运公司的体制与运行机制，以确保我国原油进口的海运安全和自主性。

这三种途径将在第九、第十、第十一章中进行详细介绍。

# 第九章

# 途径一：拓展跨国油气勘探开发

跨国勘探开发是保障国外油气资源利用的最直接、最可靠、最有效的途径。通过进行跨国油气资源勘探开发，建立国外油气生产基地，既有利于我国石油企业获得份额油，稳定国内油源供应，也有利于企业培育参与国际合作和竞争新优势。迄今为止，中国石油企业进行跨国勘探开发已经有近20年的历史和经验，初步建成中亚—俄罗斯、非洲、中东、美洲、亚太五大海外油气合作区，培养和锻炼了一支又一支从事国际油气勘探开发的高素质业务团队。跨国油气勘探开发具有相当的风险和难度，我国石油企业必须认清这一过程中的难点和重点，扩大跨国油气勘探开发的深度和广度，将"跨国寻油"从常规走向非常规，从陆地走向深海，从发展中国家走向发达国家，实现跨国油气勘探开发的全面拓展。

## 第一节 中国跨国油气勘探开发现状

1993年12月，中央提出"充分利用'两种资源、两个市场'"发展中国石油工业的方针。2000年十五届五中全会关于"十五"计划（建议）的报告中明确提出"实施'走出去'战略，努力在利用国内外'两种资源、两个市场'方面有新的突破"。2011年《中华人民共和国国民经济和社会发展第十二个五年（2011～2015年）规划纲要》进一步提出"要深化国际能源资源开发和加工互利合作"。从1993年开始实施"走出去"战略起，中国石油企业经过近20年的实践，应对国际市场风险的能力显著提高。通过股权式和契约式两类方式的运用，中国石油企业的国际油气业务得到迅速发展。目前，以中国三大国有石油公司为主的中国石油企业在全球 42 个国家运作着约 200 多个海外油气投资项目，海外油气作业产量和权益产量 2004 年分别为 3 560 万吨和 2 010 万吨，2009 年海外油气作业产量超过 1 亿吨，2012 年海外油气权益产量首次迈入 9 000 万吨台阶，达到 9 200 万吨油当量。2012 年，中国海外油气并购取得重大突破，全年累计达成并购交易金额 340 亿美元，其中七成在北美，以非常规项目为主。

中国石油天然气集团公司是中国海外石油投资的主力军。1993～2012 年，中石油海外油气产量不断取得突破。2012 年，中石油海外油气作业产量和权益产量继 2011 年之后继续超过 1 亿吨和 5 000 万吨规模，建成中国石油企业的"海外大庆"。2012 年，在面临南北苏丹停产、叙利亚等国项目严重欠产的情况下，海外油气增长主要来自伊拉克项目，随着鲁迈拉、艾哈代布等项目成功投产，有力推动了中东地区油气合作快速推进。中石油已建成苏丹 1/2/4 区、3/7 区和哈萨克斯坦 PK 三个千万吨级油田，并在委内瑞拉、印度尼西亚等地建成数个 200 万吨级以上油气项目，初步形成了非洲、中亚、南美、中东和亚太五大油气生产发展区以及上下游一体化的产业链，海外投资业务分布在全球 29 个国家和地区，运作着 81 个项目。随着油气权益产量突破 5 000 万吨，中石油海外油气业务进入规模化发展阶段，对前几年大项目深耕细作，以求规模、效益与可持续的协调统一。

表 9-1　　中国石油天然气集团公司海外勘探开发业务进展情况

| 年度 | 2009 | 2010 | 2011 |
| --- | --- | --- | --- |
| 原油产量（万吨） | 13 745.4 | 14 144.3 | 14 927.2 |
| 国内 | 10 313.2 | 10 541.4 | 10 754 |
| 海外（权益） | 3 432.2 | 3 602.9 | 4 173.2 |
| 海外（权益）占总量的比重（%） | 25 | 25.50 | 28 |
| 天然气产量（亿立方米） | 738.3 | 829.1 | 881.9 |
| 国内 | 683.2 | 725.3 | 756.2 |
| 海外（权益） | 55.1 | 103.8 | 125.7 |
| 海外（权益）占总量的比重（%） | 7.50 | 12.50 | 14.30 |

资料来源：中国石油天然气集团公司 2011 年度报告。

中石油工程技术服务队已遍布四大洲。截至 2012 年 7 月底，中石油工程技术进入海外市场主要服务队伍 685 支、其他技术服务队伍 460 支。从 2008 年起，每年新增队伍逾百支，业务遍及美洲、非洲、中东、中亚、亚太地区的 52 个主要产油国家和地区。在伊朗、伊拉克、委内瑞拉、苏丹、哈萨克斯坦、沙特阿拉伯等国家石油工程技术服务市场取得了相对优势的地位。2011 年，中国石油海外签订合同额 51 亿美元，较 10 年前增长 3.4 倍，在 12 个国家签订合同额超亿美元，相继获得土库曼斯坦 31 亿美元的天然气产能建设总包、阿曼 PDO 和沙特阿拉伯 50 亿元物探等大项目合同。2011 年，中国石油海外工程技术业务实现收入 311 亿元，较 10 年前增长 5.3 倍，海外收入占总收入的 27%，形成了 12 个收入超亿美元的国家市场，实现利润较 10 年前增长 60 多倍。在伊拉克、伊朗、肯尼亚、土库曼斯坦、苏丹等国家形成 10 个利润超亿元的优质项目①。

中石化积极实施上游业务补短战略，努力做大海外规模。近几年来，中国石化成功收购阿达克斯公司和加拿大 Syncrude 油砂、安哥拉油气区块、俄罗斯 UDM、哈萨克斯坦 CIR 公司、雷普索尔巴西公司部分权益等一批油气资源项目，初步完成在全球战略油气区的布局，形成非洲、中东、南美、南亚太、俄罗斯—中亚、加拿大六大油气生产基地等。并购成为中石化快速提升油气产量的有效途径，2012 年中石化海外油气权益产量由 2011 年的 2288 万吨增长至 2600 万吨（见图 9-1）。

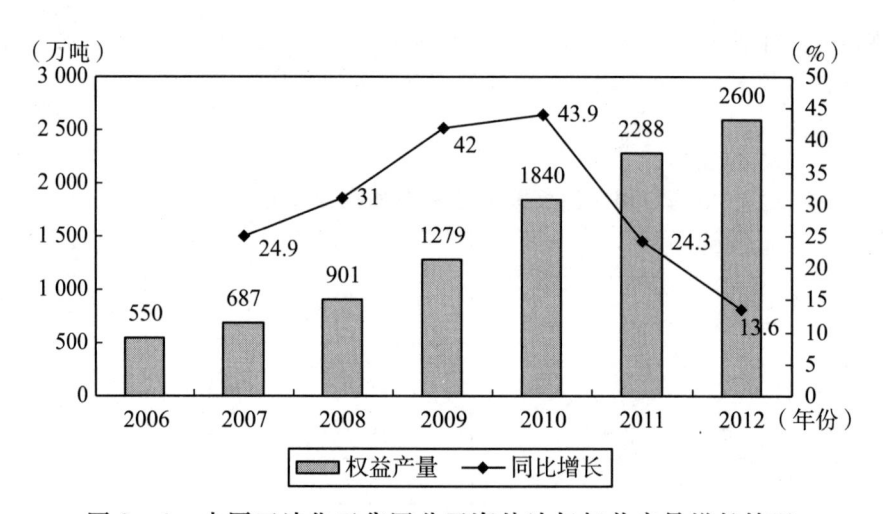

**图 9-1 中国石油化工集团公司海外油气权益产量增长情况**

资料来源：中国石油化工集团公司历年年度报告。

中石化海外工程技术服务项目开发和执行能力也得以显著提升，并逐步向大型化工项目扩张。2011 年，尽管外部环境对海外业务造成了冲击，特别是受到

---

① 《中国石油——工程技术海外争雄》，载《经济日报》2012 年 8 月 31 日。

中东北非动荡局势的影响，中石化海外石油工程业务继续保持了快速发展。截至2011年，中石化在38个国家执行项目合同522个，合同额首次突破百亿美元大关，达到119.2亿美元，新签合同额35.5亿美元，完成合同额26.1亿美元。其中，国际石油工程公司在15个国家执行合同241个，合同额74.5亿美元，新签合同额23亿美元，完成合同额12.8亿美元。

中海油在2010年国内建成"海上大庆"后，海外拓展势头不减，持续优化海外业务布局和投资结构，提升海外项目运作质量和效益，国际化经营规模持续扩大。2011年，中海油海外油气产量超过1 000万吨，同比增长超过10%，其中原油产量766万吨，天然气产量56亿立方米，主要来自2010年并购拉美几家石油公司的三个总投资48亿美元的海外油气项目。2011年中海油海外资产占比26.4%，海外收入占26.2%，国际化程度进一步提高。中海油积极实施"走出去"战略，推进海外资产收购、资源控制及油气生产基地，海外业务广泛分布于澳大利亚、东南亚、中亚、西非、北美等国家和地区，形成了亚太和西非两个海气生产基地建设，初步形成油气产量的多元化和国际化格局。2012年成功收购加拿大尼克森公司之后，中海油全球油气生产格局更趋国际化（见表9-2）。

表9-2 中国海洋石油总公司上游产品生产情况

| 品种 | 单位 | 2006 | 2007 | 2008 | 2009 | 2010 | 2011 | "十一五"累计 |
|---|---|---|---|---|---|---|---|---|
| 油气 | 万吨油当量 | 4 033 | 4 047 | 4 293 | 4 766 | 6 494 | — | 23 633 |
| 其中：国内 | % | 86 | 85 | 85 | 82 | 80 | — | 83 |
| 国外 | % | 14 | 15 | 15 | 18 | 20 | — | 17 |
| 石油液体 | 万吨 | 3 154 | 3 055 | 3 244 | 3 697 | 4 958 | 4 661 | 18 109 |
| 其中：国内 | % | 88 | 88 | 90 | 86 | 84 | 83.6 | 87 |
| 国外 | % | 12 | 12 | 10 | 14 | 16 | 16.4 | 13 |
| 天然气 | 亿立方 | 88 | 99 | 105 | 107 | 154 | 167 | 552 |
| 其中：国内 | % | 79 | 75 | 73 | 70 | 66 | 65.5 | 72 |
| 国外 | % | 21 | 25 | 27 | 30 | 34 | 33.5 | 28 |

注：2011年的比重数据是根据报告提供数据测算的结果。数据来源于中国海洋石油总公司2010年度、2011年度报告暨可持续发展报告。

此外，中国中化集团公司、中信集团公司、振华石油在跨国油气勘探方面也取得了重大进展，一些民营企业也加入了这一行列，但其跨国油气勘探开发规模还比较小，份额油占石油进口量的比例很小。

## 第二节　中国企业开展跨国油气勘探开发面临的挑战

世界存在的丰富油气资源和资源国对资金与技术的需求，为中国实行"走出去"战略提供了有利条件。但是国际勘探开发市场激烈的竞争、国际投资环境众多的不确定因素、资源国政府的高额分成、勘探开发项目的地下风险等，致使跨国勘探开发困难多、风险大。因此我们必须充分认识跨国勘探开发中面临的挑战，从而制定出从实际出发的方针和政策，这些对于跨国勘探开发的成功具有重要意义。

### 一、日趋激烈的资源竞争加大了获得好项目的难度与代价

#### （一）相当一部分资源国具有较强的勘探开发能力，推出的合作区块勘探开发难度大

当今世界上许多资源国具有悠久的油气勘探开发历史，如中亚的阿塞拜疆和哈萨克斯坦、南美的委内瑞拉和巴西、东南亚的马来西亚和印度尼西亚、非洲的利比亚和尼日利亚、中东的伊朗、伊拉克、科威特和沙特阿拉伯等都有100年以上的油气勘探开发历史，具有较强的勘探开发能力。另外一些发展中国家油气勘探开发历史虽短，但同样具有较强的勘探开发能力。这些国家推出的合作项目要么是由于缺乏勘探开发资金，要么是由于区块勘探开发难度大，主要体现在技术难度和成本高两方面。勘探项目如陆上深层勘探、深海勘探、山地等复杂地表条件下的勘探；老油田项目如油藏压力大大降低而脱气严重的老油田改造，高含水油田、低渗透油田、裂缝底水油田、稠油、高凝油开发等。如果没有相应的先进技术，很难介入这类项目；即使获得此类项目，其经济效益也比较差。另外，有些资源国的许多好区块掌握在当地私有小公司手中，要价很高；一些第三世界资源国政府决策不民主。这些不利因素大大限制了跨国勘探开发的领域。

#### （二）许多国际油公司已经占据有利地区，国际勘探开发市场竞争激烈

首先，当今世界上有90多个国家石油公司，它们中的相当一部分也进入到

跨国勘探开发市场中,并在其中扮演越来越重要的角色。国家石油公司坐拥资源优势,把资源潜力大、邻近市场且容易勘探开发的区域或区块牢牢控制在手中,不让外国公司介入甚至有些资源国不对外开放其勘探开发国内市场。其次,大型跨国石油公司以其资金、设备、技术、经验、人才及市场形象等多方面的优势,在当今世界可介入的跨国勘探开发区块(或项目)中占据主导地位。另外,数以千计的中小型石油公司,它们经营灵活、善于公关,在获得区块许可证上往往有独到之处。而各类基金、财团或投资公司以其资金在全世界寻找各种投资机会,也常常在跨国勘探开发市场中分得一杯羹。这些进一步加剧了世界油气勘探开发市场竞争的激烈程度,增加了中国石油公司进入该市场的难度。

### (三) 有一些国家所具有潜力的地区作业条件困难或远离市场

除了油气勘探开发的热点地区及一部分油气勘探开发较早、技术较成熟的发展中国家以外,还有许多有油气勘探开发潜力的国家和地区等待外资进入。根据所面临困难的不同,可以把这些国家和地区分为三类:一是受作业条件或目前的技术条件所限勘探开发难度很大的地区,包括深海、极地、雨林和沙漠地区;二是基础设施欠缺或远离油气市场的资源国和地区,如内陆发展中国家尼日尔和东西伯利亚地区;三是政局不太稳定的国家和地区,如埃塞俄比亚和索马里。

### (四) 受资源国法律和标准合同制约,项目运作难度大,经济门槛高

资源国为了吸收外资,必然要给外国油公司获得利润的机会;同时为了保护自身的利益,制定了外国投资法、石油法和石油合同等法律法规,防止外国公司过多获取利益分成。20世纪90年代,合作条件比较宽松,根据世界合同的统计,在国外进行勘探开发,政府所得平均为67%,承包商所得为33%。21世纪以来,合同要求更加苛刻,外国石油公司的收益更低。所以跨国勘探开发项目的经济门槛很高,许多在国内可以经营的项目,在国外就很难经营。

跨国勘探开发合同区和合同期的规定,使外国公司不能进行由大到小的全盆地勘探,不能转移勘探地区,要求区块选择的准确度比较高。而勘探开发期的限制,要求外国公司必须有比较短的认识周期,要采取速战速决的方法。在进行跨国勘探开发时,国内常用的思路和原则要有重大的改变。在资源国政府的管理控制下,从物探部署、井位设计到油气田开发方案等一切作业计划和部署都要经过政府有关部门和国家石油公司的审查批准,大大增加了经营的难度。

## 二、全球政治经济格局的演变加剧了中国企业海外投资面临的风险

投资环境的优劣对投资者的影响无疑是巨大的。石油勘探开发项目一般周期较长，以勘探项目为例，勘探期一般为4年，评价期2年，开发期4年，回收期15年，所以一般的项目周期都在25年以上。这么长的周期内，资源国发生政策、法律的改变是不可避免的。主要有以下几种：资源国对税制、税法的修改，资源国对所签合同强制性改动或废弃，资源国对外合作政策的变化，资源国经济的不稳定，资源国对利润汇出及外汇兑换的管制，资源国对外国人在当地劳动资格的限制，资源国政府或民族对外国投资的歧视，资源国环境保护激进分子对油气勘探开发活动的抵制，资源国经济、技术不发达造成探区后勤保障困难，资源国原油销售困难，对油气生产实行强制性限产、限制或禁止工作量投入，资源国油区居民对油气生产的破坏或捣乱等。以上这些原因只要有某一项存在都可能给投资者造成巨大损失或使项目终止。由此可见，对投资环境的了解和把握是评价油气勘探开发项目风险的关键要点之一。投资环境风险不仅仅是在经济不发达的国家存在，发达国家也会通过改变财务体系给外国投资者设置种种障碍，损害投资者的利益。

### （一）政治风险

政治风险是跨国油气勘探开发面临的重要风险之一。一般来说，政治风险来自于以下几个方面：资源国受到其他国家的威胁甚至与其他国家发生战争；资源国国内民族矛盾冲突，发生内战等突发事件；资源国国内发生大规模罢工、暴乱、起义、革命等；资源国政权不稳定从而导致政府的颠覆、更迭；资源国对本国石油工业实行国有化改造或对合同者的区块征用、报复性充公或没收。常见的政治风险主要是国有化风险和战争风险。

### （二）经济风险

在国际石油勘探开发市场上，主要存在三个方面的经济风险。一是石油价格的波动对承包商的影响。油价是项目评价的基本参数，如果评价时所采用的油价大于项目的实际油价，就可能发生重大亏损，反之则会使盈利。与其他商品相比，其价格变动具有周期长、幅度大、影响范围广、难以预测等特点，提高了承包商的运行风险。二是国际油气市场无序或不正当地竞争。首先，资源国有时拿出一个或多个区块对外进行招标，这本来是正常的事。但是，有的业主对公示的区块不但招标，而且还要对招标文件进行谈判，以此对投标的承包商进行相互压

价，或提出更加苛刻的条件，故意造成投标者之间的竞争。其次，国家石油公司在跨国勘探开发市场中扮演越来越重要的角色。国家石油公司坐拥资源优势，把资源潜力大、邻近市场且容易勘探开发的区域或区块牢牢控制在手中，不让外国公司介入甚至有些资源国不对外开放其国内勘探开发市场。最后，大型跨国油公司以其资金、设备、技术、经验、人才及市场形象等多方面优势，在当今世界可介入的跨国勘探开发区块（或项目）中占据主导地位，竞争实力优于我国企业。最后，大量中小型私有油公司在经营管理上的灵活性和熟练的公关技巧，以及各类基金、财团或投资公司在全球油气市场的积极参与，都进一步加剧了世界油气勘探开发市场竞争的激烈程度，增加了中国石油公司进入该市场的难度。三是汇率变动的风险。当前的国际货币体系是由各国发行的多种纸币构成的，各种货币相互之间的兑换值受到多种因素的影响，波动很大，这就意味着我国石油企业在进行海外勘探开发投资时要经受汇率波动的风险。

（三）技术风险

在油气勘探开发领域中技术风险主要取决于承包商所拥有的综合技术水平的高低。因为承包商所掌握的技术水平越高，对于勘探开发区块的地质状况认识就会越深刻，从而对地质评价结果的可靠性就越有把握性。地质评价结果的可靠性会直接影响到项目的成败及承包商利润的高低。过高地评价某个区块的前景，往往会导致承包商盲目地介入该项目，投入大量的人力、物力、财力资源，却获利极少甚至一无所获；过低地评价结果，往往难以得到甚至失去承包项目的机会。由此可见，评价结果是决策的依据。而评价结果的真实性和可靠性首先取决于已获地质资料的翔实、齐全，取决于参与评价人员是否具备较高的知识水平、较强的综合分析能力和判断能力。对油气勘探开发项目评价结果的风险性主要有两个方面：一是地质评价风险，因为受所获得资料的限制和地质条件复杂性的影响，不能够准确地预测地质储量和可采程度；二是商务评价结果风险，例如，有些油公司在高油价时期，往往欲出售或转让所拥有的区块，并且过分渲染或放大其拥有区块的资源前景。

## 第三节 中国开展跨国油气勘探开发的策略

### 一、重视重点国家，兼顾一般国家

从石油资源而言，中东首屈一指，其次是北美、独联体、非洲和拉美，最后为亚太。中东已探明的石油储量超过世界的60%，未发现的石油资源约占世界的30%。中东有一些很大的油田尚未投入开发，有机会参加新油田开发、老油田再开发和提高采收率项目。但同时必须看到中东的政治形势复杂，竞争对手强大，国家石油公司具有丰富的对外合作经验和雄厚的资金，而且合同条款很严，公开招标的区块地质资源条件各异。例如，从理论上讲伊朗应该是首选重点国家，但受美国制裁的影响，从2012年中起，不仅美国公司不能进入伊朗，我国三大油公司虽获得了一些进展，但也面临着被迫退出的危险，且伊朗项目多为回购合同，条款十分严苛，因此目前伊朗不能作为首选的重点国家。相反，伊拉克的项目招标为中国石油公司提供了进入的机会。2012年，继伊拉克鲁迈拉项目实现原油初始产量提高10%的目标、艾哈代布项目建成投产后，2012年6月16日，哈法亚一期年500万吨产能建设项目投产并实现原油外输，比合同要求提前15个月。在北美方面，随着美国页岩气革命的爆发，北美能源格局发生了很大变化，加拿大丰富的油气资源输出到美国的难度在加大，加拿大开始看好中国市场，中国石油企业进入加拿大的政治难度在降低，合作范围逐步扩大。在独联体国家中，俄罗斯是资源最丰富的国家，中国油公司几经努力，至今已有一些进展。但参与程度仍然很低，可见合作难度之大，近期难有大的突破。北非的油气资源以阿尔及利亚为最大，公开招标区块投标难度大，至今只获得了一些小项目，利比亚虽然资源量也不少，但经过战火，政局动荡不定。西非资源丰富，但主要位于海上，非中国油公司强项。

重点地区和重点国家无疑是工作重点。只有突破重点地区和国家，中国油公司在海外的资源和产量才可能有大幅度增加。非重点国家在总体上难以成为"走出去"战略的主体，但也不要把非重点国家排斥于我们的视野之外，一些不被人们重视的国家，相对竞争程度低，合同条款相对宽松，由于技术相对落后，可能还有一些资源未被探明和开采，往往可以通过双边谈判获得区块。一些有较大潜力而未被认识的国家，也可能发展成为大项目。

## 二、区别对待有项目的国家和没有项目的国家

跨国勘探开发面临着各式各样的不确定性，由此也带来了巨大的风险。对于中国油公司而言，有项目的国家和没有项目的国家抵御风险的能力具有巨大的差别。目前，中国油公司在有些国家基本形成了从油气勘探开发到炼化销售一体化的产业链。在这些拥有生产基地的国家和地区，中国公司已经具有一定基础的人力、物力和财力，拥有一定的人际圈，容易获得合作信息，各方面的条件都要好于创业初期。无论是在当地拓展新项目，还是在相近邻国开拓新项目，都具有很

大的优势和实力。对于有项目的国家，可以适当跨大步子、加速发展，对于没有项目的国家，应当更加谨慎、步步为营，可先争取取得一些比较容易、风险小的项目，逐步做大、做强。

## 三、区别对待周边国家

周边国家大多数与中国陆地相接，油气运输更加安全。所以把周边国家作为中国石油公司"走出去"战略的特定目标，有一定的实际意义。但周边国家的油气资源条件、投资环境差别很大，要具体分析区别对待。

中国的东邻为日本、朝鲜、韩国及菲律宾，前三国油气贫乏，菲律宾的远景也不太大，且主要在海上。北邻俄罗斯和蒙古国，蒙古国的盆地相似于中国的二连和海拉尔盆地，远景不是很大，但也有一定潜力，俄罗斯是油气资源大国，石油剩余可采储量为119亿吨，天然气剩余可采储量32.9万亿立方米，石油最高年产量曾达5.69亿吨，2012年产量5.26亿吨。利用周边国家的油气资源，首先是俄罗斯，中国石油公司做过许多努力，至今中俄合作程度还是很低，主要原因是投资环境差。

西邻独联体中亚诸国，油气较丰富。中亚独联体各国中，哈萨克斯坦是石油大国，土库曼斯坦是天然气大国，乌兹别克斯坦有油气资源但不算太丰富，塔吉克斯坦和吉尔吉斯斯坦的油气资源很少，所以哈萨克斯坦作为中亚对中国石油供应的唯一国家，两国有较长的共同边界，哈中管道已经建成，开始商业化运用，方便了将原油运回国内，合作前景较好。土库曼斯坦天然气剩余可采储量17.5万亿立方米，且有很大的勘探潜力，随着中土天然气管线投入运营，天然气勘探开发成为重点项目之一。

中国南部接壤的国家有印支三国、泰、缅、巴、孟、印。印支三国中越南油气资源较丰富，但主要在海上，而且这些海上油田多与中国存在边界争议，在领海边界未解决前，难以进行合作。泰、缅、巴、孟、印均为油气生产国，印度尼西亚是这些国家中油气资源最丰富的国家，近几年来三大石油公司已经在印度尼西亚取得了一些勘探开发和工程建设项目，有了很大进展，具有扩大合作的前景。

## 四、沿海地区优先，具体分析内陆地区

从地理环境划分，全世界陆地可以分为沿海地区和内陆地区。这种划分主要因为油气的运输，特别对石油和液化天然气的影响非常大。沿海地区不受当地市场的制约，原油可以通过码头油轮运输直接进入国际市场，运输设施投资少，运

输费用低，而且不受油田产量规模的限制，投产周期较短。同样，油田所需作业设备和油田建设的物资设备运输也比较方便。因此沿海有很大的优越性，在其他条件相同的情况下，石油勘探开发项目应优先选择沿海地区。内陆地区很大程度决定于自身经济发达程度和对油气的需求。如果存在油气销售市场，油气运输距离短、运费少，则内陆地区的油气田也很有竞争性。如果内陆的市场很小或没有市场，则油气必须外运。在这种情况下，油气田距离市场或海岸线的距离成为一个至关重要的因素，有时甚至成为决定性因素。

## 五、开发项目与勘探项目并举

### （一）新油田开发评价风险小、进入代价高、机会少、获利小

国外的油气勘探开发项目都有较大风险，除了政治、合同条款、油价外，最重要的是地下资源风险。相对而言，勘探风险比已知油田的风险更大，主要因为勘探项目对地下地质资源的了解程度比油气田项目低得多，存在大量不确定性。国际大油公司和资源国国家石油公司已占据了有利位置，中国石油公司风险勘探的成功率可能会比较低，因此在跨国经营的早期，以油田项目为主。现在随着经济实力和技术水平的提高，可以适当开展风险勘探业务。

新油田的地下资源风险最小。只要有足够参数，地质储量、可采储量、采油指数等油藏特性都可以计算出来，也可以编制出开发方案和合同期的生产剖面。因此新油田项目比较接近确定性项目。如果有新油田合作机会，应该成为首选项目，但是这类项目机会很少，而且往往要价很高，合作条件苛刻。或者往往市场条件差，开采难度大。难开采的油田多为低渗透油田、稠油油田、高凝油油田或油气藏复杂的油田等，对于开采难度大的油田主要决定于公司是否具有相应的开采技术。

### （二）老油田开发评价比较复杂，技术要求高

老油田的评价比较复杂，除了与评价新油田的相同内容如原始地质储量和可采储量，更重要的是要计算出它的累计产量和剩余可采储量，剩余油的分布。因此要详细研究每口生产井和注水井的井史资料，而且要研究新的开发调整方案和是否可以应用新的采油工艺来提高老油田的可采储量和单井产量，特别是要深入研究有无发现新油层和新油藏的可能性。

油田越复杂，则发现新层和新油藏的可能性越大。原来使用的开采技术越落

后，则未来产储量提高的可能性越大。对老油田估计过高就难以收回投资，如果看不到潜力就会失去合作机会。所以老油田项目比新油田项目难度要大得多：油田项目的进入费用高，评价不当损失可能就会很大。

### （三）勘探项目评价风险大，进入费用低，一旦成功，获利大

对于勘探项目的选择首先要从宏观的角度，分析盆地的类型：按勘探程度分为：低勘探盆地—未发现油田、未成熟盆地—发现少量油气田和成熟盆地—已发现大量油气田。为了降低风险，选择已发现油气田的盆地比较稳妥，尤其是潜力较大的已发现油气田的盆地，即中等勘探程度的已发现油气田盆地。按油气富集程度分为：贫油气盆地、中等含油气盆地和富油气盆地。选择勘探区块，应该选油气富集的盆地。按烃类组成成分为：含气盆地、含油气盆地和含油盆地。一般情况下，应该首选含油盆地，其次为含油气盆地和含气盆地，按地理位置和市场条件可以分为：沿海地区、内陆近市场和内陆远离市场，又可分有管线和无管线。

勘探项目的特点是风险大。一旦失利则投资全部沉没。但是它的进入费用比较低。勘探又划分阶段，每个阶段的义务工作量不是很大。然而勘探一旦成功，其收益可能很高。国际上的大油公司都有勘探项目，上游工业的获利，主要从勘探开始。他们每年都有一定数量的风险勘探投资。中国石油公司要根据自身的经济实力，每年拨出一笔风险勘探资金。对于风险勘探的问题在国内是十分重视的，经常提出要把勘探放在首位。对于跨国经营，为了减少风险，对勘探采取比较谨慎的态度。

## 六、常规项目与非常规并举

非常规油气资源的埋藏、赋存状态与常规油气资源有较大的差别，开发难度大，费用高。非常规石油资源主要是油页岩、重油和油砂矿等；非常规天然气资源主要是煤层气、页岩气、致密砂岩气、生物气、甲烷水合物等。

非常规油气资源，除甲烷水合物外，在一些国家都得到开发利用并见到了显著成效。在油砂开发方面，加拿大和委内瑞拉等国家从油砂和重油中生产大量石油，尤其是加拿大近几年在油砂矿的开发方面发展较快，可采储量增加近200亿吨，2012年石油产量达到1.83亿吨，较2000年上升46.5%，呈持续上升趋势；澳大利亚、阿根廷、埃及等国家从低渗透油藏中开采石油均见良好效果。在煤层气开发方面，美国开发煤层气最早，时间最长，现已有一系列的勘探开发利用技术和相应的鼓励煤层气开发的政策，美国有14个盆地具有煤层气资源，资源量$21 \times 10^{12}$立方米，探明可采储量$1 \times 10^{12}$立方米。2011年，美国年产煤层

气 $570 \times 10^8$ 立方米，超过中国全国天然气产量的一半；澳大利亚、加拿大煤层气开发也初见成效。在油页岩开发方面，爱沙尼亚、俄罗斯、巴西、法国等国家都进行生产，2011 年爱沙尼亚年产量超过 1 804 万吨，该国油页岩加工技术处于世界领先水平。2002 年，在爱沙尼亚召开"全球油页岩开采、利用前景"国际研讨会上，世界能源理事会指出全球油页岩资源量巨大，但利用率都很低，近年来由于新技术的出现，开展了综合利用，大大提高了油页岩开采利用的经济效益。在页岩气方面，美国页岩气技术可采资源量约 21 万亿立方米，其中 80% 位于地下构造比较简单的墨西哥湾沿岸、东北及西南的地势平坦地区，2012 年，美国页岩气产量已占全美天然气供应量的 37%，达到了 2 870 亿立方米。预计美国将在 2015 年超过俄罗斯成为全球最大的天然气生产国。据美国能源信息署预测，到 2035 年美国页岩气产量将达到 3 860 亿立方米，分别占其天然气总产量和能源消费总量的 48.8% 和 20%。页岩气的大规模开发导致美国能源独立性大幅提高，石油对外依存度从前几年的近 60%，降到 2012 年的 40%，也引发了全球范围内的页岩气革命。

从世界范围来讲，非常规油气资源的开发利用潜力是很大的，技术进步促使开发成本下降，是非常规油气开发高速发展的根本原因，高油价和良好的政策环境，将加速非常规油气资源的动用。可以预见的是，非常规油气资源在石油构成中的比例将逐渐增大，从而成为常规油气战略性补充能源。但是非常规油气资源项目一般早期投资大，成本回收期长。中国石油公司在进行跨国石油勘探开发时，也要积极参与非常规油气项目，中国油公司已经参与委内瑞拉的重油开发。

## 七、油气项目并举

跨国油气勘探开发中，天然气的重要性在不断提高。中国各石油公司已经进行国外天然气项目合作。

第一，天然气不仅可以有机生成，也可以无机生成，这样导致天然气的形成条件要求比石油低，分布更广泛。天然气的储采比都比石油大得多。据最新 BP 世界能源统计资料，2012 年年末世界天然气剩余可采储量为 187.3 万亿立方米，储采比为 55.7，处于上升中，而世界石油储采比仅为 52.9。此外，天然气的富集程度比石油高，如卡塔尔北部气田——伊朗南帕尔斯气田储量近 40 万亿立方米，俄罗斯乌连戈伊气田的储量高达 11 万亿立方米。

第二，天然气是高清洁能源。天然气素有"绿色能源"之称，是清洁高效的优质燃料。因其具有高热值，清洁无毒等特点，在国际上已广泛用于化工、轻工、发电、居民生活及采暖等行业，尤其是城市大量使用天然气以后，燃烧时排

出的 $SO_2$ 和烟尘极少,能显著地改善大气环境,同时与煤炭相比,也可以大幅减少燃烧过程中产生的生活垃圾。因此,天然气是为未来能源的发展方向之一。

第三,随着运输管道的大规模建设和液化天然气技术的进步,使得天然气的全球贸易成为可能。据 2013 年 BP 世界能源统计资料,2012 年全球天然气总贸易量达到 10 334 亿立方米,占世界天然气总消费量的 31.2%,其中管道气贸易量为 7 055 亿立方米,液化天然气贸易量为 3 279 亿立方米,仅卡塔尔液化天然气的出口量就达 1 247 亿立方米,已经具有相当规模。

第四,目前天然气的价格比石油便宜许多。据美国能源署预计,2012 年美国天然气井口价为 2.7 美元/千立方英尺,同期西得克萨斯轻质原油油价为 94.5 美元/桶,若以 1 桶油当量与 5.61 千立方英尺天然气热值相当来进行换算,可以得出一桶油当量的天然气价格相当于 15.1 美元/桶,仅为石油价格的 16%。油价的高企将促使更多的消费国选择天然气。例如,2012 年美国的石油消费量下降了 2.3%,而美国天然气消费量上升了 4.1%。

但是天然气开发的规模、市场、运输条件要求高。鉴于近年来天然气的液化技术也有很大进展,且天然气是更清洁的能源,应扩大选择天然气勘探开发项目。选择天然气项目应考虑的因素有:(1) 气田至中国和市场的距离。气田至中国近,可直接为中国利用,这是首要目标,如东西伯利亚的科维克金气田。远离中国的气田以盈利为目的;(2) 天然气田的储量规模,单井产量和凝析油产量,上述各项越大越有利;(3) $H_2S$ 和 $CO_2$ 的含量,如果太大就要增加处理费用;(4) 气田附近是否存在天然气管线;(5) 天然气及其产品的价格。

天然气的出路有直接销售天然气、制成石油液化气、制成甲醇、化肥和制成液化天然气,此外,还可在当地建立天然气发电站等。以上途径对最低供气量的要求不同。

第十章

# 途径二：提高国际油气贸易能力

参与国际油气贸易是利用国外油气资源的必经之路。长期以来，参与国际油气贸易，进口原油、成品油、化工品和天然气都是一条利用国外资源的主要途径。不管是通过跨国油气勘探开发以获取份额油，还是直接到国际石油市场去购买油气，从国家能源供应保障来说都需要通过贸易这一桥梁来实现。在参与国际油气贸易这条路径上，存在"量"与"价"两方面的问题。在"量"的问题上，要关注国际石油市场上石油可贸易量及潜在竞争关系对中国石油净进口量形成的"顶板效应"；在"价"的问题上，要关注如何在保证国内经济发展的前提下，在保证"量"的前提下，通过现货市场、远期市场等贸易方式降低成本，能够更加有效地获得资源。当前，中国石油企业在亚洲、欧洲和美洲的油气运营中心已初具规模。今后，中国的石油企业仍需不断提升贸易价值链，丰富贸易手段，摸索国际油气交易规律，增加中国对全球石油贸易的参与权。

## 第一节 中国开展油气贸易的现状

### 一、中国石油进口现状

从 1993 年开始，中国成为石油净进口国，石油净进口量不断增加，石油对外依存度呈明显上升趋势。尤其是近年来，随着重化工业的快速发展和汽车进入家庭步伐的加快，我国石油需求一直保持较快增长，2000~2012年，我国石油消费年均增速达到6.6%，而同期国内原油产量平均增速只有2.05%。巨大的供需缺口只能通过国际石油贸易来弥补，我国石油对外依存度已经从2000年的29.6%上升到2012年的58.6%，年均上升幅度超过2.4个百分点，年进口量已经接近3亿吨（见图10-1）。

从进口来源地看，我国石油进口主要集中在少数几个重要产油区。根据BP能源统计，2012年中东、西非、前苏联以及拉美地区分别占我国石油进口量的40.8%、14.6%、16.8%和8.9%。这种石油进口来源地区过度集中的贸易进口格局存在很大的隐患，主要是石油出口国的供给安全存在巨大的不确定性。相比之下，作为世界最大石油消费国的美国，其石油进口来源地的多样性则较强，其从加拿大、拉美、中东、西非和墨西哥进口石油分别占总进口量的27.9%、18.7%、20.6%、8.2%和9.8%，其中加拿大、拉美和墨西哥都是美国的邻近区域，运输距离短，美国的控制力较强，而从世界最大产油地——中东的进口量却只占20.6%。同时，随着页岩气的开发，美国石油对外依存度不断下降，2012年已降至40%，显见美国以提高自给能力和进口来源多样化双策并举的方式实现了石油供给的安全保障。

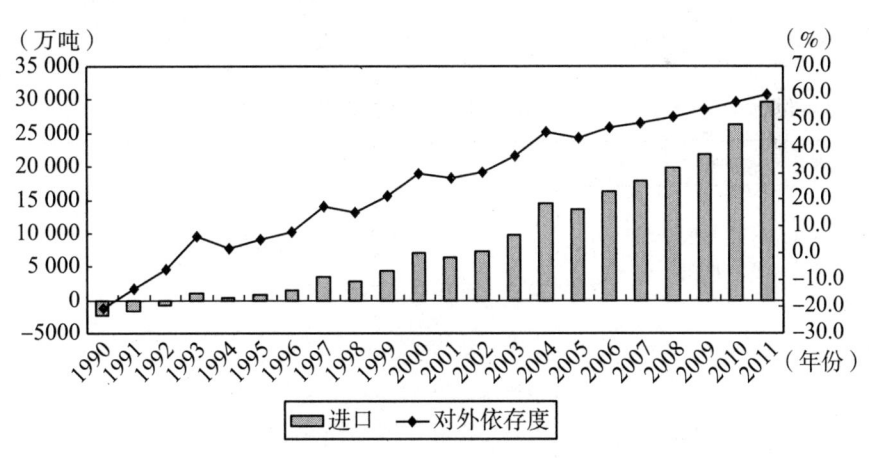

图 10-1 中国石油对外依存度变化情况

注：图中石油进口量为原油净进口加成品油净进口，石油对外依存度 = (原油净进口 + 成品油净进口)/(原油净进口 + 成品油净进口 + 国内原油产量)。资料来源于海关总署。

## 二、中国天然气进口现状

2012年我国天然气进口保持了较高快增长。随着中亚天然气正式进入国内市场及部分液化天然气项目设施竣工投产，我国天然气进口大幅增加。2012年全年累计进口约合386亿立方米，同比增长1.4倍，其中，进口液化天然气200亿立方米，增长20.3%，进口管道气214.4亿立方米。进口天然气成为满足日益增加的天然气需求的重要保障，进口资源占消费总量的比重达到15.6%，比2009年增加18.5个百分点。

近年来我国注重加强天然气进口的战略通道建设。2010年9月，年输气能力120亿立方米的中缅油气管道工程中国段开工建设，目前该工程已经竣工，这标志着我国打通了西南地区油气资源陆路通道。至此，加上中俄、中哈和中亚油气管道，中国四条油气进口战略大通道的格局初步形成，同时中哈天然气管道二期工程的开工建设，将促使中国天然气进口量大幅上涨。另外，截至2012年年底，我国已建成的液化天然气接收站6座，一期总设计接收能力合计1 880万吨/年，预计到2015年累计一期设计接收能力将超过4 000万吨。

## 三、中国油气贸易运输现状

"十一五"以前，我国石油进口运输通道以海上为主，陆上为辅。"十一五"期间，我国进行了石油进口的四大通道建设，重点是西北、东北和西南的陆上原油管线建设。目前，原油骨干管网基本形成（见表10-1）。

表10-1　　　　　　　　中国原油运输方式及线路

| 运输方式 | 来源地区 | 运输线路 |
| --- | --- | --- |
| 海上 | 中东<br>非洲 | （1）中东波斯湾—霍尔木兹海峡—马六甲海峡—中国<br>（2）地中海—直布罗陀海峡—好望角—马六甲海峡—中国<br>（3）西非—好望角—马六甲海峡—中国 |
| 海上 | 南美和中美洲 | （4）太平洋航线（巴拿马运河） |
| 铁路 | 俄罗斯<br>中亚地区 | （5）俄罗斯的伊尔库茨克—中国满洲里<br>（6）哈萨克斯坦—中国新疆阿拉山口 |
| 管道 | 哈萨克斯坦<br>土库曼斯坦<br>俄罗斯 | （7）哈萨克斯坦阿特劳—中国新疆阿拉山口<br>（8）土库曼斯坦—乌兹别克—哈萨克斯坦—中国新疆<br>（9）俄罗斯斯科沃罗季诺—中国大庆 |

资料来源：中国石油集团经济技术研究院出版的《2010年国内外油气行业发展报告》和《2011年国内外油气行业发展报告》。

由于国内原油生产趋于稳定，石油需求不断增长，供需平衡主要靠进口原油。"十一五"期间，我国新增管道主要输送来自陆上和海上的进口原油，原油管道建设主要围绕陆上进口俄油、哈油、海上进口油连接和国内原油管道改、扩、新建等展开，并根据项目的重要性和紧迫性有序推进。

中俄原油管道是中国进口俄罗斯原油的重要通道，起自俄罗斯远东管道斯科沃罗季诺分输站，经俄边境加林达计量站，进入黑龙江漠河，途经黑龙江省和内蒙古自治区的12个县市，止于大庆末站，管道全长1 030千米。管道在俄国境内长约63.4千米，在中国境内全长965千米。2010年12月19日，中俄原油管道投油全线贯通，2011年1月1日开始，俄罗斯通过这条管道每年向中国供应1 500万吨原油，合同期20年。

中缅原油管道是中缅油气管道工程的重要组成部分，从云南瑞丽进入我国境内后，经贵州到达重庆，干线长1 631千米，设计能力为2 200万吨/年。2010年6月3日，中缅油气管道工程正式开工建设，境内段工程于2013年建成投产。

海上运输仍是目前我国进口石油的主要运输方式，但安全问题较为严峻。我国现在年进口石油超过2.5亿吨，而从运输方式看，约80%通过海上运输，中东航线和非洲航线都必须经由马六甲海峡，占总进口量的70%以上，每天通过马六甲海峡的船只近60%是为中国运油。马六甲海峡通过能力已接近满负荷状态，而且该海峡海盗十分猖獗，恐怖事件频繁发生。据统计，全球60%的海盗袭击都发生在此海峡。随着国际恐怖组织的介入并与当地海盗勾结，油轮越来越有可能成为袭击目标，而且海峡的交通秩序也比较混乱[①]。

## 第二节　我国石油国际贸易量预测

### 一、全球原油可贸易量预测分析

尽管全球石油价格已经在高位运行了较长一段时期，供需也不断呈现紧张的局面，但总体来看，过去30年，全球石油储量的增长速度在大部分时间里都远高于产量的增速，石油储采比不断延长。这就意味着，未来世界石油供给在量上是有保障的。从石油主要供给国的角度来看，根据BP统计数据，欧佩克在世界

---

① 童晓光、赵林：《对"马六甲困局"与中国油气安全的再思考》，载《国际石油经济》2010年11期，第17~22页。

原油储量中的比重从 2006 年的 68.6% 上升到了 2012 年的 72.6%，这意味世界石油供给受到卡特尔组织控制的程度在加深。无论是欧佩克采取高价维持措施，还是欧佩克成员国出现重大事件，都会对全球石油供给和价格产生更大的影响，这也是储量增速快而世界石油供需却较长时期保持紧张的重要原因。我们假定只要价格合理，石油供给国是愿意提供足够数量石油的，而且这一价格水平也是世界经济和中国经济所能够承受的。

在世界石油贸易中，同时存在着在数量上相等的供方和需方，但是，在按区域进行进出口统计时，容易出现重复计算，会高估石油贸易的规模。因此，在计算全球石油可贸易量时，应该采用净贸易量。所谓全球原油净贸易量，是指各个国家或地区净进口或净出口（进口减出口或出口减进口）的原油数量的加总。以 2012 年世界石油可贸易油为例，只从净进口一方来计算可贸易量，不考虑净出口一方的数据（见表 10-2）。

表 10-2　　　　2012 年分地区世界原油净贸易量情况　　　单位：百万吨

| 国家（地区） | 原油进口 | 原油出口 | 原油净贸易量 | 占净贸易量的比例（%） |
| --- | --- | --- | --- | --- |
| 美国 | 424.0 | 1.1 | 422.9 | 23.7 |
| 加拿大 | 25.7 | 121.7 | — | — |
| 墨西哥 | † | 64.4 | — | — |
| 中南美 | 19.6 | 156.9 | — | — |
| 欧洲 | 474.9 | 19.1 | 455.8 | 25.6 |
| 苏联 | † | 302.0 | — | — |
| 中东 | 11.1 | 881.1 | — | — |
| 北非 | 9.3 | 106.8 | — | — |
| 西非 | † | 216.1 | — | — |
| 东南非 | 14.2 | 4.3 | 9.9 | 0.6 |
| 大洋洲 | 28.7 | 13.6 | 15.1 | 0.8 |
| 中国 | 271.3 | 1.3 | 270.0 | 15.1 |
| 印度 | 177.1 | † | 177.1 | 9.9 |
| 日本 | 186.7 | † | 186.7 | 10.5 |
| 新加坡 | 47.3 | 0.6 | 46.7 | 2.6 |
| 亚太其他地区 | 237.4 | 38.3 | 199.1 | 11.2 |
| 全世界合计 | 1 927.3 | 1 927.3 | 1 783.4 | 100.0 |

资料来源：《BP 世界能源统计年鉴（2013）》（其中，† 表示小于 0.05）。

从过去 30 年的历史情况来看，受政治、经济等多种因素的影响，世界原油产量增速起伏很大，以 5 年为一个阶段来看，一个低速增长阶段之后往往伴随着一个高速增长阶段。但是，储量除了在 20 世纪 90 年代初期经历低速增长之外，其余时期的增速基本上都快于产量的增长，而且超出的幅度较大，世界石油储采比总体呈上升趋势。当然，所发现的很多资源是深海或非常规资源，开采成本较高，因此我们认为，只要未来价位合适，石油产量仍将会处于较快增长状态。尤其是过去 5 年受世界金融危机影响，平均产量增速下滑较大，而在目前较高的石油价格、发展中国家需求快速增长的刺激和以页岩气革命等新技术推动下，未来 5~10 年原油生产完全有条件迎来一个新的快速增长期（见表 10-3）。

表 10-3　　　　1980~2012 年世界原油市场平均增速情况　　　　单位：%

| 年度 | 1980~1985 | 1986~1990 | 1991~1995 | 1996~2000 | 2001~2005 | 2006~2012 |
|---|---|---|---|---|---|---|
| 储量 | 2.93 | 5.40 | 0.51 | 1.43 | 2.00 | 3.05 |
| 产量 | -1.80 | 2.64 | 0.81 | 1.91 | 1.70 | 0.63 |
| 消费 | -0.69 | 2.39 | 0.99 | 1.86 | 1.89 | 0.92 |
| 贸易 | -5.40 | 5.13 | 3.45 | 3.09 | 3.37 | 1.12 |

注：此处的石油贸易增速存在重复计算，并不是石油净贸易量的增长。数据来源于《BP 世界能源统计年鉴（2013）》。

国际能源署（IEA）在其《世界能源展望（2009）》中预测 2007~2030 年的石油需求平均增速为 0.9%。这一数据显然参考了 2000~2007 年的石油需求平均增速并考虑了金融危机的影响。我们认为，随着世界经济逐步恢复，石油的产销增速仍有望恢复到 1996~2005 年的状态。但是，综合考虑世界石油产量每 10 年一个周期的特点，1991~2000 年平均增速为 1.36%，2001~2010 年平均增速为 0.92%。因此，我们设定这两个数值为 2011~2020 年间世界石油产量增速的高值和低值，并取其中间值 1.14% 作为未来 10 年的生产增速，实际增速将围绕此基点上下浮动。

表 10-4　　　　世界石油净贸易量占产量的比重情况　　　　单位：百万吨，%

| 年度 | 2006 | 2007 | 2008 | 2009 | 2010 | 2011 | 2012 | 2020* |
|---|---|---|---|---|---|---|---|---|
| 净贸易量 | 1 731 | 1 756 | 1 771 | 1 701 | 1 716 | 1 751 | 1 783 | 2 029 |
| 产量 | 3 963.3 | 3 950.4 | 3 991.8 | 3 890.6 | 3 977.8 | 4 018.8 | 4 118.9 | 4 509 |
| 占比 | 43.7 | 44.5 | 44.4 | 43.7 | 43.1 | 43.6 | 43.3 | 45.0 |

注：*预测数。
资料来源：《BP 世界能源统计年鉴（2013）》。

过去五年，受欧洲进口石油净进口下降幅度较大的影响，国际石油净贸易量占产量的比重呈现下滑趋势。但是，受高油价和经济低迷的影响，欧洲石油需求已经处于1969年以来最糟糕的情形，接下来的几年需求将继续下降，但幅度将很小，仅在几百万吨左右。而随着中国、巴西、委内瑞拉、沙特阿拉伯、印度等发展中国家石油消费和进口量的增加，国际原油净贸易量占产量的比重还将会回调，有望恢复到45%甚至更高的水平。

根据上述产量增速预计数据和国际原油净贸易量占产量的比重预测，可以计算出，到2020年，世界原油产量将达到45.1亿吨，净贸易量将达到20亿吨。这是未来十年世界原油可贸易量的"顶板"，中国需要根据这一情况综合考虑本国的石油需求增长速度以及石油进口可能给世界石油市场带来的影响。

## 二、中国石油进口的顶板水平分析

按照比较理想的状态，例如大幅度提高汽车燃油标准、提高工业能耗效率等，到2020年，中国石油消费将达到6.2亿～6.3亿吨，但如果交通运输用油上升过快，则届时石油消费将有可能超过7亿吨，达到7.2亿吨左右。

21世纪的第一个十年，中国石油产量年均增速都均在2.2%以上，但储量却在20世纪80年代中期和90年代中后期两次达到峰值后处于下降状态，因此，目前中国石油产量的较高增速（超过2%）是不可维持的。对于中国石油产量的预测，采用普遍的观点认为，如果维持合理的勘探开发投入和科学的开采速度，中国石油产量将在目前的2亿吨水平维持较长一段时间，这也是中国石油产量高峰的平台期。

按照上述进口量保守估计值和产量预计数据，到2020年，中国石油净进口量将达到4.2亿吨，对外依存度达到68%。2010年中国石油消费4.28亿吨，如果假定2010年中国自产的2.03亿吨全部消费，则进口的2.63亿吨（包括原油和成品油）中有2.26亿吨用于消费，另有0.37亿吨用于补充库存或损失等。不考虑后一部分，中国石油净进口量到2020年的新增量为1.94亿吨，而同期世界原油净贸易量预计将增加3.13亿吨，中国石油净贸易新增量将占世界原油净贸易新增量的62%。考虑到一些国家为发展本国石油化工行业，会在进口原油的同时增加成品油出口，因此，届时中国石油净贸易新增量占世界石油净贸易新增量的比重将会大大低于上述数据。

过去十年，中国石油净贸易新增量占世界石油净贸易新增量的比重大约在40%左右，已经引起了西方国家和发展中国家较大不满，认为是中国不负责任的需求推高了油价，为世界经济增添了负担。因此，中国加强石油消费的"顶板约束"势在必行,即使到 2020 年中国石油消费能够限制在 6.2 亿~6.4 亿吨,也会在较大程度上增加对世界石油市场的压力,而来自世界各国的谴责和压力也可能会更大。如果放任石油消费总量超过 7 亿吨,中国面临的来自世界各国的责难和压力将会难以承受。如果发达国家进口量继续下降,则中国的进口压力将会有所缓解。

### 三、中国天然气国际贸易量预测分析

进入 21 世纪后,中国天然气工业和天然气市场实现了持续十余年超常规高速发展,呈现出以下特点:天然气新增探明储量持续高位增长。2001~2012 年,中国年均新增天然气探明地质储量为 6 164 亿立方米,最高达到了 2012 年的 9 612.2 亿立方米(见图 10-2)。截至 2012 年年底,全国天然气累计探明地质储量约 11.06 万亿立方米,剩余技术可采储量约 4.7 万亿立方米。中国常规天然气可采资源探明率仅 17.3%,煤层气开发尚处在早期阶段,页岩气勘探刚刚起步。

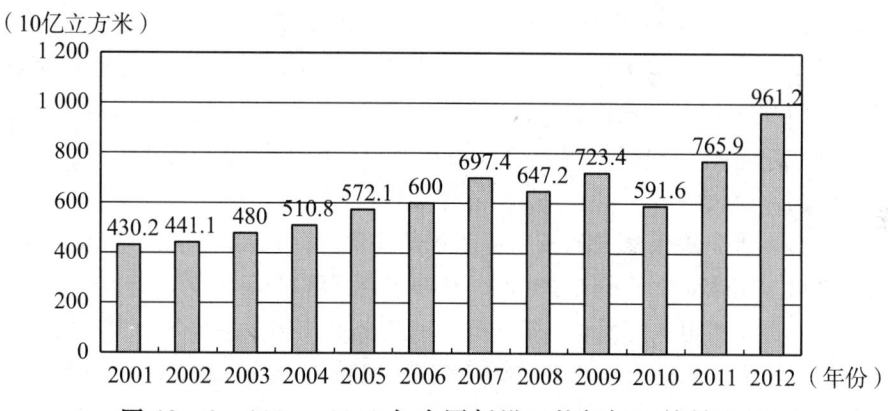

图 10-2 2001~2012 年中国新增天然气探明储量走势

资料来源:国土资源部。

从 2001~2012 年,中国天然气产量和消费量分别增长了 4.1 倍和 5.2 倍。其中,天然气产量从 303 亿立方米增至 1 072 亿立方米,预计 2013~2020 年中国天然气年产量增速将保持在 10% 左右,到 2020 年将达到 2 100 亿立方米;天然气消费量由 2001 年的 274 亿立方米增至 2012 年的 1 438 亿立方米。中国已成为亚洲第一天然气消费大国,仅次于美国、俄罗斯和伊朗,居世界第四位(见表 10-3)。

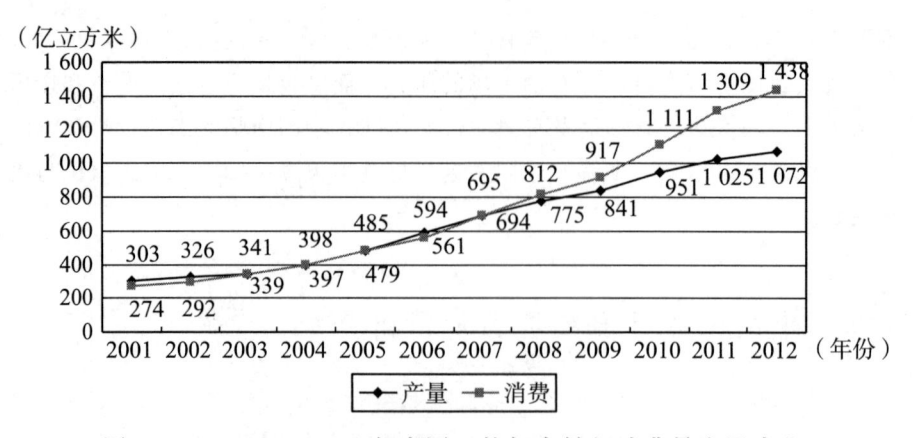

**图 10-3　2001~2012 年中国天然气产量与消费量发展变化**

资料来源：《中国统计年鉴（2013）》。

天然气需求继续保持高增长速度。预计到 2020 年之前，中国天然气需求量将继续保持高速增长，到 2020 年将达到 3 600 亿立方米，成为仅次于美国和俄罗斯的世界第三大天然气消费国。其主要推动因素有：①实现 2020 年单位 GDP 二氧化碳排放量在 2005 年的基础上降低 40%~50% 的国际承诺；②天然气替代煤炭和成品油缓解环境恶化；③2020 年天然气在能源结构中的比例从现在的 4.3% 升至 8%~10%，优化能源消费结构；④预计到 2020 年，中国城镇化率将由现在的 52.6% 升至 60%，城市燃气用量将随着城镇化建设及居民收入和生活水平持续高速增长。

根据对未来中国天然气产量和消费量的预测可以计算得出，到 2020 年中国天然气进口量将达到 1 500 亿立方米，对外依存度将降至 41.7%。

天然气进口能力快速增长，需求保障程度提高。中俄进口气协议达成后，将形成西部、南方、东北和沿海四大天然气进口通道。预计 2015 年管道气和液化天然气进口能力分别达到 540 亿立方米和 3 945 万吨，2020 年达到 900 亿立方米和 7 255 万吨，基本能够满足进口需要[①]。

天然气基础设施不断完善，供气安全性增强。建成全国天然气输送管网并与区域及省内输气网络一起，形成多气源多路径联网供应格局，天然气跨区域调配能力显著增强，供气安全性明显提升。

---

①　这部分预测是基于童晓光等：《对中国石油对外依存度问题的思考》一文所用方法的改进，可参考原文，载《经济与管理研究》2009 年 1 期，第 61~65 页。

## 第三节 国际油气市场贸易发展趋势

### 一、国际油气贸易方式新转变

石油贸易方式中传统的现货、远期交易方式变化较小，贸易方式的主要变化体现在期货交易的最新变化上。石油贸易的最初方式是直接在现货市场买卖石油，或签订长期合同获得石油。在交易技术和运输方式的进步支持下，在现货交易的基础上形成了中远期石油市场合约交易。远期合约处于现货和期货交易之间，目前也被广泛应用，可以在实现现货交割的同时确定未来价格。但由于远期合约的不规范，交易中存在一些问题，影响了交易的顺利进行，所以在远期合约市场基础上，又形成的更规范的期货交易市场。期货交易方式的发展变化反映了石油价格风险管理技术的进步。目前，世界石油期货市场的发展趋势正呈现以下特点：

#### （一）交易规模增长迅速

美国、英国和日本的石油期货交易量都呈现稳步上升的趋势。在商品期货中，石油期货交易量远远超过农产品期货合约，一直占据着商品期货交易的首位。近年来，国际政治形势动荡不安，石油价格剧烈波动，石油相关企业利用衍生产品规避风险的意识明显增强。同时，国际石油市场一体化以及石油跨国公司之间竞争的加剧，石油期货和期权更是成为石油企业进行风险管理和经营决策所不可或缺的工具。随着中国等主要石油消费国国内石油市场的放开，越来越多的国家将建立石油期货和期权交易，石油衍生品种类也会更加丰富。可以预期，未来几十年内，石油期货仍将是期货市场中最为活跃的商品期货品种。

#### （二）套利交易日益频繁

套利交易是期货市场逐利行为，不以获取实物为目的。随着石油期货品种的丰富，投资者的套利交易日益频繁。在套利交易中，不仅有在同一品种间的跨期套利交易，还有着大量的跨市套利和跨品种套利。跨市套利以西得克萨斯中质原油和布伦特原油期货合约的套利最为普遍。纽约商品交易所为了鼓励市场间的套利交易，还采用延长交易时间、增设电子交易夜盘等方式，以便与英国国际石油交易所形成密切联动，并允许布伦特原油作为西得克萨斯中质原油期货合约的替代品贴水交割，从而增加了两个市场间的套利机会。在跨品种套利中，投资者一般倾向于相关性较大的油品之间的套利交易，如纽约商品交易所的西得克萨斯中质原油和布伦特原油，纽约商品交易所的原油期货和汽油期货、日本东京工业品交易所的原油期货和煤油期货等都是常用的套利组合，交易所通常对投资者的跨品种套利给予一定的保证金豁免。此外，交易所还推出各种油品的期权合约以及代表原油和成品油之间毛利水平的裂化价差期货合约，为投资者在跨品种套利方面提供了更为丰富的组合机会。

### （三）现金交割的应用更为广泛

石油期货既可以采取实物交割方式，也可以采取现金交割方式，以往石油期货合约都是以实物交割为主，如纽约商业交易所的西得克萨斯中质原油期货、取暖油期货等都采用实物交割方式。但是，伦敦国际石油交易所的布伦特原油期货依靠发达的现货市场和权威的现货价格，采用了更为便捷的现金交割方式。此后，随着日本、新加坡等远离石油主产地的国家相继推出石油期货后，石油期货的运作逐渐打破地域的限制，更广泛地采用现金交割方式。在现金交割中，交割结算价都是以普氏报价为基础，并进行一定的加权平均处理。普氏是世界权威的报价机构，信息采集全面充分，价格公正准确，因此能够得到市场参与者的普遍认同。和实物交割相比，现金交割虽然在交割结算价方面与现货实际价格存在一定误差，但是可以免除实物交割过程中的交易、运输、储存方面的成本，并消除投资者在现货经营权方面的不平等，更便于广大现货商和投资者的参与。现金交易使得石油期货市场更活跃、交易主体更丰富，交易目标更加多元化，石油交易的金融化特征更明显。

上述交易方式的变化特点说明国际石油贸易方式中油价风险管理技术在发展，这个特点是我们在进口国际油气资源时应该关注的。

## 二、当前国际油气贸易的特征

从实体经济范畴的国际油气贸易运作看，国际油气贸易呈现出区域性、多元化等特征，具体的贸易制度呈现了现代化的国际油气贸易市场特征；从虚拟经济的贸易运作看，国际油气贸易的金融属性增强。

### （一）国际油气贸易呈现区域性、多元化特征

由于国际油气资源分布呈现区域性特征，油气资源分布主要集中在中东、前

苏联、拉美以及非洲，而油气需求市场主要是亚太、欧美等地；而各油气生产国与消费国在从事国际油气贸易的过程中，均力求避免对一个或少数几个进口国或出口国的依赖，以实现其进口来源或出口国家地区的多元化。

### （二）国际贸易品种结构中重质油比例在上升

由于生产低硫原油的油田产量在下降，俄罗斯、中东和北非的重质油，和高含硫量原油产量在上升，因此国际原油贸易品种结构中的重质油比例也在增加。目前，世界主要原油供应地的中东原油含硫量远高于其他地区。31种（除了伊朗的阿扎德干（Azadegan）原油）中东主要原油的平均含硫量为1.80%，远远高于亚洲地区原油的平均含硫量，其中有9种原油含硫量大于2.0%，属于高硫原油，只有3种原油含硫量低于0.5%，是低硫原油，而其他20种都是含硫原油，而且除了阿联酋的穆班（Murban）原油、也门的马西拉（Masila）原油和叙利亚轻质（Syrian Light）原油以外，其他含硫量大多在1.0%以上。

### （三）国际油气贸易价格体系的金融属性日益明显

国际油气贸易已经形成了由现货市场、中远期合约市场及期货市场相互关联、相互作用的现代化市场体系。由于投机资金大量涌入石油期货市场，市场参与主体对未来石油市场的预期，通过石油期货的定价机制，形成未来石油期货价格；而已形成的石油期货价格通过石油期货市场与现货市场的相互关联，进一步影响到石油现货价格。其结果是，国际石油价格波动幅度大，在一定程度上脱离实体经济对油气供求的基本面，这种定价机制与许多金融期货的定价机制类似，油气贸易的金融属性日益增加，国际油气贸易风险管理的必要性提高。

## 第四节　我国油气贸易体系存在的问题

### 一、石油海上运输过分依赖外国运输公司

海上石油运力不足是我国保障石油安全供应的一个薄弱环节，也是制约我国石油贸易安全的一个重要方面。目前我国90%以上的原油进口通过海运。我国油轮建设滞后，中石油、中石化、中海油三大石油公司的油运业务大多是从国际

油轮联营体、环球航运、韩国现代等海外油轮公司租船承运，一旦遇到战争、外交或是其他不可抗拒的风险，中国的石油运输安全将处于极为被动的局面。

从国家石油贸易安全角度考虑，我国大型油轮船队的规模至少应该承运50%的进口原油。据此测算，到2020年我国大型油轮船队需具备承运2亿吨以上的能力。因此，我们应该尽快发展我国的原油运输能力，有两种方案可作为战略选择，一是组建利益共享风险共担的联合大型油轮船队。可以由中国远洋运输集团、中国海运集团、中国香港招商局集团等组成油轮联营体，由该联营体与中石化、中石油、中海油等石油进口方签订长期包运合同；二是由中石化等石油进口企业建立自己的运输船队。这样一方面不用担心得不到公司运输订单，造船的资金也有保证，另一方面，国际上也有先例。如埃克森公司就有自己的船队，韩国大石油公司也有自己控股的船队，日本则是加强船运公司与石油公司的合作。但相比之下，第一种方案更专业化，风险也比较分散，竞争中有合作，因此是一种更优的选择。

## 二、参与国际石油贸易主体较为单一，贸易公司竞争力亟待提升

一方面，我国市场经济体制的完善和国际化程度的提高需要逐渐打破国有贸易一统的局面，允许更多有资质的企业参与进来。另一方面，从事原油、成品油贸易的企业受体制与人才的制约，目前还只能以保障国内石油供应为其主要使命，全球石油贸易业务还不足以成为公司具有核心竞争力的业务，也无法与国际大石油公司展开全面竞争。

## 三、石油进口只能被动接受以美国和欧洲为主导的石油供需形成的价格，国际价格形成过程中没有客观、合理地反映我国石油的供需变化

虽然我国石油贸易量增长迅速并逐渐成为国际石油贸易中的重要部分，但这一因素在基准原油价格中并没有得到完全的体现。中国需求因素常常被错误的预期所夸大，在一定程度上推高了国际石油价格，而我国却只能被动地接受国际石油价格。

## 四、适应多元化贸易方式的体制和机制还未完全建立起来，风险管理远远不能适应复杂多变的国际石油交易机制

一方面，在目前形势下对企业从事国际石油交易难以进行有效监管，只能对企业参与国际石油衍生品交易实施限制；另一方面参与石油贸易活动的石油公司灵活运用衍生产品进行交易的机制也没有建立起来。这两方面的原因导致企业只能被动地接受价格风险而无法主动、有效管理风险。

## 五、支持国际石油贸易的软硬基础设施尚不能为企业赢得有利的贸易机会提供保障

目前国内具有权威性的信息发布和研究机构还没有建立起来，能够适应复杂多变石油市场的能源金融复合型人才严重不足。硬基础设施也不足以保障国家应对突发事件而导致供应中断所面临的风险，也不能满足企业充分利用国际市场环境的变化而及时调整经营策略的需要。另外，我国石油贸易过多地依赖海上运输和"马六甲"通道也是制约中国石油贸易安全的一个重要方面。

## 六、参与多边国际能源合作机制的框架还不足以保障我国石油贸易的安全

国际能源合作机制中，石油是核心。我国有重点地参加了一些多边能源合作机制，但碍于时间、制度、政治等因素的制约，目前还未完全建立起稳定、有效的能源合作框架，影响了安全、稳定、可靠的石油贸易战略的实施。

# 第五节 提高我国油气贸易能力的策略

## 一、营造有利的国内外合作环境

发挥国家在争取国际石油供应中的政治、经济作用，积极开展国际能源合

作。在互利互惠的基础上，发挥中国经济崛起的优势，将石油合作纳入全方位的合作中，减少不必要的阻力。

积极参与国际性组织、地区性、国际性的各种对话和交流。积极参加或加强与国际性能源组织的对话与合作，如国际能源署、国际能源论坛、亚太经合组织、"东盟+3"和亚洲石油天然气产销国圆桌会议等。加强开展对这些能源组织运行规则的研究，有意识地运用和参与这些规则的修订，在博弈中为自身创造有利的能源贸易条件。此外，在合作的产油国开展先进技术展示等，进行产业交流，也是稳定与产油国关系的重要方式。

逐步拓宽石油进口来源地，降低由于石油进口集中度过高可能带来的风险。我国应充分利用自身在政治、经济以及地缘上的有利条件，以油气资源丰富的发展中国家特别是周边国家为重点，推行多元化发展策略，并且通过投资、贸易、提供贷款和发展援助等方式降低本国能源安全的脆弱性，以便最终实现油气资源供给在全球范围内的优化配置。对于距离较远的石油产区，要进行资源追踪，如果遇到具有战略价值的投资项目，力争以双边甚至多边合作的方式参与开发。对于资源较为丰富的周边国家与地区，要集中力量寻求突破，对当地的石油生产设施进行投资，对油气生产国与中国之间的石油天然气管道铺设项目给予重点扶持。今后要不断增大中亚、俄罗斯等陆路地区的进口比例，并适当拓展拉美、加拿大等国家和地区进口量，逐步增加进口来源，把推动与周边国家油气合作和加强经济互补作为促进区域经济合作的重要组成部分，减少对某一地区或国家石油的依赖，形成稳定的、多样化的进口格局。

## 二、进口区域的多元化

从中国石油进口来源的几个主要大区分布来看，呈现以下几个特点：中东居进口源区的首位；非洲（特别是西非）居于重要地位；南美和独联体地位快速上升；亚澳地区所占进口份额大幅降低；北美成为有潜力的新开拓区域。按照目前石油进口来源区域的不同发展趋势，我国应针对不同地区采取不同的策略。

在中东地区，在可预见的将来，中东仍是世界油气的主要供应源，中国石油缺口的很大比重仍将依靠中东的进口石油来填补。但是，中国与中东国家间的相互依赖并非是一种均衡的彼此依赖关系，中东国家一方面需要从中国获得经济利益，另一方面还需要从中国获得政治利益，中国则主要是获得稳定可靠的能源供给。因此，在与美国的对峙中，伊朗迫切需要来自中国的支持。这种捆绑式交易显然并不符合我国的国家利益最大化原则，我国在与伊朗的石油贸易中应坚持有所取、有所不取的原则，既要积极与伊朗开展各种可能的交易，争取经济利益和能源利益最大化，也要考虑西方国家的立场，争取综合利益最大化。在中东国家中，沙特阿拉伯拥有特殊的地位，而且受到美国的支持，政局相对比较稳定，伊拉克争取也在走出战后阴影，重返国际能源市场，卡塔尔在国际 LNG 市场中的地位也越来越重要，我国应积极与这几个国家开展全方位的交往，争取早日与海湾国家达成自由贸易区协议，从而降低我国对该地区单方面的石油依赖，构筑平衡的贸易关系。

在非洲，继续加大在该地区的合作力度。非洲是中国的传统外交重点地区，与该地区的交往是全方位的政治、经济合作，不局限于石油，与西方国家有很大不同，这也为进一步的能源合作创造了条件。中国同非洲国家的合作注重的不是援助，而是积极参与原材料、工业项目投资，以及大力推动公路、铁路以及港口等基础设施建设。到 2009 年年底，中国已在非洲开展了 900 多个基础设施项目建设，对非洲基础设施与发展的资助也已增长至与世界银行、国际货币基金组织等多边机构的贷款旗鼓相当的水平。在国际金融危机席卷全球之前，来自中国与其他新兴经济体的贸易与投资有力地推动了非洲的经济增长。中国作为大宗商品进口国的崛起意味着为资源丰富的非洲国家提供了一个充满活力的大市场，避免了它们对西方市场的过度依赖。中国对非洲不断增强的兴趣还产生了乘数效应，改善了非洲国家的贸易条件，进而推动了其他投资者以全新的眼光看待非洲，修正了银行家所形容的"对非洲资产的低估"。中国对建筑项目的积极参与，有助于解决阻碍非洲增长的基础设施不足的问题。这种双赢的合作应该持之以恒地坚持下去。

就拉美和独联体而言，拉美是一个具有开拓潜力的地区，而中国在独联体则已经取得了很大进展，但在俄罗斯还有进一步开拓的必要。中南美洲国家的石油资源不算丰富，主要是委内瑞拉的油砂资源储量巨大，而且与中国外交关系密切，但这一地区与中国远隔重洋，属于美国的"后院"，因此，中国缺乏在该地区开展大规模油气经营活动的优势条件。实际上，委内瑞拉在政治上对中国也有较大需求，自查韦斯上台执政以来，委内瑞拉与美国政府之间对抗程度加深，多次扬言中断对美石油出口，以报复美国试图颠覆其政府。由于美国仍是委内瑞拉石油的最重要出口对象国，在这种情况下，为了摆脱美国的挟制，查韦斯政府积极推动多元化能源外交，以便摆脱对美国市场的过度依赖，而中国则是委内瑞拉较为理想的海外新市场。因此，综合考量，中国对拉美合作基本原则应是"因势利导、利润优先"。2010 年 4 月 19 日，中委两国签署了巨额的"贷款换石油"协议——中方将向委内瑞拉提供为期 10 年总额约为 200 亿美元的融资贷款，作为交换条件，委内瑞拉国家石油公司与中石油签署石油购销合同。当然，中国在拉美的能源多元化策略不仅体现在与委内瑞拉加强能源合作上，加强与巴西等一些新兴产油国合作也是重要内容。在与独联体的合作上，我国应与该地区各国积极构筑基于地缘的利益共同体。独联体国家与我国在疆域上是邻国，政治、经济交往历史悠久，民间往来频繁，我国与该地区各国之间已经建成了多条油气输送管线。因此，我国与独联体国家能源合作应当坚持"互利合作、多元发展、协同保障"的新能源安全观，以政府为引导、企业为主体、市场为导向，鼓励有条件的能源企业加强与中亚国家能源合作力度，拓展合作领域，丰富合作内容，创新合作模式，注意与其他非能源合作领域的协调和相互促进，注意与中亚能源合作的国内产业、区域条件和基础设施衔接，以实现与中亚各国的长期稳定交往，维护地区的和平稳定和提高国家能源保障程度。其中，俄罗斯与我国石油贸易近几年取得了较大进展，但由于俄罗斯特殊的政治文化环境导致其与我国的能源合作进展低于预期，我国需要加强对俄罗斯的研究，既要关照其利益点，也要争取在我国利益最大化和能源保障安全的综合考量下，加强与其在能源领域的合作。

在亚太地区，虽然这一区域对我国的石油贸易量在逐步下降，但作为传统区域，仍然具有良好的合作前景。印度尼西亚对我国出口原油下降幅度最大，这主要是因为其国内产量下降和消费增加所致，但由于其占据马六甲一带的有利地理位置，在贸易交通等方面仍具有无可比拟的优势，中石化已经在此启动了巴淡原油及油品仓储项目，项目紧邻全球成品油贸易中心之一的新加坡，市场可辐射东南亚、东北亚及中东地区，对推动中国石化海外仓储物流业务发展具有重要意义。项目预计投资约 2 亿美元，第一阶段包括一个 1 600 万桶原油的储存设施，第二阶段将包括一间炼油厂和一个石油化工项目。该项目有望成为东南亚最大的商业石油储备库，同时也是中石化首次在海外自建石油仓储基地的一次尝试。国内石油企业在海外建立石油仓储基地，可以占据有利的地理位置，降低成本。此外，海外石油仓储基地主要发挥中转作用，不仅有利于原油进口，将来也有可能将国内过剩的成品油运到国外去销售，从而有利于国内石油企业完善国际贸易链布局。这也意味着印度尼西亚在我国石油企业的石油贸易中仍占据重要位置。马来西亚、文莱、越南等国对我国油气出口基本保持稳定。澳大利亚对我国油气供应的规模扩展速度很快，成为我国新的重要的原油和 LNG 进口来源区。对这一区域，我国应继续发挥地缘优势，加强与这些国家在政治和经济上的合作，包括经济一体化进程，为推动能源贸易创造良好的宏观环境。

在北美地区，加拿大能源难题为我国增加油气进口贸易提供了新的机会。一是美国能源独立性增强降低了对加拿大的油气需求和价格，给加拿大带来了双重损失，二是根据 1994 年签署的《北美自由贸易协定》，加拿大不得限制能源对协定成员国家的出口，这意味着加拿大即使面临价格损失也没有减少对美国出口的自由，而美国却有减少需求的自由，这在油气贸易中对加拿大是不平等的。对我国而言，当前中东、非洲等地区的投资风险增加，凸显了我国需要加强对稳定地区的投资，加拿大的能源难题为中国提供了新的机遇。同时，加拿大作为西方发达国家，市场体系和法制更健全，投资的稳定性和可预期性显著增强。

## 三、油气贸易品种多元化

油气进口贸易中比例最大的是原油。世界进口原油贸易的总趋势是重质化和劣质化，已达到原油总量的一半。虽然由于天然气产量的增高使凝析油的贸易量有所提高，但难以改变这个总体趋势。中国必须接受这个现实。中国过去自产的原油以陆相油为主，含硫都很低，含蜡比较高，所建炼厂也主要适应这种原油，大部分炼厂不适宜炼高硫油，更不适宜炼高有机酸的油。今后中国既要进口中质和轻质的低硫油，也要进口高硫、重质油。这样必须在炼厂建设上作相应变化，需要采用一系列先进技术和催化剂以及具有抗腐蚀能力较强的装置。新建炼厂应以能炼重质和劣质油为主。炼劣质油使炼油成本上升，又要增加环境污染的处理费用。但劣质原油的价格比较低，比正常的原油价格下降的幅度大，超过加工这种原油相应增加的成本，曾经成为2008年上半年高油价时期，炼油企业控制成本的有效途径之一。进口油中以原油为主，有利于发展中国的石化工业，必须坚持。但也应该适量进口成品油，起调剂补缺的作用。

天然气与石油之间有一定的替代作用，扩大天然气的进口量，可以适当降低石油进口量，如以 LNG 的形式，作为城市交通燃料。作为居民的民用燃料，天然气更优于石油。同时按照热当量换算，目前国际上的天然气价格大约为石油的60%，多用天然气可以降低燃料成本。如日本相当一段时间以来，石油的消费量逐渐下降，而天然气消费量以较快速度上升，很好地说明了天然气对石油替代作用的意义。天然气有管道气和 LNG 两种形式，管道气主要来源地是中亚和俄罗斯，从中国西北和东北方向进入，距离中国的主要消费地较远，但可获得的数量大，对中国能源安全的意义大。LNG 主要从东部沿海直线进入国内主要天然气消费区，对满足中国天然气需求能立即发挥作用。因此必须建设好天然气管网和 LNG 接受站，充分利用各种渠道进口天然气。

非油气的生物油料和替代品如桐子油、棕榈油和生物乙醇，在合适的价格下也可根据需求而进口。

## 四、油气贸易方式的多样化

石油安全包括"量"和"价"两个方面。不仅要能够获得中国所需要的油气，而且希望付出合理的经济代价。国际油价变化幅度大、频率高，对我国石油进口的价格安全提出极大挑战。保证国家石油安全，油气贸易方式多元化具有重要作用。石油贸易方式主要有长期供应合同、现货贸易和期货交易中的实物交割部分。

长期供应合同。该贸易方式主要将在产油国政府或国家石油公司建立稳定的供油关系。一方面保障石油进口国有稳定可靠的石油来源，另一方面保证也是对石油出口国出口渠道稳定性的保证。长期供应合同的内容也有很大变化。早期的长期供应合同，价格固定。近年来，石油价格波动很大，贸易双方都不愿继续签订固定价格的长期合同。目前长期供应合同基本上是一个框架：供应时间、供应量和价格都由买卖双方定期协商确定。长期合同的贸易量也大幅下降。但是天然气的供应合同中长期合同比例仍比较大，除了传统的天然气管道多是长期供应合同之外，最新快速发展的 LNG 贸易多数也是长期合同。

现货贸易。由于油价大幅度波动，现货贸易成为石油流通的重要方式。在油价处于下跌形势下，更多的贸易走向现货市场，同时出现了现货市场价格与长期合同挂钩的做法，并演变为世界石油市场广泛采用的合同模式。现货市场有一定的地区性，如美国市场、西北欧市场、地中海市场、新加坡市场。

期货交易。这是 20 世纪 80 年代以来为了石油定价权而逐步发展起来的一种石油交易方式，其基本功能是套期保值和价格发现。石油公司参与期货交易的主要目的不是为了获得实物，更多地是为了对冲价格风险。但往往也会有少量的实物交割，实现实物交割的部分也就成为贸易量。

贷款换石油。在实践中，需要综合各方面的条件，创造性地开发贸易方式。如 2009 年 2 月 17 日，中国与俄罗斯就修建中俄原油管道、长期原油贸易、贷款等一揽子合作项目正式签署的"贷款换石油"协议，此种模式也在中国与巴西等国的合作中得到推广。这种由中国与资源国缔结的"贷款换石油"协议，对于资源国来说，这是一种有效的融资形式，而对于中国来说，可以保障油气供给，提高利用国外油气资源的安全性。

## 五、油气贸易通道多样化

进一步加强我国油气进口运输方式的多元化，提升海运能力和加强管输能力建设。油源地的限制以及运输方式的可获得性决定了海运是石油贸易的主要运输方式，但在可充分利用地理优势的情况下，修建跨境管道也是利用国外油气资源的重要方式之一。我国已建成的中哈原油管道、中俄原油管道、中亚天然气管道以及中缅油气管道就是贸易通道多元化的成功做法。

海运仍将是我国石油运输的主要方式,未来应逐步改变我国油轮运力小和油轮吨位小的现状,建设一支能基本确保我国石油供应、具有国际竞争力的远洋油轮队伍,降低运输成本,保障国家能源运输安全。通过西北、东北、西南三个渠道建立或扩建输油管道,形成海陆相得益彰的运输通道。同时,要加快与石油贸易量相匹配的基础设施建设。为了适应油气进口的需要,要有计划地投资建设港口、码头、油库和大型油轮船队;适当调整炼油厂布局和结构,建设几个集中的炼化城和石油港,提高炼高硫油、重质油的能力。

## 六、拓展西北陆上能源新通道

中国西北陆上能源通道拓展包括新疆能源基地建设、中亚能源合作深化和向南亚延伸三个组成部分。一是新疆是中国重要的能源生产和输出基地,有力地支撑了中国国民经济发展。目前,新疆原油产量超过全国总产量的1/8,天然气超过1/4,煤炭预测储量占全国总量的四成,随着煤电、煤制油、煤制气等的快速发展,新疆对国内其他地区的能源供给能力将会有大幅度提高。二是中亚既是世界重要的能源生产和出口地区,也是中国重要的能源合作区。新疆毗邻的中亚—里海含油气盆地及俄罗斯西西伯利亚能源资源极为丰富,仅中亚各国紧邻的里海地区就已探明的石油储量约有70亿~100亿吨,被认为是"第二个波斯湾",是推动21世纪世界经济发展最大的能源库之一,更是中国最直接的能源战略供给区。三是基于与中国新疆地区周边国家可靠的政治关系和密切的经济联系,中国西北陆上能源通道可向西、向南进一步延伸到里海和波斯湾地区。以新疆为基地,以中亚为桥梁,通过油气合作和管道建设,打通与里海,甚至波斯湾的联系,将为中国油气进口开辟出一条直达里海、中东的第二要道——西北陆上能源通道,将大大巩固中国的能源安全保障程度。

中国西北陆上能源通道建设已取得重大突破,基本形成涵盖进口、生产、运输、储备、炼化为一体的能源供应链。主要成就包括四个方面:一是中哈原油管道对内可通兰州直至中部和西南,对外可直通里海地区;二是西气东输一线、二线已连通塔里木和中亚气源,供气直达上海、广州等地;三是国家战略石油储备库在新疆建设进展顺利。国家石油储备二期工程鄯善基地规模为800万立方米,独山子为540万立方米,建成后将主要储存西部原油管道(鄯善—兰州干线)输送的新疆原油和哈萨克斯坦进口原油,目前工程正在顺利进行;四是新疆输煤专线正进入加快建设期。2011年新疆首条"疆煤东运"专线——伊吾县淖毛湖镇至甘肃酒泉柳沟公路日运量达3 000吨以上,年运量超过100万吨,运煤成本降低五成。

在现有能源供给的基础上，西北陆上能源通道还有很大的潜力可供拓展。一是处于建设期的西气东输三线将进一步提高西北天然气运输能力。西三线西起新疆霍尔果斯口岸，东至福建省福州市，途经新疆、甘肃、宁夏等10个省、自治区，干线全长2 445千米，设计输量每年300亿立方米，预计2014年该管道将投入使用。西三线建成后，将为从中亚引进的天然气增量提供运输保障，同时，也为新疆规划中的每年767亿立方米的煤制气提供部分运力。二是中俄天然气管线前景看好。俄罗斯是世界上最大的天然气资源国，与其传统买家——欧洲一直纷争不断，急需开拓新的天然气销售市场。中俄天然气合作是战略性合作，拟议了东、中、西三条线路，其中从俄罗斯西西伯利亚经阿尔泰边境进入中国新疆、最终与西气东输管道连接的西线是目前双方推进的重点，管线全长2 430千米，设计输量每年300亿立方米。三是西北陆上能源通道存在向西、向南延伸的巨大空间。巴基斯坦政府拟议修建连接其瓜达尔港和中国新疆的油气管道，打造中巴能源走廊，经巴基斯坦直达伊朗，彻底避开马六甲海峡和印军方对印度洋的控制；中哈原油管道二期完成后将为中国利用里海周边地区油气资源提供空间。这些项目的建成或进一步扩建，最终可将来自中东、西亚和非洲的油气输送到中国，与海上通道形成互为犄角之势。同时要重视双边关系和管道安全，管道建成后，维护管道运输安全就成重要内容之一，包括进一步加深与相关国家的战略合作，维护管道的安全，在地区和区域经济发展以及两国关系方面要下更大决心和力气，确保油气运输和进口安全，以免受制于人。四是新疆运煤铁路专线建设进入密集规划和实施期。根据新疆维吾尔自治区政府的规划，新疆西煤东运调运量2015年达到1亿吨，2020年达到5亿吨，2025年达到8亿吨以上。通过兰新线扩能改造、兰新双复线及兰渝铁路等的建设，新疆将初步实现商品煤规模化东输，打破运力瓶颈。而通过大型矿山和哈密至临河、哈密至西宁至成都的铁路运煤专线建设，将实现商品煤大规模南输。

# 第十一章

# 途径三：强化与资源国合资建储炼运设施合作

就主要的国外油气资源利用途径而言，"份额油"和"贸易油"两种获取途径在我国已开展了近20年，取得了巨大的成效，也积累了丰富的经验，为我国石油消费的持续、稳定供给做出了很大贡献。随着经济社会的快速发展，我国对成品油的需求日益旺盛，国内炼油工业和石油化工技术水平与产业组织水平也不断提高，我国完全可以利用自身炼油工业在技术、规模、区位、市场等各方面的优势加强与产油、出口大国的合作，通过与其合资建设炼油、储备设施的形式实现进口国外石油资源的稳定供应。当前，我国与石油资源国合资建设炼油、储备设施迎来了难得的时代机遇，外有良好环境，内有基本条件和迫切需求，只要战略正确，措施得当，通过与石油资源国合资建设炼油设施来获得国外石油资源，将具有强大的生命力和竞争力。

## 第一节 与石油资源国合资建设炼油设施战略

### 一、资源国参与油气全产业链的战略目标

国际化是石油资源国国家石油公司在油气资源全球配置深化的背景下的重要演变趋势。在保障本国油气根本利益前提下，不断拓宽国际化业务，发展成为世

界领先的全球性石油公司,是这类国家石油公司全新的战略目标。这类企业参与我国油气产业链合资的主要目的在于:

一是参与我国炼油企业的利润分配。我国旺盛的成品油和其他油品需求为分享炼油环节的利润留有空间,国外石油公司通过参股或合资我国炼油企业,增加了分获利润的可能。考虑到我国其他行业和其他国家合资企业的实践,产油国企业参与我国利润分配已经成为一个趋势,只要控制合理,中外合资就不会对我国经济利益造成多大损害。总体来看,合资建设炼油设施对我国利远大于弊。

二是分散风险和占领国际市场。对于产油国而言,拥有庞大的资源固然是一个先天的优势,但如何利用这一优势实现政治、经济利益最大化却是一个巨大的难题。此外,产油国也面临着诸多竞争、政治风险,如何化解这些风险也在考验着产油国的智慧。首先,就国际能源体系而言,石油是最重要的能源,但却面临着来自天然气、核能、煤炭以及其他的可再生能源的竞争。目前,石油在国际能源消费体系中的比重在下降,天然气的地位在上升,这势必涉及能源利用设备体系的转换,这种转换需要较长时间,但一旦转换成功,就具有不可逆性。届时,石油的主导地位下降,这将严重影响产油国的经济利益乃至生存。因此,产油国有将其石油资源供应到现有能源体系的积极性,以维护其利益。其次,从交易对手的集中程度而言,分散化是出于风险管理的必要。世界主要石油消费国的数目是有限的,过度依赖少数几个国家,也会产生依赖风险,一旦发生交易风险,对产油国的经济损失也是很大的。因此,产油国也具备开拓更多交易伙伴的积极性,以促进交易伙伴之间的竞争,从而提高自身的市场地位。最后,就政治利益而言,产油国可以石油作为获取更多政治利益的筹码。合资建设炼厂是对交易伙伴信任的体现,可以在适当时候要求合作伙伴提供适当的政治利益,以保障本国的国际政治安全。而与中国的石油交往,显然很符合产油国的这一要求,这也是为什么产油国与我国交往意愿很高的原因之一。

## 二、我国与资源国合资建设炼油设施的实践

能源是一个国家的经济命脉,如果能源供应能力跟不上,就会产生瓶颈现象,影响整个国民经济的增长速度。在经济全球化不断深入和我国经济全方位对外开放的背景下,我国经济社会的快速发展刺激石油需求日益旺盛,促使与石油资源国合资建设炼油设施的时机不断成熟。早在改革开放初期,"煤电油运"是制约我国国民经济发展的重要瓶颈,建设"两头在外"的炼油厂,符合当时国家引进外资的政策,在此大背景下,坐落在大连经济技术开发区、由中法合资建设的大连西太平洋石油化工有限公司500万吨炼油项目实施。尽管该项目的实施

非常顺利，但当时我国炼油合资的指导思想是引进外资优先，再加上当时我国仍然是石油净出口国，对国外石油资源的利用并没有引起重视，显著表现在紧随其后的中沙合资炼油项目，该项目进展遇到了很大困难。20世纪90年代初，沙特阿拉伯国家领导人到我国访问，提出利用其丰富的原油资源，与我国合作建设炼油厂的提议。此项目上报到国家计委后却没有获得国家的支持。客观原因是当时国内炼油能力已经过剩，体制原因是我国当时的石油化工产业政策原则上是由中石化来建设经营。

进入21世纪以来，我国合资建设炼油设施出现快速发展的势头。外资参与合作在建或筹建的多个大型炼化项目取得新进展。2007年，中石化与科威特国家石油公司联合开展中科合资广东1200万吨/年炼油项目的前期工作。该项目由广东省、中国石油化工集团公司与科威特国家石油公司合资建设，厂址设在广州南沙，原油由科威特供应。2011年3月4日，中科合资的湛江炼化项目获得国家发改委批准，11月18日正式奠基，计划耗资90亿美元，预计该项目于2015年建成投产。同年6月，浙江台州炼化一体化项目获得国家发改委原则同意，10月，卡塔尔石油国际、壳牌与中石油就项目建设签署了合作框架协议，并开始进行经济效益评估。东方石化炼油项目自2010年9月奠基以来，各项目前期准备工作不断加快，土地平整、基础保障等前期准备工作都已就绪，该项目是中俄两国第一个石油加工合作项目，也是俄罗斯首次在中国涉足石油下游领域。东方石化炼油项目生产所需的绝大部分原油将来自俄罗斯。中俄能源这一新型的合作方式满足了双方对各自核心利益的追求，以交换的形式促成了互利合作。

表11-1　　　　　外资公司参与建成的主要炼化项目　　　　单位：万吨/年

| 项目名称 | 外资公司 | 中方公司 | 原油加工能力 | | 乙烯生产能力 | |
|---|---|---|---|---|---|---|
| | | | 项目产能 | 外资权益产能 | 项目产能 | 外资权益产能 |
| 大连西太平洋炼厂项目 | 道达尔 | 中石化、中石油 | 1 000 | 224 | | |
| 上海赛科项目 | BP | 中石化 | | | 90 | 45 |
| 扬子巴斯夫石化项目 | 巴斯夫 | 中石化 | | | 74 | 37 |
| 南海大石化项目 | 壳牌 | 中海油 | | | 80 | 40 |
| 福建炼化项目 | 埃克森美孚 | 中石化 | 1 200 | 300 | 80 | 20 |
| | 沙特阿拉伯阿美 | | | 300 | | 20 |
| 天津合资项目 | 沙特阿拉伯基础工业公司 | 中石化 | | | 100 | 50 |
| 合计 | | | 2 200 | 824 | 424 | 212 |

资料来源：中国石油经济技术研究院。

目前，我国共有6个合资炼化项目处于在建或筹建中（见表11-2）。若这些项目按期投产，2015年前将新增原油加工能力9 400万吨/年，新增乙烯生产能力420万吨/年。届时，外资在我国的权益炼油能力有可能超过4 800万吨/年，占我国总炼油能力的7%左右，权益乙烯产能近500万吨/年，约占我国乙烯总产能的19.9%。这些合资项目的建成后，很多油源都是直接来自于国外合资方，对于提高我国石油安全保障程度、提高乙烯等重要石化产品的国内需求满足程度都有重要作用。

2011年，外资在我国炼化领域合作又有一些新的进展。2011年年初，中石油与委内瑞拉国家石油公司合资的广东揭阳炼厂项目获得国家环保部初步批准。该项目的意义在于，随着重油和轻油的差价扩大，加工委内瑞拉重油有利于企业降低原油成本。继我国第一个炼油、化工及成品油营销全面一体化中外合资项目——福建炼化项目诞生后，沙特阿拉伯阿美公司将继续增加在中国的投资。3月，该公司与中国石油签署了《云南炼油项目谅解备忘录》和"原油销售协议补充协议"。根据协议，双方将共同建设云南炼油项目，并从资源、加工、销售等方面进行一体化合作。

表11-2　　　　外资公司参与在建或筹建的主要炼化项目　　　　单位：万吨/年

| 项目名称 | 外资公司 | 原油加工能力 | 乙烯产能 | 进展情况 |
| --- | --- | --- | --- | --- |
| 中石油 | | | | |
| 东方石化炼油项目 | 俄罗斯石油公司 | 1 300 | | 2010年9月21日，双方举行项目奠基仪式。各项前期准备工作都已就绪。不过双方纠结于价格等因素，截至2013年，项目尚未实质性开工建设 |
| 浙江台州炼化一体化项目 | 卡塔尔石油国际、壳牌 | 2 000 | 120 | 前期工作就绪，已获国家发改委立项。2013年9月，壳牌中国集团表示项目可行性研究还在进行中 |
| 揭阳炼厂项目 | 委内瑞拉国家石油公司 | 2 000 | | 前期工作进展顺利，已取得大部分支持文件的批复；项目环评工作已提交。2012年4月开工建设 |
| 云南炼油项目 | 沙特阿拉伯阿美 | 1 000 | | 2011年3月，双方签署《云南炼油项目谅解备忘录》和"原油销售协议补充协议"。该项目是中缅油气管道的配套项目。至2013年53项前期工作的所有支持性文件均已得到批复 |

续表

| 项目名称 | 外资公司 | 原油加工能力 | 乙烯产能 | 进展情况 |
|---|---|---|---|---|
| 中石化 | | | | |
| 湛江炼化项目 | 科威特国家石油公司 | 1 500 | 100 | 2010年5月，发改委同意开展前期工作。11月，环评报告获通过。11月18日正式开工奠基，预计2015年建成投产 |

资料来源：中国石油经济技术研究院。

尽管近期我国在吸引资源国合资建设炼厂方面取得了较大进展，但相对于我国吸引外商直接投资的整体状况而言，合资建设炼油设施的实践比较滞后，与我国大规模吸引外资的步调不协调，这既存在客观原因，也存在主观上的体制因素。客观上说，有三个原因使得我国合资建设炼油设施进展比较缓慢。首先在改革开放后的很长一段时间内，我国石油工业能够满足国内需要，炼油设施的关键技术和设备可以通过贸易方式获得，确实不存在合资建设炼油设施的必要性和迫切性；其次，世界上主要生产和出口石油的发展中国家，其对外合资甚至独资在别的国家建设炼油设施存在传统惯性，这些国家往往将欧美（包括日韩）国家作为投资地，中国并没有被纳入作为炼油设施投资地的考虑；最后，发达国家的跨国石油公司对中国市场化进程存在一定程度的担心，在中国加入世界贸易组织后，这种担心才逐渐消解。而最大的主观原因，则是我国缺乏合资建设炼油设施的战略计划。由于我国没有将合资建设炼油设施纳入保障我国石油供应安全的战略，我国对合资建设炼油设施缺乏明确和科学的战略目标，往往混淆"引资"和"引油"的本质差异，对合资对象的选择上存在较大偏差，没有将石油资源国确定为合资建设炼油设施的首要目标。

因此，制定明确的合资建设炼油设施战略，强化与石油资源国合资建设炼油设施的战略地位，对保障我国石油供应安全以及石油工业可持续发展都至关重要。

## 三、我国与资源国合资建设炼油设施的机会分析

从当前形势判断，中国合资建设炼油设施基本上具备"天时"、"地利"和"人和"三个条件。从"天时"上看，石油炼油全球配置资源的趋势日益明显，炼油工业日渐世界一体化；从"地利"上看，中国成品油需求日益旺盛，中国炼油工业也初具条件；从"人和"上看，主要生产和出口石油的发展中国家合资炼油的战略重点正在从欧美向亚太转移，中国成为重要目标地。

### (一) 石油炼制工业全球配置资源的趋势不断加强

石油是国际贸易中的大宗类商品,运输费用是一个非常关键的变量。原油运输规模一般远远大于成品油运输规模,原油长距离运输比成品油具有经济优势,这为国际间炼油工业的合作提供了基本前提。随着世界经济一体化的加快和石油工业产业链分工的细化,石油下游全球资源配置的程度不断加深,炼油设施的配置不再局限于产油国或消费国的二分法,而可以通过产油、出口国和消费、进口国的资源、资本、技术和市场的协调、合作和整合,来提高资源的利用效率和石油工业的经济效益,并在此过程中,实现合作双方利益的互赢:产油、出口国获得稳定的下游市场,消费、进口国获得稳定上游原油来源,提高了石油供应安全。

从20世纪90年代中后期开始,世界炼化业重心东移,亚太和中东地区的地位上升。此后,随着中国加入世界贸易组织过渡期的结束,中国成品油市场逐步放开,中国吸引国外石油公司合资建设炼油设施的能力也随之不断提高。

### (二) 石油资源国的战略目标发生转移

随着全球化的深入和油气资源全球配置的深化,对那些生产和出口石油的资源国,其国家石油公司在维护本国油气安全或油气根本利益前提下,开始不断拓宽国际化业务,加强国际合作,注重国际资本运作,国际化成为石油资源国国家石油公司重要演变趋势,发展成为世界领先的全球性石油公司是这些国家石油公司新目标。"金融危机"对美国经济的冲击已经持续超过四年,美国已经不再是世界资本流向的最佳目标。经济增长一直非常迅速的中国自然成为这些出口石油的发展中国家的首选目标。

### (三) 中国与石油资源国合资建设炼油设施具有强大的竞争优势

许多生产和出口石油的资源国,往往是一些发展中国家或前苏联国家,这些国家与中国存在良好的传统友谊,与中国合资建设炼油设施具有天然的国际政治优势。更重要的是,中国也存在与石油资源国合资建设炼油设施的良好内部条件:中国有快速发展的成品油消费市场;有成熟、完备的市场销售网络;可以依托原有和不断兴工建设的大型炼油厂;中国炼高硫重质油能力不断增强;中国炼化一体程度不断加深;未来炼厂布局集中在成品油需求大、海运便利的沿海;成品油进出口规模日益增大,提高了炼油合作产品销售衔接能力。

在世界经济尚未走出金融危机阴影的情况下,世界石油需求疲软,中国则成为石油需求最强劲的国家之一,是世界稳定的原油出口市场。资源国与中国合资建炼厂，对国际石油出口也很有利，所以可实现双赢的目标。

## 四、我国与资源国合资建设炼油设施的收益分析

### （一）收益分析

一是拓宽和丰富了中国利用国外油气资源的途径。中国利用国外石油资源的能力除了取决于中国政府和企业的技术和经济实力外，还取决于中国利用国外石油资源的渠道是否丰富。在技术和经济实力一定的情况下，中国利用国外石油资源的渠道越丰富，中国利用国外石油资源的面就越宽，可选择的自由度就越大，取得国外石油资源的能力就越高。要取得国外油气资源，既可以"走出去"，也可以"引进来"，吸引国外油气资源满足中国需要。从合资建设炼油设施的得失来看，与石油资源国合资建设炼厂只能获得部分下游利润，但是，相对另两种国外石油获得渠道，风险是比较低的。与石油资源国合资建设炼油设施还有一个特别的好处，即许多石油资源国合资建设炼油设施对合资企业的控制权要求不高，也往往不具备全球配置资源的能力。前者提高了中国对合资炼油设施的控制权，后者避免了一些跨国石油公司可能出现"撤资"的投机行为，提高了中国石油供应的确定性，也保证了中国经济的安全。

二是提高了中国石油资源供应的安全水平。与石油资源国合资建设炼油设施对保障中国石油供应具有自动激励机制。首先，对许多出口石油的资源国来说，石油出口收入是其国民经济的主要支柱，保持稳定的石油出口是这些国家维护经济安全的重要战略。为了实现这一战略，与主要石油进口国合资建设炼厂符合其长远经济利益。其次，国际油价的上涨使得许多石油资源国收入大大增加，消费水平也不断提高，这些国家的成品油和其他石油制品消费规模也不断扩张。尽管其原油资源丰富，但由于炼油设施的建设是资本和技术高度密集的产业，也需要大量具有较高技术水平的劳动力，对许多石油资源国来说，它们难以具备在本国建设炼油设施的能力，因而与成品油生产能力较强、需求规模较大的石油进口国合资，来满足其不断扩张的成品油和石油制品需求规模，自然是符合其经济利益的。最后，对许多石油资源国来说，国际油价上涨的收入增加还存在一个"资产吸纳能力"的约束问题。由于许多石油资源国人口有限、产业结构简单，高油价带来的巨额财富在这些国家的国内难以找到合适的投资机会，为了财富的保值和增值，这些快速增加的财富自然要投资到国外。

石油生产和出口大国在我国合资建设炼油设施则可以同时满足石油资源国稳定出口、满足其国内成品油需求和实现财富合理投资这三个目标。合资建设炼油

设施，石油资源国的目标与中国保障石油供应安全的目标，尽管立场不同，却具有内在的一致性，使得中国获得这些国家的石油资源具有自动激励机制，大大提高了中国利用国外石油资源的安全性。

### （二）成本分析

一是与中国国内炼油企业形成竞争关系。合资建设炼油设施势必会增加中国成品油供给，这尽管对中国广大的成品油消费者是有利的，但合资建设炼油设施无疑会限制中国各石油公司进一步扩大炼油设施的建设，在一定程度上也会阻碍中国各石油公司炼油工业的扩展。从实际情况看，中国的炼油能力并没有超过石油消费。1999 年以来，中国炼油能力相对中国石油消费规模呈相对下降趋势，1999 年炼油能力与消费规模的比值为 1.21:1，然后一路下滑，到 2006 年，该比值已下降到 0.93:1，2007 年该比值虽然略有上升，但也仅为 0.96:1。虽然在金融危机后新上了部分产能，但在 2011 年又出现紧张，2012 年和 2013 年有所缓解，但总体来看，炼油能力与石油消费仍存在缺口，还有增长空间。从石油资源国合资目标看，这些国家一般不要求对合资炼油设施控制股份，而且获得稳定的成品油进口是其重要目标，这会大大降低中国成品油生产过度竞争局面出现的可能性。

二是参与中国炼油企业的利润分配。通过合资建设炼油设施，尽管可以获得稳定的国外油气资源，但中国也不是没有代价。中国旺盛的成品油和其他油品需求必然会提高炼油厂的利润，国外石油公司参股中国炼油企业，也必然获得利润的一部分。总体来看，只要我们控制合理，合资建设炼油设施对中国依然利远大于弊。

## 五、与资源国合资建设炼油设施的具体措施

### （一）明确将石油资源国作为炼油设施合资的重点对象

通过合资建设炼油设施对保障我国石油资源的安全供应还没有充分发挥作用，这在很大程度上是由于没有认识到合资建设炼油设施的根本目标在哪里，因而在炼油合资的重点对象上也是模糊不清。在未来很长一段时期，保障石油供应安全是我国经济社会发展的关键问题，因而合资建设炼油的首要目标必须明确为获得国外石油资源。为了实现这个目标，就必须明确石油资源国作为炼油设施合资对象的战略地位。

在明确石油资源国作为我国炼油设施合资对象的战略地位后,与发达国家的跨国石油公司合资就必须置于一个补充和次要的地位。对跨国石油公司来说,跨国石油公司先进的技术、科学的管理和全球配置石油资源的能力都对我国炼油工业的发展有很大的借鉴和学习意义,我国通过与跨国石油公司合资建设炼油设施,可能学习到先进的技术、科学的管理,也间接扩大了我国进行全球石油资源配置的能力。但是,从我国对外开放的一个重要战略即"市场换技术"来看,近30年的成效并不是太明显。为了提高合资的多元化水平和技术、管理水平,可以适当吸引跨国石油巨头参与合资项目,但不是重点对象,更不能对合资炼油设施形成控制。

## (二) 解决好体制约束

2006年年初,国家发展改革委公布了《炼油工业中长期发展专项规划》。对外资进入我国炼油行业的准入条件明确要求:外方必须拥有先进技术或原料供应能力,中方股东对合资项目相对控股。这显示我国政府对于进入我国炼油领域的外资具有很强选择性。另一方面,我国成品油价格尚未完全市场化,在原油价格已经基本与国际接轨的条件下,成品油价格的政府控制必然会产生一定的扭曲。

为了减少体制约束对我国炼油国际合作的一些冲击,我国石油公司或地方政府在与石油资源国进行炼油国际合作协商和谈判时,一方面向对方充分表明我国政府的立场和出发点,争取获得对方的理解;另一方面也可以通过其他方面的优惠措施来弥补体制性约束。

当前,我国经济的"地方化"、"部门化"倾向非常明显,这使得我国在与外国进行商业谈判时,往往出现内耗。因此,与石油资源国合资建设炼油设施,要处理好国内合作方的问题,是与地方政府合作还是与三大石油公司合作问题,要做好国内协商,不能因内耗而让外国利益坐收渔利。

## (三) 选择有利的合作方式及合作时机

我国合资建设炼油设施获得国外石油资源供应不能不考虑到我国现有炼油设施的吸纳能力,不能造成我国炼油设施的过剩。尽管从1999年以来,我国炼油能力相对我国石油消费规模呈下降趋势,但是2007年我国炼油能力相对石油消费的缺口已逐渐缩小。更重要的是,我国当前正在建设一大批炼油设施,还有许多炼油厂进行扩建,这些炼油设施的建设一旦投产,就会使我国炼油能力大幅度提高,有可能造成炼油设施过剩。从我国炼油能力年际波动的历史数据来看,我国炼油工业的变动往往出现"集中"现象,要么变化很小,要么变化幅度很大,这在很大程度上是由于炼油设施建设期比较长,而我国建设投资往往由于缺少统一规划而盲目投资。当前，我国各个地方政府对高产值的重化工业投资热情高涨，纷纷在本辖区建设自己的炼油厂；相反，我国石油需求已经达到一个高位，石油需求的增长速度可能将放缓。在这种背景下，我国合资建设炼油设施不宜过多地依赖新建项目，可以更多地集中在扩建项目。

在全球资本流动一体化程度不断加强的背景下，通过资本运作来实现与石油资源国的炼油合作是非常有效的途径，它具有可以充分利用现有炼油资产、合作灵活、所费时间短等优点，也符合当前世界炼油业并购的大方向。

同时，在合作的区域选择上，也应该选择在石油需求大、交通便利的沿海地区，在通过炼油国际合作获得国外石油资源时，还要处理好与贸易油、"份额油"的关系。

合作时机也非常重要。在石油供需比较紧张的高油价阶段，石油资源国很可能会提高合资的条件，对我国不利。我们要立足长远，将合资建设炼油设施作为一个长期战略，而不是作为一个权宜之计，这样，我们在与这些国家和公司合资建设炼油设备时，可以选择对我们有利的时机，如石油供应比较充裕和低油价的情况下。

### （四）夯实我国国内炼油工业的竞争力

从石油供应安全角度看，炼油能力构成了我国石油供应的一个重要环节。国际市场高油价对我国炼油能力的影响非常大，会抑制炼油投资、弱化炼油能力，容易形成炼油在石油产业链的瓶颈，提高了石油供应中断的危险。因此，炼油能力不能轻易受高油价的影响，反而应通过高油价刺激炼油技术进步和结构的优化。

一是强调科技创新，发挥创新的关键性作用，形成以技术创新为主体、管理创新和体制机制创新相配套的公司创新体系，注重创新成果的集约集成和有效转化，将公司的创新优势转化为经济优势、市场优势和竞争优势，全面营造创新型企业，以超前的思路和先进的技术提升装置竞争力。

二是坚持大型化发展方向，提高产业集中度，发挥炼化一体化优势。炼油行业是与炼厂规模联系紧密的行业，应扩大炼油厂及炼油装置规模，充分发挥炼化一体化的优势，提高资源综合利用率，从而提高经济效益。

三是调整炼油工艺装置结构，提高石油资源国油品特性的适应能力。初步判断中东国家的石油公司是我国合资建设炼油设施的优选对象，而中东国家的石油往往酸度高、API值也高，我国应该有针对性地进行技术攻关和设备改进，为我国与这些国家的石油公司合作打下技术和设备储备。

## 第二节　与资源国合资建设油气储存基础设施

石油产业链庞杂繁长，石油生产国与消费国在区域上的不匹配，为每个环节都提供了合作机会，关键是合作双方能够实现互利共赢，各取所需。

### 一、国内外合资建油气储备库的实践

随着世界石油供应增速与消费增速差距的拉大，在产油国与消费国的市场博弈中，产油国由于控制着资源，已经在相当程度上取得了巨大的市场优势，在交易中占有了更强的主导地位。而对于石油消费国而言，要取得最有效的供应保障，最佳策略就是尽可能地为产油国提供合作利益，以利益为导向，吸引产油国将更多的资源提供到消费国。

#### （一）国外和自建油气储备库的实践

日本在国际石油市场中开拓多年，在这一方面有更多的经验和教训。日本从 20 世纪 70 年代开始就进入国际石油市场进行勘探开发和贸易，但从实际效果来看，获取份额油保障国内供给的策略并不成功，国有的投入方式效益不佳。近年来，日本已经开始反思这一模式，开始将注意力更多的转移到与产油国的合作上来，联手产油国在日本本土储油就是一项重要战略措施。目前，日本已经先后与阿联酋、巴西和沙特阿拉伯等产油国开展了储油合作的谈判或实施。

而就产油国而言，长期以来，阿联酋和沙特阿拉伯等国家也一直担心伊朗的紧张局势会导致海湾地区的石油输出受到影响。为此，它们也都纷纷寻求建立新的战略运输管道或建立海外石油储备中心，以保证动荡局势下的石油贸易畅通。沙特阿拉伯此前就成功在美国建立一个战略石油储备基地。

日本是阿联酋最大的原油进口国之一，每天日本从阿联酋进口超过 80 万桶石油，这些石油主要来自阿布扎比国家石油公司。2009 年 6 月，阿布扎比与日本 METI 达成了在日本西南部另一岛屿九州岛油罐中储存其商业原油的协议。协议规定，阿布扎比国家石油公司将在日本国内建立一个石油储备中心，具体地址位于日本南部的鹿儿岛市，阿联酋拥有对该基地的支配权。阿联酋可以通过该储备基地机动地向日本国内、中国等亚洲各国提供石油。协议还规定，在自然灾害或纠纷可能导致日本石油进口量不足的紧急时刻，日本可优先使用储备石油，从

而有助于日本防范运输风险。该基地将储藏 6 亿升石油，相当于日本一天的石油消耗量。

2010 年年初，巴西国家石油公司计划将通过位于日本冲绳的南西石油（Nansei Sekiyu K.K）炼油厂设施提高对亚洲国家的原油供应。巴西国油于 2008 年获得东燃通用株式会社（TonenGeneral Sekiyu KK）炼油企业旗下南西石油炼油厂股份，并计划借助于便利的地理位置把南西石油打造成亚洲配售中心。巴西国油计划在 2010 年 4 月开始的 2 个多月时间里将 180 万桶的原油运输至南西石油储存设备，之后巴西国油希望通过小型油轮将原油货运至日本、中国、印度、韩国、中国台湾及东南亚各国。

2010 年，沙特阿拉伯阿美石油公司计划从 2010 年开始在日本西南部冲绳岛的闲置设备中储存原油。沙特阿拉伯阿美公司计划每个月储存约 60 万千升或 370 万桶。这项协议可能至少将持续三年。日本政府自 2007 年以来一直建议共同使用冲绳的储存设备以确保其原油供应。

这种在合适的地点联合建立石油储备库的做法是石油消费国和生产国的一个共同利益连接点。日本显然看到了这一点。这种合作方式不仅有利于日本获取商业租赁收益——尤其中国的庞大需求更是提高了这一收益，也有利于日本提高在关键时刻对中国石油供给安全的影响，而且更会提高特殊时期日本的石油安全保障，防范短期内发生石油运输中断的风险。对于产油国而言，与中国这样的世界大国合资建设油气储备库，不过是将其石油存放了一个安全的地方。这种存放有利于提高产油国在世界石油市场出现危机时的供给能力，提高其在国际石油市场的信誉度，也有利于维持和建设良好的国际政治关系，当然，经济利益自然包含其中。

### （二）我国合资建设油气储备库实践

我国进入国际油气市场的时间晚于日本，在合资建设石油储备库的行动上也慢于日本，目前仅有一个在建项目。

2006 年年初，沙特阿拉伯国王阿卜杜拉对中国进行国事访问期间，曾有媒体介绍双方有望达成在海南建大型储油基地的合作协议，这一合作协议可为中国提供 1 亿吨的石油储备能力。但是，由于涉及国际政治因素和国内利益分配等原因，五年后中沙双方并没有在此项目取得进展。当时国际原油价格不过 60 美元/桶的水平，而目前却接近 100 美元/桶，产油国的地位上升，合作难度加大。

在仓储设备的建设上，合资也是一种有效调动资源、引进先进管理理念和技术的重要方式，对于我国提高原油及石油石化产品的仓储运输能力都有重要意义。2009 年年初，国家开发投资公司和荷兰皇家孚宝集团签署协议，双方将合资70亿元人民币在海南洋浦建设商业石油储备及公用原油码头项目。该协议标志着项目正式进入实施阶段。项目计划建设2个5万吨级、2~3个10万吨级至30万吨级公用原油及成品油码头和500万平方米规模的商业性质石油储备罐区。首期建设1个30万吨公用原油泊位、1个10万吨级石油和液体化学品泊位和120万立方米储罐。

总体上看，我国对外合资建设储油基地的操作过于缓慢，已经丧失先机。出现这种局面的原因，客观上说，我国进入石油市场的时间较晚，与产油国之间的合作更多地局限于局部经济利益，缺乏经济合作的战略考量，政治合作更是居于较次地位，与产油国之间的互动不顺畅；在主观上，我国石油石化行业受国有垄断体制的影响，对外开放程度远远落后其他领域，限制了对这一领域开放重大意义的认识。我国直到现在也没有明确的国家能源战略，缺乏基本的目标和原则，在实际操作中，国家利益、行业利益、企业利益和居民利益出现冲突时，难以调和。大规模引进产油国的储备势必会对这些利益形成冲击，其中反对的力量不容小觑；从理念上，我国对于国家石油安全保障的内容缺乏全面的认识，过去较局限于对于资源的绝对控制，缺乏对合作建设石油储备基地应有的战略高度认识。事实上，安全保障体系存在多个层次，从绝对控制到相对控制到松散影响，都会对石油供应的安全保障产生影响。与产油国合资建设储油基地对于保障我国石油供给安全是一项非常得力的措施。因此，制定明确的合资建设石油储备基地战略，对保障我国石油供应安全以及石油工业可持续发展都至关重要。

## 二、我国与资源国合资建设油气储备库的机会分析

同与资源国共建炼油设施一样，资源国分散风险和占领国际市场先机这两大因素也是实施与资源国共建油气储备库的动机之一。此外，就合资建设油气储备库而言，中国还具备政治独立、市场庞大和地理位置优越的优势。中国在同产油国的交往中也应注意发挥自身优势，以获取石油储备基地建设更多的收益。

中国是坚持政治独立、奉行独立自主原则的世界政治大国。近年来，中国经济快速发展，实力不断增强，在国际社会的话语权不断提高。而产油国多为发展中国家，国内存在诸多不利于稳定的因素，在国际事务协调中需要中国的支持，在国内事务的处理中，有时也需要中国的帮助。因此，中国一方面应积极地进一步培育和提高自身在这方面的能力，另一方面要审时度势，积极利用这一优势，与产油国开展更多形式的合作。

在市场需求方面，中国已经是世界第二大石油进口国，且需求量还在上升，上升幅度又往往超出预期，中国的经济增长空间到底有多大，在世界经济史中尚

无先例。相比之下，发达国家的石油需求正在下降，谁占领了中国市场，谁就取得了今后二三十年的稳定收益。因此，产油国有积极性加强与中国的合作，以最大化其石油资源的收益。

在地理位置方面，中国地域幅员辽阔，对不同的油品都有需求。在中国选址建设石油储备库，既可以面向东南亚，也可以面向东北亚，可选择性强。而且，在中国建设石油储备库，可以大部分在中国市场销售，少部分辐射海外。如果在其他国家建设储备库，就需要不断提高对中国的输出比重，增加运输费用，不利于提高经济效益。

## 三、我国与资源国合资建设石油储备基地收益分析

### （一）收益分析

一是增加经济收益。减少从其他国家间接进口的成本。首先，无论是沙特阿拉伯还是阿联酋，其将原油运输到日本，支付装卸存储费用，炼制，再运输至中国，这些费用最终都将由中国支付，中间费用会大幅增加。而如果直接运输至中国，在中国炼制，则这些费用将会全部节省下来，而且还会增加中国的就业机会。其次，与产油国合作建设石油储备基地，控制权掌握在产油国手里，中国负责提供基地、设备、装卸等工作，则上述由日方收取的费用则转化为了中国的收益，同时也会增加就业。最后，石油基地建在中国，将会为中国的炼油厂提供充足的资源，提高设备使用率，同时也有利于提高对国内石油企业的竞争，降低下游企业的成本。

二是提高中国石油供应的安全水平。与产油国的储油基地合作中，一般都会规定在危急时刻，石油储备所在国享有石油供应的优先权，这是对一国石油供应巨大的安全保障。过去，中国一直将提高资源的直接控制力作为石油安全保障的核心，但事实证明这一措施的局限性越来越强，受到的阻力也越来越大，而以经济利益作为联系纽带的石油安全保障体系更具有安全性和弹性。储油基地的建设，对中国应对诸如利比亚危机等带来的资源暂时性紧张也很有意义。此外，储备基地建在中国，产油国会与中国的炼油企业形成长期稳定的供应关系，受国际油价波动的影响会相对下降，这也有利于中国石油石化产品市场供应的稳定。

### （二）成本分析

与资源国合资建设储备基地也会对中国的石油企业和现行的石油行业管理体

制产生冲击。目前，中国已经与沙特阿拉伯、俄罗斯等产油国开展了炼油合作。如果再进行储油基地的合作，则相当于在中国的石油行业引进了全新的竞争者，既会对中国现有的三大石油公司以及地方炼厂形成竞争挑战，降低其收益，也会对中国的石油行业监管体系形成挑战，需要变革管理方式，兼顾各方利益。当然，这种计算站在中国石油供应企业的角度可以视为成本，但从国家和消费者的角度来看，却是一种收益。

合资建设石油储备基地，需要中方提供大量的资金、土地、水、能源等各种资源。在与产油国的合作中，就必须保持一定合作期限以回收投资，才能有所获益。如果合作时间过短，规模过小，则可能会造成投资的沉没或达不到既定的收益目标，浪费资源。

## 四、与资源国合资建设石油储备基地的具体措施

### （一）选择潜在的合资建设石油储备基地的资源国

随着我国石油消费的不断增长和对外依存度的上升，不论已签订的供给合同多么有保障，我国的支付能力有多强，我国石油供给的安全保障程度总体上仍在下降，这是因为石油供给的安全保障涉及石油开采、运输、炼制多个环节，任何一个环节的不畅，都意味着石油供给的不安全，而影响这些环节的因素繁多复杂，且大多在我国政府和企业的控制范围之外，如政治、天气、海盗、恐怖活动等。因此，我国应确定安全作为石油供给的最重要战略原则，一切其他因素都要为此而让路，包括集团利益、体制约束，甚至必要的经济利益。在此原则下，要给予与产油国联合在我国建设储油基地以应有的战略地位。

在此基础上，应考虑与我国政治、贸易往来联系紧密的产油国合资建设储油基地，重点考虑中东、西非、南美和中亚的产油大国。在合作中，要给予对方应有的经济利益和必要的政治支持。同时，要力争与多个产油国的合作，以庞大的市场需求为杠杆，形成多个产油国供应我国的竞争态势，形成产油国供油与国内石油石化企业之间的竞争态势，则最有利于我国的石油供给安全，最有利于我国石油石化行业降低成本，最有利于我国居民获得价格合理的石油石化产品。

### （二）明确合作的义务与责任

合资建设储油基地，我国与产油国之间必须明确合作的义务和责任。对于我国而言，最重要的是有足够多的石油储存在我国储油库内，并且在特殊时期我国

拥有石油的优先使用权,因此,我国应该首先争取的是尽可能建设大规模的基地,尽可能多地储存石油;其次应该明确特殊时期的内涵,以避免发生纠纷;最后是争取特殊时期拥有尽可能多的石油使用优先权。在基地建设上,可以考虑引进国内外多种资金,以尽可能地分散经济和政治风险。我国则应在保护产油国石油资产安全和经济利益方面做出承诺,包括允许产油国以其资源作为股份入股国内炼油或非油企业,以保障产油国利益以及吸引产油国在我国建设储油基地。

### (三) 选择有利的合作方式和合作时机

我国政府一方面要坚持开放的原则,为吸引产油国在我国建设储油基地创造条件,另一方面也要尽可能地考虑我国石油石化行业的现实情况,尽力争取有利的合作方式。金融危机以来,我国通过了石油石化行业振兴规划,建设了十几个大型炼化基地,炼油能力大幅增强,如果允许产油国以其资源另行合资建设炼厂,势必会对现有的炼厂资产形成冲击,造成闲置。因此,我国应尽可能地促成产油国与我国现有炼化基地的对接,以提高资产利用率。

合作的时机应选择在石油价格相对较低的时候,这时产油国对于需求的依赖程度更高,条件会相对宽松。如果在油价较高时进行合作,则产油国可能会给出较为苛刻的条件,从而造成我国的经济利益损失。

# 第四篇

# 中国参与全球油气资源重点区域投资与合作的方式

近20年来，中国海外油气投资与合作从秘鲁项目起步，到早期获得苏丹、哈萨克斯坦和委内瑞拉的一批规模项目，实现了从无到有、从小到大的跨越式发展。截至2012年年底，我国石油领域海外油气投资已遍及40多个国家，经营项目超过100多个，海外油气权益量超过9 000万吨/年，为保障我国能源供应安全做出了重要突出贡献。在对外油气合作方式上，中国已从最初与资源国政府直接合作转变为参与政府招标、油气跨国并购和"贷款换石油"多种方式并存的多元化合作模式。其中，第一种方式——与政府直接合作是风险最低、收益最稳定的合作方式。石油合同模式决定了第一种方式的收益在资源国与外国投资者之间如何分配，合同模式的变迁透视出资源国政府对外合作态度的变化。随着油气市场国际化进程的加快，第二种方式——跨国油气并购正在成为中国参与国际油气合作的主要方式。中国的石油企业正朝着"国际化国家石油公司"的目标迈进，遵照国际招投标和国际法律程序开展资产收购、股权收购和公司合并。第三种方式——"贷款换石油"是在金融危机背景下应运而生的有中国特色跨国油气合作方式。中国目前已与俄罗斯、哈萨克斯坦、委内瑞拉、安哥拉、巴西等国签订了贷款换石油协议。本着互利共赢的原则，"贷款换石油"一方面有效缓解了资源国资金短缺的问题，另一方面实现了我国原油进口多元化，保障了我国石油进口安全。本篇将利用三个章节分别对这三种合作方式进行详细研究。

# 第十二章

# 方式一：与资源国直接合作

与资源国直接合作是以取得国外油气开发项目经营管理权为特征的投资，主要表现为资金、技术、经营管理经验的综合体由投资国的特定产业部门向东道国的特定产业部门实行转移。通常由资源国政府或国家石油公司同外国投资者签订协议或合同，在资源国指定的开发区块和协议约定的年限内，允许外国投资者同资源国合作，共同勘探、开采自然资源，并按约定比例，承担风险、分享利润。与资源国直接合作开发的方式在国际油气合作中有较长的历史。由于石油工业是一项高投入、高风险、高技术含量、高回报的投资行业，在国际油气合作的早期，发展中国家由于资金短缺或技术开发能力差，都希望引入发达国家的资金和技术来共同开发本国的石油资源，因此多数资源国都允许、鼓励外商投资国内资源开发。资源国通过规定合同模式和制定财税条款控制国际投资者所能分享的利益，随着近年来资源国不断争取在国际油气直接合作中的利益，国际油气合作合同模式发生了较大变化。

## 第一节 国际石油合作合同模式及发展趋势

### 一、石油合作合同基本模式

从世界历史范围看，在国际石油合作的发展过程中，经历了租让、对抗和合作三个不同性质的阶段。在三个阶段演变的过程中，国际石油合作合同也发生了质的变化。自 20 世纪 70 年代以来，随着国际政治形势的变化，国际石油合作合同逐步体现了公平合理、双方平等、双赢互利的原则，并在全球范围内形成了几种相对固定、多种模式并存的合作体系。这些合作模式与各国的石油立法、国际关系、石油工业的地位和发展阶段等密切相关。在不同的国家或一个国家的不同地区和不同项目，对外合作模式往往不一样。对外合作模式的不同最终都体现在合同模式上。

目前世界上广为采用的石油合同模式有两大类：租让制和合同制①。

租让制是资源国政府与外国石油公司之间最古老的石油合同模式。目前，不平等的传统租让合同已经为现代租让合同所取代。合同制又可划分为产品分成合同和服务合同。此外，随着资源国政府以及国家石油公司实力的增强，资源国政府会直接或者通过国家石油公司参与石油项目的经营和管理，还与外国石油公司签订联合经营合同。

石油合同是配置项目利益和责任的最重要机制。在不同的合同模式下，外国石油公司在项目中所能获得的权益，承担的风险以及与资源国政府之间的关系也不尽相同。

### （一）租让合同 （Concession Agreement）

**1. 早期租让制合同**

最早的租让制合同是 1901 年英国的阿塞公司在中东波斯（伊朗）签订的租让合约。直到 20 世纪 50 年代中期，早期租让制仍然是反映油气资源国政府与外国石油公司合作关系中常见的和比较简单的合作形式。早期租让制合同的主要特征是：

（1）租让区面积大，时间长。有时租让区甚至包括国家的全部领土，或者至少包括国家领土中最有前景的区域。租让期通常为 60～70 年，在科威特长达 92 年。

（2）资源国收益仅限于矿区使用费。矿区使用费的费率通常采用统一不变的形式，一般相当于原油产量的 1/8，而不是根据外国石油公司所获利润多少而定。

（3）承租者在作业经营各方面都拥有实际的完全管理权，其中包括：决定勘探进度、决定新油气田投产、决定产量、制定价格。资源国可以参与一些管理，但仅限于在承租企业的董事会中有象征性的少数几名代表而已，对于决策发

---

① Daniel Johnston：*International exploration economics, risk, and contract analysis*, Tulsa：Pen Well Books. 2003 edition 和葛艾继、郭鹏、许红：《国际油气合作理论与实务》，石油工业出版社 2004 年版。

挥不了实际的有效影响。

（4）勘探、开发以及经营所需的全部资金都由承租者直接以股权投资的方式提供。

由此可看出，早期租让制合同实际上是一种不合理的租让，是一种资源的掠夺行为。传统租让制授予外国石油公司相当大的权力，没有规定国家参与权，因而背离了主权国对其自然资源享有永久主权的原则，使资源国政府处于单纯的征税者的地位，事实上是向外国石油公司出让自然资源所有权。

**2. 现代租让制合同**

现代租让制是在第二次世界大战以后逐步发展起来的。第二次世界大战以后，尤其是20世纪70年代以来，许多产油国开始注意和考虑到在合同中放弃主权和作业监控方面的许多权利而遭受的损失。因此，对传统租让制合同中许多最不利的条款内容作了重大修改，形成了目前通行的现代租让制合同。它是政府通过招标，把待勘探开发的油气区块租让给石油公司，石油公司在一定期限内拥有区块专营权并支付矿区使用费和税收的一种制度。在这种合同模式下，资源国政府的收益主要来自税收和矿区使用费收入，因此现代租让制合同也被称作"矿/税制"合同。现代租让制合同的特点：

（1）租让区面积缩小、时间缩短，增加了定期面积撤销规定。通常的做法是：将国家领土（包括近海区域）中准备开放的部分划分为区块，根据合同授予承租者的区域仅限于若干区块。近期的租让合同还规定，最初租让区域中的绝大部分要逐步撤销。租让期一般限定在6~10年，有勘探期和生产期。如果租让期满时，有商业性数量的油气生产，则按当时情况，可以根据双方议定的条款对合同延期。

（2）除矿区使用费外，资源国增加了收取公司所得税和各种定金的规定。矿区使用费可随产量增长或价格上涨采用递增费率或滑动费率。定金则包括：签约定金，发现定金，投产定金等。

（3）资源国政府对石油公司的控制加强，有权对外国石油公司的重大决策进行审查和监督。例如，资源国政府要求外国石油公司必须完成的最低限度的勘探工作量，批准油气田开发计划和确定价格，检查外国石油公司的作业和财务记录等。

（4）在开发阶段资源国有权以较小比例参股。

租让制合同的基本条款一般包括：政府参股，租让区面积、租让期，现金定金，矿区面积的撤销期限，雇用东道国人员，最低限度的勘探支出义务和税率等。

租让制合同下的税费项目主要有：定金，土地租金，矿区使用费，所得税（实行分税制的国家分为联邦所得税和地方所得税），生产税或开采税及其他税

（如财产税或从价税等）。针对高油价或为了控制石油公司获得暴利，一些国家还开征资源租金税、超额利润税等。

现代租让制合同模式强调了资源国对其油气资源的所有权和收益权的保护。现代租让制下的一些资源国，如英国、挪威和丹麦，也确立了允许国家在勘探和生产阶段控制合同者作业的管理系统。现代租让制合同确认了资源国在选择开发技术和自然资源消耗速度两方面的重要作用。租让制已从早期的租让类型演化到国家主权及对租让区全部作业实施监管为基础的协议。因此，现代租让制合同模式虽然仍具有租让制的名称，但在性质上已有根本性变化。

现代租让制合同不论其是否着重于矿区使用费或所得税，它最有利的一点，是资源国政府在经济获得上基本无风险，管理也比较简便。此外，如果采用竞争性招标，资源国还可以获得数额可观的定金或较多的矿区使用费以及较高的所得税。这种租让制的经济条款与其他类型合同的经济条款相比，更有利于资源国的政府收益的早期获得保证。然而政府收益的早期获得保证也使得项目收益在资源国政府和合同者之间的合理分配难以得到保障。一方面，由于存在递减税性质极强的矿区使用费，会极大地抑制了合同者的勘探积极性，特别是资源国的一些边际区块和油气潜力较差区域，项目合同者的勘探经济性在矿税制合同模式下面临较大的挑战；而对一些潜力巨大的油气资源项目，资源国所获得的政府收益比会因项目盈利水平的提高而降低。

### （二）产品分成合同（Production-sharing Agreements）[①]

产品分成合同起源于20世纪60年代的印度尼西亚。世界上的第一个产品分成合同是1966年8月由印度尼西亚独立美国石油公司（Independent Indonesian American Petroleum Company，简称IIAPCO）与印度尼西亚的国家石油公司签订的。之后，这种产品分成合同模式逐步被许多国家采用，现已成为国际上较通行的一种国际石油合作的合同模式。

产品分成合同是在资源国拥有石油资源所有权和专营权的前提下，外国石油公司承担勘探、开发和生产成本，并就产品分成与资源国政府（或国家石油公司）签订的石油区块勘探开发合同。

一般来说，产品分成合同具有如下一些特点：

（1）资源国政府是资源的所有者，外国石油公司是合同者。合同者首先带资从事勘探，承担所有的勘探风险；

（2）如果没有商业发现，合同者承担所有的损失；如果有商业发现，合同

---

① 丹尼尔·约翰斯顿（Johnston D.）：《国际油气财税制度与产量分成合同》，地震出版社1999年版。

者还要承担相应比例的开发和生产费用（如有政府参股或附股）；

（3）进入开发阶段，国家石油公司代表政府参股、参与经营管理并对合同者进行监督；

（4）在扣除矿区使用费后，全部的产品分成成本油和利润油；成本油用于限额回收生产作业费和投资，利润油可以在国家和合同者之间按照合同规定进行分享，并缴纳所得税；

（5）用于合同区内石油作业的全部设备和设施通常属资源国所有。

产品分成合同的基本条款包括：义务工作量、定金支付、矿区使用费、成本回收、利润油分成、商业性、政府参与、国内市场义务、篱笆圈等。

产品分成合同模式的最大特点是资源国拥有资源的所有权和与所有权相应的经济利益。勘探开发的最初风险由合同者承担，但是一旦有油气商业发现，就可以收回成本，并与资源国一起分享利润油。这是对外国石油公司来说最有吸引力的地方。

产品分成合同模式的优点在于较好地处理了资源国政府和合同者之间针对油气勘探开发与生产过程中的风险、控制和利润分成关系。产品分成合同为项目合同双方提供了必要的适应性和灵活性，资源国政府在法律上保留完整的管理权，但实际日常业务中油公司行使控制权。这种灵活性便于资源国政府在保证合同者获得公平回报率基础上设计产量分配框架，进而使资源国政府的收入份额能随着油价上升而增长。更为重要的是，合同双方都有机会获得原油，且资源国政府和合同者都可以从中找到令双方满意的安排。

产品分成合同模式的缺点在于产品分成合同框架和内容较为复杂多变，双方需要通过谈判确定的因素较多，而这往往使合同者收益的实现面临诸多不确定性，同时合同实施过程中所要求的技巧性较高。

## （三）服务合同（Service Contracts）

政府通常会寻求对勘探开采其自然资源施加更大的控制。服务合同经常被认为是实现资源国政府对项目拥有更大控制的一种机制。在服务合同下，资源国政府与外国石油公司仅就完成规定的服务签订合同。外国石油公司通常并不分享油气生产带来的收益。因此，资源国政府不用向外国公司转移资源的控制权。服务合同按照外国石油公司承担风险的程度，分为单纯服务合同和风险服务合同。

**1. 单纯服务合同**

单纯服务合同又称无风险服务合同或技术服务合同（TSC），它由资源国出资，雇用外国石油公司承担全部的勘探或开发工作，外国石油公司提供技术服务并收取服务费，所有风险均由资源国承担，任何油气发现都归资源国国家所有。

单纯服务合同在国际石油合同中相当少见，中东各国由于资金充裕而经验和技术缺乏，所以这一合同类型在中东地区个别国家采用。

这类合同项目一般发生在开发阶段，比较适合较小的公司投资，它为石油公司提供了发挥技术专长的低风险机会。尽管风险已减小，但提高采收率项目仍需要仔细筛选，有些国家油气区块和盆地的储量资源已近枯竭，如美国某些油田。有些国家可能由于缺乏资金和政治等其他原因造成现有油田产量锐减或暂时中断，如前苏联和中亚地区。这些国家和地区油气田复产的潜力还是很大的。由于风险下降，一般合同者在技术服务合同中得到的收益较低。

**2. 风险服务合同**

风险服务合同（RSC）于1966年开始在伊朗采用[①]。它的基本模式是：合同者提供全部资本，并承担全部勘探和开发风险。如果没有商业发现，合同者承担所有的投资风险。如果勘探获得商业发现，作为回报，政府允许合同者通过出售油气回收成本，并获得一笔服务报酬。合同者不参加产品分成，全部的产量属于资源国政府。合同者报酬既可以用现金支付，也可以用产品支付。风险服务合同曾在拉丁美洲，如阿根廷、巴西、智利、厄瓜多尔、秘鲁、委内瑞拉等国家被广泛采用。目前采用风险服务合同的国家较少，都是资源条件好的产油国，包括伊朗、伊拉克、科威特、厄瓜多尔等国。风险服务合同的基本特点是：

（1）资源国国家石油公司享有对合同区块的专营权和产出原油的支配权，外国石油公司只是一个纯粹的作业合同者。

（2）合同者承担所有勘探风险。合同者承担最低义务工作量和投资额要求，并提供与油气资源勘探开发有关的全部资本。如果没有商业发现，合同者承担的全部风险资本沉没；如果获得商业发现，合同者还要承担开发和生产费用。

（3）合同者报酬以服务费的形式获得。油田投产后，资源国通过出售油气在合同规定的期限内偿还合同者的投资费用，并按照约定的投资报酬率或约定的每桶报酬费向合同者支付一笔酬金作为风险服务费。有的服务合同还允许合同者按照市场价购买一部分油气产品，即用产品支付；有的国家则采用控制合同者项目投资盈利率的办法。合同者取得的酬金（服务费）一般要纳税。

（4）在勘探开发中，合同者所建、所购置的资产归资源国所有。

风险服务合同与产品分成合同的主要差别在于，一是对合同者付酬的性质不同。在服务合同下，合同者获得的报酬是现金"服务费"，尽管有时也可以用产品来支付报酬。而在产品分成合同模式下，合同者获得的是"利润油"分成，

---

[①] Ebrahimi S. N. and Khouzani A. *The Contractual Form of Iran's Buy-back Contracts in Comparison with Production*. SPE 81547（2003）Sharing and Service Contract.

合同者可以分享油气储量资源的潜在收益。二是服务合同更强调资源国国家石油公司对合同区块的专营权和产出原油的支配权。而在产品分成合同模式中，合同者在原油投产、达到预定产量时享有对分成油的所有权和支配权。

在风险服务合同下，资源国可以利用外国石油公司的技术和管理专长以及资本，同时保证资源国国家石油公司维持对资源的控制和所有权。因此，服务合同多为主张民族主义的国家所采用。但是，能够选择这种合同，资源国的自然资源价值应该起着决定性作用。同时，服务合同对资源国政府的技术水平和融资能力要求相对较高。

风险服务合同对资源国政府来说是有利的，但对合同者来说是风险很大的一种合同模式。合同者被要求承担全部的勘探风险，但是获得收益却相对固定，与其承担的风险不对称。这类合同对外国石油公司的鼓励不太大。另外，外国石油公司在服务合同作业权益下控制的储量和产量通常无法作为公司油气储量和产量进行报表披露，这也是外国石油公司不偏好服务合同的原因之一。因此，迄今为止这类合同只有在世界上一些勘探风险相对小或很可能找到规模较大油气田的地区才被采用。因为在这些地区，国外石油公司有获得与其承担的风险相对应的较大收益的可能。目前风险服务合同更多的是用于开发项目以及提高采收率项目。伊朗的回购合同和伊拉克的开发生产合同都属于风险服务合同范畴。

## （四）联合经营合同（Joint Ventures）

联合经营是资源国和外国石油公司共同出资合作开发石油资源的一种形式。1957年，意大利埃尼集团与伊朗签订了国际上首份联合经营合同。该合同模式规定了资源国国家石油公司和外国石油公司共同拥有合同区块内油气勘探、开发、生产和销售的专营权，政府只收取矿区使用费，合同双方按参股比例进行投资，并在油田开发生产中获得利润。联合经营按照是否组建新公司而分为两种类型：

### 1. 合资经营

由资源国（或国家石油公司）和外国石油公司共同组建一个新的公司，它具有独立的法人资格，并负责石油勘探、开发、生产、运输和销售等经营活动。双方各参与一定比例的股份，并按股份比例分享利润。双方共同承担勘探风险和纳税责任。这一模式往往与投资项目合同结合使用，在分散风险的同时，一方面加强了资源国政府对项目的控制，另一方面有助于资源国政府在石油经营方面获得专业技能和管理经验。

### 2. 联合作业

资源国与外国石油公司双方无须组建独立经营的公司，而是依据合同协议，共同出资、共同作业、共同分享权益,但双方各自核算开支和收入并独立纳税。

虽然联合经营的形式不同,但它们都存在着一些共同的特点:

(1)通常,在联合经营中,要建立联合管理委员会或董事会,并由其行使经营管理权。代表名额可以按照各方所占资金股份的比例委派,也可另作规定。

(2)资源国和外国石油公司双方在石油勘探开发和生产经营中分享权益并共同承担风险和费用。

(3)大多数联合经营中由外国石油公司承担勘探风险,如果没有商业发现则联合经营协议终止。有商业性发现,其费用可以从所产石油的收入中得到偿还。

在一些学者对石油合同的分类中,联合经营有时并不作为一种单独的合同类型,而更多地被作为政府参与的一种形式。因此,联合经营经常与其他合同结合使用。

最早的联合经营合同就是在租让合同下的外国石油公司与资源国政府的合资经营。俄罗斯和委内瑞拉目前虽然都采用租让合同,但是,俄罗斯要求在俄从事油气业务的外国石油公司必须与当地公司组建合资企业,双方各持50%的股份;委内瑞拉也要求外国石油公司与国家石油公司组成合资公司,规定委内瑞拉国家石油公司的股份必须超过60%。

在产品分成合同下,如果资源国政府拥有参与权益,则国家石油公司代表政府与外国石油公司组成联合作业体,签署联合作业协议。在联合作业体中,通常由一家石油公司担任作业者,负责项目的日常经营管理。

联合经营合同是当前得以广泛推广和使用的一种合作手段,借助于联合经营既可以在一定程度上降低合同者所承受的高风险,又可以在合理开发和利用资源国政府油气资源的同时,保证资源国政府获得油气经营方面的专业技能和管理经验。为达到这一目的,可以让国家石油公司参加联合企业的经营活动,并让本国人员在监督经营作业的联合管理委员会中供职。有些联合经营合同规定,外国石油公司一旦完成回收资本投资,国家石油公司就可充当作业者。也有的在合同中规定,国家石油公司可以派人参加培训和在各级部门(其中包括技术和监督部门)中与作业者的管理和技术人员一起工作,有助于达到学习经验、掌握技术、锻炼队伍、培养人才的目的。

联合经营合同的弊病在于合同者有时会负担较高的资金风险,由于资源国政府通常以资源、设备和人员等非现金资产入股,而合同者通常要以资本和技术入股,使合同者承受较大的资金和技术压力,因为合同者有时不仅负担勘探阶段的全部费用,甚至还要包括开发阶段的投资。同时较高的国家参股也会降低联合经营对合同者的吸引力。

## 二、石油合同模式发展趋势

### （一）国际石油合作模式日趋成熟

**1. 趋同性**

经过几十年的发展，随着各种模式的石油合同条款的更加公开化，不同类型的合同之间的相互影响日益加大。现代石油合同在合同模式上趋向多样化的同时，在合同内容上明显出现了趋同化的发展趋势。各种合同模式从理论上能互相替代，产生一样的分配效果。因此，未来合作模式在利益分配上将出现差别的模糊化，呈现出混合式合同的样式，在未来合同中可能存在两种或两种以上合同模式的特性，例如，进入 21 世纪，阿尔及利亚国家石油公司结合矿费税收制合同、产品分成合同和回购合同的特点创造了特殊合同，该合同模式类似产品分成合同，但没有成本回收和利润分成的概念，而是在合同中直接规定了外国石油公司的份额油气比例，该比例对应的份额油气即为外国石油公司的全部收入。

**2. 稳定性**

在石油合同内容趋同化的同时，不同模式的石油合同日益向标准化方向发展。石油合同标准化的结果是使合同中只有很少一部分条款具有可谈判性，合同中绝大部分条款已经通过不同的方式以标准化的形式固定下来，不具有可谈判性。在合同程序上，当合同项目的预期经济收益改变时，可自动调整投资者与资源国双方的经济收益，能满足合同执行过程中出现的所有不同结果的要求；还表现在无论对大油田还是对小油田都能提供有利于开发和生产的合理规定，并对资源国和外国石油公司来说都比较公平，从而增加合同的稳定性。在合同实施上，一份对投资者有吸引力的石油合同，不应包括当合同项目的执行结果与预期结果差异较大时可不断调整或可重新谈判的条款，合同条款应当具有相对稳定性。

**3. 灵活性**

合同的标准化并不意味着僵化或固化，并不是一成不变的，体现出轮次性或时期性。资源国在某一轮次或某一时期颁布的石油合同，只在某一轮次招标期间有效，可作为外国投资者和资源国政府谈判协商石油合同的基础。

更重要的是，尽管石油合同是用来确立资源国政府与外国石油公司之间关系的法律性文件，但石油合同的签订是建立在谈判当时的客观条件和种种假定期望值基础之上的，石油合同一般还具有适当的可变通性或可调整性，如签订可重新谈判条款。

灵活性还体现在不同时期、不同的经济环境条件下，资源国政府经常会对标准石油合同的某些主要经济条款作适当的调整，以协调和平衡外国石油公司与资源国政府的经济利益。

**4. 内在的协调互补性**

究其实质来看，石油跨国合作是一种投资行为，具有收益和风险双重属性，无论是资源国还是跨国石油公司，都应该体现合同收益与风险的统一性。资源国在制定合同条款时，要充分考虑本国的资源、基础设施及勘探开发成本状况，使投资者的收益和风险能够均衡统一，使所制定的合同能达到吸引外国投资的目的。在合同条款安排上，石油合同中不同经济条款应具有内在互补性，能保证资源国和外国石油公司都具有合理的经济收益，确保合同的公平性和合理性。

总的来看，随着石油市场的成熟以及国际油气合作的逐步扩大和深入，合同模式的重要性已经相对减弱，不再像过去那样直接决定资源国和石油公司之间的物质利益和经济利益分配。

## （二）资源国对合作模式的控制能力不断加强

从国际石油合作发展历史来看，资源国已经对合同模式进行了大量深入细致的研究，几经修改。合同模式的变化趋势是对资源国政府越来越有利。石油资源国在国际石油合作中的主导地位不断加强，跨国石油公司的选择余地和空间则越来越小。

**1. 增加因素，控制整体收益**

随着世界石油资源的不断开发，各资源国的议价能力进一步提高，且均在尝试新的商务模式。越来越多的资源国已将各种模式结合起来创造出复杂化、多元化的模式，通过花样翻新尽可能地维护自身利益。在具体的合作模式中，资源国政府将在合同中应用复杂的公式和较多的因素，与外国石油公司的收入紧紧挂钩。公式中核心因素与产量、投资和操作费用等成曲线关系，其变化趋势存在极值和拐点，导致收入计算的方法复杂化，模式趋向模型化。目前，产量阶梯调整因子和 R 因子广泛应用于矿费税率、成本回收和利润分成中，还应用到各项税收和费用的计算中。近几年，资源国提出了采用油价调整因子和内部收益率因子控制外国石油公司的收入。此举进一步加强了资源国政府对合同的控制，并对外国石油公司整体收益严格限制。

**2. 增设条件，转嫁投资风险**

在早期合同中，外国石油公司承担着由于国际油价低迷或项目产量达不到预期，可能在合同到期时无法收回投资和无法得到相应利润的风险。如在回购模式中，项目实际投资的大小，也直接影响外国石油公司收入所得。因此，产量、油价、投资、成本费用的风险，以及资源国的政治经济风险，通过新型的模式转嫁给外国石油公司。这无疑进一步增大了外国石油公司从事石油合作的难度。

### 3. 调整税费，限制外方暴利

资源国通过对财税条款的调整达到限制外国石油公司收入所得的目的。目前，经过国际油价的大幅波动，资源国对于油价的认识更加深入。因此，高油价促使资源国对其石油合作财税条款进行修改。如委内瑞拉重油项目的财税条款增加了石油暴利税，该税种是对委内瑞拉一揽子油价超过 70 美元/桶进行征收，资源国增加新的税收来限制外国石油公司在高油价下获得的高回报。

## 第二节 国际石油合作合同模式选择机制

资源国和外国石油公司在决定建立一种合同关系时，必然面临着如何选择石油合作合同模式的问题。石油项目具有投资大、建设周期长、投资回收期长的特点，资源国和外国石油公司在承担各种风险的能力方面存在着显著差异，因此选择适合的石油合同模式对于石油项目成功具有重要的意义。

由于石油合同模式规定了资源国政府管理石油资源的方式，以及经济租金如何在资源国政府与外国石油公司之间进行分配，因此资源国政府在确定采用何种形式的石油合同时都十分慎重。资源国政府的目标是使本国自然资源产生的财富最大化，并尽可能多地获取经济租金；外国石油公司关心的是项目的盈利性，其目标是保证其投资收益率与项目的风险以及公司的战略相一致，追求股东权益最大化。在国际石油合作中，资源国政府和外国石油公司双方的利益冲突是必然存在的，有效的石油合同模式及财税制度应该有利于资源国与外国石油公司之间形成双赢的态势。

### 一、石油合同结构内在特性差异

不同的石油合同模式的内在特性是有差别的，这也是为什么世界上会存在不同石油合同的原因。石油合同模式特性的差异表现对石油资源的所有权、对作业的控制、承担的风险以及对外国石油公司的激励机制等几个方面。

#### （一）对油气资源的所有权不同

目前世界上绝大部分国家和地区，地下资源的所有权都属于国家，因此不同的石油合同在这一点上没有区别。主要的区别在于产出油气的所有权方面。在租让合同下，油气产量的所有权在井口转移给外国石油公司；在产品分成合同下，石油产量所有权的一定比例在交货点或出口点转移给外国石油公司；在风险服务合同下，油气产量的所有权并不转移给外国石油公司。对于强调资源主权第一的国家，非常看重对自然资源的所有权，因此会更偏好服务合同。而对于外国石油公司来说，在同等条件下，他们会更偏好能够拥有产量权益份额的租让合同和产品分成合同，在这两种合同下，储量的权益份额以及获得的油气产量都可以在报表中进行披露，有助于提升公司市场价值。

### (二) 对作业的控制程度不同

在租让合同下，石油公司拥有较大的经营自主权。相对其他类型的合同而言，租让合同模式对外国石油公司是最为有利的。尽管资源国政府对石油公司的控制加强，有权对外国石油公司的重大决策进行审查和监督，但相对其他合同模式而言，外国石油公司的经营自主权还是比较大。在产品分成合同下，外国石油公司是一个合同者，名义上管理权属于国有石油公司，但是，在日常经营管理方面，外国石油公司具有较大的控制权。而在服务合同下，外国石油公司的自主权受到极大限制。

### (三) 承担经济风险的大小不同

石油项目的不同阶段所表现出来的风险是不同的。在勘探阶段，地质因素（储量和产量）、勘探开发成本以及油价和收入都存在着很大的不确定性。在开发阶段，地质和成本风险相对变小，而收入风险成为主要风险因素。各种石油合同将上述风险在资源国和外国石油公司之间进行分配，石油合作的目的之一就是将这些风险一定程度地转移给外国石油公司。

在各种合同模式下，勘探资金都是由外国石油公司负责筹集，外国石油公司承担了全部的勘探风险。但是，收入与风险在资源国和外国石油公司之间分配与分担的程度是不同的。在风险服务合同下，外国公司在一定期间回收其勘探成本和开发成本，该期间是预先确定的，企业的报酬也不依赖于油价波动，而是更多地与生产率和成本因子相关。因此，与其他合同类型相比，在风险服务合同模式下，资源国遭受油价风险的影响最大。在产品分成模式下，外国石油公司承担了较大的风险，同时资源国也通过优先成本回收、政府参股、基于总收入和利润的税收、总产品分成等形式分担了部分油气开发作业风险。与其他合同模式相比，在租让合同下，外国石油公司承担的风险最高。

### (四) 对外国石油公司的激励程度不同

石油合同的双方存在着委托代理关系，双方的目标不完全一致，通过给合同者提供激励，可以减少代理成本，增加总的可分配收益，这样对双方都有利。外国石油公司对项目的主要投入之一是他们的技术和经验。但这有可能是双刃剑。外国石油公司在技术上的优势可能意味着资源国政府必须在某种程度上接受企业的技术选择。因此，如何使外国石油公司的自利与资源国政府的目标相一致，这是石油合同设计和选择中应该考虑的重要问题。石油合同通常会规定外国石油公司应该高效地进行生产管理，但是在实际中，这个概念比较模糊。石油公司为了最大化自身的利益，有可能不惜损害项目的总价值，减少政府的收入份额。

在任何合同模式下都会存在这种利益冲突，但是一些合同可能比另一些合同表现得更突出些。外国石油公司的自利行为与合同结构是密切相关的。在风险服务合同下，由于外国石油公司的收益相对固定，通过提高生产效率或节约等方式增加的收益与石油公司的收益没有关系，反而增加成本能够获得更多的报酬，所以石油公司就有动机进行过度投资。此外，石油公司可能不会充分应用其技术专长，这样资源国的学习效益也会大打折扣。在产品分成合同中，外国石油公司与政府的目标比较一致，他们共同分享增加储量和提高效率的成果，因此，外国石油公司既会控制成本，又会积极发现储量。在租让合同下，外国石油公司对产出的油气拥有所有权，而资源国政府仅仅获得矿区使用费和税收，为了自身利益最大化，外国石油公司会采取有效率的方式进行勘探开发。

每种合同的管理激励并不是绝对的，为了更加公平，往往会加入特定的财税条款来控制或促进这种激励。例如，租让合同和产品分成合同能够激励合同者追求有效率的产量，但是为了避免其获得过多的利润，合同中往往会规定，随着产量越高，政府所征收的矿区使用费或者所分得的利润油份额都会增加。服务合同中会规定投资上限和成本回收比例，以抑制合同者超支。为了控制石油公司的自利行为，很多石油合同中都赋予了资源国政府监管的权利，但是对于人力资源稀缺的资源国来说，这种监督的成本会很高。并且，如果外国石油公司的技术能力与负责进行监督的政府机构的能力之间差距过大，则这种监督很难奏效。

表 12 – 1　　　　　　　　　合同模式特性的差异

|  | 租让合同 | 产品分成合同 | 风险服务合同 |
| --- | --- | --- | --- |
| 油气所有权 | 转移 | 部分转移 | 不转移 |
| 对作业的控制 | 很小 | 一定比例 | 很大 |
| 承担的风险 | 低 | 一般 | 高 |
| 对外国石油公司的激励 | 强 | 一般 | 弱 |

## 二、影响合同模式选择的关键变量

从经济学角度分析,资源国和外国石油公司双方应该希望选择的石油合作合同模式能够最具效率,使项目的收入最大化,或使得双方联合剩余最大化。从这个意义上说,石油合同模式决策是双方共同决定的。但是,由于资源国的特性对石油合同选择的重要影响力,在资源国和跨国石油企业的合作中,双方具有一定程度的不对等性,石油资源国处于合作博弈的主导地位,而跨国石油公司则处于相对从属地位。资源国的议价能力在很大程度上决定了石油合作合同模式的选择。

### (一) 宏观环境与资源国的议价能力

对石油资源国和跨国石油公司博弈双方来说,其博弈地位不是一成不变的,而是随着石油行业的发展形势而出现变化(见表12-2)。由于收益、风险界定是国际合作模式的利益核心,不同国际合作模式在收益、风险界定(以及时间分布)上存在差异和侧重,而石油变动周期恰恰是影响石油生产收益和风险(以及时间分布)的最直接、最重要的变量。

表12-2 石油变动周期不同阶段下的资源国可能采取的合作模式

| | 租让合同 | 产品分成合同 | 服务合同 |
| --- | --- | --- | --- |
| 繁荣阶段 | | | √ |
| 衰退阶段 | | √ | |
| 萧条阶段 | √ | √ | |
| 复苏阶段 | | | √ |

历史经验表明,一方面,在油价低迷阶段,资源国为了吸引外国投资者往往会出台较优惠的财税条款,避免承担过多的经济风险,通过采用租让合同和产品分成合同将风险转移给外国石油公司。另一方面,高油价能够显著增强资源国政府的议价能力。自2004年以来,国际市场油价持续走高,虽然金融危机期间油价曾短暂下跌,但目前仍处于高位水平。在这种环境下,资源国风险承受能力提高,往往选择承担更多的经济风险。因此资源国政府或者会修改财税条款,减少外国石油公司的利润,或者重新选择合作模式。例如,在当前高油价和油气资源国有化的背景下,俄罗斯已基本不再批准以产品分成合同模式签订的项目合同。伊拉克、厄瓜多尔也都放弃产品分成合同模式,转而采用服务合同。

## （二）资源国微观条件与资源国的议价能力

每种合同都具有不同内在特性，资源国在选择石油合同模式时会结合本国的特点，选择与本国特点最具匹配性的合同模式。资源国的特征主要表现在石油资源禀赋、技术水平和管理能力、融资能力、政治风险以及对自然资源所有权的态度等方面。

**1. 石油资源禀赋**

在选择石油合同模式时，油气储量是关键的决定因素。如果资源国拥有的储量规模大，开采成本低，资源国政府就处于较有利的议价地位，可能选择资源国控制强度高的石油合同和更苛刻的条款，以获得最大化的政府所得。反之，如果资源国油气储量不明确、勘探风险高，或者勘探开采条件恶劣，如深水或北极地区，需要先进的石油勘探和工程技术才能完成石油作业，这些国家的石油合同可能会更多地嵌入激励机制，财税条款相对比较优惠。

目前世界探明储量的分布并不均匀，大多数集中在中东，并且中东石油多数属于轻质油，开采难度低，成本小，具有很好的地质条件，所以中东资源国政府选择石油合同类型和财税条款时会更加注重政府收益而较少考虑管理激励，因为这样的一个地质条件对投资者本身就是一个很高的投资激励。

**2. 技术水平和管理能力**

资源国政府引入石油公司投资很大一部分原因是本身技术或资本的缺乏。如果资源国本身拥有先进的技术，对外国石油公司依赖较小，就可以更多地承担一些技术风险。相反，如果资源国政府的科技水平低，勘探开发对石油公司的依赖度高，政府就可能选择可以转移部分技术风险的合同类型和财税条款。

几乎所有类型的合同，政府都有一定的监管权利，一个合同制定后，在作业过程中监管是相当重要的。资源国的监管能力与其具备的技术水平存在一定的相关性。如果资源国监管能力强，在合同制定时可能会选择服务合同或者产品分成合同；反之，如果监督管理的能力较弱的话，可能选择矿税制合同，这样可以避免因为监管不善而造成政府收益的减少。

**3. 融资能力**

资源国的资金实力也是影响石油合同模式选择的重要因素。如果资金实力雄厚，可以选择政府控制和参与程度更强的合同模式，反之，则需要更多地利用外国石油公司的资本。资源国政府对石油项目配置资金的能力受许多因素的影响，包括国际油价水平、项目的投资规模、政府的投资偏好等。

**4. 政治环境**

一个国家的政治环境对石油公司的区块投资也有着重大的影响。政治环境包括政局的稳定性和法律制度的持续性。政局不稳定会带来极大的投资风险，导致投资者提高必要收益率水平。如果政治风险太大，即使有良好的资源条件，投资者也会因为预期收益的下降而止步不前。法律制度或者合同的稳定性和持续性也是影响资源国投资吸引力的重要因素。如果资源国曾经频繁地调整合同模式和财税条款，会造成投资者对资源国制度不稳定的预期，投资者也会要求更高的回报来弥补额外的风险。政局不稳定和合同条款缺乏持续性都会对资源国的议价能力产生负面影响。为了吸引投资者，资源国可能会在合同和财税条款方面更加优惠。

### （三）对石油资源所有权的态度

石油跨国投资通常都会涉及取得资产控制权的问题。一些国家十分强调自然资源主权，将石油资源所有权视为自然资源主权，或者说将石油资源资产看作"领土资产"。这类"主权至上"国家可能会限制石油资产所有权的转移，在选择石油合同时更可能会偏向服务合同。另一些国家将石油资源作为"市场资产"，认为石油资源所有权的转移并不影响自然资源的主权。这类"市场第一"的国家就会考虑选择产品分成合同和租让合同。

## 三、主要资源国石油合作合同模式

根据联合国贸易发展委员会（UNCTAD）2007 年《世界投资报告》数据，截至 2007 年 6 月，全球所有已知的与跨国石油公司签订的合同中，50% 以上是产品分成合同，联合经营合同和租让合同占了 41%，而服务合同仅占 2%。

对《BP 世界能源统计》中 2010 年探明储量分布最多的 48 个国家进行分析，其中有 24 个国家采用了产品分成合同，占 50%；19 个国家采用租让合同和联合经营合同，大约占 40%；只有 5 个国家采用服务合同，大约占 10%。具体国家和采用的石油合同模式见表 12 – 3。

表 12 – 3　　　　　主要产油国采用的合同模式类型

| 合作类型 | 租让和联合经营合同 | 产品分成合同 | 服务合同 |
|---|---|---|---|
| 国家 | 美国、加拿大、阿根廷、巴西、哥伦比亚、秘鲁、委内瑞拉、挪威、丹麦、意大利、英国、罗马尼亚、俄罗斯、哈萨克斯坦、沙特阿拉伯、阿联酋、澳大利亚、印度、泰国 | 特立尼达和多巴哥、阿塞拜疆、土库曼斯坦、乌兹别克斯坦、阿曼、卡塔尔、叙利亚、也门、阿尔及利亚、安哥拉、乍得、刚果（布）、埃及、赤道几内亚、加蓬、利比亚、尼日利亚、苏丹、突尼斯、缅甸、中国、印度尼西亚、马来西亚、越南 | 墨西哥、厄瓜多尔、伊朗、伊拉克、科威特 |

表12-4对上述国家分地区进行了统计。可以看出，产品分成合同主要集中在非洲和亚太地区。北美和欧洲国家主要采用租让和联合经营合同。服务合同则分布在中东和南美国家。所以，资源国采用的石油合同模式具有一定的地域性，上节中对影响资源国石油合作合同模式选择关键变量的分析结论对发展中国家石油合作合同模式的选择有一定的解释能力。例如，2008年伊拉克联邦政府决定在石油勘探、开发国际合作中采用风险服务合同模式，其理由是：维护了国家的自然资源主权；伊拉克联邦区块的潜在储量规模大，开采成本低；伊拉克石油工业有很长的历史，虽然遭受战争破坏，但在利用国外资金和技术进行恢复性开发后，伊拉克国家石油公司有能力接管油田作业。尼日利亚主要采用产品分成合同。该国属于将石油资源视为市场资产的国家，但缺乏有效的监管和政策，石油储量属于中等水平，油气主要产自深水油田，因此需要投入大量的资金，采用先进的石油工程技术。产品分成合同既能够将经济风险转移给国际石油公司，又能够获得技术转移，促进本国石油工业的发展。

表12-4　　　　　主要产油国及石油合同模式地区分布

| | 租让和联合经营合同 | 产品分成合同 | 服务合同 | 合计 |
|---|---|---|---|---|
| 北美 | 2 | 0 | 0 | 2 |
| 中南美 | 5 | 1 | 2 | 8 |
| 欧洲东亚 | 7 | 3 | 0 | 10 |
| 中东 | 2 | 4 | 3 | 9 |
| 非洲 | 0 | 11 | 0 | 11 |
| 亚太 | 3 | 5 | 0 | 8 |
| 合计 | 19 | 25 | 5 | 48 |

## 第三节　风险服务合同模式分析

在国际石油合作中，服务合同的数量近几年不断增加。据IHS统计，2007年全球签订的服务合同数量为44个，2008年增加到69个；而同期签订的产品分成合同的数量从2007年的314个下降到2008年的239个。虽然产品分成合同的数量仍然大大超过服务合同，但产品分成合同控制的石油储量仅占世界石油储量的12%。由于伊朗、伊拉克等石油资源大国采用服务合同，服务合同控制的石油储量应当是相当大的，服务合同可能成为资源富集国控制资源、追求收益最大化的国际合作模式,在未来的国际石油合作中可能会扮演越来越重要的角色。

本节重点分析伊朗的回购合同模式和伊拉克风险服务合同模式,探讨不同风险服务合同模式的特点。

## 一、伊朗回购合同模式分析

### (一) 伊朗采用回购合同的背景

回购合同一直是伊朗油气田开发的主要机制。伊朗石油工业的回购安排可以追溯到 1974 年的石油法,这是在 1979 年伊斯兰革命之前几年。石油法对国际石油公司参与上游油气活动施加了重要的限制。石油法第 3 条规定,所有油气资源和石油工业都应该国有化;任何与油气勘探、开发、生产和分配的活动都只能由伊朗国家石油公司(National Iranian Oil Company)直接进行或者通过其指定的承包商和代理人来完成。根据这些法律条款,国际石油公司只能作为伊朗国家石油公司的承包商,代表伊朗国家石油公司完成勘探、开发和生产作业。由于在租让合同、产品分成合同以及联合经营合同下,国际石油公司并不是伊朗国家石油公司的承包商,因此这些合同类型被禁止采用。风险服务合同模式应运而生。

这些服务合同与那种规定了工作范围和固定价格的交钥匙合同,如工程、采购和建设(EPC)合同类似。这些服务合同在工作范围、资本投资和回报方面具有灵活性。勘探和开发成本以及与此相关的风险都由作为伊朗国家石油公司承包商的国际石油公司承担。如果发现了商业油田,可以接着进行开发,该油田中原油产量的一定比例可以按市场价格出售给国际石油公司用于成本回收,国际石油公司的投资回收可以附带利息。此外,国际石油公司有权按折扣价格(低于市场价 5%)购买该油田一定比例(5%)的原油产量作为其承担风险的回报。如果没有发现商业油田,合同将被终止,国际石油公司独自承担全部费用。

在 1979 年伊朗伊斯兰共和国成立后,宪法对私人投资者,尤其是外国投资者参与经济活动施加了大量的限制。许多经济部门被国有化。外国人没有权利在伊朗成立公司,禁止向外国人授予任何许可证。雇佣外国专家也受到限制,禁止外国人控制自然资源。

到 1987 年,议会批准了新的石油法。当时,伊朗正深陷两伊战争(1980~1988 年),国内对外国人从事经济活动存在悲观主义情绪。新的石油法完全禁止外国投资于油气行业。石油法规定,所有石油活动必须在石油部控制和监督下完成。石油法第 2 条规定,石油资源是公共财产,属于伊朗人民,由政府对其进行处置和控制。石油法第 6 条规定,油气项目所有投资都由石油部在年度预算中提出。但是，石油法第 5 条允许石油部及其附属的伊朗国家石油公司与当地和外国个人或公司就完成油气项目签订合同。

在 20 世纪 80 年代初期，伊朗政府的政策通常是在交钥匙或 EPC 合同中利用国际石油公司的服务。在这些合同中，详细规定了工作范围，材料价格以及承包商提供服务的价格都是固定的。尽管这些合同与宪法相容，但在实际中仍然出现了一些难题。首先，石油项目的预算需要从公共基金中配置，没有充足的外汇满足石油工业的需求。其次，难以准确规定上游石油项目的工作范围，因此在合同期间需要进行许多改变来应付事先未曾预料到的情况。这些变化有时会对项目的初始预算和合同期限产生不利影响。

在 1987 年，为了应对外汇短缺，伊朗议会授权伊朗国家石油公司进行短期和中期贷款，来为 5 个油气项目筹集资金。伊朗国家石油公司用三年期 100 000 桶/日的原油获得这些贷款，即石油换资金。在第二年，议会授权伊朗国家石油公司就帕尔斯（Pars）和南帕尔斯（SouthPars）的气田开发与外国公司签订了价值高达 32 亿美元的合同，其条件是，所有成本都从这些气田的产量中回收。法律也允许伊朗中央银行对偿还成本进行担保。这样，伊朗的回购合同就形成了。在这种模式下，国际石油公司被要求作为伊朗国家石油公司的承包商提供资金并完成石油项目。当项目产出油气时，用该项目的产出向国际石油公司进行支付。由于伊朗中央银行对成本偿还进行了担保，因此伊朗国家石油公司承担了产量不足的风险。因为国际石油公司没有承担任何风险，这种回购合同与后来伊朗国家石油公司引入的典型的回购合同十分不同。在典型的回购合同中，产量不足的风险由国际石油公司承担。

1993 年的预算法在此基础上又有进步。法律授权伊朗国家石油公司基于如下条件与国际石油公司签订价值高达 26 亿美元的石油合同：

• 只能用项目产量出口收入进行分期付款，因此对于产量不足没有提供任何担保；

• 应该最大化利用伊朗现有的在设计、工程、建设和安装方面的潜力；

• 要求通过当地公司与外国公司之间签订联合经营合同进行技术转移；

• 应该达到伊朗人民满意度最低 30% 的水平。

虽然 1993 年的预算法有效创造了回购的概念，但"回购"作为术语被提出是在 1994 年的预算法中。该预算法授予伊朗国家石油公司签订价值高达 35 亿美元的回购合同，建立阿萨罗伊（Asalooye）天然气炼厂以及开发在北帕尔斯（NorthPars）和南帕尔斯的天然气田。1994 年预算法规定，对于阿萨罗伊炼厂，按 5 年等额分期付款的方式，用项目产量的收入向国际石油公司支付成本和利润；对于北帕尔斯和南帕尔斯天然气田开发，按 10 年等额分期付款的方式用项目产量的收入向国际石油公司支付成本和利润。如果出现产量不足或油气价格下跌等情况,没有任何伊朗银行或国有企业为成本和利润回收进行担保。

这些法律法规的实质是,国际石油公司已经被允许在回购安排下对某些油气项目进行投资。因此,1987年石油法第6条,即禁止任何外国企业投资于油气项目,实际上已经不起作用了。在伊朗第二、第三和第四个五年经济、社会和文化发展计划中都明确允许回购合同。回购合同的重要变化出现在2003年的预算法中,授权伊朗国家石油公司对油气田的勘探和开发项目都签订回购合同。

### (二) 油田开发回购合同的主要特点

伊朗油田开发回购合同的特点是,国际石油公司负责提供资金,完成油气田的开发作业。作为回报,伊朗国家石油公司同意对国际石油公司进行偿还,其方式是通过直接出售油田的原油和天然气给国际石油公司,或者将国际石油公司的油气份额出售给第三方,用取得的收入支付给国际石油公司。

#### 1. 回购合同的主要目的

伊朗采用回购合同的主要目的是,根据宪法、1974年石油法以及1987年石油法的要求,确保国家对油气资源的主权,并维护政府对油气经营的控制。回购合同中的某些条款主要是为了达到这些目的。例如,一个条款提到,伊朗国家石油公司授权国际石油公司代表伊朗国家石油公司并以伊朗国家石油公司的名义完成开发作业。这意味着国际石油公司作为伊朗国家石油公司的承包商,并不是项目的合伙人或所有者。另一条款提到,项目取得的所有土地和购买的所有资产都应该是伊朗国家石油公司的财产。这样,所有需要为项目进口的材料、物品、设备和器具应该由国际石油公司以伊朗国家石油公司的名义采购。

伊朗利用回购合同的另一个主要目的是为投资大、风险高和技术要求复杂的油气田开发项目获得外汇和专业技术。因此,在回购合同中,筹集资金和完成开发作业的责任都由国际石油公司承担。但是,在某些情况下,回购合同也授予由国际石油公司和当地公司组成的合资企业。在这种情况下,各方共同对伊朗国家石油公司负责,共同筹集资金并完成项目。

#### 2. 开发作业的定义

在油田进入开发之前,伊朗国家石油公司或者其承包商需要进行勘探活动,以明确是否发现了商业油气田。一旦确定发现了商业油气田,国际石油公司将被邀请为开发投标。勘探的数据和资料会提供给国际石油公司,用以编制和提出油田总体开发方案(Master Development Plan,MDP)。总体开发方案详细规定了需要完成的工作范围和活动。

油田总体开发方案是回购合同的基础,是开发作业的统御性文件。国际石油公司被要求通过实施总体开发方案来实现合同的目标。对方案的任何变化都需要得到伊朗国家石油公司的书面批准，后者有权接受或拒绝这种请求。总体开发方案对开发作业的不同阶段以及每个阶段的里程碑都进行了定义。根据方案提供的价格分类计算资本支出，并在合同中最终协商确定。因此，开发回购合同要求在合约签订时开发细节需征得各方同意。

### 3. 回购合同财税条款

完成油田总体开发方案所需要的全部资金都将由国际石油公司来保证。回购合同中有四种类型的成本：

- 资本性成本（capex）
- 非资本性成本（non-capex）
- 作业成本/操作费（opex）
- 银行费用

资本性成本是指，根据合同附录中会计程序的分类，直接与完成开发作业有关的所有成本。非资本性成本是指在签订合同时难以确定的成本，主要是在开发作业方面给伊朗政府机构的支付：税收、社会安全费、关税以及其他收费。作业成本是指在项目完成并移交给伊朗国家石油公司之前为油气田生产直接且必须发生并支付的费用。由于在项目完成时生产作业将由伊朗国家石油公司来负责，作业成本主要与实现两个或三个阶段的生产目标有关，国际石油公司被授权在第一阶段或第二阶段完成已开发油田的作业。银行费用是指融资成本，根据伦敦银行间拆借利率（LIBOR）加上规定的百分点（如 0.75%）计算。

这些类型的成本是可以回收的成本，其条件是：首先，国际石油公司必须完成总体开发方案中规定的合同目标。其次，成本的真实性必须由伊朗国家石油公司认定，或由伊朗国家石油公司接受的国际审计机构认定。最后，成本必须根据会计程序，按照资本性成本、非资本性成本、作业成本和银行费用正确分类。

回购合同中规定了资本性成本回收的固定上限。国际石油公司在执行总体开发方案并完成项目时，发生超过成本回收上限的投资不能进行回收，由国际石油公司自己承担。非资本性成本没有回收上限，国际石油公司发生的所有非资本性成本都是可回收的。作业成本也没有回收上限，所有作业成本将被回收。银行费用与资本性成本和非资本性成本有关，在成本发生的下一个月开始计算，在成本回收之前都需要支付。作业成本在下一个季度回收，一般不计算银行费用。若作业成本未能在下一个季度回收，作业成本将计算银行利息费用。如果不是因为伊朗国家石油公司疏忽等原因造成的项目完工延期，在延期阶段不计算银行利息。

除了成本之外，在回购合同中将商定一个固定金额，支付给国际石油公司作为其承担投资和风险的回报，这种回报称为报酬费。如果国际石油公司完成了总体开发方案规定的合同目标，项目成功地移交给伊朗国家石油公司，则国际石油公司将得到报酬费。

按照回购合同规定，资本性成本、非资本性成本、银行费用和报酬费以等额月分期付款方式在一定的成本回收年限内摊销。但是，作业成本在其发生的下一个季度回收。作业成本回收优先于其他成本回收。

成本和报酬费是通过分配一定比例的项目产量进行回收的。该比例大约为总产量的50%~60%。国际石油公司对于地下、井口或出口点的石油都不拥有所有权，因此伊朗国家石油公司以市场价格向国际石油公司（或国际石油公司指定的提油方）出售该比例的产量，并在项目账户中将这些支付记录为成本回收和报酬费。或者，伊朗国家石油公司也可以向第三方出售该比例的油气产量，安排第三方将收入直接支付给国际石油公司作为成本回收。

三个因素限制了国际石油公司成本回收和报酬费的支付金额：
- 在回购合同下，分配给国际石油公司的总产量的最大比例（如50%）；
- 基于合同规定的成本回收期的月数，计算成本和报酬费的月等额分期支付；
- 国际石油公司的投资收益率，不能超过合同中规定的固定比率（如16%）。

### 4. 国际石油公司承担的风险

在进入回购合同时国际石油公司承担了许多风险。

第一，合同要求国际石油公司保证开发作业有充足的资金。资本性成本在签约时就已经确定，但是在执行总体开发方案过程中发生的任何额外成本也都由国际石油公司负责提供。非资本性成本或作业成本在签约时没有固定，也必须由国际石油公司负担。实际需要的非资本性成本和作业成本可能会超过在签约时估计的金额。表12-5是一些实际的回购合同超支情况。

表12-5　　　　　　　　实际回购合同预计成本超支

| 合同项目 | 生效年份 | 油气储量 | 预计成本超支（亿美元） |
| --- | --- | --- | --- |
| 西里A&E（SirriA&E） | 1996 | 4.6亿桶 | 1.00 |
| 南帕尔斯2，3 | 1999 | 16万亿立方英尺 | -2.00 |
| 波罗（Balal） | 1999 | 1.2亿桶 | 0.10 |
| 多劳德（Doroud incremental） | 2000 | 5.73亿桶 | 1.20 |
| 索罗什/诺鲁齐（Soroush/Nowruz） | 2000 | 13.92亿桶 | 0.20 |
| 达奎恩（Darquain） | 2001 | 13.46亿桶 | 0.47 |
| 南帕尔斯4，5 | 2002 | 16万亿立方英尺 | 1.16 |
| 南帕尔斯6，7，8 | 2002 | 24万亿立方英尺 | 2.65 |

第二，为实施总体开发方案以及达到其目标所需要的全部资本性成本必须由国际石油公司支付，但这些成本只能在合同商定的资本回收上限内进行回收。未预料到的市场条件的变化可能增加资本性成本，使其超过投资回收限额，超过部分只能由国际石油公司自己承担。同样的，石油开发作业过程中会产生许多技术问题，也可能导致资本性成本超过成本回收上限，但因为这些成本是为取得合同目标所必须支付的，因此还是由国际石油公司来承担。

第三，由于总体开发方案是根据当时可以获得的数据和资料编制的，可能会需要根据开发作业得到的进一步信息进行修改。在这种情况下，国际石油公司需要获得伊朗国家石油公司的批准，并承担可能超过资本回收上限的成本。

成本超支如果得不到回收，将大大影响承包商的内部收益率（IRR）水平。图12-1展示了成本超支幅度与承包商实际内部收益率的变化情况[①]。

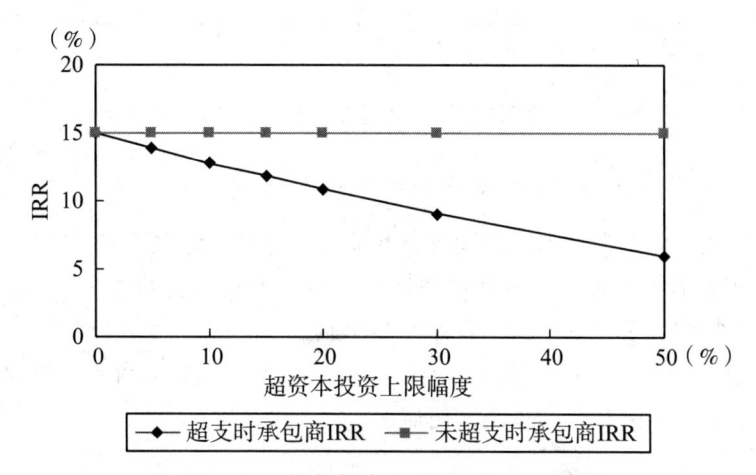

**图 12-1　成本超支与承包商 IRR 变化**

第四，成本和报酬费的回收是以合同目标的实现为条件，合同目标规定了需要达到的产量水平。如果国际石油公司没有完成这些目标就会有重大损失。如果油气田的产量不足或油价太低，即使实现了合同目标，国际石油公司也可能无法回收所有的成本和报酬费。在这些情况下，未回收的金额可以结转到下个季度回收。如果低油价持续，或者成本回收期过期，这些未回收的金额就无法得到回收。

第五，项目可能被推迟。推迟的原因并不一定在于国际石油公司一方。导致项目推迟的因素可能包括：总体开发方案的变化；当地分包商的质量和表现太差；获取政府批复导致的推迟；获取伊朗国家石油公司批准导致的推迟；伊朗国家石油公司向国际石油公司移交合同区导致的推迟；以及其他阻碍因素导致的推

---

① 马宏伟：《伊朗回购合同关键经济商务条款分析》，载《国际石油经济》2007年第7期。

迟。项目启动推迟可能会增加项目成本,但成本回收上限依然不变。在实现规定产量水平方面的推迟就会导致成本和报酬费回收延期。图 12-2 所显示的是项目推迟导致承包商 NPV 和 IRR 的变化[①]。

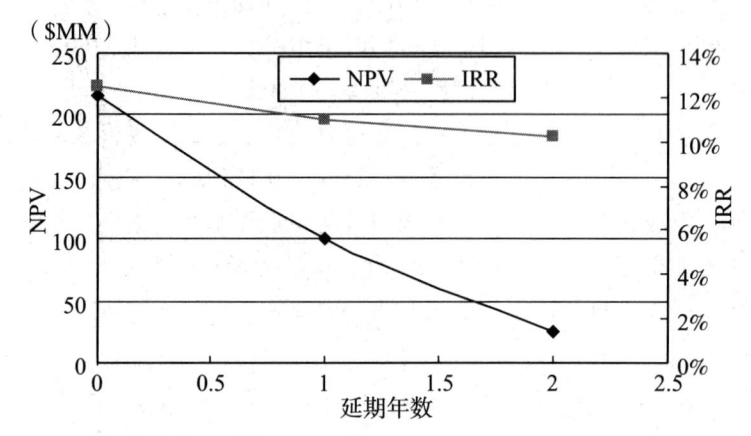

**图 12-2　项目延期对承包商 NPV 和 IRR 的影响**

### (三) 产品分成合同与回购合同的比较分析

产品分成合同和伊朗回购合同有一些共有的特点,即东道国政府将:

(1) 保持石油作业活动的管理控制权,而外国石油公司作为承包商,按照合同条款的规定,负责执行这些石油作业活动;

(2) 整个合同期间保留地上石油的所有权,但给国际石油公司提供一种机制,使其能够将报酬油气记录为探明储量;

(3) 获得承包商购买或进口的设备的所有权。

此外,两种合同模式都要求承包商提供所需的资产、设备、技术和技能,并且承担勘探和开发风险。表 12-6 从与石油活动相关风险分担的角度,比较了产品分成合同和回购合同。

**表 12-6　不同合同模式下的风险分担**

| 风险类型 | 产品分成合同 | 回购合同 |
| --- | --- | --- |
| 开发成本 | 成本超支按照成本回收条款分担。在确定成本分担程度时回收上限很重要,尤其是从现值角度考虑。成本节约也按照类似方法分配 | 成本超支风险全部由承包商承担。从现值角度来看,承包商和东道国政府均从成本节约中获利 |

---

① Willem J H van Groenendaal, Mohammad Mazraati: *A critical review of Iran's buyback contracts*, Energy Policy 34 (2006) pp. 3709-3718.

续表

| 风险类型 | 产品分成合同 | 回购合同 |
|---|---|---|
| 开发完工情况 | 延期完工的风险双方分担。从现值角度，对投资者影响更大 | 延期完工风险大部分由承包商承担。成本和报酬回收均被推迟，甚至存在超过摊销期的风险。提前完工的收益双方分配 |
| 储量 | 储量增加或减少的风险均按照成本回收和利润油分配条款双方分担。从现值角度，对承包商影响更大 | 在油田寿命初期，承包商承担大量的储量风险。这些风险可能减慢或加速成本和报酬回收。也存在延期超过摊销期的风险。储量风险也会影响政府收入的规模和时间。当承包商离开后，所有的储量风险都由政府承担 |
| 产量 | 基本上与储量一样。在许多产品分成合同中，产量水平决定了利润油的分配 | 基本上与储量一样。递减率风险大部分由政府承担 |
| 作业成本 | 按照成本回收条款双方分担 | 双方分担。承包商承担与摊销时间有关的风险 |
| 油价 | 根据成本回收和利润油条款分担 | 政府承担更多的风险。对承包商的成本和报酬费回收时间有影响，从而承包商分担了有限的成本 |
| 废弃 | 在现代产品分成合同中，按照成本回收条款、专门信托基金或代管基金双方分担 | 通常由国家承担。因为承包商此时已经离开 |

表 12 - 7 比较清晰地反映出与产品分成合同相比，回购合同有一些显著的缺点：

表 12 - 7　　　　　　　不同合同模式下的激励机制

| 激励 | 产品分成合同 | 回购合同 |
|---|---|---|
| 经济采收率 | 一般情况下，产品分成合同通过一些条款鼓励承包商最大化油田经济采收率，寻找并开发周边油田。这些条款通常以合同区为基础 | 承包商不参与整个项目寿命期。国家石油公司必须承担这些职能 |
| 成本意识 | 一些产品分成合同条款具有较高的政府利润油边际分成比率，这会影响承包商节约成本意识 | 对承包商降低成本有很强的激励 |
| 技术创新 | 对承包商的创新有合理的激励。根据成本回收条款双方分担风险 | 对承包商承担创新性投资风险没有足够的创新激励。成本超支会受到严厉的处罚 |

**1. 承包商承担较高水平风险**

在回购合同下，承包商需要承担与开发成本、项目完工日期、储量以及生产率有关的较高风险。在产品分成合同中，政府通过成本回收和利润油内在的补偿机制，在一定程度上分担了这些风险。

在一个全周期的勘探和生产回购合同中，尽管承包商具有优先权，但是其对发现的商业油田进行开发的权利并未得到保证。在进行商业开发时，回购合同的签订者需要与其他对这项开发项目有兴趣的企业进行竞标。这与产品分成合同形成了鲜明的对比，产品分成合同的签订者有权利根据原始合同条款勘探和开发已经发现的资源。如果勘探后没有形成行开发，承包商将承担全部勘探成本，这与不成功的勘探产品分成合同相一致。

**2. 固定的收益率**

在回购合同中，政府承担了较大部分油价风险，而在产品分成合同中，承包商承担了相对多的风险。并且固定收益率没有对国际石油公司提高项目总体收益提供任何激励，如发现额外的储量，运用提高采收率技术，采用比合同规定更低的成本节约标准以及优化产量目标等。但是，固定收益对于风险规避的国际石油公司可能是有利的，尤其是当预计到未来可能出现低油价时更是如此。

**3. 合同期短**

回购合同通常签订5~8年的时间，这与传统的上游合同特别是天然气开发合同相比显得很短。短暂的合同期对国际石油公司采用最大化油田寿命的措施并没有激励作用。国际石油公司撤出以前的时间很短，合同缺乏灵活性，合同双方很难建立相互之间的信任。

**4. 资本和技术转移**

合同期短将限制国际石油公司采用最先进的技术，因为在开发阶段结束时，将由伊朗国家石油公司接管。这对于技术缺乏的伊朗来说是个实际的问题。在天然气技术方面伊朗有很多东西要学，特别是如果伊朗想进入LNG市场或者天然气合成油（GTL）转换和销售市场，技术是很关键的。

**5. 管理技能转移**

这是回购合同的一个重大缺点。毫无疑问，伊朗石油和天然气部门有大量的专业技术。但是，伊朗孤立于世界20年，需要追赶上飞快变化的国际石油工业。理想的开发计划的关键是利用人力资源和技能。技术转移是一回事，以最优的方式利用转移的技术是另一回事。这种技能的转移需要花费数年，如果上游合同期较长的话，管理技能转移才能更有可能。

**（四）伊朗回购合同的优缺点**

回购合同对合同双方都存在着明显的缺点。对伊朗政府而言，由于伊朗国家石油公司负责规定回报率,因此就承担了油价下跌的风险。如果油价下跌,伊朗国家石油公司将不得不出售更多的石油或者天然气,才能达到收回全部回收款项的目的。此外,由于合同周期较短,而外国石油公司更希望参与长期投资,因此,回购合同不能吸引到伊朗急需的足够资金。对石油公司而言,回购合同的问题:一是不符合国际惯例;二是没有国际仲裁,由于伊朗内部的管理僵化,一旦合作双方发生纠纷,则完全交由联合管理委员会处理并仲裁,难以保证公平;三是由于回收成本的方式是以货代款,导致回收周期较长。

回购合同对石油公司来说最大的优越性是没有价格风险,特别是在油价处于低迷的市场环境中,预先规定回收率使石油公司即使在油价暴跌的情况下,仍然能够确保收益率。另一方面,对于中东这样油气资源落实程度很高的油田,回购合同的风险相对较小,但不可能获得暴利。

## 二、伊拉克风险服务合同模式分析

### (一) 伊拉克石油合作合同模式更迭[①]

20世纪90年代初爆发的海湾战争使伊拉克石油工业处于停滞状态。海湾战争以后,为恢复和维持油田生产需要引进必要的资金和技术,伊政府从1990年开展了油气对外合作,具体的合作模式采用产品分成合同。此次合作吸引了50余家国际石油公司。在这一时期,虽然伊拉克与一些国际石油公司签订了不少石油合同,但能够真正执行的合同却很少,大部分合同都因联合国制裁等多种原因而搁置。在这期间,一方面,伊拉克强烈要求联合国解除对伊的经济封锁,使伊能够继续开展对外合作,恢复经济建设;另一方面,以优惠的合同条款吸引外国石油公司到伊投资,换取这些国家在联合国安理会上对伊政府的支持。与此同时,许多外国石油公司也希望与伊政府进行石油合作,其中最具代表性的是俄罗斯和法国的公司。从1991年夏季开始,伊拉克不断与外国公司接触,谈判关于解禁后的石油勘探开发协议。1995年3月,在伊拉克首都巴格达召开了"2000~2010年油气市场前景"研讨会,这是海湾战争之后第一次在伊拉克召开的国际石油会议。伊充分利用这次会议,详细介绍了计划与外国合作开发的33个油田。直到1997年年底,伊石油部已同60家外国公司开展谈判,其中包括卢克石油公司、埃尔夫和道达尔公司、中国石油天然气总公司、阿吉普公司、BP公司及雪

---

① Jiyad A. M. Iraqi Oil Fields Development: *Profiles of Production, Depletion And Revenue.* MEES, Vol. LIII, No. 30, 2010.

佛龙、大陆石油公司等，并陆续签订了产品分成合同，涉及西库尔纳（West Qurna）油田、艾哈代布油田、马吉努（Majnodon）油田、纳赫尔乌姆尔（Nahr Umar）油田、哈法亚油田、纳西雷亚（Nasiriyah）油田和孟苏（Mansur）油田。但实际上只有两个合同获得了联合国安理会的批准——与俄罗斯国际财团签订的"西库尔纳油田产品分成合同"和与中国石油天然气总公司签订的"艾哈代布油田产品分成合同"。即使这两份合同也需要等待解除对伊制裁之后才能执行，其他的产品分成合同均被联合国制裁委员会搁置，未获批准。

1999年9月，埃尔夫公司和道达尔公司与伊拉克就马吉努和纳赫尔乌姆尔油田的协商基本完成，只等待签订协议。然而，2001年7月由于法国支持美国的"聪明制裁"提议，伊拉克宣布法国公司不再享有石油合同的"协商优先权"。同时伊拉克还宣布，可能将两个油田的开发权授予俄罗斯公司，作为对俄罗斯在联合国安理会支持伊的回报。同时，伊拉克向中国和俄罗斯公司提出警告，威胁如果不马上执行合同将中止已签署的产品分成合同。在此阶段，伊拉克政府为了加快油田开发步伐，对外油气合作采用回购合同，伊拉克政府认为回购合同对于外国石油公司风险小、投资回收快；但外国石油公司认为伊拉克的回购合同期限短，条款较苛刻，合同者无法享有油田开发中后期的超额利益。通过伊拉克政府一系列的措施和努力，直至1999年和2001年伊拉克石油日产量才回升至十年来最高的252万桶和236万桶。2003年3月20日，美国以伊拉克拥有大规模杀伤性武器为由发动对伊战争。4月9日，美军攻占巴格达并推翻萨达姆政权。伊拉克再度遭到了战争重创，石油生产急剧下滑，第三季度平均日产仅100万桶，2004年平均日产为207万桶。美伊战争后，受安全局势动荡等因素影响，加之缺乏投资、设备陈旧、管理不善以及恐怖袭击和暴力活动对石油基础设施的破坏等原因，伊拉克石油产业萎靡不振。为解决国内石油短缺问题，加快恢复石油生产，重振国民经济，伊拉克政府决定开放能源开发，尽快引进外资和设备。

2006年6月，伊拉克石油部长侯赛因沙赫雷斯塔尼表示，要实现2011年日产石油350万桶的目标，实现年石油出口收入翻一番达到约500亿美元，伊拉克需要200亿美元的外资及国外先进的开采技术。同时，一些国际石油公司也期待着在伊拉克进行投资，但希望伊拉克能在法律制度框架下出台新的更优惠的投资政策及合同条款以降低外国石油公司的风险。

2008年11月，伊拉克石油部颁布了第一轮招标油气田的初始合同模式，随后伊拉克石油部于2009年2月召开了第一轮招标研讨会，主要通过签署技术服务合同与国际石油公司开展合作。自此，伊拉克国际石油合作采用风险服务合同模式已经基本确定，并在2009年完成的两轮招标中得到应用。

## （二）伊拉克风险服务合同财税条款

伊拉克第一轮招标是针对现有在产老油田的恢复和开发，其风险服务合同名称为"在产油田技术服务合同（PFTSC）"；第二轮招标是针对已经发现但没有大规模开发的新油田开发，其风险服务合同名称为"开发生产服务合同（DPSC）"。

### 1. 在产油田技术服务合同

技术服务合同模式的核心内容是：合同者提供油田开发和作业所需的技术和资金，用50%的增产产量收入回收服务费，服务费包括石油成本和报酬费，石油成本包括油田建设投资和作业成本。油田开发之外合同者提供的补充成本用10%的基础产量收入回收，未回收的补充成本计算利息（伦敦银行间拆放款利率+1%）。主要财税条款如下：

（1）合同期、油田恢复期、高峰产量期。

合同期：从合同生效日开始20年，延展期不超过5年。

恢复期：从合同生效日开始，直到油田恢复计划批准日之后36个月。

高峰产量期：从产量达到高峰产量目标或不晚于合同生效日6年开始，高峰产量期持续7年。

（2）产量定义。

初始产量：合同中明确的在合同生效日油田的日产量水平。

基础产量：从初始产量开始以年递减率5%递减得出的日产量水平。

增产产量：净产量减基础产量。

恢复产量目标：初始产量的110%，应在恢复计划批准日后尽快达到。

高峰产量目标：在高峰产量期达到和维持的日产量，投标参数之一。

（3）合同者构成及成本贡献。

在联合经营中，政府指定的地区石油公司（ROC）占25%的参与权益。其他权益由单独的合同者或合同者组合构成，其中作业者的权益比例不少于22.5%，参与权益最少的合同者不少于3.75%。

合同者负责筹集所有资金，包括地区石油公司所占权益应分担的部分。

（4）成本回收和报酬费。

合同者有权获得补充费（supplementary fees）和服务费（service fees）。

①补充费。

补充费由补充成本（supplementary costs）构成。补充成本包括签字费、排雷费、其他设施建设费、现有污染治理改善费等。

补充成本计息：自发生日至回收日按伦敦银行间拆放款利率+1%计算利息。

补充费回收来源和限额：基础产量的 10%。

②服务费。

服务费由石油成本（petroleum costs）和报酬费（remuneration fee）构成。石油成本是指合同者发生的、与完成石油作业有关的可回收成本和支出，包括油田开发建设投资和作业成本。报酬费等于每桶报酬费乘以增量产量，并用业绩因子调整。适用的每桶报酬费根据上一年年末的 R 因子确定，最高每桶报酬费为每桶报酬费投标值（RFB）。

$$R = 累计现金收入/累计支出$$

累计现金收入主要是合同者收到的服务费。

累计支出包括石油成本和培训、技术及教育基金支出。

每桶报酬费的确定方法如表 12-8 所示。

表 12-8　　　　　　　　　每桶报酬费

| R 因子 | 每桶报酬费 |
| --- | --- |
| ≤1 | RFB |
| 1~1.25 | 80% × RFB |
| 1.25~1.5 | 60% × RFB |
| 1.5~2.0 | 50% × RFB |
| ≥2.0 | 30% × RFB |

在高峰产量期，每桶报酬费还要经过业绩因子调整。

$$高峰产量期每桶报酬费 = 每桶报酬费 \times 业绩因子$$

业绩因子 = 实际日产量/高峰产量目标，业绩因子不超过 1.0。

服务费回收来源和限额：增量产量收入的 50%。

（5）所得税。

所得税税率为 35%，以合同者收到的报酬费和补充成本利息收入计征。

在产油田技术服务合同的收入分配流程如图 12-3 所示。

**2. 开发生产服务合同**

开发生产服务合同模式的核心内容是：合同者提供油田开发和作业所需的技术和资金，用产量收入的 50% 回收石油成本和报酬费。油田开发之外合同者提供的补充成本用产量收入的 60% 减去石油成本和报酬费后的余额回收，未回收的补充成本计算利息（伦敦银行间拆放款利率 + 1%）。主要财税条款如下：

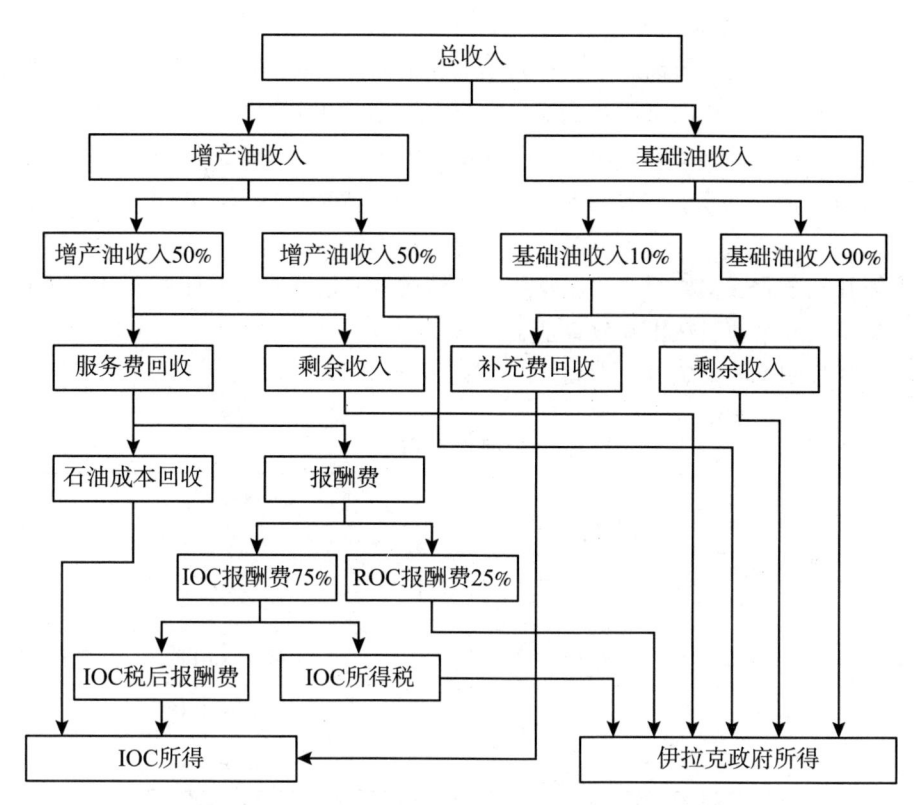

图 12-3 伊拉克技术服务合同收入分配模式

（1）合同期、初始商业生产、高峰产量期。

合同期：从合同生效日开始 20 年，延展期不超过 5 年。

初始商业生产：在 120 天内 90 天平均产量达到规定水平的第一天，或初始开发方案批准后不超过 3 年。

高峰产量期：从产量达到高峰产量目标或不晚于合同生效日 7 年开始，高峰产量期持续 10~13 年。

（2）产量定义。

高峰产量目标：在高峰产量期达到和维持的日产量，投标参数之一。

（3）合同者构成及成本贡献。

在联合经营中，政府指定的地区石油公司占 25% 的参与权益。其他权益由单独的合同者或合同者组合构成，其中作业者的权益比例不少于 22.5%，参与权益最少的合同者不少于 3.75%。合同者负责筹集所有资金，包括伊拉克地区石油公司所占权益应分担的部分。

(4) 成本回收和报酬费。

合同者有权获得石油成本、补充成本和报酬费。石油成本是指合同者发生的与完成石油作业有关的可回收成本和支出,包括油田开发建设投资和作业成本。报酬费等于每桶报酬费乘以产量,并用业绩因子调整。适用的每桶报酬费根据上一年末的 R 因子确定,最高每桶报酬费为每桶报酬费投标值（RFB）。

$$R = 累计现金收入/累计支出$$

累计现金收入主要是合同者收到的石油成本和报酬费。累计支出包括石油成本、签字费和培训、技术和教育基金支出。

每桶报酬费的确定方法如表 12-9 所示。

表 12-9　　　　　　　　每桶报酬费

| R 因子 | 每桶报酬费 |
| --- | --- |
| ≤1 | RFB |
| 1 ~ 1.25 | 80% × RFB |
| 1.25 ~ 1.5 | 60% × RFB |
| 1.5 ~ 2.0 | 40% × RFB |
| ≥2.0 | 20% × RFB |

在高峰产量期,每桶报酬费还要经过业绩因子调整。

$$高峰产量期每桶报酬费 = 每桶报酬费 × 业绩因子$$

业绩因子 = 实际日产量/高峰产量目标,业绩因子不超过 1.0。

石油成本和报酬费回收来源和限额:产量收入的 50%。

补充成本包括排雷费、运输设施投资、地区石油公司要求建设计划外设施的投资、环保投资等。

补充成本计息:自发生日至回收日按伦敦银行间拆放款利率 + 1% 计算利息。

补充成本回收来源和限额:产量收入 × 60% - (石油成本 + 报酬费)

(5) 所得税。

所得税税率为 35%,以合同者收到的报酬费和补充成本利息计征。

开发生产服务合同的收入分配流程如图 12-4 所示。

```
                        ┌─────────┐
                        │  总收入  │
                        └────┬────┘
          ┌──────────────────┼──────────────────┐
     ┌────┴─────┐        ┌───┴────┐        ┌────┴─────┐
     │ 总收入50% │        │总收入40%│        │ 总收入10% │
     └────┬─────┘        └───┬────┘        └────┬─────┘
      ┌───┴────┐  ┌─────┐ ┌──┴───┐  ┌──────────┴┐  ┌──────┐
      │石油成本 │  │报酬费│ │剩余  │  │补充成本回收│  │剩余  │
      │ 回收   │  │     │ │收入  │  │           │  │收入  │
      └────────┘  └──┬──┘ └──────┘  └───────────┘  └──────┘
                ┌────┴──────┬────────┐
           ┌────┴─────┐ ┌───┴──────┐
           │IOC报酬费75%│ │ROC报酬费25%│
           └────┬─────┘ └───────────┘
        ┌──────┴─────┐ ┌──────────┐
        │IOC税后报酬费│ │IOC所得税 │
        └─────┬──────┘ └──────────┘
          ┌───┴───┐              ┌──────────────┐
          │IOC所得│              │ 伊拉克政府所得 │
          └───────┘              └──────────────┘
```

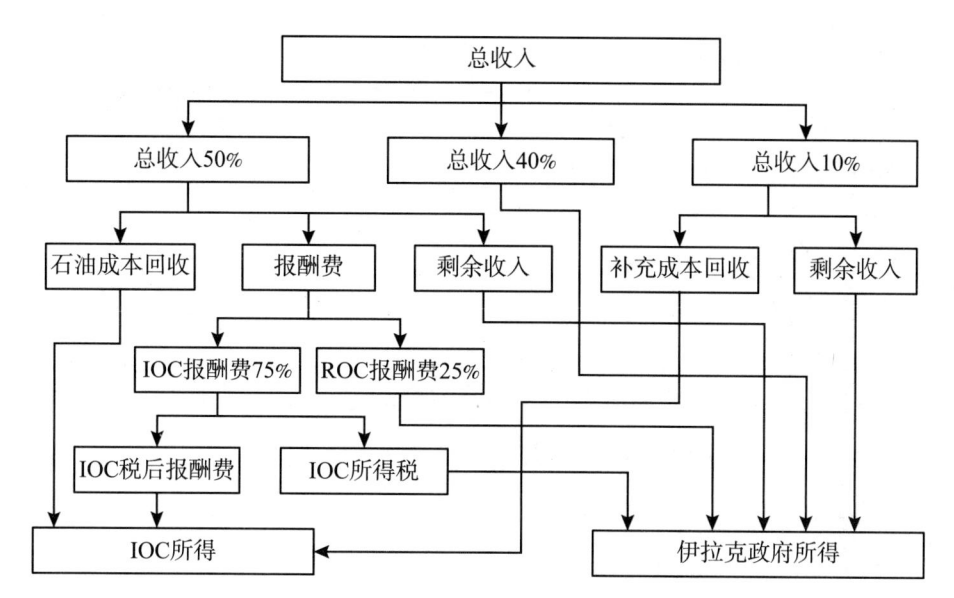

图 12-4 开发生产服务合同收入分配模式

### (三) 伊拉克风险服务合同模式的财税特点

为了进一步理解伊拉克技术服务合同及财税条款的经济特性,我们利用中石油与道达尔、马来西亚石油公司联合中标的哈法亚油田开发项目作为案例,对合同的主要经济特性进行评价分析。

据公开资料表明,哈法亚油田位于伊拉克南部,在阿马拉城东南35千米处,区块面积有30千米长、10千米宽。该油田可采储量约为41亿桶,2009年年底油田产量为3100桶/日。根据伊拉克石油部公布的投标结果,中石油/道达尔/马来西亚石油公司给出的高峰产量目标为53.5万桶/日,报酬费投标值是1.40美元/桶。合同期为20年,其中开发期7年,高峰产量稳产期13年。

项目的合同者由中石油、道达尔、马来西亚石油公司和伊拉克南方石油公司组成,权益比例分别为37.5%、18.75%、18.75%和25%。

产量假设:2010~2016年,产量平均增长,为了在2016年年底产量达到53.5万桶/日,每年年末产量在上年年末产量的基础上增加7.6万桶/日。每年的平均日产量等于上年年末产量加上本年增产量的一半。平均日产量曲线假设如图12-5所示。年产量按照一年360个工作日计算。

成本假设:该油田开发投资估计125亿美元,其中:2010年投入5亿美元,2011~2016年每年投入20亿美元。单位操作费估计为2.5美元/桶。

为了简化计算,案例中忽略了补充成本。

(千桶/日)

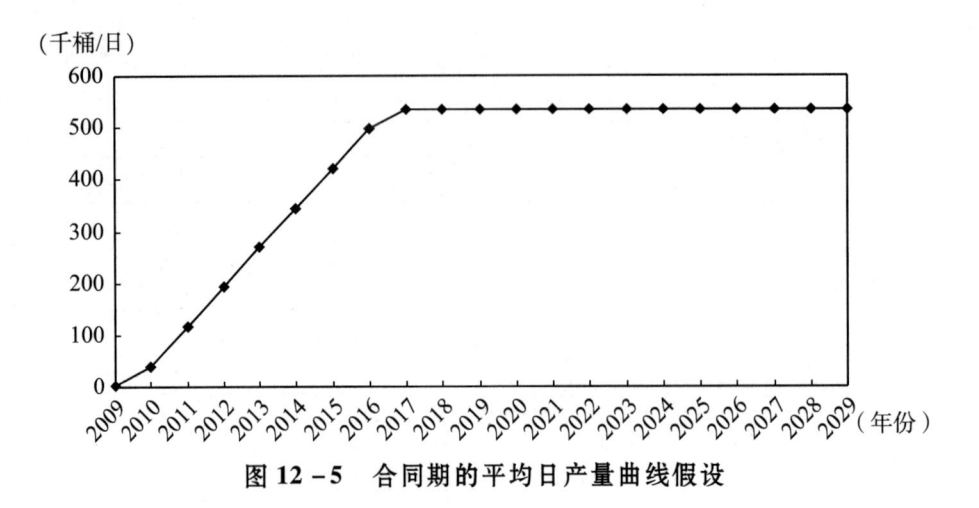

图 12-5　合同期的平均日产量曲线假设

现金流评价模型：

$NCFP_t = REV_t - OPEX_t - CAPEX_t$

$NCFF_t = OPEXR_t + CAPEXR_t + RF_t - OPEX_t - CAPEX_t - TAX_t$

$NCFG_t = NCFP_t - NCFF_t$

上述模型中，$NCFP_t$，$NCFF_t$，$NCFG_t$ 分别代表第 $t$ 年项目现金流、国际石油公司现金流以及政府现金流。$REV_t$，$OPEX_t$，$CAPEX_t$，$OPEXR_t$，$CAPEXR_t$，$RF_t$，$TAX_t$ 分别表示第 $t$ 年的销售收入、操作费支出、开发投资支出、操作费回收、开发投资回收、国际石油公司报酬费以及国际石油公司的所得税。

**1. 财税制度的苛刻性**

财税制度的苛刻性用政府所得（Government Take）来衡量。政府所得是政府的累计现金流与项目累计现金流的比值，反映了资源国政府获取经济租金的程度[1]。国家石油公司获得的报酬费也归为政府的收入。国际石油公司所得等于外国石油公司的累计现金流与项目累计现金流的比值。政府所得与国际石油公司所得之和等于 1。

表 12-10 列出了在不同油价假设下的政府所得和国际石油公司所得。

表 12-10　　　　　　政府所得与国际石油公司所得

| 油价（美元/桶） | 40 | 60 | 80 | 100 | 120 |
| --- | --- | --- | --- | --- | --- |
| 政府所得（%） | 98.30 | 98.97 | 99.25 | 99.42 | 99.52 |
| 国际石油公司所得（%） | 1.70 | 1.03 | 0.75 | 0.58 | 0.48 |

---

[1] Mian M. A. and Aramco S. *Designing efficient fiscal systems*. SPE 130127 (2010).

表 12-10 显示，在油价为 40~120 美元/桶下，哈法亚项目的政府所得都在 98% 以上，油价越高，政府所得变得越大，几乎接近 100%。与此同时，国际石油公司所得极低。

从政府所得的计算式可以寻找哈法亚项目具有较高的政府所得之原因。

$$政府所得 = 1 - IOC 所得$$

$$= 1 - \frac{IOC 报酬费}{项目收入 - 开发投资 - 操作费}$$

$$= 1 - \frac{IOC 每桶报酬费}{油价 - 每桶开发投资 - 每桶操作费}$$

仔细分析不难发现，政府所得的大小取决于油价、单位开发投资、单位操作费以及国际石油公司的每桶报酬费。

哈法亚项目的每桶报酬费投标值只有 1.4 美元，考虑到其中 25% 属于国家石油公司，剩余部分还需要缴纳 35% 的所得税，国际石油公司的税后报酬费最高只有 0.6825 美元。随着 R 因子的增高，实际的报酬费还要低一些。

另一方面，伊拉克油田开采成本相对较小，操作费不到 3 美元/桶，每桶原油分摊的开发投资只有 4 美元，所以国际石油公司的报酬费只占项目净现金流中极小的份额。在这样的假设前提下，即使油价低至 20 美元/桶，政府所得也在 95% 以上。

超高的政府所得并不是哈法亚项目所特有的，而是伊拉克油田合作开发项目的共性，反映出伊拉克在国际石油合作中采用了较为苛刻的财税制度。

**2. 政府捕获意外利润的能力**

意外利润也称为暴利（Windfall），是指石油公司未做任何努力而增加的利润。油价上涨是产生意外利润的主要原因。理论上，资源的所有者即资源国政府应该获取所有的意外利润。

尽量避免国际石油公司在伊拉克油田项目中获得意外利润应该是伊拉克政府选择服务合同的动因之一。在伊拉克政府决定开展国际石油合作之初，引发了关于是选择产品分成合同或是服务合同的激烈争论。产品分成合同的特点是外国石油公司分享石油产量，其收益会随油价的上升而增大。近年来，由于油价高企，许多国际石油公司从产品分成合同的项目中获得了溢价收入，投资收益大幅度提高。资源国认为国际石油公司获得的收益与其承担的风险不匹配，一些国家开始征收暴利税或重新谈判财税条款，这种做法不仅增加了谈判成本，而且还影响到国家财税政策的稳定性。

在伊拉克技术服务合同下，外国石油公司的利润主要由报酬费构成。报酬费是从量定额计算，与原油价格的变动没有直接关系。

图 12-6 中的项目利润是指项目的累计现金流，国际石油公司利润是国际石

油公司的累计现金流。从图 12-6 中可以看到，项目的利润随油价的升高直线增长，但国际石油公司的利润却保持稳定，甚至随油价升高还略有下降。利润下降的原因在于 R 因子影响到每桶报酬费的数额。当油价较高时，外国石油公司能够较快回收投资，R 因子也因此增大，相应的每桶报酬费则会变小。总之，在技术服务合同这种合作模式下，伊拉克政府几乎完全控制了因油价产生的意外利润。

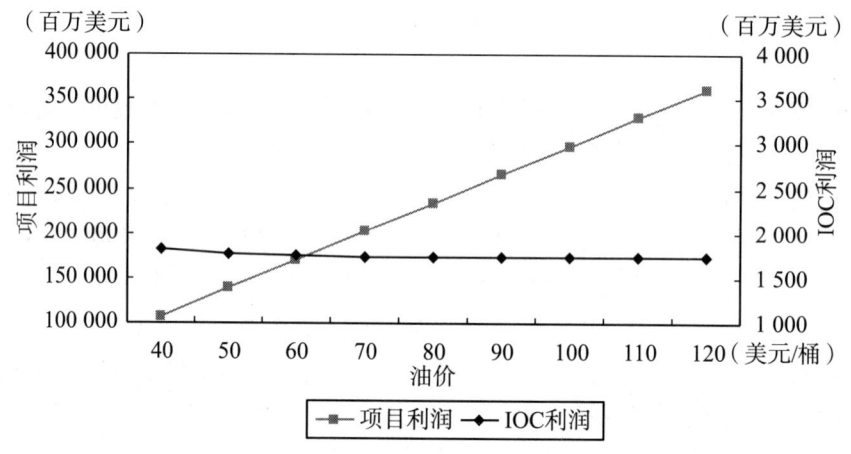

图 12-6 项目利润与国际石油公司利润

### 3. 国际石油公司的盈利性

对于外国石油公司来说，项目的盈利性通常用净现值（NPV）和内部收益率（IRR）来衡量。基于我们的假设，如果油价为 60 美元/桶，外国石油公司从哈法亚项目获得的 IRR 可以达到 15% 以上；如果以 10% 作为基准收益率，国际石油公司的 NPV 在 3 亿美元左右。这个结果表明虽然国际石油公司从项目中获得的价值只是项目总价值的极小部分，但是国际石油公司在伊拉克项目中仍然可以得到与风险相匹配的投资回报。

此外，尽管国际石油公司的利润不随油价变动而变动，但由于货币时间价值的影响，其 IRR 和 NPV 却直接与油价相关。图 12-7 显示，国际石油公司的 NPV 和 IRR 都随着油价的升高而增大，只是当油价超过一定水平后，NPV 会趋于稳定。所以说，尽管国际石油公司没有分享项目的意外利润，却仍然会受益于油价升高。另一方面，当油价偏低时，国际石油公司的净现值也可能会出现负值，这意味着即使在技术服务合同下，油价风险依然是存在的。

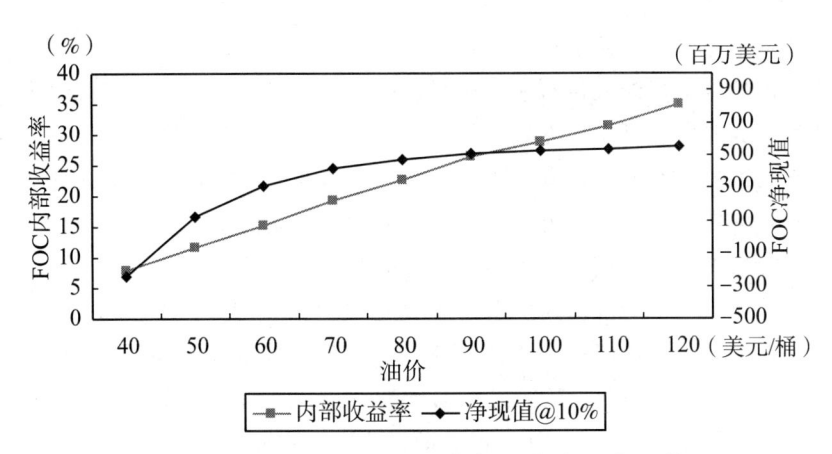

**图 12 – 7　国际石油公司内部收益率和净现值**

注：图中"净现值@10%"表示以10%作为基准收益率所计算的净现值。

### 4. 国际石油公司的流动性

流动性用投资回收期来衡量。基于我们的假设，如果油价在60美元/桶，国际石油公司在哈法亚项目的净现金流将从第3年后开始变为正值，投资回收期不超过5年，这个投资回收期水平处于国际石油公司可接受的范围内。

此外，油田开发项目一般具有滚动开发的性质，一边投入、一边回收，在投入了油田开发的启动资金之后，国际石油公司完全可以利用从项目回收的资金进行后期的投资。我们可以用累计最大净投资与总投资之比来反映项目实际占用国际石油公司资金的程度。累计最大净投资是指国际石油公司的累计最大净现金流出量。

表 12 – 11 显示，油价越高，需要国际石油公司净投入的资金就越少。我们假设哈法亚项目的总投资125亿美元，油价为60美元/桶，则国际石油公司的实际净投资需要量仅为20亿美元左右，不到总投资的20%。较好的流动性降低了国际石油公司的财务风险。

**表 12 – 11　国际石油公司累计最大净投资与总投资之比**

| 油价（美元/桶） | 40 | 60 | 80 | 100 | 120 |
| --- | --- | --- | --- | --- | --- |
| 国际石油公司累计最大净投资（百万美元） | 2 888 | 2 025 | 1 467 | 1 167 | 956 |
| 国际石油公司累计最大净投资/总投资（%） | 23.10 | 16.20 | 11.73 | 9.34 | 7.65 |

### 5. 代理问题

在石油国际合作中，资源国政府委托国际石油公司对油田进行开发和生产作业，双方形成了委托—代理关系。由于委托人和代理人的目标不一致，双方之间的利益会发生冲突,从而出现代理问题。

例如,从资源国最大化石油资源财富的角度,伊拉克政府希望石油作业能够以高效率、低成本、可持续方式进行。但是,在技术服务合同下,国际石油公司的收益与成本关系不密切,有时甚至出现成本越高、国际石油公司利润越大的现象。在不影响自身收益的前提下,国际石油公司可能会不注重成本节约,或者还可能利用转移支付等方式增加成本,损害资源国的利益。

以哈法亚项目为例,合同规定的服务费支付限额是产量收入的50%。在开发投资回收后,由操作费和报酬费构成的应付服务费相对于50%的产量收入而言数额相当低。图12-8反映的是在油价为60美元/桶下,合同期各年服务费支付限额与应付服务费的比值。在2014年服务费支付限额与应付服务费的比值超过1,此后每年的成本支出以及报酬费都可以在当年得到回收。到稳产期后,服务费支付限额与应付服务费的比值维持在8以上,说明在支付了当年应付的服务费之后,服务费支付限额内的收入仍然有7/8的剩余。这些剩余的收入全部归政府所有,国际石油公司无法分享成本节约的好处,也就缺乏节约投资和成本的动力。相反,高额的剩余收入还为国际石油公司寻租留下了空间。

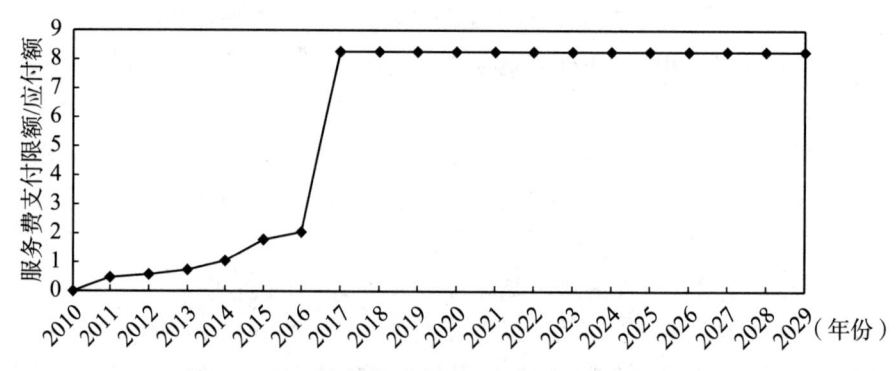

**图12-8 服务费支付限额与应付服务费比值**

为了更清晰地展示国际石油公司收益与成本变动无关,我们对稳产期的操作费给出了不同的假设,操作费在1美元/桶到4美元/桶之间。表12-12列示了在不同操作费水平下的项目利润、国际石油公司利润、国际石油公司净现值及其内部收益率。

表12-12　　　　　不同操作费下项目效益与国际石油公司效益

| 操作费 | 1.0 | 1.5 | 2.0 | 2.5 | 3.0 | 3.5 | 4.0 |
|---|---|---|---|---|---|---|---|
| 项目利润 | 174 210 | 172 958 | 171 706 | 170 454 | 169 202 | 167 950 | 166 698 |

续表

| | | | | | | | |
|---|---|---|---|---|---|---|---|
| 国际石油公司利润 | 1 758 | 1 758 | 1 758 | 1 758 | 1 758 | 1 758 | 1 758 |
| 国际石油公司净现值 | 313 | 313 | 313 | 313 | 313 | 313 | 313 |
| 国际石油公司内部收益率 | 15.34% | 15.34% | 15.34% | 15.34% | 15.34% | 15.34% | 15.34% |

注：项目利润、国际石油公司利润和净现值单位均为百万美元，操作费单位为美元/桶。

从表 12-12 中可以看出，项目利润随着操作费的增加而减少，很显然，控制成本有利于最大化资源的价值。但是我们也发现，操作费的高低对国际石油公司的利润、净现值以及内部收益率均没有任何影响。实际上，增加投资也会产生类似的效果。由于国际石油公司的收益对成本支出极不敏感，他们当然不会关心成本控制，甚至还有可能人为加大成本。所以，技术服务合同中内生的代理问题可能会产生高昂的代理成本。

### （四）伊拉克风险服务合同模式总结

伊拉克政府利用风险服务合同进行国际合作的目的在于：一方面确保国家对石油资源的主权地位，另一方面使伊拉克从石油开采中获得的经济租金最大化。为此，伊拉克在合同模式的设计上，不仅吸收了其他国家风险服务合同的要素，而且表现出重要的新特点。

**1. 充分利用招投标机制，压缩外国石油公司的获利空间**

外国石油公司通过投标进入伊拉克油田开发项目。每桶报酬费和高峰产量目标两个投标参数决定了外国石油公司是否中标，这种招投标机制使参与投标的外国石油公司形成竞争态势，从而达到压低每桶报酬费，提高高峰产量的目的。同时，伊拉克政府还设置了每桶报酬费投标值的上限，控制了外国石油公司的盈利水平。例如，BP 领导的投标团对鲁迈拉项目的每桶报酬费投标值最初为 3.99 美元/桶，高于政府要求的 2.0 美元/桶。最终 BP 妥协，接受了政府的条件，获得鲁迈拉油田服务合同（见表 12-13）。

表 12-13　　　　伊拉克第一轮招标报酬费投标和中标情况

| 油气田 | 投标财团 | 报酬费（美元/桶） | | |
|---|---|---|---|---|
| | | 投标价 | 政府预设服务费 | 中标价 |
| 鲁迈拉油田 | 埃克森美孚/马来西亚国家石油 | 4.80 | 2.0 | 2.0 |
| | BP/中石油 | 3.99 | | |

续表

| 油气田 | 投标财团 | 报酬费（美元/桶） | | |
|---|---|---|---|---|
| | | 投标价 | 政府预设服务费 | 中标价 |
| 西库尔纳油田（一期） | 埃克森美孚/壳牌 | 4.00 | 1.9 | 1.9 |
| | 中石油/马来西亚国家石油/日本石油勘探公司（Japex） | 2.60 | | |
| | 卢克（Lukoil）/康诺克（Conoco） | 6.49 | | |
| | 道达尔（100%） | 7.50 | | |
| | 雷普索尔/挪威国家石油公司等 | 19.30 | | |
| 祖拜尔油田 | 埃尼/中石化/西方石油（Occidental）等 | 4.80 | 2.0 | 2.0 |
| | 中石油/BP | 4.09 | | |
| | 埃克森美孚/壳牌/马来西亚国家石油 | 4.80 | | |
| | 印度石油（ONGC）/俄罗斯天然气（Gazprom）/土耳其石油（TurkishPetroleum） | 9.90 | | |
| 米桑油田 | 中海油/中化 | 21.40 | 2.3 | |
| 基尔库克油田 | 壳牌/中石化/中石油 | 7.89 | 2.0 | |
| | 土耳其国家石油公司 | | | |
| 巴伊哈桑油田 | 康菲/中海油/中化 | 26.70 | 4.0 | |
| 阿卡斯气田 | 爱迪生国际石油（Edison）/马来西亚国家石油/中石油等 | 38.00 | 8.5 | |

**2. 避免可谈判的合同条款，降低合同条款的灵活性**

在其他国家的风险服务合同中，多少会有一些条款是通过合作双方谈判确定。例如，伊朗的回购合同，合同者的投资收益率、可回收投资上限等条款都是可以谈判的。但是，伊拉克开发生产服务合同设计了标准的合同条款，除报酬费和高峰产量通过投标确定外，其他条款几乎没有谈判的余地。从资源国政府角度，这种模式可以降低谈判的交易成本，为同类型项目提供公平的竞争平台。

**3. 设计苛刻的财税条款，为政府争取最大的利益**

（1）高额的签字费加大了外国石油公司初始融资的负担，但给政府提供了现时的资金来源。例如，鲁迈拉项目的签字费高达5亿美元。

（2）设置服务费支付上限，这个条款限制了外国石油公司投资回收速度，从而保证政府在项目初期能够获得较大比例的石油收入。

（3）特殊的政府参与条款，国家石油公司只有按参与权益比例分享报酬费的权利，但没有相应的分担石油成本的义务，这类似于政府从中获得了干股。

（4）与常见的由政府或国家石油公司代付所得税不同，合同要求外国石油公司缴纳所得税。

（5）在报酬费机制方面，首先，每桶报酬费与油价变化没有直接关系，有效地防止了外国石油公司因油价上涨获得暴利；其次，每桶报酬费随 R 因子的增大而递减，加上业绩因子对每桶报酬费的向下调整，进一步控制了外国石油公司的投资收益。

从上面的分析可以得到如下结论：

伊拉克风险服务合同所内含的石油财税制度极其苛刻，伊拉克政府不仅获得了极高比例的石油收入，而且还控制了因油价上涨产生的全部意外利润。

从外国石油公司角度，由于国际石油公司不必承担勘探风险，而且伊拉克的油田具有资源规模大、开发成本低的优势，国际石油公司在服务合同下是可以获得与其承担的风险相匹配的较为稳定的收益。同时，油田滚动开发增强了项目的流动性，使得国际石油公司的净投资量大大低于总投资额，降低了国际石油公司的财务风险。所以服务合同既为国际石油公司提供了具有一定吸引力的利润，又符合伊拉克保护国有资源的要求，可望取得双赢的效果。

但是，服务合同模式缺乏对国际石油公司节约成本、提高效率进行激励的机制，存在着严重的代理问题，这可能导致较大的代理成本，最终会对资源国实现从石油生产中获得收益最大化的目标产生不利影响。

伊拉克之所以能够利用如此苛刻的财税制度并吸引外国石油公司参与投资，其优越的资源条件是重要的决定因素。伊拉克进入招标的项目都是大型油气田开发项目，储量规模大，开采难度相对较小。优越的资源状况降低了投资风险，在资源国拿走高比例收入的情况下，外国石油公司仍然有机会赚得与其风险相匹配的投资收益。另一方面，历史经验表明，在油价低迷、油气区块供应量增加的时期，资源国的财税条款趋于宽松；在油价上涨、油气区块供应量减少的时期，资源国的财税条款则趋于严格。近年来国际油价持续处于高位，国际石油公司争夺石油资源的竞争日趋激烈，这些因素都使得资源国在与国际石油公司合作中的议价能力不断增强。一些资源国通过改变合同模式、重新谈判合同条款、实施暴利税等方式阻止外国石油公司从油价上涨中获得超额收益，增加政府所得。所以，高油价为资源国制定苛刻的财税条款创造了外部环境。

### （五）伊拉克风险服务合同下国际石油公司的投标策略

国际石油公司参与石油项目投资，最关心的是项目的盈利性，其目标是保证投资收益率与项目的风险以及公司的战略相一致,追求股东价值最大化[①]。在目前常规油气资源日益稀缺的环境下,伊拉克丰富的石油探明储量对国际石油公司的巨大吸引力是毋庸置疑的。国际石油公司需要充分研究和认识伊拉克石油合同模式及财税条款的特点,采取相应投资策略,在苛刻的石油合作模式和财税条款下寻求自身利益最大化。

伊拉克服务合同没有可谈判的财税条款,投标参数值决定了国际石油公司是否中标,同时也直接影响国际石油公司的投资收益。与其他合同投标采用单一标值的做法不同,伊拉克合同设计了报酬费投标值和高峰产量目标(PPT)两个投标参数。理论上,低 RFB 加上高 PPT 应该是最具投标竞争力的标值组合。但是,过低的 RFB 可能会导致国际石油公司投资收益率低于其必要收益率;而不切实际的高 PPT 可能招致业绩因子的惩罚,也会影响石油公司的投资效益。所以,确定投标参数值是对国际石油公司能力的一种考验。

对油气项目进行充分全面的经济评价是优化投资方案、确定合理投标参数值的前提。产量、投资、操作费、油价等关键要素决定了油气项目整体的经济性,而合同财税条款则影响到石油公司获得收益的规模和时间。

在对伊拉克油田项目进行评价时,首先需要根据地质和技术条件,编制多个可行的开发技术方案,结合合同财税条款,分析产量、投资、收入和报酬费之间的互动关系。例如,原油产量增加,石油公司的投资回收速度随之加快,但控制石油公司报酬费的 R 因子就会提前起作用,致使每桶报酬费在早期下降到较低水平。这就需要国际石油公司在加速回收和 R 因子增大之间进行权衡,寻找最佳的结合点。通过项目经济评价,石油公司可以构建每桶报酬费、高峰产量目标对其净现值或内部收益率等投资效益指标的影响机制模型,模拟在不同条件下石油公司可以承受的每桶报酬费和高峰产量目标的组合范围,以便控制石油公司的经济风险。

在投标阶段,石油公司应该基于经济评价模型,考虑评标标准,投出合理而具有竞争力的投标参数值。伊拉克油气项目竞标中,标值总分是两个投标参数得分的加权平均值,标值总分最高者中标。由于两个投标参数得分的权重不同,标值总分对两个投标参数值变动的敏感性是不一致的。如果标值总分对 RFB 的变动更敏感,就应该考虑采用低 RFB 与适当 PPT 相结合的投标策略;反之,如果标值总分对 PPT 的变动敏感性更强,则应该采用高 PPT 与适当 RFB 相结合的投标策略。以哈法亚油田为例,标值总分中 RFB 的权重为 80%,PPT 的权重为 20%。中石油的投标参数是 RFB 1.4 美元/桶,PPT 53.5 万桶/日;得分仅次于

---

① Tordo S. *Fiscal Systems for Hydrocarbons*. The World Bank, 2007.

中石油的挪威国家石油公司的投标参数是 RFB 1.53 美元/桶，PPT 60 万桶/日。由于标值总分对 RFB 得分更敏感，低 RFB 更具竞争力，所以中石油击败挪威石油成功中标。

此外，针对目前原油价格远高于伊拉克油田生产成本的情况，通过项目评价可以发现，当投资回收后，成本增加对石油公司的收益影响不大，甚至还能起到减缓 R 因子上升速度的作用。因此在编制开发方案和投资预算时，国际石油公司应该基于保守原则对投资和操作费进行估算，为实现和维持高峰产量目标提供充足的资金保障。

# 第十三章

# 方式二：跨国油气并购

在石油行业中，并购往往是公司迅速扩展自身规模、引进先进技术、降低生产成本或占领市场最快捷、最有效的途径。通过兼并和收购达到企业规模经济的发展已经得到企业投资者的共识。在早期的上市石油公司并购历程中，石油企业通过"以强并弱"，扩大规模，迅速实现了扩张所要求的资本集中和规模效益，甚至形成垄断局势。随着油气技术突飞猛进，勘探生产成本大幅下降，技术在大型石油公司中科技贡献率已超过60%。通过并购获取先进技术以降低勘探开发和加工经营成本，也为石油公司创造了巨大的经济收益和利润，推动了整个石油行业的革新和进步。近年来，世界经济危机使国际石油市场面临重新洗牌，新兴石油公司有望获得更多的发展机会，这对中国石油公司而言是难得的发展机遇。我国三大石油公司都在加快在全球范围内的并购步伐，跨国并购已成为我国石油企业参与全球油气资源投资与合作的重要方式。

## 第一节 油气行业跨国并购发展情况

建立于19世纪70年代的美国标准石油公司，被人们视为现代石油行业的开端。但在1911年5月，由于违反《谢尔曼反托拉斯法》，标准石油公司随后被拆分为约37家地区性石油公司。随后，20世纪20、30年代开始的资源国有化浪潮对世界石油行业产生了重大的影响。在此过程中，世界范围内较大的几家石油公司逐渐发展壮大并形成了石油史上著名的"石油七姐妹①"。在近一个世纪的时间内，国际石油公司凭借充足的资本和强大的勘探开发能力，在世界石油市场中起到了不可替代的作用。20世纪80年代以来，国际石油市场的并购行为逐年攀升，其中出现了多个较为明显的并购浪潮，我们可将80年代至今的并购活动粗略分为三大时期：

## 一、浪潮的初步形成

20世纪80~90年代初，在经历了两次石油危机后，国际石油公司开始积极并购，从而掀起了一场大规模的并购浪潮。这一时期的并购浪潮主要发生在北美，各大石油公司积极扩张，降低成本，主要的表现是强强联合。1982~1985年，"石油七姐妹"中的海湾石油公司被雪佛龙收购，也标志着"石油七姐妹"历史的结束。而一大批独立的石油公司也在这段时期内强大起来，如法国的道达尔公司、意大利的埃尼公司等。1992年经济危机之后，繁荣的金融市场也给国际石油公司的战略调整提供了便利。纵观此段时期，虽然发生的并购交易数量和如今的国际石油市场不可同日而语，但市场的并购行为一直处于活跃的状态，整体的并购数量也处于上升趋势之中，国际石油市场并购浪潮的趋势初步形成。

## 二、并购的蓬勃发展

20世纪90年代中后期至21世纪初，全球范围再次出现了石油公司并购浪潮。相较于20世纪80年代至90年代初的并购行为，本次并购浪潮无论从数量还是从交易金额来看，均出现了大幅度的增加。而这次出现在1998年前后的并购浪潮，究其原因主要是由于低油价以及激烈的竞争，石油公司为求得生存不得不发起并购。随后的几年中，直至2008金融危机到来之前，国际石油行业的并购行为伴随着油价的逐步攀升蓬勃发展，交易数量屡创新高。也正是在这段时期，世界石油市场在并购中形成了新的格局。图13-1展示了这一时期美国主要上游石油公司通过并购的方式逐步转变成大规模国际石油公司的过程。

---

① "石油七姐妹"指当初洛克菲勒的标准石油公司解散后形成的七家大石油公司，包括新泽西标准石油［即后来的埃克森（Exxon）石油公司］，纽约标准石油［即后来的美孚（Mobil）石油公司］，加利福尼亚标准石油（后来成为雪佛龙），德士古（后为雪佛龙收购），海湾石油（亦被雪佛龙收购），英国波斯石油公司（后来的BP石油公司），壳牌公司（Shell）。

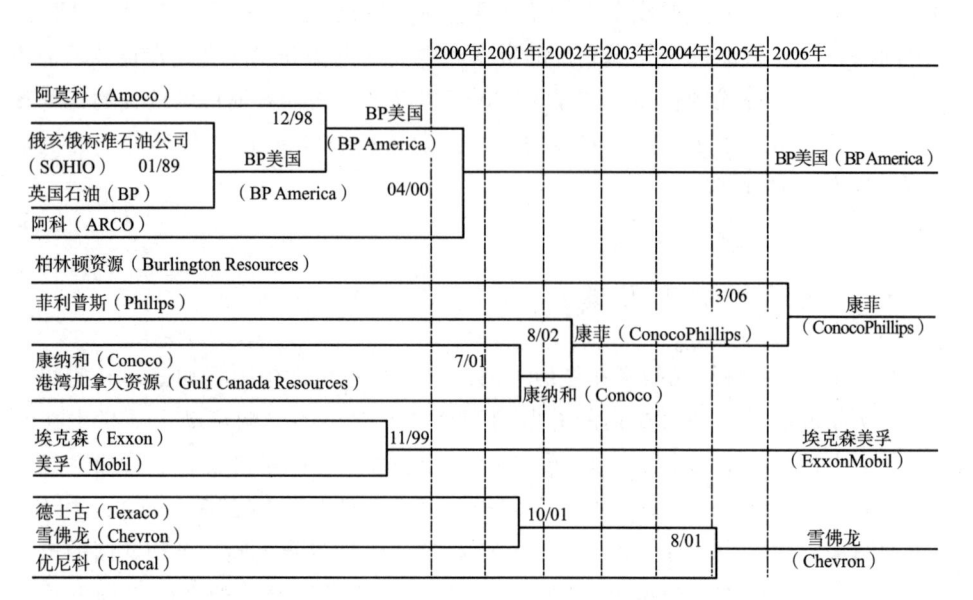

图 13-1　美国主要上游石油公司演变

资料来源：EIA。

## 三、金融危机后的新动向

2008年之前，国际石油市场的并购数量基本处于持续上升的态势。通常来说，国际石油行业的并购行为也具有一定的周期性，这种周期主要受到国际油价、开采技术等因素的影响。但突然到来的金融危机打破了这一周期性趋势。2008年下半年到2009年，石油市场出现剧烈波动，油价在2008年7月创历史最高位142美元/桶。受到世界经济衰退形势严峻的影响，当年底油价跌回30美元/桶左右。巨幅的油价波动不仅对世界经济造成了重大影响，更是给石油行业带来巨大打击。金融危机爆发后，部分资源国对外合作的政策发生了变化，不仅没有出现实质性的放松，甚至有收紧的趋势。综合以上多种因素，油价的大幅度波动和金融危机的出现，大大抑制了2008年后国际石油公司的并购行为。

图 13-2 展示了 20 世纪 80 年代至 2010 年全球油气行业并购数量分布状态。

2009年后，国际石油市场的并购行为逐步回暖，但还不及2008年前的高位。不过，虽然交易的数量有所减少，但交易金额却有所上升（见图13-3和表13-1）。

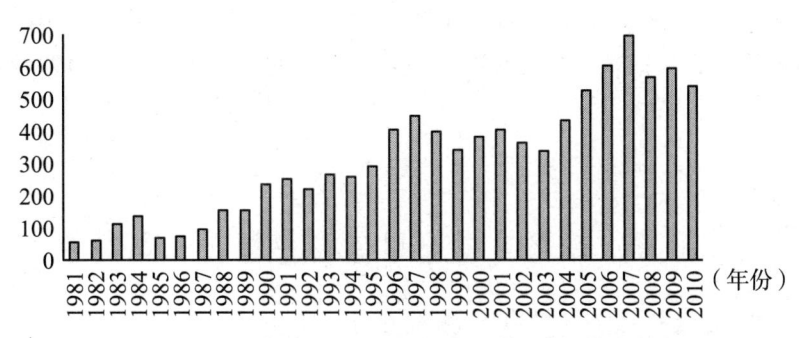

图 13-2　1981~2010 年全球油气行业并购数量

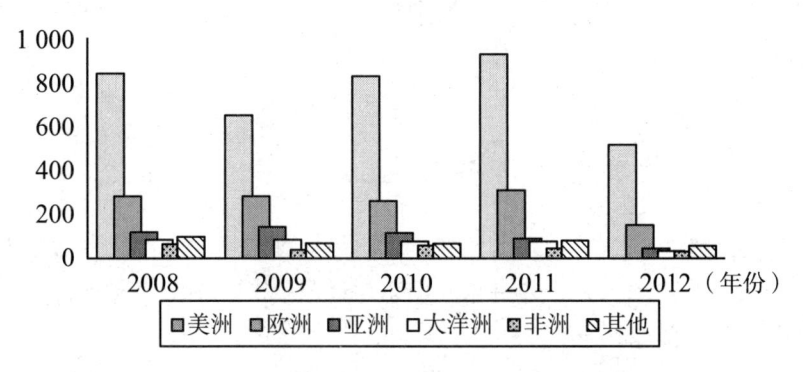

图 13-3　2008 年至今全球能源行业并购事件数量统计

注：图 13-3 和图 13-4 中仅包括资产收购和收购公司股权两类交易，不含企业合并数据，且 2012 年的数据为截至 2012 年 8 月 30 日的统计值，数据来源于 IHS Herold 数据库。

表 13-1　2008~2011 年世界各地区能源行业收购金额

| 交易金额（百万美元） | 2008 年 | 2009 年 | 2010 年 | 2011 年 |
| --- | --- | --- | --- | --- |
| 非洲 | 6 198.6 | 11 814.9 | 11 169.6 | 7 575.4 |
| 亚洲 | 18 975.3 | 18 969.5 | 22 079.3 | 18 533.6 |
| 美洲 | 111 161.2 | 84 288.8 | 271 960.3 | 283 453.3 |
| 欧洲 | 92 187.7 | 106 120.6 | 63 134.8 | 73 527.2 |
| 大洋洲 | 21 549.1 | 7 050.4 | 18 272.4 | 19 655.7 |
| 其他 | 88 643.3 | 19 863.7 | 48 142.9 | 57 946.1 |

注：根据 IHS Herold 数据库统计而来。

表 13-1 展示了金融危机以来世界各地区能源领域各年资产收购和股权收购涉及的金额情况。美洲的交易金额在全球资产收购中规模最大，2011 年的交易

规模达到 2008 年的 2.55 倍。在高油价和美国页岩气革命影响下,2012 年全球油气并购市场大幅回升,全年并购交易金额为 2 500 亿美元,远超 1998 年 1 900 亿美元的历史最高水平。

## 第二节　并购类型和中国油企跨国并购特点

中国石油企业所开展的跨国并购活动,主要分为资产收购、收购公司股权与公司合并三种类型。

### 一、资产收购的概念及特点

资产收购是指一家公司以有偿对价取得另一家公司的全部或者部分资产的民事法律行为。资产收购是公司寻求其他公司优质资产、调整公司经营规模、推行公司发展战略的重要措施。

资产收购具备四点主要特征:(1)资产收购协议的主体是作为买卖双方的两家公司,而不包括公司股东在内;(2)资产收购的标的是出售公司的某一特定资产,且不包括该公司的负债;(3)资产收购行为完成后,收购公司与目标公司各自保持独立的法律人格;(4)资产收购的法律关系虽然较为简单,但也可能发生相应的交易成本。

资产收购的一大优点是购买方收购资产的税收基础将增加,并能反映真实的购买价格。而且,并非需要购买公司的全部资产。因而,如果有企业只对另一家企业的一条生产线或一部分资产感兴趣,那么完成交易最直截了当的做法就是资产收购。资产收购的另一好处是无须获得目标公司的所有负债(当然,某些负债也可以通过多种方式转嫁给收购者)。不过资产收购往往比股权收购更复杂,因为前者必须转移全部的资产。

图 13-4 展示了 2008~2011 年全球油气行业资产收购的发生数量。油气资产收购是油气并购活动中发生最频繁、涉及总金额最大的并购形式。从图 13-4 中可以看出,自 2009 年后油气资产收购活动的频率又逐渐开始增加。

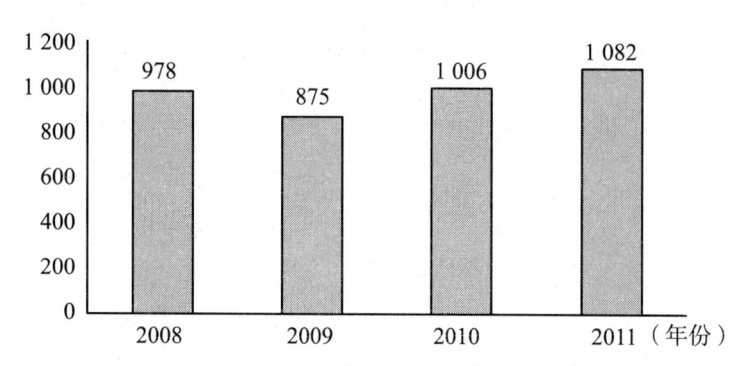

```
 1 200
                                                        1 082
 1 000    978                      1 006
                 875
   800
   600
   400
   200
     0
         2008    2009              2010    2011（年份）
```

图 13-4  2008~2011 年全球油气行业资产收购发生数量

资料来源：IHS Herold 数据库。

## 二、股权收购的概念及特点

股权收购指一家企业（以下简称收购企业）购买另一家企业（以下简称被收购企业）的股权，以实现对被收购企业控制的交易①。收购企业支付对价的形式包括股权支付、非股权支付或者两者的组合。股权收购的目的是实现控制②。

收购公司股权具有以下特征：股权收购的主体是收购公司和目标公司的股东，客体是目标公司的股权；股权收购后，收购公司成为目标公司控股股东，收购公司仅在出资范围内承担责任，目标公司的原有债务仍然由目标公司承担；在股权收购中，纳税义务人是收购公司和目标公司股东，而与目标公司无关；股权收购因目标企业性质的不同，政府监管的宽严程度区别很大。

股权收购的主要优点在于：除目标公司股东变更所必需的工商变更登记（国内有的地方股份有限公司股份转让无须变更登记）外，无须其他政府主管部门登记；收购方和目标公司的股东可以避开资产收购带来的名目繁多的税收。

股权收购的主要缺点有二：一是除非通过协议剥离目标公司的债务和部分资产，收购方面临着对目标公司的资产、债务（特别是或有债务）、历史遗留问题、税务问题、员工不得不全盘接受的局面。如果不全盘接受，收购方将不得不对目标公司进行全面的尽职调查，仔细甄别，力争自己不想要的资产或者不愿意承担的债务都被剥离。除此而外，收购方还面临日后整合难题。这样一来，收购

---

① 2009 年 4 月 30 日财政部和国家税务总局联合下发《财政部国家税务总局关于企业重组业务企业所得税处理若干问题的通知》（财税 [2009] 59 号）的有关规定。
② 凡不以控制为目的的股权转让，均不在此例，其意应等于会计准则中的"控股合并"。

过程必将耗时耗力。二是如果是部分购买目标公司股权（或股份），或者认购目标公司增资（或增发股份），收购方将不得不和目标公司现有股东合伙开公司，因而难免受到某些方面的限制。

2009年后，全球油气行业股权收购的趋势又有所回升（见图13-5）。受收购方式灵活性低的限制，股权收购发生频率远比资产收购低，不过单独一起股权收购所涉及的金额一般要大于资产收购金额。

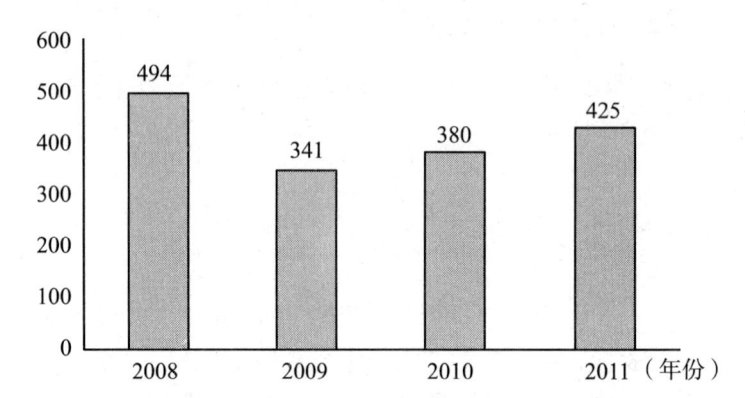

**图13-5　2008~2011年全球油气行业股权收购发生数量**

资料来源：IHS Herold 数据库。

## 三、公司合并的概念及特点

公司合并是指两个或两个以上的公司依照公司法规定的条件和程序，通过订立合并协议，共同组成一个公司的法律行为。公司合并包括吸收合并和创新合并两种形式：前者是指两个以上的公司合并中，其中一个公司因吸收了其他公司而成为存续公司的合并形式，后者是指两个或两个以上的公司通过合并创建了一个新的公司。

公司合并的主要特征有三：一是数个公司之间的共同法律行为，须以当事人之间订立合并协议为前提；二是公司合并是当事人之间的一种自由行为，合并与否及采用何种合并方式完全取决于当事人意志；三是公司合并是一种无须通过解散、清算程序即可消灭和变更公司的行为，即公司合并可以在不进行清算的前提下改变公司的存在、财产结构和股权结构等。

合并的优点是目标公司资产转移和股份交换是自动完成的。目标公司的股东无须继续保留其股票（虽然持有异议的股东有权要求对股票进行评估，并就合并中的报价与评估的差额要求补偿）。合并不需要单独的过户文件，一般也无须纳税。另一方面，在合并交易中有价值的许可证、合并证等比在资产收购中更容易过户。合并的缺点是周期较长,潜在风险较大。合并一家公司尤其是上市公司是非常耗时,因为需要召开股东大会。如果该公司还对其他潜在投标者存在吸引力,那么这种合并的拖延就会引来其他投标者的竞争,从而导致股价上升或收购失败。

从图13-6可以看出,各年企业合并发生频率远远低于油气资产收购和收购公司股权,这主要受并购的周期和规范要求所限,企业合并所涉及的交易金额往往也是巨大的。

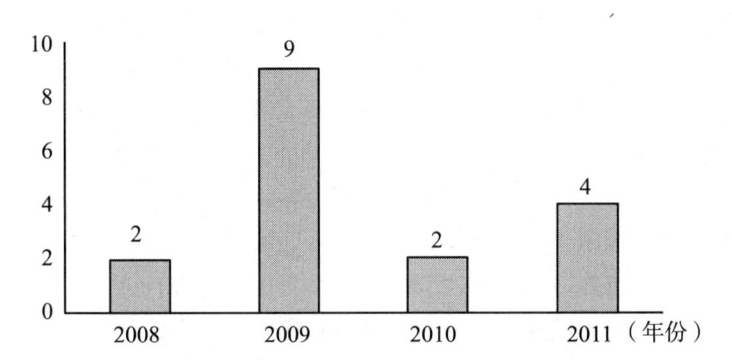

**图13-6　2008~2011年全球油气行业公司合并发生数量**

资料来源：IHS Herold 数据库。

## 四、中国石油企业并购的趋势和特点

早在1993年,中国石油企业就走出国门实施国际化经营。中石油、中石化、中海油、中化集团等均已开拓海外油气资源项目,一些中国民营企业也开始实施跨国油气资源的并购。2012年,中国石油企业海外并购取得重大突破,全年累计达成并购交易金额340亿美元,其中7成在北美,以非常规项目为主。中海油收购尼克森当属迄今中国企业海外最大收购项目[①]。

从并购对象来看,中国油气公司的海外并购方向、领域与国际大石油公司基本一致,收购类型主要集中在页岩气、油砂等非常规项目以及深水资产上,这几类型的海外并购占所有并购类型的70%左右。我国油气企业的海外并购稳步推进,上游仍是合作重点,政府也推出了更多政策支持企业走出去。但在高油价背景下,安全和地缘政治仍将是参与全球油气并购的最大挑战。除了上游领域之外,中国石油公司海外并购也在向下游延伸,如炼油、管道项目等。

---

① 中国石油经济技术研究院：《2012年国内外油气行业发展报告》。

从并购独立性来看，无论是收购油气资产，还是收购公司股权，都表现出独立并购与联合并购并行的特点。以单个公司独立进行并购的活动较多，但是中国公司与外国公司联合进行资产并购的情况也开始出现，且这种联合并购的交易金额明显较大。联合并购主要通过组建合资公司的形式进行，如中石油子公司中油国投与壳牌子公司澳洲壳牌共同成立合资公司 CSCSG（Australia）PtyLtd，并购箭牌能源有限公司 10% 股权。

从并购方式来看，主要是要约收购。在要约收购中，要约价格的确定是影响并购成败的重要因素。要约收购成功的结果是取得目标公司的全部股权，但要约收购通常会受到目标公司上市地证券监管部门的严格监管。竞标也是进行跨国石油公司并购的另一种方式，竞标适用于对目标企业部分或全部股权的并购活动，具有较强的灵活性。

从并购目的来看，资源获取的倾向非常明显。在我国公司的跨国油气资产并购中，交易对象既有油田开发项目权益也有合同权益，共同的指向都是资源国的油气资源。在全球范围内获取油气资源一直是我国公司进行油气跨国并购的主要目的，中国公司对油气资源的并购重点原主要集中在陆上常规油气上，近几年加快了非常规油资源和天然气资源的并购步伐。

在业务分布上，由于历史原因的影响，我国的石油公司各有短板。在近年的并购浪潮中，一系列股权跨国并购活动的一个显著特点是石油公司在努力地补齐自己的业务短板，希望形成上下游一体化的全球业务模式。如中石油加速对下游资源的跨国并购，包括并购新加坡石油公司、并购英力士旗下炼油厂等来加强下游业务；中石化广泛参与并购上游资产，在全球范围内巩固和扩大资源基础，有助于强化其上游业务；中海油通过参与全球海上和非常规油气资产来加强其国际化一流公司的建设。

从支付方式来看，我国公司在并购国际油气资产过程中，体现出明显的现金优势，不仅所有的并购都是通过现金支付形成完成，甚至在正常的现金支付之外，还向目标项目提供一定的融资支持，如中石油不仅以 17 亿美元收购阿萨巴斯卡公司的麦肯河和道沃两个油砂项目 60% 的股份，还将向该公司提供融资，以确保这两个项目得到及时开发。这种方式一方面可以增强公司在并购过程中的谈判能力，有利于赢得竞争者，但也增大了风险和整合难度[①]。

---

① 马春爱、贾鹏和郝洪：《中国油气跨国并购研究》，载《财政研究》2011 年第 8 期，第 38~40 页。

## 第三节 中国油气行业跨国并购典型案例

### 一、资产收购案例——中石油收购阿萨巴斯卡资产[①]

中国石油集团在加拿大的业务由来已久。1992年，中国石油就在阿尔伯塔省注册成立了油气勘探开发公司，1993年7月，公司获得加拿大阿尔伯塔省北湍宁油田15.89%的工作权益和地面天然气处理厂11.48%的权益，首次进入加拿大油气投资市场。中国石油先后在阿尔伯塔省和萨斯喀彻温省参股了8个油气区块，权益区总面积167平方千米。目前，中国已在加拿大资源、市场、技术等方面做了大量的研究工作，并获得了11个油砂区块的开采权。这次收购阿萨巴斯卡油砂公司麦肯河和道沃油砂资产的成功，是中国公司首次成为加拿大含油砂项目的作业公司，也是中国公司在海外非常规能源领域的一项重要突破。

#### （一）收购事件介绍

2009年8月28日，阿萨巴斯卡油砂公司批准中石油收购麦肯河和道沃油砂资产60%的权益。

2009年12月29日，加拿大监管部门已批准中国石油天然气股份有限公司收购该公司位于阿尔伯塔省北部的麦肯河油砂项目控股权。

2010年2月10日，中国石油的全资子公司中石油国际投资有限公司与加拿大阿萨巴斯卡油砂公司在卡尔加里正式签署相关文件并完成项目交割。收购协议包含一项贷款协议：中石油国际投资有限公司为阿萨巴斯卡提供4.3亿加元的汇签贷款，用来偿还阿萨巴斯卡的优先担保可转换票据、利息以及其他费用。同时，此交易还包含一个卖出/买入期权协议，规定在特定情况下，中石油国际投资有限公司可行使购买麦肯河和道沃项目剩余40%股权的权利。

2012年1月3日，阿萨巴斯卡油砂公司宣布以6.8亿加元向中石油转让该公司位于阿尔伯塔省麦肯河油砂项目的40%剩余股权。交易完成后，中石油全资

---

[①] 收购事件经过由课题组整理而来，主要资料来源于2010年阿萨巴斯卡年报和中国石油天然气集团公司年报以及中国石油新闻网。

控股麦肯河油砂项目。阿萨巴斯卡出售给中石油的资产价值构成如表 13 – 2 所示，麦肯河交易中阿萨巴斯卡的净收入如表 13 – 3 所示。

表 13 – 2　　　　　阿萨巴斯卡待出售的资产价值构成　　　　　单位：千加元

| 麦肯河项目的投资 | 待出售资产 |
| --- | --- |
| 在麦肯河的投资 | 455 457 |
| 麦肯河卖出期权的公允价值 | 216 146 |
| 其他 | 290 |
| 待出售资产（2011 年 12 月 31 日） | 671 893 |

表 13 – 3　　　　　2011 年麦肯河交易阿萨巴斯卡的净收入　　　　　单位：千加元

| 麦肯河 40% 权益的出售 | 现金价款 |
| --- | --- |
| 资产出售获得的总价款 | 680 000 |
| 偿还中石油贷款 | (473 884) |
| 中石油贷款的利息支出 | (5 700) |
| 其他净营运资本调整 | 1 689 |
| 资产出售获得的净收入 | 202 105 |

资料来源：阿萨巴斯卡 2011 年年报。

扣除对中石油的贷款偿还及利息等支出，阿萨巴斯卡在 2012 年的交易中获得的净收入为 202 百万加元。道沃没有受到本次交易的影响，阿萨巴斯卡仍然持有其 40% 的股权。

### （二）项目基本情况

麦肯河油砂项目位于加拿大西部油气资源丰富的阿尔伯塔省北部，油藏埋藏深度为 160 米至 200 米，预计项目最大日产量达 15 万桶，第一阶段于 2014 年投产，日产量为 3.5 万桶。

**1. 资源和储量**

根据 GLJ 石油咨询有限公司以及加拿大戴高力和麦克诺顿（Degolyer & Mac-Naughton）公司的估计，截至 2010 年 12 月 31 日阿萨巴斯卡拥有 88 亿桶资源量（Contingent Resource）和 2.51 亿桶的概算储量（Probable Reserves）（见表 13 – 4）。

表 13 – 4　　　　麦肯河和道沃油砂项目的可采储量

| 项目名称 | 可采储量 | | 权益 2P 可采储量 | |
|---|---|---|---|---|
| | 总（百万桶） | 净（百万桶） | 总（百万桶） | 净（百万桶） |
| 道沃 | 137 | 106 | 155 | 118 |
| 麦肯河 | 114 | 87 | 140 | 105 |
| 总量 | 251 | 193 | 295 | 223 |

资料来源：阿萨巴斯卡 2010 年年报。

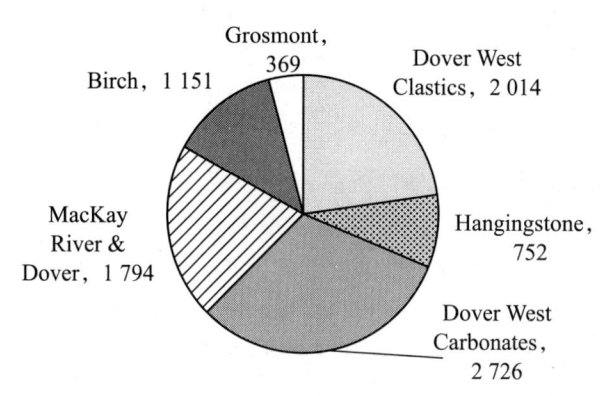

**图 13 – 7　截至 2010 年年底或有资源的乐观估计（单位：百万桶）**

资料来源：阿萨巴斯卡 2010 年年报。

**2. 麦肯河项目基本情况**

阿萨巴斯卡在麦肯河开钻了 132 口探测井，进行了 156 千米的二维地震勘探，6 平方千米的三维地震勘探，探测出麦克默里（McMurry）油田包含大约 14 亿桶资源量（其中 5.72 亿桶归属阿萨巴斯卡公司）、2.85 亿桶概算储量（其中 1.14 亿桶归属阿萨巴斯卡公司）和 0.65 亿桶可能储量（Possible Reserves，其中 0.26 亿桶归属阿萨巴斯卡公司）。麦克默里油田平均厚度约 19 米，在某些区域甚至可以达到 24 米。阿萨巴斯卡的独立分析师估计该项目具有 51% 的采收率，预计高峰产量达 150 000 桶/日。项目建设预计需要两年，第一阶段预计 2014 年第四季度投产，能达到 35 000 桶/日的产量。

**3. 道沃项目基本情况**

道沃项目位于麦克默里西北 79 千米，2010 年 12 月与其他公司确定建立 250 000 桶/日的产量。道沃面积约 15.5 万英亩，公司钻探了 176 口探测井，进行了 99 千米的二维地震勘探和 19 平方千米的三维勘探。勘探表明，道沃有大约 31 亿桶的或有资源储量（其中 12 亿桶归属阿萨巴斯卡公司），3.43 亿桶概算储量（其中 1.37 亿桶归属阿萨巴斯卡公司）和 0.46 亿桶可能储量（其中 0.18 亿桶归属阿萨巴斯卡公司)。油田平均厚度为 21 米,最厚的部分达到 34 米。第一阶段的生产最早在 2016 年开始,预计日产 50 000 桶。

### (三) 案例总结

对加拿大来说,中国石油的介入可促其资源的及时、有效开发。由于油砂项目属于资本密集型长期投资项目,在传统股市很难充分融资,而与中石油的战略合作协议可以确保上述两个油砂项目得到及时开发,这对阿尔伯塔省和加拿大其他地区而言是利好消息。

对中国方面来说,根据中石油年报,其 2010 年的原油探明储量为 11 278 百万桶,麦肯河的储量约占 2%,从这个角度看对中石油的贡献并不很大。接手加拿大油砂资源主要是具有战略上的意义。

**1. 获得丰富且易于开采的油砂资源**

加拿大阿尔伯塔省潜藏着巨大的油砂资源,预测最多可生产 1 750 亿桶原油,这使加拿大成为原油储量仅次于沙特阿拉伯的第二大国[①]。帝国商业银行首席经济学家杰夫·鲁宾曾表示:阿尔伯塔省的油砂有可能取代沙特阿拉伯,成为全球石油市场最大供应来源,令全球油源主动权由中东转移到加拿大。而阿萨巴斯卡公司控制着阿尔伯塔 130 万英亩的油砂资产。不仅储量丰富,而且加拿大的油砂具有独特的优势,埋藏较浅、露天开采成本相对较低,且由于油和砂之间存在一层水膜,用热碱水就可以把油洗下来。面对这样的条件,很多国家都对加拿大油砂显示出了浓厚的兴趣。目前在加拿大进行作业的其他国家主要有日本、法国、荷兰、挪威等。中国石油通过此次收购,也成功获得了这一潜在资源的开发权。

**2. 获取油砂开采技术**

在此次收购之前,中国的石油公司并未涉足油砂领域。在全球主要石油公司中,壳牌、BP、雪佛龙三家石油公司最为热衷于油砂的商业化应用。作为具有一定前景的非常规油气资源之一的油砂,其开采技术具有一定的复杂性,开采成本和风险高于一般原油。中石油曾表示过去 10 年已经研究过全球的油砂公司,并决定一旦价格变得更为合理,就进入这一领域,此次收购使这一战略变为现实,有助于中石油掌握油砂开采的先进技术。

**3. 实现能源供应和投资多元化**

鉴于中东、北非局势动乱和南北苏丹分裂等威胁传统石油供应安全事件造成的影响,中国不妨把能源供应部分转移在拥有稳定的政治环境、安定的社会环境

---

① 路相宜:《中石油掘金加拿大油砂》,载《中国石油石化》2007 年第 14 期,第 44~45 页。

和丰富油砂储量的加拿大身上。加拿大在主要产油国中，是对美国市场依赖度最高的国家，其石油出口的99%输往美国。由于美国国会推迟了价值70亿美元的"美加输油管道项目"让加拿大警觉到一味依靠美国市场的危险，并下决心大力开拓美国以外的市场。中国有阿尔伯塔希望寻求的新市场，阿尔伯塔也能帮助中国实现能源供应渠道的多元化，这种互补的合作模式也使两国间的能源合作具有长远的发展空间。当然，在以"阿尔伯塔模式"为代表的成熟的市场环境中，中国石油企业要面临的还有严格的政府监督和管理机制，但进入成熟的发达国家或地区是中国实现能源供应渠道多元的重要途径。加拿大"阿尔伯塔模式"为全球的非常规能源行业树立了良好的榜样，从这一点来看，中加合作将成为中国进一步立足发达国家和地区、进一步参与非常规领域合作的新起点。

## 二、股权收购案例——中海油收购尼克森公司股权[①]

### （一）并购事件介绍

2012年7月23日，中海油宣布以每股27.50美元的价格现金收购加拿大尼克森的普通股，收购尼克森的普通股和优先股之总对价约为151亿美元。每股27.50美元的价格比尼克森普通股2012年7月20日在纽约证券交易所的收盘价溢价61%，比尼克森普通股截至2012年7月20日的20个交易日成交量加权平均价溢价66%。

国家发改委2013年1月18日在其官网披露，已于2012年12月批准中海油整体收购尼克森公司项目。这也是中国企业迄今为止最大一桩海外收购案。加拿大工业部已于北京时间2012年12月8日批准了中海油对尼克森的收购。

近年来，三大石油公司与加拿大的油气合作频繁，尤其是在油砂项目合作上。如中海油2011年7月21亿美元收购加拿大油砂开发商OPTI全部股份和第二留置权票据，中石油也在2012年与阿萨巴斯卡油砂公司合作，成为加拿大一含油砂项目的作业公司。此次收购尼克森公司，是中海油继2005年收购美国优尼科公司遇挫后，再次全面收购北美大型能源公司。

由于油砂开采成本较高，污染较大，业内普遍认为只有油价在70美元以上，才能对油砂开采形成经济上的支撑，不少油气公司对油砂项目持观望态度。而

---

① 事件经过由课题组整理而来，主要资料来源于中海油新闻网："中海油完成收购尼克森"，2013-3-24；路透社："CNOOC closes \$15.1 billion acquisition of Canada's Nexen"，2013年2月25日。公司简介及资产介绍来源于尼克森公司网站（http：//www.nexon.net/corporate/about-nexon）及尼克森公司年报。

中海油认为,通过收购尼克森,中海油将进一步拓展其海外业务及资源储备,以实现长期、可持续的发展。更何况尼克森公司资产除了在加拿大西部以外,还有很多资产分布在英国北海、墨西哥湾和尼日利亚海上等全球最主要产区。该公司的资产组合不仅是对中海油的补充,同时也将使中海油的全球化布局得以增强。

### (二) 目标公司基本情况

尼克森公司是一家位于加拿大的独立的全球性能源公司,在多伦多和纽约证券交易所上市。公司成立于 1969 年,原名加拿大西方石油有限公司(Canadian Occidental Petroleum Ltd.),2001 年更名为尼克森公司。公司专注于三项发展战略:加拿大西部的油砂、页岩气及主要位于北海、西非海上及墨西哥湾深水海域的常规油气勘探与开发。

**1. 资产结构状况**

如图 13-8 所示,尼克森公司财务情况较好,资产结构较为合理,2012 年第三季度资产总额达 20.3 亿加元,负债总额为 11.5 亿加元,资产负债率为 43.5%。

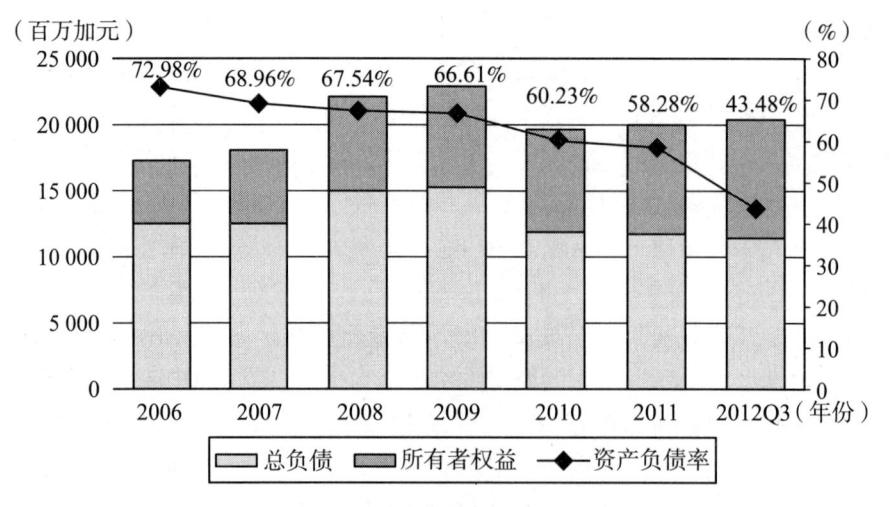

**图 13-8 尼克森公司资产负债情况**

资料来源:根据尼克森公司各年年度报告整理。

**2. 储产量情况**

如表 13-5 所示,截至 2011 年年底,尼克森公司油气资源探明和概算储量(权益 2P 可采储量)为 23.06 亿桶(约 3 亿吨)油当量,主要集中在加拿大、英国和美国等地区。加拿大总储量达到 18.01 亿桶,占公司总储量的

78.1%。根据加拿大国家油气储量评估标准的规定,截至 2011 年 12 月 31 日,尼克森还拥有以加拿大油砂为主的 56 亿桶油当量的潜在资源量,具有较大的勘探潜力。

表 13-5　　　　　　　尼克森公司油气资源储量　　　　　单位:百万桶

|  | 加拿大 | 英国 | 美国 | 其他地区 | 合计 |
|---|---|---|---|---|---|
| 探明 | 729 | 202 | 34 | 43 | 1 008 |
| 探明+概算 | 1 801 | 307 | 116 | 82 | 2 306 |

资料来源:根据尼克森公司 2011 年年度报告整理。

如图 13-9 所示,2011 年尼克森公司平均日产原油约 20.7 万桶(约合 1 000 万吨/年)。2012 年三季度的数据显示,尼克森 2012 年第三季度的平均日产量为 19.9 万桶油当量。

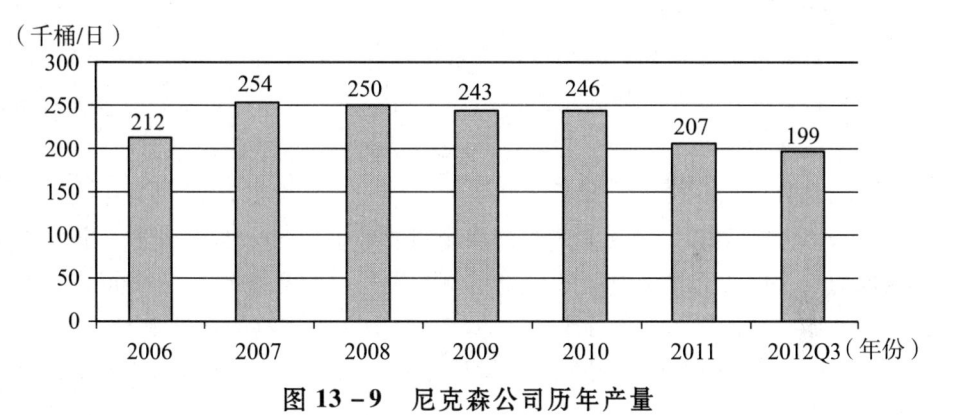

图 13-9　尼克森公司历年产量

资料来源:根据尼克森公司各年年度报告整理。

### 3. 盈利能力分析

2011 年公司的总收入为 64.6 亿加元,净利润为 6.97 亿加元。公司自 2009 年业绩出现下降,业界普遍认为是由于在 2009 年 1 月任首席执行官的马文·罗曼诺经营不善。市值曾为 224 亿美元的尼克森公司在罗曼诺 3 年任期中下跌了 20%,2011 年年末,该公司市值下跌至账面价值的 92%,为 16 年来最低。2012 年年初,罗曼诺离职,声明公布第二天,公司股票就上涨了 7.8 个百分点,为 2011 年 10 月 5 日以来的最高点(见图 13-10)。

2011 年净利润虽有所下降,但公司的净现金流量从 2010 年的 22 亿加元增加至 24 亿加元,且 2009~2011 年公司的负债减少了 36%。

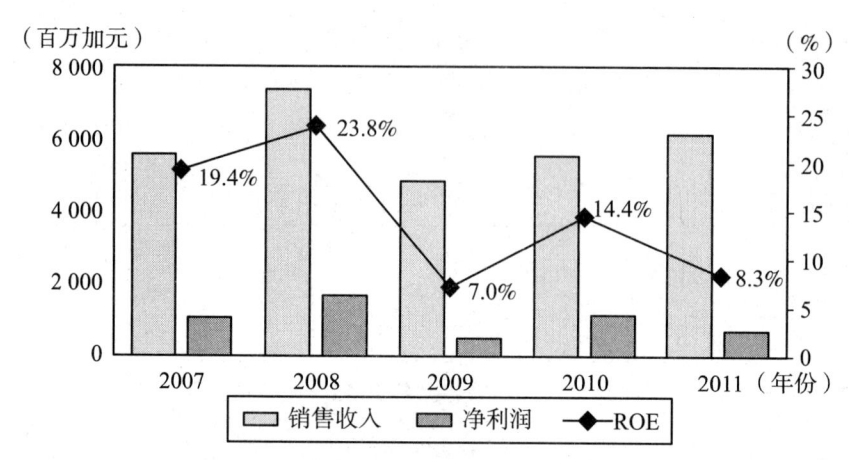

**图 13 – 10　尼克森公司历年销售收入、净利润和权益报报酬率情况**

资料来源：根据尼克森公司各年年度报告整理。

### 4. 非常规油气业务

尼克森在油砂领域处于领先地位，是较早开始开发加拿大油砂的公司之一。十年前尼克森就在加拿大北阿尔伯塔建立了油砂开采基地，目前尼克森拥有阿萨巴斯卡河流域 300 000 英亩的开发区，拥有 60 亿桶的油砂资源潜力。

尼克森目前拥有两个主要的油砂生产项目：一个是于 2008 年开始生产的长湖（Long Lake）项目，尼克森和中海油分别拥有 65% 和 35% 的股权。长湖是一个集成的蒸汽辅助重力泄油系统开采项目，采用奥克鲁德™（OrCrude™）专利技术以及加氢裂化技术来进行改制，2011 年归属于尼克森的产量为 17 300 桶/日（Production After Royalty）；另一个项目是与加拿大油砂作业公司（Syncrude Canada Ltd）合作的"油砂开采与改质项目"（Syncrude's Oil Sands Mining and Upgrading Facility），尼克森拥有 7.23% 的股权，2011 年归属于尼克森的产量为 19 200 桶/日（见表 13 – 6）。

**表 13 – 6　2006 ~ 2011 年尼克森油砂项目各年产量**

单位：千桶油当量/日

| 项目名称 | 2006 年 | 2007 年 | 2008 年 | 2009 年 | 2010 年 | 2011 年 |
| --- | --- | --- | --- | --- | --- | --- |
| 油砂 | 16.9 | 18.8 | 18.2 | 18.6 | 19.6 | 19.2 |
| 长湖沥青 | — | — | 3.9 | 7.9 | 15.1 | 17.3 |

资料来源：根据尼克森公司各年年度报告整理。

此外，尼克森正在筹备新建两个项目，其中基西斯（Kinosis）项目预计将钻 29 口井，最大产能可以达到 15 000 ~ 25 000 桶/日；另一个待建项目为濒金斯通（Hangingstone）项目，尼克森拥有25%的股权，与日本加拿大油砂公司（JACOS）合作。

页岩气也是尼克森公司资产组合中的重要部分，主要为一些规模大、资本密集、周期长的项目，分布在霍恩河（Horn River）、科尔多瓦（Cordova）和利亚德（Liard）盆地，面积超过30万英亩。公司的页岩气战略目前主要集中在霍恩河流域。霍恩河盆地的页岩气资源密度高，拥有5 000万立方英尺/日的巨大产能，预计到2012年年底将达到1.75亿立方英尺/日。尼克森公司一直致力于提高页岩气技术水平，2008~2010年，其天然气作业的钻井天数从40天下降到25天，钻井水平长度增加80%。

### （三）溢价合理性分析

对于本次收购中海油是否支付了较高溢价，在专家学者中存在不少争议。本书根据金融学的相关理论，运用比率法、贴现现金流法对并购目标尼克森公司的股票及其公司价值进行评估，以评价中海油出价的合理性。比率法是一种相对估值方法，通过可比公司对目标公司进行估值，反映的是市场供需决定的公司股票价值；贴现现金流法（DCF）是一种绝对估值方法，体现的是内在价值决定价格，可以通过对企业估值后计算每股价值，从而估算股票的价值[1]。DCF法分为用加权平均资本成本（WACC）进行贴现的方法和用权益资本成本贴现的调整现值法（APV），DCF法广泛被咨询公司所使用[2]（弗雷德，2002）。各种方法都有不同的优缺点，综合运用几种方法能够更合理地评估目标公司的价值。

**1. 比率法**

在运用比率法对股票进行估值时，通过对可比较的或者有代表性的公司进行分析，以获得估值基础，可采用的比率指标包括市盈率（P/E）、市净率（P/B）等。比率法隐含着市场为半强式有效的前提假设，认为股票价格基本上反映了投资人对目标公司未来收益与风险的预期。本部分以尼克森公司普通股股票为估值目标，选取在纽约证券交易所上市的油气勘探开发公司作为可比对象，基本符合市场有效的假设，市场对同行业公司的评价能够间接反映目标公司的股票价值。

（1）业绩预测。

根据公司年报，2011年尼克森公司的每股盈余（EPS）为0.75加元（约合0.76美元[3]）（见图13-11）。自2009年起，公司由于经营管理不善造成利润大

---

[1] 汤姆·科普兰、蒂姆·科勒：《价值评估：公司价值的衡量与管理》，电子工业出版社2002年版。
[2] Weston J F：The Exxon–Mobil Merger：An Archetype，Journal of Applied Finance，2002，Sring/Summer：pp. 7~26.
[3] 根据Nexen公司2011年年度报表截止日（12月31日）汇率计算，1加元=1.018美元，下同。

幅下跌，但在 2012 年年初更换高层管理者后市场迅速呈现较好的预期。因此，我们以目前情况预测 2012 年的每股收益将高于 2011 年的水平。路透社公布的最新数据显示，共有 4 家机构对尼克森公司 2012 年和 2013 年的每股盈余进行了预测，其中预测 2012 年每股盈余的最低水平为 0.72 美元，最高为 2.00 美元，平均为 1.24 美元；预测 2013 年每股盈余的最低水平为 0.88 美元，最高为 3.17 美元，平均为 1.74 美元。根据尼克森公司 2012 年第二季报数据，2012 年第二季度公司的每股盈余仅为 0.20 美元，2012 年全年的每股盈余预测值仅为 0.80 美元。综合上述信息，并考虑此前对尼克森公司未来盈利能力的分析，预测该公司 2012 年的每股收益为 1.7 美元，2013 年的每股收益为 2.5 美元（见图 13 – 12）。

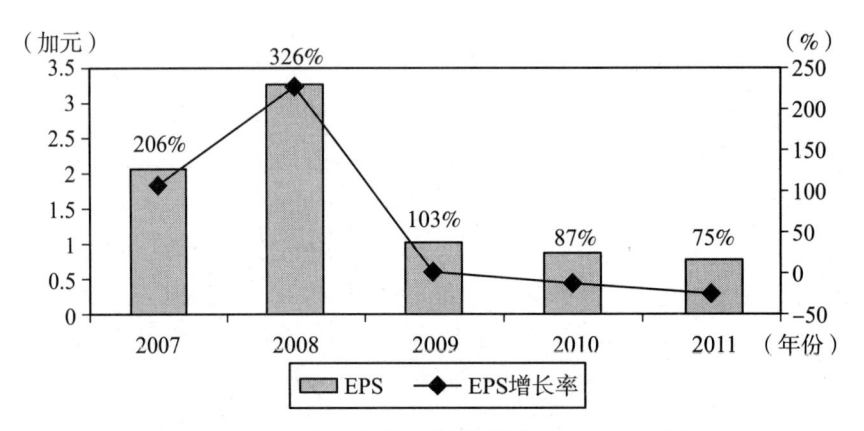

**图 13 – 11　尼克森公司每股盈余（EPS）情况**

资料来源：根据尼克森公司各年年度报告整理。

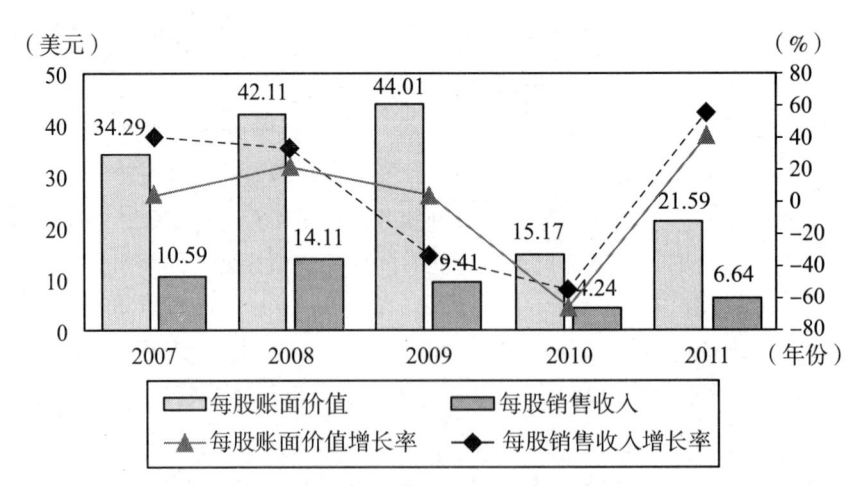

**图 13 – 12　尼克森公司每股销售收入、每股账面价值及其增长率**

资料来源：根据尼克森公司各年年度报告整理。

尼克森公司2011年的每股销售收入为6.64加元（6.76美元），2006~2011年的年平均每股销售收入为8.74加元（8.90美元），因此，估算该公司2012年的每股销售收入为7.5美元。尼克森公司2011年的每股账面价值为22加元（22.40美元），2006~2011年的年平均每股账面价值为32加元（32.58美元），因此，估算该公司2012年的每股账面价值为25.5美元（见表13-7）。

表13-7　　　　　　　　估值中所用到的预测数据

| 预测变量 | 数值 |
| --- | --- |
| 2012年的每股盈余 | 1.7美元 |
| 2013年的每股盈余 | 2.5美元 |
| 2012年的每股销售收入 | 7.5美元 |
| 2012年的每股账面价值 | 25.5美元 |

（2）确定可比公司。

由于公司的资产规模会对比率法中运用到的各种估值乘数产生较大影响，而同行业公司的现金流量能够反映类似的市场能力，因此在估值时应选取具有高度相关性的同行业公司。我们先根据资产规模对纽交所上市的115家油气开发与生产公司进行筛选。尼克森公司2011年的资产总额达到204.3亿美元，依据该数据，选出2011年资产规模是其0.5~5倍的公司，共18家。这18家公司的平均资产规模为尼克森公司的1.59倍，可以作为估值的可比对象。

资本结构也是影响公司市盈率等指标的重要因素，资本结构的差异一方面表现为企业风险的差异，因为负债比例高的企业其股东面临的风险会更大，另外资本结构也会对净利润等指标产生影响，从而扭曲了企业间的可比性质。选取资产负债率指标再次对这18家可比公司进行筛选。尼克森公司2006~2011年的年平均资产负债率为64.32%，2011年资产负债率为58.28%，且有逐年下降趋势，因此，剔除上述18家公司中资产负债率超过60%的公司，得到14家资产规模和资本结构均与尼克森公司相似的同行业可比公司。依据雅虎财经上公布的截至2012年6月30日各公司年平均市盈率和预测的2013年12月31日的市盈率，剔除异常市盈率值，最终确定了按照市盈率进行估值的12家可比公司（见表13-8）。

表13-8　　　　　　　　采用 P/E 估值的可比公司

| 序号 | 公司股票代码 | 2011年资产负债率 | 平均市盈率（P/E） | 预测市盈率（P/E） |
| --- | --- | --- | --- | --- |
| 1 | APA | 44.30% | 10.54 | 7.97 |
| 2 | CNQ | 51.57% | 12.00 | 11.04 |

续表

| 序号 | 公司股票代码 | 2011年资产负债率 | 平均市盈率（P/E） | 预测市盈率（P/E） |
| --- | --- | --- | --- | --- |
| 3 | CHK | 57.07% | 6.45 | 14.58 |
| 4 | CEO | 31.59% | 8.66 | 7.50 |
| 5 | DVN | 47.88% | 10.30 | 12.59 |
| 6 | EOG | 49.11% | 21.23 | 20.32 |
| 7 | HFC | 49.55% | 5.56 | 8.00 |
| 8 | MRO | 45.33% | 11.23 | 8.63 |
| 9 | NBL | 55.82% | 22.50 | 13.33 |
| 10 | OXY | 37.35% | 11.33 | 11.70 |
| 11 | PXD | 52.37% | 31.95 | 17.52 |
| 12 | TLM | 58.65% | 27.78 | 21.00 |

资料来源：根据 NYSE 网站上各公司的 10-k 报表以及雅虎财经网站上数据整理。

依据各公司年度报告及雅虎财经上的数据，能够得到上述 14 个公司的 2008 年 7 月 1 日～2009 年 6 月 30 日的 Price/Sales（股价/每股销售收入）比率和 2009 年上半年的 Price/Book（股价/每股账面价值）比率，剔除其中一家数据缺失的公司，余下的可比公司为 14 个（见表 13-9）。

表 13-9　采用 Price/Sales、Price/Book 估值的可比公司

| 序号 | 公司股票代码 | Price/Sales | Price/Books |
| --- | --- | --- | --- |
| 1 | APA | 2.02 | 1.12 |
| 2 | CNQ | 2.32 | 1.44 |
| 3 | CHK | 1.00 | 0.87 |
| 4 | CEO | 2.24 | 2.06 |
| 5 | DVN | 2.55 | 1.11 |
| 6 | ECA | 2.18 | 2.34 |
| 7 | EOG | 2.91 | 2.20 |
| 8 | HFC | 0.41 | 1.56 |
| 9 | MRO | 1.32 | 1.10 |
| 10 | NBL | 3.88 | 1.99 |
| 11 | OXY | 2.96 | 1.80 |
| 12 | PXD | 4.55 | 2.11 |

续表

| 序号 | 公司股票代码 | Price/Sales | Price/Books |
|---|---|---|---|
| 13 | TLM | 1.75 | 1.38 |
| 14 | WPX | 0.83 | 0.53 |

资料来源：根据 NYSE 网站上各公司的 10-k 报表以及 Yahoo 财经网站上数据整理。

(3) 采用市盈率 (P/E) 的估值结果。

市盈率 (P/E) 是所有比率中用得最多的一种，数值上等于股票价格与该股上一年度每股税后利润之比 (P/E)。该指标将一个股票价格与当前公司盈利情况联系在一起，是一种衡量股票投资价值的动态、直观的统计指标。采用市盈率对目标公司股票进行估值依据如下公式：

$$市盈率(P/E) = \frac{普通股每股价格}{普通股每股盈余} \quad (13-1)$$

即目标公司的股票价格 = 每股盈余的预测值 × 可比公司的市盈率。

根据可比公司的历史平均市盈率和预测市盈率对尼克森公司的股票估值结果如表 13-10 所示。

表 13-10　　　　采用市盈率 (P/E) 的估值计算

| | | 尼克森股票价格 $ |
|---|---|---|
| 2012 年的每股盈余预测值 $1.7 | 可比对象历史市盈率平均值 $14.96 | 25.43 |
| 2012 年的每股盈余预测值 $1.7 | 可比对象历史市盈率中位数 $11.28 | 19.18 |
| 2013 年的每股盈余预测值 $2.5 | 可比对象预测市盈率平均值 $12.85 | 32.13 |
| 2013 年的每股盈余预测值 $2.5 | 可比对象预测市盈率中位数 $12.15 | 30.38 |
| 预测股价平均值 | | $26.78 |

根据市盈率 (P/E) 进行估值的结果显示，尼克森公司的股票价格应该在 19.18 ~ 32.13 美元区间内浮动，平均水平为每股 26.78 加元。

(4) 采用 Price/Sales、Price/Book 的估值结果。

采用 Price/Sales 和 Price/Book 两种乘数进行估值依据的公式如下：

$$Price/Sales = \frac{普通股每股价格}{普通股每股销售收入} \quad (13-2)$$

$$Price/Book = \frac{普通股每股价格}{普通股每股账面价值} \quad (13-3)$$

即：

目标公司的股价 = 普通股每股销售收入的预测值 × 可比公司的 Price/Sales

目标公司的股价 = 普通股每股账面价值的预测值 × 可比公司的 Price/Book

根据可比公司的 Price/Sales 和 Price/Book 对尼克森公司的股票估值结果如表 13 - 11 所示。

表 13 - 11　　　采用 Price/Sales、Price/Book 的估值计算

| | | 尼克森股票价格 $ |
|---|---|---|
| 2012 年的每股销售收入 $ 7.5 | 可比对象 Price/Sales 平均值 $ 2.21 | 16.58 |
| 2012 年的每股销售收入 $ 7.5 | 可比对象 Price/Sales 中位数 $ 2.21 | 16.58 |
| 2012 年的每股账面价值 $ 23.5 | 可比对象 Price/Book 平均值 $ 1.54 | 34.65 |
| 2012 年的每股账面价值 $ 23.5 | 可比对象 Price/Book 中位数 $ 1.54 | 33.75 |
| 预测股价平均值 | | $ 25.39 |

根据比率法预测的尼克森公司股票价格的平均值为 26.08 美元，若按此估值基准来计算，中海油收购尼克森公司所支付的溢价幅度为 5.44%。

**2. 贴现现金流法**

现金流贴现法认为，公司的价值等于公司未来自由现金流的贴现值。采用贴现现金流法评估公司股票价格包括以下几个步骤：①估计目标公司的未来自由现金流量；②测评目标公司的加权平均资本成本；③通过对预估的现金流量进行贴现，来确定目标公司的价值；④根据目标公司价值及股份数量估计股票价值[①]。

（1）自由现金流预测。

通过计算自由现金流可以了解公司营业产生和消耗现金的情况。自由现金流量是评估企业价值大小的基础，经营活动所创造的自由现金流量越多，企业价值就越大。预测自由现金流是进行价值评估的第一步。自由现金流的计算公式如下：

自由现金流 = EBIT(1 - 税率) + 折旧及摊销 - 资本性支出 - 营运资本增加额

(13 - 4)

其中，EBIT 为息税前盈余。通过对尼克森公司年报数据的统计，该公司自由现金流基本维持在销售收入的 15% 左右。公司 2011 年年度报告显示，若基于 2012 年国际原油平均价格为 100 美元/桶制定预算，公司的年度资本支出计划在 2.7 亿 ~ 3.2 亿美元，预期产量在 18.5 万 ~ 22.0 万桶/日。由于公司制定预算的理念是依靠内部产生的现金流来满足资本支出，因此，若油价持续走低，公司

---

[①] 汤姆·科普兰、蒂姆·科勒著：《价值评估：公司价值的衡量与管理》，电子工业出版社 2002 年版。

2012 年的资本支出计划将减少，年度平均产量也将减少。

根据上述资料，在预测 2012 年该公司的自由现金流量时可分为三种情境，即乐观、悲观和最可能情境。在乐观情境中，预测 2012 年的平均油价为 120 美元/桶；悲观情境中，预测 2012 年的平均油价为 80 美元/桶；在最可能情境中，预测油价为 100 美元/桶，相应的现金流预测情况见表 13 – 12。

表 13 – 12　　　　　　　2012 年自由现金流预测情况

| 情境 | 2012 年平均油价（美元/桶） | 2012 年日产量（万桶） | 2012 年年产量（亿桶） | 2012 年销售收入（亿美元） | 2012 年自由现金流（亿美元） |
| --- | --- | --- | --- | --- | --- |
| 乐观 | 120 | 22 | 0.803 | 96.36 | 9.636 |
| 最可能 | 100 | 19 | 0.6935 | 69.35 | 6.935 |
| 悲观 | 80 | 17 | 0.6205 | 49.64 | 4.964 |

（2）加权平均资本成本的估算。

①确定权益资金成本。

无风险利率是指投资者能够按此利率进行无风险借贷的利率，在实践中普遍采用的方式是利用国债收益率作为其估计值。根据 Bloomberg 网站的报价，目前美国 10 年期国债的收益率为 1.44%，该值可作为无风险收益率。在资本资产定价模型（CAPM）模型中，$(R_M - R_f)$ 部分即是所谓的风险溢价。由于期间和平均值类型的不同，市场风险溢价的历史估算从大约 3% 到接近 7% 不等。美国股票市场作为世界上最成熟的股票市场之一，其风险溢价一般估计为 5%。

度量目标公司系统风险的指标是 β 系数。由于尼克森公司在纽约证券交易所上市，本书选取 2010 年 7 月 23 日 ~ 2012 年 5 月 23 日的以标普 500（S&P 500）综合指数计算的多伦多股票市场及尼克森公司股票的日收益率数据，剔除数据缺失的样本，共有 564 个观测值。

股票市场收益率中的市场指数采用 S&P 500 综合指数，指数日回报率计算公式为：

$$R_{mt} = \frac{INDEX_t - INDEX_{t-1}}{NDEX_{t-1}} \qquad (13-5)$$

其中：$R_{mt}$——第 $t$ 天的股票市场整体日收益率；

$INDEX_t$——第 $t$ 天股票市场综合指数收盘价；

$INDEX_{t-1}$——第 $t$ 天股票市场综合指数开盘价。

尼克森公司股票的日收益率计算公式为：

$$R_{it} = \frac{P_t - P_{t-1}}{P_{t-1}} \qquad (13-6)$$

其中：$R_{it}$——第 $t$ 天尼克森公司股票的日收益率；

$P_t$——第 $t$ 天尼克森公司股票的收盘价；

$P_{t-1}$——第 $t$ 天尼克森公司股票的开盘价。

回归结果 $\beta = 1.3849$，但根据历史收益率计算出来的 $\beta$ 系数只能代表过去，在实际计算公司的必要收益率时需要根据对公司的风险水平的分析进行调整。一般按照经验公式（13-7）调整未来的预计值：

$$\beta_t = 34\% \times K + 66\% \times \beta_0 \qquad (13-7)$$

其中：$\beta_t$ 为调整后的 $\beta$ 值；

$K$ 是股票市场的平均风险因子，按 CAPM 的假设，$K$ 等于 1；

$\beta_0$ 为所获得的历史 $\beta$ 值。

$$\beta_t = 34\% \times 1 + 66\% \times 1.3849 = 1.2540$$

综上所述，本书估计尼克森公司未来 $\beta$ 系数为 1.2540。

一般来说，权益资本成本是根据 CAPM 来计算的：

$$R_i = R_f + \beta_i [E(R_m) - R_f] \qquad (13-8)$$

其中：$R_f$ 是无风险回报率；

$E(R_m) - R_f$ 是市场风险溢价；

$\beta_i$ 是企业股票相对于整个市场的风险程度。

根据前面预测的数据：

$$R_i = R_f + \beta_i [E(R_m) - R_f] = 1.44\% + 1.2340 \times 5\% = 7.71\%$$

即尼克森公司的权益资本成本为 7.71%。

②确定债务资金成本。

尼克森公司 2011 年年度报告显示，该年度公司长期负债的实际利率为 6.98%，2010 年为 7.09%，因此，我们确定尼克森公司的债务资金成本为 7%。

③确定加权平均资本成本。

加权平均资本成本是评价自由现金流量最恰当的折现率。

$$WACC = K_b \times (1-T) \times \frac{B}{V} + K_s \times \frac{S}{V} \qquad (13-9)$$

其中：$WACC$ 为加权平均资本成本；

$K_b$ 为税前债券资本成本；

$B/V$ 为债权资本所占比重；

$K_s$ 为股权资本成本；

$S/V$ 为股权资本所占比重；

$T$ 为所得税率。

尼克森公司 2006~2011 年的平均所得税率为 52%，为了方便计算，选取公司所得税税率为 50%。

尼克森公司 2006~2011 年的年平均资产负债率为 65.77%，2011 年资产负债率为 58.28%。现假定该公司的资产负债率为 60%，则 $B/V = 60\%$，$S/V = 40\%$。

计算该公司的加权平均资本成本如下①：

$$WACC = 7.71\% \times (1 - 50\%) \times 60\% + 7\% \times 40\% = 5.74\%$$

（3）利用模型估计公司价值。

根据贴现现金流方法，按公司自由现金流增长情况的不同，公司自由现金流贴现模型又可分为零增长模型、固定增长模型，两阶段增长模型等。这里选取固定增长模型进行估值，公式如下：

$$Nexen\ 公司价值 = \frac{FCF_{2012}}{WACC - g} \qquad (13-10)$$

其中：$FCF_{2012}$ 为尼克森公司 2012 年预测的自由现金流；

　　　$WACC$ 为加权平均资本成本；

　　　$g$ 为尼克森公司未来自由现金流的稳定增长率。

仍分乐观、悲观和最可能三种情境对该公司价值进行评估，考虑油气行业未来发展及尼克森公司的实际情况，假定其未来自由现金流的稳定增长率为 2%，估值结果见表 13-13。

表 13-13　　　　　　　贴现现金流法预测股票价值

| 情境 | 2012 年均油价（美元/桶） | $FCF_{2012}$（亿美元） | WACC（%） | g（%） | 公司价值（亿美元） | 未偿还债务（亿美元） | 总股本（亿美元） | 公司股价（美元/股） |
|---|---|---|---|---|---|---|---|---|
| 乐观 | 120 | 9.636 | 5.74 | 2 | 257.51 | 43 | 5.29 | 40.52 |
| 最可能 | 100 | 6.935 | 5.74 | 2 | 185.33 | 43 | 5.29 | 26.89 |
| 悲观 | 80 | 4.964 | 5.74 | 2 | 132.66 | 43 | 5.29 | 16.94 |

三种情境下，现金流贴现法预测的股票价值分别为 40.52 美元、26.89 美元和 16.94 美元，以最为可能的平均油价 100 美元/桶为基础，中海油支付的溢价幅度为 2.27%。当然，如果油价下跌到 80 美元/桶，其他因素不变的情况下，则并购支付溢价过大。

---

① 下面的估值中将选用此加权平均资本成本为贴现率，但若从收购方的角度来分析，即选用中海油的资金机会成本，其加权平均资本成本会高于此估计值（5.47%），估值结果可能会低于我们的估计。

## （四）案例总结

从溢价分析的结果来看，中海油为并购尼克森所支付的对价基本属于正常范围之内。不可否认，我们的估计假设与中海油一样，对尼克森的未来发展持较乐观的判断，但从企业资产和非常规油气业务的发展前景来看，该企业的确有较大的发展前景。

从 2005 年起，中海油就已经开始在加拿大投资。与 2005 年收购优尼科失败不同，中海油在本次收购中显得更为成熟稳健。吸取了收购优尼科时政府干扰的教训的中海油，在此次收购中公开承诺，竞购成功后将把卡尔加里作为其北美总部，并在多伦多证券交易所继续挂牌上市；履行企业公民和社会责任，参与更多的社会慈善项目。而中海油以往在加拿大以及世界其他经营区内的良好的企业社会形象也让加拿大政府相信这一点。除此之外，中海油还将支持加拿大阿尔伯塔等大学的油砂项目，并且加入致力于减少油砂开采对生态环境影响的加拿大油砂创新联盟当中，为加拿大油砂的长期低污染开发做出贡献。本次收购尼克森的成功，对中国石油定价权的影响力提升，以及获得非常规油气的先进勘探开发技术都十分有利。具体来说，此次并购案对于中方而言有以下两大益处。

**1. 有助于国际一流能源公司战略的实现**

尼克森公司的资产帮助中海油在地域和油气资产种类方面更加国际化和多元化，也有助于中海油在储量和产量规模方面获得实质性的提高。在地域方面，尼克森在加拿大、美国墨西哥湾、尼日利亚等地区的资产，不仅与中海油在这些地区的已有资产实现互补，也为中海油新增了英国北海油田地区的资产。在油气种类方面，加拿大的油砂资产、页岩气资产都帮助中海油快速进入非常规油气资源领域，弥补中海油长期仅困于海上的局面。储量和产量规模的增加无疑能使海油逐步从小型独立勘探开发石油公司朝大型国际一体化石油公司方向迈进，在资本市场上也容易赢得更好的估值。

**2. 获得非常规资源与技术**

中国企业以往的收购多注重资源，这主要是出于对本国能源安全的考虑。事实上，这种资源保障方式是较低层面的，耗资巨大且效率低下，而且这些公司给外界的印象更多的是"国有"，而非市场化的公司形象。事实上，保障能源安全的手段可以很多，不一定非要直接获取对方资源，通过获取利润、技术等间接手段也可以起到保障国家能源安全的目的。通过此次收购，尼克森拥有的不仅是油砂资源、页岩气资源，而且还拥有开发油砂、页岩气、深海石油等非常规油气的先进技术。

当然，进入北海区域，也为中国企业参与国际两大基准油之一的布伦特定价权提供了可能,尽管这不是收购尼克森公司的主要目标。尼克森公司是位于英国北海的巴扎德(Buzzard)油田最大的投资者,占到整个巴扎德油田权益的43.21%。而巴扎德油田的生产状况与国际石油定价标杆之一的布伦特价格有着不容忽视的联系。标准的布伦特原油期货合约以布伦特指数为标的,而布伦特指数又是由交割月份之前的21个交易日北海4个管道系统[布伦特管道系统、福蒂斯(Forties)管道系统、奥塞贝格(Oseberg)管道系统和艾克菲斯克(Ekofisk)管道系统]输送的原油价格得到的(选用四个管道系统中原油交付价格最低者)。由于福蒂斯管道系统输送的原油较其他几个含硫量较高,致使其价格也较低,成为影响布伦特指数的重要原油。而福蒂斯管道系统输送的原油来源于北海的多个油田,其中巴扎德油田的原油占有绝对的地位(其他油田绝大多数进入递减期)。巴扎德油田是北海过去30年内发现的最大油田,不仅是福蒂斯管道系统的最大的原油贡献者,也是英国整个北海区域石油产量的最大贡献者,故巴扎德油田的生产对于布伦特油价影响很大。因此此次并购有助提升中国对石油定价权的影响力。

但是,也应当看到,中海油为收购尼克森的股票支付的总对价约为151亿美元,每股27.50美元的价格比尼克森普通股2012年7月20日在纽约证券交易所的收盘价溢价61%,这还没有考虑43亿美元的债务承诺。且据中海油称此次收购所用资金全部为企业自主融资。即使本次收购中支付溢价合理,中海油毕竟也支付了高额的现金对价,这对公司的现金流安全等方面会产生不利影响,且并购后的协同效应能否实现还要取决于公司对收购后资产的整合战略与执行。

## 第四节 我国油气跨国并购中存在的问题及对策

无论资产收购、股权收购,还是企业合并,都有一系列外在和内在的影响因素决定着跨国油气并购的成败(见图13-13)。外部因素诸如国家管制、政治因素、法律关系和来自竞争对手的阻力,内部因素诸如企业竞购能力和人才储备。除此之外,还有中国企业选择的进入方式和信息调研的充分程度,以及并购后双方在文化整合方面的问题等。

随着世界经济形势变化和中国企业在全球声誉和影响力的逐渐增强,在国际大型并购项目上,中国的石油企业展示出东方文化的独特魅力,在互利共赢中,展示出风采。当然,在近几年的油气并购中,也透露出中国海外油气投资出现了一些潜在的问题。

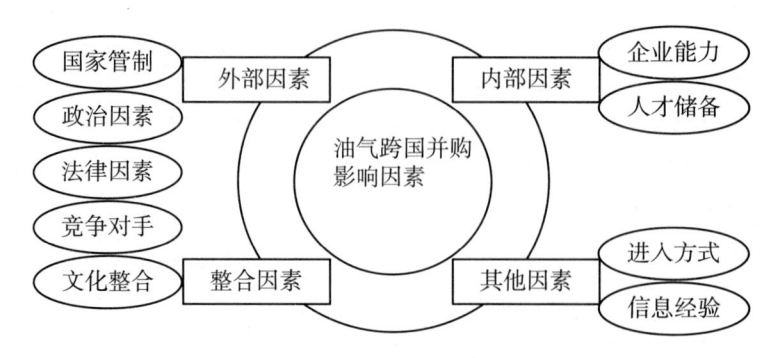

**图 13 – 13　油气跨国并购关键影响因素模型**

第一，发达国家法律和政治壁垒的阻碍。由于资源型企业跨国并购涉及一个国家稀缺性资源的安全问题，而且我国资源型企业进行跨国并购的主体大多为国有大型企业，这样使得西方国家对中国企业并购有更多的顾虑。所以目前发达国家对于一些敏感性行业的跨国并购在相关的法律中都进行了特别的规定，这无疑也提高了我国资源型企业跨国并购的门槛。中海油收购美国优尼科石油公司失败的案例，就充分说明了这一点。现实状况迫使我国石油公司为避开这些阻力，不得不采取一些迂回策略，作出较多让步。如中石化对俄罗斯秋明—英国公司乌德穆尔特公司油公司的并购中，为避开俄罗斯对中国石油企业的排斥及回避俄罗斯在石油方面明确地对外资的限制措施，在取得目标公司96.86%股份后，不得不将其中51%的股份卖给俄罗斯石油公司。

第二，信息不对称造成的并购时机掌握不当。由于存在信息的不对称性，加上并购前期准备不够充分，导致我国资源型企业跨国并购相当被动，而且中国资源型企业跨国并购有很明显的跟风倾向，由于在收购的时间上不够协调，这将增加并购风险。例如，2008年中铝、中钢、首钢、五矿、中石油等企业同时宣布各自在澳大利亚的收购计划，这很容易使澳大利亚企业认为这是中国企业有目的的集体收购，会造成不必要的收购难度。

第三，缺乏相关法律的支持。就我国而言，有关跨国并购的法律很少，最近出台的《中华人民共和国反垄断法》正在实行，但由于才刚刚颁布，仍然需要时间的检验。而且我国尚无专门针对跨国并购投资的法律体系，很多都包含在对外投资法律体系中，而这些法律的对象主要是新建投资。因此，我国企业一方面受到国外政府政治和法律上的限制，另一方面没有完整的法律体系保障其权益，这将使得我国企业的海外并购寸步难行。

针对现存的问题，我们应该认识到跨国并购是一把双刃剑。一方面跨国并购可以使中国企业参与国际分工，推进企业技术进步和产业升级，可以培养高级技术和管理人才；另一方面跨国并购具有极大的风险性。与国内并购相比，跨国并购的操作程序更复杂,受不确定性因素的干扰更大,风险性也就更大。因此,只有采取必要的风险防范措施,才能更好地"避害"而"趋利"。具体来说,在实施跨国并购的过程中,应该注意:

## 一、在并购前制定明确的策略,选择恰当的并购目标

跨国并购是一种对外直接投资行为,也是公司发展的战略行为。如果高层决策人对本公司整个发展战略没有一个清晰的框架结构和清醒的认识,很容易出现战略决策上的重大失误。跨国并购是一个极其复杂的过程,这个过程应建立在坚实的战略基础上,考虑所有可能影响并购的因素以及并购的结果。企业必须明确进行跨国并购的目的,对并购目标企业进行深入细致的分析,确认对目标企业的并购能否增强企业的竞争力和促进企业长远发展;对并购活动进行系统周密的计划,对可能出现的意外情况做好充分准备并提出解决方案;选择切实可行的并购模式和并购方案,使企业避免并购风险和遭受经济损失,以实现并购目标。

中国企业开展跨国并购的战略选择:一是要"先内后外"。企业在取得国内领先地位的基础上,逐步进入国际市场,通过国际贸易和小规模投资充分了解国外的市场、技术、管理、文化之后,再考虑跨国并购。二是"由小及大"。企业在进行跨国并购时,先瞄准规模较小的国外企业,逐步积累谈判技巧以及与国外企业融合的经验之后,再考虑并购规模较大的国外企业。

## 二、完善跨国并购相关的法律政策体系

我国跨国并购相关的法律政策还不完善,在一定程度上阻碍了跨国并购的发展。借鉴发达国家的经验,我国可以从以下几个方面完善我国资源型企业跨国并购的法律政策体系:首先应完善跨国并购的有关规定,制定一部调整我国境外投资的基本法,在此基础上制定一些相关的法规,如《境外企业国有资产管理法》、《境外投资保险法》等来调整我国跨国并购投资;其次我国政府在资金和政策上应当给予民营企业相应的扶持。我国国有企业和民营企业各有其优势,两者共同发展我国资源型企业的跨国并购将更有助于我国战略资源的储备,所以我国政府应制定相应鼓励民营资源型企业跨国并购的政策。除此之外,中国企业进入目标公司的所在国之前,也应对所在国法律环境有一个详细的了解。

## 三、重视资源型企业并购后的文化整合问题

我国企业跨国并购的目的是发挥自身的比较优势，接收被并购企业的优势，并将二者有机地结合在一起，产生一种协同效应，创造出更大的优势，并最终形成企业的核心竞争力。在这其中，最关键的因素就是要将二者的优势有机地结合，也即并购后的整合问题。由于涉及的两个国家分别具有不同的风俗习惯、语言文化和法律法规以及不同的商业运作模式，能否成功地将两个企业整合到一起，往往是跨国并购成败的关键。世界跨国并购历史上，由于整合问题而导致跨国并购最终失败的案例比比皆是。随着经济全球化的发展，为建立持久的竞争优势，各大跨国公司从 20 世纪 90 年代末纷纷实施本土化战略。本土化战略最关键的因素有三个：中高层管理人员本地化、研究与开发本地化、公司风格本地化。通过当地融资、融智、融文化，实现创造本土化名牌的目标。本土化经营对于融合和拓展企业的优势，培养核心竞争力是非常重要的。实施本土化，利用本地的人才为我服务，可以避免水土不服也有利于并购之后的整合发展。

## 四、充分评估政治风险，采取多种渠道增强与东道国政府的沟通

中国企业进行海外并购，除了海外市场风险评估外，要做足政治风险评估。从决策分析来看，任何忽视政治风险的评估都是轻率的。尤其是对中国企业来说，政治风险和歧视将是决策时必须考虑的一个常量。利用政治力量和公共关系获得公司和国家的经济利益是国际商务的潜规则之一。市场营销学之父科特勒认为，政治力量和公共关系是企业进入大市场的重要战略要素。纵观其他国家在海外能源市场取得成功的背后，在政治力量和公共关系方面都用足了力量。中国企业跨国并购，要尽可能采取多种渠道增强与目标公司所在国政府的沟通。例如，利用外交渠道、两国的民间友好机构或有影响力的政治人物牵线搭桥等，取得目标公司所在国政府的理解和支持，并尽可能地在社会就业方面适应当地政策。

## 五、积极寻求合作,培养具有国际化经营视角的人才

一笔成功的并购交易,不仅考验着企业的实力,更是一场智慧的较量。据科尔尼公司对全球 115 家巨型公司并购案例分析,发现 58% 的并购都是失败的,而这一比例在我国更是高达 80%[①]。跨国并购是一个多方合作、协调的过程,除了合作条件外,具有国际化经营视角的人才储备也是影响油气跨国并购成败的关键。中国企业过去在欧美市场失败的重要原因之一,就是主要的管理人员来自国内,对当地市场行情和劳工不甚了解,使企业在并购的前期调研、并购实施以及后期的整合方面困难重重,从而使并购变得盲目,并购效果不理想。因此,除了需要中介机构提供专业的服务外,企业内部也需要熟悉跨国并购业务、了解金融和法律知识的专业人士。跨国并购人才还必须通晓国际惯例和规则,熟悉母国和目标国的政治、经济、人文和社会环境,具有当地经验。

---

① 郭凌云:《中国企业跨国并购案例分析》,载《合作经济与科技》2007 年第 9 期,第 16~17 页。

# 第十四章

# 方式三:"贷款换石油"

自1993年成为石油净进口国后的一段较长的时间里,中国弥补国内石油缺口的主要途径是依靠国际原油贸易,通过在国际市场上直接购买贸易油以满足日益增长的石油需求。除此之外,中国也在通过跨国油气并购和"贷款换石油"的方式实现油气供应渠道的多元化①。2008年的全球金融海啸为中国与多国实施"贷款换石油"提供了土壤。在国家宏观战略和企业国际化战略的指导下,中国的石油企业与国家政策性银行联手,在政府和企业两种力量的推动下成功签订了多项"贷款换石油"协议,这是我国跨国油气合作方式的重要突破和创新。"贷款换石油"在一定程度上有助于长期石油供应的稳定,同时也将增强我国在世界能源格局中的话语权,成为我国有效利用外汇储备、平抑油价波动风险的有效途径。本章在梳理我国"贷款换石油"发展历程的基础上,总结这种合作方式的主要模式、潜在风险和适用条件,以指导我国抓住机遇,更快、更好地利用这种合作方式。

## 第一节 "贷款换石油"的产生背景

"贷款换石油"正式开始于2007年的次贷危机和全球金融海啸。当时国际石油价格从147美元急剧下跌至40多美元,国际石油市场出现了量价齐跌的局

---

① 无论是海外投资与并购所获得的权益油还是贷款换得的石油,若要进口到国内,最终都要通过贸易方式来实现,这里所提的三种方式只是为了体现油源本身的区别,借以说明我国获得进口油的多种渠道。

面。依赖石油作为国家振兴主导产业的众多产油国国民收入纷纷下降，企业特别是能源企业运营资金短缺，石油生产国缺少现金来执行经济拯救计划。金融危机还造成了国际融资成本骤然上升，世界重要石油生产国通过发行国际债券填补财政空缺的希望难以实现。俄罗斯、哈萨克斯坦、委内瑞拉、安哥拉、巴西等石油出口国的经济与油价的涨跌密切相关，急切需要依靠石油出口换取经济发展资金。以俄罗斯为例，在金融危机冲击下，俄罗斯股市大幅下跌，外资大量撤离，石油公司陷入债务危机，资金成了当时俄罗斯石油企业最大的难题。俄罗斯2009年财政预算的重要参考指标是国际石油价格为75美元，当国际油价为每桶60美元时，财政收入便开始出现赤字；当低于50美元时，赤字将超过国内生产总值的1%。受金融危机和国际局势的影响，油价暴跌对俄罗斯外汇储备影响惨重，俄罗斯遭遇资金外撤潮。仅2009年，俄罗斯需要偿还的外债总额高达1 771亿美元，加之俄罗斯油气企业对外扩张迅猛，需大量借用西方银行短期贷款，油价下跌的环境下企业收益大幅减少。在此情况下，石油公司不仅无力偿还外债而且无力筹措当年的生产投资，陷入走投无路的困境。而中国凭借庞大的外汇储备，为俄罗斯油气公司几近崩盘的资金链缓解了压力。可以说，金融危机的巨大冲击，是俄罗斯主动促成"贷款换石油"的重要原因。此外，俄罗斯为了减少对欧洲市场的依赖，也迫切需要增加石油出口的渠道。同样道理，巴西和委内瑞拉等国家也同样需要寻找合适的石油进口国，消化国内原油。"贷款换石油"模式应运而生[①]。

## 第二节 "贷款换石油"的现状和主要模式

据美国布鲁金斯学会2011年发布的研究报告《看中国：国家开发银行的跨境能源交易》统计，2009年和2010年，国家开发银行贷给俄罗斯、土库曼斯坦和南美的巴西、厄瓜多尔、委内瑞拉的石油公司或政府的贷款总额约650亿美元，中国通过"贷款换石油"协议每年获得原油4 000万吨以上。

### 一、与主要国家和地区的合作现状

#### （一）与俄罗斯的合作

中国与俄罗斯在贷款换石油方面的合作最早，涉及金额也最大。早在2005

---

[①] 永增：《金融危机催生"贷款换石油"》，载《中国石油石化》2010年第5期，第26页。

年，中国就已同意向俄罗斯对外经济银行（Vnesheconombank）提供60亿美元贷款，用于俄罗斯石油公司收购尤甘斯克石油天然气公司（Yuganskneftegaz），而对应的交换条件是俄方承诺在之后的六年里向中国交付4 840万吨石油。自此拉开了中俄贷款换石油的合作序幕①。

2009年4月21日，中国国务院副总理王岐山同俄罗斯副总理谢钦共同签署了《中俄石油领域合作政府间协议》，双方管道建设、原油贸易、贷款等一揽子合作协议随即生效。根据此项协议，我国将向俄罗斯提供总计250亿美元的长期贷款，俄罗斯则以石油为抵押，2011~2030年按照每年1 500万吨的规模向我国通过管道供应总计3亿吨石油，以供油偿还贷款，石油价格以俄石油运到纳霍特卡港口的价格为基准，每月调整一次。随后，俄罗斯石油公司和中石油集团于2009年10月13日签署了《中俄上下游领域扩大合作备忘录》，此备忘录的主要内容是关于中俄合资企业——东方能源公司修建天津合资炼厂项目，该项目建成后，将成为目前世界上最大的炼化一体化项目。根据此备忘录，中俄"石油换贷款"有望在此前协议的基础上，额外追加1 000万~1 500万吨，总数量翻倍扩大至2 500万~3 000万吨/年。俄方追加的每年1 000万~1 500万吨石油供应量，将专门供应天津炼厂炼化。自炼厂建成起，石油将通过海上运输方式，从俄罗斯远东那霍特卡港运抵天津南港。石油价格将参照当时的国际市场价格。

俄罗斯石油公司是俄罗斯最大石油企业，政府持有75%的股份。它获得了250亿美元总贷款中的150亿美元，这些资金将帮助该公司偿还于2009年到期的85亿美元债务。举债过多的俄罗斯国家石油管道运输公司将得到其余贷款。我国也从这笔交易得益匪浅。每日30万桶的原油供应相当于我国总需求的4%，或石油进口总量的8%。国家开发银行是以年6%的固定利率放贷给这两家公司。根据中国媒体报道，国家开发银行以年6%的固定利率放贷给这两家公司。但俄罗斯石油公司发布的交易报告称，贷款利率采取以伦敦银行间拆借利率为基准加浮动利率，根据伦敦银行间拆借利率水平的不同，浮动区间为0.6%~3.25%。

### （二）与中亚国家的合作

在中亚地区，中国主要与哈萨克斯坦和土库曼斯坦签订了贷款换石油协议。2009年4月，中石油与哈萨克斯坦国家油气股份公司签署了《中国石油天然气集团公司与哈萨克斯坦国家油气股份公司关于扩大石油天然气领域合作及50亿美元融资支持的框架协议》。双方与中亚石油公司主席萨森诺夫还签署了《中国石油天然气集团公司与哈萨克斯坦国家油气股份公司联合收购曼格什套油气公司

---

① 白根旭：《中俄油气合作现状与启示》，石油工业出版社2013年1月版。

的协议》。与其他长期石油贸易合同协议不同的是，中国与哈萨克斯坦签订的协议是中石油购买哈萨克斯坦第五大石油公司曼格什套（Mangistau）47%的股份。曼格什套油气公司是哈萨克斯坦大型石油开采企业之一，拥有36处油气田，其中15处正在开采。此项贷款换石油协议对中国石油扩大在哈萨克斯坦油气上游领域有重大意义。同年6月，国家开发银行向土库曼斯坦提供40亿美元贷款，用于开发居世界第四位的复兴气田（或称卡尔克内什气田）。

### （三）与非洲国家的合作

中国与非洲国家的贷款换石油合作由来已久。从2004年起，中国进出口银行和国家开发银行就陆续与安哥拉、赤道几内亚、刚果（布）、加蓬、尼日利亚等国签订了优惠贷款换项目、换石油、换区块、换资源协议。其中，最为典型的是与安哥拉的合作。

### （四）与南美国家的合作

随着非常规油气的开发，以及巴西等地深水资源的不断开采，南美一跃成为全球油气合作的新焦点。中国在南美的贷款换石油对象主要是委内瑞拉、巴西、厄瓜多尔。2009年，委内瑞拉与中国签完40亿美元的"贷款换石油"协议，并称赞中国国家开发银行为"愿意向委内瑞拉伸出援手"的"世界上资金最雄厚的银行之一"。2010年两国再次签订一份金额高达200亿美元的"贷款换石油"计划，此次用于和中国共同开发位于奥里诺科重油带的胡宁4项目。作为还款保障，委国家石油公司与中石油签署了25年的石油购销合同。2007年，中国和委内瑞拉设立联合投资基金，金额为60亿美元，用于两国能源基建及制造业等领域。如今，两国同意把基金的资金总数提高到120亿美元，其中中国提供80亿美元，委内瑞拉提供40亿美元。委内瑞拉国家石油公司每天向中国石油天然气集团公司出售8万~20万桶石油来支付两国开发银行之间的债务[①]。

南美的"贷款换石油"计划最大的特点是人民币作为重要的协议货币之一。中国在最新提供给委内瑞拉的200亿美元贷款中，有100亿美元是以700亿元左右人民币形式提供的。以人民币形式提供贷款为中国的油气开采设备、工程服务锁定了客户，将扩大以人民币计价、结算石油贸易，也为人民币国际化提供了试点。

---

① 汪巍：《委内瑞拉石油开发与中委石油合作建议》，载《中国石油和化工经济分析》2011年第12期，第49~52页。

表 14-1　　金融危机后中国新签"贷款换石油"合作协议

| 时间 | 贷款国家 | 金额（亿美元） | 协议内容 |
|---|---|---|---|
| 2009.2.17 | 俄罗斯 | 250 | ◆ 根据协议，中国将向俄罗斯提供总计 250 亿美元的长期贷款，采取固定利率，约 6%。2011 年 1 月至 2030 年 12 月俄罗斯按照每年 1 500 万吨的规模向中国通过管道供应总计 3 亿吨石油，石油价格以俄石油运到纳霍特卡港口的价格为基准，随行就市 |
| 2009.2.18 | 委内瑞拉 | 80 | ◆ 2007 年 6 日委内瑞拉经济和社会发展银行（Bandes）和中国国家开发银行共同成立一个总值 60 亿美元的投资基金，主要用于发展基础设施、能源项目以及社会项目，查韦斯承诺把出口中国的原油增加一倍，以偿还此贷款。2009 年 2 月两国协商将联合投资基金由原来的 60 亿增加至 120 亿美元，中方出资 80 亿美元<br>◆ 根据协议，委内瑞拉每天向中国石油天然气集团出口 23 万桶原油 |
| 2009.2.18 | 巴西 | 100 | ◆ 根据协议，中国国家开发银行向巴西国家石油公司提供 100 亿美元贷款。巴西国家石油公司在未来第一年巴西石油公司向中国每日出口 15 万桶石油，其后 9 年每日 20 万桶石油 |
| 2009.3.13 | 安哥拉 | 10 | ◆ 以石油为抵押，供油偿还贷款。贷款主要用于基础设施的重建 |
| 2009.4.16 | 哈萨克斯坦 | 50 | ◆ 中国将向哈萨克斯坦提供 50 亿美元贷款。中国石油天然气集团公司联合哈萨克斯坦国家油气公司，收购曼格什套石油天然气公司的全部股权，中石油获得约 47% 的股份 |
| 2009.7.27 | 厄瓜多尔 | 10 | ◆ 根据协议，厄瓜多尔国有石油公司（PetroEcuador）在未来两年内，向中石油每月出口约 288 万桶（493 万吨/年）原油，发货价将据市场状况确定，厄瓜多尔国家石油公司拥有比规定数量多或少供应 5% 的原油的选择权。中石油将为此交易支付 10 亿美元的预付款 |
| 2010.4.17 | 委内瑞拉 | 206 | ◆ 中方将向委内瑞拉提供期限 10 年，总额相当于 206 亿美元的融资贷款。根据协议，委内瑞拉国家石油公司 2010 年向中国供应的原油量将不少于 20 万桶/日，2011 年不少于 25 万桶/日，2012 年将不少于 30 万桶/日，直到还贷义务完成 |

续表

| 时间 | 贷款国家 | 金额（亿美元） | 协议内容 |
|---|---|---|---|
| 2011.4.16 | 土库曼斯坦 | 41 | ◆ 中国向土库曼斯坦提供41亿美元贷款。土库曼斯坦出口到中国的天然气数量从之前的400亿立方米增加到600亿立方米 |
| 2012.8.10 | 委内瑞拉 | 40 | ◆ 中国—委内瑞拉联合融资基金将新增60亿美元，新增的60亿美元包含中国国家开发银行提供的40亿美元和委内瑞拉国家发展基金提供的20亿美元，将继续推动委内瑞拉大型项目发展 |

资料来源：表中资料由作者整理而来，主要来源于国家政府网站，以及国家能源局、中石油、中石化、国家开发银行等网站披露的信息。

## 二、当前"贷款换石油"的运作模式

"贷款换石油"是一个中国式的国际石油贸易模式创新，其对贷款双方而言可谓各取所需。"贷款换石油"本质是一个政府间大宗石油交易的模式，因此其所针对的对象主要限于俄罗斯、委内瑞拉、哈萨克斯坦这些相对而言不算发达的新兴经济体，国家层面的外交与政府合作是中国油气企业开展"贷款换石油"的坚强后盾，所提供贷款的利率往往较低。尽管在2009年前中国与少数国家也陆续开展"贷款换石油"，但这种石油贸易方式在金融危机后才逐渐盛行。石油生产国在油价很低的情况下，可以获得稳定的资金支持，石油消费国可以获得稳定的油气资源供应。贷款换石油的基本模式如图14-1所示。

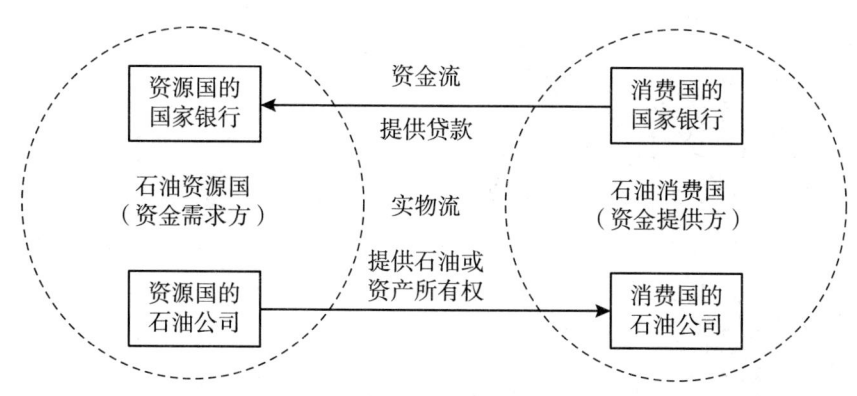

图14-1 "贷款换石油"的基本模式

在贷款换石油的具体应用中，由于参与方以及交易标的等的不同，又呈现出不同的模式。这里结合中国贷款换石油的具体案例，根据利用贷款换取的标的物不同，将贷款换石油划分为"贷款换取石油供应承诺"和"贷款换取石油资产"两种模式。

### （一）模式一：贷款换取石油供应承诺

最常见的"贷款换石油"模式是中国与资源国签订提供长期贷款协议，以换取资源国在未来一段时间提供石油供应的承诺。在这一过程中，资金流和实物流是两个相对独立又相互关联的过程，因为贷款协议和石油贸易协议总是捆绑式出现。中国为资源国提供贷款，贷款的用途由资源国自由决定，一般没有强制的规定；同时，获取贷款的资源国国家石油公司通过向消费国出口原油，获取出口原油收入，这两个过程也没有绝对的联系。但一般情况下，资源国所获得的贷款会由国家石油公司获得，用于油气生产和基础设施建设；反过来，资源国石油公司通过向中国特定石油企业提供原油，用获取的石油收入偿还贷款，这就又使得贷款和石油贸易相互关联。在这一模式下，双方约定贷款的偿还方式和确定原油交易的价格是关键。

采取这种模式的典型案例是2009年中国与俄罗斯以及中国与巴西石油公司签署的双边贷款协议。

2009年2月，中俄在北京举行的第三次能源对话上签署了中俄"贷款换石油"合同的正式协议。根据协议，中国向俄罗斯提供总计250亿美元的长期贷款，采取固定利率，约为5.69%；俄罗斯则以石油为抵押，以供油偿还贷款，2011~2030年按照每年1500万吨的规模向中国通过管道供应总计3亿吨石油，石油价格以俄石油运到纳霍特卡港口的价格为基准，随行就市。

中国与俄罗斯的贷款换石油运作机制，如图14-2所示。

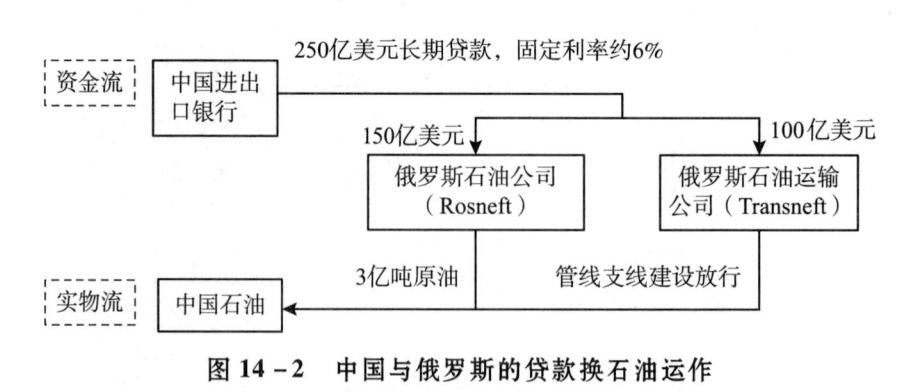

图14-2 中国与俄罗斯的贷款换石油运作

随后在2009年5月，巴西石油公司与国家开发银行签署了为期10年的100

亿美元双边贷款协议。该双边贷款协议是巴西政府和中国政府合作计划的结果，贷款用于巴西石油公司的投资计划，包括其从中国购买货物和服务的融资。根据协议，双方同意增加巴西到中国的原油出口量。中国与巴西的贷款换石油运作机制，如图14－3所示。

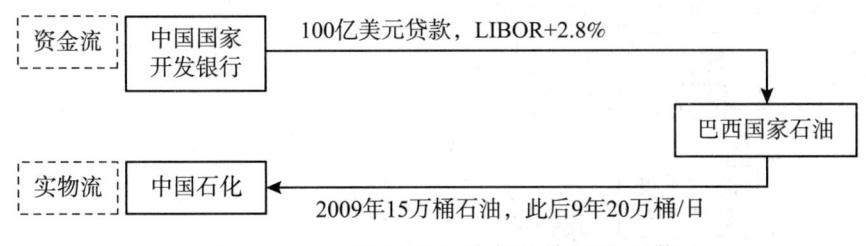

```
资金流   中国国家     100亿美元贷款，LIBOR+2.8%
         开发银行  ─────────────────────────┐
                                            ↓
                                        巴西国家石油
实物流   中国石化  ←─────────────────────────
                 2009年15万桶石油，此后9年20万桶/日
```

**图 14－3  中国与巴西的贷款换石油运作**

根据双方约定，贷款可用石油偿还，但并未对此做出硬性规定。只是巴西国家石油公司倾向于通过销售石油的收入来偿还中方贷款。巴西国家石油公司与中石化全资子公司联合石化亚洲公司（Unipec）签署了长期出口协议。协议规定，2009 年巴西国家石油公司向中国每日出口 15 万桶石油，此后 9 年每日向中国出口 20 万桶石油[①]。

### （二）模式二：贷款换取石油资产

贷款换取石油供应的承诺不涉及资产的所有权，双方的合作还是属于油气贸易的范畴。而 2009 年中哈签署的"贷款换石油协议"中，对于贷款的等价交换物则不同于往常，资源国不是以供油为抵押偿还债务，而是资产的所有权。

2009 年 4 月，中国石油天然气集团公司与哈萨克斯坦国家油气股份公司在人民大会堂签署了《中国石油天然气集团公司与哈萨克斯坦国家油气股份公司关于扩大石油天然气领域合作及 50 亿美元融资支持的框架协议》。随后，双方与中亚石油公司主席萨森诺夫签署了《中国石油天然气集团公司与哈萨克斯坦国家油气股份公司联合收购曼格什套油气公司的协议》。哈萨克斯坦国家油气股份公司与中石油集团将通过合资组建曼格什套私有投资公司（Mangistau Investments B. V.）对等持有曼格什套油气公司股权[②]。

购买曼格什套股权交易金额将由中石油全部承担，这些资金用以收购曼格什套油气公司 48% 的股权。曼格什套油气公司是中亚石油公司全资子公司，拥有

---

① 美国布鲁金斯学会 2011 年发布的研究报告《看中国：国家开发银行的跨境能源交易（*Inside China, Inc: China Development Bank's Cross－Border Energy Deals*）》。

② 周波：《中哈油气合作的现状、条件及对策研究》，新疆财经大学硕士论文，2010 年 5 月。

36个油气田，其中最大的卡拉姆卡斯（Kalamkas）和热特拜依（Zhetybai）两个油田的储量共计1.289亿吨。

中国与哈萨克斯坦的贷款换石油运作机制如图14-4所示。

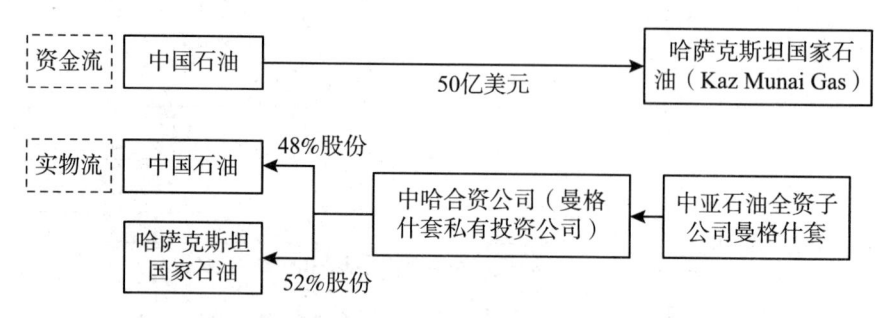

```
资金流   中国石油 ——50亿美元——> 哈萨克斯坦国家石油（Kaz Munai Gas）

实物流   中国石油 <—48%股份— 中哈合资公司（曼格什套私有投资公司） <— 中亚石油全资子公司曼格什套
         哈萨克斯坦国家石油 <—52%股份—
```

**图14-4 中国与哈萨克斯坦的贷款换石油运作**

综上所述，在用贷款换取石油贸易量和换取石油公司股份中，根据协议两国在资金流和实物流上的参与方的不同，"贷款换石油"又呈现出不同的具体形式，但其实质是一致的：通过贷款换石油协议，中国和相关国家都得到了自己想要的东西，中方得到非常需要的长期石油稳定供应，对方则得到了急需的美元。中国采取的这种政府间大宗石油交易的模式，为保证中国拥有长期稳定的油源供应奠定了基础。相比直接贸易、海外直接投资开采或并购而言，"贷款换石油"既可以保证中国稳定获取原油，不对国际市场带来重大冲击；又可以降低"走出去"过程中的政治风险，获得稳定的能源供应，同时还能起到外汇储备投资多元化的功能。

## 第三节 "贷款换石油"的风险和适用条件

### 一、"贷款换石油"的风险

"贷款换石油"从经济学角度上讲，实质是买进了大量远期大宗商品期货合约。按照《金融时报》的说法，中国与六国的贷款换石油，相当于以一个比较优惠的条件将外汇储备转化为石油储备（存在他国的油田里），是一个标准的"出口融资合同"。"贷款换石油"是一个中国式的贸易制度创新。中国作为国际能源市场的后进入者，面对早已被瓜分殆尽的"份额石油"市场，石油进口不得不主要依赖"贸易石油"。按照一些以现金偿还贷款的协议，假设国际原油价格出现剧烈波动，中国就可能陷入"竹篮打水"的困境，因为这种国家间的双边协议并没有实质的担保品。尽管"贷款换石油"协议被中国大量使用，我们仍要考虑"贷款换石油"可能存在的各项风险，以期把风险控制在合理的范围内①。

## （一）信用风险

信用风险又称违约风险，是指交易对手未能履行约定契约中的义务而造成经济损失的风险，即受信人不能履行还本付息的责任而使授信人的预期收益与实际收益发生偏离的可能性。在签订"贷款换石油"协议以前，应该合理评估石油生产国的信用风险。为防止石油生产国因政治原因而导致的信用风险的发生，我国应建立一套与之相适应的信用风险评估体系与评估方法。

## （二）汇率风险

汇率能够灵敏地反映市场上外汇的余缺情况，实施对汇率风险的预警管理，有助于及时把握市场上外汇汇率波动情况，从而适时有效地实施汇率风险避险措施。汇率风险指的是企业在生产经营过程中，使用外汇计价结算和持有外汇资产与负债，因汇率变动产生资产、负债和所有者权益以记账本位币反映的价值变化，并由此产生损失的可能。汇率风险主要有会计风险、交易风险和经济风险。

因为"贷款换石油"协议中，我国是以美元贷出的，而且以协议到期后的美元本利和来购买石油生产国承诺的一定数量的石油，所以美元汇率在一定程度上会影响到我国可以获得的石油数量。若汇率变化存在对项目不利的变动趋势，且该趋势明显，则需要采取相应的避险措施来规避风险。

## （三）利率风险

利率风险是指市场利率变动的不确定性所造成损失的可能性。利率决定了"贷款换石油"协议中借贷双方的成本和收益，是"贷款换石油"协议中的谈判要点。因此无论是借方还是贷方，都要考虑通货膨胀的影响，要考虑实际利率，而不仅仅是名义利率。

---

① 郭志钢等：《"贷款换石油"之风险探析》，载《特区经济》2010年第4期，第231~232页。

### （四）价格风险

在目前所知的"贷款换石油"协议中，石油的价格往往是按照市场价格来确定的，这就说明我国在协议规定的期限内必须以一定的市场价格买进一定数量的石油。为了获取"贷款换石油"协议中所规定数量的石油，我国必须承担石油价格上涨的风险，因此科学管理石油价格风险仍是我们必须要考虑的问题。

### （五）期限风险

"贷款换石油"协议属于一种特殊的贷款合同，期限是合同中非常重要的谈判要素。在我国已经签订的"贷款换石油"协议中，期限大多是 10~20 年，期限较长。为了降低期限风险，可以采用以下的应对措施：若预测美元会持续走低，石油价格持续上涨，则在换取石油数量一定的情况下，"贷款换石油"协议的期限越短越好；反之，若预测美元会持续走强，石油价格持续下跌，则在换取石油数量一定的情况下，"贷款换石油"协议的期限越长越好。

## 二、"贷款换石油"的适用性

### （一）资源国急需资金

在国际金融危机的大背景下，"贷款换石油"的合作主要是中国对石油资源国恢复经济的一种支持。即使没有中国的贷款，资源国依然将扩大对中国的石油出口。如果资源国并不急需资金，完全可以通过扩大出口获取资金，但考虑到贸易在短期内不可能迅速扩大规模、带来短期的额外收入，采用"贷款换石油模式"是更加快捷有效的解决方案。而对于消费国来说，其对石油资源的需求也是促成贷款换石油交易的必要条件，但在各国对石油资源的争取日益紧张的今天，这一点已经是不言而喻。

### （二）消费国有能力在短时间内提供大量外汇储备

贷款换石油模式要求资源国提供石油资源、消费国向资源国提供融资。自 2009 年以来，我国先后签订了总额为 650 亿美元的"贷款换石油"协议。没有大量的外汇储备作为基础，中国是很难完成规模如此庞大的交易的。得益于全球化以及中国经济的快速发展，在不到 10 年的时间内，我们积累了全世界最为庞大的外汇储备，总数将近两万亿美元。按美元的贬值速度和银行的利率水平，存在银行无利可得。除了美国国债外，我们也很难找到更好的投资对象。对于中国这样一个原油对外依存度高的消费大国来说，尽快充实战略能源储备，将部分美元资产转换成石油等资源类资产，显然具有积极的经济和战略意义。

### （三）国际油价处在双方合意的水平

2009年以来签订的贷款换石油协议大多数是中国应对国际金融危机的一种选择。在签订贷款换石油协议时，油价是双方能否达成协议的重要影响因素。如果资源国认为油价过低，则可能不愿意廉价出让石油，面临签订持续期限较长的"贷款换石油"协议带来的油价上涨后的损失；而油价过高时，资金的提供方会权衡以较高的资金成本交换石油是否划算，过高的油价可能会降低资源需求国对签订贷款石油协议的意愿。只有双方都认为当前的石油价格适合签订"贷款换石油"的合约时，交易才可能发生。

总之，不同于一般的企业国际合作，"贷款换石油"这种能源对外合作不仅仅是企业的经济问题，还包含很深层次的政治、军事等方面的内容，需要政府各个部门的大力配合和支持。由于上述支持力量分散在政府各职能部门中，能源企业"走出去"战略实施步伐的加快、领域的拓展和合作程度的深化就需要有一个强有力的政府职能部门提供全方位的服务。但是，目前的实际情况是，提供这一服务的国家职能部门在经费、人员等方面配备的资源非常有限，应该开展的与国际能源合作有关的研究、形势跟踪等服务工作不能正常进行，这显然远远不能满足企业对外能源合作的需要，也不能满足中央决策层对开展国际能源合作的及时信息要求。能源工作在西方发达国家政府职能中占有重要的地位，因此，与当前能源企业对外合作方兴未艾的大好形势相适应，我国应借鉴西方国家的成功经验，加强政府能源国际合作机构建设，在经费支持、人员配备、职能协调等方面给予更多的倾斜，全力为能源企业对外合作创造条件。

## 第四节 "贷款换石油"的现实意义

"贷款换石油"这种实物贸易和资金交易捆绑实施的方式，尽管其获取的资源量有限，适用对象也一般仅限于已有油气贸易往来的资源国，但对于我国而言仍具有重要的现实意义，因此"贷款换石油"依然是值得利用和发展的油气供应模式。

## 一、实现原油进口多元化,为拥有长期稳定的油源供应奠定基础

"贷款换石油"协议多是长期协议,协议实际上是锁定了我国多年的进口原油保障。我国作为石油消费大国,其石油进口长期依赖于中东到亚太地区的海上生命线,迫切需要解决近距离陆上石油运输问题。通过与俄罗斯、巴西、哈萨克斯坦等国家的石油贷款实现未来长期供应,可以有效降低对该路线的依赖,可以减少对中东石油的依赖,尽可能避开战略上脆弱的海运航路运输保障。作为石油消费大国,我国实现能源进口路线多元化对于能源安全至关重要。特别是通过"贷款换石油"所获取的石油贸易量对于确保中俄原油管道和中哈原油管道的正常运行,对中国的能源安全供给问题来说,无疑具有重大意义。仅仅 2009 年,我国通过"贷款换石油"的方式平均每年获约 7 500 万吨进口原油保障,相当于当年我国进口原油总量的四成[①]。

## 二、平抑国际石油价格波动,减少石油市场过度投机

石油作为一种自然资源,本身除了较低的开采和炼制成本外不具备其他高价值,它的高价格来自稀缺性和垄断。高油价不仅对生产国有利,对西方石油公司同样有利。为制造和维持高油价,销售商、生产商和由国际上的一些大银行、投机基金及其他金融投资者组成的期货商,通过远期商品交易以一种非常隐秘的方式决定着石油价格和最终分配。目前世界上绝大部分原油以期限合约形式存在,现货市场的交易活动被限定在一个很小的范围内。更严重的是,石油交易形式远期市场逐步发展到商品期货、期权,交易品种不断增加,交易规模不断扩大,越来越远离现货和实物消费市场,石油金融属性日趋明显。特别是在供需平衡比较脆弱的情况下,微小的需求增量在金融市场的过度反应之下也有可能引起油价的大幅上涨。在国际石油市场上,国际炒家看准了中国高速发展带来的石油需求的快速增长,大肆渲染"中国因素"。"贷款换石油"可以说是这种特殊情形下对于石油出口国和进口国的双赢选择,对石油进出口的双方而言,可谓各取所需。特别是在全球金融危机背景下,俄罗斯、巴西等石油出口国的经济与油价的涨跌密切相关,急切需要依靠石油出口换取经济发展资金。"贷款换石油"协议的达

---

① 韩彩珍:《贷款换石油——中国寻求海外油源的新探索》,载《经济研究导刊》2010 年第 13 期,第 157~160 页。

成可能同时实现中国、俄罗斯、巴西等国石油进出口的多元化和风险分散。多元化最终通向合理化,也将有益于平抑国际石油价格。

"贷款换石油"开创了资源金融新模式,中国可以相同的方式和其他产油国签署协议,还可以推广到铁矿石等资源品。进而还可以考虑与大的石油销售商进行资源金融创新,发挥销售商的渠道优势,最终实现石油等国际资源在生产、销售、消费三大环节的互利共赢。

## 三、保障中国石油进口安全,增强我国在世界能源市场的话语权

一边是国际油价上涨,一边是国内企业和行业亏损。随着国际油价变动的加剧,我国经济社会生活中面临的这类困扰越来越频繁。在国际油价剧烈波动的时代,如何变被动为主动,在国际石油市场中获得更大的话语权,成为我国必须面对和解决的一个重要课题。石油和其他能源类产品一样,作为涉及国家核心利益的资源固然具有经济和政治双重属性,但不能掩盖其商品属性的本质。国家层面的外交与政府合作可以为中国能源企业提供坚强的后盾,但是,中国能否成功融入国际能源大分工体系中,最终仍取决于中国能源企业是否在世界能源市场中拥有坚挺的实力和相应的话语权。保障中国石油进口安全,需要中国石油企业积极参与国际勘探开发,增强石油贸易能力,同时加强与资源国下游领域的合作。具有强有力的勘探开发能力就意味着在石油贸易中掌握主动。只有和资源国分享下游利益,才能为进入资源国上游领域、做好石油贸易创造有利的条件。构建石油来源的多元化,是增强我国石油供应的安全性,增强在国际石油市场的话语权的重大尝试。争取更多的话语权,除了从提高石油供应方面去努力,更要在生产、销售、运输、冶炼、储存、储备等各环节提高战略应对能力。从国际经验看,很多发达国家的国内油价与国际油价直接联动,但国际市场上频繁、大幅油价波动,对其企业的生产经营影响很小,一个关键要素是他们有一系列避险的手段,包括参与石油期货交易。

"贷款换石油"对于增强我国石油话语权也具有重要意义。"贷款换石油"协议让中国获得了相对可靠、稳定的原油供应来源,而且分散了外汇储备过高、过于集中的贬值风险。我国与俄罗斯、哈萨克斯坦、委内瑞拉、巴西等国签署了一系列"贷款换石油"协议,在中俄贷款换石油协议的基础上,谈判十余年的中俄原油管道也最终敲定,结束长达十余年的拉锯谈判。当然,中国作为国际石油市场的新生力量,在海外寻油以满足自身需求时,不可避免地会引起西方国家的警惕。然而"贷款换石油"的量相对于全球石油贸易量来说并不大,不足以

在短期内撼动国际石油秩序。从目前特殊情形下来看,"贷款换石油"仍是中国能源海外战略中可供选择的手段之一。

## 四、开展能源外交,提高我国在拉美国家的国际形象

我国目前所签订的"贷款换石油"协议,有许多都涉及拉美国家,这些国家近年来都或多或少有民族主义倾向,在政策上不少国家已经实施国有化政策。在这一背景下,许多西方石油公司特别是美国公司纷纷撤出这些国家,造成了这些国家一时缺乏发展所需的资金技术与人才。"贷款换石油"则为发展中国家携手应对金融危机实现优势互补合作共赢提供了很好的参考,可以说是南南合作的一种重要模式,接下来中国可以在"贷款换石油"模式的基础上,通过货币互换双边贸易使用本币结算等途径,与广大发展中国家携手应对危机,进而提高我国在拉美国家的国际形象。

以委内瑞拉为例,委内瑞拉的重油储量超过5 130亿桶,其中奥里诺科地带蕴藏的石油总量超过了沙特阿拉伯2 640亿桶原油的规模,这使得委内瑞拉可能超过沙特阿拉伯成为世界上原油储量最为丰富的国家。虽然委内瑞拉出产的多为开采难度较大的重油,但其丰富的储藏和对华友好的政策,无疑都对中国开拓海外石油资源有着强大的吸引力。过去几十年,美国一直是委内瑞拉石油的最大买主,向美国出口的石油占委内瑞拉石油出口总额的60%以上。而近年来,委内瑞拉总统查韦斯正雄心勃勃地希望改变这种"石油出口过度依赖美国市场"的局面,实现石油出口市场多元化,其最重要的一招就是收回控股权。2007年,查韦斯发布了一项法令,外国公司在委石油开采的合作方式将从合同开采变成组建合资公司。新合资公司必须由委内瑞拉石油控股,其股份不低于60%。其后,委内瑞拉政府向西方石油公司发出"最后通牒",要求这些公司在当年6月26日之前决定是出让股份,还是退出委石油市场。但美国石油巨头埃克森美孚和康菲石油公司拒绝作为小股东继续参与委内瑞拉石油开发,这使得这两家石油公司彻底退出委石油市场。而对这一政策的灵活变通,则给了中国石油公司进入的机会。虽然,早在1998年,中石油就通过旗下的中油国际(委内瑞拉)公司拿下了奥里诺科重油带两块油田20年的作业权,但在新政策公布后,中石油按照委内瑞拉的要求,把开发方式由合作改为合资。"贷款换石油"这种创新的上下游一体化模式,使得双方成为紧密的利益共同体,这种模式在海外找油过程中值得推广。

## 五、有效利用外汇储备，积极推进海外能源项目投资

国家外汇管理局的数据显示，截至 2012 年 6 月末，我国外汇储备余额为 3.24 万亿美元，而 2002 年年底，我国外汇储备仅为 2 864 亿美元，尚不足 3 000 亿美元。如何能够把中国积累的 3.24 万亿美元外汇储备管好、用好，如何利用中国积累的 4.13 万亿美元对外金融资产，增多中国的对外直接投资和对重要战略伙伴的投资，都将是一个重要的问题。如何实现外汇储备的保值增值是中国面临的紧要问题，国际金融危机在对中国经济实体造成不良影响的同时，也为中国的海外业务提供了投资机会。"贷款换石油"无疑为中国庞大的外汇储备找到了有效的投资渠道，对摆脱对美国国债的依赖起到一定作用。"贷款换石油"对于我国运用外汇储备来说是一种新策略，其基本思路是利用中国资本和外汇充裕的优势，由政策性银行或国家控股的商业银行出资，使用外汇储备，为其他发展中国家的能源开发提供贷款，中国获得按一定价格购买相关项目的石油产出的权利，作为投资回报。不可否认，对拥有 3 万多亿美元外汇储备的中国来说，"贷款换石油"不仅有利于中国满足自身的能源需求，同时分散了外汇储备的贬值风险。这相当于中国以一个比较优惠的条件在不出现大幅涨价的前提，将外汇储备转化为石油储备，关键点是中国锁定长期原油供应，也有利于能源安全。

2003 年前后，国家正式开始制订石油战略储备计划，到 2007 年宣布第一批四个战略储备工程的建设。如今，我们已经完成了在陆路上进行石油储备。从中国的能源战略讲，使用贷款换石油的方式，最大的好处在于，中国摆脱了一个简单地用陆海储备方式，走向合约储备方式。

目前我国购买原油主要是短期项目，石油价格波动频繁；而上述长期原油供应协议，尽管石油价格仍参考市场价，但它是石油生产国与我国的直接对接，价格相对便宜。此外，我国 3 万多亿美元的外汇储备中，包括大笔美国国债，目前状况下，美元贷款的回报自然高于美国国债，因此贷款换石油相当于减少了外汇贬值风险。此外，石油贷款可以缓解我国目前外汇储备的压力，以及未来美元贬值的风险，总体来讲是一个较好的举措。

## 六、改变原有国际石油贸易格局，推进我国与产油国的能源合作

目前全球范围内争夺油气资源的竞争日趋激烈，能源、能源供给安全等诸多问题已日益受到广泛关注。随着经济的高速发展，油气资源对于我国来说，其重

要性不言自明，能源问题已经成为这个时代的主题。"贷款换石油"这种石油贸易方式，可以说是中国能源对外合作实现重大突破，它改变了原有国际石油贸易格局，促进了我国与产油国的能源合作。

以中俄合作为例，俄罗斯的油气资源非常丰富，我国则是全球重要的油气生产和消费大国，两国进行油气资源合作具有先天的优势，符合双方的战略利益。但中俄双方油气合作的过程并不顺利，不同的利益取向和两国不同的政策措施，一直在影响着中俄双方的油气合作。可以说中俄油气资源合作是优势和劣势同在，机遇和挑战并存。中俄两国在双方的能源战略中均占据了重要的地位，油气合作是中俄能源战略合作伙伴关系和两国经贸合作的重要内容。中俄两国就油气合作在1994年就曾开始，但直到2009年中俄原油管道中国境内正式开工，双方合作才算正式成功。其间双方就油气管道的布局、天然气的定价等问题反复谈判，尽管前景光明，但过程可谓十分艰辛。

回首中俄两国15年间围绕远东石油资源所进行的一系列博弈，每一轮谈判都是一场事关国家利益的针锋相对，每一份协议的签订都体现了双方寻求双赢的妥协。到了2009年年初，中俄输油管道合作项目出现了重大转机。2009年2月17日，中石油、中国国家开发银行分别与俄罗斯石油公司、俄罗斯管道运输公司签署了石油贸易、管道修建等内容的多份商业协议。根据协议，国家开发银行将向俄罗斯石油公司与俄罗斯管道运输公司分别提供150亿美元和100亿美元的20年长期贷款。俄罗斯石油公司将在今后20年里每年通过管道向中国输送1 500万吨石油，俄罗斯管道公司将于2009年年底完成"太平洋管道"一期工程及自俄罗斯边境城市斯科沃罗季诺至中国边境67千米中国支线的修建。2009年4月13日，普京在俄罗斯召开的政府工作会议上批准了中俄在当年2月签署的上述协议。据有关报道，普京在会上说：修建东西伯利亚——太平洋石油管道至中国支线的协议，将为东西伯利亚石油销往东方创造稳定和可靠的市场。4月21日，中俄双方副总理在北京签署了《中俄石油领域合作政府间协议》，协议签署后，双方管道建设、原油贸易、贷款等一揽子合作协议随即生效。4月27日，俄罗斯的东西伯利亚——太平洋石油管道的中国支线在阿穆尔州的斯科沃罗季诺市郊区举行了管道建设开工仪式。应该说，这次石油领域合作协议签署并生效是中俄能源合作的重大突破，并对中俄能源领域全面、长期与稳定合作有很好的示范作用。这项协议，有人把它叫作《世纪合同》。2009年6月17日俄罗斯最大的独立石油生产商卢克石油公司与中石化签署协议，在2009年7月至2010年6月期间向中石化供应300万吨石油，中方公司支付现金。从2009年2月17日签协议到4月27日管道建设开工，短短的两个多月时间里，拖了十多年的输油管道问题解决了。2010年11月1日中俄原油管道境外段开始供油，首批25万吨原油于11月2日顺利抵达漠河首站，从2011年1月1日起，中俄双方将正式履行每年1 500万吨原油进口协议，共持续20年。应该说，250亿美元贷款换石油协议的签署，它确实意味着中俄能源合作的一个重大突破。

如果我们从更长远一点更深层次的视角来看，亚太地区在21世纪将成为世界经济的中心，俄罗斯吸收这一地区国家的资金来开发东部地区的能源资源，对其东部地区及全国经济的发展都有重要意义。

# 第五篇

# 中国参与全球油气资源重点区域投资与合作的风险

经过近20年海外创业实践，我国海外油气投资已经初步形成国际化经营理念，培养了一批国际化的人才队伍，提升了跨国经营能力。近年来，跨国油气资源投资的项目不断增多、规模也不断扩大，同时，随着地缘政治冲突不断升级，风险事件也随之增多。我国石油企业面对竞争日益激烈的国际油气市场和更加动荡的国际形势，能否有效防控跨国油气投资风险已直接影响到中国能源安全和中国石油企业国际化战略的实施。跨国油气投资风险来自多个方面，包括决策因素、地缘政治因素、竞争、商誉损失，我们将这些造成对海外投资整体收益、发展方向、竞争力和生存能力产生重要影响的不确定性统称为战略性风险。战略性风险范围很广，既涵盖了石油政治风险（包括资源国有化风险），又涵盖了石油收益风险。战略性风险管理是一个全新的理念，本篇第十五章将对战略性风险的理论、分析、识别、形成和传导机制、风险评估与预警进行系统的描述；第十六章针对战略性风险中的石油政治风险进行深入分析，提出石油政治风险测算办法，并应用此方法对重要产油国政治风险进行估计；第十七章就政治风险中的资源国有化问题进一步展开讨论，检验促使资源国有化的影响因素，分析资源国有化的产生机理；最后，第十八章将从企业全局的视角设计油气投资组合优化模型，提出一种实现在既定预算约束和既定风险容忍度下最大化投资者效用的评价方法，以指导在综合权衡收益和风险的基础上进行投资项目选择。

# 第十五章

# 国际油气合作中的战略性风险管理

随着全球金融危机的影响和新兴经济体的崛起,全球石油供需格局正在发生变化,资源国、国际石油公司、消费国国家石油公司和服务公司之间的竞争也在悄然变化,国际油气资源市场由资金、技术主导向资源主导转变,甚至国际石油合同模式也正经历着一些显著变化,这些变化带来重要技术、商业、政治、文化、组织和管理上的挑战,是战略性风险管理非常值得注意的。对于中国政府和石油企业,加强跨国投资战略性风险管理具有重要的现实意义。本章在综合考虑了跨国油气投资的特点的基础上,突出战略性风险管理特色,构建了战略性风险管理理论体系,运用情景规划理论等对跨国油气投资战略性风险管理进行了深入研究,并对跨国油气投资战略性风险管理流程中的风险分析、识别、评价和预警进行了探讨。

## 第一节 战略性风险管理概念

战略性风险管理(Strategic Risk Management)一词首次出现于米勒(Miller,1992)的文章《国际商业中的综合风险管理架构》[1]。在讨论战略风险管理之前,

---

[1] Miller K. D. *A Framework for Integrated Risk Management in International Business*, Journal of International Business Studies, 1992, 23 (02), pp. 110 – 123.

首先应当明确战略性风险的定义。但是目前对于战略性风险的定义在学术界还存在一些分歧，帕姆（Palme，1999）提出公司由于现金收入的不确定性，把战略风险划分为组织风险（Organizational Risk）和管理风险（Managerial Risk）这两类风险；克拉克和弗那（Clarke & Verna，1999）提出组织战略风险是组织战略层面的风险，是组织整体上的风险，他还认为进行战略风险管理是获得竞争优势的手段之一[1]；迈克尔等（Michael et al.，1990）认为战略风险是公司收益受到宏观与产业经济剧烈变动导致的波动[2]；扎特吉（Chatterjee，1999）认为战略风险是公司收益相对于市场无风险收益的波动性，该观点是从公司系统风险和资本市场来进行定义的[3]。从上述战略性风险的概念讨论中可以看出，学术界对于战略性风险概念还没有统一的意见。但这些讨论有一个共同特征：战略性风险是组织的总体风险。我们可以把战略性风险理解为组织整体损失的不确定性，会对组织整体收益、发展方向、竞争力和生存能力产生重要影响的因素。

对于战略风险管理，有众多学者进行了研究与探讨。恩布勒斯瓦格和乔尔斯特德（Emblemsvag & Kjolstad，2002）认为战略风险管理会促进企业对商业目标的追求，即可以增加开发机会或者减少威胁[4]。在 2005 年 5 月，斯莱沃斯基和约翰（Slywotzky & Drzik，2005）在《哈佛商业评论》上发表了《抗击最大的风险》（Countering the Biggest Risk of All），在该论文中作者认为：战略风险管理是运用一种系统技术或手段来管理严重影响公司股东价值、公司长远发展的风险因素、事件，是一种战略层面的风险管理技术[5]。弗里戈和理查德（Frigo & Richard，2009）对战略风险管理的定义：在组织商业战略中识别、评估和管理风险，还包括当风险发生时采取的应对行动。他还认为战略风险涉及风险事件对组织战略与价值影响的范围与情形，而其中战略风险是基于组织价值链的组织运营中每一风险事件，包括新产品创新到供应链、声誉风险等[6]。随后，弗里戈和理查德（2010）提出战略风险管理是对股东价值产生持续而重大影响风险的关注。这一视角摆脱了仅对风险本身的关注，而改为对股东价值的诉求，还原了组织生存的

---

[1] Clarke M. L., Verna B. *Tampe Talo hoi ba Yisos Kraist: alo in Luk*, British and Foreign Bible Society, 2008: pp. 23 – 24.

[2] Michael L., Hugh N. Merger Strategy, *Antitrust Policy and two Components of Risk*, Risk, Strategy and Management, 1990 (5), pp. 161 – 182.

[3] Chatterjee S., Lubatkin M. H. *Toward a strategic theory of risk premium: moving beyond CAPM*, Academy of Management Review, 1999, 24 (3), pp. 556 – 587.

[4] Emblemsvag J., Kjolstad L. E. *Qualitative Risk Analysis: Some Problems and Remediep*, Management Decision, 2006 (44): 395 – 408.

[5] Slywotzky J. A., Drzik J. *Countering the Biggest Risk of All*, Harvard Business Review, 2005, pp. 45 – 59.

[6] Frigo M. L., Richard J. Anderson: *Strategic Risk Assessment: A First Step for Risk Management and Governance*, Strategic Finance. 2009 (12), pp. 81 – 99.

本质[①]。基于此,弗里戈和理查德认为战略风险管理是识别、评价和管理被组织内外部事件及各种情形影响的风险与不确定性过程,而这些风险与不确定性可能阻止组织实现战略及其战略目标——创造和保护股东及股东价值;战略风险管理是组织风险管理的基本因素和重要基础。根据这个定义,他们给出了战略性风险管理的六个基本原理:第一,它是一个对阻碍组织战略及战略目标实现的内外部事件及风险进行识别、评估与管理的过程;第二,终极目标是创造和保护股东及股东价值;第三,是组织风险管理过程的基本要素与必要基础;第四,作为风险管理的要素,战略风险管理内涵被组织董事会成员、管理者及其他人员确定;第五,需要一个战略视角去思考组织内外部事件和情形如何影响组织实现战略目标的能力;第六,是一个涉及组织战略制定、实施与管理的持续过程。

## 第二节 战略性风险因素分析与识别

### 一、战略性风险因素分析

跨国油气投资战略的影响因素众多,既包括组织自身因素,又包括外部因素,外部因素也可以再分为国内与国际环境因素等。

#### (一) 自身因素

自身因素主要包括产权性质、文化、决策与管理制度、领导制度、人事制度、财务制度、财务状况、技术水平、人才状况、品牌等。它是跨国投资的关键因素,其因素状况与跨国战略成功实现与否相关度甚密,如果自身因素不适于跨国投资,则可能导致跨国投资失败;相反自身因素良好,并与国际市场环境相适应,则利于跨国油气投资,跨国投资战略目标容易实现。如产权清晰程度直接影响组织监管状况,并直接影响其运营、财务管理等,而决策与领导制度是决定制定战略、实施战略的重要环节,会对战略适应性、正确性产生最直接的影响,也是跨国投资战略影响的关键因素之一。

---

[①] Frigo M. L., Richard J. Anderson: *Strategic Risk Assessment*, *Strategic Finance*, 2010 (01), pp. 123 – 137.

## (二) 外部因素

外部因素主要是经营的环境因素，包括微观环境、中观环境与宏观环境因素。其中，微观环境因素主要包括投资地区的自然环境、文化习俗、劳工市场、社区关系及当地政府对投资企业的态度等（如非洲、南美、中亚等地区差异性），这些对于投资项目成败产生直接影响，进而影响战略实施及目标实现。中观环境因素主要是油气行业环境，包括行业内石油企业的发展状况、竞争激烈程度、油气资源分布与投资情况、技术与装备水平、人才素质状况、市场与品牌等（如中国石油企业与西方石油公司的差异性、美国非常规油气技术突破），这些将直接影响我国石油企业在国际市场的战略定位、投资方向。因为我国石油企业战略制定过程中，必须收集这些信息，分析自身的资源，探寻自身优势，最终确定战略及实现方式。所以，中观环境因素对跨国投资战略有重要影响。宏观环境因素主要包括国内及国际、投资区域的政治、经济、社会文化、资源替代、技术发展水平、社会组织等（如全球金融危机、中东北非地区政局动荡和资源国政策调整），这些因素中，有些对跨国投资战略产生直接影响，如地缘政治将导致跨国投资区域的投资方式的整体改变，并且这种改变具有突发性与不可预测性，容易对整个跨国战略产生深远影响。地缘政治变化带来的风险在国际投资中是非常常见的，例如，中东北非地区政治动荡，国际公司投资战略发生了大的转变，原先注重独资，现在却注重合资与合作方式；有些地区实现国有化运动，如南美的一些国家，导致一些西方石油公司投资损失巨大，原投资战略失败。还有些因素对战略产生间接影响，主要是社会文化、技术发展水平、资源替代等，如社会文化中对环境、资源的保护认识程度，这影响对资源的勘探与开发方式，同时世界对气候变化的关注程度日益增强，将导致人们对化石燃料的抵触，而寻找新的替代能源，使得整个世界探索采用新的技术开发新能源，最终影响跨国投资战略的方向性。另外，世界经济、国际油价、汇率等都对投资的财务产生影响，而最终对跨国油气投资战略产生作用[①]。

根据上述分析，我们研究中调查、了解了跨国油气投资风险管理中主要的风险因素。经过对数据的整理分析，获得了九大类20多种跨国油气投资的主要风险因素，如表15-1所示。

---

① 刘睿、魏军：《石油公司跨国经营的有关问题》，载《油气田地面工程》2012年第1期，第1~2页。

表 15 – 1　　　　　　　　跨国油气投资风险因素结构

| 风险类别 | 风险因素 | 风险因子 |
| --- | --- | --- |
| 市场与经济风险 | 市场风险 | 价格风险 |
|  |  | 需求风险 |
|  |  | 竞争风险 |
|  | 经济风险 | 宏观经济风险 |
|  |  | 汇率风险 |
| 决策风险 | 项目投资风险 | 投资评价风险 |
|  |  | 项目决策风险 |
|  |  | 项目管理风险 |
|  | 储量价值风险 | 地理风险 |
|  |  | 业务组合风险 |
|  |  | 油价波动风险 |
| 财务风险 | 收益率波动风险 | 市场变化风险 |
|  |  | 油价波动风险 |
|  |  | 政策法规风险 |
|  | 资产安全风险 | 政治风险 |
|  | 投资回报率下降风险 | 财务结构风险 |
|  |  | 信用风险 |
|  | 外汇风险 | 国际货币汇率波动风险 |
|  |  | 资源国外汇管制风险 |
| 竞争风险 | 技术风险 资源风险 | 技术创新风险 |
|  |  | 资源项目并购风险 |
|  |  | 资源合作与投资风险 |
|  | 人才风险 | 人才缺乏风险 |
|  |  | 人事管理风险 |
| 运营风险 | 供应链风险 | 供应链管理与保障风险 |
|  |  | 供应商风险 |
|  |  | 运输风险 |
|  | 信息管理风险 | 数据管理风险 |
|  |  | 通信系统风险 |
|  |  | 通信设备风险 |

续表

| 风险类别 | 风险因素 | 风险因子 |
|---|---|---|
| 运营风险 | 生产管理风险 | 计划预算风险 |
| | | 现场管理风险 |
| | | 设备保管风险 |
| | 人员安全风险 | 人员防护风险 |
| | | 质量安全环保（HSE）管理风险 |
| | 运营稳定风险 | 人文环境风险 |
| | | 基础设施风险 |
| | | 地区政治风险 |
| | 执行力风险 | 公司管理制度风险 |
| | | 职责分工风险 |
| | 业务集中风险 | 项目资源国集中风险 |
| | | 项目类别集中风险 |
| 政治风险 | 地缘政治风险 | 战争、冲突风险 |
| | | 资源国政治动荡与更迭风险 |
| | | 国际政治变化风险 |
| 法律风险 | 合规风险 | 政策法规风险 |
| | | 信用风险 |
| | 法律纠纷风险 | 法律事务风险 |
| | | 合同风险 |
| 社会责任风险 | 企业声誉风险 | 社会文化、风俗风险 |
| | | 社会服务风险 |
| | 环保风险 | 污染物处理风险 |
| | | 原油泄漏风险 |
| 自然风险 | 地质风险 | 地质结构风险 |
| | | 地理风险 |
| | 自然条件风险 | 气候风险 |
| | | 地质灾害风险 |

根据风险对公司产生的程度大小及发生的可能性，调查获得了排在前面的十大风险因素：人才风险、企业声誉风险、决策风险、业务集中风险、运营稳定风险、技术风险、人员安全风险、地缘政治风险、社会责任风险、法律纠纷风险。

同时，参照罗伯特·西蒙斯提出的战略性风险来源包括运营风险、资产损伤风险、竞争风险、商誉风险来对照分析。实际上罗伯特·西蒙提出的战略性风险与石油公司面临的十大风险因素尚存在较大变化和差异，我们认为当前和今后一个时期内，跨国油气投资战略性风险的主要因素是：决策风险、地缘政治风险、竞争风险、商誉风险，本章后面结合鱼刺图方法会进一步识别。

## 二、战略性风险因素识别

按照复杂系统管理原理，通常把复杂的问题分解为一些结构简单的子系统或结构简单的问题，然后分别进行分析、解决与处理，最后再把这些解决的问题整合成为一个系统，以达到解决整个复杂系统中存在问题之目的，这种方法一般称为结构化解决问题的方法。另外，还存在一种解决问题的方法是：先了解复杂系统产生的问题，然后对整个系统进行分析，找出系统中导致问题出现的原因，再针对这些原因来处理。这两种方法对于识别跨国油气投资战略性风险因素有很好的借鉴意义。

一些学者在研究中针对战略风险因素的识别采用了许多方法，如层次分析法、马尔科夫链法等。但是从管理决策的角度，希望正确、有效、简单、易于操作，上述的有些识别方法在分析过程中采用了量化的方法，能够较客观地识别战略风险因素，但是在数据采集方面显得较为复杂，成本较高，在管理实践中难以运用。因此，这里在跨国油气战略性风险的重要因素识别中，采用较为适用的并在管理实践中广泛应用的识别方法——鱼刺图识别法。

跨国油气投资战略性风险因素的鱼刺识别方法是采用质量管理中"鱼刺图"思想。鱼刺图也叫因果分析法，是表示质量问题与产生原因因果关系的图[①]。该方法采用"头脑风暴法"或"德非尔法"[②]，针对该问题采用集体的智慧，按照战略性风险与各风险因素的关系、影响程度大小、影响形式及传导机制进行分析、探讨，提出各自的观点，然后反复整理与论证，形成合理的、脉络清晰的战略性风险因素的结构图。鱼刺图的显著特征主要有三个：第一，能够把战略性风险与各风险因素之间的关系直观地显示出来；第二，能够根据鱼刺图快速追溯到战略性风险发生的源头，即风险源；第三，风险因素之间的关系存在一定的假设性。

---

① 王嘉兰：《"鱼刺图"改进的讨论》，载《标准科学》2010年第2期，第25~28页。
② "头脑风暴法"又称智力激励法、BS法、自由思考法。组织群体决策时，主持人集中有关专家召开专题会议，让大家无限制地自由联想和讨论，其目的在于产生新观念或激发创新设想。"德非尔法"又称专家意见法，是采用背对背的通信方式征询专家小组成员的预测意见，经过几轮征询，使专家小组的预测意见趋于集中，最后做出符合市场未来发展趋势的预测结论。

为把战略性风险因素识别与鱼刺图相结合，须先对跨国战略性风险进行归类与层次划分。参照罗伯特·西蒙斯所划分的战略性风险四个类别：运营风险、资产损伤风险、竞争风险、商誉风险，将跨国油气投资的战略性风险因素按照决策风险、地缘政治风险、竞争风险和商誉风险四个类别来分类。决策风险、地缘政治风险及竞争风险可能产生商誉风险，并最后导致战略风险。另外，有些不同类别的风险可能来源于同一种风险因子，如技术风险因素对决策风险产生重要影响，同时也对竞争风险产生重要影响，人员素质风险、管理风险因素也存在类似的情形。为了对风险因素归类，文中依照四个方面分别归类，并按对某类风险产生的影响程度大小来调整、分类。若某一风险因素对某类风险产生的影响程度最大就把该风险因素归为这类风险，以避免风险因素的重复，如表15-2所示。

表15-2　　　　　跨国油气投资战略性风险因素层次结构

| 风险类别（第一层） | 风险因素（第二层） | 风险因子（第三层） |
| --- | --- | --- |
| 决策风险 | 管理决策制度风险 | 企业制度风险<br>决策程序风险<br>企业文化风险<br>管理制度风险<br>领导人素质风险<br>决策技术风险 |
| | 项目决策风险 | 新项目投资区域选择风险<br>新项目预算风险<br>新项目投资成本风险 |
| 地缘政治风险 | 地区政治风险 | 政府更迭风险<br>战争风险<br>合作终止风险 |
| | 资源国政治风险 | 政策风险<br>国有化风险 |
| 竞争风险 | 人才竞争风险 | 人员技术能力风险<br>人员流失风险<br>人员招聘风险 |
| | 技术竞争风险 | 勘探技术风险<br>开采技术风险<br>管理技术风险<br>施工技术风险 |
| | 资源竞争风险 | 油气资源并购风险<br>信息资源风险 |

续表

| 风险类别（第一层） | 风险因素（第二层） | 风险因子（第三层） |
| --- | --- | --- |
| 竞争风险 | 市场竞争风险 | 油气价格风险<br>客户竞争风险 |
| 商誉风险 | 社会责任风险 | 环境保护风险<br>文化风俗风险 |
| | 信誉风险 | 信用风险<br>法律风险 |

从表 15-2 可知，跨国油气投资战略性风险因素层次较多，很难运用传统的鱼刺图描述它们之间的关系，需要对传统的鱼刺图进行改进，增加一个层级的鱼刺，以正确显示风险因素之间的关系（见图 15-1）。

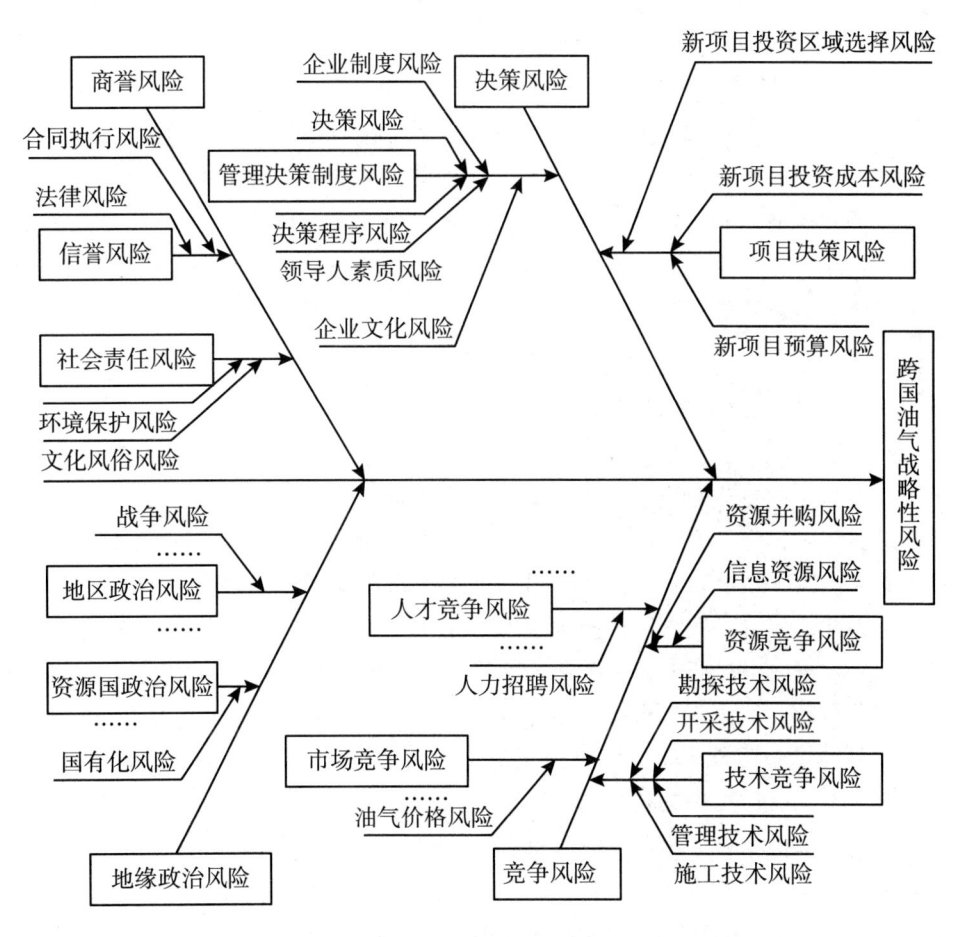

图 15-1 跨国油气投资战略性风险因素鱼刺识别图

下面对这四类战略性风险进行阐述:

## (一) 决策风险

战略决策决定整个战略投资方向,如果出现较大偏差,将可能导致巨大的失误。因此,决策风险是影响跨国油气投资战略性风险的关键因素。决策的各个方面都会对投资收益产生影响:战略投资决策的合理性直接影响到投资运营的全过程和最终的投资收益,是风险控制的关键[①];投资的时机把握、项目前景、业务领域等重要因素的正确判断与否将影响后期整个投资风险状况。以投资业务来看,投资业务过度集中,容易形成风险集中度高,如果该业务领域海外投资收益受到较大影响,还会直接影响公司财务状况,将产生投资受阻,其他投资计划难以继续,战略执行受到影响,最终可能产生战略性风险。战略决策风险主要包括项目决策风险和储量价值风险两个次级风险因素。

## (二) 地缘政治风险

地缘政治包括:国际政治局势动荡导致资源国对油气生产实现强制限产、限制或禁止工作量投入;资源国发生战争、暴乱甚至政权更迭等事件,导致投资项目生产经营中断;与资源国国家和地区关系恶化,影响投资项目运营;资源国左翼政党执政,推动国有化运动,使合作项目收归国有,投资者丧失项目等。这些都会导致战略风险的形成。

## (三) 竞争风险因素

跨国油气投资的竞争表现为资源、技术、人才和市场等多方面竞争,尤其近年来,资源争夺愈演愈烈。资源竞争既存在于资源合作与投资环节,又体现在资源项目并购过程中。在跨国油气投资活动中涉及众多大型跨国石油公司,这些公司具有几十年甚至上百年的历史,具有非常丰富的跨国经营经验和雄厚的人才基础。从人才上来看,我国石油企业仅有二十年的国际化历程,目前在与这些公司的高端人才竞争中处于劣势。如果没有一定数量的高端人才,贸然快速拓展跨国油气投资活动,就面临着很大的人才风险。从技术上来讲,我们在深海勘探开发活动、非常规油气开发领域和天然气液化技术方面都与大型跨国石油公司有差距,存在着竞争过程中的技术风险。而对于石油行业来说,市场竞争风险无处不在,如为了油气项目的收购或并购展开的竞争,往往抬高价格,形成项目并购的

---

① Gedajlovic E., Lubatkin M., Schulze B. *Crossing the Threshold from Founder to Professionally Managed Firms: A Governance Perspective*, Journal of Management Studies 2004 – 41 (5), pp. 899 – 912.

市场竞争风险，有时候会出现所谓"赢者诅咒"。

### （四）商誉风险因素

商誉是一种重要的无形资产，是企业形象的重要特征。跨国油气投资的商誉风险主要包括：发生重大生产安全事故或环境污染等恶性事件；在公共关系管理中缺乏规范和完善的危机处理和应对机制，在发生较大负面事件时，无法及时有效地控制其对公司声誉和形象的影响，这可能损毁企业的国际公众形象，迫使企业卷入代价昂贵的诉讼案件，并导致重大损失以及中方工作人员的严重损害。石油企业在跨国油气投资活动中应十分注意建立和提高其商誉，才有机会实现跨国投资活动及跨国经营战略。如许多非政府组织，如绿色和平组织（Greenpeace，致力于环保问题）和全球交换服务组织（Global Exchange，致力于公平贸易）等，都在更为密切地关注着企业，并且当今信息传播迅速，石油企业特别需要加强投资活动中的环境保护与安全、尊重人权、尊重当地文化风俗、人员健康与安全的管理，提升企业的国际形象[①]。因此，跨国油气投资的商誉风险主要是社会责任风险与信誉风险。

## 第三节  战略性风险情景规划与评价

### 一、战略性风险的情景规划与阐释

由于风险具有不确定性，组织管理者很难预知风险发生的状况及所带来的后果，特别是对于极端风险的预见性就更差了。而情景规划则可以模拟一些重要的风险发生情景，以有效解决其问题，这对跨国油气投资的战略性风险评估与预警非常适用。因此本节对跨国油气投资战略性风险进行情景分析。

### （一）战略性风险关键影响因素

依据鱼刺图理论确定了跨国油气投资四大战略性风险因素。在竞争性风险因素之中，对于海外油气投资来说，尽管资源竞争是很重要的，但从战略性来考

---

① 陈平、任晓东：《石油企业推行 HSE 管理体系探讨》，载《石油天然气学报》2005 年第 4 期，第 141~142 页。

虑，技术更关键，因此在本部分的分析中用技术风险来刻画竞争风险。基于同样的理由，我们用社会责任风险来刻画商誉风险。

**1. 决策风险及其对战略性风险的影响**

在组织运营活动中，许多经营事务均需要管理者按照一定的规章制度与流程进行决策，以保证组织的正常运行；而决策程序与方式是由组织决策制度所决定的，和制度有非常大的关系。决策风险，是指在决策活动中，决策方式与决策程序反映出固有的风险，导致决策活动不能达到预期目的的可能性及其后果。如果决策出现偏差，事情做得越好，将会离目标越远。而在组织决策中，通常是决策机制与管理者扮演了重要的角色。其中，决策机制对决策方案选择起着重要的作用，如果决策机制存在缺陷，可能导致决策中加入了一些管理者的偏好或主观意见，而决策正确性、有效性受到决策者（或高层管理者）的认识水平、情绪、自身利益影响。决策者认识水平低提出的决策方案水平也低，自然被选择的方案也较差；另外，如果情绪不稳定或掺杂了决策者个人利益可能导致决策错误，从而导致方向性的错误。因此，决策风险是组织最大的经营风险。在跨国油气投资中，其决策制度导致的投资战略定位错误、决策中领导个人意志强加于决策中而形成战略性风险。因而建立科学民主的决策机制是确保持续发展、稳健经营、防止战略性风险的重要保障。如针对国有企业决策风险，2010年6月5日，中共中央办公厅、国务院办公厅印发了《关于进一步推进国有企业贯彻落实"三重一大"决策制度的意见》，有针对性地处理违规决策，个人或少数人说了算的现象等。

**2. 地缘政治风险对战略性风险的影响**

石油与经济、国际政治紧密联系，世界国家对于石油资源的争夺异常激烈，有些大国为了维护自身的利益，控制世界油气资源，这些大国通常插手或干预资源国、地区的政治事务，采用多方式对资源地区及国家施加影响，要求其改变对外的政治倾向，及改变资源的开发政策而使投资项目收益下降，甚至投资损失。另一种情形是：地区冲突导致资源国家或地区发生战乱、暴乱导致资源国的政权更替或政治动乱、国有化和东道国政策的重大变化而给油气投资企业造成的风险。而且政治风险很难提前较长时间预测，只有当临近后才发现存在风险，但这时项目已经投资，不能在短时间对项目进行处理而收回投资；并且政治风险导致的冲击与损失是不可逆转的，往往难以保证投资资产的安全性，产生资产损伤风险（按照西蒙斯的战略风险因素），而形成战略风险。

**3. 技术风险对战略性风险的影响**

技术问题是跨国投资战略的核心，包括勘探技术、开采技术等，没有先进而完善的技术跨国油气投资目标不可能实现，不可能获得油气资源的开发权，也不可能完成投资合同要求的条款与任务，在激烈的竞争中必然失败，自然形成了战略性风险。如中石油如果没有先进的技术，不可能中标伊拉克哈法亚油田，海外投资战略也不会顺利实施；中国石油企业希望与伊朗合作开发天然气，但是缺乏LNG技术，需要从国际大型公司获得技术，但是西方国家限制向中国出口这种技术和设备，使得与伊朗的天然气液化合作不能开展。另外，中国石油企业深海开采技术落后，尽管参与一些项目，但是无法获得和掌握这项技术，合作中获得的收益非常少，需要中国企业在深海开采技术方面向欧美的一些石油公司学习并创新，掌握深海开采技术。而且，深海开采成本高昂也是制约我国石油公司向深海进发的一个障碍，因为深海开采成本一般为陆地的 3~5 倍，严重影响了我国石油公司的海外油气投资拓展战略。

**4. 社会责任风险对战略性风险的影响**

在资源国及地区，经营环境复杂，"社区、劳工、工会"是三大难题，如果处理不好，将会影响项目生产运营，甚至危及员工人身安全。另外，油气生产过程中往往会对环境产生较大负面影响，在环境日益受到各国重视的情况下，如果处理不好开发、开采、生产活动中的环境污染问题，极有可能导致资源国的巨额赔偿要求，甚至面临灭顶之灾。进一步来看，如果存在环境风险，也必在国际范围内受到媒体的广泛关注，其负面舆论必将影响投资者的声誉与商业信誉，使企业在国际资本市场受到冷遇，导致战略性风险。如 1967 年托雷峡谷号油轮搁浅事故导致原油泄漏的事故在国际上引起关于油污事故责任的争论，并由此导致了 1969 年《国际油污损害民事责任公约》和《国际干预公海油污事故公约》的签署。另外，2010 年 4 月墨西哥湾原油泄漏事件造成了严重的环境灾难，其恶果难以估量，已被认为是美国有史以来最严重的环境灾难。虽然在与美国总统展开会谈后，BP 同意投入 200 亿美元设立"第三方赔偿账户"以进行赔偿，除了经济损失严重外，该漏油事件的惩罚、赔偿与追责还导致 BP 国际形象受到严重损害。

**（二）战略性风险的情景分析**

对影响跨国油气投资战略性风险关键因素所进行的分析，可以采用一个矩阵来进行描述，见图 15-2。战略风险状况曲线的含义是关键风险因素发生的程度（概率）越高，发生战略风险的概率也越高。

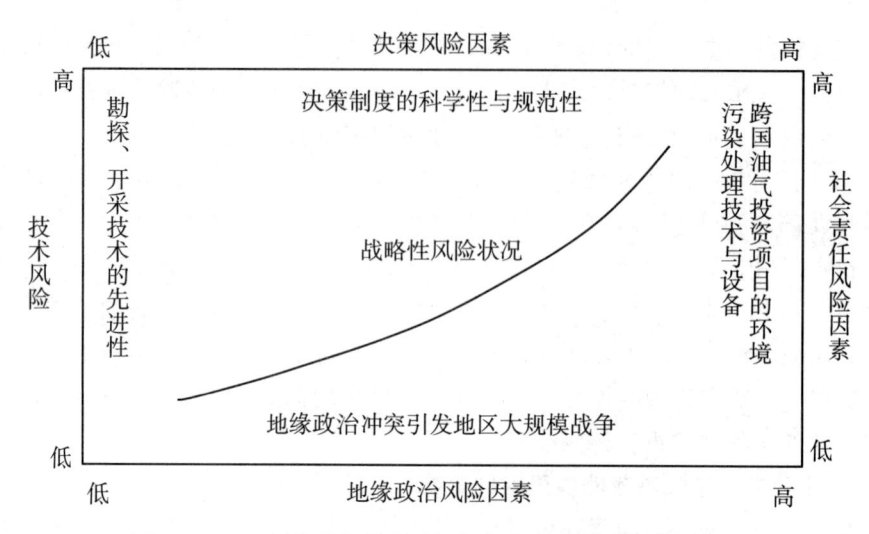

图 15 – 2　跨国油气投资战略性风险的情景规划矩阵

下面依据这四个关键风险因素的变化情况来对战略性风险进行情景假设。

**1. 情景假设之一：决策定位与拓展战略不匹配**

由于组织制度、管理水平、领导人的风格等原因，在跨国油气投资中出现决策与拓展战略、一体化战略等不匹配。这种不匹配在决策制定时未必能够显现出来，但经过一定的时间，发现有些决策逐渐与战略要求的差距越来越大，导致战略无法实现甚至会损害战略实施，其形成的战略风险影响深远。因为决策制度的风险与企业文化、企业制度、领导人的风格紧密联系，而这些很难在短时间内改变，因此它对企业整体系统的危害大。一般只有到企业出现严重危机时，才可能进行调整和改变。

**2. 情景假设之二：地缘政治冲突引发的地区大规模战争**

2011 年以来，中东、北非许多国家政局持续动荡，而非洲、中东是中国石油企业重要的油气合作地区。进入 2012 年，苏丹与南苏丹也因石油利益分配冲突不断升级，以至于南苏丹政府完全暂停石油生产。美国、欧盟对叙利亚、伊朗的制裁也在不断升级，发生区域性战争的风险也在不断加大，这严重影响中国石油企业在这些地区的油气合作项目和国家油气供应安全，无疑成为重要战略性风险。

**3. 情景假设之三：国际石油公司实现关键技术重大突破**

随着国际石油新领域越来越集中于深海、非常规等领域，实现技术上的超前储备和重大突破往往决定了石油公司的竞争力。当前，我国石油公司在油气开采的某些领域具有一定的先进性，取得了一些成果。如果国外公司在技术上有重大突破，超越了当前的传统技术，使我们失去竞争优势，有可能导致在资源勘探、开采等领域的全面落后，无法在国际市场上立足，会逐渐退出国际资源市场。而即使进入也只能与技术先进的国际公司合作，获利会较少，无法较大规模拓展国际资源市场，既定战略不能顺利实现，形成战略性风险。如美国页岩气开发技术的重大突破所显现出来的竞争力，为美国公司继续在全球非常规天然气开发掌握了主动权。

**4. 情景假设之四：出现严重的环境污染事件**

只要从事油气开采活动，必定会带来环境问题。尽管跨国投资过程中，加强管理，防止环境污染事件发生，但是百密一疏，国际大型石油公司也不可避免，如英国石油公司于2010年发生在美国墨西哥湾的漏油事件等。假设投资运营中出现严重的环境污染事件，将会对公司在国际上造成不良的商誉影响，对下一步战略实现造成严重负面影响。环境污染事件绝大多数是由油气生产事故而引发的，但背后的主要原因往往是管理问题。

不同风险因素发生的概率也会不同。针对这种情形，我们对情景矩阵图15-2进行改进，把风险事件发生概率较大的风险因素引入情景模型中，以更加准确地描绘跨国油气投资的战略性风险状况，如图15-3所示。

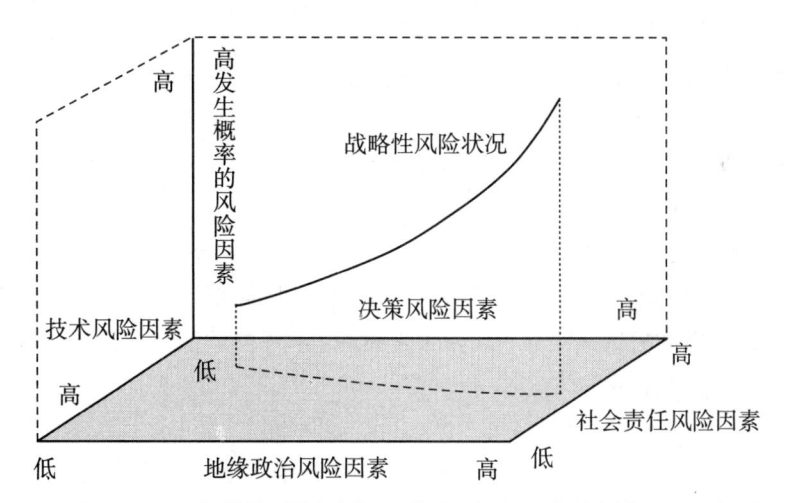

**图 15-3 改进的跨国油气投资战略性风险情景规划矩阵**

资料来源：该图以关键风险因素发生的概率高低来表示跨国油气投资的战略性风险状况。

## 二、跨国油气投资战略性风险评价

在情景规划中，风险状态是根据一些风险因素状态信息来情景假设从而评价的，具有一定的统计分析特性。对此，我们把情景规划方法融入统计分析的风险评价中。其基本思路如图15-4所示：

```
┌─────────────────────┐
│   风险因素状态信息    │
└─────────┬───────────┘
          │
          ▼
┌─────────────────────┐
│ 关键风险因素未来风险状态 │
└─────────┬───────────┘
          │
┌──────────────────────┐   │
│ 关键风险因素风险稳定状态标准 │──▶│
└──────────────────────┘   ▼
          ┌──────────┐
          │  比较评价  │
          └──────────┘
```

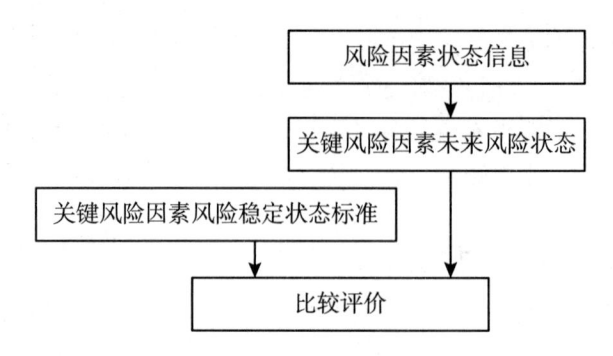

**图 15 - 4　战略性风险评价流程**

针对战略性风险评价流程，跨国油气投资战略性风险的评价步骤为：

第一，关键风险因素风险状态标准的确定。根据情景规划分析中获得的五个关键风险因素，按照专家评价方法（如德菲尔法）分别获得五个关键风险因素在稳定状态标准（不发生风险情形的概率标准，一般为上限阈值）。

$$P(X_{1s}),\ P(X_{2s}),\ P(X_{3s}),\ P(X_{4s}),\ P(X_{5s})$$

第二，关键风险因素的未来风险状态。在情景规划中，遴选出了五个衡量战略性风险的关键风险因素，而这五个关键风险因素由众多次级风险评价指标反映。因此，评价五个关键风险因素的风险状态，需要层次评价法来获得未来关键风险因素的风险状态（风险发生的概率）。按照层次分析法，建立各关键风险因素的评价模型，可以分别量化并获得未来时间 $t$ 的五个关键风险因素的风险状态概率：$P(X_{1t}),\ P(X_{2t}),\ P(X_{3t}),\ P(X_{4t}),\ P(X_{5t})$。

第三，比较评价。该评价技术将战略性风险的未来状态与不发生风险的标准状态进行比较，并根据比较结果给出风险状况评价值，判断风险状态。其计算过程如下：

首先，给出某关键风险因素 $i$ 在未来时间 $t$ 的风险状态评价模型：

$$V_{it} = \sqrt{\sum_{j=1}^{n}[w_{ij}(P(x_{ijt}) - P(x_{ijs}))]^2} - P(X_{is}) \qquad (15-1)$$

其中，$V_{it}$ 表示某关键风险因素 $i$ 在未来时间 $t$ 的风险状态评价值，$V_{it} \in [-1, 1]$，$V_{it} \leq 0$ 为无风险，$V_{it} \geq 0$ 为有风险；$w_{ij}$ 表示隶属于某关键风险因素 $i$ 的评价指标 $x_{ij}$ 的权重；$P(x_{ijs})$ 表示某关键风险因素 $i$ 的评价指标 $x_{ij}$ 不发生风险情形的概率标准；$P(x_{ijt})$ 表示 $x_{ij}$ 未来时间 $t$ 的风险概率；$P(X_{is})$ 表示某关键风险因素 $i$ 不发生风险情形的概率标准。

接着，给出在未来时间 $t$ 跨国油气投资的战略性风险整体评价模型：

$$U_t = \sum_{i=1}^{5}\mu(V_{it}) = \sum_{i=1}^{5}\mu\left\{\sqrt{\sum_{j=1}^{n}[w_{ij}(P(x_{ijt}) - P(x_{ijs}))]^2} - P(X_{is})\right\} \qquad (15-2)$$

最后，根据 $U_t$ 的值判断战略性风险状态：$U_t \in [0, 5]$，$U_t = 0$ 为无战略性风险，$U_t \geq 1$ 为存在较高的战略性风险。其中，$\mu(x)$ 表示：如果 $x \leq 0$，$\mu(x) = 0$；如果 $x > 0$，$\mu(x) = x$。因此，可以依据式（15-2）获得未来时间 $t$ 跨国油气投资的战略性风险的评价值。由此，根据战略风险评价状况，来对风险进行防范、处理与应对。然后根据式（15-2）追溯到式（15-1），寻找风险源，依据情景规划假设做出相应的对策。

## 第四节　战略性风险预警

对于战略性风险管理，重点是进行防范，减少风险事件发生的概率，以最大限度地减少损失。而战略性风险预警就是当某些战略性风险衡量指标达到一定的警戒值时，通过某种机制向相关的管理人员报警，然后风险管理人员迅速启动防范预案，查找原因，进行处理，使战略性风险维持在较低的水平。因此，在跨国油气投资的战略性风险管理中，要求建立风险预警机制，有效地降低风险，保证跨国投资目标的顺利实现。

对于跨国油气投资战略性风险预警，第一要思考采用的预警模式，这要依赖企业自身的条件来选择当前应用的模式，或根据企业实际创造的预警模式。第二，设计预警指标及其预警值，其中预警指标需要选取重要而关键的指标，否则成本高，效果不好。但是对预警指标的警戒值，可根据不同的企业或不同的指标差异，并依据实践专家的判断直接给出这些指标的警戒值。第三，报警系统，该系统为监控系统，即当某个或某些指标达到或超出设定的警戒值时，系统马上报警。第四，处理预案，即当某个指标出现警情，马上调出处理预案，进行处理，使整体组织系统风险水平保持在较低的水平。因此，跨国油气投资战略性风险预警系统主要包括三个子系统，即战略性风险识别、评价、预警子系统。而对于战略性风险识别与评价在前面的章节进行了分析、研究，而这里将重点阐述战略性风险预警。

对于企业战略风险预警方法，目前主要有：人工神经网络预警方法、模糊预警、灰色预警方法、神经网络预警方法等。这些方法都有自身的特点，并且可以根据不同的企业类型和方法的适用性，选择不同的预警方法。然而，对这些方法考察发现，这些方法重点强调技术性，理论研究比较多，实际能应用的则很少，目前就跨国油气投资过程中战略性风险预警方法的研究则少之又少。对此，我们根据战略风险的关键风险因素，同时参考穆迪（Moody）公司对国际石油公司的评级标准，确定风险指标及其警戒值，从而建立预警机制。

## 一、关键风险指标

### （一）决策风险

企业跨国投资决策制度、模式决定投资战略的整体方向，决定整个跨国投资的成败，但要直接采用决策制度的合理性、决策机制很难量化，不能给决策者提供客观而确切的风险性大小。因此，为建立量化投资决策风险的分析模型，采用如下指标来评价：三年平均项目内部收益率、三年投入资产回报率、三年项目累计净现金流低于计划、业务分散化程度，如表15-3所示。

表15-3　　　　　　决策风险的评价指标及其警戒值

| 关键风险评价指标 | 单位 | 黄色预警 | 红色预警 |
| --- | --- | --- | --- |
| 项目内部收益率 | % | $X_1 \leqslant X < X_2$ | $X < X_1$ |
| 三年投入资产回报率 | % | $Y_1 \leqslant Y < Y_2$ | $Y < Y_1$ |
| 三年项目累计净现金流低于计划 | % | $Z_1 \leqslant Z \leqslant Z_2$ | $Z > Z_2$ |
| 业务分散化程度 | / | 利润的50%来源于10%投资资源国 | 利润的70%来源于10%投资资源国 |

### （二）技术风险

油气技术是在勘探、开采技术上的体现，最终体现在"平均储量替换率、储采比率、勘探成功率、产量增长率"，这些指标来衡量公司在国际上的竞争力。因此，这几个指标的状况反映技术风险程度，如表15-4所示。

表15-4　　　　　　技术风险的评价指标及其警戒值

| 关键风险评价指标 | 单位 | 黄色预警 | 红色预警 |
| --- | --- | --- | --- |
| 三年平均储量替换率 | % | $a \leqslant RR < b$ | $X < a$ |
| 三年平均储采比 | % | $a \leqslant RP < b$ | $X < b$ |
| 三年平均勘探成功率 | % | $a \leqslant PS < b$ | $X < a$ |
| 三年平均产量增长率 | % | $a \leqslant PR \leqslant b$ | $X < a$ |

### (三) 地缘政治风险

一个地区的政治往往与该地区的国家经济紧密联系。为了便于衡量油气资源的地缘政治风险（资源国风险），可以运用资源国的经济指标和安全指标来共同评价跨国油气投资的地缘政治风险，这些指标是：外债总额与国民生产总值之比、应付未付外债总额与当年出口收入之比、资源国及周边地区政局动荡和社会安全形势变化，如表 15-5 所示。

表 15-5　　　　　地缘政治风险的评价指标及其警戒值

| 关键风险评价指标（资源国） | 单位 | 黄色预警 | 红色预警 |
| --- | --- | --- | --- |
| 两年平均外债总额与国民生产总值之比 | % | $a \leqslant X < b$ | $X \geqslant b$ |
| 两年平均应付未付外债总额与当年出口收入之比 | % | $a \leqslant X < b$ | $X \geqslant b$ |
| 资源国及周边地区政局动荡 | | 持续发生局部冲突 | 政权更迭 |
| 社会安全形势变化 | | 发生恐怖袭击事件 | 爆发战争 |

### (四) 社会责任风险

社会责任风险反映公司在国际市场上的声誉，其主要原因是投资活动中发生一些风险事件后，其在社会上产生的影响程度。这些风险事件主要是：人员伤亡、环境污染、经济损失、重大违规/重大法律败诉案件，如表 15-6 所示。

表 15-6　　　　　社会责任风险的评价指标及其警戒值

| 关键风险评价指标 | 单位 | 黄色预警 | 红色预警 |
| --- | --- | --- | --- |
| 生产安全事件造成的人员伤亡（重伤或死亡） | 人 | $a \leqslant X \leqslant b$ | $X > b$ |
| 环境污染事件（原油及化工品） | 桶 | $a \leqslant X < b$ | $X \geqslant b$ |
| 违规/法律败诉案件 | 件 | $a \leqslant X < b$ | $X \geqslant b$ |
| 事件造成资源国或社区直接经济损失 | 百万美元 | $a \leqslant X < b$ | $X \geqslant b$ |

## 二、战略性风险预警

战略性风险管理承受度及其警戒值在企业开展跨国投资战略性风险监控预警活动的过程中，运用式 (15-1)、式 (15-2) 评价模型，评价战略性风险影响的关键指标的实际值，并将其与警戒值进行对比，从而判断当前战略性风险大小以及是否应该采取行动。

我们对跨国油气投资战略性风险的评价指标及其预警值只设置了两个等级，而另一个等级没有给出，该等级是处在风险安全状态，即"绿色"等级，因此对于战略风险共有三个预警等级：红色、黄色、绿色。

为了更为直观地展示跨国投资战略性风险监控预警的结果，根据风险预警原理并调查中国的石油公司，我们设计了用于监控预警的"红、黄、绿指示灯"系统。在此类指示灯系统中：

第一，红灯表示监控指标超过了跨国投资关键战略性风险指标的最大承受范围，当前战略性风险暴露比较大，需要引起公司领导层的重视，并立即投入资源组织应对；

第二，黄灯表示监控的跨国投资关键战略性风险指标仍在控制范围内，即关键战略性风险指标的监控值在最大值和最小值之间，说明当前公司的战略性风险有一定的暴露，需要引起管理层的关注和重视，并视情况采取应对措施；

第三，绿灯表示跨国投资关键战略性风险指标在控制范围内，或高于紧急程度最低的警戒值（指标越低越好），或低于紧急程度最低的警戒值，说明当前公司的战略性风险控制状态良好，不需要采取额外的应对措施。

投资公司在实际开展跨国投资战略性风险监控预警的过程中，首先要根据战略性风险评估的结果，建立战略性风险度量模型，计算企业跨国投资的战略性风险敞口的大小。例如，通过风险指标评价下一年或未来几年的战略性风险影响的关键指标实际值，并将其与警戒值进行对比分析及预警，向公司管理层提示战略性风险状况。也可以在对当年的战略性风险评估的基础上，计算当年各战略性风险影响的关键指标值，对比警戒值分析，向公司管理层提示战略性风险状况。

# 第十六章

# 中国海外投资重点区域政治风险管理

石油是重要的战略物资，石油与政治历来密切相关，各种政治因素对石油业都有直接的重大影响。石油政治风险是指各种政治力量使国际石油合作区域环境发生恶变的可能性，这种变化将影响石油企业在该地区的生产与经营，以及石油进口国从该地区获得石油资源。世界上凡是石油富集或运输过境地区，大多数都是各种矛盾冲突比较集中的地区，如大国博弈、民族冲突、宗教冲突、领土争端和恐怖主义等，常常爆发各种争端和战争。中国石油企业的许多海外项目处于这样的局势紧张地区，中国石油进口的来源国也大多属于这些高风险地区。石油政治风险往往造成石油进口中断，外国公司资产被强制剥夺或毁损，甚至酿成人员伤亡或人身安全失去保障。因此，加强政治风险评估，提出应对政治风险的对策，全方位多元化分散风险，是我国国际石油合作重点区域风险管理需要重点关注的内容。本章就当前社会各界最为关切的政治风险展开研究，提出一套政治风险测算办法，并以伊朗、苏丹和利比亚等十国为例进行政治风险测算和排序。

## 第一节 石油政治风险的具体要素

石油政治风险主要来源于四个方面：第一，石油合作资源国社会政治环境的不连续性，特别是环境剧烈恶化的可能性；第二，政治力量有目的的行为，主要包括3种政治力量：一是国际组织（如欧佩克）和大国势力（如美国、俄罗斯）

为政治目的采取军事、外交行动，二是石油合作资源国国内多种政治力量博弈造成该国政策剧烈变化，三是当地民间组织和个人的恐怖主义袭击、盗抢行为；第三，不确定性，很多政治突发事件难以预料，甚至毫无征兆，完全出乎意料；第四，力量对比的不可抗拒性，由于政治风险的来源通常是大国势力、石油合作资源国政府或民族主义、恐怖主义武装组织，处于强势地位，因此往往造成不可抗拒的巨大经济利益损失甚至人员伤亡。

石油政治风险的大小受很多因素的影响，从可观察和可预测的角度来看，油气地缘政治、资源国社会政治状况和油气合作区域的治安与安全情况是决定石油政治风险大小的最关键要素。

## 一、油气地缘政治

国际组织的干预与影响、地区形势紧张、大国博弈、民族冲突、宗教冲突、领土争端和恐怖主义威胁等，都是比较典型的油气地缘政治因素与表现形态。例如，对于伊拉克来说，联合国和欧佩克就是两个影响最大的国际组织。其中联合国在不同时期对伊拉克实施过制裁、救济、军事干预，石油输出国组织欧佩克则掌握着伊拉克的石油出口配额等，这些国际组织都对伊拉克产生了重大影响；中东地区（主要是巴以关系）、波斯湾地区、两伊（伊朗和伊拉克）地区形势都是与伊拉克关系密切的地区局势，其中伊拉克与伊朗既存在领土纠纷，又有石油资源与出口市场的争夺，两国还都分别被伊斯兰两大教派斗争卷入其中；围绕伊拉克问题，大国博弈复杂激烈，美国、俄罗斯、欧盟等是其中的主要角色；伊拉克境内的民族冲突问题比较突出，主要是占多数地位的阿拉伯人与北部的少数族群库尔德人之间的矛盾，美军撤离后，这一民族冲突进一步升级；而伊拉克的阿拉伯人内部又存在由来已久的什叶派与逊尼派之间的教派冲突，教派的暴力仇杀已经造成成千上万无辜平民的伤亡，今后仍将是伊拉克国内和平的最大难题；伊拉克境内的极端宗教势力和恐怖组织与基地组织相呼应，袭击美国军队及西方国家机构，甚至绑架包括中国公民在内的普通商务人员或游客，严重威胁社会稳定与安全。

另外，资源国与中国是否已签订"投资保护协定"，资源国是否已加入世界贸易组织，是否与中国同为某地区性或专业性国际组织（如上海合作组织，中国—东盟自由贸易区）成员，也是中国石油企业确定国际合作区域应重点关注的地缘政治因素。这些因素可以使中国企业的能源投资与经营得到一定的优惠与安全保障。

## 二、资源国社会政治状况

社会政治状况包括政治体制、法律法规、政府治理、政党与社会政治势力等诸多方面。国际石油合作的政治风险主要就是指这些社会政治因素的影响使合作地区政治与政策环境发生恶变的可能性，这种变化将影响我国石油企业在该地区的生产与经营，以及我国从该地区获得石油资源。

仅从资源国政府方面来说，有可能造成损害的政治风险行为包括：（1）单纯征用；（2）没收，包括国有化；（3）报复性充公；（4）政府禁令；（5）东道国政府毁约。

在资源国社会形势方面，影响最大的是政治动荡和政治动乱，如激烈的政党斗争，频繁的政府更迭或领导人更换，战争、革命、颠覆、政变、内乱、破坏和恐怖活动等政治暴力。

值得注意的是，近年来随着油气资源稀缺性竞争日趋激烈，产油国不断加强对资源的控制，国有化或变相国有化现象日益增多，而且，与传统的国有化不同的是，近年来的国有化或变相国有化不局限在发展中国家，也存在于俄罗斯这样的大国和其他一些发达国家。

### 三、合作区域的治安与安全情况

区域治安与安全情况主要是指当地民间组织和个人的恐怖袭击、盗抢、绑架行为，这类突发事件具有很大不确定性，难以预料，甚至毫无征兆，袭击者人多势众，拥有武器，无视法律或基本文明底线，往往造成不可抗拒的巨大经济利益损失甚至人员伤亡。例如，2011年3月以来，利比亚发生剧烈政治动荡，卡扎菲政府最终被推翻，各派武装在多个地区军事冲突，一些武装甚至个人趁机袭击、哄抢中国企业在利比亚的工地，造成巨大经济损失和严重安全威胁。所幸中国政府及时动员各方力量，大规模撤离中方人员，成功避免了人员伤亡。

一般来说，发达国家和民族单一、经济发展均衡的中小国家的区域治安与安全情况较好。

综上所述，对于中国的石油合作资源国来说，最有可能带来政治风险的具体因素是表16-1所示的3个方面，共12项：

表16-1　　　　　　　　石油政治风险因素

| | |
|---|---|
| 国际关系与战争 | 中国与石油合作资源国关系 |
| | 石油合作资源国所在地区的国际关系与局部战争 |
| | 国际组织与世界大国势力对石油合作资源国发起的制裁与战争 |
| | 大国势力为政治目的（如台海局势）对中国的封锁与战争 |

续表

| 合作资源国社会局势 | 因宗教、民族矛盾等爆发的不同派别之间或反政府武装与政府之间的武力冲突 |
| --- | --- |
| | 大规模的罢工、示威、骚乱等社会政治动荡 |
| | 针对外国公司的民族主义、恐怖主义袭击 |
| | 来自民间组织或个人的盗抢 |
| 合作资源国法律、政策变化 | 石油合作资源国政府出台制裁、报复性措施 |
| | 石油合作资源国实行没收或国有化政策 |
| | 石油合作资源国法律、政策剧烈变化，或该国政府违背诺言，不执行合同与协议 |
| | 来自环保、人权、工会等组织的干扰与牵制 |

## 第二节 石油政治风险的具体测算方法[①]

为了便于直观地显示各个石油合作资源国政治风险的大小，我们设定3个方面分别以不同的权重赋分，分值总和为10分。每个方面包含的个体因素也各自不同的权重赋分，分值总和为其所对应方面的总分。每一项表示的风险以0分为最低，数值越大风险越高（见表16-2）。

表16-2　　　　　　　石油政治风险权重

| | |
| --- | --- |
| 国际关系与战争<br>（20%，2分） | 中国与石油合作资源国关系，10% |
| | 石油合作资源国所在地区的国际关系与局部战争，40% |
| | 国际组织与世界大国势力对石油合作资源国发起的制裁与战争，40% |
| | 大国势力为政治目的（如台海局势）对中国的封锁与战争，10% |
| 石油合作资源国社会局势<br>（40%，4分） | 因宗教、民族矛盾等爆发的不同派别间或反政府武装与政府间的武力冲突，30% |
| | 大规模的罢工、示威、骚乱等社会政治动荡，30% |
| | 针对外国公司的民族主义、恐怖主义袭击，20% |
| | 来自民间组织或个人的盗抢，20% |

---

① 这是本书所提出的测算方法。国际上也有一些较有影响的国际投资风险指数，但由于都由国外统计，各国的立场不同，因此对中国的海外投资而言并不一定适用。如富兰德指数（FL），该指数是由英国"商业环境风险情报所"每年定期提供；国家风险国际指南综合指数（CPFER），该指数是由设在美国纽约的国际报告集团编制，每月发表一次。

续表

| 石油合作资源国法律、政策变化（40%，4分） | 石油合作资源国政府出台制裁、报复性措施，20% |
| --- | --- |
| | 石油合作资源国实行没收或国有化政策，20% |
| | 石油合作资源国法律、政策剧烈变化，或该国政府违背诺言，不执行合同与协议，40% |
| | 来自环保、人权、工会等组织的干扰与牵制，20% |

赋分权重说明[①]：

"石油合作资源国社会局势"动荡和"石油合作资源国法律、政策变化"突现是中国海外石油项目最常遇到的政治风险现象，影响往往也很大，所以这两项分别占40%的权重。而"国际关系与战争"造成的影响也很严重，但是发生的概率相对较小，所以赋予20%权重。

在"国际关系与战争"方面，"中国与石油合作资源国关系"这一项设定10%的权重的依据是：外交场合双边的官方表态与油气商务合作实际操作言行不一甚至相反的情况经常发生，例如乍得曾经与中国台湾"建交"，中国与之断绝了官方关系，更没有任何友好往来。但是这并没有妨碍中国石油企业按照市场规则和国际惯例进入乍得开拓石油工程。而在与中国关系友好的苏丹，也存在某段时期或某个苏丹政府部门对中国石油企业采取了猜忌、排挤态度，在招标及合作中不守信用、有失公允的行为多次发生。所以该项政治风险的影响难以确定正负，姑且赋予较小的10%权重。

"大国势力为政治目的（如台海局势）对中国的封锁与战争"一旦发生，对于中国石油的海外项目会产生严重的不利影响。但总体来说这种情况发生的可能性非常小，所以也赋予该项10%的权重。

目前中国石油合作资源国多数都是政局不稳的发展中国家，"石油合作资源国法律、政策剧烈变化，或该国政府违背诺言，不执行合同与协议"是我们必须面对的政治风险。这类风险经常发生且会对海外石油项目造成致命的影响。如查韦斯及其继任者马杜罗执政统治下的委内瑞拉，推行民族主义政策，屡屡对西方国家及其石油公司挑衅，但对中国、古巴等国热情友好，在能源合作谈判中往往许诺以优惠的条件。但这终究是一种暂时的人治现象，其中蕴涵了很高的政治风险。从历史经验来看，领导人变卦、政府临时出台歧视性政策法规导致的石油

---

[①] 这里的国家风险等级划分参考并改进了日本"公司债研究所"、《欧洲货币》和《机构投资家》每年定期在"国家等级表"中公布对各国的国际投资风险程度分析的结果，以及中国出口信用保险公司编著、中国金融出版社每年度出版、内部有偿发行的《国家风险分析报告》。

投资失败发生概率很高。因此赋予该项最高的单项权重40%。

为便于我们直观了解是否存在石油政治风险,我们取石油政治风险各项因素赋值的中间值为界点,小于该界值风险低,反之则高。如:在国际关系与战争方面,中国与石油合作资源国关系被赋予10%的权重,即0.20分,则该项的界点为0.10。具体如表16-3所示:

**表16-3　　　　　　石油政治风险具体因素分值**

| 一级指标 | 具体因素及分值标尺 |
|---|---|
| 国际关系与战争<br>(20%,2分) | 中国与石油合作资源国关系,10%<br>低　　　较低　　　高　　　极高<br>0　　0.05　　0.10　　0.15　　0.20 |
| | 石油合作资源国所在地区的国际关系与局部战争,40%<br>低　　　较低　　　高　　　极高<br>0　　0.2　　0.4　　0.6　　0.8 |
| | 国际组织与世界大国势力对石油合作资源国发起的制裁与战争,40%<br>低　　　较低　　　高　　　极高<br>0　　0.2　　0.4　　0.6　　0.8 |
| | 大国势力为政治目的(如台海局势)对中国的封锁与战争,10%<br>低　　　较低　　　高　　　极高<br>0　　0.05　　0.10　　0.15　　0.20 |
| 石油合作资源国<br>社会局势<br>(40%,4分) | 因宗教、民族矛盾等爆发的不同派别间或反政府武装与政府间的武力冲突,30%<br>低　　　较低　　　高　　　极高<br>0　　0.3　　0.6　　0.9　　1.2 |
| | 大规模的罢工、示威、骚乱等社会政治动荡,30%<br>低　　　较低　　　高　　　极高<br>0　　0.3　　0.6　　0.9　　1.2 |
| | 针对外国公司的民族主义、恐怖主义袭击,20%<br>低　　　较低　　　高　　　极高<br>0　　0.2　　0.4　　0.6　　0.8 |
| | 来自民间组织或个人的盗抢,20%<br>低　　　较低　　　高　　　极高<br>0　　0.2　　0.4　　0.6　　0.8 |

续表

| | | |
|---|---|---|
| 石油合作资源国法律、政策变化（40%，4分） | 石油合作资源国政府出台制裁、报复性措施，20% | |
| | 低　　较低　　高　　极高 | |
| | 0　　0.2　　0.4　　0.6　　0.8 | |
| | 石油合作资源国实行没收或国有化政策，20% | |
| | 低　　较低　　高　　极高 | |
| | 0　　0.2　　0.4　　0.6　　0.8 | |
| | 石油合作资源国法律、政策剧烈变化，或该国政府违背诺言，不执行合同与协议，40% | |
| | 低　　较低　　高　　极高 | |
| | 0　　0.4　　0.8　　1.2　　1.6 | |
| | 来自环保、人权、工会等组织的干扰与牵制，20% | |
| | 低　　较低　　高　　极高 | |
| | 0　　0.2　　0.4　　0.6　　0.8 | |

## 第三节　石油合作资源国国别政治风险测算分析[①]

为了直观了解我国石油合作资源国的政治风险情况，我们选择伊朗、科威特、苏丹、也门、利比亚、安哥拉、俄罗斯、哈萨克斯坦、玻利维亚十国（图表以伊朗、俄罗斯为例）进行政治风险分析。通过统计我国石油合作资源国政治风险中的高风险因素，为我国国际石油合作规避、化解政治风险提供决策参考。

### 一、伊朗

表16-4　　　　　　　伊朗石油政治风险具体因素分值

| 国际关系与战争<br>总分：2分<br>（得分：1.67） | 中国与石油合作资源国关系：<br>低●　　较低　　高　　极高<br>0　　0.05　　0.10　　0.15　　0.20 | 赋值：<br>0.02 |
|---|---|---|

---

① 各国赋权主要依据中国驻相关国家的外交使领馆的内部情况报告和公开（例如，官方网站公布）资料。

续表

| | | |
|---|---|---|
| 国际关系与战争<br>总分：2分<br>（得分：1.67） | 石油合作资源国所在地区的国际关系与局部战争：<br>低　　较低　　高　　极高●<br>0　0.2　0.4　0.6　0.8 | 赋值：<br>0.8 |
| | 国际组织与世界大国势力对石油合作资源国发起的制裁与战争：<br>低　　较低　　高　　极高●<br>0　0.2　0.4　0.6　0.8 | 赋值：<br>0.8 |
| | 大国势力为政治目的（如台海局势）对中国的封锁与战争：<br>低　●较低　　高　　极高<br>0　0.05　0.10　0.15　0.20 | 赋值：<br>0.05 |
| 石油合作资源国社会局势总分：<br>4分<br>（得分：1.18） | 因宗教、民族矛盾等爆发的不同派别间或反政府武装与政府间的武力冲突：<br>低●　较低　　高　　极高<br>0　0.3　0.6　0.9　1.2 | 赋值：<br>0.28 |
| | 大规模的罢工、示威、骚乱等社会政治动荡1.2：<br>低●　较低　　高　　极高<br>0　0.3　0.6　0.9　1.2 | 赋值：<br>0.25 |
| | 针对外国公司的民族主义、恐怖主义袭击0.8：<br>低　　较低　●高　　极高<br>0　0.2　0.4　0.6　0.8 | 赋值：<br>0.48 |
| | 来自民间组织或个人的盗抢0.8：<br>低●　较低　　高　　极高<br>0　0.2　0.4　0.6　0.8 | 赋值：<br>0.17 |
| 石油合作资源国法律、政策变化<br>总分：4分<br>（得分：2.0） | 石油合作资源国政府出台制裁、报复性措施0.8：<br>低　　较低　●高　　极高<br>0　0.2　0.4　0.6　0.8 | 赋值：<br>0.5 |
| | 石油合作资源国实行没收或国有化政策0.8：<br>低　　较低　●高　　极高<br>0　0.2　0.4　0.6　0.8 | 赋值：<br>0.5 |
| | 石油合作资源国法律、政策剧烈变化，或东道国政府违背诺言，不执行合同与协议1.6：<br>低　　较低　●高　　极高<br>0　0.4　0.8　1.2　1.6 | 赋值：<br>0.8 |

续表

| | | |
|---|---|---|
| 石油合作资源国法律、政策变化<br>总分：4 分<br>（得分：2.0） | 来自环保、人权、工会等组织的干扰与牵制 0.8：<br>低　●　　较低　　　高　　　极高<br>0　　0.2　　0.4　　0.6　　0.8 | 赋值：<br>0.2 |

注：合计：4.85 分。

近年来，中国与伊朗在政治、经贸等领域的合作关系保持平稳发展。近期中石油、中石化等中国企业利用西方国家制裁伊朗，西方石油公司纷纷退出的时机，与伊朗达成多项数额巨大的能源合作协议。我国与伊朗国家层面关系较好，据此政治风险赋分应当低。但 2011 年 10 月以来因伊朗核问题美国发起新一轮严厉制裁，伊朗周边的海湾地区局势高度紧张。虽然 2013 年 11 月 24 日，伊朗与伊核六国代表谈判达成了阶段性协议，海湾局势有所缓和，但是伊朗不会彻底放弃发展核武的目标，美欧以色列也不可能与伊朗真正和解。因此，关于伊朗的国际关系与战争总体风险赋分仍然定位在高值。此外伊朗外国投资很少，1994 年 1 月设立经济特区，2002 年 8 月，伊朗议会通过了"吸引和保护外国投资法"草案总则，外资在伊朗的风险较低。但总体来看，因伊朗核问题导致伊朗与西方关系高度紧张，伊朗局势具有很大变数，所以总体政治风险赋分较高。

## 二、俄罗斯

表 16 – 5　　　　　　　俄罗斯石油政治风险具体因素分值

| | | |
|---|---|---|
| 国际关系与战争<br>总分：2 分<br>（得分：0.41） | 中国与石油合作资源国关系：<br>低　●　　较低　　　高　　　极高<br>0　　0.05　　0.10　　0.15　　0.20 | 赋值：<br>0.03 |
| | 石油合作资源国所在地区的国际关系与局部战争：<br>●低　　　较低　　　高　　　极高<br>0　　0.2　　0.4　　0.6　　0.8 | 赋值：<br>0.15 |
| | 国际组织与世界大国势力对石油合作资源国发起的制裁与战争：<br>低　　●较低　　　高　　　极高<br>0　　0.2　　0.4　　0.6　　0.8 | 赋值：<br>0.18 |
| | 大国势力为政治目的（如台海局势）对中国的封锁与战争：<br>低　　●较低　　　高　　　极高<br>0　　0.05　　0.10　　0.15　　0.20 | 赋值：<br>0.05 |

续表

| | | |
|---|---|---|
| 石油合作资源国社会局势<br>总分：4分<br>（得分：1.3） | 因宗教、民族矛盾等爆发的不同派别间或反政府武装与政府间的武力冲突：<br>低● 较低 高 极高<br>0  0.3  0.6  0.9  1.2 | 赋值：0.2 |
| | 大规模的罢工、示威、骚乱等社会政治动荡1.2：<br>低 ●较低 高 极高<br>0  0.3  0.6  0.9  1.2 | 赋值：0.35 |
| | 针对外国公司的民族主义、恐怖主义袭击0.8：<br>低 较低 ● 高 极高<br>0  0.2  0.4  0.6  0.8 | 赋值：0.4 |
| | 来自民间组织或个人的盗抢0.8：<br>低 较低● 高 极高<br>0  0.2  0.4  0.6  0.8 | 赋值：0.35 |
| 石油合作资源国法律、政策变化<br>总分：4分<br>（得分：1.68） | 石油合作资源国政府出台制裁、报复性措施0.8：<br>低 较低● 高 极高<br>0  0.2  0.4  0.6  0.8 | 赋值：0.3 |
| | 石油合作资源国实行没收或国有化政策0.8：<br>低 较低 高 ● 极高<br>0  0.2  0.4  0.6  0.8 | 赋值：0.65 |
| | 石油合作资源国法律、政策剧烈变化，或政府违背诺言，不执行合同与协议1.6：<br>低 ●较低 高 极高<br>0  0.4  0.8  1.2  1.6 | 赋值：0.4 |
| | 来自环保、人权、工会等组织的干扰与牵制0.8：极高<br>低 较低● 高 极高<br>0  0.2  0.4  0.6  0.8 | 赋值：0.33 |

注：合计：3.39分。

俄罗斯与中国关系良好，已形成战略合作伙伴关系，近年双方在能源领域的合作不断加强，尤其是2013年以来，中俄油气合作不断迈出坚实步伐，签署多个巨额合作项目大单，更在合作方式和合作领域方面实现了新突破。除了俄罗斯石油利用中国贷款向中石油、中石化大幅增加原油供应量，俄罗斯向中国出口天然气及其东、西线管道建设达成了框架协议,中国企业投资俄罗斯亚马尔半岛的天然气田等项目之外,2013年10月17日,中俄签署了东西伯利亚上游项目合作谅解备忘录,这是近年来中俄油气合作最具战略意义的突破性进展。虽然俄罗斯石油国有化程度不断加深,其油气出口走向存在中国与欧洲、中亚、日韩等多方面的竞争,但从政治风险角度分析,俄罗斯总体赋分较低,应该成为我国能源合作的重要选择。

## 第四节 十国石油政治风险统计与排序

通过对上述十个能源合作资源国最近一段时期的政治风险状况评估,我们统计了石油政治风险各个风险因素的从低到高出现的次数,具体如表16-6所示:

表16-6　　　　　　　石油政治风险统计

| 国际关系与战争2 | 中国与石油合作资源国关系 0.2<br>低(7)　较低(3)　高　极高<br>0　　0.05　　0.10　　0.15　　0.20 |
| :---: | :--- |
| | 石油合作资源国所在地区的国际关系与局部战争 0.8<br>低(1)　较低(4)　高(1)　极高(4)<br>0　　0.2　　0.4　　0.6　　0.8 |
| | 国际组织与世界大国势力对石油合作资源国发起的制裁与战争 0.8<br>低(4)　较低(3)　高(1)　极高(2)<br>0　　0.2　　0.4　　0.6　　0.8 |
| | 大国势力为政治目的(如台海局势)对中国的封锁与战争 0.2<br>低　　较低(10)　高　极高<br>0　　0.05　　0.10　　0.15　　0.20 |
| 石油合作资源国社会局势4 | 因宗教、民族矛盾等爆发的不同派别间或反政府武装与政府间武力冲突 1.2<br>低(4)　较低(1)　高(2)　极高(3)<br>0　　0.3　　0.6　　0.9　　1.2 |
| | 大规模的罢工、示威、骚乱等社会政治动荡 1.2<br>低(2)　较低(3)　高(3)　极高(2)<br>0　　0.3　　0.6　　0.9　　1.2 |

续表

| | 针对外国公司的民族主义、恐怖主义袭击 0.8 |
|---|---|
| 石油合作资源国社会局势 4 | 低（2）｜较低（3）｜高（3）｜极高（2）<br>0　　　0.2　　　0.4　　　0.6　　　0.8 |
| | 来自民间组织或个人的盗抢 0.8<br>低（4）｜较低（5）｜高（1）｜极高（1）<br>0　　　0.2　　　0.4　　　0.6　　　0.8 |
| 石油合作资源国法律、政策变化 4 | 石油合作资源国政府出台制裁、报复性措施 0.8<br>低（1）｜较低（3）｜高（5）｜极高（1）<br>0　　　0.2　　　0.4　　　0.6　　　0.8 |
| | 石油合作资源国实行没收或国有化政策 0.8<br>低（4）｜较低（4）｜高（0）｜极高（2）<br>0　　　0.2　　　0.4　　　0.6　　　0.8 |
| | 石油合作资源国法律、政策剧烈变化，或政府违背诺言不执行合同与协议 1.6<br>低（2）｜较低（4）｜高（3）｜极高（1）<br>0　　　0.4　　　0.8　　　1.2　　　1.6 |
| | 来自环保、人权、工会等组织的干扰与牵制 0.8<br>低（0）｜较低（5）｜高（2）｜极高（3）<br>0　　　0.2　　　0.4　　　0.6　　　0.8 |

由上表的统计我们可以发现，影响我国与上述十国石油合作的政治因素主要包括三个方面：

第一，在"国际关系与战争"方面，影响石油合作最主要的因素是石油合作资源国所在地区的国际关系与局部战争，统计的十个国家中有一半该项风险赋值在警戒线以上；30%的国家在"国际组织与世界大国势力对东道国发起的制裁与战争"一项中政治风险超过警戒线；"中国与石油合作资源国关系"与"大国势力为政治目的（如台海局势）对中国的封锁与战争"这两项指标较为稳定，政治风险均在警戒线以下。

第二，在"石油合作资源国社会局势"方面，在"因宗教、民族矛盾等爆发的不同派别间或反政府武装与政府间的武力冲突"与"针对外国公司的民族主义、恐怖主义袭击"两项指标中，各有40%的风险赋分指标超过警戒线；此外，有20%的国家在"大规模的罢工、示威、骚乱等社会政治动荡"与"来自民间组织或个人的盗抢"两项指标中,风险赋分分别超过警戒线。

第三,在"石油合作资源国法律、政策变化"方面,80%的东道国实行没收或国有化政策,使这一指标风险赋分最高;其次,60%的东道国政府有出台制裁、报复性措施的可能,使这一指标风险赋分亦很高;再次,仍有50%的国家很有可能会受到来自环保、人权、工会等组织的干扰与牵制。

十个国家的政治风险排名具体如表 16-7 所示:

表 16-7　　　　　　　　十国政治风险排名

| 排名 | 1 | 2 | 3 | 4 | 5 | 6 | 7 | 8 | 9 | 10 |
| --- | --- | --- | --- | --- | --- | --- | --- | --- | --- | --- |
| 国家 | 苏丹 | 玻利维亚 | 利比亚 | 也门 | 伊朗 | 哈萨克斯坦 | 安哥拉 | 俄罗斯 | 科威特 | 沙特阿拉伯 |
| 赋分 | 6.81 | 5.54 | 5.12 | 5.08 | 4.85 | 3.86 | 3.84 | 3.39 | 3.08 | 2.75 |

由表可以看出,统计的十个国家中有 4 个国家政治风险超过警戒线。总体上看,我国在上述十国石油合作面临的较高政治风险主要来自其内部的因素,如:"石油合作资源国实行没收或国有化政策"及"石油合作资源国法律、政策剧烈变化,或政府违背诺言,不执行合同与协议",这两个因素值得我们深入研究、多加防范;其次,"石油合作资源国所在地区的国际关系与局部战争"以及"来自环保、人权、工会等组织的干扰与牵制"也成为影响我国石油国际合作的主要政治风险因素;其余因素有影响,但影响程度相对较低。

从已分析的十个国家的政治风险来看,我国石油合作的优先国家选择应该是:沙特阿拉伯、科威特、俄罗斯、安哥拉和哈萨克斯坦。同时,我国要注意积极开拓中亚市场,中亚应该成为我国未来国际石油合作的倚重地区。

## 第五节　国际石油合作重点区域政治风险管理对策

### 一、加强政治风险评估

面对石油政治风险的挑战日益严峻,我们首先要做的就是加强石油合作地区政治风险的评估,分析判定有关目标国的总体政治形势,据此来筛选相对适宜的资源国。风险评估主要从宏观和微观两个方面来实施,包括以下几点:

第一,总体上把握政治风险。调查了解目标国现任政府的执政、政治行为类型、党派结构和各政派的政治实力及其政治观念、资源国政府与我国政府关系的亲疏程度等。

第二,识别潜在的政治风险源,即可能导致政治风险产生的利益集团和相关事件、当地的社会结构和政治主要参与主体力量构成、有可能取代现执政者的政治势力等。

第三,具体分析资源国特点,确认最易发生政治风险的国家、提高对风险发生的预见性。尽可能预测将来政治风险可能发生的概率与时间。

例如,针对中国目前在全球的油气资源合作形成的中亚、北非、中东、南美4个战略重点区域,结合国际石油政治格局的最新发展,这4个战略区域当前需要重点关注的石油政治风险因素分别应该是:

在中亚地区,由于该地区在苏联时期都是苏联的加盟共和国,至今仍与俄罗斯存在着多方面的密切联系,所以中国与中亚各国的能源合作,事先必须充分了解俄罗斯在该国的影响和地位,准确定位该国与俄罗斯关系的亲疏度和发展趋势,既要利用好俄罗斯与中亚在对华油气出口方面的竞争关系以获得谈判中的主动地位,还必须在上海合作组织框架内尽力争取中国、俄罗斯、中亚各方的互利共赢,至少不要损害俄罗斯在中亚地区的利益,以避免俄罗斯因利益受到威胁而利用自己在中亚的传统优势地位阻挠中亚与中国能源合作。

在北非,2011年以来各国掀起了"改朝换代"的"阿拉伯之春"革命,并引发了一系列社会动荡和武力冲突,使中国在北非的工程项目面临极大政治风险或已经遭受了重大经济损失。中国政府和企业应当全力保护人员安全,依照相关协议、法规及国际法减少自己的财产损失,并积极与当地有可能上台取代原执政势力的政治派别进行接触,为动荡过后重新进入当地油气领域准备条件。另外,该地区的苏丹是中国石油在海外建成的最大石油生产基地,苏丹的石油地缘政治局势与其他北非资源国有所不同。苏丹自20世纪90年代以来,一直存在着严重的国内地区冲突并受到西方国家制裁,因此中国与苏丹的石油合作一直面临着国际政治风险和区域安全威胁的双重压力。尤其是,2011年7月,苏丹通过公民投票解决了南部分离问题,南苏丹正式独立,但划分石油利益问题遗留了一系列纷争,导致南北苏丹很快就爆发了争夺油田的战争。这大大增加了中国石油在南北苏丹石油项目的国际政治风险和区域安全威胁,也增加了南北苏丹及中国三方石油合作关系的复杂性。

在中东,肇始自北非的"茉莉花革命"也对多个国家造成了很大影响,已经导致也门总统下台和叙利亚社会持续动荡。但对沙特阿拉伯等主力产油国影响不大,主要原因是这些国家的反对派力量比较弱,所以未来可以预见的一段时期内,这些国家不会出现执政危机和政权更替局面。因此,对于沙特阿拉伯、伊拉克等中东主力产油国来说，尽管它们分别面对的地缘政治环境各有不同，但共同的一点是它们的石油生产都受到大国势力和欧佩克、联合国等国际组织的重大影响，其中美国是影响最大的主导力量。所以，中国与中东产油国的油气合作，必须充分了解其地缘政治中的美国因素，避免与美国战略目标或联合国制裁决议相冲突，以减少地缘政治风险。

在南美地区，需要关注3个方面的政治风险：第一，几乎所有的拉美资源国近年来左派政治势力上升、执政，资源民族主义情绪高涨，都对油气资源采取了各种形式的国有化或变相国有化政策，所以与南美国家油气合作的政策风险较高；第二，左派执政的拉美国家与美国关系紧张，地缘政治风险变数较大；第三，部分拉美国家油气合作区域的治安与安全环境很差，经常发生地方武装或暴民盗抢、袭击作业工地、绑架公司员工的事件，所以这些地区安全风险威胁较严重。

## 二、全方位多元化分散风险

过分依赖中东和非洲地区石油和单一的海上运输路线，使得中国石油进口的脆弱性比较明显。我们不能把石油合作局限在某一两个地区或国家。参考其他国家的做法，各国多源化的重点地区不尽相同，普遍以距本土最近的产油区作为主要石油供应来源，多源化战略一般都呈现出以周边为重点供应来源的特点。根据上文分析得出我国石油合作的优先国家选择应该是：沙特阿拉伯、科威特、俄罗斯、安哥拉和哈萨克斯坦。我国要注意积极开拓中亚市场，邻近中国的中亚应该成为我国未来国际石油合作的倚重地区。

积极参与多种形式的世界和地区性的能源合作组织。当前世界石油市场是一个统一的有机体，中国是世界能源消费大国，应进一步发挥和利用能源外交的优势，充分利用目前已形成的国际石油利益格局，进一步开展能源外交，积极参与多种形式的世界和地区性的能源合作组织，进一步加强与世界石油生产国和消费国政府、国际能源组织和跨国石油公司间的交流与合作，建立稳定的协作关系和利益纽带，确保我国的石油安全。目前来看，建立东北亚能源合作机制和加入国际能源署（IEA）应该成为我们重点关注的选择。

## 三、风险管理措施降低风险

首先，投保政治风险。投保是一种比较积极的预防性对策，这样可以将政治风险转嫁给政府设定的保险机构，从而减轻风险带来的负担。目前，许多国家对本国企业设在外国的资产均提供保险业务，具有代表性的有美国的外国私人投资公司（OPEG）和英国的伦敦劳埃德公司。这些保险公司都对投资海外企业的政治风险承保，一旦由于被征用或国有化、货币管制、战争、革命、起义等原因而遭到损失他们将进行赔偿。据了解，在2011年北非政治动乱中受损的中国企业中，只有少数项目事先针对政治风险进行投保从而得到了相应赔偿。这一损失给我们的教训是，我国政府应该支持尽快成立专门从事政治风险保险业务的保险机构，优先保障地缘政治风险和区域安全风险较严重的中东、北非、南美地区油气合作项目。

其次，实行融资多元化。主要形式有：(1) 在当地举债；(2) 多渠道借款；(3) 合资或所有权共享。

第三，员工当地化。这样可以利用本国员工的利益所系，以及他们在当地的活动能力和影响，降低政治风险。

第四，与多个国家的不同企业共同合作。这样，东道国需要顾忌多国多方的利益与关系，不敢轻易采取极端措施，在一定程度上降低了东道国政治风险。近期伊拉克多个石油项目招标中，中国石油企业就是按照这一原则，与 BP 等西方石油企业联合竞标成功的。

## 四、具体应急预案抗御风险

在危机发生时，要进行谈判补救，把损失降到最低程度。一般来说，资源国政策改变时会对有关企业提出警告，我们应充分利用此时间来说服资源国放弃决定或一些必要的让步条件，同时设法制定出一个比较紧凑的进度计划。当遇到已发生石油合作中断的事实时，应启动石油安全紧急对策，包括外交机构组织人员撤退，优先确保人身安全；石油企业撤退资金及设施，保留相关证据，向有关国际组织、法院、双方国家的政府提出赔偿要求，并向保险公司提起索赔。当由内战、战争骚乱以及恐怖事件已造成石油合作失去保障时，暂时性停止石油合作是唯一的选择。

下面，我们以中国国际石油合作重点区域之一的中东地区为例，分析中国石油企业积极应对中东地区石油政治风险、保障安全应采取的管理措施。

首先，根据近年来抵御石油政治风险的实际经验，在中东阿拉伯地区，我国外交机构和相关石油企业除了要与资源国政府继续保持友好合作关系之外，今后应该重点加强与当地民间社会各派力量的交流，与安全机构、包括反叛势力在内的武装力量、地方政府、有声望的宗教人士、部落长老等多方面发展关系，建立有效的沟通渠道，与所在地各派势力交朋友，或者至少让本地势力了解中资企业和中方员工，避免以绑架袭击中方员工来实现派系利益诉求的事件发生。实际上，苏丹、埃及等国已经发生的绑架扣押中国员工事件的最终解决，多数都是通过当地民间渠道，在宗教或部落首领的主持或协调下才得以实现的。

第二，中国在伊拉克相关企业近年来保障安全的经验之一是：必须大力增加对海外项目的安全投入，施工现场营地要采取安全保护措施，如修筑高墙和铁丝网、深挖防护沟、安装报警和监视设备，以及雇用专业保安人员。企业管理高层应当达成一个共识：安全投入绝不是可有可无，更不是浪费。发生在其他国家的惨痛案例告诉我们，一旦发生安全事件，善后的花费往往大大高于预先采取防备措施的成本。

第三，相关企业应该增加针对员工人身安全的投入，完善员工人身安全保险补偿机制。近年来，中国石油企业日益重视石油政治风险的防御，相继为一些海外项目进行了政治风险投保。但是，迄今为止，专门针对海外员工人身安全的保险机制仍然不够健全，急需进一步加强与完善。目前，针对市场上一般保险公司不保的战争、绑架、海盗、暴乱、恐怖袭击等人身安全威胁，中国对外承包工程商会已联合国内十大保险公司和全球著名再保险、救援公司推出了"境外工程人员意外伤害和医疗救援服务保险"，提供一整套境外工程人员人身安全风险解决方案，这为中国石油企业强化海外员工人身安全保险机制提供了有利条件。

# 第十七章

# 石油资源国有化风险内在机制研究

随着世界油气资源集中度越来越高,资源已经成为决定国际政治关系的重要筹码,油气资源富集地区的政治风险不断加大。20世纪70年代,全球石油行业掀起了一场国有化浪潮,在沉寂了30多年后,资源国有化再次在世界主要油气生产国兴起。资源国开始了新一轮油气投资政策的调整,如拉丁美洲地区的委内瑞拉、墨西哥、玻利维亚等多个国家发生了石油资源的国有化进程,相继出台了一系列新政策,对外合作条款日趋苛刻,这对中国企业的海外投资来说无疑是巨大的挑战。目前,中国对外投资的重点区域都是国有化风险较高的地区,如中国石油企业正在积极拓展拉丁美洲地区的油气合作,努力将该地区建成以非常规油气资源为主的重要海外合作区。对于正处于"走出去"战略中的中国企业来说,资源国政府越是积极地参与油气等战略资源的国际争夺,海外投资风险越大。因此,研究资源国有化的内在机理机制将有助于本国能源企业有效选择海外资源合作对象,对中国海外投资安全具有重要意义。

## 第一节 资源国有化的理论概述

### 一、国有化的定义

资源国有化是一场资金拥有者与资源拥有者的博弈。美国国际法协会将其定义为"为了公共利益依靠立法将某种财产或私有权转移给国家,目的在于交由国家控制或使用,或用于其他新的目的"①。联合国经济和社会理事会(UNESC)根据国有化方式不同将国有化分为四类:正规国有化(Formal expropriation)、干预(Intervention)、强制出售(Forced sale)和合同再谈判(Contract Renegotiation)②。正规国有化是按照本地法律进行;与此不同,干预是一种不在法律范畴内的所有权的强制转让;合同再谈判是对合同条款的修订,使政府获得强制执行权,进而保证所有权的有效转让。

## 二、国内外研究综述

对国有化问题最早的系统性实证研究来自乔迪斯所著的《外国对第三世界直接投资变化的根源》一文,他对 1968~1976 年期间发展中国家的国有化动因进行了分析。③ 随着国有化进程的不断发展,许多学者在乔迪斯的研究基础上不断完善国有化的信息,如科布林扩展了 1919~1980 年的国有化数据④,之后麦纳又跟踪了 1980~1992 年世界发展中国家的国有化信息⑤,古里埃夫和克洛季林在《油气行业国有化的决定因素》一文中,提供了 1960~2006 年的主要油气资源国国有化进程数据⑥,汤姆斯和赖特又进一步向前扩充了 1900~1960 年的国有化数据⑦。这些数据是研究 2006 年前国有化进程的基础数据,但 2006 年后的新一轮国有化数据相对较少,仍需要进一步补充。

根据国有化的驱动因素,我们可将已有研究大致分为以下三类:

其一,资源价格与国有化的关系。古里埃夫和克洛季林(2009)对 1960~2006 年的主要产油国国有化进程内在动因的实证分析表明,油价的正向偏离对

---

① 这是国际法学会 1952 年的会议采取的定义,参见田昊,胡卫华:《浅析国际投资中的国有化及其补偿》,载《法制与社会》2008 年第 5 期,第 225~231 页。

② Kobrin S. J. *Foreign enterprise and Forced Divestment in LDCs*, International Organization, Vol. 34, No. 1, 1980, pp. 65-88.

③ Jodice D. A. *Sources of Change in Third World Regimes for Foreign Direct Investment*: 1968-1976, International Organization, Vol. 34, No. 2, 1980, pp. 177-206.

④ Kobrin S. J. *The Nationalization of Oil Production*: 1919~1980, Risk and the Political Economy of Resource Development, New York: St. Martin's Press, 1984, pp. 137-164.

⑤ Minor M. S. *The Demise of Expropriation as an Instrument of LDC Policy*, 1980~1992, Journal of International Business Studies, Vol. 25, No. 1, 1994, pp. 177-188.

⑥ Guriev S. and Kolotilin A. *Determinants of Nationalization in the Oil Sector: A Theory and Evidence from Panel Data*, 2009, http://ssrn.com/abstract = 1103019.

⑦ Tomz M. and Wright M. L. *Sovereign Theft: Theory and Evidence about Sovereign Default and Expropriation*, 2008, http://papers.ssrn.com/sol3/papers.cfm? abstract_id = 1392540.

国有化有显著促进作用。雷诺兹和克罗齐耶（Reynolds & Kolodziej，2007）在《能源政策》杂志撰文，分析了油价在石油生产国国有化运动中的影响，也得出了类似的结论。同时，该文章通过对 2003~2005 年俄罗斯国有化运动的分析，认为俄罗斯政府接管尤科斯公司就是在油价冲击下进行的国有化[1]。邓肯（Duncan，2006）对 1960~2002 年发展中国家矿产行业发生的 50 起国有化事件的实证研究也支持了资源价格暴涨与国有化的发生显著正相关的观点[2]。尽管矿物资源与油气资源有所区别，但该研究仍具有很大的借鉴意义。

其二，经济因素与国有化的关系。根据乔迪斯（1980）对 1968~1976 年发展中国家的分析，国家经济发展水平对国有化有重大影响，越是贫穷和饱受战乱的国家越倾向国有化。科布林（1984）认为国有化是有选择地针对特定行业的行为，是利益驱动的理性行为而不是短期的政治目标。琼斯（Jones，1984）在《关于美国在委内瑞拉油气生产活动的风险模型》一文中就 1961~1978 年委内瑞拉的国有化运动展开因素分析，发现资源国经济下滑时期以及外国投资企业在资源国获利巨大的时期，外国企业遭受资源国有化的风险都将大大高于其他时期[3]。钱皮恩（Champion，2001）以 1968~2001 年秘鲁的经济制度从国有转变为私有再转变成国有经济的过程为例，说明依靠政府干预解决经济问题是进行再国有化的主要原因[4]。但是，新一轮的国有化原因已越来越复杂，尤其是自 2006 年以来，同样处于经济困难期的资源国并非都选择了国有化，因此经济因素对国有化发生概率的影响还有待进一步检验。

其三，政治因素与国有化的关系。诸多学者都认同国有化是一国政府直接干预经济的行为，与国家的政治风格、对外合作政策有密切关系，并就这一问题展开了许多理论研究，但实证研究较少。切尔内赫（Chernykh，2011）在《公司财务》杂志上发表的文章，以俄罗斯 153 家大型上市和非上市公司为研究对象，分析了 2004~2008 年市场经济时期政府直接干预企业所有权结构的政治和经济原因，发现俄罗斯的新一轮国有化浪潮主要是政府出于控制战略性资源的角度考虑，与企业的经济重要性和盈利能力并没有直接关系[5]。但由于仅仅是针对俄罗

---

[1] Reynolds D. B. and Kolodziej M. *Institutions and the supply of oil: A case study of Russia*, Energy Policy, Vol. 35, No. 2, 2007, pp. 939 – 949.

[2] Duncan R. *Price or politics? An investigation of the causes of expropriation*, The Australian Journal of Agricultural and Resource Economics, Vol. 50, No. 1, 2006, pp. 85 – 101.

[3] Jones R. J. *Empirical Models of Political Risks in U. S. Oil Production Operations in Venezuela*, Journal of International Business Studies, Vol. 15, No. 1, 1984, pp. 81 – 95.

[4] Champion M. Y. *Nationalization and Privatization in Peru: Socio-economic Images in Perpetual Conflict?*, Journal of Socio - Economics, Vol. 30, No. 6, 2001, pp. 517 – 532.

[5] Chernykh L. *Profit or politics? Understanding renationalizations in Russia*, Journal of Corporate Finance, Vol. 17, 2011, No. 5, pp. 1237 – 1253.

斯一国的研究,且拉美国家与俄罗斯在资源、经济、政治制度方面有很大不同,因此国有化与政治因素的关系还需要更多证据支持。

根据目前已有研究,可以发现政治目标、高油价和经济问题都是导致国有化发生的潜在原因。当然,大量研究认为油价波动对资源国政策的影响尤为显著,因为油价波动也可能是导致其他几个变量发生变化的重要原因。但值得注意的是,当所选择的样本和时期不同时,得出的结论差异很大,比如资源国有化的发生究竟是出于解决资源国经济问题的原因,还是根本就是一种政治行为,不同的学者有不同的观点。因此国有化的内在机理机制还需要通过进一步实证检验给出一个科学的解释。同时,当前的很多实证研究很少涉及新一轮的国有化运动,我们将进一步补充并完善2006年后的国有化信息。

## 第二节 石油行业国有化发展历程

### 一、20世纪60、70年代的国有化浪潮

世界第一次国有化浪潮起源于20世纪30、40年代,墨西哥、阿根廷以及委内瑞拉国有化运动的发生使世界石油国有化运动从拉美地区拉开了序幕。伴随着国家独立运动的开展,国有化运动迅速在整个拉美及中东地区蔓延,拉美地区的墨西哥、委内瑞拉、阿根廷、厄瓜多尔、特立尼达和多巴哥以及中东地区的伊朗、伊拉克、利比亚、沙特阿拉伯等国纷纷加入石油国有化运动的队伍中,从而在20世纪60、70年代掀起了世界第一次国有化运动的浪潮。世界第一次国有化运动的浪潮对世界经济尤其是西方经济产生了重大影响。石油国有化以及随后发生的第一次能源危机引发了西方的经济危机,造成了通货膨胀、失业率上升,并结束了战后西方经济快速发展时期而进入滞胀、发展停滞、通货膨胀时期。虽然石油国有化运动造成了西方国家经济的衰退,但却增加了产油国的收入,使产油国掌握了石油定价权,并导致了油价上涨,增加了产油国的石油美元,推动了产油国经济多元化的发展进程。随着油价的上涨,西方工业化国家与非产油发展中国家因为支付昂贵的石油费用而出现了国际收支逆差,从而导致世界经济结构发生了巨大变化,使各国内部经济结构发生了改变,一大批新型的产业开始发展,并缩小了各工业国之间的经济实力差距,使一些新兴的工业国开始崛起。而且,

石油国有化运动还改变了国际石油市场格局，削弱了英国石油公司在中东及拉美地区的势力，增强了美国石油公司在这些地区的势力，并使大批国有石油公司以及小石油公司纷纷成长壮大，最终打破了"七姊妹"对世界石油工业的垄断局面。

## 二、21世纪初石油国有化运动的发展

虽然在20世纪80年代以来，资源国纷纷实行了私有化政策，并鼓励外国投资者参与本国的资源勘探开发投资，但是，跨国石油公司在高油价下赚取了丰厚的利润，而拉美国家却并没有获得太多的好处。因此，拉美国家纷纷反思当年的能源私有化措施。随着石油资源的减少以及2006年后油价的不断走高，资源国政府不断要求从原油生产中获得更多的利润，并要求从能源生产和经营活动中收取资金来发展自身经济，以便解决社会需求等问题。新一轮石油国有化运动在这种背景下，从俄罗斯蔓延到了拉美的委内瑞拉、玻利维亚、厄瓜多尔和阿根廷，并迅速扩展到了部分非洲国家。

(1) 委内瑞拉。

2006年年末，委内瑞拉开始在经济领域实施国有化。2008年政府宣布收回国内最大钢铁公司奥里诺科钢铁公司的控制权，并将西班牙国际银行控股的委内瑞拉银行国有化。2009年5月，委内瑞拉政府宣布对39家从事石油服务的私人公司进行国有化。2010年10月，又将国内最大的私营钢铁生产商赛德图尔收归国有。2011年8月，查韦斯签署法律，宣布对黄金矿业实行国有化，并将储存在国外的211吨黄金储备运送回国。如今委内瑞拉大部分实体经济处于国家控制中。

(2) 玻利维亚。

玻利维亚的国有化同样也从2006年开始，着眼在能源和电信等多个行业。2008年5月，政府将三家石油公司、一家石油运输企业和一家电信公司收归国有。2009年年初，玻利维亚通过的新宪法规定，本国一切自然资源属于人民，国家代表集体利益管理这些资源。2012年5月1日，政府曾宣布将西班牙电网集团旗下的电力运输公司股份收归国有，而6月20日，又宣布对瑞士嘉能可公司所属的科尔基里矿业公司实行国有化。

(3) 厄瓜多尔。

厄瓜多尔的国有化开始于2007年。拥护民族主义的总统拉斐尔·科雷亚就职后，就在经济上将推行能源国有化。2007年10月，该政府出台一项法令，对在该国投资的外国石油公司征收99%的暴利税。2011年6月，厄瓜多尔政府又

将美国能源发展公司在厄瓜多尔的分公司诺布莱公司的友谊油田国有化。

(4) 阿根廷。

阿根廷政府早在2006年就开始了国有化进程,该国最激烈的国有化是2012年4月16日,阿根廷总统提交议案要求国有化阿根廷最大石油企业雷普索尔——西班牙国家石油公司。

面对国有化问题,世界各家石油公司只要涉及自身的利益,都在积极设计各种应对方案,动用本公司拥有的政治经济资源与东道国进行博弈。壳牌石油公司、巴西石油公司、西班牙石油公司等希望通过谈判与资源国协商处理国有化问题;法国道达尔石油公司和意大利埃尼公司也由于未能满足委内瑞拉政府的新要求而被委内瑞拉国家石油公司收回了运营权;西班牙工业、能源和旅游业大臣索里亚在阿根廷宣布西班牙国家石油公司国有化后表示,要采取"明确而坚决"的措施应对这种"充满敌意"的行为,两周后西班牙政府发布指令减少购买阿根廷的生物柴油;另一方面,随着拉美、非洲地区国有化的进程,中国、马来西亚、印度等国的石油公司都在积极寻求机会进入。

## 三、新一轮国有化运动的特点及影响

目前在能源和矿产领域,全球资源民族主义的趋势和浪潮在进一步加强,新一轮的国有化运动正似多米诺骨牌一样逐渐形成趋势。与20世纪70年代曾出现的国有化运动相比,新一轮国有化运动有以下三个突出的特点:

(1) 新一轮国有化波及国家少。这次国有化运动主要集中在拉美少数左派掌权的国家。在国内政策上,务实主义、强调社会公正和关注贫困人口福利是拉美大多数中左翼政党领导人的共同特征。在对外关系方面,维护本国利益和发展民族经济同样是这些中左翼政党的首要任务。玻利维亚莫拉莱斯政府、委内瑞拉查韦斯政府和厄瓜多尔的拉斐尔·科雷亚政府都是左派的典型代表。

(2) 资源国都采取了有限度的国有化措施,并没有完全排挤外国投资者的参与。资源国没有采取全盘接管或驱赶外国公司的做法,而是采取强制规定国家持有外资企业一半以上的股份,或者提高能源税和资源使用费标准等方式。比如,委内瑞拉要求外国与委内瑞拉国家石油公司签署临时协议,把服务合同变为合资公司,合资期限为20年,以便委内瑞拉政府对石油产权进行全面控制,玻利维亚油气资源国有化法令中规定,在法令发布后180天内,对于那些2005年日均产量达到1亿立方英尺(约合283万立方米)的外资天然气田,其生产收入82%归玻利维亚国有,18%归外国公司。

(3) 资源国试图在谋求一种新的合作模式,从而使资源国政府在石油的开发、经营和销售领域起控制主导作用。拉美产油国在20世纪90年代对外开放时，为引进外资推出了很多优惠政策。在油价上涨后，这些国家并没有获得相应收益。因此，油气资源国有化的主要目的并非实现完全国有化，而只是收回对石油天然气田的控制权，以分享油价上涨带来的好处。

新一轮石油国有化运动必将对国际石油市场产生深远的影响。石油国有化将使国际能源地缘政治较量更加激烈：俄罗斯与周边国家的合作将得到加强；玻利维亚的能源国有化政策将使当前南美地区的关系更加复杂化；拉美地区的国有化运动将使拉美产油国与美国之间的关系更加紧张；拉美产油国与欧洲之间的关系将更加密切；中国与石油资源国的合作将得到进一步加强。石油国有化将使美国的能源战略面临着极大的挑战，使欧佩克的影响力扩大，使以俄罗斯为代表的非欧佩克产油国地位逐渐上升，从而将改变国际能源战略格局，最终可能改变国际能源市场游戏规则，形成新的国际能源秩序。资源国政府更加积极地参与油气等战略资源的国际争夺，这对正处于"走出去"战略中的中国石油公司来说，无疑大大增加了国际油气投资的风险。国有化风险评估的正确与否直接关系到最终的决策，因此，研究资源国有化的内在机理机制具有重要的学术意义和应用价值。

## 第三节　资源国有化带来的挑战

### 一、增加了海外项目的开发成本

在中国企业"走出去"的浪潮中，中国石油投资海外石油公司和收购石油资源是重中之重，而拉美地区和非洲地区是中国石油根据"走出去"战略而设定的重要战略地区。中国的国际能源合作从拉美起步，并已初步取得了不小的成效。中国已经同委内瑞拉、秘鲁、厄瓜多尔等国建立了合作项目，同玻利维亚也开始了能源领域合作的洽谈，拉美正逐步成为中国石油对外投资和合作的重要地区。因此，拉美国家石油国有化运动的趋势将对中国石油"走出去"的战略造成不利影响，给中国石油的海外投资带来新的挑战。

拉美国家在石油资源领域采取的国有化举措引起了国际社会的强烈反响，对国际石油市场原油价格也产生了很大的影响。当今社会正在为伊朗核危机、伊拉克战后局势和恐怖活动头痛不已,石油国有化运动使原本就不稳定的原油市场变得更加脆弱。中国经济的快速发展对石油的需求越来越巨大,需进口的石油不断增加;因此,国际原油价格的剧烈波动,不仅使中国经济发展受到影响,而且对中国国内市场成品油的价格也产生很大的冲击,并且还增加了中国石油海外投资的成本。

## 二、增加了介入海外项目的难度

拉美石油国有化运动,减少了外国能源公司在资源国自由运作的空间。国际能源价格的飞涨,助长了各国石油国有化运动的热潮。不断扩大的国有化运动必然造成一些跨国石油公司的出局和石油市场的重新洗牌。这不仅破坏了国际石油公司的投资计划,也将重塑国际未来的能源政治局面,加深国际政治在能源领域的争斗。这些都将使中国的石油公司成功进行海外投资的难度增加。

一方面,由于部分产油国的政局不太稳定,法律尚不健全,能否真正遵守合约、保护外国企业的资产还是一个未知数。中国石油企业在外国的石油股份对于东道国公民来说,被认为是"外国人占有的资产",假如这些国家发生国有化运动,那么中国石油在这些国家的产权就会受到威胁,从而影响中国石油原来的投资计划,问题严重还可能使公司以前的投资全部付之东流。例如,玻利维亚的国有化运动使中国石油不得不与玻利维亚达成新的协议,这必将影响公司原来的开发计划。如果不达成新协议,中国石油在玻利维亚的产权就可能被没收,甚至被驱逐出境。

另一方面,国有化对能源市场的重新洗牌加深了国际政治在能源领域的争斗,中国面临着更大的国际舆论压力,我国石油企业在海外新项目开发时不得不考虑国际影响。在委内瑞拉、乍得实行国有化政策时,两国都明确表示欢迎中国石油公司参与本国石油领域的开发合作,这引起了西方国家的极度不满,一些西方国家试图通过政治手段阻挠中国石油的海外开发,这严重影响了我国石油企业的新项目开发计划,甚至使一些已开发的项目也受到了不同程度的影响。

而且,在当前经济全球化的国际多边贸易协调机制下,直接国有化行为的比例虽然会降低,但是,东道国会采用其他更为复杂的间接国有化手段来达到其对跨国石油公司经营限制的目的,从而严重影响了我国企业海外新项目开发的进度。中国石油公司在这方面遇到的情况举不胜举:例如,俄罗斯国有基金会拟于2002年12月8日采取公开招标的形式拍卖斯拉夫石油公司74.95%的股权,俄罗斯明确邀请中国石油参与拍卖,同时大约还有七八家石油公司表示了参拍愿望,其中标呼声最高的为中国石油。然而,在参拍前的一个月里,俄政府和商界联合演出了一幕排挤中国企业的闹剧,俄罗斯议会通过紧急立法,禁止任何国有股份超过25%的企业(包括外国企业)参与俄罗斯国有股份的拍卖,迫使中国石油放弃收购计划。2005年6月,迫于美国政府的巨大阻碍,中海油也放弃了对美国石油公司尤尼科的要约收购。

由此可见,系统性地研究资源国国有化运动的背景、发展历程、发展趋势、国有化运动对中国石油海外新项目开发的挑战和机遇,以及世界大石油公司曾经应对国有化所采取的策略,并在此基础上建立健全的应对机制,为公司海外合作的进一步扩展提供保障是十分必要的。

## 第四节 国有化内在机制回归模型

### 一、因变量

因变量为资源国的国有化进程 $E_{it}$,该变量用来表示国家 $i$ 在第 $t$ 年是否发生了至少一次国有化进程,其取值为 0 或 1,取值规则为:

$$E_{it} = \begin{cases} 1, & \text{至少发生一次国有化} \\ 0, & \text{无国有化进程} \end{cases}$$

国有化进程的数据主要有两个来源:第一个数据集由古里埃夫和克洛季林提出,时间段涵盖 1960~2006 年;第二个数据集涵盖 2007~2010 年,为通过外文综合性电子期刊全文数据库(ProQuest 数据库)、全球新闻及公司数据库(Factiva 数据库)和谷歌搜索引擎(Google)获得的数据。根据上述数据,在 1960~2010 年这个时间段内,这 41 个国家发生了 98 起国有化事件。如图 17-1 和表 17-1 所示。

从表 17-1 和图 17-1 可以看出,大多数的国有化进程集中发生在 20 世纪 70 年代,80 年代几乎没有,1990~2005 年没有发生国有化,2006~2010 年又有少量国有化进程发生。

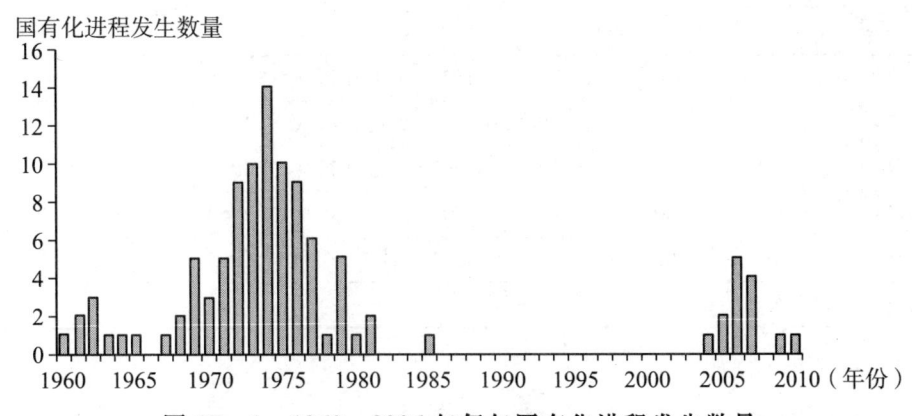

图 17-1　1960~2006 年每年国有化进程发生数量

表 17-1　　　　　　　　　　1960~2010 年石油国有化

| | | | | | | | |
|---|---|---|---|---|---|---|---|
| 1962 | 阿尔及利亚 | 2006 | 俄罗斯 | 1972 | 科威特 | 1974 | 沙特阿拉伯 |
| 1967 | 阿尔及利亚 | 2007 | 俄罗斯 | 1973 | 科威特 | 1975 | 沙特阿拉伯 |
| 1970 | 阿尔及利亚 | 1969 | 厄瓜多尔 | 1974 | 科威特 | 1976 | 苏丹 |
| 1971 | 阿尔及利亚 | 1972 | 厄瓜多尔 | 1975 | 科威特 | 1969 | 特立尼达和多巴哥 |
| 1974 | 阿尔及利亚 | 1973 | 厄瓜多尔 | 1977 | 科威特 | 1974 | 特立尼达和多巴哥 |
| 1976 | 阿尔及利亚 | 1974 | 厄瓜多尔 | 1969 | 利比亚 | 1979 | 特立尼达和多巴哥 |
| 1963 | 阿根廷 | 1976 | 厄瓜多尔 | 1970 | 利比亚 | 1981 | 特立尼达和多巴哥 |
| 2006 | 阿根廷 | 1977 | 厄瓜多尔 | 1971 | 利比亚 | 1971 | 委内瑞拉 |
| 1971 | 阿联酋 | 1979 | 厄瓜多尔 | 1972 | 利比亚 | 1975 | 委内瑞拉 |
| 1972 | 阿联酋 | 2006 | 厄瓜多尔 | 1973 | 利比亚 | 2006 | 委内瑞拉 |
| 1973 | 阿联酋 | 2007 | 厄瓜多尔 | 1974 | 利比亚 | 2007 | 委内瑞拉 |
| 1974 | 阿联酋 | 1973 | 菲律宾 | 1973 | 马来西亚 | 2009 | 委内瑞拉 |
| 1975 | 阿联酋 | 1974 | 刚果（布） | 1975 | 孟加拉国 | 2010 | 委内瑞拉 |
| 1972 | 阿曼 | 1975 | 刚果（布） | 1968 | 秘鲁 | 1970 | 乌干达 |
| 1961 | 埃及 | 1972 | 哥伦比亚 | 1985 | 秘鲁 | 1969 | 也门 |
| 1962 | 埃及 | 1976 | 圭亚那 | 1962 | 缅甸 | 1961 | 伊拉克 |
| 1964 | 埃及 | 1974 | 加纳 | 1975 | 摩洛哥 | 1972 | 伊拉克 |
| 1975 | 埃塞俄比亚 | 1973 | 加蓬 | 1976 | 莫桑比克 | 1973 | 伊拉克 |
| 1976 | 安哥拉 | 1976 | 加蓬 | 1973 | 尼泊尔 | 1975 | 伊拉克 |
| 1977 | 安哥拉 | 1968 | 柬埔寨 | 1971 | 尼日利亚 | 1977 | 伊拉克 |
| 1978 | 安哥拉 | 1972 | 卡塔尔 | 1973 | 尼日利亚 | 1973 | 伊朗 |

续表

| 1974 | 巴基斯坦 | 1974 | 卡塔尔 | 1974 | 尼日利亚 | 1979 | 伊朗 |
| --- | --- | --- | --- | --- | --- | --- | --- |
| 1974 | 巴林 | 1976 | 卡塔尔 | 1976 | 尼日利亚 | 1975 | 印度 |
| 1977 | 巴林 | 1977 | 卡塔尔 | 1979 | 尼日利亚 | 1981 | 印度 |
| 1979 | 巴林 | 1980 | 赞比亚 | 2007 | 尼日利亚 | 1960 | 印度尼西亚 |
| 1969 | 玻利维亚 | 2006 | 乍得 | 1972 | 沙特阿拉伯 | 1965 | 印度尼西亚 |
| 2006 | 玻利维亚 | | | | | | |

## 二、自变量

### （1）油价因素

油价与资源价值息息相关，因此油价是影响资源国国有化进程发生可能性的一个重要因素。古里埃夫和科洛季林（2009）认为，一个国家发生石油国有化进程的可能性，更多地依赖于石油价格正向偏离油价长期趋势的程度，而不是价格本身。我们用BP公司2011年6月发布的《BP能源统计年鉴2011》中以2010年美元计价的原油价格作为基础数据，以油价偏离其长期趋势的程度为代表，并将其定义为"油价冲击（Oil Price Shock）"，来分析石油价格对国有化进程发生可能性的影响。对油价长期变化趋势，使用平代克（Pindyck，1999）[①] 提出的对于长期油价的估计模型：

$$Ln(P_t) = a \times Ln(P_{t-1}) + b + c \times t + d \times t^2 + \varepsilon_t \quad (17-1)$$

模型中 $\varepsilon_t$ 即用来表示"油价冲击"，1960~2010年"油价冲击"回归结果如图17-2所示。

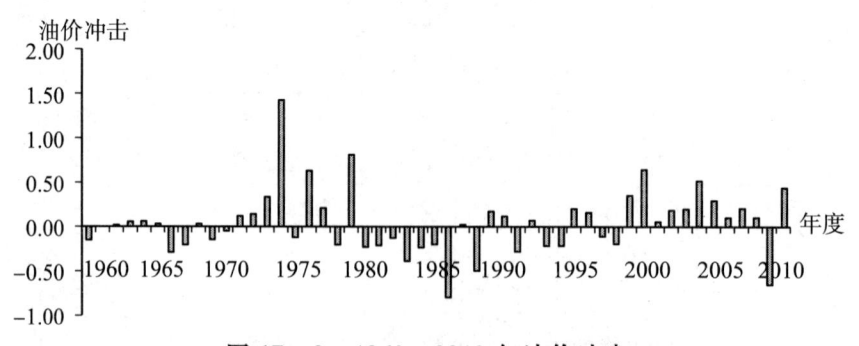

图17-2　1960~2010年油价冲击

---

① Pindyck R. S. The Long-Run Evolution of Energy Prices. Energy Journal, Vol. 20, No. 2, 1999, pp. 1-27.

从图 17-2 可以明显地看出，20 世纪 70 年代"油价冲击"最大，即油价正向偏离油价长期趋势的程度最高；80 年代和 90 年代"油价冲击"多为负值；而进入 2000 年以来，"油价冲击"又开始恢复正值，直到 2008 年金融危机出现一次反向变化。以国有化进程发生次数为 Y 坐标值，对国有化进程发生次数、"油价冲击"进行拟合，发现在"油价冲击"高的年代，国有化进程发生的数量明显地多于"油价冲击"低的年代，即国有化进程发生数量与"油价冲击"明显正相关。如图 17-3 所示。

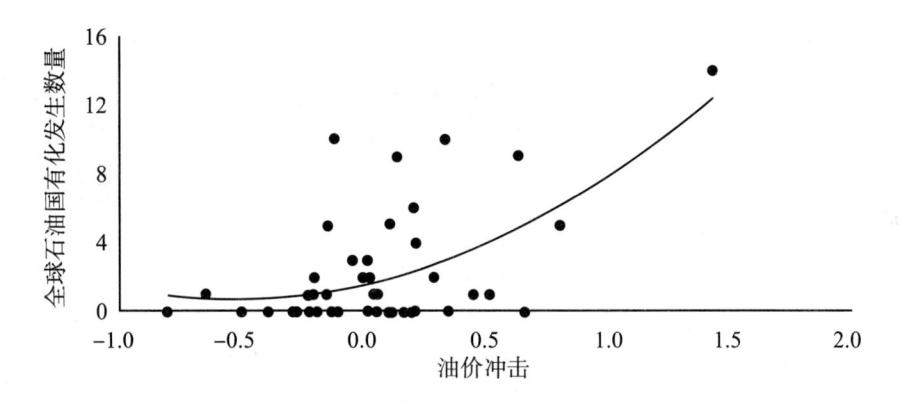

**图 17-3　1960~2010 年"油价冲击"与国有化进程发生数量散点**

图 17-3 清晰表明，在"油价冲击"高的年代，国有化进程发生的数量明显的多于"油价冲击"低的年代，即国有化进程发生数量与"油价冲击"明显正相关。

（2）政治制度和国有化成本

世界经济的发展经验和产权理论已经证明，油气资源收归国有、由国家所直接掌控是一种相对低效率的运行方式，政府控制油气产业链导致委托链条太长，致使成本和风险增加，从而部分抵消了政府直接控制资源可能带来的好处。在本研究中，使用政治制度的水平来表示国有化的成本。我们通常把政府划分为民主和独裁两种类型，评价民主化程度的标准主要依据政府执行力的获取和贯彻方式，社会公众的利益和各阶层对政府决策的影响程度。民主和独裁以不同的方式维护着一个国家的正常运行，不同的国家在选择这两种统治风格是往往有不同的组合，对某些行业可能主张对外开放，自由竞争，同时也有一定程度的管制和约束。政治制度通常用 Polity Ⅳ 数据集[1]中的两个变量进行表示：执行力的约束（XCONST）和民主化程度（DEMOC），分别代表：

---

[1]　此部分的数据来自 http://www.systemicpeace.org/polity/polity4.htm。

1）XCONST 的变化范围为 1~7，以此反映经济决策的控制力；

2）DEMOC 的变化范围为 0~10，包括执行的约束，市民是否能够通过有效的制度和程序对国家政治和领导者表达看法，以及是否能够保障公民的自由。0 代表该国政府执行力约束最强、民主化程度最弱，公众参与和影响政策的能力受到极大的限制，如沙特阿拉伯和卡塔尔；10 代表该国政府执行力约束最弱、民主化程度最强，这样的国家实行对外开放，主张自由平等，竞争机制完善，政治制度开明，总统竞选公开、透明，领导人的权利受到大量的约束和监督，如澳大利亚、希腊、瑞士。

（3）资源富裕度

除了油价因素，石油资源富裕度也是一个主要因素。在理论上，若一个国家石油资源丰富，那么其每个单位资产的国有化成本就越低，也即油气资源越丰富的国家就越容易发生国有化。我们使用美国能源信息部和《BP 能源统计年鉴 2011》提供的石油生产量数据，来代表石油资源的丰富程度。

（4）资源收入占 GDP 的比例

石油是一种重要的能源，但对发展中国家来说，石油资源也是一种重要的收入来源。为研究石油生产国经济对石油资源的依赖程度，对石油国有化进程发生可能性的影响，我们选取石油资源收入占国内生产总值的比例 [Oil Rents（% of GDP）]，进行相应的分析。

（5）人均 GDP

人均 GDP 的数据来源于世界银行的《世界发展指标》数据库。但是不幸的是，那些国有化频发的少数发达国家在 1980 年之前的数据有很多缺失。因此在估计中，按是否考虑人均 GDP 两种情况分别进行相应估计。

（6）国家领导人变更

在现实世界，一个国家领导人的变更，很可能会导致国有化的发生。为研究这种可能性，这里特设置了政府变更（Change of Government）这个虚拟变量[①]，即：

$$C_{it} = \begin{cases} 1, & \text{第 } i \text{ 国在 } t \text{ 年发生领导人变更} \\ 0, & \text{第 } i \text{ 国在 } t \text{ 年没有发生领导人变更} \end{cases}$$

## 三、样本数据范围

为涵盖国有化频发的 20 世纪 70 年代和第三次国有化浪潮，我们将时间跨度定为 1960~2010 年。按照搜集主要产油国的数据，样本包括 42 个国家。数据的

---

① 此部分的数据来自 http://www.worldstatesmen.org。

类别包括 8 类：国有化（Nationalization）、油价冲击（Oil_Price_Shock）、石油资源丰富程度（Oil_Aboundanc）、石油收入占 GDP 比重（Oil_Rents）、国内民主程度（Demo）、国家执行力约束（Xcons）、对数人均 GDP（LogGDP）、国家领导人变更（Change_of_Gov）。

### 四、多元 Logistic 回归模型

本研究采用固定效应面板逻辑回归（Panel Logistic）为主要研究方法，建立资源国有化内在因素的多元回归模型。被解释变量为资源国的国有化进程，Logistic 回归的核心思想是用解释变量来对被解释变量取值为 1 时的概率值进行回归。

Logistic 模型相关表达式如下所示：

$$P(E_{it}=1)=F(Oil\_Price\_Shock, Inst_{it}, X_{it}) \quad (17-2)$$

式中：

（1）$Inst_{it}$ 表示 Polity IV 数据集中民主化程度和执行力约束数据；

（2）$X_{it}$ 表示其他解释变量（资源富裕度，资源收入占 GDP 的比重，对数人均 GDP，领导人变更）。

## 第五节 石油资源国有化成因分析

### 一、全样本实证分析结果

对数据进行分类处理后，利用 Stata 软件进行面板数据逻辑（Logistic）回归。回归过程中，对解释变量进行了有选择的顺序加入，共进行了 6 次回归，具体结果见表 17-2。

表 17-2　　　　　全体样本数据逻辑回归结果

| 自变量 | 1 | 2 | 3 | 4 | 5 | 6 |
|---|---|---|---|---|---|---|
| 油价冲击 | 1.73054*** | 1.72582*** | 1.71734*** | 1.71356*** | 1.68305*** | 1.78395*** |
| 执行力约束 | -0.26059*** | -0.26924*** | -0.29153*** | | -0.36550*** | -0.36763*** |

续表

| 自变量 | 1 | 2 | 3 | 4 | 5 | 6 |
|---|---|---|---|---|---|---|
| 政府变更 | | 0.30927 | 0.48121* | 0.51199* | 0.45121 | 0.22060 |
| LgGDP | -1.37329 | -1.29892 | | | | 2.11210 |
| 民主化程度 | | | | -0.28472*** | | |
| 资源富裕度 | | | | | 0.00012 | -0.00004 |
| 资源收入占GDP的比重 | | | | | | 0.00232 |
| 样本总量/观测组 | 1 409/30 | 1 409/30 | 1 894/41 | 1 894/41 | 1 004/25 | 667/19 |
| LR chi2（1） | 50.63 | 51.48 | 69.68 | 78.32 | 54.08 | 41.52 |
| Prob > chi2 | 0.0000 | 0.0000 | 0.0000 | 0.0000 | 0.0000 | 0.0000 |
| Log likelihood | -197.6067 | -197.1804 | -285.7637 | -281.4434 | -201.4627 | -121.1751 |

注：括号内为标准差；*** 代表 1% 显著；** 代表 5% 显著；* 代表 10% 显著。

从表 17-2 结果可以发现：

（1）油价冲击是促成资源国有化最主要的原因，即油价正向偏离长期变化趋势的程度越高，发生资源国有化的概率也越大。油价高涨是资源国有化的直接诱发因素，没有这一导火索，无论资源国国内政治局势如何变化，都不容易导致资源的国有化。油价高涨而政府获益不多会直接推动资源国有化的进程。

（2）执行力约束和民主化程度对国有化概率的影响十分显著。执行力约束与民主化程度是衡量国有化成本的两个指标。从表 17-2 中可以看出，随着资源国执行力约束和民主化程度的提高，资源国发生国有化进程的概率大幅度降低，国有化风险也因此越低。由于"资源诅咒"的存在，世界油气资源富集的地区往往经济发展落后，民主化程度也较低。回顾历史不难发现，20 世纪 60、70 年代的大规模国有化运动是在民族主义复兴运动的基础上兴起的，古巴革命的胜利和苏联在世界各地的扩张促使拉美多国民族运动兴起，十多个拉美国家陆续将外国企业控制的石油、铜、铝土等工矿企业收归国有。1960~1976 年，拉美有 198 家外国企业被收归国有，其中美资企业 158 家，英资企业 8 家。可见民主化程度对资源国有化的影响不容忽视。

（3）国家领导人的变更对国有化概率有一定影响，模型Ⅰ的回归结果表明政府变更与国有化发生概率正相关。从资源国有化历史来看，资源国领导人交替时期往往也是国有化实行的契机。例如 2005 年莫拉莱斯在玻利维亚总统竞选胜出后就承诺推行国有化，2006 年该国就陆续通过立法和强制国有化等多种手段对国内天然气产业进行国有化改革。但有一点值得注意：在 4 次回归中，只有一次回归结果显示政府变更对国有化有显著影响（显著性水平为10%）。事实上，政府变更是一个中立的概念，因为新上任的领导人既有可能支持国有化，也有可能支持私有化和重视市场的作用。

（4）资源指标方面，回归结果与经验结果不同，资源国的油气资源富裕度以及资源收入占 GDP 的比重对国有化进程的发生概率并没有显著影响。资源富裕程度与国有化是否发生并没有直接联系，这可能是由于资源国在开展对外能源合作中由于国家间不同的合同类型和财税条款，使得同样的资源利得在资源国与外国投资企业之间的分割产生很大差异的原因。相对于油气资源富裕程度，资源国与外国企业利益分割极度不均可能才是促进国有化发生的真正原因。

（5）经济指标方面，在对全部样本分析的过程中，也并未发现国家人均 GDP 水平对国有化进程有显著影响，说明并非越贫穷的国家越容易发生资源国有化。这一结论与乔迪斯（1980）的观点不同，但与切尔内赫（2011）的观点一致。

## 二、关于油价的进一步讨论

在前面指标选择时，我们认为石油价格正向偏离长期趋势的程度越大，发生国有化进程的可能性就越高，而与油价本身的高低没有多大关系。为此，选择了油价冲击、实际油价和实际油价价差三个变量，结合国有化的成本，进行了面板数据的 Logistic 回归（见表17-3）。

表17-3　　　　　　油价对国有化进程发生概率影响实证分析

| 自变量 | 1 | 2 | 3 |
| --- | --- | --- | --- |
| 油价冲击 | 1.71582*** | | |
| 实际油价价差 | | 1.92383*** | |
| 实际油价 | | | -0.05747 |
| 执行力约束 | -0.28058*** | -0.28383*** | -0.29190*** |
| 样本总量/观测组 | 1 894/41 | 1 894/41 | 1 894/41 |
| LR chi2 (1) | 66.98 | 14.03 | 53.58 |
| Prob > chi2 | 0.0000 | 0.0009 | 0.0000 |
| Log likelihood | -287.1165 | -313.5914 | -293.8150 |

注：括号内为标准差；*** 代表1%显著；** 代表5%显著；* 代表10%显著。

从表17-3可以看出，石油价格正向偏离油价长期趋势的程度越大，资源国国有化进程发生的可能性就越大，并且这种影响非常显著。实际油价价差（即 $t$

年与 $t-1$ 年的石油价格对数之差）具有与油价冲击类似的影响，都会大大增加资源国发生资源国有化的风险。而实际油价的回归结果却不显著，这也进一步支撑了古里埃夫和科洛季林（2009）得出来的结论，即油价波动的剧烈程度是推动国有化进程的直接原因。

从上述计量分析中我们可以看到，油价冲击是导致国有化最重要的因素。其实，国有化本身也有促进油价进一步偏离其长期趋势的作用，但从先后顺序上，我们认为是脆弱的供需平衡导致了油价正向偏离其长期趋势，继而引发国有化，并进一步推动油价上涨。在以往的石油冲击中，供需不平衡的出现主要是源于石油生产国与消费国之间的政治冲突，石油的潜在供给能力没有受到任何怀疑。一旦出现油价下降、石油生产国的利益受损，各国就会对外开放石油部门，以促进石油部门的发展。也就是说，在冲突博弈中，石油生产国的石油国有化承诺是不可信的，因为石油生产国没有能力开发本国资源，各供给国之间存在竞争，外资的撤出意味着国家利益受到损害。但 21 世纪以来的石油国有化与以前有很大不同，就是石油供给潜力和供给能力不断受到质疑，石油生产与消费的空间距离不断拉大，消费对供给的依赖程度不断加深，石油供给国之间的竞争几乎消失。

脆弱的供求平衡是油价高企的基本。影响油价涨跌趋势的主要因素有：供需因素、投机因素、地缘局势因素、名义与实际收益（美元贬值）因素、预期因素等。在这些因素中，供需因素是最基础性的因素，其他因素若脱离了这一因素，虽也可能在一段时间内发挥重要作用，但不会长久。而供需、投机、美元贬值、预期等因素之间没有严格的界限，并且可相互作用、相互转化。从需求角度来看，全球进入扩张期拉动油价。自 2003 年本轮世界经济进入扩张期以来，连续保持了近 5% 的高速增长，整个世界增长良好。从石油需求增量来看，目前中国、印度、俄罗斯、巴西等新兴经济体约 30 亿人正进入工业化阶段，其解决发展问题客观上需要一定的石油资源来支撑。在先行工业化的国家和地区中，欧洲、日本等采取相对节能的发展模式，石油需求增量相对较为稳定，而美国高耗能的消费模式导致石油需求增长仍然较快。从供给角度来看，供应问题成油价软肋。一是主要欧佩克产油国政局动荡，以及国家对石油资源的集中控制，严重影响到石油领域的投资，使得石油投资、包括炼油能力不足。二是随着近年来石油需求的快速增长，石油勘探开采的边际成本不断上升。三是石油民族主义抬头，像俄罗斯、委内瑞拉等国政府不断加快石油国有化进程，石油产量增长缓慢。特别是委内瑞拉石油产量较十年前下降了近 20%。四是部分产油国随着本国经济起飞，开始对能源需求大幅增加，从而大大地限制了原油的输出。从当前来看，这种局面有蔓延趋势，预计不少石油净出口国不出数年便会变成净进口国，加入到能源需求国行列。五是部分国家受环境保护等因素制约，石油产量增长缓慢。

美国石油资源储量比较丰富,但是目前美国因环境保护等因素,石油日产量约为 690 万桶,较 10 年前下降了 17%。六是部分产油国因储量有限,面对油田枯竭问题,石油产量开始萎缩。挪威石油日产量过去 7 年下跌 17%,英国石油产量过去 7 年更是下跌 44%。

在脆弱的供需平衡的基础上,即使产油国由于国有化而导致产量停滞不前,但由于油价高企的现状及未来预期,产油国依然可以从石油国有化中获得超额收益,而不必担心再出现石油过剩的局面。这一局面支撑了产油国将石油资源国有化的信心和决心。

此外,我们还要看到,产油国已经意识到,单纯靠出卖资源并不能真正实现国家的富裕和强盛,而发展石油资源的深加工,提高出口产品的附加值,不仅可以带来更高的收益,而且可以增加就业,促进本国工业及其服务业的技术水平的提高,这是产油国更长远的立国之路。因此,各产油国在普遍提高石油上游资源领域进入门槛的同时,却大量推出吸引外资进入下游领域的优惠政策,正是产油国这一战略意图转变的具体体现。

从这里我们应该意识到,由于廉价石油年代基本宣告结束,石油国有化在时间上较之以前延续时间可能会长一些。在参与范围上有逐步扩大的趋势,拉美国家的示范效应,将会在中亚和非洲各国持续发酵;在引进外资方面,以资源为诱饵,诱导外资进入下游行业是资源国主要的战略目标之一,同时要在上游领域实现留住外资和技术与收益最大化之间的平衡。最终,国有化有可能导致产油国出口结构发生变化,由初级资源转向产成品,外资在上游领域的收益被大幅压缩。

目前,国家石油公司掌握的探明储量已超过了探明总储量的 80%,而跨国石油公司所控制的探明石油储量还不到总储量的 10%。跨国石油已经不能同国家石油公司相抗衡,但国家石油公司需要学习跨国石油公司先进的管理手段和项目管理模式。

## 第六节　应对风险的理性投资策略

在前两个小节中,我们通过以 1960~2010 年 41 个主要产油国的国有化进程为研究对象,以是否发生资源国有化进程为被解释变量,选取油价冲击和资源国民主化程度等指标为解释变量建立了面板逻辑回归模型,分析各个因素对资源国国有化进程发生概率的影响。研究结果表明,油价冲击是导致资源国有化发生的首要原因,国有化进程更容易发生在油价剧烈上涨的年代;同时,民主化水平低又有一定执行力的国家发生资源国有化的概率较大。国家领导人的变更对国有化发生的概率有一定的影响，因为资源国政府变更往往成为国有化发生的契机，这是进行跨国油气投资时所应关注的问题。而国内石油资源丰富程度、人均GDP水平和石油收入占GDP的比重这三个因素对国有化发生的概率没有显著的影响。

从数据分析结果来看，资源国有化既是由油价变化引发的利益驱动行为，也是受资源国政治制度的民主化程度影响的政治问题。尽管各资源国之间资源丰富程度不同，经济发展水平也有所差异，但是在油价剧烈波动的时期都会导致资源国有化浪潮的出现，尤其是当油价显著正向偏离其长期趋势的时期。

国有化运动不是投资者所能控制的，理性选择投资对象才是降低国有化风险最有效的途径。中国的企业在选择海外投资对象时，应从以下几个方面综合评估投资区域的国有化风险：

第一，由于油价冲击和油价波动都将增大国有化发生的概率，因此在投资前，石油公司应建立投资风险时时评估制度以及相应的措施体系，密切关注高油价冲击时资源国的对外合作政策动向。尤其关注曾经在油价波动剧烈时期进行过国有化的国家，这类国家很有可能在类似的油价环境中再次发生国有化事件。例如，厄瓜多尔、玻利维亚、利比亚和委内瑞拉都在20世纪70年代高油价冲击时期发生了多次国有化，当2006年油价再次正向偏离其长期趋势时，这几个国家也再次实行了多项国有化措施。

第二，慎重投资民主化程度较低的国家和地区。实证结果已证明民主化程度越低，国有化风险越大。在投资前应深入研究资源国的制度动向，加强投资区域制度风险评估，有针对性地优化投资结构。事实上，国际机构组织会定期公布包括资源国在内的国家民主化程度和执行力约束评估数据，该指标对评判资源国的国有化风险和选择投资目标国具有一定的参考价值。即便如此，跨国公司也应该建立自身对资源国的政治制度评估体系，毕竟国际组织所出具的评估报告大多是从欧美发达国家利益出发，对中国企业并不一定适用。

第三，资源国政府变更既可能成为新的投资机遇，也可能成为海外投资的挑战。因此在投资前，若资源国发生重大政府变更，应对新上任的执政党进行全面的评估，尤其是其对外合作政策。经验表明，两国之间的外交关系越紧密，外国资产被资源国政府国有化的风险就越小。对于投资企业而言，需要观察资源国政府变更后两国间的外交形势，尽量避免向国有化风险高的地区和国家投资，并使公司在资源国实施国有化运动时能采取有效应对措施，使公司的损失减少到最小。

第四，将风险的全部或部分转嫁给第三者也是跨国石油公司应付国有化风险的一个重要手段。一种做法是同其他公司或投资实体进行联合投资，以便获得更多的资金支持,并且在出现国有化风险时还可以分散风险和减少损失。另一种做法是,跨国石油公司与主权国家的政府或企业合资进行风险投资,通过合资避免主权国家采取不利于合资企业的发展政策。还有一种做法就是进行政治风险保险。1970年以来,在美国和一些发达国家的保险市场上,出现了为石油和其他自然资源的私人投资提供保险的业务。例如,1977~1985年,德士古、莫比尔等43家石油公司先后向美国的"海外私人投资公司"投保,为它们在24个国家的石油、天然气投资项目保险,保险总值超过了40亿美元,保险项目包括货币兑换、资产侵占、工作干扰、战争和内乱等。

而对于已处于进行中的投资项目,一旦发生资源国有化,中国石油企业可以通过谈判补救、法律补救、撤走资金和技术人员、寻求中国政府支持、禁止该产油国的石油在国际石油市场上销售等措施来补救。在对外油气合作过程中,可以充分利用我国的政治大国、经济大国地位,开展全方位合作,化解民族主义威胁。在项目运行中,要加强和改善与资源国的关系,良好的互惠互利关系可以大大减少政治风险的概率,这已经成为石油工业发展的前提条件之一,因为税制的变化、外汇管制的强度、国有化的补偿等问题都需要通过石油公司和主权国家之间的密切协商讨论解决。

由于国有化风险是石油企业面临的政治风险中风险赋分最高的指标,值得引起高度的注意。对国有化风险的分析有助于我们更深入和准确地研究政治风险。就如何结合一国的政治风险、经济风险以及社会风险等来综合评价石油企业在一国投资的风险问题,将在第十八章进行详细研究。

# 第十八章

# 跨国油气投资组合收益风险分析

随着国内石油需求的日益增长,我国石油公司正在加大对海外油气勘探开发项目的投资。海外区块招标机会的增多,一方面是投资机会不断增加,另一方面也使石油公司的投资风险不断增大。为了分散投资风险,稳步提高勘探效益,国际大石油公司开始寻求既能满足预算限制,又能使风险厌恶投资者效用最大化的项目评价方法。现代投资组合理论提供了一个从整体价值选择资产的策略。目前,为了资源分配的最优化,石油企业已在项目优选和预探圈闭钻探组合决策中开始尝试性地应用现代投资组合优化模型来指导投资决策,本章将在总结当前油气领域投资组合优化理论和实践的基础上,对跨国油气资产组合优化模型进行扩展,建立基于投资者和经营者双重身份的油气资产组合优化模型,同时引进效用理论,解决风险厌恶投资者的资产组合选择问题。本部分内容既适合于宏观管理部门从收益与风险的角度综合平衡我国海外油气投资活动,也对石油企业的海外资产管理活动具有指导意义。

## 第一节 关于资产组合理论的相关研究

### 一、狭义的投资组合理论

狭义的现代资产组合理论即指马克维茨(Markowitz)资产组合理论,马克维茨（1952）开创了定量分析的先河，他最早以期望收益率和方差（或标准差）表示的风险进行了资产组合研究，揭示了在不确定条件下投资者如何通过对风险资产进行组合建立有效边界，如何从自身的效用偏好出发在有效边界上选择最佳投资决策[1]。1959年，马克维茨提出了两种度量投资组合风险的指标：均值半方差和目标半方差[2]。此后，许多学者对该模型进行了进一步扩展，例如科佐利诺（Cozzolino，1977）、曼苏（Mansoor，2007）和兰德勒等（Lasdon et al.，2007）。科佐利诺（1997）提出风险调整收益（RAV）的概念，将投资者目标函数定义为风险调整收益最大化。RAV结合了马克维茨经典投资组合理论的思想，同时还考虑到了投资者风险偏好对风险调整收益的影响[3]。然而RAV并没有考虑到构成资产组合的各资产之间的协方差，因此，曼苏（2007）在科佐利诺（1997）的方法基础上再次进行改进，在考虑了各资产的收益分布和方差协方差的基础上，计算在特定风险厌恶程度下的风险调整收益，其中风险调整收益达到最大时，对应的投资组合即为最优投资组合[4]。兰德勒等（2007）在马克维茨模型的基础上引入了效用和损失概率的概念，他们用实例说明了风险指标的选取会影响最终输出的优化结果，这些风险指标包括方差、半方差、最小化损失和最小化损失概率[5]。

马克维茨投资组合优化原则对投资者的风险偏好有一定的假设，歌萨丘等（Egozcue et al.，2011）对不同多元化程度的投资组合进行了排序研究，结果发现遵循马克维茨多元化策略的投资者比单纯的风险厌恶或风险偏好型投资者都要复杂，这类投资者对风险的偏好随着对收益损失的敏感程度而发生变化，他们可能会将全部的财富投资到一个资产上，而不是盲目追求多元化[6]。

## 二、广义的投资组合理论

广义的现代资产组合理论，包括马克维茨资产优化模型的替代理论和资本市

---

[1] Markowitz H. *Portfolio selection*, *Journal of Finance*, 1952.7：pp. 77 – 91.

[2] Markowitz H. *Portfolio selection*：*Efficient diversification of investment.*, John Wiley & Sons, New York, 1959.

[3] Cozzolino J. M. *Management of oil and gas exploration risk*, West Berlin, N. J.：1977：pp. 1 – 420.

[4] Mansoor H A – H：*Utility Efficient frontier*：*an application in the oil and gas industry*, *Natural Resources Research*, 2007, 16（4），pp. 305 – 312.

[5] Lasdon L. S., Faya L. C., Lake L. W. et al：*Constructing oil exploration and development project portfolios using several risk measures-arealistic example*, SPE 107708, Dallas, 2007, pp. 1 – 18.

[6] Egozcue M. L., García F., Wong W. K. et al：*Do investors like to diversify? A study of Markowitz preferences*, *European Journal of Operational Research*, 2011, pp. 188 – 193.

场理论。马克维茨资产优化模型最重要的替代模型是罗伊（Roy，1952）的"安全－首要"模型。罗伊（1952）也建议根据资产组合整体的均值和方差进行投资，但与马克维茨的不同在于前者是推荐了一个具体的组合，而后者主张让投资者了解一条风险－收益的边界。罗伊设定一个投资者可以接受的最小收益水平 $R_L$，选择投资组合的原则就是使投资组合的收益率小于 $R_L$ 的概率最小[①]。当前国内石油公司普遍使用的金融风险度量方法－在险值（VaR）法就是根据这一思路演变而来。继罗伊后，类似的简便规则被陆续提出，例如杨（Young，1998）提出的最大损失最小化方法规则等[②]。资本市场理论包括资本资产定价模型 CAPM 和套利定价理论。夏普（Sharpe，1964）、林特纳（Lintner，1965）和莫欣（Mossin，1966）三人分别独立地提出了资本资产定价模型，探讨在不确定环境下进行资产定价的问题，为金融市场收益结构的分析提供了理论依据[③]。罗斯（Ross，1976）突破性地发展了资本资产定价模型，提出了无套利定价理论，该理论不需要像资产定价模型那样严格的假设条件，而模型形式与多指数模型相同[④]。

## 三、资产组合理论在油气领域的可行性研究

奎科（Quiek，1982）把投资组合理论应用于油气勘探项目选择和分析，这是投资组合理论首次在石油工业中的应用[⑤]。奎科（1982）认为石油公司在选择勘探项目时应该特别强调风险及投资组合的有效管理。海托华和大卫（Hightower & David，1991）、亚当斯等（Adams et al，2000）和沃尔斯（Walls，2004）认为目前石油企业战略正在从成本节约转向多元化资产管理，投资组合管理是一个能快速而有效地分析和提高整体资产价值的方法。由于石油行业具有典型的资本密集型、技术密集型的特征，因此将投资组合管理的思想引入到石油企业的风

---

① Roy A. D. *Safety-first and the holding of assets*, Econometrics, 1952. 20, pp. 431 – 449.

② Young: *A min max portfolio selection rule with linear Programming solution*, management science, 1998 (44), pp. 673 – 683.

③ Sharpe W. F. *Capital asset prices: a theory of market equilibrium under conditions of risk*. The Journal of Finance, 1964 (19), pp. 425 – 442.

Lintner J. *The valuation of risk assets and the selection of risk investments in stock portfolios and capital budgets*, Review of Economics and Statistics, 1965 (47), pp. 13 – 37.

Mossin J. *Equilibrium in a Capital Asset Market*, Econometrica, 1966 (34), pp. 768 – 783.

④ Ross S. A. *The arbitrage theory of capital asset pricing*, Journal of Economic Theory, 1976 (13), pp. 341 – 360.

⑤ Quiek A. N. *Exploration strategy: An Integral part of Strategic planning*. Oil and Gas Journal. 1982 (9), pp. 286 – 300.

险管理有重要意义。曼苏（2007）通过研究发现在当前油气行业的实际操作中，使用投资组合理论和效用理论作为决策分析工具的公司经营效果优于行业中的其他竞争对手。

大多数油气资产组合优化模型主要沿用了证券市场有效前沿和最优投资组合的理念。利玛等（Lima et al., 2005）利用对巴西近海25个油气勘探开发项目的调研数据，建立以效用最大化为目标的投资组合优化模型，优化结果显示投资者偏好是资产组合优化方案的一个重要影响因素，尤其在投资者面对大量可行项目时，单纯依靠收益－方差准则不够科学[1]。王震和王恺（2008）以马克维茨资产组合理论为基础，建立了石油天然气工业勘探开发全球资产组合模型，通过模拟得到了不同地区不同投资项目的净现值和项目的标准差（衡量风险），并得到了由最优投资组合构成的有效前沿[2]。一些学者考虑到油气勘探活动的特点，建立反应油气行业特色的油气资产组合优化模型。如鲍尔和萨维奇（Ball & Savage）以蒙特卡洛模拟和线性规划方法为基础，将投资组合理论和决策分析方法相结合，建立了勘探开发投资组合优化模型。哈斯科特和贝特尔（Haskett & Better, 2004）综合采用了马克维茨曲线、启发式算法（Meta-heuristics）等方法对处于不同生产阶段的投资组合进行排序[3]。赵东（2010）在其论文中创造性地引入了"经营者溢价"和"股权—效率"函数的概念，深入分析石油企业作为专业投资者对实现油气资产价值的影响[4]。

就目前的研究来看，现有投资组合优化理论都基本以马克维茨的"均值－方差"模型为基础，并在此基础上进行的完善。但由于"均值－方差"模型没有充分考虑到不同风险厌恶程度的问题，因此模型还需要进一步完善。另外，与证券市场投资者不同，石油企业作为油气资产管理的投资者和经营管理者，在资产管理效率和专业技能上优于纯粹的投资者，因此会产生经营者溢价效应。考虑到经营者溢价的投资组合管理尚属较新的领域，模型的可靠性还需要进一步地验证。另外，对于大规模投资组合优化，该模型需要解决一个带有稠密协方差矩阵的大规模二次规划问题，计算上具有高复杂性。而大型跨国石油企业的海外资产往往数量多、分布广、投资环境复杂，通过解析求解的方式进行投资组合优化不

---

[1] Lima G. A. Suslick S. B., Quintão P. J. *Portfolio Optimization of Oil Production Projects Using Mathematical Programming and Utility Theory*, 18*th International Congress of Mechanical Engineering by ABCM November* 6 – 11, 2005: pp. 1 – 11.

[2] 王震、王恺：《基于 Markowitz 资产组合理论的油气勘探开发投资决策》，载《中国石油大学学报》（自然科学版）2008 年 32（1），第 152~155 页。

[3] Haskett W., Better M. *Practical Optimization*: *Working with the Realities of Decision Management*, SPE Annual Technical Conference and Exhibition held in Houston, Texas, 26 – 29 September 2004: pp. 1 – 8.

[4] 赵东：《中石油海外油气资产组合优化研究》，（博士学位论文）北京：中国石油大学，2010 年。

具有可操作性。实际操作中,大样本抽样和蒙特卡洛模拟是应用较多的技术方法。

## 第二节 海外油气资产分布及特点

### 一、油气资产组合与证券组合的区别

跨国油气投资组合优化借鉴了证券市场资产组合优化的方法,判断一笔特定的交易对于公司整体价值的贡献。证券市场的投资组合优化主要是通过构建资产有效边界、资本市场直线和投资者效用函数等,借助买空和卖空机制实现投资组合的优化配置。但与证券领域相比,投资组合理论在油气资产领域的应用有明显的区别(鲍尔和萨尔维奇,1999),主要包括:

(1)市场的本质不同。证券市场是一个近乎有效的市场,证券的价格能有效地反应证券的价值,市场中的参与者对市场的影响力较弱,几乎不存在讨价还价的问题。而油气勘探开发项目所处的市场却并非有效的,尽管市场中也存在很多买方和卖方,但油气资产市场一般是一个区域化十分明显的市场,具有寡头垄断性质,双方讨价还价的能力对油气资产的价格和收益分配的影响较大。该市场的参与主体主要为掌握了勘探开发技术并具备生产经验的专业投资者,市场的流动性与证券市场具有很大的差异。

(2)不确定性的类型。证券组合的不确定性主要基于价格的不确定性,计算处理过程中,假设证券的期望报酬率分布呈钟形的正态分布,估计证券的期望报酬率时常部分地依赖于历史数据。而油气项目的不确定性则来源于两个方面:一方面油气活动本身具有不确定性,油气发现和开采成功或失败都是不确定事件,另一方面是全球环境变化带来的不确定性,如油价、政治事件等。油气项目的不确定性是普遍存在的,但绝不会简单地满足正态分布,估计油价的分布可以根据历史数据进行预测,但其他的不确定性则需要决策树模型或者模拟分析。

(3)资产的可细分性。证券市场资产可归为股票和债券两大类,对于证券资产而言,可以持有任意特定比例的该种资产(可以选择任意的股份数或债券数);然而油气资产本身并不像证券资产那样可以无限细分。海外项目大多是合同区块,在合同区块内项目的类型各异。就项目性质而言,有以勘探为主的勘探

项目,也有以开发为主的开发项目,还有勘探开发一体化项目,就项目地理位置而言,既有陆上项目或海上项目,还有海陆过渡带的项目;就作业区的勘探开发程度而言,有老油田内的高勘探程度区,也有处于风险勘探的前缘区,就项目内油气产状而言,有不同盆地、不同含油气系统、不同区带的项目。

(4) 时间和预算约束的问题。由于证券可以随时买卖,因此证券组合分析一般不考虑决策时间的问题。然而油气投资是一个长期的现金流入流出过程,一旦投资就会在较长的时间内对现金流产生影响,每一个油气合同都具有确定的合同年限,油气资产组合优化应该是建立在单独的油气项目经济评价基础上的一种整体评价方法。就预算规模而言,证券组合模型通常忽略预算规模的问题只考虑所持有资产各自的比重,不考虑资产组合的价值总值。例如在不改变组合的构成资产的前提下,达到最优化时,一个 \$100 000 的投资组合其价值就是价值为 \$1 000 的投资组合的 100 倍。然而油气项目必须考虑预算约束的问题,投资者的权益比例最高为 100%,最低为 0,不存在买空卖空交易机制。在不同的预算规模下最后达到最优化时各资产的权重将会有所变化。

## 二、油气资产组合的不确定性因素

不确定性是造成风险的根本原因,通常将油气资产组合的风险划分为地质风险、技术风险、政治风险和经济风险四类(见图 18-1)。

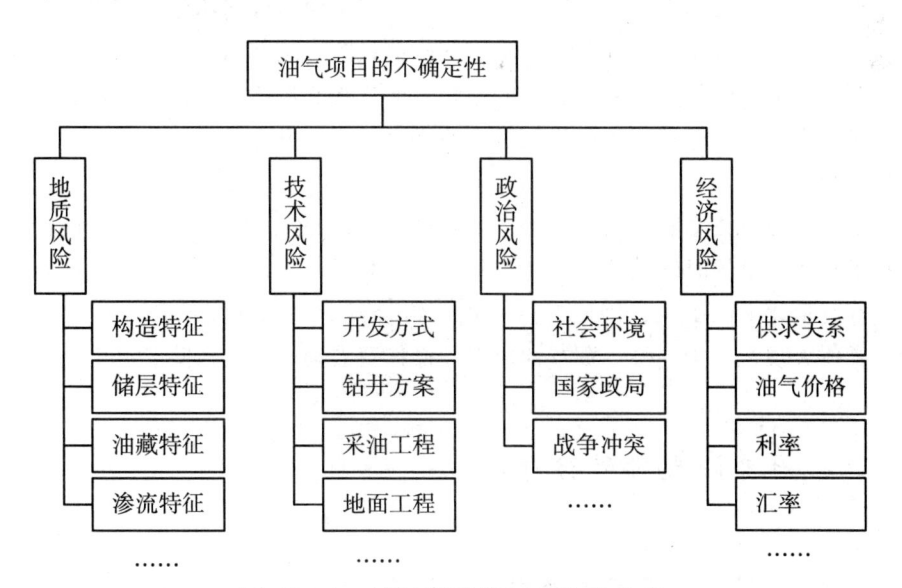

图 18-1 油气项目的不确定性分类

(1) 地质风险。

具体表现为构造特征（断层、圈闭等）、储层特征（层序、沉积相、夹层、裂缝分布等）、油藏特征（温度压力、流体性质、水体能量等）储层特征（单井、剖面、三维等）、渗液物理特征、温度压力系统、油气水性质、产出注入能力、生产特征等。

(2) 技术风险。

具体表现为开发方式的选择（自喷和人工举升）、钻井工程方案（地质设计、钻井设备、井身结构、钻具和钻井液设计、水力参数设计等）、采油工程设计（有杆泵和无杆泵采油方案、复杂条件下的开采方式、注水和增产增注技术等）和地面建设工艺流程（油气集输工程、原油稳定性与轻烃回收、采出水处理等）的设置等。

(3) 政治风险。

政治风险包括国家政治变动、法律及政策变动，以及内外战争、民族冲突等。在国际石油合作项目经济评价及投资决策中必须认真分析这些政治和经济风险。通常这些风险因素一般不是单独起作用，往往会交错出现，因此需要综合分析，做出量化的评估。

(4) 经济风险。

经济风险包括市场供求关系、价格、利率、汇率变化和通货膨胀等。国际石油合作中的供求变化往往与特定的政治风险相关；外汇风险，包括由于各国货币汇率变化而造成投资者损失的风险，也包括由于资源国政府冻结投资者货币，不准自由兑换而造成全部或部分投资不能回收的风险；利率风险，指由于投资过程中受利率的波动给投资者收益带来的损失；通货膨胀风险，指由于资源国物价上升，导致原材料和劳动力价值增大，而使生产成本上升造成的投资者收益降低或项目失败。

尽管地质、技术和政治环境的不确定性是跨国油气投资中重要的风险元素，但技术经济评价的时候往往已经考虑到了地质和技术方面的不确定性，而政治风险又存在量化上的困难，因此在进行投资组合优化时，主要衡量经济方面的风险。具体表现为由于油价、资本性成本和操作费波动造成的风险。

## 三、海外油气资产分布特点

### （一）对海外油气资产进行技术经济评价

组织在投入资金之前，会对项目进行技术经济评价，综合评估项目的收益和风险情况。为对比进行优化前后投资策略的变化，我们搜集了某大型跨国石油公司的 19 个海外开发项目数据为研究对象，优化前对这 19 个项目进行了估值，结果见表 18-1。

表 18-1　　　　　　19 个项目的技术经济评价结果

| 项目 | 技术经济评价结果 | | |
|---|---|---|---|
| | NPV（百万美元） | 投资现值（百万美元） | PI 指标 |
| 1 | 6 296.48 | 1 598.91 | 4.94 |
| 2 | 7 238.37 | 2 412.42 | 4.00 |
| 3 | 5 773.78 | 1 309.82 | 5.41 |
| 4 | 532.15 | 808.73 | 1.66 |
| 5 | 2 359.29 | 262.44 | 9.99 |
| 6 | 3 921.53 | 3 819.92 | 2.03 |
| 7 | 427.47 | 1 816.95 | 1 122.21 |
| 8 | 160.07 | 99.36 | 2.61 |
| 9 | 15 935.50 | 2 347.10 | 7.79 |
| 10 | 4 500.60 | 142 151.08 | 1.03 |
| 11 | 3 791.15 | 2 882.41 | 2.32 |
| 12 | 768.86 | 269.71 | 3.85 |
| 13 | 1 099.54 | 49.97 | 23.00 |
| 14 | 21.39 | 4.99 | 5.28 |
| 15 | 2 607.46 | 1 789.58 | 2.46 |
| 16 | 115.79 | 9.00 | 13.87 |
| 17 | 17 855.62 | 9 830.36 | 2.82 |
| 18 | 1 211.08 | 53.84 | 23.49 |
| 19 | 469.32 | 88.89 | 6.28 |

由于这 19 个项目都处于开发阶段，因此大部分项目从估值初期起每年现金收入已经能全部将投资收回，因此这里不再计算各个项目的内部收益率，取而代之的是投资现值比率（PI）：

$$PI = \frac{\sum NCF_i \big/ (1+r)^i}{\sum I_i \big/ (1+r)^i} \qquad (18-1)$$

PI 衡量项目寿命期内各年现金净流量和与投资现值和的比率。在资金条件有限同时又面对多个投资机会的情况下，可按照项目 NPV 和 PI 指标对项目进行粗略的优选排序，按照排序结果进行逐一选择。

根据表 18-1 的计算结果，可以对这 19 个项目进行初步的优选。这里选择了 NPV 和 PI 两个指标作为排序的基本原则（见表 18-2）。

表 18-2　　　　　　　根据不同指标的项目优选排序结果

| 项目 | 按 NPV 排序 | 按 PI 指标排序 |
| --- | --- | --- |
| 1 | 4 | 10 |
| 2 | 3 | 13 |
| 3 | 5 | 14 |
| 4 | 14 | 9 |
| 5 | 10 | 8 |
| 6 | 7 | 17 |
| 7 | 16 | 12 |
| 8 | 17 | 5 |
| 9 | 2 | 16 |
| 10 | 6 | 19 |
| 11 | 8 | 15 |
| 12 | 13 | 6 |
| 13 | 12 | 4 |
| 14 | 19 | 1 |
| 15 | 9 | 11 |
| 16 | 18 | 2 |
| 17 | 1 | 18 |
| 18 | 11 | 3 |
| 19 | 15 | 7 |

从表 18-2 中可以看出，按照 NPV 越大越好的原则，最先进行投资前三个项目是项目 17、9、2，而按照投资现值指数则为项目 14、16、18。每一个指标都只考虑到了项目的某一个方面的特点，如 NPV 仅考虑到了项目的总体收益规模，是一个绝对指标；PI 仅考虑到了贴现后的成本收益比，是一个相对指标。当各个指标的结果出现矛盾的时候，投资者往往陷入无从决策的境地。

## （二）描述优化前资产的收益-方差分布

构成当前组合的各个资产的风险和收益是资产组合优化的基础，因此在优化之前需要对当前资产组合的分步进行描述。根据前面的分析可知，收益的数据由各个项目的经济评价获得，而风险主要由油价、资本性成本、操作费的波动造成。因此可以通过蒙特卡洛模拟的方式构建当前油气资产组合的"收益-方差"空间。我们以水晶球（Cristalball）软件作为主要的研究工具软件，对这 19 个资产进行简单抽样统计，随机抽样的变量及其分布假设分别为：

（1）油价，根据 2001 年 1 月～2011 年 12 月的库欣原油期货价格拟合的结果，油价服从 Beta 分布（其中 $\alpha = 1.70$，$\beta = 3.32$，Min = 11.54，Max = 152.39）。同时根据近期的油价变化趋势，预测该变量服从 Beta 分布（其中 $\alpha = 2$，$\beta = 3$，Min = 40，Max = 140。见图 18-2）。

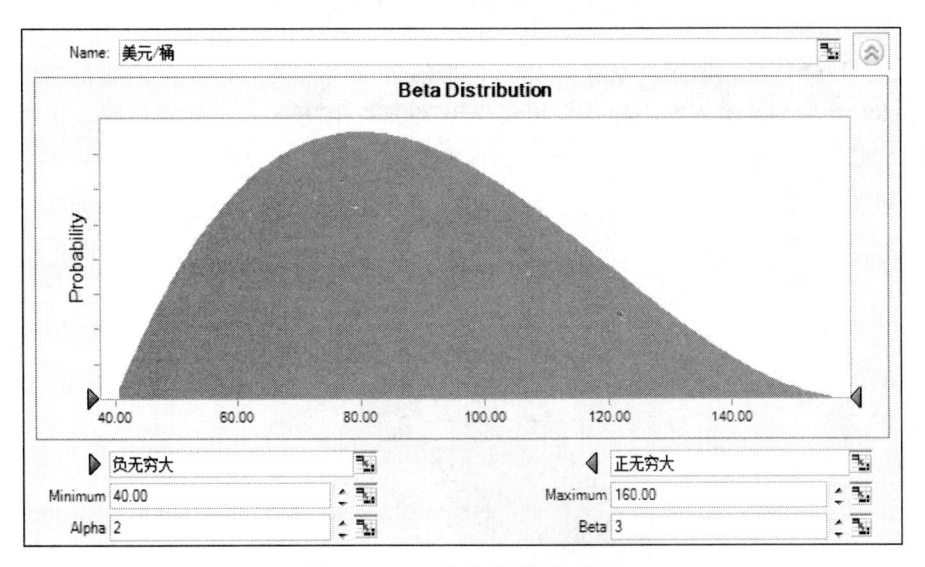

图 18-2 油价的分布假设

（2）资本性成本，假定服从对数正态分布，均值为基本方案估计值，标准差为均值的 10%。例如基本方案中资本性成本预计为 632.31 百万美元，则假设服从对数正态分布，资本性成本的均值为 321.31 百万美元，标准差为 63.23（见图 18-3）。

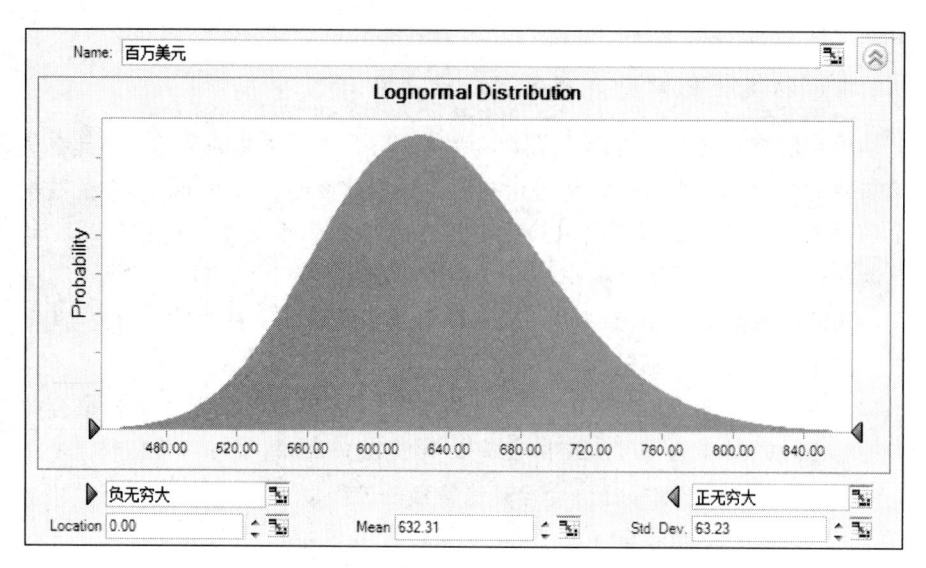

图 18-3 资本性成本的分布假设

（3）操作费，假定服从正态分布，均值为基本方案估计值，标准差为均值的 10%。例如基本方案中操作费用预计为 390.47 百万美元，则假设服从正态分布，投资的均值为 390.47 百万美元，标准差为 39.05（见图 18-4）。

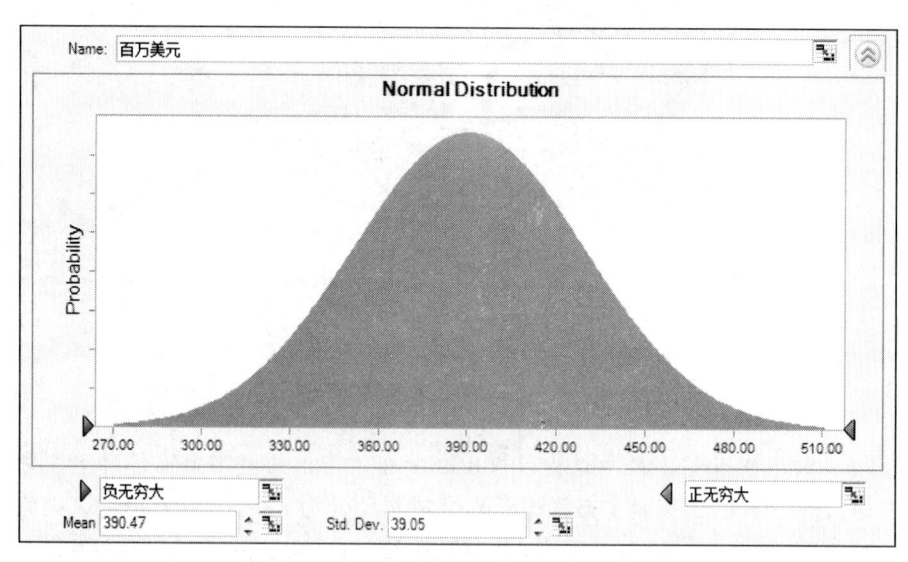

图 18-4 操作费的分布假设

（4）相关性假设：由于地理分布的不同，各项目之间的产量相关性不大。尽管在同一个国家的开发项目，由于地质和油藏特征的不同，产量之间的联动变化关系也不大。而随着国际油价的变化项目利润将受到较大影响，投资和操作费用的投入可能随之变化，因此假设各项目彼此独立，同时设基期的油价为参考油价，以后每年各油气项目的销售油价与参考油价相关系数为 0.9，并通过经验判断每年资本性成本与参考油价相关系数为 0.7，操作费与参考油价的相关系数为 0.3。

在以上前提假设下，通过水晶球软件进行 100 000 次抽样模拟可以得到构成当前资产组合的这 19 个资产各自的期望收益和方差（见表 18 - 3 和图 18 - 5）。其中，项目 4、7、8、12、14、16 收益规模相对较小，而项目 9 和项目 10 的方差最大。

表 18 - 3　　　　优化前各项目的风险—收益抽样结果

| 项目 | 期望收益（百万美元） | 方差 |
| --- | --- | --- |
| 1 | 6 652.10 | 1 519 487.37 |
| 2 | 8 101.42 | 3 597 776.17 |
| 3 | 14 775.16 | 14 526 447.97 |
| 4 | 256.37 | 5 169.10 |
| 5 | 3 013.62 | 674 316.97 |
| 6 | 4 729.09 | 1 847 363.75 |
| 7 | 594.88 | 38 072.53 |
| 8 | 203.90 | 3 853.68 |
| 9 | 26 888.40 | 78 203 643.99 |
| 10 | 13 654.69 | 60 097 671.10 |
| 11 | 5 231.84 | 3 189 542.61 |
| 12 | 515.23 | 23 332.58 |
| 13 | 1 380.71 | 89 418.22 |
| 14 | 56.44 | 397.38 |
| 15 | 2 779.98 | 867 681.47 |
| 16 | 549.41 | 967.45 |
| 17 | 18 737.83 | 37 633 015.51 |
| 18 | 809.22 | 45 389.43 |
| 19 | 1 301.71 | 152 753.73 |

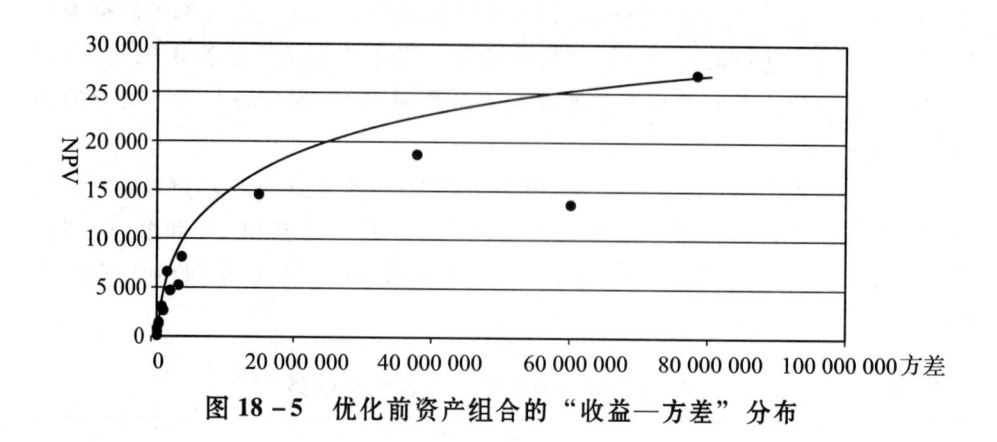

图 18-5 优化前资产组合的"收益—方差"分布

通过对当前资产收益-方差分布的初步描述可以看出,这 19 个资产规模差异较大,且存在一些期望收益相对较小同时风险又很大的资产。经过这 100 000 次抽样模拟,得到这 19 个项目组成的资产组合的期望收益为 44 092.79 百万美元,方差为 32 515 483.81。该资产组合整体的价值分布情况见图 18-6。

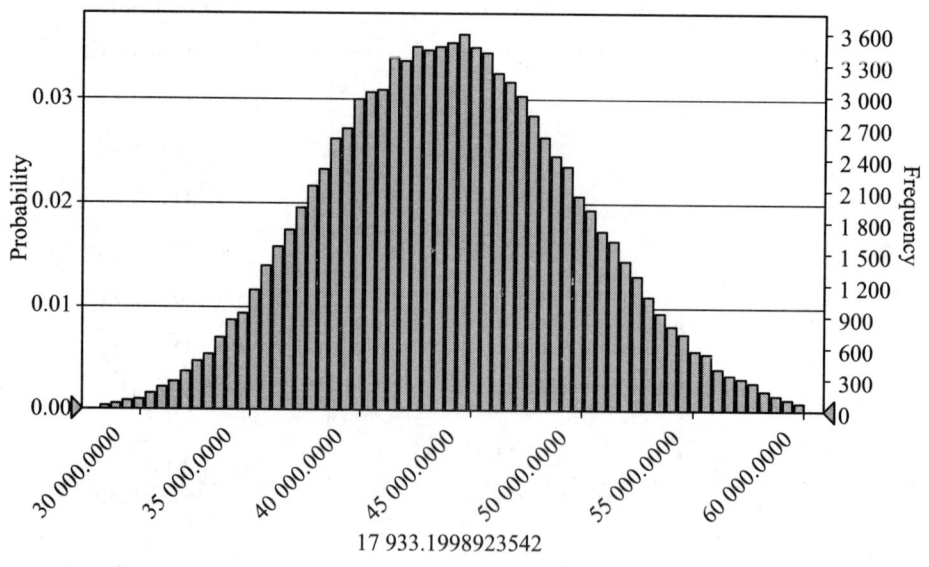

图 18-6 当前资产组合总价值的分布

## 第三节 基于马克维茨理论的海外油气资产组合初步优化

### 一、资产组合优化模型的基本思想

根据马克维茨投资组合理论,构建投资组合的合理目标应是在给定的风险水平下形成一个具有最高回报率的投资组合。资产组合中的一个普遍遵循的规则是投资者既分散化又最大化预期收益。

该模型假设投资者在资本总量一定的情况下,以不高于某一风险而极大化预期收益为目标,假设投资者选择 $N$ 个资产进行投资,$R_i(i=1,2,3,\cdots,N)$ 为第 $i$ 个资产的收益率,令 $R_i = E(r_i)$,$\sigma_i^2 = Var(r_i)$。假设第 $i$ 个资产的权重是 $w_i$,则资产组合的投资总收益 $R_p$ 和总风险 $\sigma_p^2$ 分别为:

$$R_p = \sum_{i=1}^{N} w_i R_i, \quad \sigma_p^2 = Var(\sum_{i=1}^{N} w_i r_i) = \sum_{i=1}^{N} \sum_{j=1}^{N} w_i \sigma_{ij} w_i \qquad (18-2)$$

其中,$\sigma_{ij} = E(r_i - R_i)(r_j - R_j)$

这样,马克维茨模型可以表示为:

$$\min_{w} \sigma_p^2 = \sum_{i=1}^{N} \sum_{j=1}^{N} w_i \sigma_{ij} w_j \qquad (18-3)$$

$$s.t. \sum_{i=1}^{N} w_i R_i > R_0, \quad \sum_{i=1}^{N} w_i = 1$$

$$且\ w_i \in [0,1],\ i_i \leq I_i,\ i=1,2,\cdots,N$$

其中 $R_0$ 为投资者所要求的最低收益率;$i_i$ 为第 $i$ 个项目的投资数额;$I_i$ 为第 $i$ 个项目的最大投资数额。

该模型有两个前提假设:

(1)假设各项投资的不确定性收益服从正态分布。虽然此假设是针对在短期内(如一个月)的股票资产,具有一定的局限性,但随着抽样次数的增多,油气项目的收益也近似满足正态分布,因此这一假设仍具有一定的适用性。

(2)投资者的效用为组合收益的二次函数。如果投资者的效用函数是对组合收益的二次函数,意味着效用在财富达到一定水平后会下降,这种情况对于具体的实物资产而言是合理的,同时随着财富的增加,投资者愿意承担风险的意愿下降,因此这里默认投资者是一个风险规避投资者。

## 二、资产组合优化模型的初步改进

在既定的预算约束下,实现"既定收益下风险最小化"是投资组合理论的核心思想。油气资产组合优化的方式就是通过改变投资者在各个开发项目的权益比例,来降低组合的整体风险。通过优化前的抽样统计结果(见图18-5)可知,该企业当前资产组合中存在着一些期望收益相对较小、风险却相对大的项目,这些应该是企业应减持的项目。

假设该石油企业只是作为一个单纯的投资者,不考虑其在获得资产后通过生产技术和经营效率来改善资产价值的过程,该模型的交易机制就是:

假定各资产的期望价值如前面的抽样结果所示(如项目1的权益期望价值为2 660.84百万美元,考虑到该企业仅占40%的参与权益,则全项目100%的价值为6 620.92百万美元。其他资产按此原则进行相同处理。)假定企业将当前资产组合全部出售,则这些资产将被一群投资者所获得,这些投资者的出价将按照他们自己从该项资产中预期可以获得的收益为限,即 $npv_0$。本例中,企业出售这些资产后,一共可以获得44 092.80百万美元现金。企业重新以上述现金去购买这19个资产的不同权益形成新资产组合,假设在这个交易过程中不存在交易成本,投资者也不从这个交易中产生损益。企业只是在回购的过程中重新调整了在各个资产的投资比例,使得新的投资组合总价值仍为 $npv_0$(44 092.80百万美元),但新组合的方差比回购前小,这样就达到了优化的目的。从这一交易过程可以看出,优化前的资产组合总价值构成了回购的预算约束。

设当前这19个项目构成的资产集合的期望价值为 $V=[v_1, v_2, \cdots, v_{19}]$(假定按100%权益计算),其方差-协方差矩阵为 $\Omega$。

企业的权益比例向量为 $W=[w_1, w_2, \cdots, w_{19}]$。

则企业参与权益的期望价值为:$npv_0 = V \cdot W^T$。

参与权益的方差为 $W \cdot \Omega \cdot W^T$。

因此,我们的优化方案就变成求解 $\overline{W}$,使得在满足 $V\overline{W}^T \equiv VW^T$ 约束条件的前提下(这里忽略资金闲置的情形),使 $\overline{W}\Omega\overline{W}^T \leq W\Omega W^T$。

由于难以计算方差-协方差矩阵为 $\Omega$,我们采用数值模拟的方式来寻找优化的结果。

总结该交易的行为机制,见表18-4。

表 18-4　　方差最小化优化模型的虚拟交易程序

| | 交易行为 | 持股比例 | 资产基础风险 | 投资组合价值 |
|---|---|---|---|---|
| 第一阶段 | 初始持有 | $W$ | $W \cdot \Omega \cdot W^T$ | $V \cdot W^T$ |
| 第二阶段 | 出售 | 0 | | $V \cdot W^T$ |
| 第三阶段 | 回购 | $\overline{W}$ | $\overline{W} \cdot \Omega \cdot \overline{W}^T$ | $V \cdot \overline{W} \equiv V \cdot W^T$ |

## 三、资产组合初步优化结果及分析

优化前的抽样结果显示当前资产组合的期望收益为 44 092.80 百万美元，这构成了进一步优化的预算约束。在实际抽样中，仍然以水晶球软件为平台，进行数值模拟和优选（1 600 × 1 000 次抽样）。

优化目标：最小化投资组合方差。

预算约束：44 092.80 百万美元。

优化过程见图 18-7。

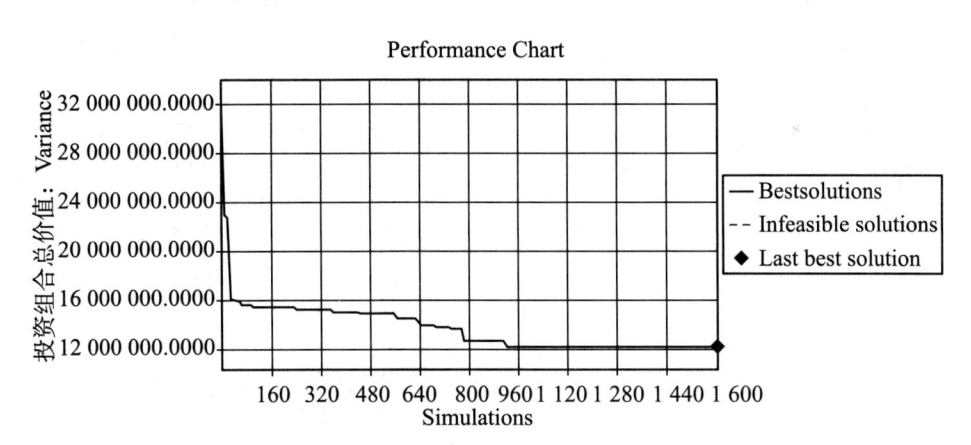

图 18-7　最小化方差的优化曲线

当抽样达到 1 000 次时优化结果已基本达到稳定，优化结果见图 18-8。

通过调整资产的权益比率，在满足预算（44 092.7959 百万美元）的前提下，蒙特卡罗模拟结果显示该投资组合的方差已大幅降低至优化前的 38%（见表 18-5）。

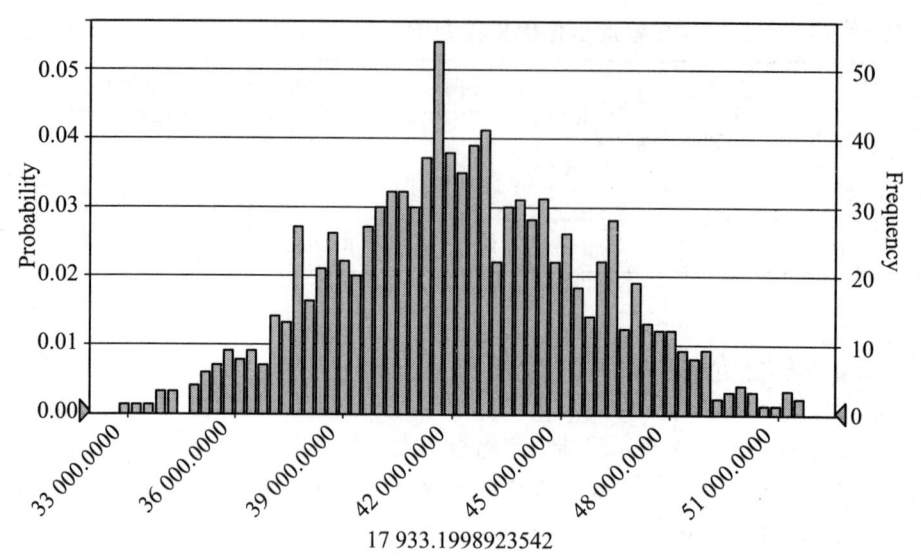

图 18-8  方差最小化后的资产包价值分布

表 18-5  优化前后组合的"收益-方差"对比

| 指标 | 优化前 | 方差最小化<br>预算约束 = 44 092.7959 百万美元 |
| --- | --- | --- |
| 均值 | 44 092.7959 | — |
| 标准差 | 5 702.2350 | 3 503.1259 |
| 方差 | 32 515 483.8118 | 12 271 891.2549 |

根据上述模拟结果,我们可以看到各资产的参与权益比例增减变化(见图18-9)。

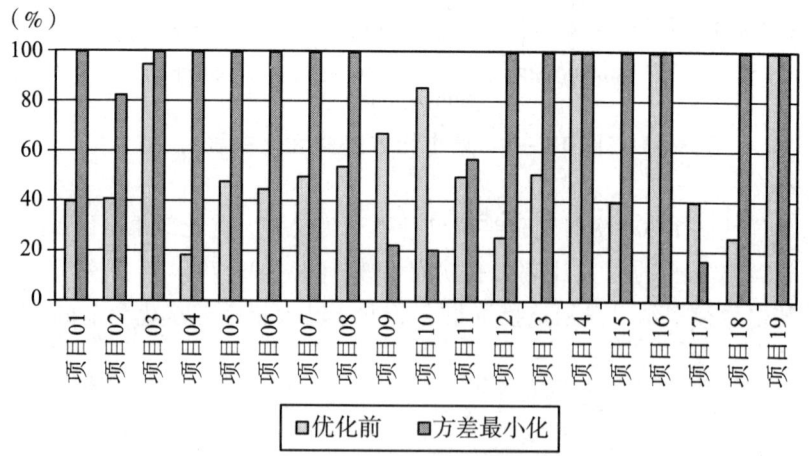

图 18-9  方差最小化前后资产变动结果

从图 18-9 可以看出，在以"既定期望收益下方差最小化"为目标的优化后，权益比率有了很大的变化：两个大型项目——项目 09 和项目 10 的权益比率大幅下降；另一个边缘项目——项目 17 的权益比率也有所下调；其余项目的权益比率则显著增长。

项目 09 和 10 是公司在中亚的两个合同，产品既涉及原油又包括天然气，虽然产量较高，但是每一年的操作费用投入也很高。在优化前的描述结果中也曾提到，相对其他成熟的项目（如项目 01、02、03）而言这两个项目的方差过大。项目 17 是公司的一个位于拉丁美洲的重油项目，相对于其他生产轻烃的项目，其获利能力较低。

初次优化的结果还显示出"集中优势资金，缩小多元化"趋势。有许多小型项目胜出，如项目 04、07、08、12，优化后的权益比率都达到 100%。这些分布在中东、南美和北非的小型项目，由于合同条件较为便利，或者项目后期的资本性支出较小、对资本性成本和油价的变化不敏感，因而导致其在"期望收益-方差"竞赛中胜出。

绝大多数项目胜出的另一个主要原因与我们的基本油价假设有关，我们假设基本油价维持在 80 美元左右，和技术经济评价中常用的保守油价相比，这个预测是略高的。在高油价的驱使下，大多数项目都能实现盈利，因此抗风险的能力都比较强。

## 第四节 构建基于经营者溢价和投资者效用的油气资产组合优化模型

### 一、经营者溢价的概念

油气资产市场与证券市场的一个很大的区别在于市场的参与者结构不同：证券市场的主要投资者与资产的生产经营活动并没有直接联系，投资者只需在投资后静待收益的增加，而投资收益的来源为股票的溢价和红利收入，因此证券市场的资产组合优化仅存在于资产选择层面；油气资产市场的参与者多为直接参与油气生产活动并拥有强大资金和技术实力的大型跨国石油公司。跨国石油公司在作为一项油气资产的投资者的同时，往往也是重要的经营者和开发合作伙伴，石油公司不仅在资产选择层面可以进行优化，在资产经营层面都有可选择的优化手段。我们称这类既参与资产投资又直接参与生产经营的投资者为专业投资者。专业投资者最大的特点在于对不同的资产可以拥有不同的经营效益：即对于不同的资产，投资者直接参与经营后，该资产本身产生的收益值会各不相同。例如中石油这样的石油公司可能更擅长陆上边际油田的开发，以及各种难动用储量的开发，但对于深水项目、LNG 项目等，经营能力就存在限制，同样的投入，资产的产出一般会较低。而作为世界第二大炼油企业的中石化则更擅长石油炼制、石油化工产品生产，以及各种劣质原油加工技术和提高成品油采收率技术等，对于海相油气勘探等经营能力也会存在一些限制。专业投资者的双重身份决定其具有两种职能：投资职能和经营管理职能。

我们假定投资者对某项资产的经营有一个经营效率函数 $e$，这个 $e$ 表示投资者当仅作为经营者（完全控股的情况下）通过经营该项资产本身所能获得的"投入－产出"效率比。对于不同的资产，这个效率比也各不相同。由于专业投资者的介入而导致资产增加的这部分价值就是"经营者溢价"。

由于海外油气资产大多通过跨国并购和重组等手段获得，因此可以从并购的角度理解经营者溢价的概念。假定石油公司将当前资产组合全部出售，这些资产被一群非专业投资者所获得，且非专业投资者将按他们自身对该项资产的预期收益为限出价，即石油公司获得的现金总额为 $npv_0$。假设不存在资金闲置的情形，石油公司用出售资产组合获得的 $npv_0$ 重新从非专业投资者手中买回上述资产，假设交易过程中不存在交易成本，非专业投资者也并不从这个交易中产生损益。石油公司则可以通过资产比例的调整，寻找资产组合增值的途径。在这一过程中，由于专业投资者的技术优势、生产经验、资金优势、风险管控水平等带来的协同效应会使同样的资产产生不同的经营效益，因此回购回来的资产组合价值中应考虑经营者溢价的大小。

## 二、经营者溢价的影响因素

为构建经营者溢价的函数表达式，需要研究影响经营效率大小的因素。这里主要考虑两方面：一是投资者本身对不同项目资产的经营效率；二是投资者对该项资产的控制程度对经营效率的影响。

对于这个效率的度量可以从很多方面进行考虑，包括经济活动的投入产出比、社会形象、员工发展、社会公益贡献、研发（R&D）储备等，其中最易量化的是经济的投入产出比，也就是经营者在经营某项资产期间，该项资产的总投入和总产出的对比；考虑到时间价值因素，我们可以把这个总投入和总产出进行贴现，在贴现后再进行对比。事实上，这个效率函数反映的是投资者本身的技术和经营管理能力，在一定程度上反映了投资者的技术约束或技术特征。

一般的资产组合理论中，投资者作为一个局外人，我们可以假定资产的投资收益是一个外生变量，投资者通过选择持股比例来获得与该项资产利润线性比例有关的份额。亦即，资产的收益率与投资者的投资行为无关。但是在投资者同时也可能作为经营者的情况下，投资者对某项资产的控股比例，将会直接影响到某项资产自身的经营效率，通常来讲，投资者对某项资产的控制力度（股权比例）越大，资产本身的产出函数就越接近投资者全权经营该项资产的产出函数。

假定存在某项资产，存在一个普遍的经营效率，如 $e_0$。同时存在一个专业的投资者兼经营者，对资产的全权经营效率为 $e_1$。设若该专业投资者的持股比例为 $w$，则该项资产的实际产出效率是一个介于 $e_0$ 和 $e_1$ 之间、和 $w$ 有关的一个函数（我们可以暂时把这个函数命名为股权—效率函数）。通常的经验看，这个股权—效率函数并不是一个简单的加权平均函数，即并不是 $w$ 的线性表达式，而是一种非线性的关系。

从国际大石油公司的生产经验看，这个股权—效率函数的特点是随着持股比例的增加，经营效率的增长速度加快，呈现凸函数的特性。其图形表达如图 18-10 所示。

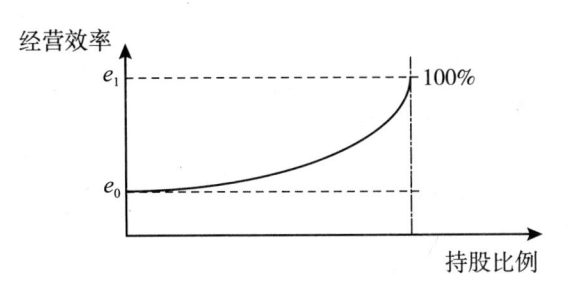

**图 18-10　持股比例对股权价值的影响示意**

参股权益比与资产效率之间的关系基本符合我们上面的假定，即大股东和小股东往往对项目的控制权并不完全按照股权比例进行分配。通常项目的经营都会在两个层面需要决策，一个是股东层面，一个是经营层面。在经营层面，通常是大股东组成的管理层全面控制了联合作业体的经营和决策，包括项目生产经营计划、预算、采办招标、销售、人力资源等各方面，小股东一般都无权参加决策，甚至也无法获得足够的信息。在股东层面，一般合同者可以参与的决策行为就是批准年度工作量计划和预算。而年度工作量计划和年度预算的确认，首先是全体合同者作为一个整体，与资源国政府石油部协商的结果，需要获得资源国政府的批准。由于大股东拥有更多的信息，也通常都垄断了与资源国政府的交涉和沟通渠道，因此，尽管在股东层面上，一般的合作协议都规定了按股权参与分配，但并不一定都按股权参与管理的条款，同时，在实际执行中，大股东显然拥有更加有力的管理控制权力。也就是通常讲的"强势大股东"情景。

基于以上的认识，为简化起见，我们可以把这个股权—效率函数定义为 $w^a$ 的形式，其中 $a$ 表示股权比率对该资产产出效率的影响弹性。如果 $a$ 大于 1，则表明该资产的管理模式更接近于"强势大股东"情景。如果 $a$ 小于 1，则表明小股东可能拥有比其股权比更多的控制权，对资产产出效率的影响也更多，更接近于"强势小股东"情景。

## 三、引入期望效用准则的必要性

效用理论是经典投资组合理论的基础。冯诺依曼和摩根斯坦（Neumann & Morgenstern，1944）最早提出用效用函数来描述投资者对未来预期收益的态度[①]。效用的大小可以用概率的形式来表示，效用值介于 0～1，这种测定方法被称为推测定法。每个投资者都拥有自己的效用函数，函数的形式包括线性效用函数、对数效用函数、指数效用函数和二次效用函数。

马克维茨投资组合理论假设投资者的效用为组合收益的二次函数。表达式如下：

$$U(r) = r - A \cdot r^2 \qquad (18-4)$$

其中：$A$ 是一个与风险偏好相关的常数，$r$ 表示财富水平。

如果投资者拥有二次效用函数，则其效用存在一个极大值，当收益率超过一定水平后效用反而会下降。这种假设存在一定的局限性，尤其是当所研究的资产是货币时，这种假设是不符合实际的，于是更多的研究采用了负指数效用函数表达式：

$$U(r) = -e^{-c \cdot r} \qquad (18-5)$$

其中：$c$ 表示风险偏好系数。

当 $c<0$，投资者持风险厌恶态度。

当 $c>0$，投资者持风险偏好态度。

当 $c=0$，投资者是风险中性。

如果投资者具有负指数效用函数，则随着期望收益率的提高，投资者效用以递减的速度增加（见图 18-11）。

---

① Neumann J. V. and Morgenstern O. *Theory of Games and Economic Behavior*, Princeton University Press. Princeton, New Jersey, 1944.

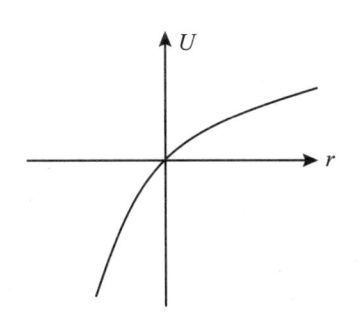

**图 18-11　负指数效用曲线**

与风险偏好系数密切相关的概念是风险容忍度（Risk Tolerance，RT）：

$$RT = \frac{1}{c} \qquad (18-6)$$

风险容忍度的经济学意义表示，存在一种情况，投资者有50%的概率损失一定数量的财富和50%的概率获得相同的财富，投资者对损失和获得该数量的财富恰好持中性的、无偏的态度，该确定的财富数量被称为风险容忍度。

投资组合优化最根本的目标是在既定约束下实现期望效用最大化。期望效用准则认为投资者的行为原则是：第一，投资者把效用水平和各种可能的收益结果联系起来；第二，当面对各种可供选择的机会时，他将选择效用的期望收益率最大的一个。具体而言，对一个风险规避的投资者来说，当收益率为零时，投资的效用水平也为零。当收益率增加时，效用水平也增加，而且是以递减的速度在增加。

根据费雪分离定理，在证券投资组合的优化问题不用考虑单个投资者的风险偏好。这主要是基于证券市场存在着无风险资产和借贷利率相同这两个假设，投资者可以借助于买入和卖空机制突破预算约束限制而实现最优，从而不论投资者的风险偏好如何，具有怎样的效用函数，最终他们的最优选择都是相同的。因此马克维茨的资产组合理论是在投资者目标的问题上，用期望收益最大化替代了期望效用最大化。在满足费雪分离定理的前提下，投资者追求"期望收益最大化"与追求"期望效用最大化"是等同的目标。然而在石油市场上，风险资产是普遍存在的，我们找不到类似于证券交易中长期国债这样的无风险资产。同时通过前面的分析可知，油气资产市场与证券市场不同，不存在买空和卖空机制，投资者的权益比例只能在［0，100%］的范围之内变化，因此期望收益最大化并不能替代期望效用最大化的优化目标，不同风险规避程度的投资者的最优选择应该是有效边界上不同的点。

图18-12描述了三个具有不同风险容忍度的投资者各自的无差异曲线，投资者Ⅲ比投资者Ⅱ更风险厌恶，投资者Ⅱ比投资者Ⅰ更风险厌恶，因此他们会选择

以不同的比例投资于机会集上的风险资产。图中 A、B、C 皆为最优的选择，但这三个资产组合中各资产的权重不同。

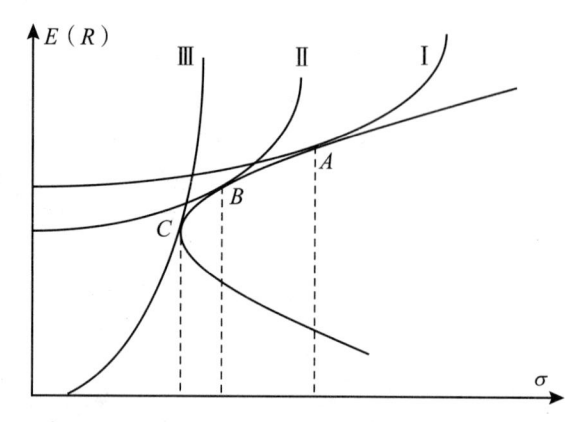

图 18-12　不同风险偏好投资者的选择

## 四、模型的构建及应用

### （一）模型的构建

由于费雪分离定理对于油气资产市场的失效，将收益最大化作为投资组合优化的目标显示出一定的局限性，因此在油气资产组合优化的过程中，我们采用既定风险和预算约束下预期效用最大化作为优化的准则。预期效用准则提供了一个在不确定情况下进行资产选择的可行方法，因为石油的工业属性和战略属性决定了跨国石油公司都是不同程度的风险厌恶投资者，假设专业投资者具有负指数效用函数：

$$u(x) = -e^{-x/RT} \tag{18-7}$$

其中：$x$ 指财富的总价值，即项目的期望价值 $E(\sum(w \times npv_i))$。

$RT$ 表示投资者的风险容忍度。

假设存在一组可选的资产组合集 $\Phi$，这个资产集合本身表示油气公司根据其技术和管理能力，可以参与投资并运作的油气资产集合。在这里，企业现有的 19 个开发类项目就构成了这个集合。假定该资产组合在一般非专业投资者手中经营，收益的矩阵形式为：

$$NPV_0 = \begin{bmatrix} npv_{01} \\ npv_{02} \\ \cdots \\ npv_{0n} \end{bmatrix} \tag{18-8}$$

经营者溢价一方面与企业自身的对特定资产的经营效率有关，另一方与企业对资产的控制程度密切相关，我们分别构建经营效率函数（$E_i$）和股权效率函数（$f(w_i)$）对这两方面的因素进行分析。

**1. 经营效率函数**

投资者的资产经营效率空间 $E$，该空间表示的是投资者对资产的经营效率，$E = [E_1, E_2, \cdots, E_{19}]$。任意一个 $E_i$ 都可以是一个函数的形式。其矩阵形式为：

$$E = \begin{bmatrix} 1+e_1 & & & \cdots & \\ & 1+e_2 & & \cdots & \\ \cdots & \cdots & \cdots & \cdots & \\ & & & \cdots & 1+e_n \end{bmatrix} \quad (18-9)$$

其中 $e_i$ 表示在完全控股的情况下，投资者通过直接经营资产可使得资产获得的价值增值幅度。即在非专业投资者手中资产价值为 $npv_{0i}$，专业化投资者完全控股时，可实现的价值为 $npv_{0i}(1+e_i)$。其中 $e_i$ 为恒常量，表示专业化投资者对某类特殊资产的专业技能增值能力。

**2. 股权效率函数**

对每项资产空间内的资产，合同者都可以选择一个持股比例 $W(W = [w_1, w_2, \cdots, w_n]$，且 $w_i \in [0, 100\%])$。股权—效率函数（$f(w_i)$）衡量的是随着专业化投资者的控股比例的变化，专业化投资者能够实现其经营者溢价的比例也随之变化，$f(w_i)$ 可以表示为：

$$f = \begin{bmatrix} f(w_1) & & & \\ & f(w_2) & & \\ & & \cdots & \\ & & & f(w_n) \end{bmatrix} \quad (18-10)$$

**3. 经营者溢价函数**

当投资者持有某项资产的股权比例是 $w_i$ 时，实际造成的资产价值增值幅度为：

$$\begin{bmatrix} 1+e_1 \times f(w_1) & & & \cdots & \\ & 1+e_2 \times f(w_2) & & \cdots & \\ \cdots & \cdots & \cdots & \cdots & \\ & & & \cdots & 1+e_n \times f(w_n) \end{bmatrix} \quad (18-11)$$

其中 $f(w_i) \in [0, 1]$，且 $\dfrac{\partial f(w_i)}{\partial w_i} \in [0, 1]$，$f(0) = 0$，$f(1) = 1$。

当投资者持有某项资产 $npv_{0i}$ 的股权比例是 $w_i$ 时，在投资者是非专业化投资者情形时，该项投资的价值为 $w_i \times npv_{0i}$。但是在投资者是专业化投资者的情形时，该项投资的价值将变为：

$$w_i \times npv_{0i}[1 + e_i \times f(w_i)] \qquad (18-12)$$

综合以上考虑，石油公司作为一个专业化的投资者在决定其投资行为时就必须考虑其专业化技能对资产价值的影响以及控股比例对充分利用其专业技能的影响。

**4. 考虑溢价和效率的优化模型**

假设优化前项目的权益向量和方差分别为 $[w_{01}, w_{02}, \cdots, w_{019}]$ 和 $\delta^2$，企业的经营者溢价函数为 $e_i$，面临的股权效率函数为 $f(w_i)$，则可以设计的目标函数为：

$$\text{Max}\{E\sum[w_i \times npv_i]\} \qquad (18-13)$$

其中，$npv_i$ 表示兼经营者和投资者双重身份的专业投资者对第 $i$ 项目的期望收益，$\sum w_i npv_i$ 的矩阵表达式为：

$$[w_1 \quad w_2 \quad \cdots \quad w_n] \begin{bmatrix} 1+e_1 \times f(w_1) & & & \cdots & \\ & 1+e_2 \times f(w_2) & & \cdots & \\ \cdots & \cdots & \cdots & \cdots & \\ & & & \cdots & 1+e_n \times f(w_n) \end{bmatrix} \begin{bmatrix} npv_{01} \\ npv_{02} \\ \cdots \\ npv_{0n} \end{bmatrix}$$

$$(18-14)$$

风险约束是以现有组合的风险 $\delta^2$ 为准，约束条件表示为：

$$\text{Var}\{\sum w_i \times npv_{0i} \times [1 + e_i \times f(w_i)]\} \leq \delta^2 \qquad (18-15)$$

预算约束条件为：

$$\sum w_i \times E(npv_i) \leq Budget \qquad (18-16)$$

综合考虑效用和效率这两个因素，得到新的目标函数：

$$\text{Max}\{E[u(\sum(w_i \times npv_i))]\} = \text{Max } E\{-\exp[-(\sum w_i npv_{0i}(1 + e_i f(w_i)))/RT]\}$$

$$(18-17)$$

风险约束条件：

$$\text{Var}\{\sum w_i \times npv_{0i} \times [1 + e_i \times f(w_i)]\} \leq \delta^2 \qquad (18-18)$$

其中 $\delta^2$ 为优化前项目的方差

预算约束条件为：

$$\sum w_i E(npv_i) \leq Budget \qquad (18-19)$$

**(二) 模型的应用**

仍以第二节中 A 公司国际上游资产为例，油价、资本性成本和操作费的假设不变，这 19 个项目组成的资产组合的期望收益为 44 092.79 百万美元，方差为 32 515 483.81，假设投资者风险容忍度为 3 000 百万美元，则根据公式 18-7 可计算出优化前该资产组合给投资者带来的期望效用为 4.24。

根据投入产出比计算出公司针对每个项目的经营者溢价后，可通过抽样结果来计算优化前不含经营者溢价的投资组合总价值（见表 18-6），即 31 893.31 百万美元。假定 A 公司出售全部资产的参与权益，根据有关的经济评价模型的数据计算经营者溢价，A 公司总共可以获得 31 893.31 百万美元现金（而非 44 092.79 百万美元），构成预算约束的上限；资产组合的波动方差为 32 515 483.81，构成风险约束的上限，即：

$$Budget \leqslant W \cdot V \equiv 31\ 893.31$$
$$\overline{W} \cdot \Omega \cdot \overline{W}^T \leqslant W \cdot \Omega \cdot W \equiv 32\ 515\ 483.81$$

表 18-6　　　　　　　　　　优化前参数估计

| 项目 | 权益比率 $w$ | 经营者溢价 $e$ | 投入产出比 | 考虑经营者溢价的资产价值 | 不含经营者溢价的资产价值 | 考虑经营者溢价的组合价值 | 不含经营者溢价的组合价值 |
|---|---|---|---|---|---|---|---|
| 1 | 40% | 3.2557 | 1.82 | 6 652.10 | 3 647.73 | 2 660.84 | 1 459.09 |
| 2 | 41% | 2.6019 | 1.68 | 7 903.82 | 4 696.07 | 3 240.57 | 1 925.39 |
| 3 | 95% | 1.1858 | 2.10 | 6 221.12 | 2 965.30 | 5 910.06 | 2 817.04 |
| 4 | 18% | 2.8267 | 1.21 | 585.99 | 485.52 | 102.55 | 84.97 |
| 5 | 48% | 3.8699 | 2.27 | 2 537.78 | 1 119.50 | 1 205.45 | 531.76 |
| 6 | 45% | 1.0950 | 1.33 | 4 203.64 | 3 159.34 | 1 891.64 | 1 421.70 |
| 7 | 50% | 0.3981 | 1.14 | 475.90 | 417.19 | 237.95 | 208.59 |
| 8 | 54% | 0.3460 | 1.14 | 151.04 | 132.80 | 81.56 | 71.71 |
| 9 | 67% | 0.6986 | 1.38 | 16 132.23 | 11 687.61 | 10 755.36 | 7 792.13 |
| 10 | 85% | 0.0046 | 1.00 | 6 394.14 | 6 371.12 | 5 461.87 | 5 442.21 |
| 11 | 50% | 1.0495 | 1.37 | 4 185.47 | 3 052.77 | 2 092.74 | 1 526.39 |
| 12 | 25% | 4.9937 | 1.62 | 824.36 | 507.55 | 206.09 | 126.89 |
| 13 | 51% | 1.1477 | 1.42 | 1 082.91 | 763.68 | 552.28 | 389.48 |
| 14 | 100% | 0.6693 | 1.67 | 22.58 | 13.52 | 22.58 | 13.52 |
| 15 | 40% | 0.7104 | 1.18 | 2 779.98 | 2 356.47 | 1 111.99 | 942.59 |
| 16 | 100% | 0.1618 | 1.16 | 219.77 | 189.16 | 219.77 | 189.16 |

续表

| 项目 | 权益比率 w | 经营者溢价 e | 投入产出比 | 考虑经营者溢价的资产价值 | 不含经营者溢价的资产价值 | 考虑经营者溢价的组合价值 | 不含经营者溢价的组合价值 |
|---|---|---|---|---|---|---|---|
| 17 | 40% | 0.6628 | 1.17 | 18 737.83 | 16 047.20 | 7 495.13 | 6 418.88 |
| 18 | 25% | 3.0636 | 1.38 | 1 294.76 | 936.23 | 323.69 | 234.06 |
| 19 | 100% | 0.7487 | 1.75 | 520.68 | 297.76 | 520.68 | 297.76 |
| 期望价值 | | | | | | 44 092.7959 | 31 893.31 |
| 方差 | | | | | | | 32 515 483.81 |

注：现金流入现值/现金流出现值表示为 PV CI/PV CO。

假定 A 公司以出售资产获得的 31 893.31 百万美元现金重新去购买这 19 个资产的不同权益，形成新资产组合，并重新估算投资者效用，选择期望效用最大的资产组合作为目标资产组合。

仍然以水晶球软件为平台，进行数值模拟和优选（100 次模拟）。模拟后的结果如图 18-13 所示。从图 18-13 中可以看出，当抽样达到 1 000 次时优化结果已基本达到稳定，进一步改进的空间已经很小。

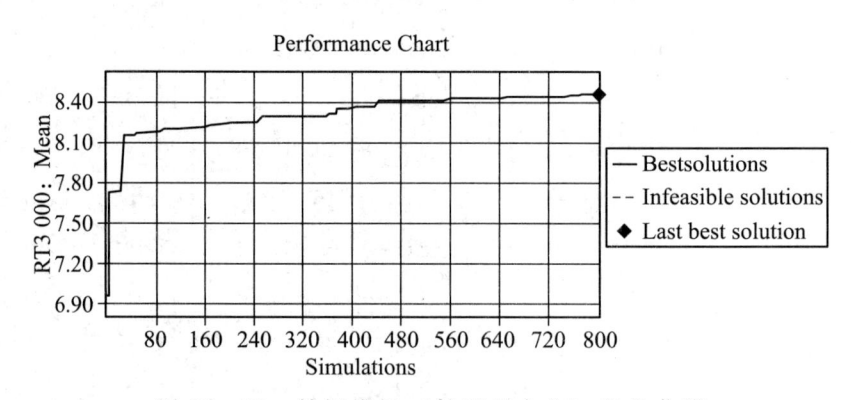

图 18-13 数据模拟（效用最大化）优化曲线

根据既定预算约束和风险约束下效用最大原则，优化后投资组合在满足预算（31 893.31 百万美元）的前提下，期望效用从 4.24 已大幅提高至 8.45（见图 18-14），效用值增长近一倍。

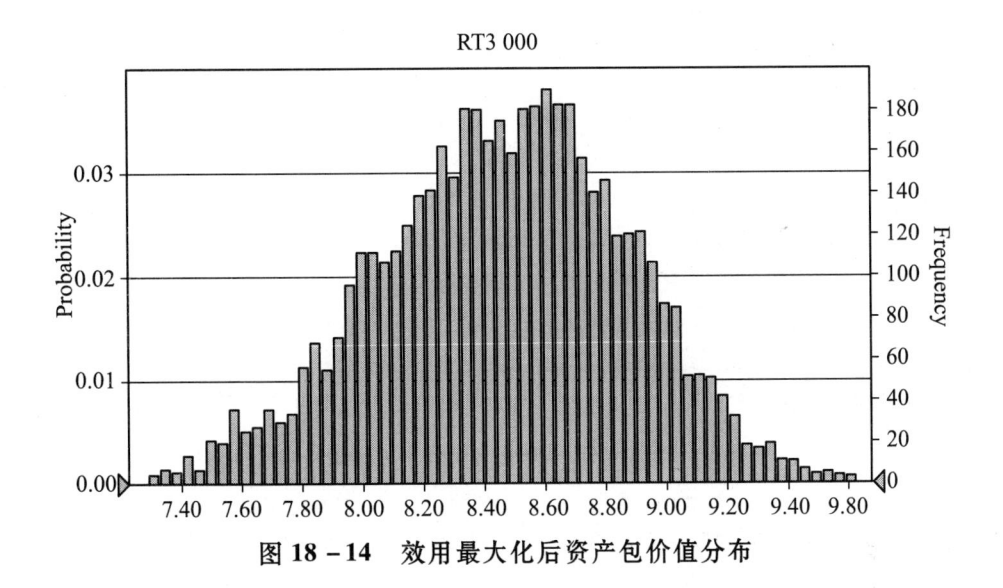

图 18 – 14　效用最大化后资产包价值分布

假设还有三种不同风险偏好的投资者，RT 分别为 30 百万美元、300 百万美元和 30 000 百万美元，同样采用水晶球软件进行 1 000 次模拟，达到稳定后的结果见表 18 – 7。从表 18 – 7 的优化结果中可以看出，在既定风险约束和预算约束的前提下以最大化效用为优化目标后，当前投资组合的方差都有大幅下降。同时还能发现，随着 RT 值的增大，期望效用的增幅也逐渐增大。也即是说随着投资者的风险容忍度越高，其效用可优化的空间越大，风险厌恶程度高的投资者优化空间较小。

表 18 – 7　　　　　　　不同风险容忍度下的优化结果统计

| 优化目标 | Maximize Mean of Utility | | | |
| --- | --- | --- | --- | --- |
| 预算约束 | 31 893.31 | | | |
| 风险约束 | Variance < = 32 515 483.8118 | | | |
| RT 取值 | 30 | 300 | 3 000 | 30 000 |
| 优化前的期望效用 | 16.76 | 11.49 | 4.24 | 0.58 |
| 优化后的期望效用 | 17.82 | 16.14 | 8.45 | 1.44 |
| 优化后组合方差 | 18 962 757 | 19 807 867 | 17 887 355 | 16 539 037 |

图 18 – 15 中横轴表示风险容忍度，纵轴表示投资者的效用水平，气泡的大小表示优化后投资组合的方差。可以看出，随着风险容忍度的增大，期望效用水平也在不断下降，这与负指数效用函数的性质是一致的。

不同风险容忍度下，企业最终的优化方案会有所不同。图 18 – 16 中分别给出了 RT = 30 百万美元、300 百万美元、3 000 百万美元和 30 000 百万美元时的优化方案。

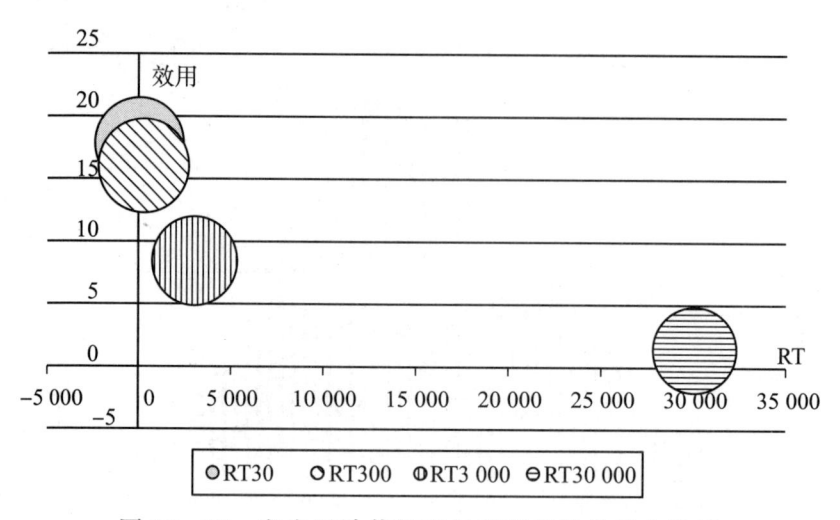

图 18-15 考虑风险偏好和经营者溢价的优化结果

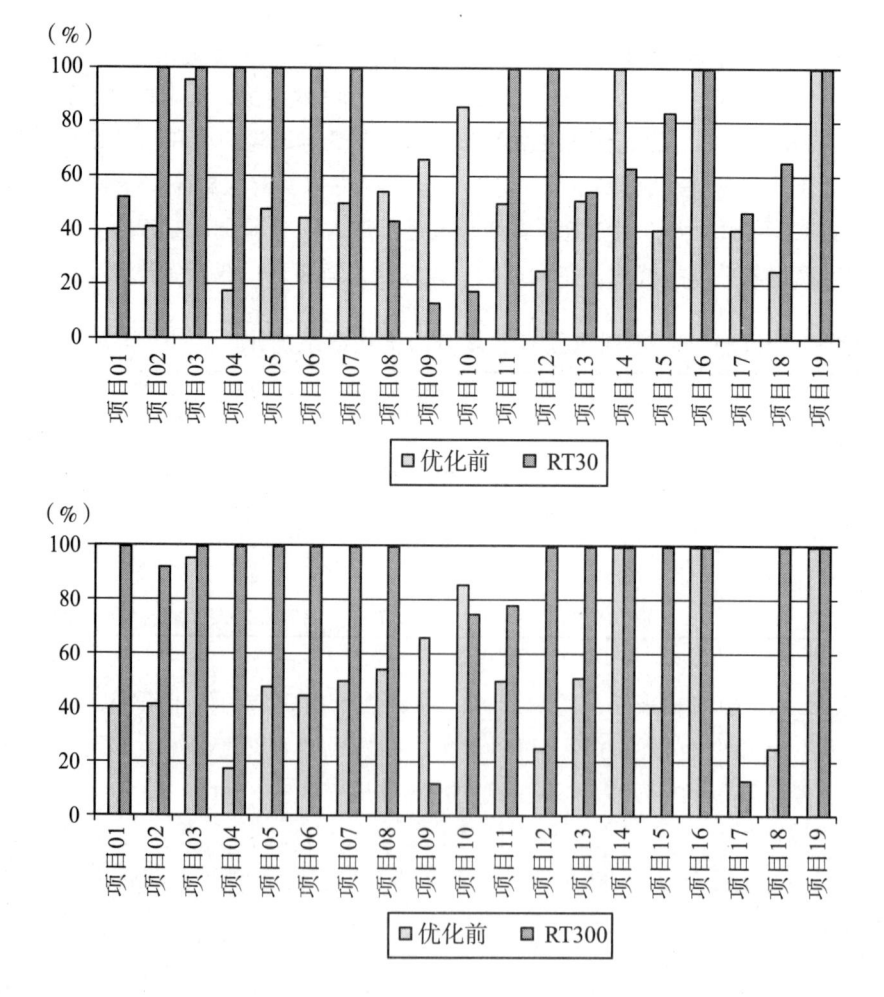

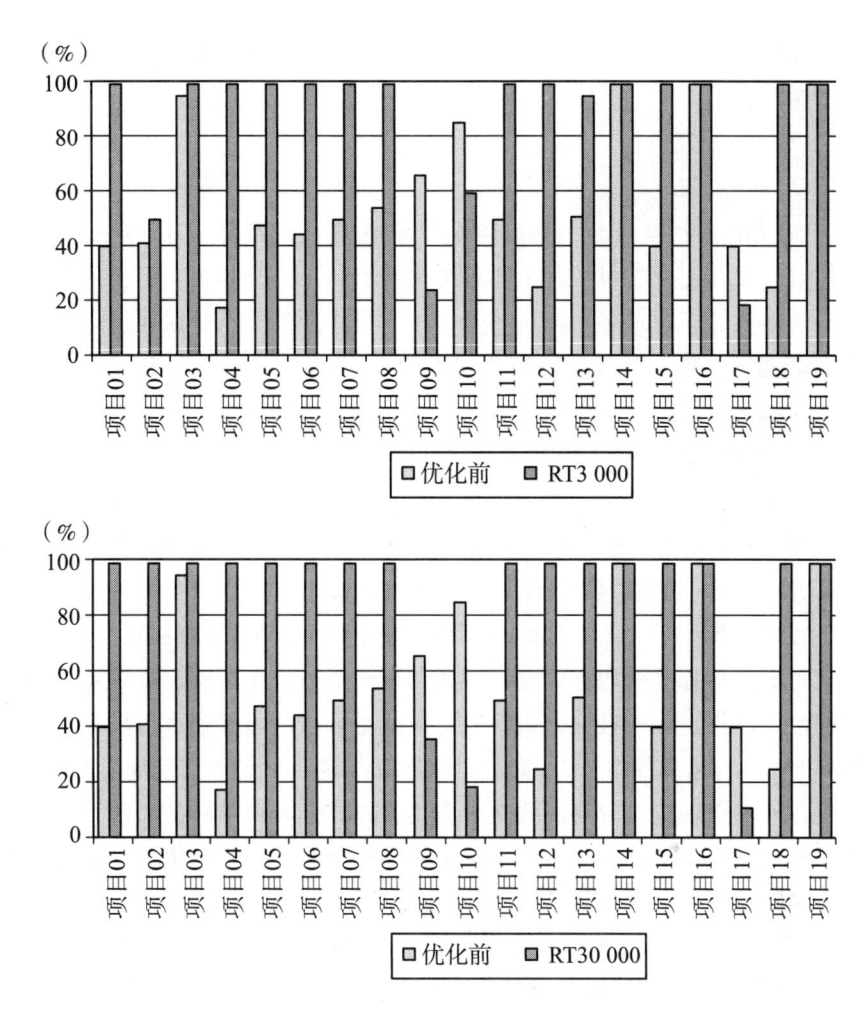

图 18-16　不同风险容忍度的投资者的优化选择

与以期望收益为目标的优化结果有一点类似：许多小型项目的参与权益都迅速增长至100%。另外，对比这四幅图可以发现，随着 RT 值的增大，投资者的选择越分散，RT 值越小则最终组合越集中。这说明多元化选择与企业投资者的风险容忍度呈正相关。当风险容忍度很小时（如 RT=30），一些收益规模大且风险也大的项目都有所减持，如项目1、项目9和项目10。

### （三）模拟结果的经济学分析

#### 1. 多元化与风险管理

一般认为，多元化经营所形成的产品结构能使企业的市场适应性增强，多元化的理论基础主要包括市场势力理论、资源禀赋理论、委托代理理论、交易成本理论和现代资产组合理论。多元化能给企业经营带来的优势主要表现在分散风险和提高资源配置效率两方面：

（1）风险分散效应。

根据马克维茨的现代资产组合理论，"不要把鸡蛋放在同一个篮子里"的多元化策略能够在一定程度上平衡风险和稳定收益。马克姆（Markham，1973）[①]研究发现，只要多元化公司的各个业务的现金流并不完全相关，则公司总体现金流的波动性即就能够通过多元化而降低，尤其是企业的非系统风险可以通过多元化经营策略进行分散。对国际石油公司而言，因为不同项目处于不同的生命周期，跨时期和跨地域经营可以规避因过于依赖某一地区而引起收益波动风险。

（2）资源配置效应。

多元化策略的另一个经济效应是优化资源配置，这主要是两个方面的原因：范围经济和交易内部化。范围经济本质上源于对可共享剩余资源，包括当前的机器设备资源和企业管理能力以及供销货网络富余资源。石油公司尤其是大型石油公司，一般都有几十年的生产和管理经验，技术较为成熟，而经验、技术和大型设备这类资源都具有范围经济效应。多元化策略的另一个资源配置效应是使外部的交易费用内部化。跨国石油公司一般都建立有自己的内部资本市场和内部劳动力市场，通过不同业务的整合实现资本和劳动力等生产要素交易成本的内部化，可以克服在外部市场交易时高昂的交易费用，并充分利用闲置的劳动力资源。

然而多元化并非是在任何情况下都能达到降低经营风险和优化资源配置的作用。表18-7和图18-16综合说明了，并不是越分散的资产组合方差就会越小。其他研究证据也表明，资产之间的相关程度与风险分散的效果密切相关：非相关多元化程度高的风险相对较高，而相关多元化程度较高的风险则相对要低一些。因此也有一些企业提出要"突出主业，提高企业核心竞争能力"的经营策略。由此可见，多元化策略的应用前提条件及其附带的风险是不容忽视的。多元化经营策略成功的先决条件就是拟采用多元化战略的企业必须在大多数行业中处于领先或中等地位，经营业绩良好或者至少可以达到盈亏平衡。实际上，多元化发展战略本身也有其局限性，并非多元化程度越高经营风险就越小。概括起来，多元化经营的负面效应主要表现在以下几个方面：

（1）"X-非效率"。

企业虽然是一种为了克服高昂交易费用而产生的组织，但企业组织本身的运行并非是没有成本的。随着企业多元化经营程度提高，必然造成企业部门增多或

---

[①] Markham J. W. *Conglomerate Enterprises and Public Policy*, Harvard Business School, Boston, MA. 1973.

下属子公司增多，管理范围扩大和决策的复杂化会加大企业管理的跨度和难度，企业内部的协调活动和可能造成的决策失误增多，而企业的组织成本也因此不断上升，从而给企业效益带来负面影响。从管理学角度来说，有效的组织结构中管理跨度应限定在一定范围内。随着多元化经营业务种类的增多和组织规模的扩大，容易产生所谓"X-非效率"，即造成大企业内部资源配置的非效率性。此外，多元化经营还可能会造成企业经营费用过大。这具体包括如进入陌生行业的高昂学习费用、在多个领域经营所带来的管理、组织协调和监督等成本上升、由于信息不对称造成信息传递费用和信息失真损失成本的上升以及因企业放弃对主业或其他行业的投资可能带来的机会成本等。

（2）进入风险。

多元化经营虽然可以在一定程度上达到规避企业经营风险的目的，但多元化经营本身也可能会产生新的经营风险。由于多元化进入的大多是陌生的新行业，面对的是富有经验的竞争对手，企业将面临较高的进入壁垒如规模经济、资金数量、专利和关键技术资源及消费者品牌偏好、产品差异、营销系统建立等，这就会给企业带来新的经营风险。多元化经营还导致企业资源配置过于分散。任何一个企业的各种资源都是有限的，如果不恰当地分散于每一个要发展的行业领域，则势必导致在每一个领域都无法获得足够的资源，甚至无法保证在某一领域内所需的最低经营规模要求和最起码的人力资源能力要求，造成经营力量过于分散，难以形成核心竞争能力，并容易被对手各个击破。因此，多元化经营的投资风险较大。这主要表现为企业因资源分散所增加的经营风险和进入陌生新行业的投资风险。多元化经营的风险一般与行业间的市场相关性成反向变动关系，而与行业运作过程中的相关性即范围经济性成正向变动关系。

（3）投资风险。

实施多元化经营的企业虽可承担较高的负债，但若负债资金成本很高而企业投资回报率过低则可能给企业带来较大财务风险。尽管多元化经营的企业可以通过组建内部资本市场来更有效地约束经营者。但是，内部资本市场的建立也可使得管理层很容易得到资金，这会导致其对项目过度投资或选择一些效益不好的项目，从而对企业的整体业绩产生负面影响。而如果企业多元化是经理人员为追求自身职位稳定而实施的，那么这种多元化就很容易偏离增加股东价值的目标。可见，多元化经营战略是一把"双刃剑"。事实上，多元化经营对企业效益的影响是多种因素作用的结果，每一种因素对企业的影响都受到企业内部结构和外部环境的制约。由于外部环境的动态性，各种因素对企业经营效益的综合影响也是一个不断变化的过程。

**2. 风险偏好与投资行为**

不同风险容忍度下的优化结果显示了投资者风险偏好与多元化策略选择之间

有密切关系。尽管金融学理论往往假设投资者是理性的，但不得不承认，投资者心理存在认识偏差，而投资者的心理特征会直接或间接影响投资者的投资行为。石油企业作为石油项目的投资者和经营者的双重身份，既具有管理者过度自信的特点，又具有投资者风险厌恶的特性，因此行为方式比较复杂。我们按投资者对不确定性的态度可将其划分为四类：

（1）过度自信（Overconfidence）。过度自信常发生在掌握信息优势的投资者中，这类投资者对小概率事件的估计过高，易高估成功的概率，低估损失发生的概率。拥有这种心理的投资者相信自己对个别项目收益的判断，喜欢集中化和带有冒险色彩的投资组合。

（2）保守主义（Conservation），保守主义认为个人的理性能力是有限的，为降低犯错的概率，就应减少投资的次数，增加投资的相对集中度，以提高每次投资成功的概率，因此保守主义投资者也不会进行过分多元化的投资。

（3）后悔厌恶（Regret Aversion），后悔厌恶是指当人们做出错误决策时，对自己的行为感到痛苦，并且由于采取了一个新的策略而发生损失所带来的后悔远大于依照惯例行事发生损失带来的后悔。因此，后悔厌恶者和保守主义的行为选择类似，在决策时倾向于墨守成规，避免冒险的投资带来后悔。

（4）损失厌恶（Loss Aversion），基于二次效用函数和负指数效用函数假设的投资者都满足损失厌恶的特点，即损失减少的效用远超过同等收益带来的效用增加，投资者在盈利时表现出风险规避的特点，而发生亏损时为了弥补损失，趋向于采取更为冒险的行动。

石油企业作为油气项目经营管理者，肩负着提高产量、成本回收等方面的任务。在高油价阶段，几乎所有项目都具有一定的盈利性，企业所面临的主要是技术和政治上的风险。这时，石油公司存在进行多元化投资的动机，表现出作为管理者时的过度自信。作为经营管理者，石油公司不但关心项目的运营状况，还关心其自身在各个领域中的声誉。如果企业所投资项目的业绩较好，则企业不但可以增加收益，而且还可以获得多方赞扬和美誉。当然过度自信对多元化动机的影响是复杂的，过度自信会影响到企业进行多元化经营的可能性，而多元化经营又可能影响企业绩效，企业绩效又会进一步反过来影响管理者过度自信，等等。

石油企业作为海外油气活动中的投资者，又经常表现出保守主义和损失厌恶投资者的特点。现实中，石油公司无法将投资者和经营者的身份相分离，这就意味着实施多元化战略所投入的资金与项目获得的现金流之间也不能直接分离，石油企业不能像一般的职业经理人一样，用外部投资者的资金进行多元化投资，而把多元化风险留在股东等投资者的层面。石油企业自身要承担多元化过程中的较多风险，因此油企会慎重考虑是否进行多元化经营。这也进一步解释了为什么风险容忍度（RT 值）越小的企业更倾向于选择集中化的资产组合，风险容忍度越高的企业倾向于选择多元化的资产组合。另一方面，石油公司中的特殊的一类——国有石油公司，其产权受国家和政府控制，且国有石油公司规模一般较大，考虑到油气生产和投资关乎国家经济命脉，这些公司会受到政府更密切的监管，重大投资和重组须经政府审核批准，因此多元化投资的冲动相对而言会受到抑制。

**3. 模型的创新之处**

通过前面将石油公司实际开发项目的经济评价数据带入模型进行试算分析，可以发现，将投资组合模型应用于油气资产组合收益—风险管理是有助于投资决策的。而我们在马克维茨的资产组合理论的基础上，进一步引入经营者溢价和投资者风险容忍度这两个因素，是对投资组合理论实际应用的一个改进，模型的优点一方面体现在克服证券资产组合模型直接应用的局限性，另一方面也体现在反映出更多决策辅助信息：

（1）证券市场的资产组合理论在油气领域应用中具有局限性。

资产组合理论以"既定风险下收益最大"或"既定收益下风险最小"为优化原则。此决策原则有两个前提假设：一为投资收益服从正态分布；二为投资者具有二次效用函数。然而在油气活动领域，勘探开发这类项目的收益具有很大的不确定性，这种不确定性既包括经济上的不确定性，也包括技术和环境的不确定性，造成油气项目收益的偏度很大，因此不满足第一点假设；另外，二次效用函数假设投资者在收益达到一定程度时投资者效用会逐渐下降，这一点并不符合实际。还有一点值得注意的是，由于费雪分离定理的存在，使得在证券市场上进行投资组合优化求解时，我们可以不考虑投资者个人效用函数的形状，这主要是由于假设市场上存在着无风险利率，投资者可以按照无风险利率进行借入和贷出资金，从而使自己的投资组合与市场最优的投资组合一致。然而石油市场上并不存在这样的买空和卖空机制，因此在进行资产组合优选的时候，不能简单地以收益最大化作为优化目标，还需要考虑到投资者效用的问题。

（2）经营者溢价对资产选择策略有明显的影响。

经营者溢价借用了并购活动中"并购溢价"的概念，由于石油公司并不是以买入和卖出作为投资目的的简单投资者，石油公司还担任项目经营者的角色，肩负着提高油气产量、完成生产目标、回收投资的任务，因此石油公司会通过自身的技术、生产和管理经验、人力和内部资金市场等便利条件，节约成本，提高收益，从而产生一部分"经营者溢价"。经营者溢价的发挥与石油企业对项目或资产的控制程度有关。按照实际生产经验，随着石油企业在项目中权益比例的升高，经营者溢价也逐渐提高，且增长速度加快。本章应用实际石油公司 19 个开发项目的优化结果显示出：①考虑到经营者溢价因素后，企业当前资产组合的预期价值有了很大的提高，且以方差所代表的组合风险也有所下降。从资产组合的有效边界角度看，这样的组合优化是一种帕累托改进；②在经营者溢价高的资产上，模型的优化结果建议持有更高的比例，在经营者溢价较低的资产上，模型建议持有较低的比例。这也就说明了如果投资者在某项资产上有更高的经营者溢价，就应该更多地控制这个资产的所有权和经营权。

（3）风险容忍度越高的企业倾向于选择多元化的资产组合。

考虑到油气市场的特点，我们以效用最大化为优化目标，并分别以优化前资产组合的期望收益和方差为预算约束和风险约束，构建了效用—方差模型。模型的优化结果显示：①当前投资组合的方差都有大幅下降。同时随着投资者风险容忍度增大，期望效用的增幅也逐渐增大，其效用优化的空间越大，而风险厌恶程度越高的投资者其效用优化的空间越小；②随着投资者风险容忍度的增大，最优化的资产选择越分散，风险容忍度越小则最终组合越倾向于"集中化，去多元化"的特点，说明多元化选择与企业投资者的风险容忍度呈正相关。③许多小型项目的参与权益都迅速增长至100%。这些小型项目在项目优选中胜出的主要原因是合同条件较为便利，或者项目后期的资本性支出较小、对投资和油价的变化不敏感。

# 第六篇

# 海外投资专题

自1993年中国通过承包合同在秘鲁成功获得海外运作的第一个油田开发项目后，中国的海外"寻油"活动正式拉开序幕。中国热情地向资源国伸出合作之手，20年的海外合作探索也收获了众多优秀的海外合作案例。本篇主要选择了在中国石油工业"走出去"历史上具有重要影响的五个案例进行详细介绍。按照对外合作的时间先后顺序，依次为中国与秘鲁、苏丹、哈萨克斯坦、俄罗斯和伊拉克的合作项目。其中，秘鲁项目是中国"走出去"的第一站，中国经营团队的精细化管理正在使这个百年老油田焕发新的活力。在非洲，中国石油人艰苦创业树立的"苏丹模式"已成为我国石油工业走向世界的成功宝典，而21世纪以来南北苏丹的石油利益及边境问题又使其再次成为全球关注的焦点。在中亚，中国与该地区最大的国家哈萨克斯坦的合作成为了互利共赢、振兴区域经济的典范，中亚天然气管道、中哈原油管道以及中亚油气合作示范区的建设成为中国能源安全的重要保障。相比中哈油气合作的顺利，中俄油气合作可谓一波三折，但作为中国近邻中资源富庶的大国，加强中俄上下游一体化合作无疑对稳定我国油源保障起着至关重要的作用。在刚刚过去的2012年，中石油伊拉克项目传来了稳定日产160万桶的喜讯，中国工程技术团队用短短两年半的时间高效完成阶段性生产目标。关于各项目的成功经验和未来工作的重点、难点，我们都将在这本篇中进行深入研究。

# 第十九章

# 中国与秘鲁油气项目合作

秘鲁是中国石油"走出去"的第一站。自1993年与秘鲁国家石油公司签订开采承包合同后,中国石油从此踏上了开拓海外油气市场的艰辛旅程。秘鲁也是中国石油"南美战略"的重要据点之一。回顾中国油企在秘鲁近二十年的峥嵘岁月,中国石油秘鲁项目已跃升为该国对外油气合作中最为成功的案例。中国企业大力发扬"铁人精神",实施国际化人才项目,精细运作,高效开发,坚持本土化策略,是合作成功的关键所在。中国石油在秘鲁油气投资的成功,也为中石油奠定了人才、技术基础,积累了海外投资经验,增强了海外勘探信心。当前全球能源格局正面临新一轮的调整,中国在秘鲁的油气投资也将面临全新的挑战。本章在梳理中国石油在秘鲁投资历程的基础上,总结秘鲁项目成功的经验,阐释秘鲁作为中国南美合作重点国家之一的重要地位,剖析新形势下中秘合作的机遇与挑战,从而提出加强秘鲁油气合作的政策建议。

## 第一节 中国石油在秘鲁项目

秘鲁是拉美地区重要的产油国,随着新项目的陆续投产,近几年秘鲁的石油产量呈现出上升的趋势。秘鲁拥有探明石油储量12亿桶,潜在储量约40亿桶,占全球资源量的0.1%。2011年秘鲁的原油产量为15.3万桶/日,较十年前上升了31.65%①。秘鲁的石油储量主要分布在800万公顷的森林和大陆架地带，其中主要有两大油田：一个是位于濒太平洋的老油田——西北油田（又名"塔拉拉油田"），产量约占秘鲁全国产量的1/3；另一个是亚马孙林区的东北油田（又称"林区油田"），产量约占秘鲁全国产量的2/3。在这两大油田中，最重要的四个石油区块分别是：与厄瓜多尔接壤的1-AB区块、东北亚马逊地区区块-8、西北地区区块-X和西北海岸地区区块-Z2B。秘鲁大多数原油都属于被称为"洛伦托（Lorento）"的重质酸性原油，API 20°②，含硫1.2%。

## 一、塔拉拉油田6/7区块

塔拉拉油田6/7区块位于秘鲁北部塔拉拉盆地中南部，属于安第斯山以西的滨海沙漠区。这两个区块的总面积为339平方千米，现有油气储量为18 231.18万桶当量。6/7区块在构造上分别包括了洛比陀（Lobitos）凸起、尼格利陀（Negritos）凸起和相邻的洼陷。其主要产油层系为下第三系始新统，油藏埋藏深度为100~3 300米，油藏总体为砂岩孔隙储层，属中孔、中低渗透油藏，以低渗透为主。原油物性好，地面原油密度为0.82~0.87克/立方厘米，粘度3~8毫帕秒，油田以含油层系多、断层多、断块小、油藏类型多为主要特点，是典型的复杂断块油田。

以中国石油为代表的中美开发公司分别于1994年1月8日和1995年10月11日接管七区和六区。这两个区块都已有百年的开发历史，目前已进入开发末期，因而两区块都面临开采程度高、井网密度大、地层压力低、布井难度大、措施选井难度大、措施效果逐年变差等局面。接管之后，中国石油项目人员根据油田实际情况，采取了一系列措施。其中一项重要的举措是对长期停关井进行恢复挖潜，增加开井数，以提高生产井的利用率和单井产油的能力。针对大量曾经生产过的油井处于关、停状态，有些甚至已经报废情况，中国石油在深入分析剩余油分布规律的基础上，充分利用有潜力的长停井，采用合理而有针对性的工艺技术及方法使其恢复生产，同时在生产上实施精细管理，以实现效益最大化。2011年，中国石油提出了加大长停井恢复力度的工作思路以及"直接作业复产、地质措施复产、工艺措施复产"三大复产措施。此外，中国石油还在对剩余油分布规律精细研究的基础上，采用已有的新采油工艺、技术，对有潜力的长停井进

---

① 摘自《BP能源统计年鉴（2012）》。
② API是美国石油学会制订的用以表示石油及石油产品密度的一种量度，API度越大，密度越小。水的API为10。参见http://en.wikipedia.org/wiki/API_gravity。

行恢复生产,加强了油田现场的精心管理,以充分挖掘长停井的潜力。通过这些措施的实施,中国石油达到了保持油田稳产与增产的目的,取得了良好的经济效益,形成了一套长停井恢复挖潜技术,同时也提升了油田的精细管理水平。

## 二、1-AB/8 区块

6/7 区开发成功后,为实现项目的滚动发展,中国石油相继扩大合作区块,项目规模越来越大。2003 年 7 月 11 日,公司与秘鲁石油公司普拉斯石油(Pluspetrol)签署了 1-AB/8 区项目合作协议,获得了 AB 区块 45% 和 08 区块 33% 的权益。1-AB/8 区块位于秘鲁亚马孙流域热带雨林地区,油田综合含水高达 96%。在联合作业开始以后,中国石油依托其研究机构,发挥技术优势,在油田精细地质研究、稳油控水、水平井开发和滚动勘探等方面做了大量工作,在老井增产实施作业方面取得了显著的效果,有效延缓了产量递减,实现了原油产量稳中有升。

## 三、111 和 113 区块

2005 年 12 月 7 日,中石油与秘鲁能矿部签署 111、113 两个区块的勘探合同,旨在通过获得勘探发现,进一步扩大项目的规模和效益。111 区块和 113 区块均位于秘鲁东南部的马德雷德迪斯盆地,地表全部被热带—亚热带雨林覆盖,面积分别为 1.52 万平方千米和 1.23 万平方千米。2006 年,111、113 区块项目环保评估进展顺利。2007 年,上述区块的地震采集项目正式启动,已经可以开始进行野外施工。

基于这三个项目,主要负责秘鲁项目的中美石油开发公司也由一家小公司逐步发展为塔拉拉地区第三大、秘鲁第五大产油公司。随着秘鲁石油投资的成功,中国将拥有丰富石油资源的南美视为其重点发展的区域之一。秘鲁项目作为中国石油最早投资成功的项目,其经验对于中国与南美国家合作有着重要的借鉴意义。

表 19-1　　　　　　　　　　中石油在秘鲁的投资项目

| 项目 | 建设时间 | 合作情况 |
| --- | --- | --- |
| 6 区 | 1993 年 10 月 | 中石油与秘鲁签订 6 区的服务承包合同。1994 年,正式接管该区块,合同期限为 20 年。<br>作业者:中石油(90%)、其他(10%) |

续表

| 项目 | 建设时间 | 合作情况 |
|---|---|---|
| 7 区 | 1995 年 1 月 | 中石油与秘鲁国家石油公司签订服务承包合同，合同期限为 20 年。<br>作业者：中石油（90%）、其他（10%） |
| 1 - AB 区 | 2003 年 11 月 | 中石油与秘鲁石油公司签订合作合同，获得 45% 的权益<br>作业者：普拉斯石油（55%）、中石油（45%） |
| 08 区 | 2003 年 11 月 | 作业者：普拉斯石油（33%）、中石油（27%）<br>合作者：SK 创新（SK Innovation Co.，Ltd.，8.33%）、韩国国家石油公司（20%）、浦项钢铁公司（POSCO，7.93%）、其他（3.73%） |
| 111/113 区 | 2005 年 12 月 | 中油与秘鲁能矿部签署 111、113 两区块的勘探合同 |

## 第二节 秘鲁项目的经验总结

### 一、秘鲁项目的特点和效益

中国在秘鲁的投资项目主要集中在上游领域，采取了渐进式进入方式。中国石油首先以服务合同的模式进入了 6/7 区，然后以并购的方式获得了这两块区域的勘探开采权。在 6/7 区实现成功增产后，中国石油在秘鲁的项目又扩展到了 1 - AB/08 区和 111/113 区。总体来看，中国石油进入的过程就是由小到大，由点到面。现今，中国石油进入秘鲁的方式更加多样化——竞标和并购两种方式并行。从合作方式上来看，秘鲁开发项目均以联合投资的方式进行。这种方式可以有效分散风险、解决资金等问题。从合同模式来看，与秘鲁签署的合同也不断向有利于中国的方向转变，即"服务合同→合并合同→矿费降低合同"[①]。在秘鲁开发项目中，中国石油均担任作业者，这成功打开了中石油走向南美的道路，将中国的技术、物资与服务带入南美市场。秘鲁项目的成功带来的是双赢的结果。一方面，中国石油帮助秘鲁加强了石油工业体系的建设，缓解了严峻的能源问题。另一方面，中国对秘鲁的投资也带动了中国对秘鲁的出口。从战略意义上

---

① 车长波等：《进一步实施油气资源"走出去"战略的思考》，载《天然气经济》2004 年第 5 期。

讲，秘鲁项目的成功也为中国石油立足南美，走向世界打下了坚实的基础。

## 二、秘鲁项目的成功要素

目前，秘鲁的三个项目都在平稳运行当中。其中塔拉拉油田6/7区是中石油走向国际的"第一站"，是海外创业的"试验田"。中国石油仅用3年时间，就使这个濒临废弃的百年油田起死回生，油气产量从年产8万吨提高到30万吨，被秘鲁媒体称为"秘鲁石油界的最大新闻"。项目的成功运作，点燃了海外创业的"星星之火"。

### （一）外部要素

**1. 中国与秘鲁之间政治友好**

中国与秘鲁于1971年正式建交，秘鲁成为拉美地区第三个与中国建交的国家。建交之后，中秘两国关系发展顺利，各方面交流与来往日益密切。1994年，中国与秘鲁签订的《中华人民共和国政府和秘鲁共和国关于鼓励和相互保护投资协定》推动了中国加入秘鲁的石油开发建设。

**2. 秘鲁国家鼓励性的投资政策**

由于秘鲁资本积累缓慢，国家财力有限，加上它还面临着老油田产量枯竭以及尚未开发的油藏位于林区、交通不便、成本高等问题，秘鲁对油田海外投资采取了比较开放的政策，如准许二次回收、减免税等。目前，秘鲁的石油合同主要是服务合同和矿税制合同。2003年5月，秘鲁政府对矿税条款进行了修订，对于税率的计算方式，合同者可以有两种选择：一是以产量为基础的矿区使用费制度，费用最低5%（<5 000桶/日），最高20%（>100 000桶/日），按产量递增；二是以R因数为基础的制度，费用范围同样是5%~20%。作业者在公布发现是否具有商业价值时，可以选择其中一种制度。新的矿区使用费确定方法主要针对新签署的勘探合同，但经过协商，也可以扩展到现有的勘探合同。这一举措为秘鲁境内新勘探活动提供了经济激励[①]。

**3. 秘鲁的资源潜力**

秘鲁的可采储量占世界的0.1%，共有56个中小型油气田，主要分布在瓜亚基尔盆地的塔拉拉—利马油区，其次是热带雨林地的马拉尼翁、乌卡亚利盆地。从总量上来看，虽然秘鲁的沉积盆地多，但目前的储量并不那么吸引人。而

---

① 李嘉等：《拉美油气合同模式特点及变化趋势分析》，载《中国石油和化工标准与质量》2011年第7期。

且，秘鲁的主要油气田形势是，一方面老油田经过长期开采日渐枯竭，产量日渐下降，另一方面，尚未开采的区域位于林区，勘探开发交通不便，石油成本高。在这一环境下，西方石油公司几进几出，却毫无收获，于是很多被认为是不可能的边际区块被丢弃①，但这却也为中国摸索"走出去"模式提供了可能。

## （二）内部要素

**1. 管理优势——发挥铁人精神、直面挑战、勇于担当使命**

中国石油与秘鲁合作的第一个项目6/7区块是一个已开发120年的区块，其探明可采储量已经开采了97%，且油井密度高、单井产量低。同时中石油还面临着这两区块首期合同时间短、资料少等一系列的问题。但是，面对困难和挑战，管理团队和技术人员没有退缩，通过在地质研究上精雕细刻、在生产工艺上精益求精、在经营管理上精打细算、在项目运行上精心管理，使原油产量由接管时的日产1 700桶，逐年提高。1997年两区块的产量达到最高峰的7 000桶，6年收回全部投资，17年累计获得净收益1.48亿美元。

**2. 技术优势——发挥勘探开发一体化技术优势，使老油田焕发新活力**

中石油秉承"资源有限、创新无限"的理念，发挥勘探开发一体化技术优势，利用物探、测井和岩屑录井资料，深入研究各含油层系分布规律、采出程度和剩余油分布范围，针对老井恢复、新井实施和新层系开发强化技术研究，形成"老井挖潜稳扎稳打、新井实施高速高效、工艺技术可靠实用"的油田开发模式和配套技术系列。在生产工艺上，中国石油还运用其独创的捞油作业流程结合抽油开采技术、挤水泥二次完井开采技术以及换层开采技术，使老油田焕发新的活力。到2009年年底6/7区块最高日产再次达到5 000桶，保持在4 200桶以上，比年初提高53%。

**3. 成本优势——经营管理精打细算，坚持低成本催生高效益**

在成本上，中石油牢固树立"成本源于设计"的理念，将成本控制由生产阶段前移至设计阶段，制定完善的预算制度和投资评价制度，剔除无价值活动，实现投资、产量、成本、效益和安全的"五统一"。具体措施有：建立投资审查领导小组，完善项目设计、项目预算、效果评估和跟踪修订的运行机制，严控投资风险；采用市场化机制降低生产成本，为控制捞油费用，按照"高产低价、低产高价"原则，面向社会招标，将单桶成本控制在9美元以内；大力实施人才本土化战略，严控用工总量，员工总量控制在140人，其中中方人员9人，比最高峰下降95%，有效降低了人工成本。

---

① 白凤森：《秘鲁石油业的发展及其对外合作》，载《拉丁美洲研究》1986年第3期。

**4. 国际化管理——项目运行精心管理，走好"走出去"的第一步**

秘鲁项目是中石油"走出去"战略中的第一步，为了实现对人员的有效管理，中石油提出了"精心管理"的概念。主要包括五方面：一是实施跨文化管理，增强和谐度。二是中方人员率先垂范，增强秘鲁员工的认同感。以身作则是最好的管理艺术。三是培育"以人为本"的企业文化，增强秘鲁员工的归属感。四是加强 HSE 管理，增强员工和政府的安全感。五是热心当地公益事业，增强公司的亲和力。与社区建立了和谐互信的关系，为项目的发展提供了有利的作业环境。

## 三、秘鲁项目的经验总结

秘鲁塔拉拉油田成功的意义在于开拓性，为中国的海外扩展培养了大批人才的同时也为中国海外油气投资提供了很好的经验。

### （一）把握投资机会，权衡收益—风险

中国的海外油气投资在国际石油投资领域属于后来者。国际上对外开放程度高、条件好的油田多为国际大型石油公司所拥有，给中国留下的多为开发难度大、风险高的油田。秘鲁油田就是其中之一。秘鲁油田在经历西方石油公司掠夺式的开发之后，只剩下开发已久、日益枯竭的老油田和位于林区、开发难度大、成本高的尚未开发油藏。西方石油公司在秘鲁几进几出，都没有任何发现，放弃了大量的边际油田。这种情况为中国的石油公司进入海外投资市场创造了机会，但是投资这些油田也意味着要承担着很高的生产风险。这种情况下，中国石油公司选取了和其他石油公司共同投资的方式来分散风险，并认真做好项目开始前的地质、井况等的评估情况，以期最大化地降低风险。

秘鲁项目中，中国石油在西方石油公司均放弃的情况下，抓住机会，迈出了"走出去"的第一步，并获得了成功，为中国的石油企业在海外的投资奠定了良好的基础。

### （二）大力培养国际化人才，坚持大庆精神

秘鲁项目是中国最早的海外投资项目。在海外投资中，投资者面临着许多内部投资项目中不会遇到的问题，如对当地法律和文化的不了解、语言不通、管理体系不一致等。为了保障项目的成功运行，中国的石油公司需要一批具有全球化视野、战略思维、掌握现代管理观念、语言能力过硬、忠诚企业的国际化管理人才和技术人才。对此，中方企业将培养人才放到了第一位，在6/7区项目工作超

过3个月的管理技术人员达到了280人,为我国石油海外业务培养了人才。这些在秘鲁工作的人员在项目的进行中遇到了种种困难,大庆精神成了工作人员攻克艰难、夺取胜利的有力武器。

### (三) 实施精细化管理,降低成本

精细成就完美,速度决定成败。只有"精细运作、高效开发"才能破解困局、深耕细作、提升效益、不辱使命。精准执行、高效执行是保障精细运作、高效开发的根本。秘鲁项目主要为老油田的增产,其成本控制是关键。为了有效地控制成本,中方石油公司将成本控制由生产阶段移至设计阶段,实现统一化管理,建立了一个整体的机制将成本成功地控制在了9美元以内,并辅以用工控制,员工总量控制在了140人以内。为提高雇员的执行力,中方石油公司从提升员工的执行能力和执行意愿两个维度出发,培育形成"一次做好"的职业习惯,确保了项目高质量、高效率、高效益、低成本地运行。

### (四) 实行国际化管理,注重本土化

本土化是实现全球化的重要手段,是衔接跨国公司与东道国双方利益,解决跨国经营障碍的核心。中国石油本着"承认差别、尊重差异、以我为主、兼容并蓄"的原则,大力推进人才、生产、采购、营销等经营管理要素的本土化进程,减少了海外派遣人员,降低了高昂运行费用,减少了当地社会对外来资本的危机情绪,与当地政府建立了共赢和谐的关系,为项目运作营造良好环境,在秘鲁树立起负责任的大公司形象,达到了"走出去、走进去、走上去"的目标要求。

### (五) 充分发挥我国石油公司一体化优势

秘鲁项目中涉及的区块都是老区块,而且基本可参考的资料少,技术要求高。面临这种严峻的情况,我国石油公司充分发挥了勘探开发一体化技术优势,利用少数的原有资料,深入研究各含油层系,针对性地进行技术研究分析,形成了老油田的一套开发模式和配套技术系列。这不仅促成了项目的成功运行还为以后的油田开发提供了技术支持。

## 第三节 新形势下秘鲁油气投资的机遇与挑战

秘鲁是中国石油企业最早开展国际合作的国家。近20年来,中国在秘鲁开

展的三个合作项目主要集中在上游领域。秘鲁石油公司也不断宣布将召开新的项目招标，加上秘鲁的政策面临调整的可能。这种情况下，中国石油公司和秘鲁的合作面临新的机遇和挑战。

## 一、中国在秘鲁投资的机遇

### （一）开放是秘鲁油气产业对外政策的主流

20世纪90年代以来，秘鲁调整油气对外合作政策可分为两个阶段。第一阶段：20世纪90年代中后期，主要以推行油气产业私有化和对外开放为特征；第二阶段：2001~2012年，主要以加强国家对油气资源的控制权为政策取向，但仍保持持续性，采取有限制地实施对外开放的政策。

### （二）油气勘探开发和基础设施建设合作前景广阔

秘鲁为实现经济可持续增长，在油气勘探、开发和基础设施建设方面的任务日益紧迫，或将成为国际石油公司新一轮的角逐地。2012年9月，秘鲁宣布该国11月将开始新一轮石油项目的招标。此次招标一共有36块区域，秘鲁国家石油在每个项目中的参股比例在25%~49%。为此，该国政府积极鼓励外国能源公司投资本国油气能源开发市场，特别是前来开发被认为拥有巨大储量但至今尚未被开发的亚马孙地区。

## 二、中国在秘鲁投资的挑战

经过近20年的开拓，拉美已经成为中国重要的油气合作区，双方的合作领域不断扩大。虽然已经有了这样的基础，但是必须看到，中国与秘鲁的油气合作仍面临一些障碍。

### （一）政治风险不容忽视

正如拉美其他地区一样，秘鲁油气投资环境复杂，资源国的政党政治、地方政府与联邦政府的关系、劳工及印第安人群体等诸多角色都是不可回避的风险因素。从经济根源上看，资源国在经济结构和财政收入上对油气产业的依赖，使得油气产业内的政治属性提升到国家政治博弈的高度，并影响到外交政策的选择。

相对于其他拉美国家而言，秘鲁的政策调整较为缓和连续，只是在原有经济发展模式框架内，在油气产业政策内采取局部调整、改革。但是，鉴于财政对油气收入的依赖，油气价格变化对合作成本收益分配结构的变化以及资源国内部政治、经济、社会条件的改变都可能促使政策调整。一旦不同政治行为体围绕油气资源的利益分配关系可能发生或发生变化，就可能造成资源国政策或投资环境的不确定性，成为风险来源。

而且，秘鲁目前还存在不少陆上边界或海洋划界争端。例如，秘鲁与智利的海洋边境纠纷悬而未决，都已提交海牙国际法庭仲裁；秘鲁与厄瓜多尔、哥伦比亚存在陆上边界争端，且争议区域石油储量丰富，厄秘两国甚至为此于1995年一度爆发边境军事冲突。

## （二）社会风险难以控制

秘鲁油气资源开发引起了不少暴力冲突，涉及政治、社会、环保和劳工等多个方面，根源则是秘鲁长期的经济不平等、少数人群被边缘化以及政府对资源收入的管理使用不当。例如，秘鲁曾多次发生印第安人抵制油气资源开发的暴力冲突事件。不可否认，石油勘探开发对印第安人土著居民的生存环境和文化会造成一定的影响。为阻止油气勘探开发或要求对其受损害利益进行补偿，印第安人常常采取法律诉讼、示威抗议、占领油气田、封锁道路、扣押人员等多种维权形式。据非政府组织"拉美矿业冲突观察"统计，截至2012年7月，秘鲁因矿业资源开发而引发的社会冲突27起[①]。

## （三）非政府组织的影响不可忽视

秘鲁环保和人权非政府组织繁多，当前较为活跃的包括"亚马孙观察"、"地球权利国际"、"亚马孙保护团队"等。它们或设立学校、开办培训班，教授如何维权；或组织法律诉讼，发起抗议示威活动。这些非政府组织一般由专业人士管理，有些曾获得联合国的承认，影响力非同一般。例如，秘鲁的"亚马孙观察"作为当地居民的代理人，起诉美国西方石油公司。

## （四）秘鲁油气市场竞争日益激烈

随着常规油气的不断开采以及油价的回升，秘鲁有限制地放宽国家政策，连续招标也引起了西方大型石油公司的兴趣。埃克森美孚等公司相继表示有兴趣重回秘鲁勘探，加大了秘鲁油气市场竞争的激烈程度。

---

① 孙洪波：《对拉美油气政治风险的几点评估》，载《国际石油经济》2012年第8期。

# 第四节 中国与秘鲁油气合作的建议

## 一、加强外交联系，深化中秘合作，巩固和扩大市场的同时注意稳健性

秘鲁也属于资源依赖国之一，在20世纪80年代以后，该国的油田逐渐枯竭，由石油出口国渐渐转向石油进口国。为了谋求发展和满足国内对于石油的需求，秘鲁急需吸引外资来帮助该国进行石油勘探开发。虽然，秘鲁油气市场竞争激烈，但是中国与秘鲁长达19年的合作给中国继续进入秘鲁市场创造了很好的条件，秘鲁政府表示十分欢迎中国继续在该国投资。然而秘鲁也存在一些不稳定因素，它的政党更替、地方和联邦政府之间的关系都比较浮躁。因而在投资的过程中需要注意稳健性，尤其是当有意向投资的区块位于有边境之争的地区时。同时，值得注意的是作为资源依赖国，秘鲁的石油合作政策具有外交的性质，加强与秘鲁的外交，可以降低部分政治风险。

## 二、强调油气合作的企业行为，淡化政治色彩

石油是重要的战略资源，带有政治色彩的投资行为往往会引起资源国的警惕，导致投资过程受到阻碍。鉴于此，中国与秘鲁的油气合作要以企业行为为主，外交渠道为辅，灵活把握企业行为与政治关系之间的平衡，突出中国企业在秘鲁进行油气合作的市场行为，弱化政治色彩。

## 三、尊重本土文化，保障当地员工利益，减少非政府组织间冲突

秘鲁资源开发引发了一系列的社会冲突。为了保障项目的进行，中国石油企业应当尽可能地尊重秘鲁当地的文化；注意石油生产过程中的安全问题，以减少对当地环境的污染。同时要注意保障企业中的员工利益尤其是当地员工，减少与劳工和社保的冲突。

## 四、强化企业社会责任，减少社会风险

秘鲁的基础设施较为薄弱，为其提供力所能及的援助已成为跨国公司的共识。因此，中国企业在秘鲁进行油气合作时，要继续注意强化社会责任意识，为当地提供一些援助，或直接出资建造医院、学校、桥梁或公路等。这样做既可以树立良好的公司形象，也能为减缓秘鲁的社会问题和造福当地人民做出更大的贡献，有助于中国石油企业缓解与当地居民之间的冲突，降低社会风险。由于秘鲁较常出现群体性事件、社会治安状况、种族冲突、阶层矛盾等因素构成的社会风险，中国石油企业必须对这些风险因素提前做出评估，建立社会风险的预警机制。

# 第二十章

# 中国与苏丹油气项目合作

苏丹[①]是中国石油企业海外投资最早进入的国家之一。在"互利共赢、共同发展"的国际合作理念下,"苏丹模式"创造了多项苏丹石油工业的经典工程,被中苏两国领导人共同赞誉为"中苏合作的典范"[②]。经过10多年的努力,中国在苏丹的业务涵盖了石油勘探开发、长输管道、石油炼制、石油化工、工程建设以及工程技术服务等多个领域,形成了"油气生产—管道运输—炼油化工—成品油销售"的一体化产业链。中国石油企业与苏丹的石油合作,使苏丹从一个石油净进口国变成了石油净出口国,帮助苏丹构建了现代化的石油工业体系,得到了苏丹政府和合作伙伴的高度评价与认可。目前,苏丹已成为中国海外最大和最成熟的石油开采地,是中国海外石油战略多元化的一个支撑点。

## 第一节 中石油在苏丹的投资项目

1950年苏丹在红海沿岸首次发现石油,当时的研究表明苏丹的石油不具有

---

① 本章所指苏丹是原苏丹。尽管苏丹已经分裂成南、北两部,但不能否认中、苏两国石油合作是成功的,研究中国企业在苏丹的投资模式仍然是很有意义的。

② 2007年2月,中苏石油合作10周年庆典活动在喀土穆炼油有限公司隆重举行。胡锦涛和苏丹总统巴希尔共同出席,并分别发表重要讲话,对中苏石油合作给予了高度评价。胡锦涛为苏丹石油项目题词:"中苏合作的典范"。巴希尔总统称赞"中国石油集团不仅给我们带来了石油,也带来了和平","中苏合作是南南合作的典范,是发展中国家自强联合的典范。"

使用价值。受此观点影响，苏丹的石油勘探和利用被延缓，以等待最佳时机。20世纪60年代初，人们再次关注苏丹的石油勘探开发，当时勘查重点是在红海海上。从那时起直到1967年，多家国际石油公司从苏丹政府那里获得了在苏丹沿海勘探石油的特许权，其中包括意大利的阿吉普公司、美国的雪佛龙公司和苏丹的迪吉纳公司。唯一重要发现是1976年雪佛龙公司在海上发现的苏阿金（Suakin）天然气田。雪佛龙公司在20世纪60~70年代发现了苏丹南部的班提乌（Bentiu）、马拉卡尔（Malakal）及穆格莱德（Muglad）油田。80年代末，雪佛龙公司因政治原因全部放弃其在苏丹的油气勘查开发特许权。法国达道尔公司也中止了其海上勘查作业，但保留了勘查特许权。苏丹政府将雪佛龙公司的勘查特许权细分为若干小区块。1993年，加拿大阿拉基斯能源公司取得了班提乌城北部地区的勘查特许权，并开始开发其特许权内的黑格利（Heglig）及团结（Unity）油田，但生产规模很小。直到1996年，苏丹虽然已拥有大量原油储量，但每年消费的各类成品油仍全部依赖进口。

1995年9月苏丹总统巴希尔访华时提出，希望中国公司到苏丹勘探开发石油，帮助苏丹建立自己的石油工业。中石油在对苏丹的投资环境和石油地质资料进行分析后认为，苏丹地质情况与我国渤海湾盆地极为相似，中石油有勘探开发这类油田的技术和成功经验。1995年9月，中石油与苏丹政府签订穆格莱德盆地6区石油合作开发协议，开启了中苏石油合作的序幕。

1996年11月，中石油获得苏丹穆格莱德盆地1/2/4区石油项目。1997年3月，中石油牵头，联合马来西亚国家石油公司、加拿大国家石油公司（State Petroleum Company，SPC）（1998年转让给塔里斯曼公司，2003年转让给印度石油天然气公司）组建了联合作业公司——大尼罗石油作业公司，启动该项目的运作。中石油与合作伙伴仅用18个月的时间，成功完成了1/2/4区千万吨级油田的产能建设；以总承包方式竞标获得1/2/4区原油外输管道建设项目，仅用11个月的时间，高质量完成了从油田到苏丹港1 506千米的输油管线建设。1999年8月30日，装载1/2/4区油田生产的60万桶原油的第一艘油轮驶往新加坡，标志着苏丹从原油进口国成为原油出口国，实现了几代苏丹人的"石油梦"。

1997年3月，中石油与苏丹能矿部签订协议，各持50%的股份，合资建设喀土穆炼油厂。2000年5月16日，以中国设计、中国标准和主要采用中国装备制造的年加工原油能力250万吨的苏丹喀土穆炼厂建成投产，苏丹石油产品长期依赖进口的历史宣告终结。

2000年11月，中石油中标3/7区项目，利用先进成熟的勘探开发技术，成功发现世界级大油田法鲁济油田，并于2003年建成了千万吨级油田产能。

2002年1月，喀土穆化工厂建成运营，每年可生产4种规格的聚丙烯原料

1.5万吨。2004年4月，年产2 000万条标准编织袋的塑料加工厂建成投产，填补了苏丹石油化工工业的空白。

2005年8月30日，中石油联合马来西亚国家石油公司，与苏丹国家石油公司、尼日利亚国家石油公司和高科技工业服务公司一起同苏丹政府签署了15区勘探开发产品分成合同。

2006年6月30日，喀土穆炼油厂实现扩建工程的完工投产，加工能力达到500万吨/年，促进了苏丹石油工业体系的完善。喀土穆炼油厂拥有世界上第一套加工高钙、含酸稠油的延迟焦化装置，是苏丹目前技术最先进、规模最大的炼厂。

2007年6月26日中石油与苏丹政府签署苏丹石油13区勘探与产品分成合同，中石油与印度尼西亚国家石油公司、苏丹国家石油公司、苏丹迪帝尔（Dindir）石油公司，以及来自尼日利亚的快捷石油天然气公司（Express Petroleum & Gas Company）和非洲能源公司（Africa Energy）组成联合公司，中石油、印度尼西亚国家石油公司和苏丹国家石油公司担任作业者，承担石油勘探作业。

2009年11月17日，中石油与苏丹能矿部签署《关于进一步加强在苏丹共和国上游油气项目合作谅解备忘录》，旨在推进中石油6区股权与马来西亚国家石油公司5A区股权进行部分置换。这样，中国石油公司在苏丹的上游合作项目达到6个，下游合作项目达到3个。

表20－1　　　　　　　　中石油在苏丹的投资项目

| 板块 | 项目 | 建设时间 | 合作情况及合作各方所占权益 |
| --- | --- | --- | --- |
| 上游 | 6区块 | 1995年9月 | 中石油（95%），苏丹石油（5%）。2009年中石油该区的股权与马来西亚5A区块进行部分股权置换 |
| | 1/2/4区块 | 1997年3月 | 中石油（40%），印度石油（25%），马来西亚石油（30%），苏丹石油（5%） |
| | 3/7区块 | 2000年11月 | 中石油（41%），马来西亚石油（40%），中国石化（6%），苏丹石油（8%），埃及三洋能源（Tri－Ocean）（5%） |
| | 15区块 | 2005年8月 | 中石油（35%），马来西亚石油（35%），苏丹石油（15%），尼日利亚快捷石油（10%），苏丹高科技工业（5%） |
| | 13区块 | 2007年6月 | 中石油（40%），印度尼西亚石油（15%）苏丹石油（15%），尼日利亚快捷石油（10%），非洲能源（10%），苏丹迪帝尔（10%） |
| 管道 | 6区 | 2003年4月 | 长度723千米，中国石油承建、参与运营 |
| | 1/2/4区块 | 1998年5月 | 长度1 506千米，中国石油承建、参与运营 |
| | 3/7区块 | 2004年6月 | 长度1 370千米，中国石油参与建设和运营 |

续表

| 板块 | 项目 | 建设时间 | 合作情况及合作各方所占权益 |
|---|---|---|---|
| 下游 | 喀土穆炼厂 | 1998 年 5 月 | 中石油（50%），苏丹能矿部（50%） |
| | 喀土穆化工厂 | 2001 年 1 月 | 中石油（95%），苏丹能矿部（5%） |
| | 石化贸易公司 | 2000 年 5 月 | 中石油拥有 6 座加油站和 1 座成品油库 |

注：中石油在苏丹的上游勘探区块中，13 区和 15 区都临近红海，位于北苏丹境内，产量均不及 1/2/4 区、3/7 区或 6 区。1/2/4 区、3/7 区因为处在南北交界处，在南北分立时生产受到重大影响。由于 5A 区块的股权置换信息不详，未在表中列示。参见张安平、李文、于秋波《中国与苏丹石油合作模式的实证分析》著于《西亚非洲》2011 年第 3 期，第 3~12 页。

十多年来，中石油在苏丹的项目从陆上发展到海上，从上游拓展到下游，项目涵盖了勘探、开发、生产、输油管道、炼油、石油化工、成品油销售、服务等领域，形成了完整的产业链。

2011 年 7 月 9 日苏丹的政治格局发生了颠覆性的变化：南苏丹宣布独立建国，成为非洲大陆第 54 个国家。尽管南北苏丹分裂使中国重新站到了中苏合作的新起点，但"苏丹模式"的成功对于新时期中国与该地区展开新的投资与合作仍具有重要的借鉴意义。

## 第二节 "苏丹模式"的经验借鉴

### 一、"苏丹模式"特点

从投资方式看，中石油在苏丹的所有项目都是以绿地投资方式进行的，这与苏丹经济落后、石油工业不发达的实际条件有关，同时苏丹上游区块招标也为中石油采用绿地投资方式进入提供了可能。绿地投资是中石油的优势，苏丹地质情况与我国渤海湾盆地极为相似，中国具备勘探开发这类油田的技术和成熟经验。

从合作方式看，苏丹勘探开发项目均是产品分成合同，几家石油公司联合投资；炼油和化工项目则是与政府建立合资企业。与其他外国石油公司联合投资或与政府合资合作可以达到几个目的：弥补中石油国际经验的不足、解决资金的问题、分散投资风险、变竞争对手为合作伙伴、与当地政府和企业建立良好关系。

从投资过程看，中石油进入苏丹是渐进式的。在上游，先进入 6 区、1/2/4 区，后拓展到 3/7 区、15 区和 13 区；在上游取得成功的同时，又进入炼油、石油化工和成品油销售等下游领域。概括来说，其过程就是由小到大，由点到面，逐渐融入苏丹石油上下游产业链的各个环节。

从融资方式看，苏丹石油项目是企业自筹资金与利用援外优惠贷款相结合的首次尝试，创新了企业融资渠道。在6区项目上，中石油自筹资金2亿元，又申请到1亿元的援外优惠贷款①，此后的3/7区项目又获得4亿元。

在承包方式上，中石油在勘探开发项目中担当作业者，以EPC总承包模式②与苏丹合资兴建炼油厂，这样带动了中石油工程技术服务的海外业务，把中国的技术、物资、设备与服务带入国际石油市场。

## 二、"苏丹模式"效益

苏丹模式的效益可以从宏观和微观两个层面得到印证。

宏观上实现了两国的互利共赢。苏丹通过石油合作，建起了技术先进、产业链完整、规模配套的一体化现代石油工业体系。原油产量从1996年的20万吨左右增长到2010年的2390万吨，成为石油净出口国。苏丹石油的成功开发吸引了更多的外国直接投资，带动了本国经济的发展。根据联合国贸发会议（UNCTDA）统计，苏丹外国直接投资存量从1996年的1.66亿美元增加到2010年的207.43亿美元（见图20–1），15年内增长了125倍。

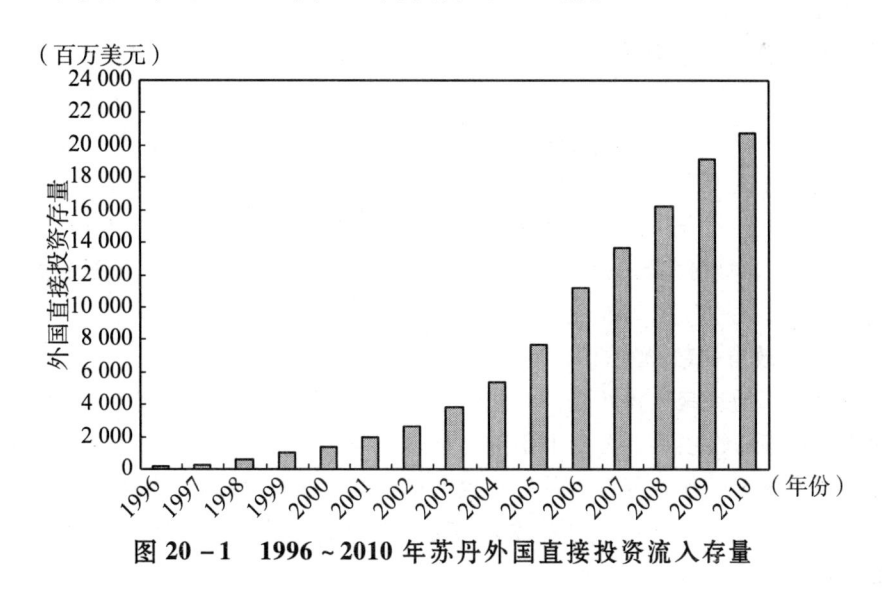

图20–1　1996~2010年苏丹外国直接投资流入存量

---

① 中国政府对苏丹的优惠贷款是1.5亿元人民币，经苏丹政府同意，其中的1亿元由中国进出口银行转贷给中石油。

② EPC总承包模式指对整个工程的设计、材料设备采购、工程施工实行全面、全过程的"交钥匙"承包。

中国直接投资带动了国内对苏丹的货物出口。1996年中国对苏丹的出口额为0.49亿美元,而到2008年达到18.51亿美元①。同时,中石油参与苏丹石油合作也带动了中国企业在苏丹的工程承包、劳务合作及设计咨询业的发展。

微观上,中石油从苏丹项目中取得了较好的经济效益,成本回收期短,投资回报率高。以苏丹1/2/4项目为例,截至2007年,项目累计净现金流超过17亿美元,内部收益率达到30%以上。此外,投资连带效益十分显著。中石油在苏丹投资,带动了国内工程技术服务队伍走出国门,将中国石油成熟的工业技术输出到海外,并带动物资、装备和劳务出口。在1/2/4区项目的投资建设期,以不到7亿美元的投资,带动了国内9亿多美元的出口,是中方投资份额的1.3倍。十年间,中石油累计投资苏丹项目56.1亿美元,工程技术服务队伍从中获得合同额达48.9亿美元。中石油在苏丹的成功运营为其在非洲立足,从而进军中东奠定了坚实的基础。

## 三、"苏丹模式"成功要素

### (一)苏丹的区位优势

从对外直接投资角度看,对于中石油而言,苏丹的区位优势体现在几个方面。

**1. 中苏两国之间政治友好**

苏丹是非洲最早与中国建交的国家之一。中苏之间的友谊已经跨越了整整半个世纪。1964年,周恩来总理成功访问苏丹,开创了两国友好合作的先河。此后,两国领导人多次互访,为两国经济合作奠定了坚实的基础。20世纪80年代两国开展互惠互利合作以来,石油合作逐渐成为中苏经贸合作的主要推动力量。1995年,苏丹总统巴希尔访问中国,推动了中国石油公司参与苏丹石油的开发建设。

**2. 苏丹政府的鼓励性投资政策**

苏丹的石油政策比较开放,对外国石油公司提供了一系列的优惠政策,如规定对石油等战略性项目,至少十年免征企业所得税,还有减免关税和土地租赁费等相关优惠政策。其规范石油勘探、生产的法律主要有1998年的石油财富法和1973年的石油资源规定。石油财富法规定,苏丹政府与跨国石油公司所签订的石油勘探、开发的协议都是勘探与产量分成协议;此外,苏丹的石油财税制度比较宽松,而且有关投资安排、合同面积撤销等政策也较灵活,投资者所得水平在

---

① 邰志雄:《中石油苏丹模式研究》,载《国际经济合作》2010年第7期,第20~25页。

世界产油国中居于中高水平。

**3. 苏丹的资源潜力**

苏丹具备形成大型油田的地质条件，拥有丰富石油资源的潜质，勘探程度相对较低，1990年苏丹的探明石油储量仅有3亿桶。在中石油进入苏丹之前，一些外国石油公司已经在苏丹进行了近十年的勘探，探明了一定的石油储量。苏丹的地质情况与我国渤海湾盆地接近，为中石油利用已有的技术经验进行勘探和开发提供了条件。在中石油中标1/2/4区项目后，两年勘探新增储量达到2.5亿桶，到2003年累计新发现可采储量6.5亿桶。在3/7区发现法鲁济油田，主体油田探明地质储量超过3亿吨。到2010年，苏丹探明石油储量已经达到67亿桶，占世界石油总储量的0.5%。随着石油勘探技术的逐步提高和勘探领域的不断扩大，其储量和产量有望进一步提高。

**4. 苏丹的政治风险**

由于苏丹持续的内战、落后的基础设施以及美国等西方国家对苏丹的制裁，使投资苏丹石油业存在不小的风险，许多国家对进入苏丹石油领域比较谨慎。但这也为处于海外石油投资起步阶段的中石油等石油公司进入苏丹创造了机遇。

## （二）中石油的内部化优势

中石油作为国际市场上的后来者，发挥其比较优势是其在竞争中取胜的关键。从苏丹项目来看，中石油所有权和内部化优势主要体现在技术优势、专业化队伍优势、成本优势以及人才优势几个方面。

**1. 技术优势**

中石油拥有勘探开发复杂陆相油气田的配套技术和经验，在世界上是独一无二的；在滚动勘探开发、老油田增产、提高采收率方面有独特的实用技术；有解决复杂问题的综合实用技术。中石油虽然不具有世界最先进的石油勘探开采技术，但是从技术选择角度看，中石油拥有的技术和经验正是适合苏丹油气勘探开发建设的先进适用技术。以苏丹1/2/4项目为例，中石油接手项目后，在石油地质资料品质差、没有完整的油藏评价的情况下，中方勘探专家大胆创新，摒弃了原有在裂谷叠置区以浅层第三系为重点勘探层系的理念，提出被动裂谷盆地地质模式和成藏模式，仅用两个月的时间就完成了苏丹1/2/4区尤尼提油田126平方千米的三维地震解释，编制出5个主力目的层构造图，并以100%的定井成功率展示了中石油的地质理论水平和技术实力。2007年，中石油吐哈石油工程技术研究院通过采用"利用临井高压天然气举升稠油、提高单井产量、加快油田整体开发"的建议，推动了"吐哈气举"特色技术在非洲石油市场成功应用，使得苏丹中部富拉盆地六区油田增产超过6倍，充分体现了技术内部化的优势。

**2. 专业化队伍优势**

与西方大石油公司不同的是，中石油是一个综合性的一体化石油公司，不仅包括勘探开发、原油生产、炼油销售、石油化工等主营业务，还拥有强大的石油工程技术服务队伍和石油装备制造力量。中石油在海外投资，带动了技术服务队伍走进国际市场，同时，技术服务队伍又为中石油海外项目高效运作提供了坚实的支持和保障。在苏丹1/2/4项目中，中石油利用油公司和工程技术服务一体化的优势，快速开展地面工程配套建设，仅用18个月，在1/2/4区油田高质量地建成年产千万吨产能，在苏丹油田建设史上创造了奇迹；仅用11个月，建成了一条横穿苏丹南北1 506千米的输油管道；仅用20个月，在一片寸草不生的戈壁荒滩上建成了年产250万吨的喀土穆炼油厂。

**3. 成本优势**

中石油的成本优势主要体现在：（1）高智力人才——技术和管理专家的成本在国际上具有明显优势；（2）技术服务队伍的整体成本在国际市场上具有竞争力。

**4. 人才优势**

中石油拥有一大批各方面的专业人才。这批人勇于实践，勤奋好学，在国际经营环境中迅速成长。在任何艰难困苦、危险/危机的情况下都表现出高度的事业心和责任感，这是许多外国公司没有的。

## 四、"苏丹模式"经验总结

### （一）把握投资时机，权衡投资风险

在世界跨国石油投资已有将近百年的历史后，中石油海外投资才刚刚起步，是国际石油投资领域的后来者。对外开放早且条件优越的投资区域大多为西方大石油公司所占据，给中国石油企业留下的多是资源贫瘠或不稳定的高风险地区。

苏丹地区由于政治冲突及复杂的国际政治经济环境问题，而存在较高的政治风险和运营风险。中石油进入苏丹正是西方石油公司纷纷撤离的时期，这一方面为中石油创造了投资机会；另一方面也意味着此时进入必须承担高风险。但是所有的高回报都伴随着高风险。通过权衡各方面的利弊不难看出，中石油在苏丹的投资与合作为中石油带来的效益远大于其风险。

中石油在苏丹的投资模式反映出，公司在战略上勇于冒险，但在战术上采取了多种策略分散风险，比如与资源国建立良好的合作关系；联合其他石油公司共同投资；从小项目、地质风险较低的石油开采项目起步；做好每个项目经济评价

工作,争取获得更优惠的合同条款等。

在 1/2/4 区项目,中石油按照国际大型投资公司惯例,以股份制形式组建四国联合作业公司,中石油持股 40%,马来西亚、加拿大和苏丹石油公司分别持股 30%、25%、5%,达到了分散投资风险的效果,并形成了强有力的监督机制。

喀土穆炼油厂在成立中苏双方各占 50% 股份合资公司的基础上,针对苏丹政府对炼厂油品价格干预起决定性作用的实际,中方决定炼厂不以盈利作为投资回报的手段,而是通过协商谈判,采取固定回报的方式按月偿还中方投资,并以原油作担保,大大降低了中方投资和经营风险。

苏丹投资的成功反映了中石油高层决策者的战略眼光和对投资机会卓越的判断能力。在别人还认为是风险,还在观望等待的时候,果断地抓住风险后面隐藏的机遇,投资苏丹,获得重大发展,并在非洲和中东市场引起连锁反应,获得大批发展机会。因此中石油苏丹模式是绿地新建投资模式的成功典例,为以后的跨国石油市场进入模式提供了极具价值的借鉴。

### (二) 凭借技术和管理实力,担当作业者,提高投资综合效益

石油项目由于投资大、风险大,国际上通常采用联合投资的方式分散风险。在联合投资中,一般是选择一个公司作为作业者,负责项目的组织管理和运行,而其他公司作为伙伴参与项目;或者由一家公司牵头,联合各伙伴公司组成一个作业公司,负责组织项目的运行。当作业者需要有广泛的国际经验,具有技术和管理方面的人才和能力。一个项目的成功运作,除直接的经济效益之外,当作业者的公司综合效益最大。

与西方石油公司相比,中石油虽然"走出去"较晚,但起点较高,成效不凡,仅用 10 多年时间就具备了与拥有几十年甚至上百年国际化经验的西方大石油公司比伯仲、论高低的能力。其原因之一就是中石油从起步之初,就把在海外业务中争当作业者,掌握决策权作为主要目标。在苏丹的上游项目中,中石油基本上都是作业者,这是因为中石油具有丰富的石油行业勘探开发技术和经验。作为作业者,中石油负责编制开发方案,能够有效地将国内先进和成熟的技术、经验用于苏丹项目的勘探开发中,使苏丹的石油勘探开发取得突破性成果;有条件带动国内石油工程技术服务队伍以及石油设备进入苏丹市场,保证了项目按时建设投产和优质高效运行,保证了中方投资尽快回收和公司整体利益最大化;积累了管理和运作大型国际项目的宝贵经验,培养锻炼出了一批国际化人才,提高了中石油的知名度和国际声誉。

## （三）与资源国互利共赢，共同发展

资源寻求是石油公司上游跨国投资的基本目的，但是资源寻求不能演变成资源掠夺，现在的国际合作更多地趋向于"双赢"原则，这也是国际石油合作能够持续不断发展并不断扩大的原因所在。

中石油在国际化经营中注重与资源国的合作，促进资源国的经济发展。中石油苏丹投资成功是与其长期坚持"互利共赢，共同发展"的合作理念分不开的。在20世纪90年代，苏丹是联合国确定的十个最不发达国家之一。通过十多年的投资与合作，中石油与合作伙伴一起，经过共同努力，构建了现代化的苏丹石油工业体系，带动了苏丹经济社会发展和人民生活改善，为苏丹培养石油专业人才，使苏丹石油工业走上可持续发展道路；大力推进本地化进程，累计为当地提供各种就业岗位超过8万个。积极投身当地社会公益事业，为当地修建道路、医院、学校和供水等配套设施，使当地居民生活有所改善。截至2009年年底，中石油通过各种方式累计向苏丹当地慈善事业团体及作业周边社区捐助近5 000万美元，直接受益人数超过200万人[①]。中石油成为苏丹石油同行互信、互助、互惠的合作伙伴，在当地引起了广泛的好评。苏丹项目的成功运作，提高了中国石油企业的国际声誉，受到国际石油界的普遍关注，为促进中国石油企业同非洲其他国家的能源合作树立了典范。

# 第三节 新形势下中苏合作机遇和挑战

南北苏丹争端由来已久，既有民族、宗教和文化多元化的原因，也有国际势力干预的因素。从资源经济角度来看，贫富差距和资源归属是导致南北冲突的根本原因。2011年1月9日南部苏丹就其未来的地位问题举行公投，公投结果显示98.83%的选民支持南部地区从苏丹分离。南苏丹宣布独立后，一方面要极力摆脱内忧外困的局面，为中国提供了通过援助加强两国合作关系的机会；另一方面，南苏丹与北苏丹在领土和资源收益划分等问题上的冲突难以协调，使中国企业迎来了中苏合作有史以来的最大挑战。

---

① 2009年5月18日中国石油天然气集团公司在北京发布的国别报告《中国石油在苏丹》。

## 一、合作机遇

南苏丹的自然资源相当丰富，石油储量占全苏丹的70%，85%以上的石油产能都在南苏丹，而南苏丹97%的财政收入也纯粹依赖石油贸易。南苏丹缺乏炼油设施，炼化业务严重依靠北方喀土穆等地的炼油能力。南苏丹石油输出主要通过两条输油管，它们分别从东西两路进入苏丹共和国境内，在喀土穆汇合后，向东北通往红海之滨的苏丹港。自2009年以来，南苏丹当局一直试图推动本土炼油能力的建设，打破对北方在石油开采技术和出口渠道方面的依赖，并筹划建设自南部朱巴通往肯尼亚拉穆的输油管，但这些项目目前进展缓慢，主要制约因素在于资金、技术和人才的缺乏。2012年1月，南苏丹政府官员对媒体记者说，南苏丹目前与来自中国、印度和马来西亚的石油公司签署了其在2011年7月赢得独立以来的第一批石油协议[①]。2012年4月23日，南苏丹总统萨尔瓦·基尔访华，寻求中国的政治和经济支持，请中方为南苏丹新修石油管线提供资金支持。石油是南苏丹的经济命脉，铺设新的输油管道，不再依赖苏丹管道出口石油，被视为其提振经济的关键。不过此前，由于南、北交恶，中国石油被迫撤离苏丹，生产不得不中断，造成巨大损失，中石油对待南北分裂后苏丹的投资非常谨慎。尤其是在目前苏丹局势依然不稳的前提下，投资风险远远大于收益，投资管线建设是一项长期的工程，中国石油表示需要与其他股东达成一致，共同表态。

## 二、面临挑战

### （一）分裂前与苏丹所签订石油协议的继承问题

据苏丹《新闻报》报道，苏丹内阁事务部长、苏丹人民解放运动领导成员卢卡·比扬2010年11月访华期间向中国政府表示，南苏丹一旦独立，将重新审视已签订的石油合同，并宣称中国的石油企业只有通过市场化的自由竞争才能在未开采的区块继续作业。2011年8月9日，中国外交部部长与南苏丹总统基尔会晤期间，南苏丹的态度依然没有改变，仍然表示要重新审视与中国签订的石油合同，此番会晤并没有签署任何新的协议。

2012年3月，南、北苏丹在原油"过境费"问题上矛盾升级，由于掌控着

---

① 参见"南苏丹签署独立以来首批石油协议" http://oil.in-en.com/html/oil-11201120651259200.html。

石油管道、炼厂和港口，北苏丹政府列出了过境费、炼油费和港口费三项，要求南苏丹每出口一桶石油，就要向喀土穆方面支付 32.8 美元①。南苏丹表示难以接受于是宣布停止石油出口，并迁怒于在其境内的中石油参股财团彼得罗达尔（Petrodar），以"协助苏丹盗窃南苏丹石油"为由驱逐了中方高级管理人员，并且再一次宣布将有可能修订与中国签订的石油合同②。

### （二）欧美石油企业重返南苏丹带来的竞争问题

20 世纪 90 年代初，美国将苏丹列入支持恐怖主义国家名单，美苏关系恶化，西方公司纷纷撤出苏丹，一定程度上，这为后来中国公司的进入提供了机会。随着南苏丹独立，美国和西方国家大幅调整对苏政策，对其丰富的石油及其他自然资源展开激烈争夺。事实上，美国正是南苏丹独立的最大支持者。中国石油公司在南苏丹不再是唯一作业者，将面临来自具有资金和技术优势的西方石油公司的竞争。美国商务部产业安全局于 2011 年 6 月底决定对美国《出口管制条例》予以修订，自 2011 年 7 月 9 日起将南苏丹列入"美国军民两用技术和产品出口和再出口控制名单"的 B 组国家名单中，意味着南苏丹共和国还可以获得某些出口和再出口许可例外。2011 年 12 月，美国在华盛顿主持了一个关于南苏丹政府未来发展战略的南苏丹国际支持会议，高调宣布美国已经调整了政策，允许美国公司投资南苏丹石油工业。同时还宣布，美国政府还将通过《非洲增长与机遇法》和《海外私企投资公司法》，以便为美国公司投资南苏丹提供"最为有效的工具"。③ 欧洲国家的石油公司也并未完全放弃苏丹，例如瑞典伦丁（Lundin）石油、法国道达尔公司和挪威哈姆拉（Hamla）石油等，一直在部分南苏丹油田合资公司中控股。在苏丹石油行业的二级承包商中，一半属于欧盟国家的石油公司④。因此，南苏丹独立后，欧洲各国的积极参与必将使苏丹的石油资源争夺越发激烈。

### （三）分别维持与南、北方基于石油利益的友好关系

由于石油收入在两国经济中占有举足轻重的地位，南苏丹独立后，恢复石油生产是南北双方共同的任务：苏丹政府需要发挥炼化、运输管道和出口港口优势，以弥补失去大部分油田资源的损失；南苏丹政府需要发挥资源优势，尽量完

---

① 王小聪：《苏丹南北分治 中石油面临更大考验》，载《新世纪》周刊 2011 年 8 月 21 日。
② 人民网，http://energy.people.com.cn/GB/17305181.html，2012 - 03 - 16。
③ 《美国举行南苏丹国际支持会议》，载《人民日报》2011 年 12 月 16 日。
④ 王小聪：《中石油苏丹考验：为投资政治不稳定地区项目买单》，载《新世纪》周刊 2011 年 8 月 22 日。

善本国石油工业体系。然而想要实现石油经济复苏，南北分歧依然严重。南北双方将在较长时间内围绕南北划界、阿卜耶伊地区归属、石油收入分配、外债安排等悬而未决问题展开艰难谈判，而上述问题都可能在某种形式上与中国的利益休戚相关。例如在南北划界问题上，目前中石油联合其他石油公司拥有苏丹 1/2/4 区、3/7 区、13 区和 15 区的石油开发权。按照 1956 年英国人划定的苏丹北南边界，1/2/4/区 60% 的储量和产量、3/7 区几乎全部的储量和产量都分布在南方，占苏丹项目总产量的 75%，两个区块作业现场的中方人员近 900 人。位于北南交界地带的阿卜耶伊地区的最后归属也很可能分割中国石油入股的大尼罗河作业石油公司的作业区。在 2012 年北苏丹用武力夺回哈季利季油田后，南北和平的希望越发渺茫。尽管外界推测不会重演大规模战争，但只要石油利益分配的根本矛盾没有解决，就不排除南北双方继续在交界区域爆发小规模冲突的可能，并将引发油田安保形势恶化及安全风险升级，对项目人员安全和生产经营构成巨大威胁。

在苏丹问题上，中国的态度一直坚持平衡苏丹与南苏丹两国的投资与合作关系，积极推动双方开展互利合作。苏丹与南苏丹在石油领域的互利合作将是对中国石油企业在该地区石油利益的最大保障。对中国而言，能否保持与南北双方的友好合作关系，是一个严峻的考验。

## 第四节 中国与苏丹合作政策建议

南、北苏丹分裂前，中国石油与北部的贸易往来密切，独立后的南苏丹在发展本国石油工业中尚面临很多困难，中国与苏丹继续深化能源合作也面临的诸多挑战，在充分理解和分析以上挑战与困境的基础上，我们尝试对中国进一步与南苏丹能源合作提出如下几点建议。

第一，积极主动与南苏丹协商石油合同审查问题。南苏丹政府对继承的石油合同的可修改范围是有限的，修改范围仅限于"重大的社会和环境问题"，所以在与南苏丹的谈判中，要重点关注企业的社会责任、环境责任问题，并积极研究南苏丹政策法律，尽早与南苏丹政府就完成石油合同达成谅解备忘录的继承与审定及相关补充协议的签署，为中国石油企业正常的投资生产打下稳定的基础。同时，中国还应当积极追踪南苏丹石油立法与政策制定进展，关注欧美各国在南苏丹的舆论宣传，防止资源民族主义在南苏丹兴起并对中国与南苏丹的石油合作产生的影响。

第二，中国应当充分意识到南苏丹摆脱严重的石油依赖，发展多元经济的重要性，尽可能地帮助南苏丹扩大非石油收入。除与南苏丹开展能源合作，中国应当积极参与南苏丹基础设施建设与民生服务，进一步加强与苏丹的经济关系。在追求能源利益的同时，中国应当用自身力量塑造和平稳定的基础，扩大双方共同利益。

第三，支持南苏丹处理好项目运作和石油收益分配透明度的问题，支持南苏丹加入"采掘业透明度倡议"（EITI）①，通过国际标准来监督和检查政府部门在石油产业等矿业部门的收入，确保政府收入的透明性、公开性和公平性。如果南苏丹可以加入"采掘行业透明倡议"，将会提高南苏丹的信用等级，有助于减轻债务压力。同时，也会减轻中国石油企业向政府缴纳的石油税费分配不公所引发的激烈的社会矛盾，为中国油企与当地社区建立良好关系，以及改善中国国际投资形象都将起到积极作用。

苏丹的案例给中国石油企业在政治风险高度紧张地区的投资上了很好的一课，尽管我国石油企业和外交部门仍在积极谈判，要求延长合同以挽回因战争而中断的合同期限，但我们认为，在与苏丹合作的问题上，应谨慎估计调停南北争议的能力，重新评估投资苏丹的经济效益。事实上，苏丹油田已经开采了很长时间，剩下的储量有限。"苏丹模式"也早已使中石油成功收回了在该地区的全部投资。2009年，中国石油苏丹整体项目已达到生产高峰，原油日产量达到49.5万桶，2010年产量开始下降。受南北双方战争破坏及南苏丹全面停产的影响，中石油在原苏丹的油田，仅北苏丹境内的6区仍在维持生产，其他在1/2/4区、3/7区的石油项目全部停产。

---

① EITI是一个国际战略联盟，包括有关国家政府、采掘企业、民间社团和多边组织，旨在提高矿业和油气开发企业向政府缴纳税款以及政府获得的该部分收入的透明度，从而保证这些资金用于推动当地发展。

# 第二十一章

# 中哈能源合作

哈萨克斯坦是中亚地区最重要的产油国，掌控着该地区最丰富的石油资源，占据着中亚通往周边地区的陆上资源通道。自1997年中国石油首次进入哈萨克斯坦以来，中哈石油合作走过了不平凡的创业和发展历程，石油合作已经成为两国经贸合作的重要组成部分，成为联结两国人民友谊的重要纽带。十五年来，秉承"互利共赢、共同发展"的合作理念，中国石油企业先后与哈方合资设立并运作阿克纠宾公司、PK公司、中哈原油管道等一批合作项目，业务范围从石油天然气勘探开发、炼油化工拓展到管道运输、工程技术服务和销售贸易等多个领域，取得了良好的经济效益和社会效益。中哈石油企业的共同努力，被两国领导人誉为"中哈合作的典范"。

## 第一节 哈国能源的战略地位及发展策略

中亚地区能源资源相当丰富，近年来里海地区石油发现不断增加，尤其是借助中国崛起对石油的强劲需求，该地区逐渐摆脱了完全依靠俄罗斯通道的境地，在国际能源市场中的影响力有了显著提高，哈萨克斯坦是中亚地区最为重要的石油生产大国。

## 一、哈萨克斯坦在全球能源格局中的地位

中亚各国紧邻的里海地区已探明石油储量约有 70 亿~100 亿吨，被认为是"第二个波斯湾"，是 21 世纪世界经济发展的最大能源库之一。在中亚区域内，哈萨克斯坦是最大的石油资源国和生产国。哈萨克斯坦的概算可采资源量达 170 亿吨，其中里海地区就有 80 亿吨。根据 BP 能源统计数据，哈萨克斯坦探明石油储量在全球排第 11 位，占世界 1.8%，储采比达到 47.4。哈油气区占国土面积的 62%，有 172 个油田、42 个凝析气田。哈石油储量主要在 6 个地区，包括阿克纠宾、阿特劳、西哈萨克斯坦、卡拉甘达、库兹洛达、曼格什套；90% 的石油储量蕴藏在 15 个主要油田，包括田吉兹、卡沙甘、卡拉甘达等。据估计，里海与咸海地区的大规模勘探，将拓展哈萨克斯坦的油气工业基础。《BP 世界能源统计（2013）》对中亚里海国家油气探明储量的保守估计和产量的统计情况见表 21-1。

表 21-1　中亚各国的能源储量及在世界能源市场中的地位

| 地区/国家 | 2012 年 | 占世界储藏量（%） |
| --- | --- | --- |
| 原油（百万吨） | | |
| 哈萨克斯坦 | 3 900 | 1.8 |
| 天然气（万亿立方米） | | |
| 哈萨克斯坦 | 13 | 0.7 |
| 乌兹别克斯坦 | 11 | 0.6 |
| 土库曼斯坦 | 175 | 9.3 |
| 煤炭（亿吨） | | |
| 哈萨克斯坦 | 336 | 3.9 |

资料来源：根据《BP 世界能源统计（2013）》的有关数据整理。

里海地区的油气资源储量是中亚地区能源前景乐观的最主要支持力量。近十几年来，世界能源需求增长较快，中亚国家都加快了油气资源的开发力度，油气产量都有成倍地增长。但是，中亚各国经济基础比较薄弱，工业不发达，自身开发能力有限，因此普遍允许外资大规模进入到油气资源勘探和开发领域。

表 21-2 中亚各国的油气产量

| 地区/国家 | 1985 | 1990 | 1996 | 2005 | 2010 | 2011 | 2012 | 占世界开采量（%） |
|---|---|---|---|---|---|---|---|---|
| 原油（百万吨） | | | | | | | | |
| 哈萨克斯坦 | 22.7 | 25.8 | 23 | 63 | 81.6 | 82.4 | 81.3 | 2 |
| 乌兹别克斯坦 | 2.3 | 2.8 | 7.5 | 5.5 | 3.6 | 3.6 | 3.2 | 0.1 |
| 天然气（十亿立方米） | | | | | | | | |
| 土库曼斯坦 | 75.3 | 79.5 | 31.9 | 57 | 42.4 | 59.5 | 64.4 | 1.9 |
| 哈萨克斯坦 | 4.9 | 6.4 | 4.2 | 13.5 | 17.6 | 19.3 | 19.7 | 0.6 |
| 乌兹别克斯坦 | 31.3 | 36.9 | 44.3 | 54 | 59.6 | 57 | 56.9 | 1.7 |

资料来源：根据《BP世界能源统计2013》的有关数据整理。

自独立以来，哈萨克斯坦的油气工业得到了高速发展，在世界石油工业中的地位不断上升。目前，哈萨克斯坦石油产量已经连续四年保持在8 000万吨/年以上，其中80%以上的所产石油用于出口。目前哈萨克斯坦有80个油田处于开采状态，在哈萨克斯坦石油天然气部登记的有201个开采合同，石油产量尚未达到峰值，哈萨克斯坦仍将努力继续扩大石油生产。据哈萨克斯坦石油和天然气部预测，2013年哈萨克斯坦石油产量将为8 200万吨，2020年将达到1.3亿吨，哈萨克斯坦将进入世界前10位产油国。国际能源署预计，2035年，哈萨克斯坦石油产量将达到370万桶/日，比目前增加1倍多。引领产量大规模提升的将是田基兹油田和卡沙甘油田，其产量将占预计的一半以上。田基兹油田是哈萨克斯坦目前最大的油田之一，可采储量为7.5亿吨至12亿吨（60亿~90亿桶），产量为50万桶/日，改建后产量可比目前提高46%。卡沙甘油田是哈萨克斯坦目前最大的油田，可采储量为110亿吨，已于2013年9月生产出第一批原油，10月8日投入商业开采，近期内产量可达到7.5桶/日，然后逐步扩大到37万桶/日，油田勘探第二期结束后，产量将达100万桶/日。

相对比较发达的原油开采环节，哈萨克斯坦炼油环节相对薄弱，造成一方面大量出口原油，另一方面又大量进口成品油的局面。目前，哈萨克斯坦石油炼厂的设计年加工能力总计1 700万吨，实际加工能力只有约1 450万吨，因此炼油工业是今后哈萨克斯坦发展的重点。哈萨克斯坦计划到2015年，将汽、柴油产量分别增加到597.4万吨和550.8万吨，航空煤油增至140万吨[①]。

总体来看，包括哈萨克斯坦在内的中亚目前的油气储量和产量在世界油气储

---

① 周以重："哈萨克斯坦石油出口将增加千万吨"，载中国石油新闻网2011年4月15日。http://news.cnpc.com.cn/epaper/sysb/20110415/0054135004.htm。

量和产量中所占的比重并不高,与中东地区仍不存在可比性。但是,这并不能掩盖中亚在世界能源中不断提升的地位。这是因为,首先,中亚目前已经成为除中东外一个重要的常规油气生长型区域,其潜在储量相当大,为世界能源供给多元化提供了一个新的增长点;其次,中亚在地理位置上靠近欧、亚两个消费市场,具有重要的地缘战略内涵;最后,对于中国这一特别的新兴能源需求市场,中亚地区具有独特的地理位置优势。

## 二、哈萨克斯坦的能源发展战略

在大国争夺中亚能源越来越激烈、中亚各国国内外安全面临着严重挑战的情况下,资源成为中亚各国处理国内问题的主要财力来源和处理国际问题的主要筹码。在大国的争夺中,中亚各国求生存、图发展、捍卫国家主权、振兴民族经济,对于他们来讲既是机遇也是难题,哈萨克斯坦也不例外。

哈萨克斯坦没有制订综合能源战略,其能源战略主要体现在政府的经济或工业总体发展战略文件中,主要有1997年的国情咨文《哈萨克斯坦——2030》、2003年的《2003~2015年工业创新发展战略》、2004年的《建设有竞争力的国家》,以及此后各年国情咨文中的一些具体实施措施。需要注意的是,哈萨克斯坦在金融危机后采取的一些措施具有应对危机的暂时性,不是长期能源发展战略,例如陆续取消对石油行业的一些税收优惠措施。另外,哈萨克斯坦还制订了一些具体能源品种的发展战略,如里海油气发展战略、天然气发展纲要等。

在能源领域发展目标上,早在1997年10月,纳扎尔巴耶夫总统发表了致哈萨克斯坦人民的咨文,系统地阐述了至2030年哈萨克斯坦的发展目标和任务。哈萨克斯坦长期优先发展能源领域的目标是:有效地利用哈萨克斯坦的能源,通过迅速增加石油和天然气的开采和出口以获取收入,用于促进经济的稳定增长和改善人民生活。纳扎尔巴耶夫总统在2006年进一步指出,丰富的资源使哈萨克斯坦有能力成为一个石油大国,并在国际能源市场发挥地区性战略作用。在能源投资上,哈萨克斯坦政府鼓励发展石油天然气领域的合作项目,并实施了优惠的税收政策,优惠期限为5年,这些优惠政策不仅是对企业实行,也适用于管道建设项目。目前有近60个国家在哈萨克斯坦有投资项目,其中最多的是美国、荷兰、英国、意大利和中国。

在能源外交方面,哈萨克斯坦以维护国家利益作为制定外交政策的出发点,奉行独立自主外交,实行全方位外交,大国和周边国家是它的外交重点,但在经济上对俄罗斯仍有较大的依赖性。哈萨克斯坦已经将能源工业视为振兴国家经济的支柱产业,并常常把国际能源合作作为外交的一种筹码。同时,从保障出口国能源安全的角度出发，哈萨克斯坦努力寻求油气出口多元化和开拓新的需求市场，以减少对俄罗斯的依赖。哈萨克斯坦签署并批准了《能源宪章条约》，参加了欧盟制定的"通往欧洲跨国油气管道运输计划"。哈萨克斯坦与美国、欧盟、土耳其、中国和日本的双边"能源关系"不断发展。例如，哈萨克斯坦实施的《2009~2011年"通往欧洲之路"国家计划》中，与石油行业有关的内容包括：加大在欧洲并购港口、码头、炼油厂、加油站及其他基础设施，以稳固哈萨克斯坦在欧洲市场的长期存在；借鉴欧盟发展能源领域的有益经验，如鼓励和保护能源投资、共享能源基础设施、行业调节、价格改革等。但是，由于与俄罗斯的特殊的政治经济关系，发展与俄罗斯的能源交往仍是哈萨克斯坦的优先选择。

综合来看，哈萨克斯坦的能源发展战略可以总结为以下几点[1]。

第一，与主要国际石油公司建立长期的伙伴关系，以引进国际上先进的工艺、技术专利和大量资本，以便迅速而又有效地利用资源。

第二，修建用于出口的石油和天然气管道系统。只有拥有大量独立的出口管线才能防止依附于一个邻国，防止因为只有一个用户而出现价格垄断的情况。

第三，利用燃料资源的战略还在于引起国际社会中的大国对哈萨克斯坦的兴趣，发挥哈萨克斯坦作为世界燃料供应国的作用。

第四，通过吸引外国投资，建立和发展能源基础设施，解决独立自主和独立竞争问题。

## 第二节  中哈政治、经济合作实践

自1992年1月3日建交以来，中国与哈萨克斯坦两国关系持续稳定发展。1994年4月李鹏访问中亚各国时，同纳扎尔巴耶夫总统签署了《中国和哈萨克斯坦边界协定》，以法律的形式确定了两国边界，为两国和平共处提供了坚实基础。1995年2月8日，为了彻底消除哈萨克斯坦对中国的担心，中国政府发表了关于向哈萨克斯坦提供安全保证的声明，这对于哈萨克斯坦放弃核武器发挥了重要作用。1996年7月，江泽民对阿拉木图进行了中哈关系史上的首次访问，中哈两国确定了面向21世纪关系的原则。江泽民重申中国政府保障哈萨克斯坦的安全，支持哈萨克斯坦保护独立和主权、领土完整、政治稳定和发展民族经济

---

[1]  哈萨克斯坦总统纳扎尔巴耶夫咨文《至2030年的哈萨克斯坦：繁荣、安全和全体哈萨克斯坦人的福利改善》（摘要）。

进行的各种努力。2002年12月23日中哈两国签订的《中华人民共和国和哈萨克斯坦共和国睦邻友好合作条约》和2005年7月4日签订的《中华人民共和国和哈萨克斯坦共和国关于建立和发展战略伙伴关系的联合声明》，为两国关系发展奠定了坚实的法律基础，并将双边合作提升到战略伙伴水平。2010年6月，中国和哈萨克斯坦发表《中哈关于发展全面战略伙伴关系的联合声明》，提出到2015年将双边贸易额提高到400亿美元的目标。双方将继续开展非资源经济领域合作。为此，将认真落实两国政府签订的《中华人民共和国政府和哈萨克斯坦共和国政府关于加强两国非资源经济领域合作规划》及新修订的《中华人民共和国政府和哈萨克斯坦共和国政府关于加强两国非资源经济领域合作规划落实措施计划》。双方将进一步加强投资合作，加紧商谈新的《中华人民共和国政府和哈萨克斯坦共和国政府鼓励和保护相互投资协定》草案。双方将推动双边贸易本币结算，欢迎两国银行建立合作伙伴关系并开展代理业务，鼓励双方企业使用本币贷款和投资，支持两国金融机构与企业积极互动与合作。

哈萨克斯坦与中国经贸关系不断加强。目前，双方政府签订了《经贸合作协定》、《投资保护协定》、《避免双重征税协定》、《成立经贸科技混委会协定》、《商检协定》、《银行合作协定》、《汽车运输协定》、《过境运输协定》、《利用连云港港口协定》和《石油领域合作协定》等文件，为中哈两国经贸合作提供了法律保证。据统计，2011年，中国已成为哈萨克斯坦第一大出口国和第二大进口国。2011年哈萨克斯坦向中国出口总额162.9亿美元，占总出口额18.5%，意大利占17.1%，俄罗斯占8.5%，法国占7.5%。哈萨克斯坦从俄罗斯进口额占总进口额42.8%，中国占13.2%，德国占5.5%，乌克兰占4.9%。2011年哈萨克斯坦对华贸易顺差112.7亿美元，同比增长82.9%（见表21-3）。

表21-3　2011年哈萨克斯坦主要贸易伙伴国贸易额及占比情况

单位：亿美元

| 排序 | 国家 | 出口额 | 在出口中占比（%） | 进口额 | 在进口中占比（%） | 总额 | 在外贸总额中占比（%） |
|---|---|---|---|---|---|---|---|
| 1 | 俄罗斯 | 75.1 | 8.5 | 162.9 | 42.8 | 238 | 18.9 |
| 2 | 中国 | 162.9 | 18.5 | 50.2 | 13.2 | 213.1 | 16.9 |
| 3 | 意大利 | 150.5 | 17.1 | 11.4 | 3 | 161.9 | 12.8 |
| 4 | 荷兰 | 66.4 | 7.5 | 2.9 | 0.8 | 69.3 | 5.5 |
| 5 | 法国 | 54.1 | 6.1 | 6.9 | 1.8 | 61 | 4.8 |
| 6 | 瑞士 | 49.6 | 5.6 | 1.57 | 0.4 | 51.2 | 4.1 |
| 7 | 乌克兰 | 26.7 | 3 | 17.3 | 4.6 | 44 | 3.5 |
| 8 | 奥地利 | 38.8 | 4.4 | 2.2 | 0.6 | 41 | 3.3 |

续表

| 排序 | 国家 | 出口额 | 在出口中占比（%） | 进口额 | 在进口中占比（%） | 总额 | 在外贸总额中占比（%） |
|---|---|---|---|---|---|---|---|
| 9 | 德国 | 16.1 | 1.8 | 20.8 | 5.5 | 36.9 | 2.9 |
| 10 | 土耳其 | 25.7 | 2.9 | 7.3 | 1.9 | 33 | 2.6 |

资料来源：2011年哈萨克斯坦海关统计资料和国家统计署统计资料。

在哈萨克斯坦向中国的出口中，资源能源类产品为主要出口商品。原油出口量为1 103.6万吨，比2010年（973万吨）上升13.4%，由于油价持续上涨，原油出口额为86.02亿美元，比2010年（53.74亿美元）增长60.1%，占到对华出口的一半以上。

哈萨克斯坦是中国对外投资的重要目的地国。截至2010年年底，中国对哈投资总额达100多亿美元，主要涉及能源和非资源项目、基础设施、农副产品加工、电信、皮革加工和一般性贸易等。2011年6月，胡锦涛访问哈萨克斯坦期间，中国人民银行与哈萨克斯坦共和国国家银行在哈萨克斯坦首都阿斯塔纳签署了金额为70亿元人民币的双边本币互换协议，双方在经济领域的合作得到进一步深化。在哈运营的中资企业近1 000家，主要从事油气、电信、贸易、加工等。据中方不完全统计，截至2010年年底，中国在哈已建大项目29个，涉及金额185亿美元，在建项目11个，涉及金额75亿美元，在谈项目20个，涉及金额超过300亿美元。

中国与哈萨克斯坦正在尝试新的合作方式——建立边境自由贸易区。2004年中哈签署了《关于建立中哈霍尔果斯国际边境合作新的框架协议》，2005年7月签署的《中哈霍尔果斯国际边境合作中心管理活动的协定》标志着该项目进入实施和建设阶段。霍尔果斯国际边境合作中心沿界河横跨中国与哈萨克斯坦两个国家，实行全封闭管理，总面积4.63平方千米，其中中方面积3.43平方千米，哈方面积1.2平方千米，将成为一个贸易投资自由、人员出入自由，集区域加工制造、贸易中转、商品采购、金融服务、旅游休闲等多功能为一体的"自由港"城市。它是世界第一个跨国边境合作项目，也是中哈合作的示范区。2010年5月，中央召开新疆工作座谈会决定设立霍尔果斯特殊经济开发区，实行特殊政策，将其建设成为新疆向西开放的桥头堡。《中哈关于发展全面战略伙伴关系的联合声明》提出，双方将促进边境贸易发展，提高中哈霍尔果斯国际边境合作中心作为重要的地区经贸合作枢纽的作用。

中哈经济合作下一步的发展重点应是非资源领域。2007年，双方签订了非资源领域合作规划，两国主管部门还就此制定了详细的实施计划。2010年6月双方签署了《关于修订中哈两国政府间在非资源领域开展合作协定措施计划的议定书》。长期来看，中国与哈萨克斯坦经济互补性强，双方不仅在贸易方面具有更大的发展空间，而且在投资合作方面的空间更大，主要合作领域包括机电、信息和通信、纺织、建材、交通运输、冶金、科技、农业、旅游、金融等多方面。

## 第三节 中哈能源合作现状及前景

### 一、我国与哈萨克斯坦能源合作现状

#### （一）中哈两国政府在能源方面的政治推进

中国与哈萨克斯坦的油气合作首先得到了两国领导人和政府的强有力支持。1997年9月，中国国务院副总理李岚清在访问哈萨克斯坦期间，与哈政府副总理舒克耶夫签署了《两国政府关于在石油天然气领域合作的协议》。2003年6月，胡锦涛和哈总统纳扎尔巴耶夫在阿斯塔签署的《中哈联合声明》中指出："中哈能源领域合作具有战略意义，双方将加强在石油天然气领域的合作，采取有效措施，确保现有合作项目的顺利实施，并继续就中哈石油管道项目和相应的油田开发项目，以及建设由哈萨克斯坦至中国的天然气管道的可能性问题进行研究。哈方支持中方参加哈里海大陆架油田的勘探和开发。"2004年5月哈总统纳扎尔巴耶夫访华期间发表的联合声明中指出，中哈双方一致认为，地理相邻和经济高度互补是两国在石油、天然气领域密切合作的前提；进一步扩大和深化该领域的合作，对双方的经济发展具有重大战略意义；双方将共同努力，尽快建成阿塔苏——阿拉山口石油管道，并落实相关油田开发项目；哈方支持中方石油企业参与里海大陆架油气勘探和开发；双方将加快中哈天然气管道铺设方案的研究。2005年7月，胡锦涛对哈进行国事访问，期间中哈发表的《关于建立和发展战略合作伙伴关系的联合声明》指出，"双方商定全力支持并提供一切必要条件，确保在规定期限内建成阿塔苏——阿拉山口石油管道并投入使用，加快推进中哈天然气管道项目的前期研究和落实气源工作。"2006年12月，哈总统纳扎尔巴耶夫对中国进行国事访问，中哈发表《中哈两国21世纪合作战略》指出，"双方将支持两国经济实体实施中哈原油管道、天然气管道建设项目，扩大油气勘探

开发合作,并在油气加工、建立新的电力能源设施和向第三国市场输送电力等领域开展合作。"此外,中哈两国政府还建立了能源合作分委会,定期召开会议,对两国间能源合作的重大问题进行磋商和讨论,有力促进了双方油气合作的深入发展。2010 年 6 月发表的《中哈关于发展全面战略伙伴关系的联合声明》指出,能源领域合作对发展双边关系具有重要意义。双方将本着互利原则,继续不断扩大和深化能源合作。为进一步发展油气领域合作,双方将共同努力确保中哈天然气管道二期、中哈原油管道二期第二阶段、中国 – 中亚天然气管道第三条管线哈萨克斯坦境内段顺利建设,以及中哈原油管道和中国 – 中亚天然气管道哈萨克斯坦境内段长期安全稳定运营。双方将继续发展和深化和平利用核能领域的合作。双方将开展在太阳能、风能和其他清洁能源等可替代能源领域的合作。2013 年 9 月,国家主席习近平访问中亚各国,提出创新合作模式、共同建设"丝绸之路经济带"的构想。以石油、天然气为主的能源领域是中哈经贸合作的重中之重,9 月 7 日,习主席和哈萨克斯坦总统纳扎尔巴耶夫在阿斯塔纳共同按下了"别依涅乌 – 巴卓依 – 奇姆肯特"天然气管道投产的按钮,标志着这条由中哈两国共同投资建设的天然气管道正式完工,该管道能有效缓解哈萨克斯坦南部居民冬季用气紧张的局面,是中哈双方友好合作的典范。当前正在推进的中亚天然气管道 C 线项目建设,工程建成投产后,中亚国家每年将增加对中国出口 250 亿立方米的天然气。

### (二) 中哈能源合作中的一些主要项目

中国与中亚油气合作开始于 20 世纪 90 年代,合作的领域主要在油气田开发、管道建设、设备和技术劳务服务等方面,并取得了显著成效。截至 2012 年,中国石油在哈油气作业当量从 1997 年进入时的 300 万吨跃升到 3 500 万吨,中哈原油管道向国内累计输送原油超过 3 000 万吨。

目前,我国在中亚地区的油气合作项目主要是:阿克纠宾项目、PK 项目、北布扎奇项目、肯尼斯油田和贝克塔斯油田(KAM)项目、ADM 项目、原美国第一国际石油公司(FIOC)项目、曼格什套项目、西北管道项目和中哈原油管道项目。

**1. 中石油阿克纠宾项目**

1997 年,中哈两国石油合作拉开序幕。6 月 4 日,原中国石油天然气总公司与哈萨克斯坦政府正式签订了《股份销售购买协议》,中方拥有中石油 – 阿克纠宾油气股份公司 60.3% 的股份,合作区域包括扎那若尔油田和肯基亚克盐上和盐下油田的合同区面积 289 平方千米。该项目是中石油集团进入中亚地区的第一个大型项目。1998 年中石油正式接管阿克纠宾油气股份公司时,公司是一个年产原油仅200多万吨的集勘探、开发、生产、销售于一体的国有企业,严重亏损,负债累累,持续半年多拖欠员工工资,已处于破产边缘。公司拥有的三大油藏中,虽然主要作业区扎那若尔油田油气储量丰富,但开发时间较长,原油储量已基本全部动用。肯基亚克盐上油藏早在1966年就全面投入开发,产量低。盐下油藏1980年虽已探明地质储量,但地质构造复杂,钻井、完井等作业难度大,已过去18年而迟迟未正式开发。此外,公司石油勘探、开发以及地面工程等各种设施和设备老化、落后,沿袭原苏联时期计划经济下的管理体制和运作机制等因素,都使公司内外交困。

面对复杂的局面,在当年9月完成接管工作时,中石油并没有采用西方国际大石油公司接管哈国其他公司的模式,而是根据实际情况,基本保留了当时的管理人员和管理方式,由中方派出专家组协助公司的管理工作。在中国专家逐步熟悉公司情况后,中国石油决定逐步介入公司的管理。首先从关键部门和岗位开始,一批在新疆等油田工作过的技术和管理人员走上了公司各级管理岗位。与此同时,逐步将中国石油企业管理的经验和方法融入企业管理过程中,使公司企业管理工作为之一新。伴随着这个过程,股份制企业管理模式也逐步在公司得到推广应用。经过几年管理经验的积累,中国模式与哈国模式的管理理念进一步融合。从2001年开始,随着中国石油海外项目第一批从事过产品分成合同模式的技术和管理人员的加盟,公司企业管理有了突飞猛进的提高。将执行产品分成合同中的管理理念和管理方法应用于矿费税收制管理模式的石油公司,阿克纠宾项目创造性地形成了独特的管理体系。

与此同时,自2000年起,中石油先是依靠国内经过实践的成熟配套技术,使扎那若尔老油田年产量平均以19%的速度递增,连续4年超产,平均年超产29.5万吨,原油年产量翻了一番。接着,历时两年,成功破解地质、钻井、完井等世界级难题,使肯基亚克盐下这个上亿吨储量的油田起死回生,实现高效开发,建成了年产能力200万吨规模的新油田。一是成功投产运行的肯基亚克盐下油田到扎那若尔油气处理厂的油气混输管道,长达44千米的混输管道成功运行,表明中哈石油界拥有当今世界最先进的油气混输工艺技术。为了不对当地的生态环境和居民生活造成影响,肯基亚克盐下油藏开发确立了油气混输的建设方案,并于2005年4月建成了从油井—计量站—转油站—扎那若尔处理厂的长距离油气混输工程。油气混输系统工程的建成投产,其核心技术和设计指标均达到国际先进水平,规模创国内石油行业之最。二是肯基亚克盐下油井钻井、完井和酸化以及盐上稠油热采技术的成功实践。肯基亚克油藏埋藏深,地层剖面结构复杂,以往钻井中钻到该层段经常遇到的不是井涌、井漏、井喷,就是卡钻、堵井。而且肯基亚克油田盐下石炭系油藏溶解气中还有有害气体,硫化氢处理不彻底将严重污染环境。面对这些世界级难题，从 1998 年开始，中国石油便开始组织有关专家全面进行研究，通过综合应用碳酸盐岩油藏描述、裂缝识别和欠平衡钻井等技术，攻克了盐下构造成像和巨厚盐岩层钻井等开发技术难关。将不可动用的 2 800 万吨可采储量转变为可以高效开发的优质储量，取得了巨大的经济效益。肯基亚克油田盐下油藏的成功开发，在中亚地区乃至世界上引起了广泛的关注和赞誉。三是规模庞大的气举采油技术在扎那若尔油气田的工业运用。气举采油新技术是中国石油在哈萨克斯坦的又一个科技实践。扎那若尔油田是 1983 年开发的老油田，中国石油确立的开采新方案中，采用了气举采油新技术，攻克了高含硫防腐、气举阀投捞等难题，掌握了气举核心工具的设计加工，使老油田焕发了青春。扎那若尔油田也是全球应用气举采油技术规模较大的油田。

自 1998 年以来，中油阿克纠宾油气股份公司在增加投资扩大油气生产规模的同时，积极参加油气资源的勘探活动。尤其是 2002 年获得滨里海盆地东缘中区块的油气资源勘探权后，每年都投入大量资金和人力用于资源勘探。2005 年 6 月，在这个西方大石油公司曾经勘探过并无功而返的区块，该公司第二口探井 A-1 井获得重大突破，试油获日产近 200 立方米的工业油流。阿克纠宾州近 10 年来的重大勘探突破，表明公司发现了一个新的油田，也表明中国石油集团有能力、有技术来保证未来持续健康发展的希望。依靠中国石油集团的投资，阿克纠宾公司变成了一个庞大的石油开采企业，原油产量由最初的 319 万吨增加到 2012 年的 1 064 万吨油气作业产量当量，连续 3 年保持油气作业产量当量 1 000 万吨级规模，成为中国石油海外第四个油气作业当量上千万吨的油田，现为哈第三大石油生产商。

中油阿克纠宾油气股份公司已成为阿克纠宾州最大的纳税单位和当地的经济支柱，每年上缴的税收成为当地经济发展的主要财政收入，约占阿州全部税收的 70%。公司的发展带动了阿州经济的迅速发展，人民生活水平逐步提高，城市发展日新月异，阿克纠宾成为哈萨克斯坦西部一个新型石油工业城市，阿州为哈国奉献了超过 10% 的国民生产总值。包括阿克纠宾项目在内的所有中国石油在哈项目，为各项目所在地提供了大量的就业机会。其中，阿克纠宾城市区人口接近 30 万，劳动力人口约 15 万，在阿克纠宾油气股份公司甲乙方队伍中就业的超过 2 万人，占全市就业人口的比重超过 15%。在所有在哈经营的外国公司中，中油公司员工中当地劳动力所占比例最高[①]。

### 2. 中石油 PK 项目

2005 年 10 月 26 日，中石油集团成功收购哈萨克斯坦 PK 公司。2006 年，根

---

[①] 《携手十年铸丰碑——中哈石油合作纪实》，中国石油新闻中心，http://news.cnpc.com.cn/system/2007/08/21/001117869.shtml。

据与哈萨克斯坦能矿部达成的协议，7月5日公司将33%股份转给哈萨克斯坦国家石油公司。目前中石油集团拥有PK公司67%的股权。

哈萨克斯坦PK公司是一家在加拿大注册，从事油气勘探、开发、炼油及油品产品销售上下游一体化的综合性国际能源公司，是哈萨克斯坦第二大外国石油生产商，也是最大的炼化产品生产商和供应商。PK公司全部上游资产位于哈萨克斯坦中部的南图尔盖盆地，拥有南图尔盖盆地11个油田和5个勘探区块，分属13个勘探开发合同。已证实和可能的原油储量共有5.5亿桶，日产油量约15万桶，总资产12.69亿美元。下游业务以炼油、成品油及原油销售为主，拥有哈萨克斯坦国内最大的奇姆肯特炼厂及分布在塞浦路斯及哈国各地的销售公司及加油站构成的运销网络。

收购前，PK公司生产经营困难重重。公司在全球拥有42个分公司、192个银行账号，在五国上市、全球五地办公，经营地域分散，业务链及法律架构复杂，管理幅度和难度都很大，原油产量严重下滑、储采比偏低、油田递减加快、炼厂老化、原油销售渠道不畅。尤为严重的是，PK公司与利益相关者关系十分紧张，企业内外部环境恶劣。整合后，中国石油将PK公司总部移到了阿拉木图，实现管理前移。公司梳理业务体系，明确各业务板块的业务职责及分工，优化完善管理制度和流程，并整合财务管理和融资制度。整合的头一年，公司就建立了20多项制度，包括建立工资体系、员工绩效考核体系、职业操守制度等，为企业搭建起管理框架。

中石油充分尊重哈国政府，加强沟通，与哈国政府建立了良好的合作关系和互信机制，使收购后的PK公司经营活动得到哈国政府各部门的大力支持。接管后，中石油展开积极有力的公关协调工作，并全面推进与哈萨克斯坦国家石油公司的合作，全面加大政府公关及法庭和解力度，全力解决与政府机构、合作伙伴之间的纠纷。原PK公司被并购前的50多个较大诉讼和仲裁案件，经过充分沟通后98%撤销，且再未发生新的重大诉讼及仲裁案件，扫清了公司发展障碍。

作为石油公司，勘探是基础，储量是财富。中石油集团的技术优势成为PK公司迅速恢复产量的坚强后盾。勘探工作一直是PK公司的薄弱环节。在接管PK项目后的运行中，中石油集团加大了基础研究和有针对性的重点攻关，加快了新区勘探的步伐，注重搞好油田区域的滚动勘探，探索出了一系列针对高成熟勘探区域的实用技术手段，基本保证了储采平衡；在油田开发生产方面，中石油集团通过加大新井工作量，生产能力进一步提高，使原油作业产量由接管前的16.7万桶/日提高到2010年的21万桶/日。2006年原油作业产量达到1 050万吨，创造了PK公司历史最高水平。截至2012年，PK项目连续6年保持油气作业当量1 000万吨生产规模。在炼油方面，哈萨克斯坦PK石油公司齐姆肯特炼厂在 2007 年加工原油 403.5 万吨，这是自 1994 年以来该炼油厂 13 年里原油加工量首次突破 400 万吨。

### 3. 中石油北布扎奇项目

2003 年 6 月，中石油集团从雪佛龙—德士古及尼米尔（Nimir）公司购得该项目部分股份，与卢克公司各持股 50%，中石油集团主导作业。北布扎奇油田位于哈萨克斯坦曼格什套州内，区块面积为 125.8 平方千米。中石油集团接管项目后，通过应用稠油冷采技术，产量迅速提高，由接管时的 7 000 桶/日提高到超过 4 万桶/日的水平。

### 4. 中石化 FIOC 项目

2004 年，中石化集团以 1.5 亿美元收购了原美国第一国际石油公司（FIOC）在哈萨克斯坦境内的油气资产。该项目位于滨里海盆地的哈萨克斯坦境内，拥有的区块均为陆上区块，面积共约 2.6 万平方千米，五个勘探区块分别为：费德洛维斯科耶（Federovskoye）、梅斯杜申思基（Mezhdurechenski）、贝加达斯基斯基（Begaidarskiski）、萨吉斯克（Sagisk）和阿代斯基（Adaiski）区块。其中主要的上游项目是阿代 990（Aday 990）和萨撒库克 245D（Sazankurak 245D）项目。石油储量约 230 万吨，天然气储量约 5 331 万立方米。

### 5. 中石化 CIR 项目

2010 年 8 月，中石化与米塔尔（Mittal）公司（印度家族掌控的世界第一大钢铁公司）就 CIR 公司 50% 股权收购项目进行了交割。CIR 公司资产主要分布在哈萨克斯坦，拥有 5 个油田和 2 个勘探区块全部或部分权益。根据哈国政府已批准的开发方案，油田后续开发钻井约 1 955 口，主要钻井位于北布扎奇油田，约 1 705 口。该项目的收购，将为中石化增加 5 个油田和 2 个勘探区块全部或部分权益，增加近 1 800 万吨 B+C1 级权益可采储量（合同期外有近 1 600 万吨储量）。目前，项目权益年产量 140 万吨，除一个成熟油田外，其他资产均处于上产阶段，2013 年至 2014 年达到高峰产量 160 万吨。

### 6. 中国中信集团公司（CITIC）收购加拿大内森斯能源有限公司

2006 年 12 月 31 日中国中信集团公司宣布以 19.1 亿美元成功收购加拿大内森斯能源有限公司（Nations Energy Co Ltd.）及其在哈萨克斯坦的全部油气资产。这项由中国公司进行的第三大海外油气收购将使中信集团获得对探明储量逾 3.4 亿桶、日产量超过 5 万桶的卡拉让巴斯油气田 14 年的开采权。

### 7. 中哈原油管道项目

中哈原油管道由中石油集团与哈萨克斯坦石油公司共同建设与运营，中哈双方各出资 50%，是我国第一条跨国输油管道。管道规划输油能力为 2 000 万吨/年，全线总长度 2 755 千米，起点是哈萨克斯坦西部的阿特劳，途经肯基亚克、库姆科尔和阿塔苏，从中哈边界的阿拉山口进入新疆境内，终点在距国境线 2.2 千米的阿拉山口——独山子输油管道首站。

管道分两期建设。一期工程为阿塔苏—阿拉山口管道段，管道长 962 千米，原油起输量为 1 000 万吨/年，于 2005 年 12 月底首站投油，2006 年 5 月全线通油。第二期为肯基亚克—库姆科尔—阿塔苏段，全长 1 344 千米，二期管道计划 2009 年年底建成。两期工程建成后，中哈原油管道年输油能力将达到 2 000 万吨/年，哈萨克斯坦与俄罗斯各提供 50% 的输油量。2010 年，中哈原油管道实现向国内年输送原油 1 000 万吨，达到一期设计输油能力。截至 2011 年，管道累计向中国运输石油 3 000 万吨。按照总体规划，2012 年完成中哈石油管道二期二阶段的全部建设工作量，2013 年实现运输原油 2 000 万吨。

**8. 中哈天然气管道项目**

中哈天然气管道是中亚天然气管道的重要组成部分，与西气东输二线衔接，最大年输气能力为 150 亿立方米。中哈天然气管道分两期建设，一期工程为中亚天然气管道过境哈萨克斯坦的管道，从乌兹别克斯坦、哈萨克斯坦边境至哈中边境中国一侧的霍尔果斯，全长约 1 300 千米，与西气东输二线相连，单线已于 2009 年 12 月竣工投产。

2010 年 6 月，中石油集团与哈萨克斯坦国油签订了《关于中哈天然气管道二期设计、融资、建设、运行原则协议》。根据协议，双方将合建中哈天然气管道二期工程，以满足哈国南部地区天然气市场需求，并探讨通过中哈天然气管道二期将里海地区天然气资源向中国出口的可能性。二期工程为哈萨克斯坦境内管道，从哈国西部别依涅乌起至中哈天然气管道一期的齐姆肯特 4 号压气站，全长 1 458 千米，设计年输气能力为 100 亿立方米，于 2011 年 9 月开工建设，2012 年 10 月 20 日，中亚天然气管道 A/B 线每年 300 亿立方米设计输气能力建设全部完成。自中亚天然气管道 2009 年 12 月正式输气以来，截至 2013 年年底，经该口岸入境的中亚国家天然气累计达 681.89 亿立方米、4 856 万吨。

### （三）中哈能源合作的新探索

在能源战略合作"走出去"的路途中，中国一直在尝试不同的合作方式。金融危机后，为抗击经济衰退的影响，2009 年，哈萨克斯坦总统纳扎尔巴耶夫与中国国家主席胡锦涛达成了关于中国进出口银行与国家开发银行向哈萨克斯坦提供两批总额达 100 亿美元贷款的协议，提供了一个"能源、贷款、投资一揽子合作"的能源合作新范本。中国向哈萨克斯坦提供的 100 亿美元贷款的使用方向为：50 亿美元用于收购哈萨克斯坦 MMG（MangistauMunaiGas）的部分股权，50 亿美元贷款则将用于哈萨克能源工业，特别是基础设施建设项目中。

中国进出口银行向哈萨克国家石油天然气公司注资 50 亿美元用于收购哈萨克斯坦曼格什套油气公司的部分股权。曼格什套投资公司是中油勘探开发有限公司（"中油勘探"）与哈萨克斯坦国家石油公司按各自 50% 的比例在荷兰成立的合资公司。曼格什套油气公司是哈萨克斯坦最大的民营油气勘探开发公司之一，在哈萨克斯坦拥有 15 个石油和天然气田的勘探和开发特许权，并通过其子公司拥有位于里海海域的海上油田和哈萨克斯坦西部天然气田的一系列勘探许可证。曼格什套公司的另一大股东——中石油与哈石油天然气公司共同成立新的合资企业，这个合资企业将在建设西哈萨克斯坦—南哈萨克斯坦天然气管道建设项目中发挥作用，该管道项目将乌兹别克斯坦、土库曼斯坦和中国的天然气管道连接起来，总投资额达到 20 亿美元。

50 亿美元贷款则将用于哈萨克能源工业，特别是基础设施建设项目中，包括三家哈萨克斯坦石油加工企业的技术现代化改造项目，每家企业将得到不少于 10 亿美元的投资。10 亿美元将投向在阿特劳建设的天然气化学集成综合项目。这些工程的承包商都是中石油集团。

在这些合作中，SK 基金起着举足轻重的作用。SK 基金作为一个新的国有资产和国家金融资本管理机构，成立于 2008 年 10 月。基金下辖的公司囊括了哈萨克斯坦国内大型国有企业、主要投资机构、金融组织等几乎所有支柱产业。包括哈萨克国家石油天然气公司、哈萨克国家铁路公司、哈萨克核能集团、哈萨克开发银行等。在 SK 基金成立之前，基金所属的分公司，包括哈石油天然气集团等企业，和中石油、中石化、中信等都已经开始了合作，哈核工业集团和中核、中广核也早已是这些企业的合作伙伴。

中哈"贷款换石油"与中俄能源合作中"贷款换石油"的内容有很大不同。从贷款方式上来说，虽然都是政府提供长期贷款，同时签署长期的供油合同，中俄之间的合作是俄罗斯公司来保障供油，中国公司并没有参与到供应方的工作中。但是在中哈合作中，通过建立合资公司，实际上中方自己也成为供应方，由中国公司自己来保障向国内的供油。

## 二、中国与哈萨克斯坦能源合作中面临的风险

### （一）俄哈合作带来的风险

哈萨克斯坦是俄罗斯的传统势力范围，对于任何试图介入哈萨克斯坦能源合作的国家，俄罗斯都抱有很强的戒心，唯恐失去其主导地位，因为能源是俄罗斯维持其大国地位的重要武器，哈萨克斯坦等中亚国家的能源也是其武器库中的储

备。尽管哈萨克斯坦等中亚国家为了摆脱俄罗斯的控制,在各大国之间小心地保持外交平衡,并努力实现其能源出口市场的多元化,但目前哈国等的大部分能源出口仍受制于俄罗斯的运输系统,短期内彻底摆脱俄罗斯的控制难以实现。

由俄罗斯主导的俄哈白关税同盟对中哈能源合作也造成了一定的障碍。首先,同盟下哈国不断提高石油出口税,大幅增加了中国石油进口成本。哈政府以前对石油出口不征税,但在入盟后的一年零一个月的时间内,哈国已经连续三次大幅提高石油出口税,大大提高了中国石油的进口成本。其次,关税同盟允许哈萨克斯坦在白俄罗斯加工自己的石油,之后将石油产品运往欧洲国家,该计划的实施将明显分流哈国石油资源,可能会降低哈萨克斯坦对中国石油出口的意愿。再次,哈国开征和提高资源类产品关税对中国资源开发企业长期发展不利。从长期看,随着哈萨克斯坦经济逐渐摆脱金融危机的影响,哈萨克斯坦在税收政策环节将努力保证财政增收和资源保护,以实现自身利益最大化,这意味着国内矿产资源开采企业在哈萨克斯坦的营利空间将在一定程度上受到挤压。最后,统一经济空间内不排除哈萨克斯坦出口中国天然气价格与俄罗斯接轨的可能。俄罗斯在与我国天然气合作中要价过高,双方迟迟难以达成协议。哈萨克斯坦与我国的天然气管道已经建成投产,如果哈方提出价格要求,我国将面临供给安全与经济利益之间的艰难权衡。

### (二)美哈合作带来的风险

美国控制世界能源不仅仅是保证能源为己利用,更是以能源控制为手段,获得一种具有战略意义的对国际事务施加影响的物质资源。如果能对世界能源进行有效控制,美国对整个世界特别是像中国、俄罗斯、欧洲、日本、韩国等地区力量中心形成重大影响。遏制中国的海外能源项目是美国的既定方针,长期以来美国一直在中哈能源合作的问题上采取打压政策,竭力阻挠中哈石油管道的建设,以图遏制中国崛起。在中哈石油管线的建设上,美国就通过对哈萨克斯坦的政治、军事和经济援助来施加压力,并说服国际金融机构放弃对管线的贷款,以及将哈萨克斯坦石油引入巴杰管线,即哈萨克斯坦——巴库(阿塞拜疆首都)——第比利斯(格鲁吉亚首都)——杰伊汉(土耳其港口城市),来阻挠管线的建设和分流哈萨克斯坦的石油。

### (三)来自哈萨克斯坦的政治风险

能源是哈萨克斯坦的命脉和支柱产业。随着世界范围内油气资源国对资源控制能力的加强,哈萨克斯坦也必然会汇入这股潮流中。主要表现在,一是哈政府对外国投资者的态度渐趋强硬,油气行业的外资政策由松变紧,石油合同类型和内容条款更有利于哈的国家利益，突出了哈萨克斯坦国家石油天然气公司（KMG）在石油资源开发中的主导地位。二是，税收政策也变得苛刻，2009年开征石油开采税，提高超额利润税，石油公司综合税负由49%上涨到62%（国际油价按当时每桶60美元测算）。三是我国石油企业在哈萨克斯坦已经形成了较大的业务规模，哈萨克斯坦高层和部分民众对中哈油气合作存在不满情绪，哈国对中国石油公司进一步拓展业务会有所顾虑。

总体来看，哈萨克斯坦处于美国、俄罗斯、中国等大国能源争夺的主轴。哈萨克斯坦出于现实需求经常改变对美国、俄罗斯的倾向性，亲俄主要出于政治需求，亲美主要出于经济需求，但无论美国、俄罗斯哪一方影响力上升都是对中国影响力的削弱，间接影响到中国石油公司在中亚的业务开拓。

## 三、中国与哈萨克斯坦能源合作的前景评估

中国与哈萨克斯坦能源合作总的来看机遇大于挑战，能源合作符合双方的利益诉求，前景光明。

### （一）中国与哈萨克斯坦的能源合作符合双方的战略利益，这是中哈能源合作的基础和决定性因素

随着国民经济的快速发展，中国对能源特别是石油和天然气需求巨大。目前我国石油的主要进口地区是中东和非洲，马六甲海峡是这两个地区向中国供应油气的必需通道，存在能源供应的安全隐患。哈萨克斯坦油气资源丰富，从哈萨克斯坦进口油气更加安全，与哈萨克斯坦进行能源合作符合中国的利益；哈萨克斯坦位于世界第三大油气资源富集区，但是绝大部分依靠俄罗斯的管道出口到欧洲能源市场。从政治和经济方面考虑，需要建立多元化的油气输出渠道和市场，避免受到俄罗斯的控制，中国有巨大的市场潜力，两国油气进出口贸易可以促进自身石油战略安全。

### （二）中国与哈萨克斯坦进行能源合作具有诸多优势

一是具有政治、地缘和市场优势。我国与哈萨克斯坦长期保持着良好的外交关系，开展油气合作具有政治优势；与哈萨克斯坦毗邻，开展油气合作具有地缘优势，包括运输距离短，成本低，方便快捷等优势；随着我国经济的持续快速发展和对油气消费的需求增长，具有国内市场与国外资源互补的市场优势。二是中国石油企业在哈萨克斯坦地区成功的项目运作，并始终坚持"互利共赢"的合

作理念,树立了良好的品牌形象,有利于中国石油企业在哈国进一步拓展业务。三是已经建成或正在建设的油气管道贯穿中亚地区油气资源相对丰富的哈萨克斯坦、土库曼斯坦和乌兹别克斯坦三国,为我国与哈国油气合作奠定了坚实的基础。四是我国新疆地区少数民族生活习惯、民俗民风、宗教信仰等与哈萨克斯坦民众比较相近,相互间可找出某种程度的认同感和亲切感,具有地缘和人文基础。

### (三) 两国油气资源与油气工业发展存在互补性

哈萨克斯坦石油储藏量丰富,但其工业在国民经济中所占比重较低,能源需求量相对较少,出口潜力巨大。哈萨克斯坦国民经济基础薄弱,石油开采、冶炼和加工技术落后,设备老化,严重制约着油气工业的发展,而中国国民经济现正处于高速发展阶段,国内油气生产远远不能满足内需,寻求海外油气资源成为中国油气战略的发展方向。同时,中国的石油工业起步相对较早,具有完备的石油勘探、开采和加工技术,所以,中国不但可以进口哈萨克斯坦的石油,还可以为哈萨克斯坦提供油气勘探、开采和加工的技术与服务,提供相关的机械设备。因此,两国油气供需的互补性决定了两国在油气领域的合作前景十分广阔。

## 第四节 促进中哈能源合作的措施建议

### 一、充分利用我国的经济优势、企业综合能力优势,积极参与勘探开发哈萨克斯坦的油气资源

我国经济体系完整、庞大,与哈萨克斯坦开展经贸、金融等方面的合作优势明显,合作范围的扩展和深入有助于我国更好地参与到哈萨克斯坦的油气等能源领域。例如,金融危机后的贷款换石油协议,就是两国双赢的合作。哈萨克斯坦一直担心会成为单一的原料供应国,因此石油和天然气加工、化学和石化工业都是重点引资领域。我国应充分发挥国内企业在石化领域的优势,在油气的下游——提炼和运输等环节加强与哈萨克斯坦的合作,这种合作既能起到满足哈萨克斯坦要求、带动当地经济发展的作用,又能起到弱化中国获取油气资源难度、提高国内企业国际化程度的作用。因此,我国石油企业应立足长远,以投资或竞标工程施工等形式,参与哈萨克斯坦的油气资源全面开发。

## 二、提高中哈合作项目的风险意识、竞争意识

两国合作过程中的风险是一个客观存在,尤其是在能源合作中,最终的资源掌握在合作伙伴手中,长距离运输的各个节点都不同程度面临各种潜在风险。因此,我国企业在与哈萨克斯坦的能源合作中,要提高防范意识,提前做好应急预案,及时处理突发事件。在项目管理方面,要加快健康、安全、安保、环境(HSSE)体系的建设,严格按操作工程施工,避免发生安全事故,确保企业人员生命安全和项目财产安全。此外,我国政府和企业都应注意,在哈萨克斯坦的油气领域竞争已经非常激烈,既包括来自跨国石油公司、当地石油公司的竞争,也面临着来自发达国家的政治、经济和军事竞争,这些都会对我国与哈萨克斯坦的能源合作产生影响,我国应注重加强对这些不同领域竞争的研究,提前做好应对措施,争取最有利的合作方式。

## 三、加快国内区域生产布局配套

新疆维吾尔自治区是我国参与中亚能源合作的桥头堡,我国与哈萨克斯坦能源合作的许多项目往往通过新疆地区的项目相配套或作为主要的能源转运省。因此,新疆承接哈萨克斯坦乃至中亚能源的产业、交通运输能力,将在很大程度上影响我国与哈萨克斯坦能源合作的成效和水平。要综合考虑能源进口量、新疆能源生产在我国整个能源布局中的位置、新疆能源深加工所需要的水资源支撑条件、交通设施必需的配套情况以及相应的人才建设等,进行新疆地区的能源基础设施建设,保证与哈萨克斯坦等中亚国家能源合作的顺利进行。

## 四、强化人才培养合作

在与哈萨克斯坦的能源合作中,人才是实施和完成各种合作内容的重要支撑因素。中哈能源合作本身就是国际合作的内容,再加上哈萨克斯坦国情比较复杂,语言、宗教等因素繁多,中哈能源合作对人才的要求是非常高的,而工作环境则相对艰苦,如何培养能够胜任与哈萨克斯坦能源合作各种工作的人才并能够长期工作,需要技能培训、思想教育和相应的物质报酬同时发挥作用。而且中哈能源合作不仅需要培训我国熟悉哈萨克斯坦各种情况和国际经济活动的人才,还需要哈萨克斯坦熟悉和了解我国的各种政策和能源发展情况的人才,双方进行相

互人才培训和交流应当是中哈能源合作的重要内容之一。

## 五、发挥上海合作组织的作用，维护中哈能源合作的稳定与安全

以哈萨克斯坦和土库曼斯坦为主要油气资源供给地区的中亚已经成为我国油气资源的重要来源地和维护我国油气供给安全的重要力量。但该地区政治、经济局势并不是十分稳定，而且潜在的民族和国家冲突都成为影响我国从该地区安全获得油气资源的重要因素。随着哈、土两国资源出口的增加，这两个国家经济实力显著增强，与其他国家之间的矛盾也会加深，例如乌兹别克斯坦的民众会倾向于将有限的商品倒卖到哈萨克斯坦以谋取利益从而加深两国矛盾等。而且，通过哈萨克斯坦，进一步向西部里海延伸，油气资源的供给潜力更大，该地区又与阿塞拜疆、伊朗等资源大国相邻，对于我国拓展西北陆上能源通道意义非凡。因此，哈萨克斯坦等国家的稳定、与我国的政治友谊的增进都对维护我国能源安全有重大影响。因此，我国应充分利用上合组织的影响力，维护中亚地区的和平与稳定，加强与哈萨克斯坦以及其他国家的政治、经济、军事和文化的全方位交往，从能源合作拓展到贸易和金融，紧密地促进利益共同体的形成，将是一个多赢的格局。在中亚地区，中国在某些利益上与俄罗斯有矛盾，但也有一致性，加强两国合作也会产生有利于中哈合作的效果，有利于该地区的安全与和平发展。此外，在上合组织内部，我国应积极促进各国的能源合作，将能源合作作为这一地区组织的重要工作任务之一，以在更大范围内促进能源领域的勘探开发、运输、炼制、销售等的合作。

第二十二章

# 中俄油气合作

作为地域上的邻国，中俄能源合作不仅有利于两国的国家利益，也有利于整个世界的稳定和安全。中俄两国油气合作具有广阔发展空间。俄罗斯拥有占世界总量13%的石油资源和45%的天然气资源，是名副其实的能源帝国，这与中国巨大的能源缺口和消费市场形成互补。就中国与俄罗斯开展油气合作的这十年来看，政府间谈判机制化已成为两国油气合作最大的诚信保障。中俄两国能源公司遵照政府间协议的要求，始终坚持会谈协商、解决分歧、寻求共识，从而使能源合作不断取得进展。中俄管道项目就是这种合作模式的典型例子。在与这类能源大国的合作中，中国既要坚定地维护自身利益，又要充分考虑到对方的利益和关切，切实贯彻市场原则，坚持各取所需、互惠共赢，才能推动两国油气合作持续向前发展。

## 第一节 俄罗斯油气资源现状

### 一、油气资源储量的总体状况

俄罗斯石油储量丰富，按照国际通行的分类分级标准，截至2011年年底，俄罗斯探明石油储量为882亿桶，占世界已探明总储量的5.3%，排在委内瑞拉、沙特阿拉伯、加拿大、伊朗、伊拉克、科威特、阿联酋之后，居世界第8位。自2005年以来，俄罗斯每年发现的新增石油储量均超过当年产量，2011年继续保持这一增势，新增石油储量7亿吨。2005~2011年俄罗斯共生产石油32亿吨，而新增储量达到47亿吨。根据道琼斯莫斯科统计结果，2012年俄罗斯新增石油储量约6.81亿吨，约合47.67亿桶，俄罗斯当局估计未探明的石油储量为25亿~30亿桶。

俄罗斯是世界上无与伦比的天然气大国，储量居世界第一位，远高于居第二位的伊朗。1991年年底独立后10多年中，俄罗斯天然气勘探工作随着国家的转型和行业组织方式变迁，经历了跌宕起伏和重新整合的过程。从1996年开始，俄天然气勘探业起死回生，探明储量逐年好转。据BP世界能源统计数据，2011年俄罗斯已探明天然气储量44.6万亿立方米，约占世界已探明总储量的21.4%，储采比为73.5。自1999年来，俄罗斯天然气新增储量基本与总产量持平。2005~2011年俄罗斯共生产天然气4.2万亿立方米，新增储量累计5.4万亿立方米。根据道琼斯莫斯科的统计结果，2012年新增天然气储量约为8 160亿立方米。

英国石油公司是最早在俄罗斯拥有能源股份的外国公司，秋明—英国石油公司（TNK-BP）曾经拥有俄科维克塔气田62%的股份（已探明天然气储量曾高达1.9万亿立方米）。然而在多年的合作中，秋明—英国石油的发展长期受到该公司英、俄股东矛盾的影响，以及俄罗斯天然气股份公司在该气田开发方面的压力。由于未能按照开发许可证的条件开采该气田，科维克塔气田长期面临被吊销开发许可证的威胁。2012年年底，BP与俄罗斯石油公司及其母公司——国有的俄罗斯石油天然气公司（Rosneftgaz）签订了最终且具有约束力的销售与购买协议，将其所持有的秋明—英国石油50%的股份出售给俄罗斯石油公司，同时，提高BP在俄罗斯石油公司的持股比例。

## 二、油气资源地区分布及五大油气区

俄罗斯的矿藏能源几乎遍布全国的多数经济区域，只是蕴藏数量各异，开采条件悬殊。俄联邦的主要经济区包括北方经济区、西北经济区、中央经济区、伏尔加—维亚特卡经济区、中央黑土带经济区、伏尔加河流域经济区、北高加索经济区、乌拉尔经济区、西西伯利亚经济区、东西伯利亚经济区和远东经济区。

俄罗斯全国石油、天然气资源分布比较集中的五大油气区是：

### （一）西西伯利亚油气区

西西伯利亚盆地面积约为32万平方千米，北至北极海域，西抵乌拉尔山脉，东临叶尼塞河，南与我国、哈萨克斯坦和蒙古国接壤，是世界上最大的矿产资源蕴藏盆地之一，其中油气资源十分丰富。该区共发现300多个油气田，已开发的油田主要集中在鄂毕河地区的下瓦尔夫、苏尔古特油田区和沙伊姆油气区。其中，汉特—曼西自治区石油探明储量近200亿吨，地质储量350亿~400亿吨；亚马尔—涅涅茨自治区远景资源储量93万亿立方米；鄂毕河右岸石油储量达6亿~10亿吨；西西伯利亚油气区是俄罗斯最大的产油区。

### （二）伏尔加—乌拉尔油气区

该油气区位于俄罗斯西部，古克拉通东北部，西达伏尔加河流域，东临乌拉尔山，北临柏朝拉地区，南达里海，面积约70万平方千米。该区共发现900多个油气田，探明石油储量在30亿吨以上，石油产量仅次于西西伯利亚，位居第二。但是，其新增油气资源锐减，资源储量急剧下降，大部分油田的储量不足30%，资源潜力明显弱化。

### （三）蒂曼—伯朝拉盆地油气区

该盆地位于俄罗斯欧洲部分的东北部，它是俄罗斯列在西西伯利亚、伏尔加—乌拉尔之后的重要油气区和远景区，共发现油气田70多个。

### （四）东西伯利亚油气区

该油气区位于叶尼塞河和勒拿河之间，面积约为400万平方千米，由于自然地理条件较差，东西伯利亚是俄开发程度最低的油气区。但其未来开发前景广阔，是继西西伯利亚大油气区之后要开发的另一大油气区。已发现几十个大小交错伴存的油气区，它们成为俄罗斯重要的油气产能接替地区。萨哈共和国境内碳氢化合物资源远期储量为110亿~129亿标准吨；克拉斯诺亚尔斯克边疆地区已探明石油、凝析气储量10亿吨，天然气1万亿立方米。

### （五）周边海域大陆架含油气区

俄罗斯周边海域面积620万平方千米，其中水深200~300米大陆架面积45万平方千米，占世界海洋大陆架面积的13%。据国际地质学家预测，俄周边海域大陆架面积中的80%，即360万平方千米为油气开发远景区。俄周边海域的油气潜在可采资源量达900亿~1 000亿吨，比北海油气储量大6倍。

综合来看，目前最具有生产优势和发展前景的油气区为西西伯利亚、东西伯利亚和远东地区。在俄罗斯历史上一直存在"没有西伯利亚，就没有俄罗斯未来"的说法。

## 第二节 俄罗斯对外油气合作现状

### 一、俄罗斯油气出口状况

俄罗斯的经济发展高度依赖油气收入。2011年,俄罗斯油气出口收入达到了3 253.3亿美元,占当年对外贸易总额的63%[①]。但因俄罗斯国内的能源消耗以天然气为主,石油在国内消耗所占比重较小,石油生产的大部分用于出口。但是,俄罗斯的石油出口数量随着国家的转型和石油生产的变迁,也经历了跌宕起伏的过程。2007年,俄罗斯出口原油2.59亿吨,油气出口创汇达到2 084亿美元,占俄罗斯出口收入总额的59.11%。2008年由于经济危机,全球经济市场均较为萎靡,欧洲对俄罗斯天然气需求下降和对液化气消费量增加都导致当年俄石油出口量有所减少。2009年后,尽管欧洲需求下降的趋势没有得到根本性的改善,但随着出口油气管道项目建设的顺利进行,俄罗斯的石油出口总量又逐步回升。2011年国际油价高位运行,俄乌拉尔(Urals)原油年平均价格为798美元/吨,比2010年大幅上升39.8%。2011年俄原油出口价格自3月开始一直保持在700美元/吨以上,全年平均出口价格达到754美元/吨,比2010年上升38.4%。

就天然气出口方面,2011年俄罗斯出口天然气达到1 617亿立方米,比2010年增长5.89%,其中,向非独联体国家的天然气出口量占出口总量的72.35%。出口增加一部分是由于利比亚内战导致的供给中断,部分依赖进口利比亚天然气的欧洲国家不得不将找气的目光投向远东地区,另一部分是由于个别欧洲国家(如德国)受日本核事故影响宣布放弃核能发电用气的缘故。受此类因素影响,2011年非独联体国家天然气需求有所上升。然而5.89%的增幅并没有达到俄罗斯年初的预期水平,为保证计划的出口收入,俄罗斯顺势大幅提高出口欧洲的天然气价格,出口德国、法国、意大利和匈牙利4国的年平均气价在415~450美元/千立方米,同比上升31.9%。俄罗斯与欧洲的长期供气合同价格持续高于欧洲进口LNG的价格。当然,这也给俄罗斯带来了诸多负面的影响,众多欧洲国家纷纷要求重议天然气定价公式。根据俄罗斯燃料和能源部中央调度

---

① 参见《2012年国内外油气行业发展报告》,中石油经济技术研究院。

部门公布的统计数据显示，2012 年俄罗斯生产了 6 550 亿立方米天然气，比 2011 年下降了 2.3%，俄罗斯 2012 年天然气出口量比 2011 年下降了 5.6%，下降至 1 858.45 亿立方米，国内天然气消费量同比下降 2%，下降至 4 597.54 亿立方米。

表 22 - 1　　　　　　2010～2011 年俄罗斯油气出口变化

| 项目 | 2010 年 | | 2011 年 | |
| --- | --- | --- | --- | --- |
| | 独联体 | 非独联体 | 独联体 | 非独联体 |
| 原油（亿吨） | 0.1 | 2.24 | 0.05 | 2.14 |
| 天然气（亿立方米） | 453 | 1 074 | 447 | 1 170 |
| LNG（亿立方米） | 0 | 0.24 | 0 | 0.23 |

资料来源：俄罗斯经济发展部数据。

## 二、俄罗斯油气出口在世界上地位

1987 年当俄罗斯还只是苏联的一个加盟共和国时，其石油出口量占全球石油出口总量的比重就达到 25.7%，而 1991 年独立后俄石油出口量占全球石油出口总量的比重降至 2002 年的 11.8%，1992～1994 年曾下降到谷底，该比重仅为 9% 左右。经过十多年转型改革和逐渐恢复后，目前俄罗斯出口量又重新居世界第一位。据俄罗斯能源部数据显示，2012 年俄罗斯石油日产量达到每天 1 037 万桶，为苏联解体后的最高值，超过沙特阿拉伯，成为全球最大石油生产国。但随着西西伯利亚油田的枯竭，俄罗斯石油增长势头将会放缓。即便如此，俄罗斯计划到 2020 年前将其石油产量仍保持在每天 1 000 万桶以上的水平。

表 22 - 2　　　　　　2011 年各地区石油出口量

| 国家地区 | 中东 | 俄罗斯 | 亚太地区 | 中南美洲 | 世界总计 |
| --- | --- | --- | --- | --- | --- |
| 出口量（千桶/日） | 19 750 | 8 688 | 6 233 | 3 763 | 54 580 |
| 占世界总量比例 | 36.19% | 15.92% | 11.42% | 6.89% | 100% |

资料来源：《BP 世界能源统计年鉴（2012）》。

俄罗斯原油主要通过港口、输油管道、铁路实现出口。主要出口港口包括位于黑海的新罗西斯克港（Novorossiysk）、图阿普谢港（Tuapse）、南方港（Yuzhny）以及波罗的海的普里摩尔斯克港；主要原油出口管道是建于 20 世纪 60 年代的友谊管道。俄罗斯石油出口的国家或地区多达 50 个，欧洲是俄罗斯石油出口的主要市场。早在 2000 年，俄政府和欧盟签署了战略性能源合作伙伴关系。2008 年，俄已向欧洲国家出口的天然气总量增加到超过 2 000 亿立方米。俄罗斯与欧洲国家在地理位置上毗邻，相互间有巨大的地缘政治、经济利益，通往欧洲的石油输出系统也相对较为完善。与欧洲市场相比，俄出口到亚太市场的石油数量很少，主要原因一是亚太不是俄罗斯的传统市场，其与亚太各国以前的经济联系不是十分紧密；二是已发现的大油田远离亚太地区，需要新建漫长且投资巨大的输油管道。然而鉴于亚太地区庞大的石油市场以及俄罗斯的能源外交战略，今后亚太市场会是俄石油战略的重点。

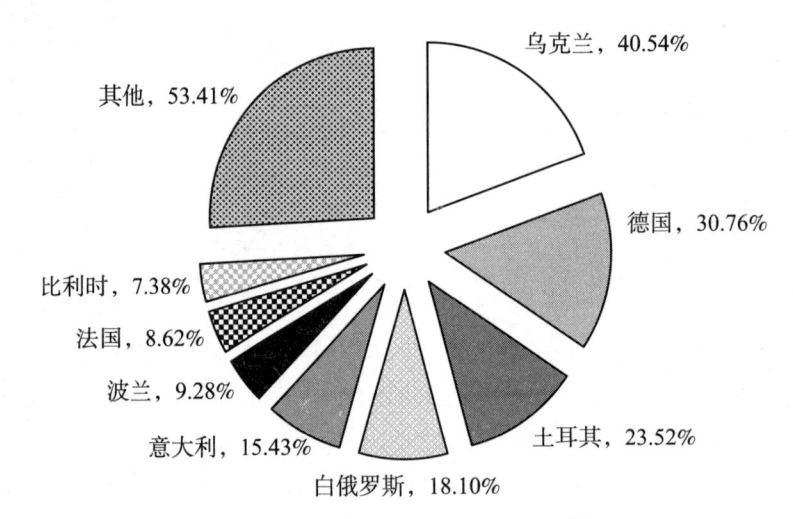

**图 22 - 1　俄罗斯石油出口欧洲各国的比例**

资料来源：《BP 世界能源统计年鉴（2012）》。

## 三、俄罗斯油气发展战略

### （一）以能源出口为依托

俄罗斯作为仅次于欧佩克的能源输出大国，对油气贸易领域关注的焦点集中体现在以能源出口为依托，实现全球、地区、双边三个方向上的全方位能源战略外交。在俄罗斯，石油的生产量主要用于出口，国内消费所占比重不足 10%。而天然气的情况略有不同，俄国国内能源生产和消费以天然气为主。油气资源的产量，对于俄罗斯本国的国民生活以及与邻国之间的贸易往来，产生着举足轻重的影响。

根据俄罗斯政府批准的《2030 年能源发展战略》，俄罗斯未来的天然气将继续在满足国内消费的基础上不断扩大对非独联体国家的出口,对独联体国家的天然气出口将保持基本稳定(见表22-3)。

表22-3　　　　2030年天然气生产消费平衡计划　　　单位:百万吨油当量

| 阶段 | 2013~2015年 | 2015~2022年 | 2022~2030年 |
| --- | --- | --- | --- |
| 天然气产量 | 784~853 | 919~958 | 1 015~1 078 |
| 天然气进口量 | 76~80 | 79~80 | 80~81 |
| 国内消费量 | 528~573 | 592~619 | 656~696 |
| 向独联体国家出口量 | 101~103 | 100~105 | 90~106 |
| 向非独联体国家出口量 | 210~235 | 281~287 | 311~317 |

资料来源:参见白根旭所著《中俄油气合作:现状与启示》,石油工业出版社2013年第1版。

### (二)强化战略资产控制

2012年英国石油公司出售其在秋明—英国石油的股权,标志着俄罗斯石油工业的一个重大历史转折。这笔总价值高达560亿美元的交易解决了BP和俄罗斯财团AAR长期以来在战略和经营问题上的纠纷,但也标志着国际石油公司对俄合作政策的妥协。俄石油公司在对俄罗斯第3大油企秋明—英国石油的收购完成后,其石油和天然气产量将超过美国埃克森美孚,成为全球最大上市石油企业。俄石油公司10年发展历程中,通过与地方行政部门密切合作,稳步落实其在各地区的长期发展计划,希望成为所在地方经济生活的积极参与者。通过建立有效的生产链条,俄石油公司为地区发展经济和社会基础设施奠定了牢固基础。

保障资源供应安全是俄罗斯长期坚持的能源路线,除了直接控制资源所有权外,在油气输送的问题上,俄罗斯也在积极推进管道建设,以避开过境国。例如近年来积极推进的北溪和南流管道建设。2012年,俄罗斯不仅开始扩建直通德国的北溪天然气管道,同时也开始修建通往欧洲南部的南流天然气管道。这两条管线未来运输能力将达到年1 100亿立方米,成本预计560亿欧元,建成后使俄罗斯几乎摆脱乌克兰管道系统约束。可见,俄罗斯政府十分看重能源运输安全。

### (三)"向东看"战略

俄罗斯的石油工业在地域上分布极不均衡,在远离国内天然气主要消费中心的东西伯利亚和远东地区,储量开发相当滞后,生产利用程度只有3%和9%,但预计东西伯利亚和东部的萨哈林岛海上天然气产量将在21世纪20年代超过1 000亿立方米/年。早在1986年,俄政府就提出在东部也构建像西部那样纵横交错的统一输气管网的战略构想。

俄罗斯政府也对东西伯利亚地区的油气开发给予了税收优惠政策。事实上,俄罗斯近两年的原油产量增长就部分得益于政府对万科尔、上乔等新油田税收优惠,新油田产量的增长有效弥补了老油田产量下滑的损失。若俄罗斯进一步开发远东市场,无疑将惠及东亚各国,如韩国、日本和中国。如果开辟了东方市场,俄罗斯对欧洲市场的依赖亦以大大减轻,俄罗斯人应对西方压力的姿态可能更为强硬。2011年来,俄罗斯为了维持在欧洲市场的份额,天然气工业公司还降低了对欧洲主要客户的天然气价格。按照预测,供应给欧洲的天然气平均价格将从2012年的每千立方米415美元降至370美元,这将直接降低公司的出口收入。另一方面,欧洲仍在努力降低对俄罗斯天然气的依赖。2012年,欧盟委员会对天然气工业公司发起了反垄断调查,可见俄罗斯在欧洲市场的发展也并不是一帆风顺。可以预料,天然气的问题,包括天然气供应及其价格、天然气管道的建设及其法律地位,仍将是俄罗斯同欧盟,以及俄罗斯同亚太国家,在未来共同探讨的问题。

根据俄罗斯政府批准的《2030年能源发展战略》,俄罗斯预计在2020年前增加在远东和东西伯利亚地区的原油产量(见图22-2)。在普京"向东看"的呼吁下,俄罗斯的天然气企业开始陆续征战亚洲市场,但其仍面临输气管网建设的巨大挑战。目前尚无俄罗斯西西伯利亚作为其天然气生产中心地位动摇的显著迹象(见图22-3)。同时,2012年以来,美国页岩气革命给全球天然气市场的冲击也影响了俄罗斯对未来天然气出口的预期,尽管俄气产量增长仍具有较大潜力,但俄罗斯仍适时暂停了以美国为市场的什托克曼气田的开发,同时也调低了2012年后天然气的出口预期。

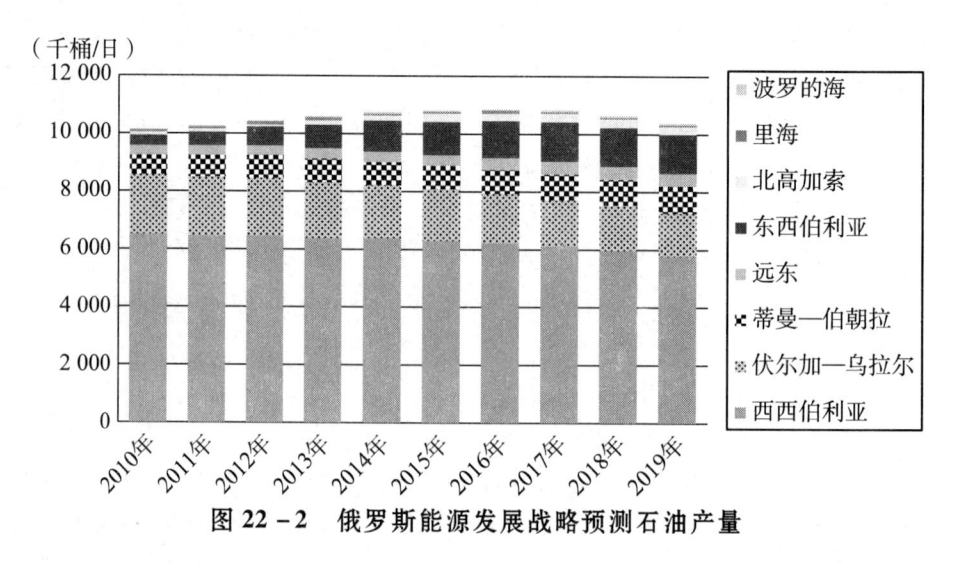

图22-2 俄罗斯能源发展战略预测石油产量

(百万立方英尺/时)

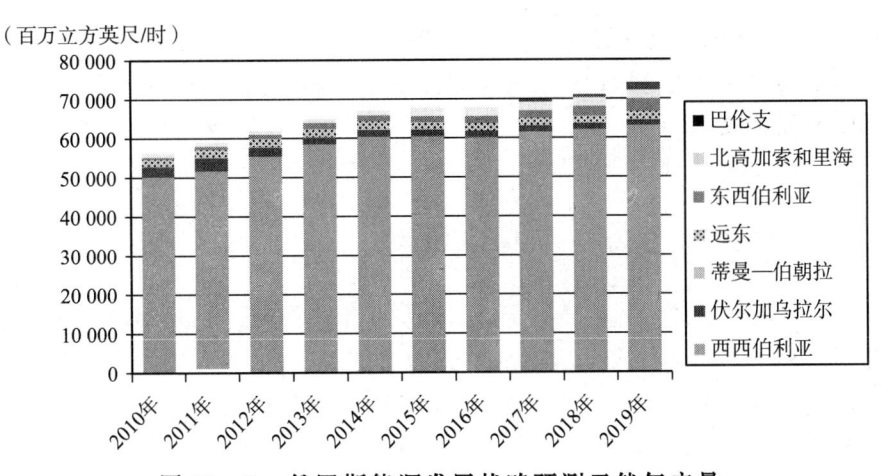

**图 22-3　俄罗斯能源发展战略预测天然气产量**

资料来源：俄罗斯《国家能源发展战略》。

## 第三节　从中俄管道透视油气合作前景

### 一、中俄油气管道合作背景

我国石油进口的运输通道单一，从中东、非洲、东南亚等地进口石油主要采取海上集中运输。具体路线为：中东，波斯湾—霍尔木兹海峡—马六甲海峡—台湾海峡—中国；非洲，北非—地中海—马六甲海峡—台湾海峡—中国；东南亚，马六甲海峡—台湾海峡—中国。从这些运输线路看，我国原油运输的 4/5 左右要通过马六甲海峡，可以说马六甲海峡是中国石油进口的咽喉。该海峡狭窄而拥挤，海盗猖獗，再加上海上石油运输更是恐怖分子袭击的主要新目标，这条航线还一直处于美国海军的控制之下。另外，目前国内油轮承担的运输量不足 1/5，其余全部依靠外轮。一旦出现政治风险，一些大国很可能对承担中国原油运输任务的外国运输公司进行经济、金融制裁，这就等于封锁了中国的运输通道。我国目前的境外石油贸易方式对中东石油过度依赖、石油运输通道单一以及运输能力不足，加大了我国石油安全的风险，石油供给安全以及供给多元化已成为迫切需要解决的问题。在一定条件下可以采取不同的贸易方式，如加大力度建立中俄石油贸易和管道运输线路建设，减少对中东石油和海上运输线路的单一依赖。

中俄既是世界上的两个大国，又是安理会常任理事国，两国陆地边界有

4 300 千米。从地缘政治的角度出发，在能源问题全球化、政治化的情况下，石油能源贸易不仅是促进国民经济发展的支柱，还是参与世界经济体系、改善国际环境的重要手段。

## 二、中俄油气合作历程回顾

中俄之间的石油贸易主要始于 20 世纪 90 年代初期，中国 1992 年开始从俄罗斯进口石油，而主要合作活动始于 1999 年之后。20 世纪 70 年代之前中国石油基本上是自给自足，石油贸易微乎其微。70~80 年代，中国石油从 1973 年的部分出口转为 80 年代末的大量出口，出口的主要方向是波罗的海国家，中俄两国的石油贸易没有太大进展。从 2000~2012 年的统计数据看，中俄石油贸易呈现出一种加速增长趋势（见表 22-4）。

表 22-4　　　　　2000~2012 年中俄石油贸易情况　　　　单位：万吨

| 年份 | 中国从俄罗斯进口量 | | 中国进口总量 | |
|---|---|---|---|---|
| | 原油 | 成品油 | 原油 | 成品油 |
| 2000 | 148 | 251 | 7 027 | 1 805 |
| 2005 | 1 278 | 508 | 12 682 | 3 143 |
| 2006 | 1 597 | 432 | 14 518 | 3 638 |
| 2007 | 1 454 | 448 | 16 318 | 3 380 |
| 2008 | 1 164 | 265 | 17 889 | 3 887 |
| 2009 | 1 530 | 383 | 20 380 | 3 696 |
| 2010 | 1 524 | 412 | 23 768 | 3 688 |
| 2011 | 1 972 | 652 | 25 255 | 4 060 |
| 2012 | 2 433 | 833 | 27 109 | 3 983 |

资料来源：海关总署。

2000 年以前中国从俄罗斯的石油进口主要是成品油进口，年均进口量为 151.8 万吨，年均成交额达 1.9 亿美元。2000 年以后，俄罗斯调整能源战略，中俄石油贸易成倍增长，尤其是在 2002 年和 2004 年中俄石油贸易呈跳跃式增长，原油进口已取代成品油进口地位，成为中俄两国石油贸易的主要商品类别，年均进口量达到 584.6 万吨，年均增长幅度超过 70%，2004 年中国从俄罗斯的原油进口突破 1 000 万吨，从而使中俄石油贸易比重不断提高，中国从俄罗斯的原油进口由 2000 年的占份额 2.1% 激增至 2004 年的 8.78%。2006 年是中国的"俄罗斯年",两国经贸合作进一步加强,中国从俄罗斯石油进口比重再一次增加,原油进口比重达11%,达到进口的第一次高峰1 596.5万吨。

2011年后,中国从俄罗斯的油气进口继续保持高速增长,2012年,中国从俄罗斯进口原油2 433万吨,当前俄罗斯是中国第三大原油供应方,仅次于沙特阿拉伯和安哥拉。中俄石油贸易增长速度很快,这一趋势说明中俄石油贸易的潜力很大,前景广阔。

俄罗斯正致力于能源出口多元化,扩大向东方的出口对于俄罗斯未来的能源工业发展具有举足轻重的意义。2010年9月22日,俄罗斯天然气公司与中国石油天然气集团公司就俄罗斯天然气出口中国的关键指标达成协议,其中包括供气量、天然气贸易计量交接站地点,以及照付不议条件。9月27日,梅德韦杰夫与胡锦涛在会晤结束后签署了一系列相关文件。俄罗斯专家认为,"这标志着俄中正在结成史无前例的能源同盟"。2010年10月11日,普京在新乌连戈伊主持召开"2030年前俄罗斯天然气领域发展路线图会议"。他在会上强调,俄罗斯必须对天然气的出口实行多样化,在对所有主要市场的消费进行预测的基础上制订出口战略。特别是要考虑新的发展中的市场,首先是亚太国家。他强调"中国或将成为我们最大的消费国。"可以看到,在国际天然气市场发展深刻变化的背景下,中国在俄罗斯天然气出口战略中的地位必将提升到一个新的高度。

目前,中俄两国原油合作规模扩大,天然气合作有望突破。2013年3月习近平主席访俄期间,中、俄两国能源企业签署了包括通过"贷款换石油"方式继续扩大原油进口规模、年底前就价格有望达成一致的中俄天然气东线管道项目等,实现了中俄能源合作新的发展。当然,中俄能源合作过去历经波折,未来也仍并非一帆风顺。特别是有关天然气价格的分歧,这不仅仅是价格水平的问题,更涉及定价机制问题。中俄天然气合作中的价格也不仅仅影响两国合作,也影响到与其他国家的合作问题。如同俄能源业界人士分析的,"双方都像需要空气那样,需要就俄罗斯出口天然气达成长期协议。中国需要为快速发展的经济提供有保障、源源不断的原料和能源。俄罗斯则在西方出口天然气下降的情况下需要有新的购买者。"在中俄天然气合作对双方均具有战略意义而且双方都有意取得实质性突破的情况下,中俄两国完全可以找到双方都可以接受的妥协方案。如前所述,LNG现货交易对管道天然气定价机制的冲击日益明显,俄在欧洲天然气市场已感受到明显冲击。近来,俄业界对中国准备增加从澳大利亚、印度尼西亚、马来西亚、卡塔尔和巴布亚新几内亚进口LNG以及中国—中亚天然气管道通气异常关注,甚至有专家认为"中国并未将俄视为天然气进口主要来源"。显然,国际天然气市场的重要变化给中俄天然气合作带来的重要契机得到了双方的共同关注,中俄两国都应充分利用这一时机,争取双边天然气合作尽早取得实质性成果。

## 三、中俄管道在中国能源战略中的地位

近年来，中俄双方能源合作不断加强，石油、天然气、核能、煤炭、电力、新能源、能源勘探、能源开发、能源精加工和销售等领域的合作正在稳步推进。20世纪90年代，中俄两国加快了能源合作进程，并于2009年在石油领域合作方面取得了实质性进展：中俄就修建原油管道和俄罗斯向中国供应原油签署正式协议并开始落实、中俄就深化石油上下游合作达成一致。

根据中俄两国政府2009年4月签署的关于石油领域政府间合作协议，中国向俄方提供250亿美元的贷款，作为交换，俄方在20年内向中方供应原油3亿吨，每年1500万吨。2010年9月27日，中俄原油管道全线竣工，2011年1月1日，中俄原油管道正式投入商业运营，我国东北方向的原油进口战略要道正式贯通，中俄石油领域合作取得实质性进展。

### （一）原油管道

油气管道合作是中俄能源合作的重点领域，两国首脑会晤几乎是每次必谈管道问题。管道也是俄对华关系的主要外交武器，不把管道的外交潜能发挥到极致，不足以使国家利益最大化。

**1. 原油管道谈判经历曲折**

早在1994年，中俄就开始对修建两国间的石油管线问题进行磋商。2002年12月，时任俄罗斯总统普京访华签署《中俄联合声明》，但最终还是因日本抛出"安纳线"方案而功亏一篑。

2004年年底，俄罗斯政府公布了毫无悬念的远东石油管线方案：俄方最终选择了泰纳线，拟议十年之久的安大线彻底流产。根据俄政府公布的方案，俄罗斯石油运输公司将在2010年建成一条从俄罗斯西西伯利亚城市泰舍特至太平洋沿岸城市纳霍德卡的石油运输管道，即东西伯利亚—太平洋石油管道（ESPO）。

一开始，泰纳线方案没有提及通往中国的支线。俄罗斯考虑过以下方案：先开工远东管线二期工程，支线建设暂时搁置。待二期工程建成以后，东西伯利亚开采出的原油，包括俄日合资开采出的原油将通过远东管道首先运往太平洋港口，一部分经俄新建炼厂加工成成品油后卖给国际市场，另一部分直接装船卖给日本。至于卖给中国的部分，或用铁路，或通过中哈原油管道运至中国。对于为何选择日本，俄方的解释是：①日本承诺对远东管线和有关基础设施建设投资；②中俄双方在油价上存在分歧，且利益难以协调；③俄铁路运输公司认为，用铁

路往中国运油比修管道在经济上合算，因为该公司已为铁路扩容和改造投入大笔资金，修建支线将会使铁路公司的投资"打水漂"。

然而2008年，随着经济危机和国际油价的大幅下跌，让俄罗斯的石油行业遭遇了前所未有的危机。2008年10月，中俄签署了一项谅解备忘录，中国承诺分别向俄罗斯石油公司和俄罗斯石油管道运输公司提供贷款，俄方则表示将向中国出口3亿吨石油。此后，经过多轮"拉锯式"谈判，最终2009年2月17日的中俄一揽子能源协定签署。中俄石油管道也就是东西伯利亚—太平洋石油管道中国支线，起自俄远东原油分输站（斯科沃罗季诺分输站），经中国黑龙江和内蒙古的13个市县区，止于大庆站，管道全长约1 000千米。根据中俄双方2009年4月达成的贷款交换石油协议，俄罗斯将在20年内通过该输油管道每年向中国出口1 500万吨原油。作为交换，中国的银行将向俄罗斯国有石油企业——俄罗斯石油公司和输油管道运营商——俄罗斯石油管道运输公司提供250亿美元贷款。截至2012年年底，中俄原油管道已运营两年，累计输油量达3 000万吨。

**2. 原油管道建设**

经历种种曲折，中俄原油管道工程于2010年9月27日竣工，俄每年将向中国输油1 500万吨。中俄原油管道工程竣工，标志着中俄能源合作进入新阶段。

东西伯利亚—太平洋运输管道是旨在将俄罗斯原油出口到亚太市场的管道系统。该管道由俄罗斯石油管道运输公司建造和经营。管道西起泰舍特，东至俄罗斯太平洋沿岸的科济米诺湾，管线全长4 130千米，其中34%的管线经过与中国黑龙江省一江之隔的阿穆尔州的有关区，其余部分经过克拉斯诺亚尔斯克边疆区的卡扎钦斯科耶村和哈巴罗夫斯克边疆区的首府哈巴罗夫斯克市，最后经滨海边疆区到达终端。

其中，东西伯利亚—太平洋运输管道一期包括2 694千米长的"泰舍特—斯科沃罗季诺"油管道，连接泰舍特与阿穆尔州的斯科沃罗季诺，年输量3 000万吨，7个输油泵站，1个石油运输专用港口"科季米诺"港，年输量为1 500万吨石油。东西伯利亚—太平洋运输管道二期包括2 100千米长的"斯科沃罗季诺—科季米诺港"管道，8个输油泵站以及对港口进行扩建。二期自2010年下半年起建造5个输油泵站，并对该管道现有的2个泵站进行扩建。新的泵站都建在雅库茨克地区，这是因为该管道在雅库茨克地区有500千米以上是在高山和地势起伏大的地区，在这些地区输油的液压损耗尤其大。

东西伯利亚—太平洋管道二期工程投资839亿卢布，将现有管道从俄中边境城市斯科沃罗季诺延长至俄中朝交界的太平洋港口科季米诺。而一期工程将追加190亿卢布投资，将输送能力提高至5 000万吨，占俄原油产量的10%。

长期以来，中俄之间的原油管道打通了中国通向俄罗斯油气"宝库"的战略通道,实现了我国石油运输和供应途径的多元化,保证了我国能源供应安全。俄罗斯进口的原油作为大庆油田的重要补充,为东北地区炼油厂提供稳定的油源,对于振兴我国东北老工业基地也具有重要的战略意义。

### (二) 天然气管道

中俄天然气管道合作进展十分缓慢。早在2006年3月,中俄就签署了《关于从俄罗斯向中国供应天然气的谅解备忘录》,规定了供气的期限、供应量、路线,但价格谈判却一直胶着至今。事实上,2006年两国签署谅解备忘录时正值"俄乌斗气"阶段。彼时,欧洲诸国迟迟不愿与俄罗斯续签天然气进口协议,普京遂将目光转向了东亚,然而待欧洲国家做出妥协后,这两条管道就一直搁置至今。

根据这份备忘录,俄将修建东、西两条通往中国的天然气管道。西线"阿尔泰"管道设计全长2 800千米,将运送西西伯利亚开采的天然气,由俄罗斯阿尔泰共和国出境,进入中国新疆,并与西气东输管道相连。东线管道则将萨哈林地区开采的天然气,经俄远东地区输送到中国东北地区。协议签订规定两条管道建成后总输气量应达到每年680亿立方米。但遗憾的是,影响输气管道建设的障碍因素未能得到解决。

**1. 天然气管道西线**

俄方当时提出,将首先修建西线"阿尔泰"管道。2006年3月中石油和俄天然气工业公司签署了《俄罗斯供应中国天然气协定》,计划2008年开建,计划从2011年起俄罗斯的天然气开始出口我国,供应来自俄罗斯西部和东部两个方向,建两条管道,管道过境我国新疆维吾尔自治区,与西气东输管道连接。项目预计造价110亿美元,每年向中国供应300亿~400亿立方米天然气。目前来看,此计划并没有按照预期计划修建,中俄双方仍在为此进行拉锯式的谈判,双方就天然气价格问题仍没有达成一致意见,从俄罗斯进口管道天然气依然是一个愿景。

随着来自土库曼斯坦经乌兹别克斯坦和哈萨克斯坦抵达中国的中亚天然气管道的修建,俄罗斯国内开始出现推迟修建中俄天然气管道的声音,担心中俄管道天然气开发成本高,管输路程长,难以匹敌来自液化天然气和土库曼斯坦管道天然气的竞争。

俄罗斯能源部新闻司在发布的《2030年前俄罗斯天然气行业发展纲要》中,也主张推迟修建"阿尔泰"管道,认为修建的前提是保证向中国和欧洲出口天然气获得相同的收益。该纲要称,目前中国"缺乏以市场条件销售天然气的经济基础",无法保障俄罗斯天然气供应的效率和竞争力。

此外，俄方提出的障碍因素主要包括：①生态原因。西线管道经俄阿尔泰边疆区进入中国新疆。由于该项目必须经过"环保关"，俄环保部门认为西线会破坏阿尔泰地区的生态环境，不同意在此铺设管线。②地理原因。西部是高山，地势复杂，铺设穿过阿尔泰到中国新疆的管线需要特殊的输气管道，成本高，经济上不合算。③市场原因。中国西部有丰富的天然气可以开采。从俄中西部边境到中国东部和东南沿海有4 000多千米的距离，将会增加俄气成本，使俄气价格超过该地区进口液化天然气价格，俄气在中国将没有市场。④价格原因。中方可以接受的价格大大低于俄方报价，双方在价格问题上很难达成妥协。中国自己生产的天然气价格比俄气便宜。最后俄以保护世界文化遗产地阿尔泰金山为由，放弃了此方案。

**2. 天然气管道东线**

2006年3月签署的《中国石油天然气集团公司与俄罗斯天然气工业股份公司关于从俄罗斯向中国供应天然气的谅解备忘录》，将从萨哈林地区经哈巴罗夫斯克（伯力）进入中国境内的天然气管道项目确定为"东线"。但由于俄天然气工业股份公司起草的《俄罗斯东西伯利亚与远东天然气一体化系统规划》尚未最终确定，东线管道在该规划中的地位和俄罗斯天然气工业股份公司在这些项目中的作用没有明确，因此，这一项目的进展比较缓慢。

东线前景比西线更加渺茫。俄国家能源基金会总经理西蒙诺夫在第四届中俄哈油气论坛上曾经指出："伊尔库茨克州科维克金凝析气田不是专为中国开发的。开发这一气田的成本最低。这是俄天然气工业股份公司手中的一张王牌，俄不会轻易放手；萨哈林天然气开采中心的主要方向是日本和韩国。萨哈林1号和2号项目合并成液化气生产中心的方案并不包括中国；克拉斯诺亚尔斯克天然气开采中心实际也未被列入出口基地考虑；雅库特地区天然气开发情况非常复杂，很难预测今后的进展，等等。"俄能源问题专家认为，制约东线的主要原因是：①气源不明。到目前为止俄给中国的东部天然气产地还没有最后确定。②价格差距。俄东部天然气的主要消费者是中国东北地区，该地区消费水平低，支付能力差，缺少天然气运输和销售网络。俄天然气工业公司认为，俄东部地区仅为向中国供气而修建管道可能无法带来经济效益。③俄政府不清楚中国政府的最终立场。

可以看出，中俄两国的天然气管道合作困难重重，长时间没有取得实质性进展，究其原因，主要有几个方面：第一，双方在天然气的供应价格问题上一直未能达成一致；第二，俄罗斯一直对管道建设举棋不定，多次修改甚至最终放弃方案；第三，中俄两国在天然气管道建设上利益不尽相同，使得合作出现裂痕；第四，俄罗斯国内的油气公司之间进行内部调整，存在内部矛盾。2013年3月，以习近平主席首访俄罗斯为契机，俄罗斯天然气工业公司和中国石油天然气集团公司签署了一份备忘录，将中国和俄罗斯的天然气合作推向正轨。双方存在已久的价格差距有望在2013年年底前谈拢。根据备忘录，从2018年起俄气将通过管线每年向中国出口380亿立方米天然气，而且这一数字将最终上升至600亿立方米。

### （三）透视中俄油气管道合作

虽然中俄双方在油气领域合作符合双方利益，但是中俄双方油气合作却进展缓慢，大部分合作项目夭折。影响管道推进既有中俄能源贸易本身的原因，如价格，也有非经济原因，但最大挑战恐怕还是来自地缘政治上的干扰，如国家利益。在地缘政治框架下所论述的问题往往不单纯是政治，而是经济。因为与地缘政治相比，地缘经济更本质，影响更久远，战略意义更强。由此来看，中俄能源领域出现的问题，完全是地缘政治目标对地缘经济目标渗透的结果，导致政治问题在经济领域表现出来。

从中俄双方市场对出口的重要性来说，中俄经贸关系在能源领域是一种不对称的相互依赖关系。俄罗斯作为依赖性较小的一方，可以将相互依赖作为一种权利来源，在某些问题上与中国讨价还价，甚至借之影响其他问题。如俄方坚持认为：

（1）中国公司从俄进口能源（不管是石油、天然气还是电力）总是把价格压得很低，使其无利可图；

（2）油气不可再生，随着各国对油气需求的不断上涨，未来国际市场上不会再有便宜的油气可供，因此，按照国际市场行情进行交易天经地义，俄没有哪一家公司愿意亏本售气，俄对独联体国家尚且如此，更何况对中国；

（3）俄中贸易结构不合理。俄对华主要出口资源类商品，进口的却是中低端机电产品和轻、纺产品，这种结构俄方吃亏，不符合俄国家利益最大化原则，等等。俄把天然气、石油、电力、核电、煤炭、军火等作为"一篮子"项目同中国谈判，一再加大要价，一旦要求得不到满足，就用减少石油出口量或提价来要挟中国。

所以，俄在向中国供应石油问题上更多是基于国家安全利益的考虑。卖石油给中国会助长中国迅速崛起，对俄国家安全构成挑战，形成威胁。如不对其加以遏制，不利于国家利益。在此前提下，俄把能源作为撬动对华关系的杠杆，屡试不爽。俄在新版《东部天然气规划》方案中提出推迟开发除萨哈林以外的其他气田，是因为在这些气田中有很高的氦气含量。俄认为在东部地区没有配套建设天然气化工工业之前不能将其卖给中国，因为氦气可用于宇宙飞船、军工、石化、超导、金属制造、深海潜水、高精度焊接、光电子产品生产等领域。俄罗斯口头上一再坚称在中俄能源合作问题上不存在政治障碍，主要是经济原因，但实际上经济和政治从来就是一对孪生子。借用政治经济学的观点，经济是政治的基础，政治为经济服务。俄非常信奉"远交近攻"的外交理念，对于中国进入其远东能源市场一直有防范心理，这种警惕既反映在能源领域，也体现在其他有重要战略意义的领域：俄罗斯承诺在中国兴建一个造价10亿美元的核电站，但其承建的中国田湾核电站二期工程造价已经上涨了200%，类似的例子数不胜数。

争夺能源是所有大国的铁律。经过百年发展，国际能源的开发已经从规则上定型，并且西方跨国公司几乎从数量上占尽可开发地区。中国作为后来者，必须突破上述能源困境。从外交上而言，中国应制定出"大能源外交"战略，必须既要"合纵连横"，也要"近交远攻"。中国周边国家以及亚洲近邻国家有许多是石油天然气资源非常丰富的国家，它们的资源完全可以满足中国现代化建设之需。中国应该有区别地开放市场，让邻国获得好处，共同致富。如此，中国便有可能从与周边国家的合作中获得能源安全保障。

在全球化市场经济格局下，市场是第一要素，谁拥有一个规范完善的市场，谁就拥有了发言权。更何况中国是一个如此快速发展的巨大市场。坐拥市场这张王牌，中国恰恰可以很好地运用这一资源。对于中俄能源合作，即使俄罗斯拥有巨大的能源实力，还是应该看到中俄两国是互有所需。中国应两条腿走路，一方面适度放缓对俄能源谈判频率，另一方面加大对中亚国家能源领域的资金投入，这样反而会增加中国市场对俄方的吸引力，刺激其竞争欲望。俄无力垄断中亚的全部油气资源，中亚作为独立国家，也希望开辟东方市场，摆脱俄的控制。中国与中亚国家加强能源合作对于引起俄方对中国市场的关注很有必要，也会奏效。

未来俄油气产量增长的主要地区是东西伯利亚和远东。目前该地区的油气产量有限，未来的增长趋势主要取决于俄政府对该地区的投资政策与开发方案，特别是对基础设施的实际投资和建设步伐。今后如果东部地区的产量不能按计划增产，整个俄石油增长将难以持续。

## 第四节 中俄油气贸易合作方式

### 一、贷款换石油

2009年4月21日，中国国务院副总理王岐山同俄罗斯副总理谢钦共同签署了《中俄石油领域合作政府间协议》，双方管道建设、原油贸易、贷款等一揽子合作协议随即生效。根据此项协议，我国向俄罗斯提供总计250亿美元的长期贷款，俄罗斯则以石油为抵押，以供油偿还贷款，2011~2030年按照每年1500万吨的规模向我国通过管道供应总计3亿吨石油，石油价格以俄石油运到纳霍特卡港口的价格为基准，每月调整一次。因此，这一协议又被称为"贷款换能源"协议。随后，俄罗斯石油公司和中石油集团于2009年10月13日签署了《中俄上下游领域扩大合作备忘录》，此备忘录的主要内容是关于中俄合资企业—东方能源公司修建天津合资炼厂项目，该项目建成后，将成为目前世界上最大的炼化一体化项目。根据此备忘录，中俄"石油换贷款"有望在此前协议的基础上，额外追加1000万~1500万吨，总数翻倍扩大至2500万~3000万吨/年。俄方追加的每年1000万~1500万吨石油供应量，专门供应天津炼厂炼化。自炼厂建成起，石油将通过海上运输方式，从俄罗斯远东那霍特卡港运抵天津南港。石油价格参照当时的国际市场价格。

我国拥有俄罗斯需要的资金；俄罗斯也有我国想要的能源。中俄两国达成的"贷款换能源"协议，实质上是一笔以一种大宗商品换取另一种大宗商品的交易，中俄双方都会在此项交易中获益。俄罗斯几家国家控股的石油公司得到20年期的贷款，帮助它们在保持资本支出的情况下进行再融资，而我国则在此期间得到相对稳定的燃料供应。

俄罗斯石油公司是俄罗斯最大石油企业，政府持有75%的股份。它获得了250亿美元总贷款中的150亿美元，这些资金可以帮助该公司偿还于2009年到期的85亿美元债务。举债过多的俄罗斯国家石油管道运输公司会得到其余贷款。我国也从这笔交易得益匪浅，每日30万桶的原油供应相当于我国总需求的4%，或石油进口总量的8%。中国开发银行是以年6%左右的固定利率放贷给这两家公司。通过此项协议，俄罗斯将客户基础分散到欧洲以外，而我国也能减轻自己对中东石油进口的依赖。同时，这笔交易还增加了我国参与长期开发俄罗斯西伯利亚石油资源的机会。中俄在油气领域合作的这一重大突破，可以在其他能源领域得到借鉴。中国可以考虑优惠贷款给俄罗斯，帮助建设主要煤炭产区到远东港口的铁路，或者港口本身的扩建等，以换取俄罗斯煤炭的出口，同时还能提高未来中俄远东贸易的运输能力。此外，中俄也可就核电设施建设的贷款合作计划进行商榷。

## 二、市场换能源

与中东产油国不同，机电工业和丰富的自然资源是俄经济的重要基础，增加出口以保障机电工业生存能力，是俄方发展经济的重点。然而，中俄面临贸易结构严重失衡的问题，且变化趋势明显不利于俄方。近年来，俄罗斯对华出口呈不断增长趋势，然而在俄对华出口商品中，能源比例过大，机电产品比例过小，且贸易结构失衡有继续扩大的趋势。分析中俄贸易结构失衡的原因，一是国际能源价格上涨过高过快；二是两国经济结构和资源结构天然互补；三是两国机电产品竞争力发生了此消彼长的变化，即俄机电产品竞争力下降，我国机电产品竞争力上升。从中俄经济结构和资源结构看，贸易结构长期严重失衡不利于两国经贸合作可持续发展，不利于维护两国战略依存关系，也不符合两国现实和未来的共同战略利益。为平衡中俄两国贸易的结构，市场换能源不失为平衡中俄贸易结构的一个有效手段。所谓"市场换能源"是指在政府作用与市场原则相结合的基础上，中方向俄方提供有保障的机电产品市场，俄方则向中方提供有保障的能源供应。其中，"政府作用"是指中方政府制定俄机电产品采购清单；"市场原则"是指俄相应机电产品竞争力应不低于同类平均水平；"保障"则是指在一定时期和一定条件下，双方相互承担国家义务，即两国中央政府对"市场换能源"项下商业合同提供国家担保。

中方提供的市场可以包括航空、航天、核电、热电、水电和电子设备，以及船舶和矿山机械，其中民用飞机可做优先选择。俄方提供的能源可为石油、天然气（含液化天然气）、煤炭和电力等。

"市场换能源"在具体操作上，应符合公平贸易原则。我国实施"市场换能源"应注意：首先，该模式可适用于所有与我国有石油贸易关系的国家，且应以双方共同意愿为基础。在一定时期内，我国只接受以"机电产品市场换石油"，如采购俄机电产品用于国家重大项目，形式上应经国际公开竞标程序。其次，为促进俄机电产品进入并适应我国市场，可试行"市场换能源"与投资配套进行。做法可以是：俄以机电产品作为投资组建中俄合资公司（企业）。如俄以民用飞机作为出资形式，与中方航空公司组成中方控股的合资子公司。子公司可直接从事航运，也可向中方控股公司或其他航空公司提供租赁服务。在俄成立合资企业，按中方订单和标准制造机电产品直供我国市场。如出口第三国（地区），出口额计入"中方机电产品清单"总额。最后，两国应共同制定"市场换能源"计划，并与《2010年前中俄经贸合作纲要》挂钩，以保障经贸合作的质与量同步增长。

## 三、下游换上游

目前俄罗斯实行的能源战略，倾向于摆脱单纯的能源出口国地位。普京曾多次指出，能源是俄罗斯关键产业之一，国际能源合作应本着平等互利原则进行，外国合作伙伴应向俄罗斯开放那些俄罗斯认为重要的领域。以资源换市场，以资源换技术，以上游换下游等"置换"模式将成为俄罗斯油气领域跨国投资合作的主要形式，同时也是外国投资者进入俄罗斯油气上游领域的前提条件。

以我国能源下游领域换取俄罗斯的上游领域这种上下游市场互换的模式，是中俄之间基于战略协作伙伴关系，对能源合作模式的一种探索。这种模式是中俄之间所特有的，是由中俄两国的地理位置以及两国战略协作伙伴关系等多重因素造成的，并不具有普适性。

2006年中俄双方签署了能源合作协议。根据这项协议，中俄开始进行我国能源市场下游领域与俄罗斯能源市场上游领域的互换。2006年3月21日，俄罗斯总统普京访华期间，中石油集团和俄罗斯石油公司宣布在年底前分别在两国组建两个合资公司，分别经营上游和下游业务。在我国大型能源公司大举进军俄罗斯能源上游市场的同时，俄罗斯能源公司也开始接触我国下游市场。而刚刚投入生产的天津大炼油厂项目就是试探性的第一步。2010年9月，中俄合资的天津东方石化炼油项目已经在天津滨海新区正式奠基。该炼油厂项目由中石油集团和俄罗斯石油公司合资建设，为实施该项目，双方成立了合资公司——中俄东方石化（天津）有限公司，其中中石油集团占股51%，俄罗斯石油公司则占股49%。该炼油厂设计年产能为1 300万吨成品油，预计总投资金额达到366亿元。随着天津大炼油厂项目的逐步实施，中俄能源合作中的上游领域与下游领域互换的战略模式逐步明晰。而在炼油厂建成投入生产之后，该合资企业还计划推进成品油批发和零售市场。

中石油集团与俄罗斯石油公司在俄罗斯共同组建了"东方能源公司"，俄方持股51%，中方持股49%，其主要业务是在俄罗斯进行地质勘探及能源项目融资。同时，中石油集团在2006年7月19日在伦敦证券交易所斥资5亿美元，以每股7.55美元的价格收购了俄罗斯石油公司6 622.52万股，成为俄石油的战略投资者，认购条件是进入上游领域，联合开发俄罗斯万科尔油田。与此同时，中石化也在俄罗斯能源上游领域进行了投资。2006年6月，中石化与俄罗斯石油公司联手参加竞拍，共同赢得乌德穆尔特石油公司96.9%的股份，促成了迄今为止中俄石油公司最大宗合作项目。

## 四、技术换资源

中俄两国领导人多次强调要"优势互补"。俄罗斯占有资源优势，我国占有市场、资金和高素质劳动力优势。从战略高度看，中俄作为本地区相互毗邻的最大的油气消费国和资源国，油气合作是最具潜力、最有张力的合作领域。

中俄两国签署的《中国东北地区同俄罗斯远东及东西伯利亚地区合作规划纲要（2009~2018）》意味着在未来10年，中俄合作原则将建立在俄罗斯提供原料、中国提供技术的基础之上。不仅因为该合作纲要包括中俄两国边境地区205个主要合作方案，更重要的是，几乎所有方案都与开采俄罗斯远东和东西伯利亚地区的原料有关。俄罗斯已经意识到，单纯依靠资源很难支撑世界大国地位，必须走创新发展的道路。而要实现创新发展必须借助能源出口换取大量资金和技术。

俄罗斯开发东部地区，一方面是国家复兴的需要，另一方面是维护国家统一的要求。俄罗斯无法自力更生开发远东和西伯利亚资源，因为俄罗斯既无劳动力，也没有资金。俄罗斯要开发这一地区，离不开经济蓬勃发展的邻国——中国的合作。俄罗斯此次主动提出建立合资天然气石油公司，开展从开采到加工的油气全链条合作，开创中俄能源合作的模式，就是希望实现俄罗斯东部地区开发战略和我国振兴东北老工业基地战略的接轨互动，从而让我国带动俄罗斯经济的发展。

除了开发远东地区外，俄罗斯实现新时期工业化还有许多方面需要借助我国的力量。其中重要的一条是俄罗斯希望中国为其提供一个稳定的能源市场及发展其能源产业所急需的技术支持。在现有构想基础上，结合我国的制造业大国地位，可用能源合作带动制造业的发展，反之亦可，注重技术服务领域；注意人才交流的重要性，可以设立基金，加强两国之间的人才和文化交流，建立互信的基础。

## 五、金融领域合作

加强以人民币互换为主的两国金融领域的合作。人民币互换在某种意义上相当于某国所有的商业银行与我国签署了一个总的人民币借款协议，人民币资金将根据需要被配置到它的各家商业银行。具体途径可能是商业银行直接向本国货币当局融资，或者对于那些人民币已进入其外汇储备的国家来说，商业银行也可用本币向央行兑换人民币用于贸易支付。

人民币互换有助于推动我国与周边国家的贸易合作。通过与存在密切贸易联系的周边国家签署货币互换协议，可以促进我国企业和贸易伙伴使用人民币进行计价和结算，从而规避美元汇率波动的风险，刺激贸易发展。在拓展外贸方便性的基础上，我国内地将金融市场开放扩展到货币市场层面，资本市场开放扩展到了债券市场层面。人民币与各地区或国家的贸易伙伴进行货币互换，强化了人民币国际化程度，也使我国的对外贸易更加便捷。

# 第二十三章

# 中国石油伊拉克项目

2011年,伊拉克的石油储量达到196.03亿吨,居世界第五位,占世界石油总储量的9.4%,储采比为158①。同时,伊拉克石油和天然气的探明储量还在逐年增加,如此丰富的石油与天然气资源令全世界众多大型能源公司向往不已。在2009年6月和11月,伊拉克政府先后两次举行了大型油气田的招标活动,这是自萨达姆政权将石油公司国有化之后,伊拉克油田的首次对外开放;这也是经历了2003年伊拉克战争之火后,伊拉克新政府为恢复本国经济做出的有力举措。伊拉克政府的这两次招标活动吸引了包括中国石油在内的全世界众多大型能源公司前往参加。

## 第一节 中国石油在伊项目

伊拉克是当前中东地区仅有的两个对外资开放油气业务的产油国之一,其丰富的资源与良好的地质条件也大大地吸引了中国石油。中国石油通过多年的努力运作,与伊拉克政府协商谈判,并积极参与招投标活动,目前已经在伊拉克参与3个项目:艾哈代布油田、鲁迈拉油田和哈法亚油田。2008年,中国石油与伊拉克政府签署生产服务合同,开发伊南部的艾哈代布油田。2009年,中国石油、

---

① 根据美国《油气杂志》公布的数据整理得到。

BP 与伊拉克国家石油销售公司（SOMO）、伊拉克南方石油公司（SOC）签署鲁迈拉油田生产服务合同。2010 年，中国石油、法国道达尔公司、马来西亚国家石油公司同伊拉克南方石油公司组成的联合体，与伊拉克米桑石油公司签署哈法亚油田生产服务合同。

# 一、艾哈代布油田项目

## （一）艾哈代布油田项目概况

艾哈代布油田地处底格里斯河畔、美索不达米亚平原，位于伊拉克中南部的瓦西特省，距离首都巴格达约 160 千米，于 1979 年被发现，构造面积约 200 平方千米，石油储量约为 10 亿桶[①]。

艾哈代布项目，是伊拉克战争后伊拉克政府恢复的第一个石油合作项目，也是中国石油进入伊拉克的第一个合作项目。艾哈代布项目的签署可谓历经磨难。1997 年 6 月 4 日，中国石油与北方工业公司共同出资组建了绿洲石油公司，绿洲石油公司与伊拉克前政府石油部签订了艾哈代布油田产品分成服务开发生产合同，但合同的履行未能如约顺利进行。合同签署后，由于联合国对伊拉克的制裁，以及 2003 年发生的伊拉克战争等多方面原因，使合同的执行长期搁浅。2007 年 3 月，中伊双方正式启动恢复艾哈代布油田项目合同的谈判工作，中国石油的谈判小组多次赶赴巴格达，与伊拉克政府进行了多达 7 轮、为期一年半的艰苦谈判。历经 12 年，经过中国石油坚持不懈的努力和艰难的多轮谈判，2008 年 11 月 10 日，项目重启尘埃落定，中国石油和北方工业集团组成的绿洲石油公司与伊拉克政府签订了《艾哈代布油田开发服务合同》。按照合同规定，中方投资额约 30 亿美元，合同期限 23 年，并可依据实际情况延长；中方将在 3 年内达到日产 2.5 万桶原油的生产能力，6 年内将形成日产 11.5 万桶的生产能力；绿洲石油公司生产每桶原油将获得 6 美元报酬，随着产量的上升，服务报酬将逐渐降低到 3 美元；油田投产后，还将为附近电站提供发电用燃料，以缓解伊拉克电力短缺的状况[②]。

艾哈代布油田项目于 2009 年 3 月 11 日正式开工。

2009 年 3 月 11 日，艾哈代布项目合同生效 3 个月内，中国石油兑现了对伊拉克政府的承诺，油田地震采集如期开工。2009 年 5 月 11 日，艾哈代布项目合

---

① 参照伊拉克石油部公布的数据信息。
② 参照《艾哈代布油田开发服务合同》。

同生效半年内，中国石油在伊拉克第一口井 AD-008 顺利开钻，试油获日产千吨高产。3 年多的时间内，艾哈代布项目创造近 20 项伊拉克钻井史上的纪录。2011 年 6 月 21 日，艾哈代布油田提前半年，迎来一期 300 万吨产能建设投产的里程碑，成为伊拉克 20 多年来首个投产的新建产能项目。2011 年 11 月 25 日，艾哈代布项目年度原油产量突破百万吨。2011 年 12 月 18 日，艾哈代布油田原油累计作业产量达 120 万吨，全年超产 50 万吨，完成年度产量计划的 170%。2011 年 12 月 30 日，完成二期年 600 万吨产能建设，比计划整整提前 3 年投产①。

除此之外，艾哈代布项目还为当地居民提供了近 2 000 个工作岗位，本地化程度达到了 60% 左右，为中国石油与伊拉克人民的和谐相处奠定了坚实的基础；与伊拉克高校联盟合作，为巴格达科技大学提供生产实习基地，同时也为自身项目发现和储备高层次人才提供了机会；结合项目建设的实际需要，为油区的村镇修建公路、桥梁等，改善了当地的基础设施建设；积极推动冗余天然气的有效利用，减少了环境污染，并增加了当地电力供应，维护了公司良好的品牌形象；合同框架下增建外输管道 4 号线，盘活了伊拉克中南部地区的重油资源，也为油田项目中原油的向外输送提供了确实的保障。

### （二）合同模式的改变

20 世纪 90 年代初，爆发了海湾战争，战争对伊拉克油气田的生产乃至整个国民经济都造成了严重的破坏。当时的萨达姆政权为了国民经济的快速复苏与油气生产活动的顺利恢复，采用了广受欢迎的产品分成合同模式来吸引国际石油公司来伊拉克进行油气投资，1997 年 6 月绿洲石油公司与伊拉克政府签订的艾哈代布油田合同就属于产品分成合同。产品分成合同，是在资源国拥有石油资源所有权和专营权的前提下，外国石油公司承担勘探、开发和生产成本，并就产品分成与资源国政府（或国家石油公司）签订的石油区块勘探开发合同。产品分成合同模式的最大特点是资源国拥有资源的所有权和与所有权相应的经济利益。勘探开发的最初风险由合同者承担，但是一旦有油气商业发现，就可以收回成本，并与资源国一起分享利润油。这是对外国石油公司来说最有吸引力的地方。

2007 年 3 月，中伊双方正式启动艾哈代布油田恢复合同的谈判工作，起初双方的谈判还是围绕着原合同模式（即产品分成合同），但到了 2008 年年初，伊拉克政府却要求将合同更改为风险服务合同。风险服务合同与产品分成合同的主要区别在于对合同者支付报酬的性质不同。在风险服务合同下，合同者获得的

---

① 根据中国石油官方网站公布的新闻、数据和信息，经过笔者整理得到。

报酬是现金"服务费",尽管有时也可以用产品来支付报酬。而在产品分成合同模式下,合同者获得的是"利润油"分成,合同者可以分享油气储量资源的潜在收益。产品分成合同模式下,国际石油公司的报酬会随着石油价格的波动而变化,油价高时可能带来暴利,油价低时当然也存在一定的风险;而风险服务合同的报酬则较为稳定。伊拉克油气藏十分丰富且地质条件优越、开采成本低廉,一些优质油田的开发成本只有 1.5~2.25 美元/桶,而且当时对未来石油价格的预期普遍看涨,在这种情况下,对绿洲石油公司来说产品分成合同无疑是最好的选择。

但是伊拉克政府毫不妥协,谈判一直僵持到 2008 年下半年,面对伊拉克政府的强硬态度,绿洲石油公司最终决定在合同模式上妥协,并于 2008 年 11 月 10 日,与伊拉克政府签订了《艾哈代布油田开发服务合同》。

随着国内资源民族主义的觉醒,伊拉克政府不再采取产品分成合同,它依靠自身丰富的油气藏资源和较为低廉的开采成本,以强硬的态度采取了风险服务合同。在风险服务合同下,伊拉克可以利用外国石油公司的技术和管理专长以及雄厚的资本,同时也可以保证自身国家石油公司维持对资源的绝对控制和所有权。

## 二、鲁迈拉油田项目

鲁迈拉油田是一个巨型油田,它位于伊拉克南部城市巴士拉以西 50 千米处,于 1953 年被发现,1972 年投产,预计石油储量约 170 亿桶,居伊拉克已发现油田之首,居世界第六位①。

鲁迈拉项目是伊拉克政府举行的第一轮油气田国际招标中唯一成功中标的巨型油田项目。

2009 年 6 月 30 日,在伊拉克政府举行的第一轮油田招标中,英国石油公司和中国石油组成的联合体参加了鲁迈拉油田的竞标,最终击败了埃克森美孚公司(ExxonMobil)和马来西亚国家石油公司的联合体,成功获得了鲁迈拉油田的开采权,成为当轮投标的 8 个油气田中唯一成功招标的油田。2009 年 11 月 30 日,中国石油、英国石油公司、伊拉克国家石油销售公司、伊拉克南方石油公司正式签署鲁迈拉油田生产服务合同,合同中规定:英国石油公司、中国石油、伊拉克南方石油公司各占有 37.5%、37.5%、25% 的股份,英国石油公司为作业者,并且中国石油和英国石油公司的股份可以置换。鲁迈拉油田目前日产量为 106 万桶,联合作业体承诺高峰日产量为 285 万桶,每日超出 106.6 万桶的产量可获得

---

① 参照伊拉克石油部公布的数据信息。

伊拉克政府 2.00 美元/桶的超额生产报酬。稳产期为 7 年，合同期限为 20 年，并可延长 5 年①。2009 年 12 月 17 日，经伊拉克政府批准，鲁迈拉油田服务合同正式生效，进入全面实施阶段。

合同生效后，中国石油与英国石油公司快速提交油田的恢复方案，签订联合作业协议，并与伊拉克南方石油公司共同成立鲁迈拉油田作业管理机构（Rumaila Operating Organisation，ROO），之后于 2010 年 7 月 1 日正式接管鲁迈拉油田项目的作业管理。在管理权移交之后，该作业机构立即着手建立和健全新的、符合国际标准的财务、采办、质量安全治安环境（Health, Safety, Security and Environment，HSSE）以及油田作业等管理体系。2010 年 12 月 25 日，鲁迈拉项目成功实现增产 10% 的初始产量目标，开始可以获得来自伊拉克政府的每桶 2 美元的超额生产报酬，实现了成本的初步回收。截至 2010 年年底，鲁迈拉项目新添了 20 套钻探设备，新钻井 41 口，修井 103 口，铺设生产管线 122 千米。2011 年 5 月 28 日，鲁迈拉项目首船原油从巴士拉港起航发运中国。2011 年 12 月初，鲁迈拉项目原油作业日产量突破 140 万桶水平，创造鲁迈拉油田 30 年以来最高生产纪录②。鲁迈拉项目是伊拉克政府两轮油田招标中第一个进入投资和费用回收阶段并提取原油的项目，目前此项目已经迈入良好的滚动发展阶段。

## 三、哈法亚油田项目

哈法亚油田位于伊拉克首都巴格达东南面约 400 千米，米桑省南部，在阿马拉城东南 35 千米处，于 1976 年被发现。该油田构造上处于美索不达米亚前渊平缓穹窿带，长约 30 千米、宽约 10 千米，合同面积约 288 平方千米。伊方提供的已发现原油地质储量为 160.79 亿桶（约 23 亿吨），油层主要分布在侏罗系和第三系，产出原油 API 从 21°～31°不等③。

2009 年 12 月 11 日，由中国石油、法国道达尔公司和马来西亚国家石油公司组成的投标联合体，在伊拉克政府组织的第二轮国际油气田招标中，成功中标哈法亚油田项目。此次中标使中国石油成为在伊拉克的最大的外国石油投资公司。在第二轮投标前，包括壳牌、埃克森美孚在内的许多国际大型石油公司都向中国石油表示合作意愿，但最终中国石油选择了道达尔公司。第二轮中首先招标的是马季努恩油田（其储量高达 125.8 亿桶），由道达尔公司充当作业者的"中

---

① 参照《鲁迈拉油田开发服务合同》。
② 根据中国石油官方网站公布的新闻、数据和信息，经过笔者整理得到。
③ 中国石油哈法亚项目部提供数据。

国石油—道达尔"组合与"壳牌—马来西亚石油公司"组合进行竞争。但最终因 1.75 美元/桶的报酬底线高于"壳牌—马来西亚石油公司"组合的报价 1.39 美元/桶,而导致竞标失败。随后是哈法亚油田的竞标,以中国石油为作业者的"中国石油—道达尔—马来西亚国家石油公司"的联合体以 1.4 美元/桶的超额生产报酬,成功打败"埃尼—挪威国家石油公司—印度石油天然气公司"的联合体,中标哈法亚项目。

2010 年 1 月 27 日,以中国石油为首的三家公司和伊拉克南方石油公司组成新的联合体,与伊拉克米桑石油公司签署了为期 20 年的《哈法亚油田开发生产服务合同》。根据此合同,中国石油担任作业者;中国石油、道达尔、马来西亚石油和伊拉克南方石油公司将分别拥有 37.5%、18.75%、18.75% 和 25% 的权益;报酬费投标值是 1.40 美元/桶;合同期为 20 年,其中开发期 7 年,高峰产量稳产期 13 年;同时,以中国石油为首的联合作业体预计哈法亚油田高峰日产量将达到 53.5 万桶[①]。

凭借中国石油拥有的各类大型油气田勘探开发技术实力以及工程技术服务和地面工程建设等较为配套的综合一体化优势,按国际惯例规范运作和国际标准施工作业的经验,自 2009 年 12 月中国石油成功竞标哈法亚油田后,关于开发建设此油田的准备工作便迅速并且有条不紊地展开。按照进度计划,可以确保项目高速度、高质量、高效率地实现既定目标。

2010 年 1 月 15 日,中国石油哈法亚油田开发方案编制项目组在中国石油勘探开发研究院成立,这标志着哈法亚油田项目开发方案编制工作正式启动。项目组在哈法亚服务合同签字、生效后的 2 个月内,提交开发方案框架;在合同签字、生效后 3 个月,提交初始开发方案;最后根据项目公司以及合作伙伴的意见和建议,对方案进行修订和完善。2010 年 9 月 20 日获得伊拉克米桑石油公司正式批准,成为第二轮中第一个方案获得批准的项目。先后组织完成了 300 余项招评标工作,完成了三维地震、钻井、地面工程建设和开发试验,2012 年 6 月实现第一阶段上产部署,提前一年左右完成合同规定的初始商业产量义务。其中,三维地震采集 2011 年 7 月 5 日完成,处理及解释于 12 月 28 日完成;五部钻机现场作业。截至 2011 年年底完钻井 12 口,成本、钻速等各项指标均创伊拉克同类型油田最好水平。预计 24 口井投产保证初始商业产量;涉及初始商业产量的重点工程项目已经全部启动,各工程建设项目稳步推进,2012 年 5 月底之前具备了投产条件[②]。

---

① 参照《哈法亚油田开发生产服务合同》。
② 根据中国石油官方网站公布的新闻、数据和信息,以及中国石油哈法亚项目组提供的资料,经整理得到。

哈法亚油田原本开发并不充足,在美伊战争中又遭受到了一定程度的破坏,这种情况下,中国石油在较短的时间内快速完成了哈法亚油田实现初始产量的前期准备工作,总体进度与合同要求相比将提前一年左右。

表 23-1　　　　　　　　中国石油在伊项目比较

| 油田 | 公司 | 国家 | 作业者 | 持股份额（%） | 超额生产报酬（美元/桶） |
| --- | --- | --- | --- | --- | --- |
| 艾哈代布 | 绿洲石油公司 | 中国 | — | — | 6.00 (3.00)① |
| 鲁迈拉 | 英国石油公司 | 英国 | ○ | 37.5 | 2.00 |
| 鲁迈拉 | 中国石油 | 中国 | × | 37.5 | 1.39 |
| 鲁迈拉 | 伊拉克南方石油公司 | 伊拉克 | × | 25 | — |
| 哈法亚 | 中国石油 | 中国 | ○ | 37.5 | 1.39 |
| 哈法亚 | 道达尔公司 | 法国 | × | 18.75 | 1.39 |
| 哈法亚 | 马来西亚国家石油公司 | 马来西亚 | × | 18.75 | 1.40 |
| 哈法亚 | 伊拉克南方石油公司 | 伊拉克 | × | 25 | — |

注：○为作业者；×为非作业者。

## 第二节　中国石油在伊风险

伊拉克具备雄厚的油气资源基础和巨大的油气增产潜力,随着三轮招标后中标油气田的进一步开发生产,未来油气产量将大幅度攀升。从长期来看,伊拉克油气产量毫无疑问将进一步增长,并将给世界石油市场带来显著的影响和冲击,伊拉克将在世界能源格局中发挥更加重要的作用。但是,目前,伊拉克政治局势仍未完全稳定,安全形势依然严峻,国家安全环境与社会环境仍然充满风险,并且还会发生零星的战斗;恐怖主义与分离主义仍然猖獗;境内的宗教冲突在很长时期内都将难以得到解决;国内的政治分歧与对抗也并没有停息。因此,中国石油在伊拉克从事投资生产活动所要面临的风险不仅仅是伊拉克复杂多变的政治局势和安全局势,还有新签油气合同的政治法律以及合同风险尚未完全排除、公共基础设施薄弱、油气出口能力不足等种种问题。

---

① 绿洲石油公司初期报酬 6 美元/桶,随着产量的上升,服务报酬将逐渐降低到 3 美元/桶。

## 一、政治风险

伊拉克的全国人口约为 2 400 万，其中阿拉伯人约占全国总人口的 73%，库尔德人约占 21%，其余为土耳其人、亚美尼亚人、亚述人、犹太人和伊朗人等。与人口分布比例相对应，伊拉克主要的政治派别包括什叶派、逊尼派和库尔德人。虽然经过长时间的谈判和相互妥协，三大派别达成一致意见，同意组建了以马利基为总理的新政府，各派别之间的矛盾有所缓和，但是三者之前存在的根本矛盾却难以解决。在萨达姆政权倒台后的 7 年多时间里，伊拉克国内业已存在的种族纷争和教派裂痕仍然是分歧严重，很难在短期内消除隔阂，而且新政府内阁成员也都还在想方设法为其各自的派别谋利益，难以团结在一起。2011 年 12 月 18 日，美军依约从伊拉克撤离。美军撤离后，伊拉克固有的民族、宗教和地域矛盾沉渣泛起。三大派系之间的矛盾和权力斗争不断，围绕联邦制的实施、北部产油区基尔库克的归属、油气资源的分配等问题，三大派别之间存在较大争议。

伊拉克民主对缓解阿拉伯人与库尔德少数族群之间的紧张局势几乎不起任何作用。库尔德地区可以说是威胁伊拉克政局稳定的隐患之一。库尔德人一直想摆脱伊拉克中央政权的统治而取得自治权利，这种复杂状况导致了长期以来伊拉克社会的内部持续对抗和分裂。当年英国殖民主义者为防止出现一个强大的伊拉克，决定让库尔德人占主体的摩苏尔省划归到由阿拉伯人统治的巴格达省和巴士拉省的管辖范围。几十年来，库尔德人由于受尽了萨达姆政府残暴压制，所以始终不屈不挠地抗争着巴格达的统治，一直致力于库尔德的独立自治。自 1958 年伊拉克共和国成立开始，库尔德人就同政府进行过多次谈判，希望实现政治独立，但始终未能实现。

除此之外，库尔德地区也是伊拉克最重要的石油产区之一，石油产量占伊拉克总产量的 50% 以上。伊拉克战争结束后，库尔德地方政府和伊拉克中央政府在油田归属和收益分配等问题上存在严重分歧，导致该国至今仍没有全国性的石油法律。而且由于伊拉克政府否认外国公司在库尔德地区开发石油的合法性，曾导致该地区的石油出口中断一年，目前只有一些小型独立石油公司在库尔德地区作业，如挪威的 DNO、法国的派拉库（Peranco）、英国的斯特林能源以及阿联酋的达纳天然气公司等。伊拉克中央政府一贯坚持，任何与库尔德地区政府签署的石油合同均为非法。任何一家公司，一旦签署上述合同，伊政府将驱逐该公司出境，并关停该公司在伊拉克其他地区的产业。虽然伊拉克中央政府一再强调，库尔德自治区绕开中央政府擅自签署的开采协议是"非法"的，但库尔德自治区则认为，其自身有权开发当地的石油资源。作为伊拉克石油资源较为丰富的地区，库尔德自治区政府一直在寻求更多的石油开发合作，但伊拉克中央政府却一直在限制该地区的石油发展。

自伊拉克新政府成立以来，中央政府同库尔德自治区政府的冲突就一直不断。由于库尔德地区的石油资源丰富，所以在伊拉克石油产业重建的过程中，双方的矛盾显得更为突出，有关库尔德地区的石油控制权的争夺战自新政府成立以来就从未停止。2009年10月12日，库尔德地区自治政府宣布，在伊拉克中央政府偿清外国公司在本地区的石油收入前，将停止该地区的石油出口。库尔德地区能源部长阿什蒂·霍拉米当日发表声明表示，停止石油出口的决定是与挪威和土耳其的两家外国公司协商后共同做出的。虽然该禁令在一年后得以解除，并且伊拉克石油部长侯赛因·沙赫里斯塔尼也于之后表示，库尔德地区和伊拉克中央政府之间的争端预计将很快得到解决，但事实证明双方关系并未向外界所期待的方向发展，相反越发扑朔迷离起来。

## 二、安全风险

受中东北非伊斯兰革命局势的影响，在美军撤离伊拉克之后，"基地"组织武装人员等非法组织成员趁机利用伊拉克国内出现的安全真空，加大袭击频率和力度，大有卷土重来之势。目前，伊拉克自杀性炸弹袭击事件时有发生，平民、警察、军队都成为他们的目标，而能源设施和相关员工更成为他们的重点对象。他们的目的是中断伊拉克的燃料供应，破坏伊拉克石油行业重建的进程。2011年10月7日夜间，伊拉克南部巴士拉省发生两起输油爆炸起火事件。第一起爆炸发生在巴士拉西南部的萨夫万地区，第二起爆炸发生在距离萨夫万不远的科里纳特地区，爆炸导致由鲁迈拉油田通往祖拜尔地区的输油管道受损，鲁迈拉油田的日生产能力由124万桶下降到53万桶，巴士拉港8日的石油出口量也比往日下降了20万桶。这导致在伊拉克作业的国际石油公司面临的安全风险重新升高。为了加强对油气设施的保护，2011年6月15日，总理马利基下令伊拉克军队接管石油警察负责该国的能源安全，特别是要加强对该国管道和炼厂的保护。

此外，伊拉克安全部队中也存在着严重的问题。伊拉克安全部队由隶属国防部的军队和隶属内政部的警察部队两部分组成，人数分别为27万和34.8万，军队以陆军为主，还有小规模的海军和空军。在美国国防部发布的一份报告中指出，军队的175个战斗营中，只有17个营可以在没有美军支援的情况下独立作战，34个警察营中只有2个营能够独立作战。目前，伊拉克军队普遍只具有轻型装备，并且在应对恐怖组织的炸弹袭击中常常损失严重，武器装备匮乏落后、作战经验欠缺是伊拉克安全部队的首要问题。另外,在伊拉克安全部队的组建过程中,一些对国家并不忠心,且隶属不同教派的民兵武装趁机加入,这些组织人员效忠于各自团体,违抗军令拒绝服从命令。同时,伊拉克安全部队严重缺乏有才能的军官,这直接导致一些具备独立作战能力的营级部队难以发挥作用。此外,伊拉克安全部队中派系林立,如何超越种族和宗教的界限,形成一支团结一致的队伍也是其不得不面对的难题。目前伊拉克军队内什叶派与库尔德人占据主导地位,士兵中什叶派所占比例最大,军官中60%是什叶派,20%是逊尼派,15%～20%是库尔德人。从目前情况来看,在美国的角色逐渐隐去的时候,伊拉克安全部队也越来越独立,但其能力明显不足:地方部队对恐怖主义的渗透防范不力,其关键部门大部分精神放在政治斗争中,而没有提高本身的实力。

## 三、法律风险

伊拉克内部矛盾和宗教冲突不断,导致新的石油法案久议未决,对外油气合作的法律框架无法建立。伊拉克北部库尔德自治区政府不仅成立了石油石化机构,还不顾联邦政府反对开发对外合作,甚至赶在伊拉克石油法获得议会通过之前出台了地方石油法。这对中央政府的权威和石油法的实施构成了极大的挑战。

2011年8月28日,伊拉克政府内阁批准了期待已久的石油法草案,并已把这项已获批准的石油法草案提交给了议会以求获得最后通过。随后的9月5日,库尔德地区政府便表示,该政府已经拒绝了伊拉克中央政府上月向议会提交新的油气法案。由于巴格达政府和库尔德政府存在着分歧,已经导致该石油法律草案推迟了4年半的时间,但最近的这次尝试仍然存在着争议。

## 四、基础设施薄弱

伊拉克基础设施年久失修,水资源和电力资源短缺,交通、港口和管道输送能力不足,有经验的劳动力缺乏,这些都将严重影响油田的开发。

伊拉克国内的交通运输以公路为主,在海湾战争和伊拉克战争中,许多公路和桥梁都遭到了严重损坏。目前,多数公路已经修复,但一些能够通行的路段路况仍然较差。铁路交通历经连年的战乱、国际制裁以及美伊战争,大部分都被损毁,加之年久失修以及美伊战争后动荡局势下人为造成的破坏,使其受损情况更为严重。虽然伊拉克的铁路在2009年年底已经基本恢复正常,但其安全仍然难以保障,并且沿线站点不健全、时刻表不准确、价格过高都影响了正常的发展。伊拉克城市12.5%的人供水稳定,29.2%的人供水不稳定,17.6%的人抱怨供水不足，16.4%的人供水时常间断，农村地区26.1%的家庭使用河水和溪水。目前伊拉克大部分供水和污水处理系统的设备老化，并且缺乏正常的维护，而且由于缺少污水处理厂，城市污水一般直接排放到底格里斯河内，长此以往将形成严重的恶性循环。伊拉克公共电网是家庭和个人用电的主要供应渠道，但每天平均供电只有7.9个小时，并且只有22.4%的人可以完全依赖公共电网，75%的人需要寻求其他途径，如社区和家庭自备发电机等。

2011年2月9日，伊拉克民众在巴格达、巴士拉和安巴尔三省街头举行集会，要求政府改善公共基础设施服务，对电力稀缺、水源污染、空气污染以及失业问题表示严重不满，要求政府提供更多电力、合格的饮水以及工作机会。2011年2月23日，民众在南部瓦希特省首府库特再次举行抗议活动，约有2 000名示威者向政府机关投掷石块，并放火燃烧部分政府大楼。

除了基本的生活设施之外，伊拉克的油田设施老化问题也十分严重。2011年9月21日，鲁迈拉油田的一个天然气设施发生火灾；9月29日，鲁迈拉油田的中央原油处理设施发生火灾，这些都直接影响了油田的生产活动及其产量。

## 第三节　中国石油伊拉克投资动因

### 一、外部动因

#### （一）与国际能源公司的合作机会

中东地区是西方油气公司的传统势力范围，虽然近几年中国石油发展迅速，海外并购业务频繁，然而要在中东落地生根，依然面临着一些困难。然后，伊拉克政府在举行油气田招标时曾表示，"建议各石油公司以合作联合体的方式进行投标"，这为中国石油与西方大型国际石油公司进行合作提供了良好的契机。与其他石油公司合作经营可以使得在油田开采作业的过程中，集中各个公司的优势，分散风险，以实现利润的最大化，并且有助于更好地学习西方石油公司先进的专业技术和管理经验。

中国石油鲁迈拉油田项目的合作伙伴是英国石油公司，哈法亚油田项目的合作伙伴是道达尔公司、马来西亚国家石油公司，其中英国石油公司与道达尔公司皆是经济实力雄厚、技术水平成熟且具有先进管理机制的大型国际化石油公司。

在油田项目的开发生产过程中，中国石油可以近距离学习对方先进的技术知识、管理经验等，取长补短，互通有无，这可以有效加快中国石油的国际化进程，提升其各项能力，完善其管理体制。

### （二）伊拉克丰富的油气资源

伊拉克拥有丰富的石油天然气资源，而且其探明储量还在逐年不断增加；并且伊拉克各大油田的条件均十分优越，比较容易开采，开采成本较低。这些对石油公司有着巨大的诱惑力。如若能够获得伊拉克的油田项目，那么对中国石油海外油气上游合作业务有着重要的战略性意义，也可以使其在石油丰富但却具有政治敏感性的伊拉克获得立足点，并且可以为其在中东地区获得稳定的油源增加一个支点。最终中国石油通过自身优秀的洞察力，并怀抱着强烈的动力，做出相应正确的策略选择，使其成功获得伊拉克 3 个油田项目。

## 二、内部动因

### （一）中国石油"走出去"战略的需求

中东集中了全球 2/3 以上的油气资源，可谓是世界经济的发动机。由于其油气资源丰富，油田规模大，产量高，开发水平高，对石油公司提出了更高的要求。这里可以说是国际石油工程技术服务竞争的主战场，其监管严格，标准严密，准入门槛非常高。进入中东石油技术服务市场是实力与水平的标志，但是以前这里却鲜有中国石油公司的身影。

1993 年中国石油开始实施"走出去"战略，至今已经经过了 18 个年头，在这期间，中国石油积极加快自身的国际化步伐，以全球视野在世界范围内捕捉发展机遇，在世界上很多油气资源国都留下了中国石油的足迹，比如非洲的苏丹、叙利亚、北美的加拿大、南美的委内瑞拉、秘鲁、中亚的哈萨克斯坦、土库曼斯坦、亚太地区的澳大利亚、缅甸等。但中国石油并不满足现状，它将国际化作为公司的战略目标，积极谋划，制定实施策略。中国石油认为要想实现国际化能源公司的发展目标，就必须站在国际石油舞台的中心接受检验，中东地区无疑是最好的选择。策略一经制定，中国石油各部门便运作起来，开始与中东各国积极联系，终于在 2008 年与伊拉克石油部签署了艾哈代布油田的开发服务合同，成为伊拉克战后第一个进入伊石油市场的外国石油公司。

2009 年伊拉克政府举行了 2 轮油气田招标活动，这无疑是为中国石油提供了巨大的机遇。中国石油在坚定自身国际化战略目标的基础上,提前做好了充足的准备,深刻洞察了伊拉克政府的政策与其他各大石油公司的投资策略,做出了正确的策略选择,最后成功获得了鲁迈拉油田与哈法亚油田两处大型油田的开采权,并且在哈法亚油田的开发合同中,与道达尔公司合作并担任了作业者的身份,这是对中国石油自身实力的肯定,也是对中国石油正确的策略选择的肯定。

### (二)中国石油一体化优势的实现

根据服务合同的规定,在3个项目中,中国石油将获得每桶1.39~6.00美元不等的超额生产报酬,这从表面来看无疑是较低的。但是油田项目的开发生产,可以促进和带动国际工程技术服务、工程建设和装备出口等业务协同发展,以期实现集团整体利益的最大化。中国石油作为油田项目的参与者,在生产服务合同执行的过程中,可以引入自己的工程建设队伍和技术服务队伍,这样便能带出大量的劳务输出合同,而这也正是中国石油自身的优势所在。3个项目生产服务合同的签署,使得中国石油可以从国内派出钻井、压裂等油田服务队伍进行作业,这有利于盘活国内的油田服务队伍,并且国内人工成本相对比较低廉,与国际市场之间有比较大的差距,通过派出作业、钻井以及工程建设队伍可以赚取服务费用。除此之外,进入伊拉克石油市场,可以使中国石油加大国际化人才的选拔、引进、培训和储备,使得中国石油海外人才队伍日益壮大,国际化程度越来越高,成为日后在海外进行油气投资时的宝贵财富。

中国石油正是清楚地认识到这两点,并且在此驱使之下,坚定不移地将目光投注在伊拉克石油市场上,并成功获得了3个油田项目。事实表明,中国石油是成功的。目前,中国石油积极引入了集团公司的工程技术服务队伍,并且各服务队伍提供了及时、高效、优质的服务和优良的物资准备,全力以赴地支持项目建设,已经成为伊拉克服务市场的中坚力量。中国石油对服务队伍正确的策略选择,以及其集团服务队伍的优异表现,大大地为中国石油整体加分,提高了自身的国际地位与企业形象。

## 第四节 中国石油伊拉克成功投资要素

目前,中国石油在伊拉克的3个项目都在顺利运行中,并且生产作业活动如火如荼,取得了一系列丰硕的成果。艾哈代布项目提前半年实现一期年300万吨产能建设,提前3年实现二期年600万吨产能建,是伊拉克20年来第一个投产的新建产能项目,并且成功提取原油运回中国,实现了投资成本的回收;鲁迈拉项目是伊拉克政府两轮油田招标中第一个进入投资和费用回收阶段并提取原油的项目;哈法亚油田项目是第二轮招标的七个中标公司中作业进展最快、成绩最突出的项目。

## 一、外部要素

### (一) 伊拉克资源潜力

伊拉克拥有雄厚的油气资源基础,石油储量达到196.03亿吨,居世界第五位,并且呈逐年上升趋势。此外,其国内各大油田地质条件优越,具有丰富油气资源的潜质,开采成本较低。比如,中国石油的哈法亚油田项目中,在合同区域内,作业队发现哈萨(Hartha)油藏,并且试油成功,获得3 187桶/日的高产油流,原油密度0.863克/立方厘米,且不含硫化氢和二氧化碳。

### (二) 伊拉克战后重建需求

重建伊拉克是一项规模浩大且长期艰巨的大工程,不仅要重新修建公路、铁路、桥梁、房屋等基础设施,更重要的是要重新建立起完整的国民经济体系。

伊拉克战争使得本就极度脆弱的伊拉克经济遭受到更加严重的创伤,基础设施受到巨大破坏,国民经济濒临崩溃。另外,巨额债务也是摆在伊拉克新政府面前的一大难题。总部设在华盛顿的战略和国际研究中心的一份研究报告中指出,伊拉克目前的债务总额高达3 830亿美元,其中包括1 990亿美元的战争赔款、1 270亿美元的外债和570亿美元的合同欠款。虽然美国政府一直在国际社会进行游说,希望相关国家和国际组织能够免除伊拉克拖欠的债务,借此来帮助伊拉克战后的重建工作,但收效甚微,俄罗斯等伊拉克主要债权国并没有支持这项提议。

一些专家估计,伊拉克战后的重建工作大概需要1 000亿美元的启动资金,并且在之后较长的一段时间内每年还需要200亿美元的资金,此外人道主义援助可能还要花费巨额资金。

如何能使伊拉克经济迅速恢复正常运转,并重新走上稳定发展之路是战后重建的首要任务。伊拉克新政府选择了"能源复兴"这一途径。2009年6月和11月,伊拉克政府先后两次举行了大型油气田的招标活动,公开竞标的方式为中国石油进入伊拉克石油市场带来了良好的机遇。

## 二、内部要素

### （一）政治敏感性

伊拉克政府在举行油田招标活动之前曾明确地表示过，"任何外国石油公司都无权未经伊拉克中央政府的批准而签署石油协议。如果外国石油公司与库尔德地区政府签署这样的石油协议，他们将无权在伊拉克的领土上进行油气作业并将承担所有后果"。虽然伊拉克中央政府曾经发出过这样的警告，但仍有一些石油公司仍未重视，反而轻举妄动，导致失去了竞标的资格（如2009年8月中石化以72.4亿美元收购了瑞士石油开采企业阿达克斯公司，而阿达克斯公司持有伊拉克北部库尔德地区的勘探许可证。虽然事后中石化试图通过与伊拉克石油部进行直接沟通以期获得谅解，但最后中石化仍未能如愿参加第二轮竞标）。虽然中国石油也曾考虑过投资库尔德地区的可能性，但是之后其反复研究了伊拉克政府的这一政策及其强烈的态度，认为在这个时候投资库尔德地区是不明智的，而且还极易引起伊拉克中央政府的反感，从而有可能丢失其他有利的投资机会，所以最后中国石油放弃了库尔德地区诱人的产品分成合同。

在2009年伊拉克政府举行的第一轮油田招标活动中，中国石油与英国石油公司组成的联合体以2美元/桶的超额生产报酬成功获得了鲁迈拉油田的作业开采权。这是第一轮招标的六块油田和六块气田中唯一成功拍出的，其他的多因超额生产报酬未能达成一致而流标。也正是因为这样，其他一些国际石油公司抱怨中国石油饥不择食，纵容了伊拉克政府的强硬态度，破坏了石油国际俱乐部的游戏规则。但是，在几个月后的第二轮招标中，他们不得不接受现实，重新回到巴格达，接受了伊拉克政府的报价——甚至比2美元/桶更低的报价，其中某些公司还邀请中国石油做竞标伙伴。这些都充分说明了，中国石油具有其他国际石油公司所无法比拟的政治敏感性。中国石油清楚地认识到，伊拉克政府虽然急于吸引外来资金，以期提升自身的油气产量，并且增加政府的财政收入，但是其断然也不会容忍自己成为贱卖国家资源的"历史罪人"。伊拉克政府在大力推进油气田招标的过程中，在价格上却更加强硬地维护国家的利益。正因如此，在此认识基础上，中国石油在伊拉克政府举行的第一、第二轮招标中，敏锐地捕捉到伊拉克政府的意图，从而做出了正确的选择与判断，获得了鲁迈拉油田与哈法亚油田两个项目。

伊拉克战后百废待兴，中央政府和地方政府都希望尽快看到各大国际石油公司的成绩。因为这不仅仅能够说明伊拉克政府的石油招标政策是正确的，而且也可以说服其他的外国投资者，并且展现伊拉克安全形势正在改善、基建瓶颈并不是非常严重的一面。中国石油意识到伊拉克政府的迫切希望，在其3个油田项目中，积极且迅速地开展油田作业。在艾哈代布油田项目中，中国石油提前半年实现一期产能建设，提前3年实现二期产能建设；在鲁迈拉油田项目中，中国石油快速实现增产10%的初始产量目标（IPT目标）；在哈法亚油田项目中，中国石油在较短的时间快速完成了实现初始产量的前期准备工作，总体进度与合同相比提前一年左右。中国石油在伊项目快速的作业进度，似一针强心剂激活了整个伊拉克石油产业，并且极有力地呼应了伊拉克政府的政治期待，有利于维系中国石油与伊拉克政府良好的关系，可称为是最有效的政府公关。

### （二）洞察竞争对手

《鲁迈拉油田开发生产服务合同》是由中国石油、英国石油公司、伊拉克国家石油销售公司同伊拉克南方石油公司共同签署的。《哈法亚油田开发生产服务合同》是以中国石油为首，包括道达尔勘探生产伊拉克公司、马来西亚石油公司和伊拉克南方石油公司在内的联合作业体与伊拉克政府共同签署的。中国石油选择成立联合作业体竞标是出于谨慎的考虑：联合投标可以分散投资风险、借助合作者优势实现资源互补，避免过度竞争。另外，中国石油选择了英国石油公司与道达尔公司作为合作伙伴，而没有选择埃克森美孚等美国石油公司也透露出其细致的洞察力，体现了谨慎的考虑：在第二轮招标之前，包括壳牌、埃克森美孚在内的国际大型石油公司都曾向中国石油表现出合作的意愿，但中国石油认为，与拥有庞大本国资源和市场背景的美国石油公司相比，英国石油公司与道达尔公司这样的欧洲石油公司更具有危机感，对外合作的弹性更大。

伊拉克政府举行的两轮油气田招标中，其竞标核心要素有二：一是稳定高峰产量值，二是桶油超额生产报酬值。也就是说，哪个联合体承诺的高峰产量最多，哪个联合体就是头标，就拥有优先谈判权；在获得优先谈判权后，只要在桶油的超额生产报酬值上与伊拉克石油部达成一致，就可以成功中标。根据伊拉克政府提供的数据，在2009年当下，哈法亚油田的产量为3 100桶/日。当时与中国石油、道达尔、马来西亚石油组成的联合体竞争哈法亚油田的是，意大利能源公司、挪威国家石油公司、印度石油天然气公司的联合体，作为此项竞标合同中的作业者，中国石油深入分析了其竞争对手的作业能力以及其可能的投标决策，最后承诺将哈法亚油田产量提高到53.5万桶/日。这一数字使其联合体获得头标，拥有了优先谈判权，并且在伊拉克石油部提出1.4美元/桶的超额生产报酬时，毫不犹豫地答应下来，最终成功获得哈法亚油田的作业开采权。

### （三）中国石油的自身优势

**1. 国际化大型国有石油公司实力**

2009 年 8 月，中国石油一位官员在中国香港举行的上半年业绩发布会上曾透露，有些国际石油公司正在积极"追求"中国石油，希望与之联手在伊拉克竞标。在此后伊拉克政府举行的第一轮招标中，中国石油与英国石油公司组成的联合体成功竞标鲁迈拉油田的事实也证明了这名官员所言。虽然中国石油与英国石油公司低价竞得鲁迈拉油田引起了其他一些国际石油公司的反感，但是在伊拉克政府的第二轮招标前，包括壳牌、埃克森美孚、道达尔等在内的国际大石油公司都向中国石油表现出了合作的意愿，最后中国石油选择了在第一轮中有良好合作的英国石油公司与法国道达尔公司，最终与道达尔公司获得了哈法亚油田的开采权。能够获得美欧这些大型国际石油公司的青睐，从侧面强有力地印证了中国石油雄厚的经济实力与优异的技术水平，也证明了中国石油有足够的能力在伊拉克这个石油大舞台上"一展身手"。

**2. 大力开展"政府公关"**

中国石油通过开展无偿培训班与伊拉克政府培养了良好的相互关系，它帮助伊拉克石油部举办了多期学习班，培养了一大批优秀的石油专业人才。除此之外，艾哈代布、鲁迈拉、哈法亚 3 个项目快速的作业进度，似一针强心剂激活了整个伊拉克石油工业，这才是最有效的政府公关。伊拉克战后百废待兴，中央政府和地方政府都希望尽快看到各大石油公司的成绩。所以，中国石油在伊项目快速的作业进度极有力地呼应了伊拉克政府的政治期待，有利于维系中国石油与伊拉克政府良好的关系。

**3. 高效的组织工作和团队建设**

在与伊拉克政府签署正式合同后，中国石油在伊拉克的各项目便高效迅速地展开了相关行动。比如，在 2009 年 12 月底成功竞标哈法亚油田项目后，中国石油便迅速开始行动，为开展油田的建设做了一系列准备工作，包括成立中国石油哈法亚油田开发方案编制项目组、举行招标活动选择油田作业公司、前期人员入驻伊拉克等。在正式进入伊拉克，开始哈法亚油田的作业工程后，项目部和承建单位以及协作方密切配合，严格按照设计要求施工，取得了巨大的成绩。在伊拉克第二轮中标的 7 个项目中，哈法亚项目的初始开发方案是最先获得批准的，它的 3D 地震和钻井作业的开展是最快的，油田营地基础设施建设也是最迅速的，并且，预计到 2012 年 6 月底，一期产能项目可以比合同要求提前一年建成投产。

**4. 与合作伙伴展开了良好的合作经营**

在伊拉克政府举行的两轮油气田招标，中国石油与其合作伙伴——英国石油公司、道达尔公司等就显现出了良好的合作氛围，一举夺得了鲁迈拉油田与哈法亚油田两个项目。合同签署后，在随后的油田开发生产过程中，中国石油也是与其他石油公司紧密合作，协商解决项目运行中遇到的一系列问题。

英国石油公司与道达尔公司皆是经济实力雄厚、技术水平成熟且具有先进管理机制的大型国际石油公司。从两家公司在伊拉克政府举行的两轮油田招标中的表现，以及在后续油田开发作业中的合作情况来看，它们不愧是具有丰富经验的排名世界前列的优秀石油公司。并且，中东地区是西方石油公司的传统势力范围，对伊拉克油气田的了解程度远高于中国石油，在这方面它们具有难以匹敌的先天优势。保持与英国石油公司、道达尔公司等国际石油公司融洽的合作关系有利于油田作业的顺利进行。把握与具有雄厚实力的西方石油公司的合作机会，并且充分利用这次机会，既有利于减轻中国石油的压力，也可以在相互合作中获得相关的技术支持和管理经验积累，以期达到双赢的协同效果。

**5. 充分发挥自身的一体化优势**

作为综合性国际能源公司，中国石油上下游一体化，服务保障业务齐全。这种业务上的整体优势，是西方大石油公司所不具备的。中国石油在伊项目以油气投资为首要任务，同时引进了国内的工程技术服务队伍，并在国内采购大量相关装备，促进了各板块业务的协同发展，实现了集团利益的最大化。在3个项目的运营过程中，中国石油工程建设公司（CPECC）展开了安全、优质、高效的油田业务。中国石油工程建设公司以承包石油、石油化工和其他有关专业工程为主业，主要包括油气田地面生产设施、炼油厂、电站、输电线路、原油长输管道及泵站、场站等工程项目的EPC总承建。中国石油工程建设公司依靠着自己的丰富经验和较高的工作效率，能够为甲方提供高效优质的服务，创造各项优良的技术指标。中国石油在伊拉克引入集团公司的工程技术服务队伍，并且各服务队伍为其提供及时、高效、优质的服务和优良的物资装备，全力以赴支持项目建设，努力创建属于自己的一体化服务商业模式，打造统一的商务支持、运营支持、安全保障平台，在中东这块国际石油的高端市场上，经受考验，展示实力。

**6. 严格执行其监督管理职能**

为了油气生产能够按时按量甚至提早超额进行，中国石油在其3个项目中严格执行自己的监督管理职能，以期油田生产作业能够顺利有序地进行。3个项目的工程建设作业并非由一家公司单独完成，而是分别承包给几家公司（包括中国石油工程建设公司、伊拉克当地公司及其他国际公司）。在这样的情况下，中国石油的监督管理职能就凸显得越发重要。为了保证工程建设作业的质量与进行速度，中国石油加强对其的监督管理力度，确立验收指标，严格按照要求操作，以达到使工程建设按期且高品质完成的目的。

### 7. 全力保障工作人员人身安全

目前伊拉克地区仍属于具有高风险的不稳定地区，而历史和现实都表明，人身安全是海外项目政治风险中的重中之重。只有保障员工的人身安全，才能使油田项目顺利快速地进行。中国石油积极发挥自身优势，建立安全体系，全力保障员工的人身安全。中国石油加大了哈法亚油田项目中的安全投入，施工现场营地要采取安全保护措施，例如修筑高墙和铁丝网、深挖防护沟、安装报警和监视设备，以及雇用专业保安人员。企业管理高层达成一个共识：安全投入绝不是可有可无，更不是浪费。以往案例的经验教训告诉我们，一旦发生安全事件，善后的花费往往大大高于预先采取防备措施的成本。同时，中国石油增加了针对员工人身安全的投入，完善员工人身安全保险补偿机制。

### 8. 谨慎处理与当地政府和群众的关系

为了项目的顺利进行与员工人身安全得到保障，中国石油谨慎处理与当地政府和当地群众之间的关系。在与当地政府保持友好的合作关系的基础上，还加强了与当地民间社会各派别的交流，建立了有效的沟通渠道；并且尽可能地缓解当地群众的反对情绪，采取了相应的策略，比如雇用本地员工以缓解战后伊拉克的就业问题，或者以中国石油的名义修建学校，支持当地的教育事业；或者扶持医疗事业，提供医护人员、器材、药品等。通过这些有利于当地各项事业发展的友好行动，稳定在政府和群众中的良好形象，以期达到项目顺利进行的最终目的。

## 第五节 中国石油在伊投资意义与影响

目前，艾哈代布、鲁迈拉、哈法亚3个项目都在顺利进行中，这对于中国石油自身、对中国国内其他企业乃至对全球石油市场都有着深刻的影响。

### 一、对世界石油市场的影响

#### （一）伊拉克项目的顺利进行给世界石油市场带来了震动

中国石油伊拉克项目优质高效的作业，给世界石油市场带来了不小的震动。众所周知，中东市场一贯是西方石油公司的根据地，但在伊拉克政府举行两轮招标后，中国石油已然成为在伊拉克石油市场中最大的外国石油公司，这一事实打破了被西方石油公司多年垄断的局面。另外，艾哈代布、鲁迈拉、哈法亚3个项目的进展速度，无疑超出了伊拉克政府、伊拉克石油公司和诸多西方石油公司的预估，在这一显著的成绩面前，西方石油公司定会加大对中国石油的关注程度，并且同时也会加快其在伊拉克油田的作业步伐，最终也一定会给伊拉克石油市场带来相应的震动效果。

### （二）增加世界油气供应，稳定世界油气市场

2011年12月初，鲁迈拉项目原油作业日产量突破140万桶水平；2011年12月30日，艾哈代布二期年600万吨产能建设提前三年投产；哈法亚油田目前日产量为10 000桶，但是随着油田作业的进行，在2016年年底也将达到53.5万桶/日的高峰产量，这对世界经济的发展和能源市场的稳定无疑会产生重大影响。中国石油发挥自身的综合一体化优势，使国内的先进技术在伊拉克油田项目中得到广泛应用，保证油田的高效开发；同时，针对伊拉克复杂的政治、经济和安全局势，中国石油通过有效的事前规划，系统推进，策略研究与调整工作，充分发挥自身作用，有利于油田项目安全稳定地进行。通过这样有效的策略选择，中国石油在伊项目的作业正在高速运行，实现油田的高峰产量是必然趋势，终将为世界经济的发展和稳定贡献力量。

## 二、对中国保障能源安全的影响

目前，我国国内油气储量增长空间已经缩小，而同时，国内市场对石油需求的绝对量却在持续而快速地增长，这直接导致我国石油对外依存度不断上升，2011年已上升到了57%。因此，为保证国家石油战略安全，去油气富集区开拓资源无疑是较好的选择。伊拉克是目前仅有的两个对外资开放石油业务的中东产油国之一，中国石油成功竞标伊拉克油田项目，对我国而言有着深远的意义。

虽然伊拉克油田项目的开发生产服务合同并不能享有原油价格上涨带来的高收益，也不能直接获得石油资源，但它为将来获取伊拉克丰富的石油资源奠定了良好的基础。若能顺利取得伊拉克的石油资源，便能为国家提供新的能源供应渠道，发展石油战略储备，并有助于缓解能源需求压力，稳定国内石油价格，对国家经济发展有着重要的战略意义。

## 三、对中国油气产业及其他产业的影响

### （一）对国内能源产业而言，起到了"试金石"的作用

中国石油成功竞标伊拉克油田项目，并在哈法亚项目中担任作业者的身份，这些都为国内其他能源企业进入中东创造了良好的条件。同时，中国石油参加伊政府的招标活动、与伊政府谈判协商签署开发生产服务合同，并开展油田钻井工程业务，与其他大型石油公司合作等都为国内其他能源公司参与类似活动，或者进入伊拉克石油市场，乃至开展海外业务提供了真实而丰富的经验，有助于国内能源产业的健康发展。

### （二）对国内其他企业而言，提供了大量的机会

中国石油在伊油田项目的顺利进行，提高了中国在中东地区的政治及经济影响力，也能带动其他更多的中国企业（包括钢管、钢材等与石油开采配套的企业）进入中东市场，即参与伊拉克油田的重建和扩建活动，并有可能获得参与伊拉克战后基础设施重建的机会，获得石油利益的二次分配。

## 四、对中国石油自身的影响

对中国石油自身而言，具有战略性的意义，有利于实现企业的可持续发展。

### （一）伊拉克油田项目是中国石油海外投资领域的大跨步

1993年中国石油开始实施"走出去"战略，至今已经经过了20个年头，在这期间，中国石油积极加快自身的国际化步伐，以全球视野在世界范围内捕捉发展机遇，在世界上很多油气资源国都留下了足迹。但是目前，中国石油正处在国际能源体系金字塔中一个颇为尴尬的中间阶层——已经具有了一定的规模、技术和市场，但却很难向前一步迈入充满能源民族主义气氛的国际上游市场，同其他大型国际石油公司进行竞争，其主要投资仍位于苏丹、哈萨克斯坦等国。

集丰富的油气资源、三大宗教的发源地、欧亚非文明交会点于一身的中东地区，自古以来就是世界瞩目的焦点。中东集中了全球2/3以上的油气资源，可谓是世界经济的发动机。由于其油气资源丰富，油田规模大，产量高，开发水平高，对石油公司提出了更高的要求。这里可以说是国际石油公司竞争的"主战

场"，其监管严格，标准严密，准入门槛非常高。进入中东石油市场是实力与水平的标志，但是以前这里却鲜有中国石油公司的身影。

2009年伊拉克政府公开举行油气田招标活动，这为处在"尴尬"地位的中国石油提供了难得的机遇。中国石油牢牢把握住这次机会，逆流而上，终于成功获得了鲁迈拉油田与哈法亚油田的开采权。其中，哈法亚油田项目是迄今为止中国石油单体作业量最大的海外项目。对中国石油而言，鲁迈拉与哈法亚2个项目是它充分竞争的胜利果实，竞标的整个过程都是公开的；并且是它首次参加海外大型油田投标活动，并取得成功的；而且2个项目均是与国际大型能源公司合作，在哈法亚项目中还担任作业者身份。因此，伊拉克油田项目的成功运行，对中国石油而言，是其海外投资领域的重大跨步。

### （二）有利于盘活国内钻井队伍和油田服务队伍

根据油田项目的合同规定，中国石油将获得每桶1.39~6.00美元不等的超额生产报酬，从表面来看无疑是较低的。但中国石油可以在生产服务合同执行的过程中，按照国际标准，通过公开招标的方式引入自己的工程建设队伍和技术服务队伍，这样便能带出大量的工程服务合同，而这也正是中国石油的优势所在。由于目前国内老油田产量正在逐渐减少，国内的钻井队伍以及油田服务队伍处于饱和状态。伊拉克油田项目的签署，使得中国石油充分发挥低成本优势，从国内派出钻井、压裂等油田服务队伍进行作业，这有利于盘活国内的油田服务队伍，并且国内人工成本相对比较低廉，与国际市场价之间有比较大的差距，通过派出作业、钻井以及工程建设队伍可以赚取服务费用。

### （三）有利于学习国外先进的技术和知识

中国石油鲁迈拉油田的合作伙伴是英国石油公司，哈法亚项目的合作伙伴中有道达尔公司，英国石油公司与道达尔公司皆是国际超大型上下一体化能源公司，它们拥有着先进的勘探和开采技术，并且具有丰富的海外作业管理经验。对中国石油而言，与英国石油和道达尔这样的大型油公司合作，有利于取长补短、互通有无、完善自身，是一次获得技术与知识的好机会。

### （四）有利于拓展中东的石油市场并提高在国际能源领域的地位

艾哈代布、鲁迈拉、哈法亚3个项目的成功运行，为中国石油将来在伊拉克开展油气业务铺放了一块坚实的垫脚石。虽然超额生产报酬较低，看似"亏本"，但中国石油以此为基础，逐步开拓在伊拉克石油市场的相关业务，获取宝贵的作业经验，并维系与伊拉克政府亲密的关系，对它自身而言是具有战略性的意义的。中国石油可以以伊拉克为基点，逐渐开拓它在中东其他各富油气国家的油气市场，建立起话语权，树立自身的品牌效应。这极有可能增强中国石油在中东石油市场竞争中的实力，进而引发它在中东石油市场的版图变化，最终将会改变中国石油在国际能源领域的地位。

在短短几年的时间内，中国石油在伊拉克石油市场已经占据了重要的位置：中国石油是伊拉克战争后第一个进入的外国石油公司，是目前伊拉克市场最大的外国投资石油公司，是伊拉克第一轮国际招标中唯一中标的石油公司，是伊拉克两轮国际招标中唯一两次成功中标的石油公司，是伊拉克两轮招标中首先实现提油，开始回收投资、费用并获取报酬的外国石油公司。

总而言之，艾哈代布、鲁迈拉、哈法亚3个项目的成功运行，对中国石油海外油气上游合作业务有重要的战略意义，使中国石油在石油丰富但却具有政治敏感性的伊拉克获得了立足点，并且，为其在中东地区获得稳定的油源增加了一个支点。立足于中东，对于中国石油参与海外油气上游合作业务具有重要的战略意义，有利于扩大能源获取的渠道，保障国家的能源安全。同时通过跨国经营与海外石油公司开展合作与交流，企业既可以提高技术水平与管理水平，又可以通过结构的调整与优化，充分发挥自己的比较优势，拓展核心业务，降低成本和提高经营效率，打造成经营全球化、上下游一体化、功能合理、拥有核心竞争力和雄厚资金实力的跨国石油企业，为企业获取更多的利润。尽管3个项目目前正在顺利运行，但仍要清楚地辨别出其中存在的诸多风险，如伊拉克安全形势、较低收益率、油价波动、欧佩克限产和美元贬值等。中国石油也要做好充分的准备，赢得当地人民的支持，坚守合同，实现预定目标，进行优秀的策略管理，以期树立优秀的品牌形象与国际形象。

# 结　论

1993 年首次踏出国门的 20 年以来，中国石油企业实现了海外油气业务的跨越式发展，成为国际石油业界的重要参与者，对发展世界石油工业和稳定全球石油市场发挥了重要作用，也对我国能源安全做出了积极贡献。展望未来，只有继续坚持综合利用国外、国内两个市场的资源才能保障我国能源安全，在全球范围开展油气合作仍是今后较长时期内我国能源战略的重中之重。

## 一、中国海外油气投资与合作进入了一个更高的新阶段

20 年来，中国海外油气投资权益产量实现了从零到超过一亿吨的突破；投资地区从传统的北非、中东、中亚和南美等政治风险较大的地区扩展到政治稳定、商务环境更为成熟的北美及澳洲等；投资的项目也从常规油气项目扩展到油砂、超重油、煤层气、页岩气、深水项目以及液化石油天然气等非常规油气项目；进入产油国的方式也从传统的绿地投资、资产收购扩展到贷款换石油、与大型跨国石油公司资产互换和多形式合作等更加多样化的方式；海外油气经营的领域也从上游扩展到下游的炼油、贸易仓储等油气全产业链；参与海外油气投资的企业也从中石油、中石化、中海油三大国有石油巨头扩展到中化集团、中信资源、振华石油、新疆广汇等其他国有石油企业和民营企业；合作对象也从传统的资源国政府、国家石油公司扩展到超大型跨国石油公司等。海外油气投资的快速发展不仅为这些企业广泛参与全球油气资源竞争提供了战略机遇，也为中国经济快速增长的经济提供了强大的能源动力。与中国经济高速成长之后需要调整增长方式一样，中国海外油气投资与合作也面临着从相对"粗放式"管理向着更为"精细化"管理的战略性调整。

更进一步从上游投资国别来看，中国石油企业海外投资目前同时面临着三种迥然不同的经营环境模式。在像前苏丹这样的国家，东道国工业基础相对薄弱，

竞争不是很充分，劳工准入政策也不十分严苛，中国石油企业可以发挥国内石油工业的组织管理经验、工程技术服务队伍和物资装备优势；在面临伊拉克这样的产油国投资机会中，尽管伊拉克服务合同的招标竞争充分，但仍然处在动荡之中的伊拉克政治环境无法为全球油田服务和工程建设公司提供充分的竞争环境，加上具备高级技能的劳工供给不充分，为发挥中国石油企业综合性一体化的优势提供了可能；而在近几年通过投资或并购方式进入的发达经济体环境中，资源国政府有完善的法律体系、严苛的劳工与服务提供商准入条件，高技能员工供给充分，中国石油企业所拥有的优势很难显现出来，甚至成为包袱。20年海外油气投资的成长与近5年的高速扩张之后，中国石油企业同时在这三种经营环境模式下开展投资与运营，无论是参与广度、深度，还是从参与规模、方式来看，中国石油企业海外投资与合作进入了新阶段，也进入了国际化程度更高的阶段。

## 二、中国参与全球油气资源投资与合作面临着新挑战

无论是从全球能源格局的演变来看，还是从中国深化市场经济体制改革要求、完善国有企业治理迫切性来看，中国国有石油企业跨国经营进入了由追求资源的国家石油公司向具有投资属性的国家拥有的跨国石油公司方向转变的阶段，实现商业价值的增加成为最重要的目的，对国际商务运作能力要求越来越高。与此相应的是中国海外油气投资与合作在国际化的适应性方面面临诸多挑战，包括外部环境的，例如新非常规油气资源机会的高资本密集型、高技术密集型、高地缘政治性，和内部条件的。我们往往无法改变外部环境，但我们可以通过不断完善自我而达到更好适应外部环境。

一是油气资源市场竞争和地缘政治风险加剧提高了投资与并购市场的溢价水平。尽管全球经济仍然处在恢复期，但伴随着高油价和不确定性预期的增大，全球油气投资与并购交易热度不减，竞争加剧，溢价扩大。以2013年为例，全年平均探明储量交易价格同比上升49%，2P储量价格上升25%。一方面，中东北非动荡等地缘政治事件加剧了该地区国际油气合作的风险，加大了国际油价的波动，恶化了国际投资环境，增大了投资风险。另一方面，随着国际油价持续在高位宽幅震荡，工程技术服务价格和原材料成本上升，提高了项目运营成本，倾销项目的经济性。与此同时，高油价也加快了非常规油气资源的投资力度，开发非常规油气项目成本高昂，风险明显加大。

二是根植于国内生产管理的理念不适应进一步国际化的需要。中国参与全球油气投资与合作的主力军仍然是国有石油企业，这些企业的经营活动长期根植于国内油田与炼厂的生产与组织管理。尽管在过去二十年来，国际化步伐很快，成

绩很大,但国际化业务在其整体规模中仍然没有成为主体。未来随着国际化业务在其收入与利润中占比的迅速提升以及自身在国际化市场中的定位,适应国际化发展的理念就显得异常重要。国际化本身不是目的,但在当今全球能源格局变化以及中国面临着能源资源瓶颈的约束条件下,提升国际化的竞争力是必然选择,具有全球视野的企业将在竞争中更胜一筹。理念国际化是最为关键的也是最难以改变的。理念国际化的支撑力量是企业管理层经验,即高级管理者对企业国际化战略的设计及对企业国际化走向、时机的把握。拥有丰富国际化经验的管理层可使用有限的资源更高效率地完成企业国际化目标。理念国际化的提升可从管理层国际化教育与工作经验、企业品牌国际化认知、国际议事规则能力的培养、国际化话语权的积极参与、发展中产油国当地化的平衡与协调能力等方面强化。

三是基于根深蒂固的计划经济思维所形成的管理体系不适应管理国际化的内在要求。管理国际化是指企业顺应全球化时代发展和国际惯例,利用国际资源达成企业目标的过程。一方面,国际化的管理使计划工作更加困难;另一方面,国际化的管理对计划的要求又更为迫切。不同于壳牌发端于国际石油贸易起家、英国石油源于在伊朗开采石油,这些公司一开始就是国际化的。中国企业长期的工作中心、管理制度和人才队伍都是立足于国内。从这个意义上来说,中国企业在管理适应性、领导力国际化、组织架构、制度建设、供应链体系、资本配置、风险管理体系、技术创新体系建设等方面均立足于国内,远不能适应进一步开拓国际能源资源市场的需要,已经成为建设国际一流能源公司的障碍。

## 三、中国参与全球油气资源投资与合作蕴藏着新机会

新阶段面临着新挑战,但也蕴藏着新机会。在综合考虑了经济环境、技术环境和政治环境基础上,并考虑市场对外开放程度和竞争激烈程度等因素,将全球资源重点地区投资环境划分为四大类:重点开发地区、优化开发地区、限制开发地区和难以预测地区。对于中国参与全球油气资源投资与合作来说相应地存在着四种海外投资机会。

一是限制开发地区蕴藏"进入机会"。限制开发的地区有像阿根廷、厄瓜多尔等资源国有化程度较高的地区,像沙特阿拉伯这样长期以来限制上游对外合作的地区,还有尽管对外招标但由于陌生的财税条款和法规,以及激烈的市场竞争使得我国企业难以占得优势的地区,如美国本土。过去,这些地区的资源往往被大国或资源国国有石油公司垄断,但世界经济危机的蔓延使这些企业无力继续保持垄断地位。同时,资源国需要大量外来投资拉动国民经济,这就给中国石油企业提供了进入的机会,例如沙特阿拉伯阿美与中国石化建立合资炼厂项目。

二是难以预测地区存在"分享机会"。难以预测地区包括两类：一类是由于我国目前技术能力不足，如墨西哥湾、巴西和尼日利亚的深水资源、南美的非常规天然气资源。另一类是由于战争、地区冲突或主权领土争议。前者存在技术"分享机会"。目前，巴西、尼日利亚、安哥拉和阿塞拜疆的深水资源是国际石油公司热力追捧的开发地带。一些国外石油公司的深水开发技术处于领先地位，因此获得了进入这些地区的先机，如道达尔和巴西石油公司。中国石油企业若想投资这些地区，可与先行进入的外国石油公司合作，分享收益，共担风险，积累经验，储备技术。

三是重点开发地区拥有"扩张机会"。重点开发地区是指油气资源远景好，勘探成功率高，与我国的合作关系良好，且国外石油公司尚未形成垄断的国家和地区。如进入战后重建阶段的伊拉克、财税条款优惠的哥伦比亚、与中国在外交和经济方面合作良好的秘鲁、拥有丰富常规油气资源的俄罗斯和哈萨克斯坦等。近年来，随着中国海外并购步伐的加快，中国三大石油公司已在这些地区占有一席之地，但依然有进一步合作的机会。如公认的石油储量大国伊拉克，中国可进一步扩大在伊拉克的石油生产权益。加拿大的油砂和委内瑞拉的重油也拥有巨大潜力，目前由于全球经济增长放缓，加拿大一些小型石油勘探开发商面临资金短缺等问题，这激发了我国石油企业的投资热情。

四是优化开发地区与部分重点开发地区伴生"稳定机会"。优化开发地区包括资源优势和经济效益有限的地区。比如非洲的南北苏丹、阿尔及利亚，多年的开采实践证明，其产能提升空间有限，但合同条款较为优惠。这类地区如若进一步介入，应采取相对稳健的投资策略，在重新评估效益的基础上有选择地进行优化投资。这种策略也适用于俄罗斯、中亚等石油储量丰富的国家。但任何一个国家都难以独自控制该地区的油气资源。澳大利亚、哥伦比亚等国投资环境较好，但开发难度较大。在这些地区，中国可采取利益共享、风险分担的方式，分享这一地区的投资机会，实现资源国与资源进口国的双赢。

## 四、中国参与全球油气资源投资与合作要创新思维

第一，针对不同类型的组合，中国海外油气投资与合作的思维应有针对性。中国参与海外油气投资与合作可从功能与战略地位两个维度来定位目标国，具体可以分为两类：一类是资源相关类国家，包括向中国提供油气资源的国家，或与中国形成资源竞争的国家；另一类是通道相关类国家，包括中国进口油气资源时所必经的通道国，或处于通道国周边而具有重要地位的国家。四种资源类型国家和两种通道类型国家可以形成多种战略组合。在战略型资源国家和战略型通道国

家类型中，侧重国家层面的政治经济合作，政府外交等国家手段在国际合作中将占据主导地位，在政府合作的框架下界定合适的合作方式。对于竞争型国家，政府和企业地位并重，政府层面侧重协调、避免竞争；企业层面可以建立有效的进口需求联合体。对于市场型国家，要相对淡化国家功能，充分发挥企业和市场的主动性和能动性。

第二，建立利益分享的竞合战略合作模式，坚持"找油"、"买油"、"炼油"和"储运油"相结合的海外油气合作新思维。全球化进程显示了国际合作和分工为各国带来的巨大经济效益，合作方式多种多样，但无论是在国内还是国外，开放性和互利共赢是基本原则。基于这些原则，推动能源产业链的全方位合作，无论是拓展跨国油气勘探开发、提高国际油气贸易能力还是强化与资源国合资建储炼运设施合作，对于保障中国能源安全都有重要作用。不同的资源国，资源掌控权也有所不同体现，有的由国家或国家石油公司掌握，有的由跨国石油公司或其他企业掌握。因此，合作方式既可以是与资源国政府进行合作，也可以运用市场化手段通过跨国并购方式实现。此外，在不同的经济形势下，也会有合作方式的创新，例如在哈萨克斯坦的"贷款换石油"项目就是典型的案例。

第三，树立以国际化能力和可持续竞争力提升为核心战略目标的新思维。参与全球油气资源投资与合作的动机，无论是国有的还是民营的，国内的还是国外的，从企业的角度来看就是获得持续的盈利，提升公司价值，服务于股东。国有企业也是企业，追求盈利是本然。只不过其股东的国家属性决定了其不仅要在市场上有竞争力，而且要承担着国家能源安全的保障责任。当然这种责任在不同体制下、不同发展阶段、能源安全保障可靠性不同程度等情况下会有差异体现。从中国石油企业特别是国有企业参与全球油气资源投资与合作的动机来看，尽管产量是很重要的用来衡量竞争力的指标，但具有可持续盈利能力的产量才是有价值的，也才是体现石油公司国际化竞争力的根本之所在。也只有在全球油气资源市场博弈中具有竞争力，才有可能为国家的能源安全保障做贡献。

## 五、中国参与全球油气资源投资与合作需要新政策

一是构建综合但差异化的战略框架。综合性的战略性框架应包括国际能源合作在我国能源发展战略中的定位、我国参与全球能源合作的目标、配套措施建设等，差异化主要体现在按照战略资源型、战略型通道型、竞争型和市场型等分类型界定国家和企业在油气合作中的角色。政府通过政策积极支持包括国有企业、民营企业在内的各类企业"走出去"，但政府不能越俎代庖，企业在海外油气投资中具主导地位。

二是加大与资源战略型产油国的油气合作力度，基于利益分享，统筹上、中、下游板块合作。坚持与资源国政府直接合作、跨国油气并购与"贷款换石油"多种方式相结合的跨国投资与合作方式。进一步加强能源外交力度，推动与重点地区资源国政府的直接合作；进一步推进石油企业的国际化程度，提升参与国际油气并购与整合的能力；加强"贷款换石油"的风险管控能力，确保资金回笼的安全；鼓励与重要产油国学术界的双向交流，加大本地化和国际重要舆论平台的宣传力度。

三是加大与通道型国家国际油气贸易能力的合作力度，积极探索双边与多边相结合的国际能源合作机制，拓展西北陆上能源新通道，完善我国原油进口运输网络，加快国际化原油期货市场建设，同时积极推动国际 LNG 期货合约，提高我国参与国际大宗商品定价权的能力。

四是强化我国参与全球油气资源合作的战略性风险管理能力，开发国家层面的产油国投资环境动态、定期评估系统。在综合分析东道国或地区资源条件、政治环境、经济环境、对外开放的程度和市场竞争激烈程度的基础上对海外重点地区进行动态跟踪研究。在此基础上，建立战略性风险管理体系，引入情景规划等模型对一些重大项目、重点国家定期跟踪研究。

五是基于全球化竞争视角推进油气产业和国有石油企业改革。石油产业是一个全球性行业，其竞争不仅仅是在本土市场上的竞争，更是全球范围的竞争，其产业链的市场化改革要立足于全球视角渐次推进。特大型能源央企在未来我国能源安全保障中所肩负的责任仍然会很重。但国有石油企业也要适应国民经济升级的需要进一步深化改革。一方面基于对国有资本管理的需要改革体制，进一步明晰各层次业务，去"虚胖化"；另一方面基于国际化竞争的需要改革运行机制，建立与国际化程度相适应的管控模式。

# 附录:《中国三大石油公司海外投资大事记》[①]

**1993 年**

◆ 中石油与秘鲁国家石油公司签订塔拉拉油田第七区块石油开采承包合同,获得海外运作的第一个油田开发项目;

◆ 中石油获得泰国邦亚区块石油开发作业权,购得 95.67% 的权益,这是中石油首次在海外获得油田开采权益;

◆ 中石油获得加拿大阿尔伯塔省北湍宁油田 15.89% 的工作权益和地面天然气处理厂 11.48% 的权益,首次进入加拿大油气投资市场。

**1994 年**

◆ 中海油购买美国阿科公司在印度尼西亚马六甲区块 32.58% 的权益,这是中海油第一次海外收购。

**1995 年**

◆ 中石油与秘鲁国家石油公司签订塔拉拉油田第六区块石油开采承包合同,获得服务作业权;

◆ 中石油获得苏丹穆格莱德盆地 6 区块石油开发权(目前中石油拥有 95% 的权益)。

**1997 年**

◆ 中石油获得苏丹穆格莱德盆地 1/2/4 区块石油开发权,与马来西亚国家石油公司、加拿大国家石油公司、苏丹国家石油公司组建联合作业公司——大尼罗石油公司(目前中石油拥有联合作业公司 40% 的权益);

◆ 中石油与苏丹能矿部签订协议,合资建设喀土穆炼油厂,获得 50% 的股份;

◆ 中石油与伊拉克前政府签订艾哈代布石油开发生产合同,共同开发艾哈代布油田;

---

[①] 年度内事件按公司归类,不分时间先后顺序。

◆ 中石油获得哈萨克斯坦阿克纠宾油气股份公司60.3%的股份，并获取该公司所属油田的开采权和经营权；

◆ 中石油中标委内瑞拉陆湖勘探开发项目，获得马拉开波湖油区英特甘博油田和东委内瑞拉油区卡拉高莱斯油田20年的石油开采作业权。

**1999年**

◆ 中石油在苏丹建成在海外建设和运营的第一条原油长输管线，输油管线全长1 504千米，由穆格莱德油田通至苏丹港。

**2000年**

◆ 中石油获得苏丹3/7区块石油勘探开发项目（目前中石油拥有41%的权益）。

**2001年**

◆ 中石油与加拿大TG世界能源公司（TG World Energy）签署了缅甸巴干（Bagan）项目，包括IOR-3、TSF-2和RSF-3区块（目前中石油拥有100%的权益）；

◆ 中石油与缅甸能源部签订了缅甸IOR-4区块勘探开发合同（目前中石油拥有100%的权益）；

◆ 中石油与委内瑞拉国家石油公司合资成立中委奥里乳化油公司，签署《奥里乳化油合作协议》，获得70%的权益；

◆ 中石化与伊朗国家石油公司签署合同，合作勘探开发伊朗境内卡山地区油气资源。

**2002年**

◆ 中石油签署阿塞拜疆K&K（Kursangi & Karabagli）油田产品分成合同，获得K&K油田30%的股份（目前已获得50%的股份）；

◆ 中石油收购了美国戴文能源公司在印度尼西亚6个区块的油气资产；

◆ 中石油收购了马来西亚国际矿产资源公司在印度尼西亚SP区块45%的权益；

◆ 中海油以5.85亿美元收购西班牙雷普索尔公司在印度尼西亚五大油田的权益，其中东南苏门答腊65.34%，西北爪哇海上36.72%，西马杜拉25%，坡棱50%，布劳拉16.7%；

◆ 中石油与哈萨克斯坦国家油气公司共同出资修建了首条直接连通哈萨克斯坦国外消费市场的中哈原油管线首段肯基亚克—阿特劳段；

◆ 中石油与土库曼斯坦石油康采恩签署《古穆达克油田提高采收率技术服务合同》，合同期5年，中石油获得古穆达克油田100%的权益；

◆ 中石油与阿曼签署阿曼5区块产品分成合同，获得50%的权益；

◆ 中石油中标叙利亚戈贝贝油田提高采收率项目，于 2003 年与叙利亚石油矿产资源部、叙利亚国家石油公司签订了格贝贝石油开发生产合同；

◆ 中石化中标阿尔及利亚扎尔则油田提高采收率项目，这是中石化第一个海外开发项目；

◆ 中石化与德国普鲁士格公司签订也门 S2 区块勘探开发权益转让协议，取得 37.5% 的石油开采权；

◆ 中海油以 2.75 亿美元收购英国 BP 石油公司在印度尼西亚东固液化天然气项目 12.5% 的股份。

**2003 年**

◆ 中石油中标阿尔及利亚阿德拉尔（Adrar）石油开发、粮油厂建设及经营、销售上下游一体化项目，并与阿尔及利亚国家石油公司（Sonatrach）签署阿德拉尔项目框架协议、上游风险服务合同与炼油公司股东协议；

◆ 中石油中标阿尔及利亚 102a/112 区块和 350 区块风险勘探项目，获得 75% 的权益；

◆ 中石油购得阿塞拜疆联邦古布斯坦公司（Commonwealth Gobustan Limited）62.83% 的股份，获得阿塞拜疆古布斯坦油田 50.26% 的权益；

◆ 中石油与瑞士凯林豪庭（Cliveden）公司签订乍得 H 区块风险勘探项目购股协议，获得 50% 的股权；

◆ 中石油与厄瓜多尔能矿部、厄瓜多尔国家石油公司签署了在石油领域合作协议，获得亚马孙 11 区块经营权；

◆ 中石油收购了美国赫斯印尼股份公司在印度尼西亚加邦（Jabung）区块 50% 的权益，中石油在加邦区块的权益达到 45%；

◆ 中石油购买中国与哈萨克斯坦合资企业阿克纠宾股份有限公司 25.12% 的股份，持股比例达到 85.42%；

◆ 中石油收购了哈萨克斯坦德士古—北布扎奇合资公司 100% 的股份；

◆ 中石油与秘鲁石油公司普拉斯石油签署了 1-AB/8 重油区块项目合作协议，获得 45% 的股份；

◆ 中石油与泰国能源部签订 L21/43 项目特许权协议；

◆ 中石油与尼日尔共和国能矿部签署协议，正式获得比尔玛（Bilma）和泰勒雷（Tenere）两个区块的勘探开发石油许可证，目前中石油拥有比尔玛区块 100% 的权益和泰勒雷区块 80% 的权益；

◆ 中石油与俄罗斯天然气工业股份公司签署协议，获得俄罗斯奥伦堡地区斯基姆尔（Stimul）石油公司 61.8% 的股权；

◆ 中石油与俄罗斯哈萨林石油股份公司就哈萨林油田的勘探开发业务签订

框架协议；
- ◆ 中石化与阿塞拜疆国家石油公司（SOCAR）达成共同开发匹莎吉（Pirshagi）油田的协议，根据协议，中石化将在未来五年使该油田产量增长一倍，并增加4口钻井；
- ◆ 中石化签署了苏丹3/7区块石油勘探开发项目，获得6%的权益；
- ◆ 中石化与尼日利亚环球（Universal）公司签署斯图布溪（Stubb Creek）边际油田和OML64/OML66区块项目；
- ◆ 中石化与也门石油矿产部签署也门69区块和71区块勘探开发项目；
- ◆ 中石化和中海油共同获得哈萨克斯坦北里海项目8.33%的权益；
- ◆ 中海油获得澳大利亚西北大陆架天然气项目新组建合资公司25%的权益，并获得该项目生产许可证、租赁证及勘探许可证5.3%的权益。

**2004年**
- ◆ 中石油与阿尔及利亚国家石油公司签署石油领域合作协议书；
- ◆ 中石油在阿尔及利亚第五轮勘探区块招标中中标438b勘探区块，拥有100%的权益，达成产品分成协议（PSA），勘探期为7年，开发期为25年；
- ◆ 中石油与加拿大希尔能源（Sheer Energy）公司正式签署伊朗MIS油田项目股权转让协议，获得MIS油田项目，拥有75%的权益和油田作业权；
- ◆ 中石油与哈萨克斯坦国家石油天然气股份公司签署了《关于哈萨克斯坦共和国阿塔苏至中华人民共和国阿拉山口原油管道建设基本原则协议》；
- ◆ 中石油收购哈萨克斯坦肯尼斯油田和贝克塔斯油田（合称KAM项目）50%的股权；
- ◆ 中石油与毛里塔尼亚矿业与工业部正式签署Ta13区块、Ta21区块和12区块勘探开发合同，合同勘探期9年，开发期25年；
- ◆ 中石油购买突尼斯科威特海外石油公司（FUFPEC）NK探区及SLK油田50%的权益；
- ◆ 中石油与委内瑞拉国家石油公司签署苏马诺油田合作协议；
- ◆ 中石化与沙特阿拉伯石油矿产资源部签署合资协议，中石化与沙特阿拉伯阿美能源公司建立合资公司，取得80%股份，勘探开发沙特阿拉伯鲁卜哈利盆地B区块天然气；
- ◆ 中石化收购美国第一国际石油公司，获得该公司在哈萨克斯坦全资拥有和部分拥有的6家子公司以及所属的石油勘探开发区块，达2.6万平方千米；
- ◆ 中石化获得荷兰皇家壳牌公司在安哥拉海上18区块50%的权益；
- ◆ 中海油以9810万美元收购英国天然气集团（BG）在印尼穆图（Muturi）产品分成合同中20.77%的权益，使中海油在穆图产品分成合同中的权益增加到

74.77%；

◆ 中海油与缅甸国家石油公司签订缅甸 A4、M10 区块产品分成合同。

**2005 年**

◆ 中石油与阿尔及利亚国家石油公司正式签署阿尔及利亚斯基克达凝析油炼厂建设项目，该炼厂在 2009 年一次投产成功并顺利通过监理公司和业主验收；

◆ 中石油与中石化联合收购了加拿大印卡娜（Encana）石油公司在厄瓜多尔 5 个区块的油气资产和开发权益，并成立了安第斯石油公司；

◆ 中石油中标伊朗 3 区块勘探开发项目，合同模式为回购合同；

◆ 中石油与艾旦石油股份公司签署购股协议，获得艾旦石油股份公司在哈萨克斯坦项目 100% 的权益；

◆ 中石油以 41.8 亿美元收购了哈萨克斯坦 PK 石油公司；

◆ 中石油与利比亚国家石油公司签订了 17~4 区块风险勘探合同，该合同为勘探产品分成协议，勘探期 5 年、生产开发期 25 年；

◆ 中石油与毛里塔尼亚 Brimax 签署毛里塔尼亚 20 区块权益转让协议，成为该区块的作业者；

◆ 中石油与秘鲁能矿部签署 111 和 113 两个区块的勘探合同；

◆ 中石油收购英国 SOCO 国际股份公司在蒙古塔木察格盆地 19、21、22 三个区块 94.44% 的开采权益；

◆ 中石油与马来西亚国家石油公司、苏丹石油公司、尼日利亚国家石油公司、高科技工业服务公司联合与苏丹政府签署了苏丹深水 15 区勘探开发产品分成合同；

◆ 中石油与印度石油天然气公司联合收购加拿大石油公司所持叙利亚幼发拉底石油公司 38% 的股份，与加拿大石油公司签署在叙利亚的产品分成合同；

◆ 中石化与古巴石油公司签约，共同勘探开发古巴境内的 1 700 平方千米的潜在产油区；

◆ 中石化与俄罗斯石油公司成立合资公司，负责在萨哈林 3 号地区的油气勘探开发；

◆ 中石化以 1.5 亿加元收购加拿大阿尔伯塔东北部油砂开采项目 40% 的权益；

◆ 中石化收购美国海湾石油公司在苏丹 3D、3E 和 7E 区块 6% 的股份；

◆ 中海油收购加拿大 MEG 能源公司 16.69% 的权益；

◆ 中海油签署开发缅甸 C1、C2 和 M2 区块海上油气的产品分成合同。

**2006 年**

◆ 中石油通过增资扩股方式，获得乍得 H 区块 100% 的股权；

◆ 中石油与伏鲁特克斯（Fruitex）投资集团签署了赤道几内亚 M 区块购买

附录：《中国三大石油公司海外投资大事记》

协议，拥有70%的权益，成为该区块的作业者并执行新的产品分成合同；

◆ 中石油附属中国石油天然气勘探开发公司与印度尼西亚 PTWP 公司签订了购股协议，获得印尼境内巴布亚省玛诺瓦利（Manokwari）区块勘探区块100%的权益；

◆ 中石油与印度尼西亚签署产量分成合同，收购印尼苯加拉－Ⅱ（Bengara－Ⅱ）区块70%的权益；

◆ 中石油与哈萨克斯坦能矿部达成协议，将中石油100%控股的 PK 石油公司中33%的股份转给哈萨克斯坦国家石油公司；

◆ 中石油与尼日利亚政府签署石油合作协议，并中标尼日利亚 OPL298、OPL471、OPL721 和 OPL732 四个区块；

◆ 中石油取得泰国能源部批准，取得 BYW－NS 开发区块权益；

◆ 中石油与乌兹别克国家油气公司签署油气勘探协议，获得乌兹别克五个陆上区块的勘探权；

◆ 中石油与乌兹别克国家油气公司斯卢克石油公司、马来西亚石油公司及韩国国家石油公司共同组成咸海财团，在乌兹别克斯坦首都塔什干与乌国政府正式签署了咸海水域油气勘探开发项目产品分成协议；

◆ 中石油与委内瑞拉国家石油公司签署了联合《开发奥里诺科重油带胡宁4 区块合资框架协议》，获得合资公司40%的股份；

◆ 中石油与俄罗斯石油公司合资成立了东方能源公司（Vostok Energy），拥有合资公司49%的权益；

◆ 中石油以5亿美元购买俄罗斯石油公司首次公开上市发行的股票 66 225 200 股，每股价格为 7.55 美元，取得 0.6%的股权；

◆ 中石油收购新加坡兴隆贸易公司新建的石油存储设施 35%的股权；

◆ 中石油向土库曼斯坦提供 30 亿美元贷款，获得土库曼斯坦最大天然气田南约罗坦—奥斯曼天然气田的勘探开采权；

◆ 中石化与伊朗国家石油公司签订勘探开发油气合同；

◆ 中石化联合俄罗斯石油公司以 35 亿美元收购俄罗斯秋明－英国乌德穆尔特石油公司 96.86%的股份；

◆ 中石化与尼日利亚能源有限公司签订项目合同，获得尼日利亚—圣多美·普林西比联合开发区 2 号区块的勘探权；

◆ 中石化取得安哥拉 17 号勘探区 27.5%、18 号勘探区 40%以及 15 号勘探区 20%的股份；

◆ 中石化以 1 860 万美元中标尼日利亚 2 号沥青矿，这是中国国有石油公司首次涉足沥青矿领域；

◆ 中石化与印度石油公司联手竞购哥伦比亚石油公司 50% 的股权，中印双方成立合资公司管理这一资产，双方各持 50% 股权；

◆ 中石化与埃及石油部就石油天然气勘探开发签署谅解备忘录，以 2005 年合资成立的中萨钻井公司为合作基础，继续扩大在油气勘探开发、石油炼化、工程技术等领域的合作；

◆ 中海油与伊朗政府签署 160 亿美元的能源合作协议，开发伊朗北帕尔斯天然气并建造相关装置，中海油获得所产液化天然气 50% 的权益；

◆ 中海油签署关于赤道几内亚 S 区块的产品分成合同，勘探期 5 年；

◆ 中海油以 22.68 亿美元收购尼日利亚 OML130 区块海上石油勘探许可证，获得 45% 的权益；

◆ 中海油以 6 000 万美元收购尼日利亚 OPL229 区块 35% 的工作权益；

◆ 中海油与澳大利亚必和必拓（BHP Billiton）有限公司和科麦奇澳大利亚勘探生产公司签署了奥特布劳斯（OuterBrowse）盆地勘探区块的权益转让协议，获得四个区块各 25% 的权益；

◆ 中海油签署肯尼亚 1 号、9 号、10A、L2、L3、L4 六个石油区块产品分成合同。

**2007 年**

◆ 中石油与乍得石油部签署合资恩贾梅纳炼厂建设协议，获得 60% 的权益（该炼厂 2009 年开工建设，2011 年成功投产）；

◆ 中石油与伊朗国家石油公司签署合作谅解备忘录，投资 36 亿美元开发伊朗南帕尔斯 SP14 区块天然气田；

◆ 中石油与缅甸石油天然气公司签订合同，获得缅甸 AD-1、AD-6 和 AD-8 三个深水区块石油天然气勘探开采权；

◆ 中石油与土库曼斯坦油田资源利用署、土库曼天然气国家康采恩签署土库曼斯坦阿姆河右岸天然气产品分成合同和中土天然气购销协议；

◆ 中石油下属长庆石油勘探局与厄瓜多尔国家石油公司在基多签署石油工程服务合同，合同金额 1 943 万美元，包括钻井、完井、油田环保评估、道路建设和技术服务支持等项目，进一步提高厄瓜多尔石油公司在亚马孙地区的原油产量；

◆ 中石油购买加拿大阿尔伯塔省 258.6 平方千米 11 块土地的油砂开采权，标志着中石油首次获准在加拿大开发油砂项目；

◆ 中石油与俄罗斯国有石油公司的合资企业东方能源获得俄罗斯东西伯利亚两个油田的开发许可证；

◆ 中石油与印度格雷马奇（Gremach）基础设备及项目公司合资建立格雷马

附录：《中国三大石油公司海外投资大事记》

奇能源（Gremach Energy）子公司，获得5%~10%股权；

◆ 中石化与伊朗签署了以 BOD（Build Operate and Deliver）形式开发亚达瓦兰（Yadavaran）油田的合作协议，中石化持股51%；

◆ 中石化与厄瓜多尔国家石油公司在基多签署了石油开发项目谅解备忘录，联合巴西国家石油公司和智利国家石油公司共同开发厄瓜多尔最大的油田"伊斯平戈—坦布科卡—提布体尼"（ITT）油田项目；

◆ 中石化与俄罗斯国家石油公司签署"萨哈林-3"油气项目韦宁区块合作协议，中石化获得25.1%的项目份额；

◆ 中海油与印度尼西亚签署3个新的产品分成合同，来提高印度尼西亚石油储量，中国获得20%的石油分成和40%的天然气分成，并签署印度尼西亚苏门答腊岛中部的巴唐哈里（Batanghari）陆上区块石油勘探作业合同，获得石油勘探权；

◆ 中海油获得了柬埔寨海上F区块的石油开采权，并签署F区块产品分成合同；

◆ 中海油中标澳大利亚北部海岸石油勘探项目，获澳海上石油勘探许可证；

◆ 中海油与索马里过渡政府签订协议，获得了在穆杜格地区北部石油勘探权。

**2008年**

◆ 中石油与伊拉克石油部签署《艾哈代布油田开发服务合同》；

◆ 中石油与哈萨克斯坦国家石油天然气公司成立中哈天然气管道合资公司（AGP），负责中亚天然气管道在哈萨克斯坦境内的建设和运营，中哈段全长1 300千米；

◆ 中石油与韩国大宇联合体签署缅甸海上A1、A3区块天然气购销协议，合同期30年；

◆ 中石油与尼日尔政府签订阿加德姆区块上下游一体化合作项目，包括油田勘探开发、长输管道及炼厂建设与运营，2008年共建的津德尔炼厂奠基，2011年建成投产；

◆ 中石油与叙利亚石油矿产资源部签署《中—叙合资建设炼厂合作协议》和《中—叙石油领域合作框架协议》，根据协议，建成合资公司，共同在叙利亚建设年加工能力500万吨的炼油厂；

◆ 中石油与乌兹别克国家石油公司签署合作协议，合资开发明格布拉克油田；

◆ 中石油与乌兹别克国家石油公司签署合作协议，共同建设土库曼斯坦到中国的天然气管道；

◆ 中石油与印度信任工业公司和普拉斯石油公司合作获得秘鲁第 155 号区块天然气勘探权；

◆ 中石化以 20 亿美元收购加拿大坦噶尼喀（Tanganyika）石油公司，该公司持有叙利亚的欧嗒（Oudeh）和迪先（Tishine）石油区块的权益；

◆ 中石化以 5.61 亿美元收购澳大利亚普分（Puffin）油田 60% 的权益；

◆ 中海油与马来西亚国家石油公司组成的国际财团，获得印度尼西亚东南部帕朗阿鲁（Palung Aru）区块的勘探权；

◆ 中海油以 1.25 亿美元收购哈斯基能源公司旗下哈斯基能源公司 50% 的股份，该公司在位于印度尼西亚东爪哇省以北的马都拉（Madura）海峡拥有天然气和凝析油田；

◆ 中海油服以 171 亿元整体并购挪威奥威尔克海洋公司（Awilco Offshore ASA）；

◆ 中海油与泰国 PTTEP 公司达成协议，合作开发缅甸油气资源，以中海油在 A4 和 C1 区域 20% 的股份交换 PTTEP 在缅甸 M3 和 M4 区域 20% 的股份。

**2009 年**

◆ 中石油以 18 亿美元成功收购加拿大阿萨巴斯卡油砂公司麦肯河和道沃油砂资产 60% 的权益；

◆ 中石油收购印度尼西亚马都拉区块 80% 的作业者权益；

◆ 中石油与伊朗签署 47 亿美元合约，取代法国道达尔石油公司，开发伊朗南帕尔斯气田第 11 期工程；

◆ 中石油与伊朗签署北部阿扎德干油田开发协议，获得北阿扎德干油田勘探开发服务合同；同年，中石油与伊朗国家石油公司签署协议，获得南阿扎德干油田 70% 的股份；

◆ 中海油与马来西亚阿莫那（Amona）公司合作，共同开发伊朗拉萨拉特油田；

◆ 中石油与 BP 联合体中标伊拉克鲁迈拉巨型油田项目；

◆ 中石油与道达尔、马来西亚石油公司联合体中标伊拉克哈法亚油田技术服务合同；

◆ 中石油与哈萨克斯坦国有油气股份公司签署关于扩大石油天然气领域合作及 50 亿美元融资支持的框架协议；

◆ 中石油以 33 亿美元与哈萨克斯坦国家石油公司联合收购哈萨克斯坦中亚石油有限公司持有的曼格什套油气公司，取得 100% 权益；

◆ 中石油与缅甸签署《中国石油天然气集团公司与缅甸联邦能源部关于开发、运营和管理中缅原油管道项目的谅解备忘录》，双方同意由中石油设计、建设、运营和管理原油管道项目，管道设计能力是 2 200 万吨/年；

◆ 中石油与俄罗斯管道运输公司签署了《关于从斯科沃罗季诺—中俄边境原油管道、建设与运营合同》，管道全长 1 030 千米；

◆ 中石油先后以 9.1 亿美元和 10.2 亿美元收购新加坡石油公司 45.51% 和 50.87% 的股份；

◆ 中石油收购新日本石油公司大阪炼油厂 49% 的股权；

◆ 中石油与苏丹政府签署扩大在苏丹上游油气项目合作谅解备忘录，将中石油在苏丹的 6 区股权与马来西亚国家石油公司 5A 股权进行部分置换；

◆ 中石化和中海油联合并购安哥拉海上 32 区块 20% 的权益；

中石化和中海油购买加拿大塔利斯曼能源公司在墨西哥安戈斯图拉 25% 的股份；

◆ 中石化从道达尔手中收购加拿大阿尔伯塔省"北方之光"油砂项目 10% 的股权；

◆ 中石化以 75 亿美元收购瑞士阿达克斯石油公司 100% 的股权，该公司总部设于瑞士，在多伦多和伦敦上市，主要资产位于尼日利亚、加蓬、西非和伊拉克；

◆ 中石化同巴西石油公司签署 100 亿美元贷款换石油协议，巴西石油将向中石化提供为期 10 年的原油供应，作为交换，巴西石油可以从中国国家开发银行获得 100 亿美元贷款；

◆ 中石化和厄瓜多尔国家石油公司联手开发东部帕斯塔萨省的两处油田；

◆ 中海油获得泰国国家石油管理局在阿尔及利亚哈西比尔雷卡兹（Hassi Bir Rekaiz）区块的勘探权，中海油获得 50% 的股份；

◆ 中海油与英国天然气集团（BG）就澳大利亚昆士兰柯蒂斯液化天然气（QCLNG）项目签署项目开发协议，中海油获得 5% 的资源和储量的权益；

◆ 中海油与中石化以各 50% 的比例成立合资公司，该公司与马拉松石油公司下属马拉松安哥拉 32 区块有限公司签署销售与购买协议，以现金购买安哥拉 32 区块产品分成合同及联合作业协议项下 20% 的权益；

◆ 中海油购买挪威国家石油公司在美国墨西哥湾 4 块勘探区块塔克（Tucker）、罗干（Logan）、柯布拉（Cobra）和喀拉喀托（Krakatoa）分别 20%、10%、10% 和 10% 的权益；

◆ 中海油收购特立尼达和多巴哥共和国 2C 区块 12.5% 和 3A 区块 12.75% 的权益；

◆ 中海油与澳大利亚阿尔托纳（Altona）能源公司签署合作协议，成立合资公司，中海油拥有 51% 的股权，开发澳洲南部阿卡利加（Ackaringa）项目，发展煤矿和煤制液体发电厂和煤基清洁能源项目；

◆ 中海油与卡塔尔液化天然气公司签署为期 25 年的液化天然气购销协议，根据协议，中海油每年从卡塔尔液化天然气公司进口 200 万吨液化天然气。

**2010 年**

◆ 中石油与法国道达尔公司、马来西亚国家石油公司及伊拉克南方石油公司组成的联合体同伊拉克米桑石油公司签署了哈法亚油田开发生产服务合同，合同期 20 年，中国石油持有 37.5% 的权益并担任作业者；

◆ 中石油联合荷兰皇家壳牌，以 35 亿澳元收购澳大利亚最大煤层气生产商箭牌能源公司的全部股份；

◆ 中石油、荷兰皇家壳牌与卡塔尔石油公司签署卡塔尔 D 区块天然气勘探与产量分成协议，协议有效期为 30 年，中石油持有 25% 的股份；

◆ 中石油和荷兰皇家壳牌签署加拿大油气项目合作谅解备忘录和中国鄂尔多斯盆地大宁区块煤层气项目联合评价协议；

◆ 中石油收购荷兰皇家壳牌叙利亚油气开发公司 35% 的股权；

◆ 中石油与加拿大印卡娜公司签署谅解备忘录，合资开发非常规天然气资源；

◆ 中石油与缅甸国家油气公司签署《东南亚原油管道有限公司股东协议》、《东南亚天然气管道有限公司权利与义务协议》和《东南亚天然气管道有限公司股东协议》；

◆ 中石油与俄罗斯卢克石油公司签署《扩大战略合作协议》；

◆ 中石油与沙特阿拉伯国家石油公司沙特阿拉伯阿美公司签署合作谅解备忘录，扩大贸易、开展炼化及石油工程建设等领域合作；

◆ 中石化以 46.75 亿加元收购美国康菲公司在加拿大 Syncrude 油砂项目中 9.03% 的权益；

◆ 中石化与西班牙石油巨头雷普索尔公司巴西子公司达成协议，以 71 亿美元收购雷普索尔巴西子公司 40% 股份；

◆ 中石化与巴西国家石油公司签署包括原油采购及两块深水区块的开采勘探在内的一揽子协议，中石化购买巴西石油海上油田 BM – PAMA – 3 和 BM – PAMA – 8 区块的部分权益；

◆ 中石化与世界第一大钢铁公司印度米塔尔公司签署 CIR 公司 50% 权益购买协议，CIR 公司资产分布在哈萨克斯坦，拥有 5 个油田和 2 个勘探区块全部或部分权益；

◆ 中石化以 24.5 亿美元收购 OXY 阿根廷子公司 100% 股份及其关联公司（合称"OXY 阿根廷"）；

◆ 中石化签署了收购哥伦比亚哈佩科尔（Hupecol）项目协议（SPA），拥有了该项目4个油气勘探开发区块资产100%权益；

◆ 中石化以6.8亿美元收购雪佛龙公司在印度尼西亚深水区块项目18%股份；

◆ 中石化购买美国休斯敦能源有限在哥伦比亚部分区块12.5%的权益；

◆ 中海油联手土耳其国家石油公司，签订伊拉克境内米桑油田群的开发生产技术服务合同，合同期为20年，中海油获得63.75%的工作权益；

◆ 中海油购入美国切萨皮克（Chesapeake）公司鹰滩页岩油气项目共33.3%的权益；

◆ 中海油与阿根廷布达斯（Bridas）公司成立合资企业，中海油以31亿美元获得50%的股权，间接持有阿根廷第二大油气生产商、第一大原油出口商泛美能源公司（Pan American Energy LLC）20%的权益；

◆ 中海油以5 000万澳元获得澳大利亚昆士兰州爱克索玛（Exoma）能源公司在昆士兰州加利里盆地（Galilee Basin）五个气田50%的股份。

**2011年**

◆ 中石油与加拿大能源公司签署合作协议，以54.4亿美元收购加拿大峻岭油区天然气资产50%的权益；

◆ 中石油与蒙古矿产资源与能源部签署了《关于扩大在石油领域合作的备忘录》，进一步拓展中石油在蒙古的下游业务；

◆ 中石油所属管道局与泰国PTTEPI公司正式签署缅甸—泰国扎乌提卡天然气管道EPCIC总承包合同；

◆ 中石油与古巴石油公司签署《扩大合作框架协议》及工程建设领域合作谅解备忘录；

◆ 中石油与英国石油化工业英力士集团签订框架协议，中石油出资10.15亿美元收购其旗下在苏格兰的格兰杰莫斯炼油厂51%股权和法国的拉瓦莱炼油厂49%股权；

◆ 中石油与荷兰皇家壳牌签署全球战略合作协议，成立建井合资企业，中石油持股50%；

◆ 中石油全资子公司寰球工程公司认购澳大利亚液化天然气有限公司19.9%股份；

◆ 中石油与乌兹别克斯坦国有石油及天然气公司、韩国国家石油公司、俄罗斯卢克石油公司和马来西亚国家石油公司签署协议共同开发咸海油气田，各持有20%的股权；

◆ 中石油和荷兰皇家壳牌联合以5.35亿澳元收购澳大利亚煤层气公司（Bow Energy Limited）100%的股权；

◆ 中石油获得阿富汗北部阿姆河盆地 3 个区块开发权；

◆ 中石油与阿布扎比国家石油公司签署 20 年原油供应协议；

◆ 中石化与葡萄牙能源公司高普能源（Galp Energia）签订协议，以 52 亿美元收购高普巴西公司深海石油资产 30% 的股权。2012 年该收购完成，最终作价 51.58 亿美元；

◆ 中石化通过其旗下的全资子公司瑞士阿达克斯石油公司与荷兰皇家壳牌签署协议，以 5.38 亿美元收购壳牌持有的喀麦隆佩克顿（Pecten Cameroon）石油公司 80% 股份；

◆ 中石化以 22 亿加元收购日光（Daylight）能源公司 100% 股份，获得其位于加拿大阿尔伯塔省西北部和不列颠哥伦比亚省东北部 69 个油气田的油气资产；

◆ 中石化与沙特阿拉伯阿拉伯石油公司沙特阿拉伯阿美石油签署建立伙伴关系谅解备忘录，取得沙特阿拉伯西海岸炼油公司 37.5% 股份；

◆ 中石化与澳大利亚太平洋液化天然气有限公司签署框架协议，获得澳 20 年的液化天然气供应，并收购澳 15% 股份；

◆ 中海油收购了图洛（Tullow）石油公司在乌干达 1、2 和 3A 勘探区各 1/3 的权益，交易总对价约为现金 14.67 亿美元；

◆ 中海油以 21 亿美元的价格收购加拿大油砂生产商 OPTI Canada Inc，OPTI 拥有位于加拿大阿尔伯塔省的 4 个油砂项目 35% 的工作权益；

◆ 中海油以 5.7 亿美元的现金购买美国切萨皮克能源公司的奈厄布拉勒页岩油气项目 33.3% 的权益。

◆ 中海油控股 50% 的阿根廷泛美能源公司收购美国埃克森美孚在阿根廷、乌拉圭和巴拉圭的部分资产；

◆ 中海油与加拿大尼克森公司签署组建合资公司协议，获得位于墨西哥湾的 6 口深水勘探井的作业股份。

**2012 年**

◆ 中石油以 6.7 亿美元收购加拿大阿萨巴斯卡石油公司在麦肯河油砂项目 40% 的股份；

◆ 中石油与日本三菱和韩国天然气公司联合宣布，与壳牌联合开发加拿大液化天然气项目（1 200 万吨，扩建后可达 2 400 万吨），其中中石油持有壳牌在加拿大不列颠哥伦比亚格朗得伯奇（Groundbirch）区块 20% 的权益；

◆ 中石油收购法国苏伊士环能集团卡塔尔海上第 4 区块 40% 石油勘探开发权益，并获卡塔尔能源和工业部批准；

◆ 中石油与加拿大能源公司签订 22.1 亿美元合资协议，共同开发加拿大能源公司旗下位于中阿尔伯塔西部的迪伟奈（Duvernay）油气田，中石油获得合资项目 49.9% 权益；

◆ 中石油以 4 550 万美元收购澳大利亚莫洛波能源有限公司昆士兰州鲍温盆地煤层气田；

◆ 中石化与美国戴文能源公司签署协议，以 22 亿美元收购戴文公司在美国奈厄布拉勒、密西西比、俄亥俄州尤蒂卡（Utica Ohio）、密歇根州尤蒂卡（Utica Michigan）和塔斯卡卢萨（Tuscaloosa）5 个页岩油气资产权益的 1/3；

◆ 中石化与澳大利亚太平洋液化天然气有限公司签署液化天然气项目增购协议，对其持股比例从 15% 增至 25%；

◆ 中石化与南非国家石油公司（PetroSA）达成合作协议，双方将投资 90 亿～100 亿美元在南非伊丽莎白港南部的库噶（Coega）工业开发区合作建设炼厂；

◆ 中石化与法国道达尔公司就收购尼日利亚 OML 138 油田区块部分权益达成协议，协议资产价格为 24.6 亿美元；

◆ 中石化与加拿大塔里斯曼能源有限公司签署认购协议，联合开发英国北海海上资源，以 15 亿美元收购后者英国子公司 49% 股份；

◆ 中石化购买西班牙石油巨头雷普索尔公司全资子公司阿莫戴密（Amodaimi）石油公司在第 16 区块和迪瓦卡诺（Tivacuno）区块 20% 的股权；

◆ 中海油宣布与埃尼中国公司就南海 30/27 深水区块签订产品分成合同。

◆ 中海油以 820 万美元购买澳大利亚爱克索玛能源公司 13% 的股权，并增加其在昆士兰州的煤层气和页岩气许可证中的股份；

◆ 中海油获得爱克索玛能源公司在 ATP1127P、ATP1130P、ATP1137P 和 ATP1150P 区块 50% 的股份；

◆ 中海油以 151 亿美元现金收购加拿大能源公司尼克森，并承担该公司约 43 亿美元债务；

◆ 中海油与荷兰皇家壳牌签订参股在西非加蓬共和国 BC9 和 BCD10 海上勘探区块的协议，并获 25% 股权。

# 参考文献

**一、中文参考文献**

[1] 国家统计局:《中国统计摘要2012》,中国统计出版社2012年版。

[2] 白凤森:《秘鲁石油业的发展及其对外合作》,载《拉丁美洲研究》1986年第3期。

[3] 布鲁金斯学会:《看中国:国家开发银行的跨境能源交易》,2011。

[4] 车长波等:《进一步实施油气资源"走出去"战略的思考》,载《天然气经济》2004年第5期。

[5] 陈大恩、王震、郭庆方:《中国油气可持续发展战略研究》,石油工业出版社2009版。

[6] 陈露:《中亚五国独立十五年来的政局变化研究》(硕士论文),兰州:兰州大学,2009。

[7] 陈平、任晓东:《石油企业推行HSE管理体系探讨》,载《石油天然气学报(江汉石油学院学报)》2005年第4期,第141~142页。

[8] 陈晓进:《大中小美元石油时代的终结?》,载《金融博览(银行客户)》2008年第5期。

[9] 崔宁:《国际石油价格高涨趋势下的中国石油安全问题分析》(硕士论文),北京:对外经济贸易大学,2006。

[10] 第一财经研究院:《美国能源独立战略前景评估:并非遥不可及》,载《战略观察》2011年第41期。

[11] 杜伟:《2009年中国油气相关政策分析》,载《国际石油经济》2010年第2期。

[12] 方齐云、项本武:《对外直接投资决定因素的实证研究综述》,载《经济学动态》2005年第10期。

[13] 冯连勇、沈剑锋:《哈萨克斯坦的石油地位与中哈油气合作》,载《俄罗斯中亚东欧研究》2006年第3期。

[14] 郜志雄：《中石油苏丹模式研究》，载《国际经济合作》2010年第7期。

[15] 葛艾继、郭鹏、许红：《国际油气合作理论与实务》，石油工业出版社2004年版。

[16] 顾玉清：《伊朗向"石油美元"叫板，用"石油欧元"取代？》，载《人民日报》2006年3月16日，第七版。

[17] 郭凌云：《中国企业跨国并购案例分析》，载《合作经济与科技》2007年第9期。

[18] 郭志钢等：《"贷款换石油"之风险探析》，载《特区经济》2010年第4期。

[19] 韩彩珍：《贷款换石油——中国寻求海外油源的新探索》，载《经济研究导刊》2010年第13期。

[20] 黄进：《中国能源安全问题研究——法律与政策分析》，武汉大学出版社2008年版。

[21] 胡援成、肖德勇：《经济发展门槛与自然资源诅咒——基于我国省际层面的面板数据实证研究》，载《管理世界》2007年第4期。

[22] 卡里亚莫娃：《哈萨克斯坦的投资环境政策》，载《大陆桥视野》2006年第12期。

[23] 康泽民：《中国与哈萨克斯坦战略伙伴关系述评》，载《解放军外国语学院学报》2006年第11期。

[24] 兰宜生：《对外开放度与地区经济增长的实证分析》，载《统计研究》2002年第2期。

[25] 李嘉等：《拉美油气合同模式特点及变化趋势分析》，载《中国石油和化工标准与质量》2011年第7期。

[26] 李宁：《金融危机对中国石油石化行业的影响及其对策》，载《当代石油石化》2010年第5期。

[27] 李扬：《非常规油气资源开发现状与全球能源新格局》，载《当代世界》2012年第7期。

[28] 刘贵洲等：《中俄原油管道纪实》，石油工业出版社2011年9月版。

[29] 刘睿、魏军：《石油公司跨国经营的有关问题》，载《油气田地面工程》2012年第1期。

[30] 陆如泉、傅阳朝：《影响全球石油贸易的七大运输"咽喉"》，载《国际石油经济》2011年第10期。

[31] 路相宜：《中石油掘金加拿大油砂》，载《中国石油石化》2007年第14期。

[32] 马春爱、贾鹏、郝洪:《中国油气跨国并购研究》,载《财政研究》2011年第8期。

[33] 马宏伟:《伊朗回购合同关键经济商务条款分析》,载《国际石油经济》2007年第7期。

[34] 牛芳:《中国开拓非洲石油市场的策略研究》(硕士论文),北京:中国石油大学,2008。

[35] 宿景祥:《"石油美元"走向尽头》,载《中国企业家》2008年第7期。

[36] 孙洪波:《对拉美油气政治风险的几点评估》,载《国际石油经济》2012年第8期。

[37] 唐旭:《非常规油气资源缓解能源"饥渴"油砂——未来能源供应生力军》,载《人民日报》2012年1月31日。

[38] 田昊、胡卫华:《浅析国际投资中的国有化及其补偿》,载《法制与社会》2008年第5期。

[39] 童全生:《秘鲁石油天然气工业概览》,载《中国石油和化工经济分析》2006年第13期。

[40] 童晓光:《世界油气上游国际合作的形势和机会》,载《中国工程科学》2011年第4期。

[41] 童晓光、窦立荣、田作基等:《21世纪初中国跨国油气勘探开发战略研究》,石油工业出版社2003版。

[42] 童晓光、赵林:《再论石油企业"走出去"战略》,载《世界石油工业》2012年第1期。

[43] 童晓光、赵林:《对"马六甲困局"与中国油气安全的再思考》,载《国际石油经济》2010年第11期。

[44] 童晓光、赵林、汪如朗:《对中国石油对外依存度问题的思考》,载《经济与管理研究》2009年第1期。

[45] 汪东进:《跨国油气投资战略性风险管理研究》(博士学位论文),北京:中国石油大学,2012。

[46] 王多云:《中国油气资源国际化经营与合作》,世界知识出版社2012年版。

[47] 王多云、张秀英:《中国油气资源国际合作:现实与路径》,社会科学文献出版社2011版。

[48] 王海运、许勤华:《能源外交概论》,社会科学文献出版社2012年8月版。

[49] 王嘉兰:《"鱼刺图"改进的讨论》,载《标准科学》2010年第2期。

[50] 汪巍：《委内瑞拉石油开发与中委石油合作建议》，载《中国石油和化工经济分析》2011年第12期。

[51] 王小聪：《苏丹南北分治：中石油面临更大考验》，载《新世纪》周刊2011年8月21日。

[52] 王小聪：《中石油苏丹考验：为投资政治不稳定地区项目买单》，载《新世纪》周刊2011年8月22日。

[53] 王屿涛、何云生：《新疆与哈萨克斯坦开展石油石化工业合作的机遇》，载《国际石油经济》2006年第10期。

[54] 王震、刘念、周静：《全球液化天然气定价机制：演进、趋势和基准价形成》，载《价格理论与实践》2009年第8期。

[55] 王震、王恺：《基于Markowitz资产组合理论的油气勘探开发投资决策》，载《中国石油大学学报（自然科学版）》2008年第32卷第1期。

[56] 王震、郑炯、赵林：《跨国石油投资与并购》，石油工业出版社2010年版。

[57] 王志浩：《中国-巴西能源合作：现状、问题及解决途径研究》（硕士论文），武汉：华中师范大学，2011。

[58] 维嘉（译）：《哈萨克斯坦积极发展石油化工产业》，载《中亚信息》2006年第1期。

[59] 肖兴利：《国际能源机构能源安全法律制度研究》，中国政法大学出版社2009年版。

[60] 邢娟：《冷战后美国与哈萨克斯坦关系的发展和演进探析》（硕士学位论文），新疆：新疆大学，2010。

[61] 徐康宁、邵军：《自然资源丰裕程度和经济发展水平关系的研究》，载《经济研究》2006年第1期。

[62] 薛力：《加拿大油砂开发与中国能源安全》，载《世界经济与政治》2009年第12期。

[63] 杨炘等：《中国国际石油投资模糊数学综合评价方法》，载《清华大学学报（自然科学版）》2006年第46卷第6期。

[64] 永增：《金融危机催生"贷款换石油"》，载《中国石油石化》2010年第5期。

[65] 张安平、李文、于秋波：《中国与苏丹石油合作模式的实证分析》，著于《西亚非洲》2011年第3期。

[66] 张抗：《美国石油进口依存度和来源构成变化及启示》，载《中外能源》2011年第2期。

[67] 尚永庆、王震、陈冬月：《Hull_White 模型和二叉树模型在预测油价及油价波动风险上的应用》，载《系统工程理论与实践》2012 年第 32 卷第 9 期。

[68] 汪东进、李秀生、张海颖等：《西非及亚太地区海上油田钻井完井投资估算模型》，载《石油勘探与开发》2012 年第 39 卷第 4 期。

[69] 汪东进、李秀生、刘明明等：《基于油价随机过程的国际石油合同模式经济性分析》，载《石油学报》2012 年第 33 卷第 3 期。

[70] 汪东进、李秀生：《基于情景规划的跨国油气投资战略性风险评价》，载《中国石油大学学报（自然科学版）》2012 年第 36 卷第 2 期。

[71] 薛庆、王震：《油价冲击、政治制度与资源国有化决策——基于 1960 ~ 2010 年数据的实证分析》，载《世界经济与政治》2012 年第 9 期。

[72] 梁峰、尚永庆、邓雯婷：《国际油气资源合作的讨价还价博弈分析》，载《经济研究参考》2012 年第 51 期。

[73] 唐旭、张宝生、冯连勇等：《"中国制造"带来的石油被动净出口现象分析》，载《资源科学》2012 年第 34 卷第 2 期。

[74] 庞昌伟：《国际油价波动与苏联解体》，载《俄罗斯研究》2011 年第 6 期。

[75] 王明野：《"中间地带"：和谐世界的枢纽》，载《东北亚论坛》2010 年 5 月。

[76] 马春爱、郝洪：《中国油气资源国际合作模式研究：一个油气资源获取的视角》，载《江苏商论》2012 年第 10 期。

[77] 尚永庆、王震、李辕等：《油气资源合作的演化博弈分析——以中俄原油管道为例》，载《技术经济与管理研究》2012 年第 3 期。

[78] 尚永庆、王震、薛庆等：《石油合同对国际油气合作博弈影响分析》，载《技术经济与管理研究》2012 年第 2 期。

[79] 郭海涛：《天然气合作：中俄双方战略形势研究》，载《国际经济合作》2012 年第 2 期。

[80] 孙竹、李志国：《OPEC 剩余产能与国际原油市场价格短期波动》，载《国际经济合作》2011 年第 12 期。

[81] 马宏：《北非政局对中国国际石油合作的影响与对策》，载《国际经济合作》2011 年第 9 期。

[82] 郝洪、王珮、王震：《伊拉克石油合作合同模式及财税条款分析》，载《会计之友》2011 年第 8 期。

[83] 郭海涛：《国际油气贸易新形势与中国的对策》，载《国际经济合作》2011 年第 7 期。

[84] 尚永庆、王震：《石油价格预测的分形方法——以西得克萨斯轻质原

油月价为例》，载《未来与发展》2010 年第 7 期。

[85] 白国平、秦养珍：《南美洲含油气盆地和油气分布综述》，载《现代地质》2010 年第 6 期。

[86] 郭庆方：《中国原油进口效率研究》，载《中国石油大学学报（社会科学版）》2012 年第 28 卷第 4 期。

[87] 孙竹、马宏：《当前世界经济政治局势对中国石油企业"走出去"的影响》，载《国际石油经济》2011 年第 10 期。

[88] 张宁：《全球金融危机形势下哈萨克斯坦的能源战略调整》，载《新疆师范大学学报（社会科学版）》2009 年第 9 期。

[89] 张新花：《中亚国家能源政策及对策分析》，载《扬州大学学报》2007 年第 1 期。

[90] 赵东：《中石油海外油气资产组合优化研究》（博士学位论文），北京：中国石油大学，2010。

[91] 赵旭：《海外油气投资目标筛选决策支持系统研究》，载《技术经济及管理研究》2011 年第 3 期。

[92] 赵伟伟、白永秀：《资源诅咒实证研究的文献综述》，载《世界经济文汇》2009 年第 6 期。

[93] 郑国富、曹绿：《哈美战略合作伙伴关系论析》，载《河西学院学报》2010 年第 4 期。

[94] 郑晓萌：《巴西国家石油欲动超深水油藏》，载《中国石化报》2010 年 10 月 22 日，第 7 版。

[95] 中国出口信用保险公司：《国家风险分析报告》，中国金融出版社 2010 年版。

[96] 中国能源研究会：《中国能源发展报告 2011》，中国电力出版社 2011 年版。

[97] 中国石油天然气集团公司：《中国石油在苏丹》[EB/OL]，中国石油新闻网 2009 年。

[98] 中国石油集团经济技术研究院：《中国油企数据概览》2013 年版。

[99] 中国石油集团经济技术研究院：《2012 年国内外油气行业发展报告》2013 年版。

[100] 周波：《中哈油气合作的现状、条件及对策研究》（硕士论文），新疆：新疆财经大学，2010 年 5 月。

[101] 朱成虎：《十字路口中亚走向何方》，时事出版社 2007 年版。

## 二、英文参考文献

[1] Adams T., Lund J., Albers J. A. Back M et al. *Portfolio Management for*

*Strategic Growth*,*Oilfield Review*,2001。

[2] Auty R. M. *Sustaining Development in Mineral Economics*:*the Resource Curse Thesis*. Routledge,1993。

[3] Baker T. ,Gedajlovic E. ,Lubatkin M. *A Framework for Comparing Entrepreneurship Processes across Nations*,Journal of International Business Studies,Vol. 36,No. 5,2005。

[4] Buckley P. J. ,Mark C. *The Future of the Multinational Enterprise*,London:MacMillan,1976。

[5] BP Statistical Review of World Energy 2012. [DB/OL]. http://www.bp.com/sectionbodycopy.do? categoryId=7500&contentId=7068481. 2012-06。

[6] Champion M. Y. *Nationalization and Privatization in Peru*:*Socio-economic Images in Perpetual Conflict?*,Journal of Socio-Economics,Vol. 30,No. 6,2001。

[7] Chatterjee S. ,Lubatkin M. H. *Toward a strategic theory of risk premium*:*moving beyond CAPM*,Academy of Management Review,Vol. 24,No. 3,1999。

[8] Chernykh L. *Profit or politics? Understanding renationalizations in Russia*,Journal of Corporate Finance,Vol. 17,No. 5,2011。

[9] Christaller. W. *Central Places in Southern Germany*,Englewood Cliffs:Prentice Hall,1933。

[10] Clarke M. L. ,Verna B. *Tampe Talo hoi ba Yisos Kraist*:*alo in Luk*,British and Foreign Bible Society,2008。

[11] Cozzolino J. M. *Management of oil and gas exploration risk*,West Berlin,N. J. ,1977。

[12] Duncan R. *Price or politics? An investigation of the causes of expropriation*,The Australian Journal of Agricultural and Resource Economics,Vol. 50,No. 1,2006。

[13] Dunning J. H. *Trade*,*Location of Economic Activity and the Multinational Enterprise*:*A Research for an Eclectic Approach*,in the International Allocation of Economic Activity,London:Macmillan,1977。

[14] Ebrahimi S. N. ,Khouzani A. S. *The Contractual Form of Iran's Buy-back Contracts in Comparison with Production. Sharing and Service Contract*. SPE 81547,2003。

[15] Egozcue M. L. ,García F. ,Wong W. K. et al. *Do investors like to diversify? A study of Markowitz preferences*,European Journal of Operational Research,2011。

[16] Emblemsvag J. ,Kjolstad L. E. *Qualitative Risk Analysis*:*Some Problems and Remediep*,Management Decision,No. 44,2006。

［17］Fred W. J. *The Exxon – Mobil Merger*: *An Archetype*, Journal of Applied Finance, Vol. 12, No. 1, 2002。

［18］Frigo M. L., Anderson R. J. *Strategic Risk Assessment*: *A First Step for Risk Management and Governance*, Strategic Finance. No. 12, 2009。

［19］Frigo M. L., Anderson R. J. *Strategic Risk Assessment*, Strategic Finance, No. 1, 2010。

［20］Gedajlovic E., Lubatkin M., Schulze B. *Crossing the Threshold from Founder to Professionally Managed Firms*: *A Governance Perspective*, Journal of Management Studies, Vol. 41, No. 5, 2004。

［21］Guriev S., Kolotilin A. *Determinants of Nationalization in the Oil Sector*: *A Theory and Evidence from Panel Data*. ［EB/OL］, http: //ssrn. com/abstract = 1103019。

［22］Gylfason T. *Institutions, Human Capital, and Diversification of Rentier Economies*, Prepared for Workshop on Transforming Authoritarian Rentier Economies at the Friedrich Ebert Foundation in Bonn, No. 9, 2005。

［23］Gylfason T. *Natural Resources, Education and Economic Development*, European Economic Review, No. 45, 2001。

［24］Gylfason T. *Natural Resources and Economic Growth*: *From Dependence to Diversification*, CEPR Discussion Paper No. 4804, 2004。

［25］Gylfason T. *Resources, Agriculture, and Economic Growth in Economics in Transition*, Kyklo, Vol. 53, No. 4, 2005。

［26］Haskett W., Better M. *Practical Optimization*: *Working with the Realities of Decision Management*, SPE Annual Technical Conference and Exhibition held in Houston, Texas, 26 – 29 September 2004。

［27］Hightower M. L., David A. *Portfolio Modeling*: *A Technique for Sophisticated Oil and Gas Investors*, SPE Hydrocarbon Economics and Evaluation Symposium, SPE 22016, 1991。

［28］Isard W. *Location and Space Economy*, Cambridge, MIT Press, 1956。

［29］Jiyad A. M. *Iraqi Oil Fields Development*: *Profiles of Production, Depletion And Revenue. Middle East Economic Survey*, Vol. 8, No. 30, 2010。

［30］Jodice D. A. *Sources of Change in Third World Regimes for Foreign Direct Investment*: *1968 – 1976, International Organization*, Vol. 34, No. 2, 1980。

［31］Jodice D. A. *Sources of Change in Third World Regimes for Foreign Direct Investment, 1968 – 1976, International Organization*, Vol. 34, No. 2, 1980, pp. 177 –

206。

[32] Johnston D. *International exploration economics, risk, and contract analysis*, Tulsa: Pen Well Books. 2003 edition。

[33] Jones R. J. *Empirical Models of Political Risks in U. S. Oil Production Operations in Venezuela*, Journal of International Business Studies, Vol. 15, No. 1, 1984。

[34] Kellas K. G. *Ranking global risks*, Integrated Risk Management Euro Forum, London, 1998。

[35] Kobrin S. J. *Diffusion as an Explanation of Oil Nationalization: Or the Domina Effect Rides Again*, Journal of Conflict Resolution, Vol. 29, No. 1, 1985。

[36] Kobrin S. J. *Foreign enterprise and Forced Divestment in LDCs*, International Organization, Vol. 34, No. 1, 1980。

[37] Kobrin S. J. *The Nationalization of Oil Production: 1919 – 1980, Risk and the Political Economy of Resource Development*, New York: St. Martin's Press, 1984。

[38] Lasdon L. S., Faya L. C., Lake L. W. et al. *Constructing oil exploration and development project portfolios using several risk measures-arealistic example*, SPE 107708, Dallas, 2007。

[39] Lima G. A., Suslick S. B., Quintão P J. *Portfolio Optimization of Oil Production Projects Using Mathematical Programming and Utility Theory*, 18th International Congress of Mechanical Engineering by ABCM November 6 – 11, 2005。

[40] Lintner J. *The valuation of risk assets and the selection of risk investments in stock portfolios and capital budgets*, Review of Economics and Statistics, No. 47, 1965。

[41] Losch A. *The Economies of Location*, Oxford University Press, 1940。

[42] Mansoor H. A – H. *Utility Efficient frontier: an application in the oil and gas industry*, Natural Resources Research, Vol. 16, No. 4, 2007。

[43] Markham J. W. *Conglomerate Enterprises and Public Policy*, Harvard Business School, Boston, MA. 1973。

[44] Markowitz H. *Portfolio selection*, Journal of Finance, No. 7, 1952。

[45] Markowitz H. *Portfolio selection: Efficient diversification of investment*, John Wiley & Sons, New York, 1959。

[46] Mian M. A. *Saudi Aramco: Designing efficient fiscal systems*. SPE 130127, 2010。

[47] Michael L., Hugh N. *Merger Strategy, Antitrust Policy and two Components of Risk*, Risk, Strategy and Management, No. 5, 1990。

[48] Miller K. D. *A Framework for Integrated Risk Management in International*

Business, Journal of International Business Studies, Vol. 236, No. 2, 1992.

[49] Minor M. S. *The Demise of Expropriation as an Instrument of LDC Policy 1980 - 1992*, Journal of International Business Studies, Vol. 25, No. 1, 1994.

[50] Mossin J. *Equilibrium in a Capital Asset Market*, Econometric, No. 34, 1966.

[51] Neumann, J. V. and Morgenstern, O. *Theory of Games and Economic Behavior*, Princeton University Pres. Princeton, New Jersey, 1944.

[52] Nick De'Ath. *Triton's qualitative approach to risk perception*, 1996, International New Ventures Conference, London, 1996 - 03 - 15.

[53] Papyrakis E. Gerlagh R. *Resource Abundance and Economic Growth in the United States*, European Economic Review, No. 4, 2006.

[54] Papyrakis E. Gerlagh R. *The Resource Curse Hypothesis and Its Transmission Channels*, Journal of Comparative Economics, No. 32, 2004.

[55] Pindyck R. S. *The Long - Run Evolution of Energy Prices. Energy Journal*, Vol. 20, No. 2, 1999.

[56] Quiek A. N. *Exploration strategy: An Integral part of Strategic planning. Oil and Gas Journal.* No. 9, 1982.

[57] Reynolds D. B. Kolodziej M. *Institutions and the supply of oil: A case study of Russia*, Energy Policy, Vol. 35, No. 2, 2007.

[58] Ross S. A. *The arbitrage theory of capital asset pricing*, Journal of Economic Theory, No. 13, 1976.

[59] Roy A. D. *Safety-first and the holding of assets*, Econometrics, No. 20, 1952.

[60] Sachs J. D. Warner A. M. *Natural Resource Abundance and Economic Growth*, Harvard CID Working Paper, 1997.

[61] Sachs J. D. Warner A. M. *The Curse of Natural Resources*, European Economic Review, No. 45, 2001.

[62] Sala-I-Martin X. X. *I Just Ran Two Million Regressions*, American Economic Review, No. 87, 1997.

[63] Sharpe W. F. *Capital asset prices: a theory of market equilibrium under conditions of risk. The Journal of Finance*, No. 19, 1964.

[64] Silvana T. *Fiscal Systems for Hydrocarbons.* The World Bank Working Paper, 2007.

[65] Slywotzky J. A. Drzik J. *Countering the Biggest Risk of All*, Harvard Business

*Review*,2005。

[66] Tomz M., Wright M. *Sovereign Theft*: *Theory and Evidence about Sovereign Default and Expropriation* [EB/OL], 2008, http: //papers. ssrn. com/sol3/papers. cfm? abstract_id = 1392540。

[67] Vernon R. *International Investment and International Trade in the Produce Cycle*, *Quarterly of Economics*, No. 3, 1966。

[68] Walls M. R. *Combining decision analysis and portfolio management to improve project selection in the exploration and production firm*, *Journal of Petroleum Science and Engineering*, 2004。

[69] Weber A. *Alfred Weber's Theory of the Location of Industries*, Chicago: UCP, 1929。

[70] Groenendaal W., Mazraati M. *A critical review of Iran's buyback contracts*, *Energy Policy*, No. 34, 2006。

[71] Young. *A min max portfolio selection rule with linear Programming solution*, *management science*, No. 44, 1998。

[72] Liu M. M., Wang Z., Zhao L. et al. *Production sharing contract*: *An analysis based on an oil price stochastic process*, *Petroleum Science*, No. 9, 2012。

[73] Tong X. G., Zhao L., Wang Z. et al. *Forecast and analysis of the "roof effect" of world net oil-exporting capacity*, *Petroleum Science*, No. 3, 2011

[74][韩]白根旭著,丁辉、王震等译:《中俄油气合作现状与启示》中文版,石油工业出版社2013年1月版。

[75][俄]C.3.日兹宁著,王海运、石泽译:《俄罗斯能源外交》,人民出版社2006年版。

[76][美]D.约翰斯顿著,朱起煌等译:《国际油气财税制度与产量分成合同》,地震出版社1999年版。

[77][英]戴维 G.维克托、埃米 M.贾菲、马克 H.海斯著,王震、王鸿雁等译:《天然气地缘政治——从1970到2040》,石油工业出版社2010年版。

[78][美]丹尼尔·耶金著,朱玉犇、阎志敏译:《能源重塑世界》,石油工业出版社2012年版。

[79][美]汤姆·科普兰、蒂姆·科勒、杰克·默林著,郝绍伦等译:《价值评估:公司价值的衡量与管理》,电子工业出版社2002年版。

# 后　记

《中国与全球油气资源重点区域合作研究》是教育部哲学社会科学研究重大课题攻关项目研究成果的集成。自2009年获批立项以来，课题组在各位顾问的指导和首席专家的带领下，紧紧围绕项目的研究主线，广泛搜集文献，多层次组织调研，系统总结并全面研究了中国海外油气投资与合作的理论与实践中面临的一些重大问题，为我国深入开展全球油气资源重点地区合作提供了坚实的理论支撑和经验借鉴，也提出了一些有建设性的结论和建议。

在详细论证的基础上，课题组设立了全球主要油气资源国地缘政治分析、全球油气资源分布特征研究和国际合作潜力分析、中国与全球油气资源重点区域合作途径研究、中国与全球油气资源重点区域合作模式研究、中国与全球油气资源重点区域合作过程中的战略风险管理五个子课题，分别由庞昌伟、白国平、郭海涛、郝洪、郑炳负责。子课题报告完成之后，课题组又专门组成了总报告撰写组。总报告撰写组在对子课题报告详细研究、分析的基础上，又搜集、整理了大量最新资料，经过多次研讨与修改后形成了本报告。

研究能够取得预期的成果，是与各方面的支持分不开的。首先，感谢教育部哲学社会科学重大课题攻关项目基金的资助和支持，为我们从国家和行业视角研究油气合作战略提供了广阔空间和宝贵机会。其次，感谢从课题立项、开题到中期评审、结题验收过程中各位专家所给予的独到点评和建设性意见，特别值得一提的是在开题讨论会上，教育部社科司何健处长和段洪波处长与到会专家中国地质大学（北京）副校长雷涯邻教授、中国中化集团原总地质师曾兴球、国土资源部油气资源战略研究中心副主任车长波、中国现代国际关系研究院世界经济研究所所长陈凤英研究员、北京大学国际关系学院查道炯教授、云南大学国际关系研究院副院长吴磊教授、对外经贸大学能源经济研究中心主任魏巍贤教授等直接提出了许多非常中肯和建设性的意见，保证了课题顺利开展，少走弯路。再次，感谢课题顾问对项目研究全程的指导和帮助。为了高质量完成这项研究任务，我们聘请了中国工程院院士童晓光教授、中国石油大学（北京）副校长陈大恩教授、中国石化对外合作办公室副主任邓翰深、云南大学国际关系研究院吴磊教授为顾问。他们从课题开题以及到课题研究过程中都给予了直接指导和帮助。特别是童晓光院士长期以来指导我们开展中国石油企业海外投资的研究工作。在本课题中，童院士不仅是顾问，还直接参与了相关研究工作。最后，感谢中石油、中石化、中化集团等公司海外相关机构为课题调研所提供的便利和支持，正是因为他们的奉献为我们课题研究提供了鲜活的素材。

中国参与全球油气合作的步伐依还在加速，从现在起到2020年，中国的海外油气投资与合作将迎来新的挑战。本课题的研究为中国开展对外油气合作提供了最新的理论和经验支持，但相对于快速变化的全球格局和能源实践，课题组所取得的成果依然是初步的，尚有一些问题亟待拓宽和深入研究。即便是研究项目暂时结题，但围绕着中国参与全球油气资源重点区域合作的研究工作还将持续开展下去。

奉献在大家面前的这份研究报告，是课题组全体成员共同努力的结晶。各章撰写人如下：第一章（赵林、王震）、第二章（郭海涛、郭庆方）、第三章（郝洪、刘明明、王鸿雁）、第四章（白国平）、第五章（马宏）、第六章（徐斌）第七章（王鸿雁、刘明明、薛庆）、第八章（王震、潘燕妮、尚永庆）、第九章（童晓光、郭海涛）、第十章（郭海涛、孙竹、王震）、第十一章（郭海涛、郭庆方）、第十二章（郝洪）、第十三章（马春爱、吴千羽、王震）、第十四章（尚永庆、吴千羽、王震）、第十五章（汪东进、王震）、第十六章（马宏）、第十七章（薛庆、王震）、第十八章（薛庆、赵东、王震）、第十九章（刘思静、宫本才、王震）、第二十章（郝洪）、第二十一章（郭海涛、王震）、第二十二章（王震、尚永庆、陈冬月、刘乾）、第二十三章（高明野、王震）、结论（王震）、附录（郝洪）。在各章撰稿人工作基础上，王震对报告进行了通稿和多次修改，薛庆做了大量的文字校对和排版工作。

# 教育部哲学社会科学研究重大课题攻关项目成果出版列表

| 书　名 | 首席专家 |
|---|---|
| 《马克思主义基础理论若干重大问题研究》 | 陈先达 |
| 《马克思主义理论学科体系建构与建设研究》 | 张雷声 |
| 《马克思主义整体性研究》 | 逄锦聚 |
| 《改革开放以来马克思主义在中国的发展》 | 顾钰民 |
| 《新时期　新探索　新征程——当代资本主义国家共产党的理论与实践研究》 | 聂运麟 |
| 《当代中国人精神生活研究》 | 童世骏 |
| 《弘扬与培育民族精神研究》 | 杨叔子 |
| 《当代科学哲学的发展趋势》 | 郭贵春 |
| 《服务型政府建设规律研究》 | 朱光磊 |
| 《地方政府改革与深化行政管理体制改革研究》 | 沈荣华 |
| 《面向知识表示与推理的自然语言逻辑》 | 鞠实儿 |
| 《当代宗教冲突与对话研究》 | 张志刚 |
| 《马克思主义文艺理论中国化研究》 | 朱立元 |
| 《历史题材文学创作重大问题研究》 | 童庆炳 |
| 《现代中西高校公共艺术教育比较研究》 | 曾繁仁 |
| 《西方文论中国化与中国文论建设》 | 王一川 |
| 《楚地出土戰國簡册［十四種］》 | 陳偉 |
| 《近代中国的知识与制度转型》 | 桑兵 |
| 《中国抗战在世界反法西斯战争中的历史地位》 | 胡德坤 |
| 《京津冀都市圈的崛起与中国经济发展》 | 周立群 |
| 《金融市场全球化下的中国监管体系研究》 | 曹凤岐 |
| 《中国市场经济发展研究》 | 刘伟 |
| 《全球经济调整中的中国经济增长与宏观调控体系研究》 | 黄达 |
| 《中国特大都市圈与世界制造业中心研究》 | 李廉水 |
| 《中国产业竞争力研究》 | 赵彦云 |
| 《东北老工业基地资源型城市发展可持续产业问题研究》 | 宋冬林 |
| 《转型时期消费需求升级与产业发展研究》 | 臧旭恒 |
| 《中国金融国际化中的风险防范与金融安全研究》 | 刘锡良 |
| 《中国民营经济制度创新与发展》 | 李维安 |
| 《中国现代服务经济理论与发展战略研究》 | 陈宪 |

| 书　名 | 首席专家 |
|---|---|
| 《中国转型期的社会风险及公共危机管理研究》 | 丁烈云 |
| 《人文社会科学研究成果评价体系研究》 | 刘大椿 |
| 《中国工业化、城镇化进程中的农村土地问题研究》 | 曲福田 |
| 《东北老工业基地改造与振兴研究》 | 程　伟 |
| 《全面建设小康社会进程中的我国就业发展战略研究》 | 曾湘泉 |
| 《自主创新战略与国际竞争力研究》 | 吴贵生 |
| 《转轨经济中的反行政性垄断与促进竞争政策研究》 | 于良春 |
| 《面向公共服务的电子政务管理体系研究》 | 孙宝文 |
| 《产权理论比较与中国产权制度变革》 | 黄少安 |
| 《中国企业集团成长与重组研究》 | 蓝海林 |
| 《我国资源、环境、人口与经济承载能力研究》 | 邱　东 |
| 《"病有所医"——目标、路径与战略选择》 | 高建民 |
| 《税收对国民收入分配调控作用研究》 | 郭庆旺 |
| 《多党合作与中国共产党执政能力建设研究》 | 周淑真 |
| 《规范收入分配秩序研究》 | 杨灿明 |
| 《中国加入区域经济一体化研究》 | 黄卫平 |
| 《金融体制改革和货币问题研究》 | 王广谦 |
| 《人民币均衡汇率问题研究》 | 姜波克 |
| 《我国土地制度与社会经济协调发展研究》 | 黄祖辉 |
| 《南水北调工程与中部地区经济社会可持续发展研究》 | 杨云彦 |
| 《产业集聚与区域经济协调发展研究》 | 王　珺 |
| 《我国民法典体系问题研究》 | 王利明 |
| 《中国司法制度的基础理论问题研究》 | 陈光中 |
| 《多元化纠纷解决机制与和谐社会的构建》 | 范　愉 |
| 《中国和平发展的重大前沿国际法律问题研究》 | 曾令良 |
| 《中国法制现代化的理论与实践》 | 徐显明 |
| 《农村土地问题立法研究》 | 陈小君 |
| 《知识产权制度变革与发展研究》 | 吴汉东 |
| 《中国能源安全若干法律与政策问题研究》 | 黄　进 |
| 《城乡统筹视角下我国城乡双向商贸流通体系研究》 | 任保平 |
| 《产权强度、土地流转与农民权益保护》 | 罗必良 |
| 《矿产资源有偿使用制度与生态补偿机制》 | 李国平 |
| 《巨灾风险管理制度创新研究》 | 卓　志 |
| 《中国与全球油气资源重点区域合作研究》 | 王　震 |
| 《生活质量的指标构建与现状评价》 | 周长城 |
| 《中国公民人文素质研究》 | 石亚军 |
| 《城市化进程中的重大社会问题及其对策研究》 | 李　强 |
| 《中国农村与农民问题前沿研究》 | 徐　勇 |

| 书　名 | 首席专家 |
|---|---|
| 《西部开发中的人口流动与族际交往研究》 | 马　戎 |
| 《现代农业发展战略研究》 | 周应恒 |
| 《综合交通运输体系研究——认知与建构》 | 荣朝和 |
| 《中国独生子女问题研究》 | 风笑天 |
| 《我国粮食安全保障体系研究》 | 胡小平 |
| 《城市新移民问题及其对策研究》 | 周大鸣 |
| 《新农村建设与城镇化推进中农村教育布局调整研究》 | 史宁中 |
| 《农村公共产品供给与农村和谐社会建设》 | 王国华 |
| 《中国边疆治理研究》 | 周　平 |
| 《边疆多民族地区构建社会主义和谐社会研究》 | 张先亮 |
| 《新疆民族文化、民族心理与社会长治久安》 | 高静文 |
| 《中国大众媒介的传播效果与公信力研究》 | 喻国明 |
| 《媒介素养：理念、认知、参与》 | 陆　晔 |
| 《创新型国家的知识信息服务体系研究》 | 胡昌平 |
| 《数字信息资源规划、管理与利用研究》 | 马费成 |
| 《新闻传媒发展与建构和谐社会关系研究》 | 罗以澄 |
| 《数字传播技术与媒体产业发展研究》 | 黄升民 |
| 《互联网等新媒体对社会舆论影响与利用研究》 | 谢新洲 |
| 《网络舆论监测与安全研究》 | 黄永林 |
| 《中国文化产业发展战略论》 | 胡惠林 |
| 《教育投入、资源配置与人力资本收益》 | 闵维方 |
| 《创新人才与教育创新研究》 | 林崇德 |
| 《中国农村教育发展指标体系研究》 | 袁桂林 |
| 《高校思想政治理论课程建设研究》 | 顾海良 |
| 《网络思想政治教育研究》 | 张再兴 |
| 《高校招生考试制度改革研究》 | 刘海峰 |
| 《基础教育改革与中国教育学理论重建研究》 | 叶　澜 |
| 《公共财政框架下公共教育财政制度研究》 | 王善迈 |
| 《农民工子女问题研究》 | 袁振国 |
| 《当代大学生诚信制度建设及加强大学生思想政治工作研究》 | 黄蓉生 |
| 《从失衡走向平衡：素质教育课程评价体系研究》 | 钟启泉　崔允漷 |
| 《高校思想政治理论课教育教学质量监测体系研究》 | 张耀灿 |
| 《处境不利儿童的心理发展现状与教育对策研究》 | 申继亮 |
| 《学习过程与机制研究》 | 莫　雷 |
| 《青少年心理健康素质调查研究》 | 沈德立 |
| 《WTO主要成员贸易政策体系与对策研究》 | 张汉林 |
| 《中国和平发展的国际环境分析》 | 叶自成 |
| 《冷战时期美国重大外交政策案例研究》 | 沈志华 |
| ＊《中国政治文明与宪法建设》 | 谢庆奎 |
| ＊《非传统安全合作与中俄关系》 | 冯绍雷 |
| ＊《中国的中亚区域经济与能源合作战略研究》 | 安尼瓦尔·阿木提 |
| …… | |

＊为即将出版图书